U0720961

朱柏廬全集

1

删補蔡虚齋先生易經蒙引
朱柏廬先生大學講義
朱柏廬先生中庸講義
朱柏廬先生編年毋欺録

圖書在版編目(CIP)數據

朱柏廬全集/(清)朱柏廬撰;崑山市文體廣電和旅遊局編. —上海:上海人民出版社,2022
ISBN 978-7-208-17772-7

Ⅰ. ①朱… Ⅱ. ①朱… ②崑… Ⅲ. ①朱柏廬-哲學思想-文集 Ⅳ. ①B249.9-53

中國版本圖書館 CIP 數據核字(2022)第 125322 號

策　　劃 陳　益　王　清

責任編輯 黄玉婷
封面設計 傅惟本

朱柏廬全集
[清]朱柏廬 撰
崑山市文體廣電和旅遊局 編

出　　版 上海人民出版社
(201101 上海市閔行區號景路 159 弄 C 座)
發　　行 上海人民出版社發行中心
印　　刷 上海盛通時代印刷有限公司
開　　本 890×1240 1/32
印　　張 36.75
插　　頁 15
字　　數 691,000
版　　次 2022 年 8 月第 1 版
印　　次 2022 年 8 月第 1 次印刷
ISBN 978-7-208-17772-7/B·1634
定　　價 280.00 圓(全三册)

《朱柏廬全集》「編纂工作小組」成員

策劃 陳益 王清

成員 居永良 王廣成 景軍 劉軍 陳居淵 張鑫龍

本書承
中共崑山市委、崑山市人民政府
資助編修出版　謹此致謝

朱柏廬像

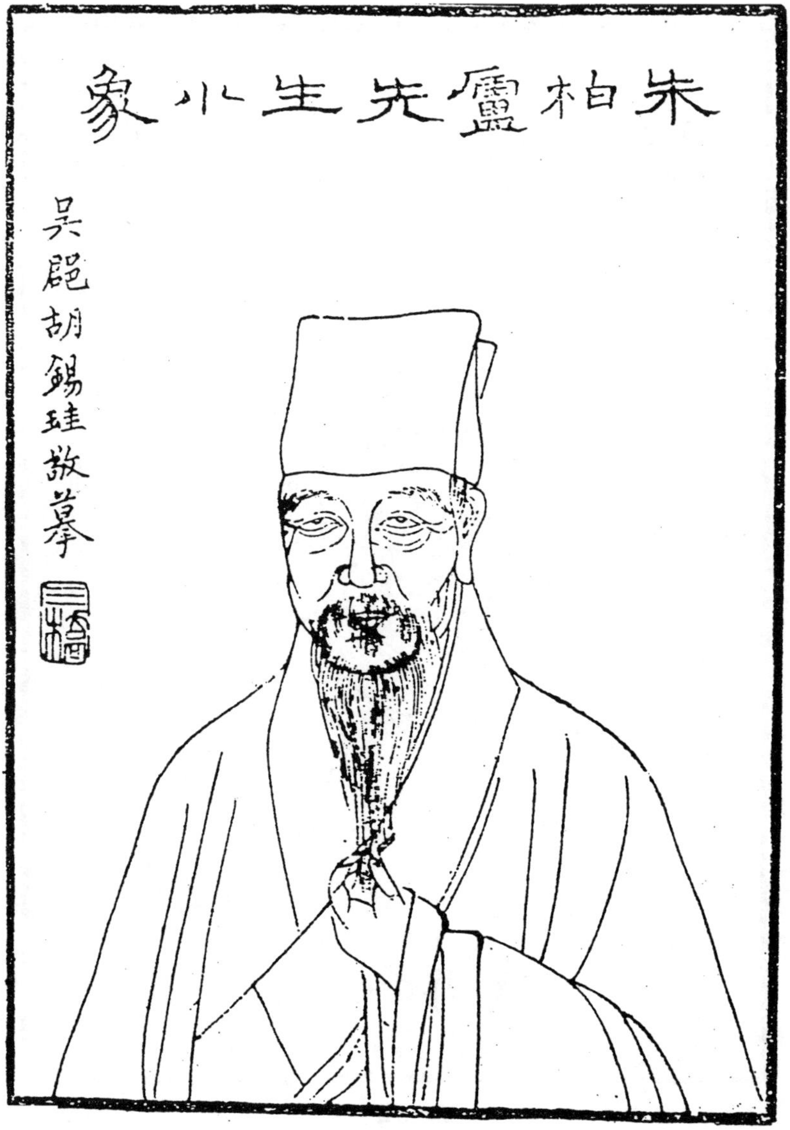

朱柏廬先生小象

吴郡胡錫珪敬摹

朱柏廬像

典型弗墜，經師人師

崑山地處吴中，向稱富庶之鄉，文獻名邦，而尤以明清時期，人文鼎盛。崑山先賢，歸有光有「明文第一」之譽，顧炎武爲明末清初啟蒙思想大家、清學開山之祖，朱用純則致力理學教化，以《治家格言》享譽後世。三賢之中，前人於顧炎武之思想、學術，歸有光之文學，多有論列，著述結集整理甚夥；相對而言，雖然朱用純《治家格言》「黎明即起，灑掃庭除」、「一粥一飯，當思來處不易；半絲半粒，恒念物力維艱」諸語，世人耳熟能詳，但對其學行論者寥寥，著述亦散亂而缺乏整理。學術格局、文學氣象，或有大小之别，但以社會影響幅度而論，朱用純足稱大家，值得給予應有的關注。

朱用純（1627—1698），字致一，號柏廬。朱氏是崑山世族，詩禮傳家，代代不乏品行高潔之士。朱用純之父朱集璜，學行爲鄉里推重，清兵南侵，率衆弟子誓死抵抗，崑山城破，投河自盡。有絶命詞云：「可質祖宗，可對天地，生無自欺，死復何愧！」朱用純年十七爲秀才，少年初成，功名可期，但因父親殉難，遂效三國魏王裒「廬墓攀柏」之義，自號「柏廬」。是舉既表達無盡孝思，亦寄寓飽含創痛的遺民之志。從此之後，朱用純棄絶功名，隱居授徒，布衣一生。今存朱用純詩文作品，相當篇幅内容是表彰先烈，或交結先烈之後，同氣相求。如明季諸生陶琰，既是朱用純舅父，又是其岳父，崑山失陷後，亦自盡殉節。兩位父輩同時殉難，朱用純可謂至痛在心，《祭舅氏仁節陶先生》有曰：「生我成吾，同時徂謝，傷心到此，尚可言哉！」明崇禎舉人徐枋，從父命受業於朱集璜，其父徐汧在蘇州失陷時，投河殉國。徐枋遂以孤哀子自稱，隱居天平山麓，賣畫謀生，與楊无咎、朱用純並稱「吴中三高士」。朱用純與徐枋頗多書劄往還，惺惺相惜。明末清初享有遺民盛名的李清，遣使弔唁朱用純父喪，並致函相慰。朱用純有答書，且報以賀壽詩文。明清易代之際，江南地區不乏類似朱用純身世遭際的士人，他們多以抗清志士後裔爲身份符號，表現出堅守氣節、不事新朝的道德自覺，是頗值得敬重的遺民群體。

朱用純平生爲學，謹守程朱，潛心四書六經以及濂洛關閩之書，尤倡主静、持敬、明誠之説。曾自儆云：必也堅守静默，庶幾可以寡過。一生大處著工夫，萬事静中求得力。而静中景象，猶如空山無人，水流花開。自認敬是做人種子，「聖賢之學，不外一敬。敬猶長堤巨防，滴水不漏，敬之至也」。主静、主敬之學，又不外慎獨二字。亘古亘今，塞天塞地，一誠而已。其《學庸講義》，以朱熹章句爲宗旨，標立章名，依次註説。如論心性之辨，謂心性不二，《大學》言心不言性，而明德即是性；《中庸》言性不言心，而戒謹即是心。認爲「子思立言之意，全在明誠。

明誠二字，顯然是復性之學。從古聖賢立教，祇是要人復性。子思作此《中庸》，亦祇是教人復性」。明代中後期，陽明心學興起，朱用純頗不以爲然，認爲陽明所謂知行合一，其實意不在行，攻擊朱子支離，自己亦不免此病，「師心自用，必至於倡狂肆恣」（《毋欺録》）。或有鑒於明人講學風尚之弊，朱用純對於自己授徒講學的效應産生了懷疑，初心是爲學者經明行修，而時人則是附會章句、競事聲華，覬覦科舉功名。「吾輩坐病，祇爲講而不學」，「講而不學，則所講非所學」（《示同堂諸子》）。他在試後告誡學生説：「中的本領要做，不中的本領更要做；做得不中的本領，纔做得中的事業。」（《試後示諸生》）然而，諸生依然故我，浮游從事，不加檢束。朱用純痛自悔責，遂辭諸生聽講，勉勵跳脱卑鄙、苟且之習，踐行成己成物的聖賢事理，「諸君各具一本來面目，各具一全副精神，猛力向前，自成學者，將世道、人倫、士品、學術一擔挑去」（《辭諸生聽講》）。

如果祇是講求心性之學，朱用純當與普通儒師無異，其超常之處，是更加注重進德修業，反躬自省，且身體力行，嚴於律己。他把《大學》之誠意，引申爲不自欺，無愧於心。「欺之云者，知之而故味之者也。不明之害小，自欺之害大」，「慎獨是誠意功夫，下手處慎獨，則不自欺。不自欺則自謙，自謙則意誠」（《學庸講義》）。朱用純的筆記體雜著《毋欺録》，記録哲學思辨、道德勸勉、人生感悟、談史論文等内容，修德、徙義、改過，在在可見日常修養功夫。清人潘道根有云：「讀是書，覺先生平日進德修業、省身克己、處世接物之要俱在焉。」（讀《毋欺録》管見）朱用純的修養體悟多得自日常行事，故能貼近人心，不爲冬烘之語。如談德行，「人所交口稱揚者，不必別指過端以抑人；人所交口非毁者，須婉爲回救以解之。其無可解，默然可也。若人非亦非，最爲傷德」，「善出於己，而歸美於人之鼓舞作興，尤爲厚德」，「察言觀色，大是進德關頭。然察言觀色以省己，是進德事；若察言觀色以迎人，是敗德事」。論徙義改過，則云「天下之人，所以不能守其道義者，内則顧己之得失禍福，外則慮人之是非榮辱」，「過自聖人以下，所不能無。但當救過，不可諱過」，「凡天下責我之人，皆成我之人，切須反躬自省。苟不受人之責，而意氣相淩，或淡漠相置，皆自暴棄之徒也」。朱用純的修養路徑，亦非束書不觀，空談性命，而是主張讀書明理、養望，「讀書而後明理，理愈明則心愈細，心愈細則量愈大」，讀書不但記其章句，而當求其義理。做好人尤要讀書。修養的目的是要變化氣質，落實於言行舉止。「君子一言一動，必反求諸身無憾，而後即安」，「言有不安者，寧闕而不言，勿勉强牽綴以求和。闕則不過爲固陋，牽合則妄矣」，「若率情任意，不擇言動，其人便毫無足重了」。

當然，朱用純的主要影響還在於其道德實踐，以及貼近百姓日用的嘉言懿行。他的孝悌、勤儉、讀書、積德四則勸言，爲陳弘謀收入《訓俗遺規》，云「其義則該括而無遺，充其量可以希聖賢，否也不失爲寡過」，可稱鄉黨自好之士的勸世文。《治家格言》在中國晚近社會，則幾乎家懸户誦，甚至一度被當作朱熹家訓，足見社會影響幅度之廣。朱用純是家中長子，父親殉難時，年僅十九，就要承擔起侍奉寡母、撫養弟妹（二、三弟皆幼，四弟尚遺腹）的重擔，因此，遺民的意識與家族的責任共同成爲其品格養成的底色。朱用純具有濃厚的家族傳承意識。宋《睢陽五老圖》是朱氏家傳重寶，歷宋元明清四朝，幾經得失，朱用純矢志贖歸，雖極貧而不肯推諉，殫精竭力三載，方達成願望，有《重復五老圖記》詳述原委，告誡子子孫孫永保之。地處吴縣陽山的祖先墳地，後代家貧而不能守，朱用純立意設置族田護之，三十年念兹在兹，直至晚年，方用爲亡妻做佛事之資與諸弟門生爲其祝壽的醵金，實現心願。《贍族田記》細述自己的初衷與鍥而不捨的過程，文字平實，其情令人動容。朱用純還將形而上的道德範疇映射至日常倫理，如論「誠見於父子則爲慈孝，誠見於君臣則爲仁敬，誠見於兄弟則爲友恭，誠見於夫婦則爲義從，誠見於朋友則爲有信」（《學庸講義》），並在處理五倫關係時，身體而立行之。倡言「五倫之外更無人，五常之外更無道」，對於質疑其迂談高論、不合時宜者，直言「世界雖是新世界，人倫猶是老人倫」（《毋欺録》）。清人彭紹升概括朱用純品行有曰：「置義田，修墓祭，贍宗族，友愛諸弟，白首無間。」（《朱致一行述》）

平心而論，朱用純爲學發明無多，修道亦不乏迂腐之説，但是憑藉道德操守和躬行實踐，樹立起了耿介篤實的醇儒形象。臨終勉勵弟子「學問在性命，事業在忠孝」之語，亦可謂自身寫照。平日教語，言懇意切，可法可傳，從遊者達數百之衆。《治家格言》自「黎明即起」至「庶乎近焉」，五百餘字，詞簡意明，平易切至，質實可守，於士習人心風俗裨益匪淺。朱用純以一介諸生，獲得彭定求、彭紹升、楊鳳苞、江藩、嚴可均、徐鼒、李元度、唐文治、鄧實諸儒的碑傳表彰，收録《清史列傳》、《清史稿》，奉祀崑山三賢祠，卓然經師人師，可爲後學楷模。清人廖養泉爲朱柏廬祠撰聯評價允當，「講學法程朱，欲訥毋欺，義理直同性命；治家承節孝，時心衡慮，格言悉准人情」。

朱用純雖以講讀授徒、躬行實踐爲要，但著述亦頗爲豐富，其中如《删補蔡虚齋先生易經蒙引》（殘存六卷）、《四書講義》（僅存《大學講義》、《中庸講義》）、《毋欺録》、《愧訥集》、《柏廬外集》、《治家格言》均流佈於世，文獻記載還有《春秋五傳酌解》、《困衡録》、《多敗集》等撰著，以及散見詩文作品。朱用純現存著述有清及晚近刊本、稿本、抄本等多種形式，然版本散亂而缺乏整理。崑山當地學者有鑒於此，立意表彰先賢，保存鄉邦文獻，弘揚傳統文化。遂廣事搜輯，全面掌握朱用純著述存藏版本，精心選擇底本和參校本，予以彙編整理。如《删補蔡虚齋先生易經蒙引》係據珍稀手稿殘卷整理，《大學講義》、《中庸講義》、《愧訥集》底本爲初刊本，而且都是首次校點。整理者還窮盡式輯録朱用純集外詩文、交遊者相關文字以及後人傳記資料作爲附録。全編堪稱朱用純著述的集大成之作，極大便利學術研究的開展。睹喬木而思故家，考文獻而愛舊邦。參與整理諸君立意可嘉，功德無量。如今整理工作告竣，《朱柏廬全集》即將付梓，承蒙崑山博物館居永良館長抬愛，命我贅語於前，謹刺取書内嘉言懿語，略陳讀書心得，以瓣香柏廬先生。

北京大學中國古文獻研究中心

劉玉才

壬寅年初夏於燕園大雅堂

凡例

一、在對傳世朱柏廬著述版本作全面調查、搜集的基礎上，追根溯源，辨别真僞，確定現存朱柏廬撰著和編纂的全部著作，按傳統的經、史、子、集四部分類法編排。有關佚文、佚詩、佚詞的輯録，專列一卷，置於其别集之末。

二、在理清版本源流的基礎上，比較優劣，以出版時間早、内容完整、錯誤少、校刻精、具有代表性爲標準，選定最佳底本及校本，底本盡可能使用祖本。所用底本、校本，在校點説明中寫明全稱，在校勘記中用簡稱。

三、標點總體按一九九一年十月中華書局總編室擬定的古籍點校釋例（初稿）的要求。

四、校勘總體按一九九一年十月中華書局總編室擬定的古籍點校釋例（初稿）的要求。補充如下：

朱柏廬撰著的書，以版本對校爲主。一般不作他校和理校。

朱柏廬編纂的書，根據需要，適當作他校。

他校註明所用書版本、刻印或出版年代。常用他校書，如《十三經注疏》、二十一史，均用中華書局本，不再註明。

底本有脱誤和衍文，按校本補正、删改、出校，不加增删符號。

底本和校本有異文，或文義兩通，或無法判別正誤，出異同校，不改原文。

底本和校本雖有異文，但差異甚小，不改，也不出校。

古今字、異體字、通假字一般不作統一改動。

版别字、俗字逕改，不加增删符號。

校勘記置於當頁末。

五、各書校點説明主要介紹版本源流、如何確定所用底本和校本，并對校點該書出現的一些情況加以説明。

總目

刪補蔡虛齋先生易經蒙引……一
朱柏廬先生大學講義……八七
朱柏廬先生中庸講義……一一九
朱柏廬先生編年毋欺録……二三七
治家格言……四三一
愧訥集……四三七
柏廬外集……八一三
朱柏廬先生詩文·附録……一〇一五

删補蔡虚齋先生易經蒙引

陳居淵 校點

校點説明

蔡清（1453—1508），字介夫，號虛齋，學者尊其爲虛齋先生，明代福建泉州府晉江縣（今泉州市）人。1484年進士及第，分别在禮部、吏部任過主事、南京文選郎中、江西提學副使等職。1724年從祀（泉州府）文廟。所著《易經蒙引》（一稱《周易蒙引》），十二卷，專以發明朱熹《周易本義》爲主，在中國易學史上備受學者的關注。《删補蔡虛齋先生易經蒙引》現存六卷，爲朱柏廬手寫本，可視爲《易經蒙引》的簡編本。

陳居淵

《删補蔡虚齋易經蒙引》存卷一卷二卷三卷四卷七卷八六卷 朱柏盧先生手寫本。

實謹按：彭定求所撰《朱先生用純墓誌》云：先生所著諸書，精力最注者，删補蔡虚齋《易經蒙引》，闡明易理特精。又自作《四書講義》，皆先儒所未發。臨没時，以二書遺嗣君曰：「謹藏諸笥，吾將以此見先人于地下。」今觀此書殘本，朱墨燦然，精楷秀勁，蓋先生先用墨手鈔蔡氏原本，然後用硃删補，旁行細字不能容者，則另紙書之，貼于書眉，全書删補數四，一字不苟。信乎其平生精力爲瘁矣。觀先生臨殁珍重以是書遺嗣君，不知流出自何時，遂致殘闕。余得之閩中肆賈，亟爲整理，遺逸手蹟，彌可寶貴，極欲覓得，所缺六卷合而刊之，謹藏之篋以待。己酉正月鄧實記。

再按：先生所著尚有《無欺録》、《困衡録》等，《無欺録》錢塘諸氏已與其父以發觀復堂稿同刊于玉山書院。惟此書及《困衡録》、《四書講義》世未見有刊本耳。實又記。

朱柏廬先生，名用純，字致一，蘇之崑山人。明季諸生，痛父集璜與城俱殉，隱居教授終其身。人品頗高，而此書則非老學究本子也。

崑山朱柏慮手輯　廬誤作慮，此行當爲後人所添。

《周易》上經

本義　周，代名也；易，書名也。其卦本伏羲所畫，有交易、變易之義，故謂之易。其辭則文王、周公所繫，故繫之周。以其簡袠重大，故分爲上下兩篇。經則伏羲之畫，文王、周公之辭也。并孔子所作之傳十篇，凡十二篇。中間頗爲諸儒所亂，近世晁氏始正其失，而未能盡合古文。吕氏又更定著爲經二卷，傳十卷，乃復孔氏之舊云。

蒙引　文易、變易，在易有之，在實體亦有之，本是實體上物事，模寫入易中耳。《本義》主易言交易從卦圖上看，變易從蓍策上看，造化之交易、變易，具見於朱子小註，宜詳玩之。朱子曰：交易是陽交於陰，陰交於陽，是卦圖上底如天地定位，山澤通氣，雷風相薄，水火不相射，八卦相錯是也。　或曰：交易是對待之定體，如何見得是交處？曰：如天上地下相對也，則天氣下降以交於地，地氣上騰以交於天，其實理固然矣。推之山澤雷風水火皆然，故山不得水，不能生草木鳥獸；澤不得土，不能生魚鱉蛟龍，則相交之理，亦昭然也。以至雷風則相益者也，水火則相濟者也，天地間蓋無一物不然，故曰天地睽而其事同也，男女睽而其志通也，萬物睽而其事類也。凡君臣、父子、長幼、朋友、内外、上下、剛柔、文武，以至庶物之雌雄牝牡，食味之酸鹹涼熱等類，凡其二者之對立而其理之相須者，皆謂之交易也。雖至微之物，亦各有箇面背内外。面背内外，則相須而不可相無者也，是亦交易所在矣。故程子曰：天下無無對之物。易之交易，即所以像乎此也。此理若實得於心而變通於事爲之間，亦真可以手舞而足蹈也。愚謂若就逐卦六位言，則初陽而二陰，三陽而四陰，五陽而六陰，是亦有對待之義。又以横圖言，在兩儀則陽與陰對，在四象則太陽與太陰相對、少陰與少陽相對。在八卦，則乾陽與坤陰相對，震陽與巽陰相對，艮陽與兑陰相對，坎陽與離陰相對，其在員圖方圖皆然。又以卦之反對言之，則自乾剛坤柔、比樂師憂，以下一一皆有交易之義也。蓋此理無處無之，在易書皆然。

朱子曰：變易是陽變陰，陰變陽，老陽變爲少陰，老陰變爲少陽，此是占筮之法。蓋卦爻之在圖書，初無變之可言，唯於占筮得卦之後，有九六七八之數，則九者變爲七，六者變爲八，於是有變易之義耳。易有卦有蓍，有卦無蓍，則易爲無用，有蓍無卦，則易爲無體，交易大抵主卦爻言，變易大抵主蓍言。

朱子曰：陰陽做一箇看也得，做二箇看也得。做兩箇看，只是分陰分陽兩儀立焉。做一箇看，只是一箇消長，若專指流行者言，如寒暑只是一氣，而分陰分陽亦有兩儀象也。

造化之交易，所謂分陰分陽、天地四方，是其至明白易見者也。故天陽與地陰相對，南陽與北陰相對，東陽與西陰相對，變易則所謂一動一靜互爲其根者也。故晝陽往而夜陰來，夜陰往而晝陽來，暑陽往而寒陰來，寒陰往則暑陽來，此氣數之相推者也。　交易、變易在造化在易書俱要分合看得方是。如天地定位，合言之交易也。專就天言，則有南極北極之分。專就地言，則有南北高深之辨。此又分言之交易也。如晝夜之相推，合言之變易也。晝午前爲陽午，後爲陰夜，則子前爲陰，子後爲陽，此又分言之變易也。至於易卦亦然。又交者亦有變，即朱子一氣。變者亦有交。交易者，流行而陰陽兩分之説。交亦有變，便可類推附見。陰陽之質其定位也。變易者，陰陽之氣，其相爲消長者也。近取諸身，遠取諸物，無不皆然。　交易者，陰陽之相間。變易者，陰陽之相因。交易，即朱子原象贊中所謂交易爲體、往此來彼者也。變易，即贊所謂變易爲用，時靜時動者也。

舉天地間物，物皆是易，不是變易，便是交易，二端之外，更無他也。此古之聖人所以用一易字以該括之，而朱子又分爲變易、交易二義以發明之也。嗚呼，盡之矣。　雖然，動靜相生而無端，故對待亦有肇於流行者，所謂體在天地後，用起天地先，是也。流行亦有對待者，所謂太極動而生陽，陽極而靜，靜而生陰，陰極復動者也。　上經首乾坤、終坎離，下經首咸恒、終既濟未濟，兩篇之分，實亦有不徒然者，且六十四卦何不以三十二卦爲上經，三十二卦爲下經，而乃上經三十卦，下經三十四卦，先儒謂天地萬物之父母，故上經首乾坤，夫婦人道之始，故下經首咸恒，此本孔子《序卦傳》之意也。至下經之所以終既濟未濟者，《序卦傳》亦自有明說矣。但上經之終於坎、離，先儒雖未論及者，愚意乾、坤者造化之本體，坎、離者乾坤之大用，坎爲水陰也，離爲火陽也，天地之所以造化萬物者，一陰一陽而已，此即太極之陰静陽動也。凡單言水火，便當陰陽，便包五行，使乾坤而無坎離，則乾坤或幾乎息矣。此上經之所以首乾坤而終坎離也歟。觀先天圖乾坤定上下之位，坎離列左右之門，亦爲有意。又後天圖從中起，便是南離北坎，純以坎離作用爲主也。下至《參同契·悟真篇》、《醫方》等書，往往提掇箇坎離或水火二字，亦足以明造化之不外此兩端矣。　上經首乾坤終坎離，造化之始終備矣。下經首咸恒終既未濟，人物之始終備矣。　上經終於坎離，其理最妙。若再擇二卦以易之，便不得如此之精意。此朱子感興詩所謂「崑崙大無外，磅礴下深廣。陰陽無停機，寒暑互來往」者也。與下經之終於既未濟實同一意。　何謂只言水火便該五行？曰：陽自天一生水爲始，而三生木以終之。陰自地二生火爲始，而四生金以終之。水實該木，火實該金，土則寄居四行之中，此猶只言仁義而該禮智信也。亭林顧氏曰：《周易》自伏羲畫卦，文王作彖辭，周公作爻辭，謂之□□，分上下二篇。孔子作□□□之□傳，分十篇：彖傳上、下二篇，象傳上、下二篇，繫辭傳上、下二篇，文言、説卦傳、序卦傳、雜卦傳各一篇。自漢以下，爲費直、王弼所亂，取孔子之言逐條附於卦爻之下。程正□傳因之，及朱元晦《本義》始依古文。故於《周易》上經條下云「中間□爲諸儒所亂」。近世鼂氏始正其失，而未能盡合古文。吕氏又更□□爲經二卷，傳中卷乃復孔氏之舊。至洪武初頒五經，天下儒學唯《易》兼用程朱二氏，亦各自爲書。永樂中脩大全，乃取朱子卷次割裂附之程傳之後，而朱子所宗之古文仍復殽亂。彖即文王所繫之辭，傳者孔子所以釋經之辭也。後凡言傳者放此。乃彖上傳條下義□可削「彖上傳」三字而附於「大哉乾元」之下。象者卦之上下兩象、及兩象之六爻，周公所繫之辭也。乃象上傳條下義□乃削「象上傳」三字而附於「天行健」之下。此篇申彖傳、象傳之意以□乾坤二卦之蘊，而□卦之説因可以例推云。乃文言條下義□乃削「文言」二字而附於「元者善之長也」之下。其「彖曰」、「象曰」、「文言曰」字皆朱子本所無，後依程傳添入。又不知何年何人以□□文字義當歸一，請廢程傳，專用《本義》，果行其説即當尋朱子《本義》舊本□削。□又□大全中□出《本義》，仍是殽亂之書。其初則屈朱以就程文，則忘之而以程之次序爲朱之次序。惜乎朱子□正之書，竟不得見於世，豈非此經之不幸也。□□氏此説雖非大易安義，然先經傳□□□□□□□□釐正復古，且係國家頒學□士而後世經生懵然不□□□但讀朱子釐正之言，不見朱子釐正之文。蒙引□□□□故□□□使讀者知經傳之下《本義》之□謂者如此云。附見。□何謂只言條下。

䷀乾下乾上

乾，元亨利貞。

本義 六畫者，伏羲所畫之卦也。一者，奇也，陽之數也。乾者，健也，陽之性也。本註乾字，三畫卦之名也。下者，內卦也；上者，外卦也。經文乾字，六畫卦之名也。伏羲仰觀俯察，見陰陽有奇耦之數，故畫一奇以象陽，畫一耦以象陰。見一陰一陽有各生一陰一陽之象，故自下而上再倍而三以成八卦。見陽之性健而其成形之大者爲天，故三奇之卦名之曰乾，而擬之于天也。三畫已具，八卦已成，則又三倍其畫以成六畫，而于八卦之上各加八卦，以成六十四卦也。此卦六畫皆奇，上下皆乾，則陽之純而健之至也。故乾之名天之象，皆不易焉。元亨利貞，文王所繫之辭，以斷一卦之吉凶，所謂彖辭者也。元，大也。亨，通也。利，宜也。貞，正而固也。文王以爲乾道大通而至正，故于筮得此卦而六爻皆不變者，言其占當得大通而必利在正固，然後可以保其終也。此聖人所以作易教人卜筮而可以開物成務之精意。餘卦放此。

蒙引　一者奇也，陽之數也。只實處便是一，虛則二。乾一而實奇，圓圍三便見陽數奇矣。一讀爲單，一讀爲拆，誤也。不如讀奇讀耦較無病。乾者，健也。陽之性也。天地間凡陽皆動，動而有常，見陽性健也。胡氏曰：一者，奇也，陽之數也。從象上説，乾者健也，陽之性也。從理上説，天地間不外乎陰陽，陰陽之數不外乎奇耦。以其大者言之，天，陽也。何以見其奇？蓋天之形，包乎地之外，一而實者也。故爲奇。地，陰也。何以見其耦？蓋地之爲地，盡能容載乎天之氣，以養育乎萬物，二而虛者也。故爲耦。又以在天之日月言之，日則本體自明，且萬古常盈而不虧，一而實，奇也。月本體虛，常受日之光以爲光，且有盈有虧，亦二而虛，耦也。又以地之山水言之，水體虛，故投之以物，則隨而没入，有耦象焉。山視水，其體實矣。非掘不入，故雖只是地之隆起者，然以對水看則亦奇象矣。或曰水能載舟，萬物投之俱不没，何謂虛？曰投以實物無不没入者，木性虛，故不没。非惟木也，雖瓦石作巨物而虛其中，以置之水亦不没入，蓋受實而不受虛也。以日言之，午前半日爲陽，午後半日爲陰。以月言之，望以前一半爲陽，望以後一半爲陰。以山言之，則山南爲陽，山北爲陰。山面爲陽，山背爲陰。如《禹貢》所謂岷山之陽，與至於華陰是也。如海之水，則潮爲陽，汐爲陰。如江河之水，上流爲陽，下流爲陰。又凡奔流者爲陽，停涵者爲陰，亦各有陰陽也。

且陰陽之分，在人與物，無不有之。如人之男女，男陽而女陰也。然男女之身各有血氣，血陰而氣陽也。所謂一物原來有一身，一身還有一身之氣血，其界分亦自不同。如醫家診脉法，左右手寸關尺三部，左心、小腸、肝、膽、腎，右肺、大腸、脾、胃、命，左寸部輕按，診心；重按，診小腸；左關輕按，是肝；重按，是膽，無往而無箇陰陽之別，雖一草一木之微，其所以爲形氣性味者，亦莫不分陰分陽，故官桂味本辛熱，然用枝則氣薄而開表，用肉下氣開胃，然煮汁飲之，則除蟲毒，其子則又安喘嗽，爲用不同者，以其性味自有別也。此皆一分爲二之理，可見無物無對，不是陰便是陽，陽便變陰，陰便變陽，豈非一陰一陽有各生一陰一陽之象耶？以上皆以交易者言對待之陰陽也。今更以變易者言之，如氣序之流行，甲年爲陽，乙年爲陰。自春夏言之，春又爲陽，夏又爲陰。自春一令言之，自立春至春分以前又爲陽，自春分之後爲陰，餘皆以此類推。雖一箇時辰，亦分上下四刻。雖一息之微，亦分一嘘一吸，凡此非只是苟且分析各有配屬而已。其理數之際，各以類分，至微至妙，有不容以毫髮謬亂者，故聖賢謹而辨之。如象之膽，則隨四時所在不同。如猫之目精，則隨十二辰而變。其理數之微妙，有不可盡究詰者。

奇

者，兼乎耦者也。耦者，分奇之半者也。如舉日則包夜，奇也。夜則得日之半，耦也。朱子謂天地間只是一箇陽氣，下截便是陰，陽全陰半。又曰陰陽只是一氣，陽之退便是陰之生。蓋以下截對前一截看，則有耦象矣。此以氣言者也。若從此節節推去，每一分爲二，亦生生之數。

問：陽進陰退，就造化人事言之則如何？曰：春夏氣之噓，秋冬氣之吸，吸則退藏矣。又如人身四十以前，日向於壯進，數也。四十以後，日浸以衰退，數也。然又須知陽全而陰半，陽無終盡之理，而陰只是陽截後一半。如今之和尚，雖年八十而猶剃髮，蓋髮常長也。但比四十年前不同耳。

成形之大者爲天，坤卦亦曰陰之成形莫大於地，可見不可就以乾坤告天地者。凡至健者皆爲乾，凡至順者皆爲坤，此乾坤所以先應萬事之用，與彖傳之言所爲專以天道明乾義，地道明坤義也。

天地間，凡柔者皆不足以有爲，惟剛健則有能爲之資，而物莫之阻，况乾又是至健者，此乾道之所以爲大通。

凡萬物之剛者必正，柔者必邪，乾則純陽至健，又正之至者也。

乾道大通而至正，最好玩味，是此一句，雖孔子後面許多言語，皆在其中。天之四德一大通，至正之道也。聖人之四德，亦一大通，至正之道也。方知孔子主義理說，不是易外意。

何謂天四德，一大通至正之道？曰：正大而天地之情可見。

何謂聖人四德亦一大通至正之道？曰：聖人之心，廓然而大公，物來而順應，中心無爲以守至正。

尋常盡說《易》是窮理盡性至命之書，自今觀之卦爻辭，何處是説性命，殊不知有形而下之器，便有形而上之道。有至著之象，便有至微之理。如乾元亨利貞，便是從乾道大通而至正上來。坤利牝馬之貞，便是從陽全陰半、地道無成而代有終上來。乾豈不是性命耶？是以學須見到天人合一處。

事有未正，必欲其正；事之既正，必守其正，此正、固二字之義。固所以全其正也。如此説貞義乃盡。

元亨，謂其事可爲也。利貞，謂須善爲之。《易》以道義配禍福，故元亨而必利貞也。

《易》雖主卜筮，然以道義配禍福，與他術數書不同，所以爲經也，故無不效。昔晉何晏聞管輅明《易》數，請與論《易》。鄧颺在坐，請作一卦，當至三公不，又問連夢青蠅數十來集鼻上，輅告之曰：元凱輔舜，周公佐周，皆以和惠謙恭，享有多福。今君侯位尊勢重，而懷德者鮮，畏威者衆，殆非小心永福之道，願君侯裒多益寡，非禮勿履，則三公可至，青蠅可驅也。後二人皆坐事誅夷。按輅以《易》數名，而其言如此，是知以道義配禍福者矣。當老莊虚浮之世而有此人物，亦豪傑之士哉！愚嘗謂上有天，下有地，中有人。天有時，地有利，人有爲，人爲之功，用亦大矣。人爲之善者，或能吉其凶。其不善者，則能凶其吉。愚故録輅之言，以正《易》道之門户也。

颺又嘗問輅曰：君自謂善《易》，而語不及《易》，何也？輅曰：善《易》者，不言《易》也。斯蓋真知《易》之隨時隨處隨物無往不在，不可以指摘言也。夫《易》以言乎遠則不禦，以言乎邇則静而正，以言乎天地之間則備矣。學者但能任理以應事，動静不失時，則何往而非《易》，故邵子曰：孟子善用《易》，而七篇中未嘗一言及《易》也。程子曰：《易》學後來，曾子、子夏煞曾到上面，然曾子、子夏之言傳於後世者，亦未嘗有一言及《易》，學者於此可以加思索工夫矣。《本義》所謂保其終，不可説是保得元亨。蓋元亨只是許他去做此事，言無所阻礙而已，未見有成功處，有何可保？如初占得乾時，知其元亨且利貞，是開物。從此去做事，既元亨又利於貞，是成務。乾卦卦辭只是要人如乾樣，坤卦卦辭只是要人如坤樣，至如蒙、蠱等卦則又須反其象，此有隨時而順之之義，有隨時而制之之義，《易》道只是時時則有此二義在，學者細察之。先儒曾有因日食而筮者，得大有之需，大有乾下離上，需乾下坎上，乾不動，唯上離變爲坎，筮法三爻變者當占本卦及之卦，彖辭渠只以卦象求之，謂上體離日爲坎月所變，日食之象也。自以爲得之，而需卦辭所謂「有孚，光亨，貞吉，利涉大川」，大有卦辭所謂「元亨」者皆無所預矣。以愚意推之，彼因日食而筮鬼神，若只告以日食之故，如此則萬古日食皆然，於時事何所關？於其人何所發耶？鬼神之意，殆謂上離爲日，君象也。今變爲坎，天上之日爲月所掩，是君德爲陰邪所蔽而失其明也。此須人主脩德以弭之，而脩德之道必如需之内有孚而光亨，而外又事事以正，則吉矣。由是天災可弭，世難可夷，是謂利涉大川也。大川既涉，大難既平，則復爲大有之元亨矣。兹豈無預於卦辭耶？信所謂受命如響，無有遠近幽深，遂知來物者也。盈天地間，無處無陰陽二氣，陰陽之良知，即其靈也。有感必通，不疾而速，不行而至，斷非偶然者。貞之一字，六十四卦三百八十四爻之樞紐。夫子所謂一言以蔽之者也。比時字尤切，然貞則時矣。試觀一《易》卦爻中，凡貞則吉、不貞則凶、貞則利、不貞則不利、貞則凶害反爲吉利、不貞則吉利反爲凶害。又凡言吉利者，雖無貞字，理則自貞中來也。凡言凶害者，雖無不貞字，理則自不貞中來也。學《易》者要須識得。

初九，潛龍勿用。

本義 初九者，卦下陽爻之名。凡畫卦者自下而上，故以下爻爲初。陽數，九爲老，七爲少，老變而少不變，故謂陽爻爲九。潛龍勿用，周公所繫之辭，以斷一爻之吉凶，所謂爻辭者也。潛，藏也；龍，陽物也。初陽在下，未可施用，故其象爲潛龍，其占曰勿用。凡遇乾而此爻變者，當觀此象而玩其占也。餘爻放此。

蒙引 天下之物，凡至變處，皆是老者，其未老不變也。花開到透時，便須謝落，人到老時，便有死期矣。自造化言，寒到極處然後變爲暑，暑到極處然後變爲寒，亦老而變也。晝到晡時，老也，乃變而夜。夜到五更時，老也，乃變而晝。 易占其變，故謂陽爻爲九不爲七。 七九皆陽數，六八皆陰數，陽主進，九者進之極也，故九爲老陽。陰主退，六者退之極也，故六爲老陰。今占卦如五爻皆九，一爻獨七，則占其七，是未嘗不用七也。但逐爻則皆用九，以用者多也。八六放此。 龍，純陽之物也，故極其輕清而能變化。純乾之陽，自與他卦不同。 潛龍勿用，在士之未仕者得之，則當隱約以待時；在仕者得之，亦當引身而退避；在庶民得之，則不利有所往；在商賈得之，宜深藏而不市。若以天子之尊而得此爻，亦或時當主静、或事當謹密。周公之繫爻辭，或取爻德，或取爻位。又或取本卦之時與本爻時位，又或兼取應爻，或所承所乘之爻。有取乘應與時位兼全者，有僅兼其一二節者，又有一爻爲衆爻之主者，則兼及衆爻，大槩取義不出此類端。程子言爻才於卦，亦言卦才，《本義》改稱卦德，德字兼得才字。《本義》立象、占二字，盡蓍卦之始終矣。象在卦，占以蓍，卦者易之體，蓍者易之用，缺一非易也。故朱子學《易》，不敢只安於程傳之成説。邵子平曰：欲把一部易數傳與二程，二程全不問他。邵子亦不曾與他説，所以伊川後來作《易傳》，於象數上略了，只據胸中所得之義理來解説。朱子服其理到，但以未得《易》之本旨，故别爲之註，而自名曰《本義》，便見程傳之説未爲本義矣。《本義》字字皆從畫上味出，亦多本之孔氏也。

九二，見龍在田，利見大人。

本義 二，謂自下而上，第二爻也。後放此。九二，剛健中正，出潛離隱，澤及于物，物所利見。故其象爲「見龍在田」，其占爲「利見大人」。九二，雖未得位，而大人之德已著，常人不足以當之。故值此爻之變者，但爲利見此人而已，蓋亦謂在下之大人也。此以爻與占者相爲主賓，自爲一例。若有見龍之德，則爲利見九五在上之大人矣。

蒙引　剛健中正，以體而言則剛，兼用而言則健，居下體之中則中，中則無不正，以九居二非正也。但純乾之德，與他卦不同，故獨曰剛健中正。剛健從九字上看，中正從二字上看，出潛離隱，亦從二字上看，二是位也。中能兼正，正不能兼中，三百八十四爻，多以中而得正者，意者朱子亦特於此發其例歟。大人不出則已，出則澤必及物，澤既及物，物必利見，此理勢之自然。如龍既見，則亦有雲雨之被於物者矣。　剛健中正以德言，出潛離隱以時言，此之剛健中正，即《文言》所謂龍德也。此之出潛離隱，即《文言》所謂正中也。此中正與《文言》正中全不同。凡大人皆是德位兼全之稱，九二雖未得位，而大人之德已著，所謂居仁由義，大人之事備矣。故亦謂大人。見龍在田，還是伊傳之儔，不可指孔孟，孔孟當時安得澤及於物而爲物所利見乎？其曰九二未得大人之位者，言未得在上之位，如九五耳。其實德施普也，天下文明，非在大臣之位則不能。如孔孟畢竟皆是卒老於行者，安得天下文明而爲見龍也？　按朱子《文言》九二條有曰：九二却恰好其化已能及人矣，又止是臣位所以處之而安。九三居下卦之上位已高了，只得乾乾惕厲恐懼，此便是伊周地位。蓋以伊周當時實居百僚之上攝天子之事，正爲危地而當惕厲時也。似與九二伊傳之説自不相妨，蓋一則主得位而及物言，一則主居乎危疑之地言。

九三，君子終日乾乾，夕惕若，厲无咎。

本義　九，陽爻；三，陽位。重剛不中，居下之上，乃危地也。然性體剛健，有能乾乾惕厲之象，故其占如此。君子，指占者而言。言能憂懼如是，則雖處危地而无咎也。

蒙引　乾乾，亦健也。自强不息之意，不然則頹墮放弛矣。故繼之曰夕惕若，言終日乾乾，雖至夕其心猶不放下也。　重剛不中，重剛本過剛之資，不中則所以用其剛者又不當。　居下之上，則有重責在身，所謂「赫赫師尹，民具爾瞻」，有國者不可以不慎者也。所謂處乎憂患之域而行乎利害之途者也。故曰危地。　乃危地也，或專指居下之上，看來亦帶上句。蓋居下之上本當有危，然非重剛不中以居之，未成其爲危也。　厲无咎，既无咎則不厲矣。　終日乾乾，夕惕若，則所以行之於身、措之於事者，必以其道而不取肆信乎其无咎也。　重剛不中以取危者，此九三也。性體剛健能乾乾惕厲者，亦此九三也。大意謂人能以危道處危地，則終於不危矣。此純是占，然亦自有象在。乾乾惕厲，則所謂重剛不中者。不之爲害，而惟見其性體之剛健矣。是即湯武反之也。附見。　乾以惕厲无咎，震以恐懼致福，蓋危者使平，易者使傾，易之道也，不易之理也。

九四，或躍在淵，无咎。

本義　或者，疑而未定之辭。躍者，无所緣而絶于地，特未飛爾。淵者，上空下洞，深昧不測之所。龍之在是，若下于田，或躍而起，則向乎天矣。九陽四陰，居上之下，改革之際，進退未定之時也。故其象如此，其占能隨時進退，則无咎也。

蒙引　龍在淵，一躍即升天，得水故也。若在田，則勢反有難者。躍本是起，或躍則未便起。夫四居二之上，今曰在淵，反下於田，不稱其位之高下，何也？曰：據田與淵言則淵，若下於田，據躍與見言，則躍淵爲高於在田。九陽志於進，四陰則不果於進，居上可進，居上之下則疑於未可進，九陽四陰本是能疑之，人居上之下，又是可疑之地下。又改革之際，進退未定之時。不可專承居上之下説。若不是九陽四陰，雖當疑而不能疑矣。人惟進退不隨時，故或先時而有爲，則不免於躁進，或後時而不爲，又不免於失時，皆咎也。

九五，飛龍在天，利見大人。

本義　剛健中正以居尊位，如以聖人之德，居聖人之位，故其象如此。而占法與九二同，特所利見者，在上之大人耳。若有其位，則爲利見。九二，在下之大人也。

上九，亢龍有悔。

本義　上者，最上一爻之名。亢者，過于上而不能下之意也。陽極于上，動必有悔，故其象占如此。

蒙引　陽極於此，進之極也。極則變，故動必有悔。吉凶悔吝生乎動，本義著個動字，悔是動處悔。曰有悔便可見，非必不能免也。居亢之地而不爲亢之事，便不爲亢，便無悔。其有悔者，特與亢爲亢耳，故曰與時偕極。《本義》過字、不能字，全主人事説，到此地位更不容毫髮或過，故動必有悔，朱子説得危機悚然。附見。蔡澤謂《易》曰：見群龍有悔。此言上而不能下，信而不能屈，往而不能自反者也。亦善言易矣。澤相秦數日而歸相印，其庶幾乎非苟知之者。

用九，見羣龍无首，吉。

本義　用九，言凡筮得陽爻者，皆用九而不用七，蓋諸卦百九十二陽爻之通例也。以此卦純陽而居首，故于此發之。而聖人因繫之辭，使遇此卦而六爻皆變者，即此占之。蓋六陽皆變剛而能柔，吉之道也。故爲羣龍无首之象，而其占爲如是則吉也。《春秋傳》曰：乾之坤，曰見羣龍无首，吉。蓋即純坤卦辭，牝馬之貞，先迷後得，東北喪朋之意。

蒙引　見字，與見豕負塗者略同，彷彿之辭，無是實事。朱子作《張魏公行狀》述其所論剛柔之義曰：君道主剛，而其動也用柔，故乾動則爲坤矣；臣道主柔，而其動也用剛，故坤動則爲乾矣。夫必遠好色，必去小人，必安社稷，必服四夷，乾之剛也。至於禮臣下，恤百姓，虚心取善，舍己從人，其動莫非柔矣。不敢倡始，不敢争先，循分守安，進退之類，坤之柔也。至於犯顔敢諫，捐軀盡節，可殺而不可辱，可用而不可使爲不義，托孤寄命，正色立朝，其動莫非剛矣。善觀《易》者，必觀剛柔之中而究其所以用，則六十四卦三百八十四爻或得或失、或吉或凶，皆可類推。不知剛柔之用，不足以言《易》也。

《彖》曰：大哉乾元，萬物資始，乃統天。

本義　彖即文王所繫之辭，傳者孔子所以釋經之辭也。後凡言傳者放此。　此專以天道明乾義，又析元亨利貞爲四德以發明之，而此一節首釋元義也。大哉，歎辭。元，大也，始也。乾元，天德之大始，故萬物之生皆資之以爲始也。又爲四德之首而貫乎天德之始終，故曰統天。

蒙引　彖、象二字，愚嘗考之，直音彖。豕走帨也。豕走爲帨，則頭昂脣仰，而毛剌聳豎有開舒發揚之意。卦辭以斷一卦吉凶，其所以發揚卦藴而開示乎人者，固無所不盡也。象之爲物，《本草》言其身備百獸肉，皆有分數。又曰象以十二種肉配十二辰，膽不附肝，隨目在諸肉間，則其爲物固近於得天地之全氣者，而又有與時偕行之義。爻言其變，且廣大悉備而不可爲典要，象其近也矣。聖人取此二字以爲名，安知意不出乎此？其曰彖，斷也；象，像也。乃後人衍其義而云爾，若孔子所謂象也者像也，象也者像此者也，便活作非正解其義。

此專以天道明乾義。又曰天德之始終。天道對地道等言，天德只是乾本身言，德字切而約，道字虛而廣，專以天道明乾義，可見《彖傳》純主天道，其言聖人四德特用以配乾耳。　雖以四德言，然於所謂元大也，亨通也，利宜也，貞正而固也，其義則歸於同。但就人事之占言，則爲大亨而利於正。就天之四德言，則爲大始也，亨嘉也，物欲得其宜也，各正而固也，猶坤之安貞。《本義》云：安者，順之爲也。貞者，健之守也。故只以人事言則爲安於正，以地德言則爲安而且貞，其理固有相融通。又析元亨利貞爲四德以發明之，此之字指乾，蓋乾之所以爲乾者，四德而已矣。乾天之性情，性情，不外乎四德之序。

天地間物凡大者，皆爲始。始者便自大，有生之初，自然之理，是如此。有生之後，當然之序，亦如此。彖辭元字只訓大者，以本文原無始字義也。此以有萬物資始一句，故兼言之，抑乾元之大，亦於萬物資始處見也。非以萬物之始處當元始者，物之始也。物之所資，以始者元也。元自是天德，天德之元在何處？而萬物則從何處而資之以爲始？曰天之四德，默運於冥漠之間，而萬物之所以爲元亨利貞者，惟其機之所動耳。所以然者，以物物各具一太極，自其向日成始之時，陰陽會合冲和之氣，渾淪全具。而所以爲來日之元亨利貞者，悉已該載無遺，來日只是應天之時而行耳。今以一粒粟言之，各有一點生意，即是天德所在，機之所伏也。其機發動之時，一段滋温之氣，是得於乾之元。至其露生之時，則得於乾之亨，既而得其利，而向於實得其貞，而實之成無他。氣候所至，而物隨之物，固莫之能爲也，而天亦莫之爲也。總是體統一元之氣，流行貫通而無間然也。不然，天雖不物，物而雕之，物亦當一一而取之，而天亦當一一而應之，而造化亦勞矣。亦當有時而息矣，豈所謂天道無心而成化也哉？豈所謂動静無端、陰陽無始之妙道也哉？

天之四德，帝出乎震云

云也。萬物之生長收藏，萬物隨帝以出入之謂也。朱子曰：天地只是一箇春氣，發生之初爲春，氣長得過便爲夏，收斂便爲秋，消縮盡便爲冬。明年又復從春起處，渾然只是箇發生之氣，可見元之統天。張子曰：乾之四德，終始萬物，逆之不見，其首隨之，不見其後，此即所謂四德之循環而無間者也。曰元統天者，亦就動之端言耳。統四德，即是統天。資始者，偏言之元也。統天者，專言之元也。

雲行雨施，品物流形。

本義　此釋乾之亨也。

蒙引　不必依誠齋氣亨形亨説乾之亨，只在品物流形上見。品物與萬物不同，言萬物則飛潛動植之類無不該，品物只指百果草木也。飛潛蠢動，豈必皆雲行雨施然後流其形耶？且上方言萬物，此即改品物用字，信不苟矣。聖人以植物言亨者，指其最易見者以示人。品物之所以流形者，乾之亨也。雲行雨施，猶是在外可見者。若不得那内面乾德之亨的道理，雖有雲雨施潤，亦無從而流其形矣。品物流形爲乾之亨者，向者乾元資始之時僅有其氣，而猶未有其形也；坤元資生之時始有形，而猶未流其形也。至是，則品物得雲雨之滋潤莫不暢然，各流其形而生生不已，出出不窮矣，可見乾之亨也。流字下得最不苟，品物露出形質，便從此迤邐生去。如一枝草，既有箇芽，便發枝、發葉、抽心、抽蕚，自然續續出來，故曰流形。流行不滯，即是亨通。資生者，胚胎於中。流形者，呈露於外。

大明終始，六位時成，時乘六龍以御天。

本義　始，即元也；終，謂貞也。不終則无始，不貞則无以爲元也。此言聖人大明乾道之終始，則見卦之六位各以時成，而乘此六陽以行天道，是乃聖人之元亨也。

蒙引　時字最重，大明終始，是聖人洞知乾之四德終而復始一時焉耳。六位時成，則見得卦之六位始於初而終於上，亦時焉耳。至於時乘六龍以御天，則其潛見惕躍飛亢應變而不窮者，亦時焉而已，此一節之大旨。　大明乾道之終始，凡萬物皆有箇終始，其中便有箇四德，此理天地間皆是，故不曰天道而曰乾道。　聖人則於天地間，此理無不曉暢到底，無之或遺，非專曉得天之四德循環而已也。　大明乎乾道之終始，則見此六位，其爲潛爲見等，箇箇都是見成的，全無假些兒尋覓之功，此理最妙，要信得及。　亢雖有悔，合群龍而言，亦槩作好者，蓋聖人之所乘，便爲亢而不亢也。初位在下，便當爲潛。潛既出潛，便當爲見。見既居下之上，便當爲惕云云，是皆自德而成者也。故曰六位時成。　御如御車之御，以見進退遲速之在我。　時乘六龍，只是潛見惕躍飛亢之時出耳，非必謂始潛、次見、次惕、又次以躍飛亢也。　所謂聖人便是天，聖人非天，其道則天也。　乾道是造化的，此天道是聖人的。御天者，天道在其所御也。不可以行字當御字，御以行之也。車無御者，莫行也。　聖人之元亨，只在時乘六龍以御天一句，此六龍全是説有位聖人事，蓋聖人雖在天子之位，然亦有時。當謹密處，便是時潛而潛，或時乎布德澤以及物，便是時見而見。至於兢兢業業，思患預防處，便是時惕而惕，或事有應機而發，因時而動處，便是時躍而躍，時飛而飛，如開明堂受朝賀之時，是也。時亢而不與之俱亢，則如堯禪舜、舜禪禹之時，與凡高而不危，滿而不溢處，皆是也。此便是時乘六龍，乘六龍便是御天。夫謂之乘龍御天，則是聖人一身常駕馭乎乾之六龍，而乾之六龍常出没於聖人之一身矣。此當想其變化無迹之妙，《皇極經世》曰：仲尼能盡三才之道者，以其行無轍迹也。　乘龍御天，只是時中，堯舜所謂允執厥中也。　就卦言，只可謂之六位。就聖人之乘而用之言，則當曰六龍。　非但六十四卦三百八十四爻周流於宇宙之間，足以供斯人之用而不窮，只此乾之六龍，亦無一日不周流於天下，而天下之人隨其位，分之尊卑大小用之，皆無少欠缺焉者也。乃知聖人之御天以至萬國咸寧，實不能有外於此。惟神而明之，存乎其人耳。　聖人時乘六龍以御天，則天下之人亦咸有生意。如萬物資始而品物流形者。若曰各得其所而咸寧，則未也。但要見元亨，是聖人的，不是天下的，若到利貞之時，天下之人各得其所而咸寧，則是聖人功業之結果成就處，故爲聖人之利貞。乾彖傳釋四德，便以聖人配天道言之，頤、咸、恒、姤等卦皆德。生萬物者，天地也。參天地者，聖人也。易美位，未以天地人三才建立，聖人則盡人道者也。

乾道變化，各正性命，保合太和，乃利貞。

本義 變者，化之漸。化者，變之成。物所受爲性，天所賦爲命。太和，陰陽會合冲和之氣也。各正者，得于有生之初。保合者，全于已生之後。此言乾道變化，无所不利，而萬物各得其性命以自全，以釋利貞之義也。

蒙引 變者，化之漸。化者，變之成。若《大傳》化而裁之謂之變，則以化爲漸，變爲成。此節愚以蒙引解爲未的。元亨誠之通利貞誠之，復曰元亨而利貞，是變化一大關頭，故聖人特爲之□曰乾道變化，而其下曰乃利貞，可見利貞二字合解不分。各正、保合皆有其漸，非可一蹴而致，故《本義》曰「利則向於實，貞則實之成」。其各正保合之漸則利也，各正保合之成則貞也。朱子明把化漸變成解在上面，正恐讀者不知變化與利貞首尾相呼應，而各正保合各有一漸成在内也。若必以各正貼利、保合貼貞，則當其利時而太和不與之俱，當其貞時而性命又不與之俱耶？惟其必□□貼本義得於有生之初句便須强作安排，殊不知此理本極分曉。《坤·彖傳》，《本義》云始者氣之始，物自資氣於乾元。性命太和固已一□都稟受了，但雖至於亨而未可爲各正，惟向於實而各正之機始動。然天下□有實而不成者，則猶未可便謂各正。蓋實之未成，後雖着在□中，終不萌生，則知其性命太和之有所不足矣。必至於實之成而後毫無所偏陷，而各正毫無所滲漏，而保合□性命太和之有分。要之，就各正而即可見其太和，就太和而即可見其各正。何者？有不正斯不和矣，有不和斯不正矣。朱子所以於各正謂得於有生之初，於保合謂全於已生之後者，正以性命太和渾合無間，故一則原其始而言，一則要其終而言。其實太和亦得於有生之初，性命亦全於已生之後，朱子註解往往有此互文。兩□字亦蒙上又即指性命太和初然正解各正保合，又何必以有生之初貼在利字而謂對貞爲已生之後此□有生初之意，令人殊費理會而不得其的耶？愚亦未敢妄疑先正，但此覺有未能釋然於中者，故聊舉鄙見以求夫理之至當，未知果然當也。各正性命即是物物各具一理，必盡乎其理而無纖微之缺失，乃爲各正。以物言之，則胎之殰、卵之殈、百穀草木之不成不熟，以至不中伐、不中殺者，皆非各正。以人言之，則即考終其命，而苟非全生全歸，不□其體、不辱其身者，皆非各正也。故先王對時育物而務使之各遂其生。君子仁以爲□而一息尚存，此志不容少懈。正以□如是而後爲各正性命、保合太和，無失乎利貞之道□耳。此處雖不講到君子盡性，然次節以萬國咸寧□聖人利貞，萬國咸寧者，盡人性盡物性也，非盡已性而能之耶？又言四德便就本身説。曾子疾革，猶起易簀曰「吾得正而斃焉斯已」，夫是此正字。附見。變化，有謂□言元亨者，有以變爲元亨、化爲利貞者，似乎後説爲切。然按《本義》變爲化漸、化爲變成，則又非此義。大約乾道有變斯有化，有化□□變，機不暫停而此變化則指元亨之爲利貞也。朱子就變化拈出漸成二字以見傳，又於利貞雖無分解而氣機實有次第，是所以爲四德也。只看《本義》於乾道變化下覆提無所不利，而後就各正兩句至萬物各得其性命以自全爲實解，貞字下又揔承以釋利貞之義，則各正兩句之爲利又爲貞，斷可無疑矣。又附見。

或據先儒謂性命以理言，而氣在其中。太和以氣言，而理在其中。遂介然謂各正，爲得其理，保合爲全其氣，此於理氣之辨踈矣。蓋實未曉得性命以理言而氣其在中，太和以氣言而理其在中者耳。大抵從各正言須用性命字，從保合言須用太和字，而各正必居於保合之先，太和必置之性命之後，則確乎其有不可移者矣。聖筆一字之間，夫豈苟哉？而《本義》所謂萬物各得其性命以自全者，亦可見其非少了太和二字也。利貞者，共宗同事者也。利則向於實，貞則實之成，豈非共宗同事者耶？故《彖傳》不復分析。

太和、

陰陽會合，冲和之氣也。此陰陽就物言，無一物無陰陽，其陰陽便會合，其會合便冲和，少有欠缺，便無此物矣。雖至微之物，亦無少欠缺者，所謂一物原來有一身，一身還有一乾坤者也。乾道自變化，而萬物各正保合者，諺所謂氣候相催也。

首出庶物，萬國咸寧。

本義　聖人在上，高出于物，猶乾道之變化也。萬國各得其所而咸寧，猶萬物之各正性命而保合太和也。此言聖人之利貞也。蓋嘗統而論之。元者，物之始生。亨者，物之暢茂。利，則向于實也。貞，則實之成也。實之既成，則其根蒂脱落可復種而生矣。此四德之所以循環而无端也。然而四者之間，生氣流行，初无間斷，此元之所以包四德而統天也。其以聖人而言，則孔子之意，蓋以此卦爲聖人得天位，行天道，而致太平之占也。雖其文義有非文王之舊者，然讀者各以其意求之，則竝行而不悖也。坤卦放此。

蒙引　聖人既首出庶物，便有德化及物。故猶乾道之變化，須合兩節意而貫之，若曰時乘六龍以御天，萬國咸寧，則聖人之元亨利貞昭然矣。愚按：時乘六龍以御天，便有聖人在天子之位，意有未明言，故於此補首出庶物句，且在乘龍御天下説，尤見於位之及隆。附見。

《象》曰：天行健，君子以自强不息。

本義　象者，卦之上下兩象及兩象之六爻，周公所繫之辭也。天，乾卦之象也。凡重卦皆取重義，此獨不然者，天一而已。但言天行，則見其一日一周，而明日又一周，若重複之象，非至健不能也。君子法之，不以人欲害其天德之剛，則自强而不息矣。

蒙引　《本義》云：象者，卦之上下兩象及兩象之六爻，周公所繫之辭也。總作一句讀。卦之上下兩象，數字爲大象，言及兩象之六爻，周公所繫之辭也。數字爲小象言。今人多於兩象之六爻讀住分作兩句，便誤將大象爲周公所繫之辭，觀先生於此諄諄，想當時便有此誤。　此卦上乾下乾者，卦之上下兩象也。初九「潛龍勿用」至上九之「亢龍有悔」者，兩象之六爻，周公所繫之辭也。　孔子釋卦名卦辭之後復加以大象者，卦名卦辭之說有限，聖人胸中義理無窮，故自天行健至火在水上未濟，此是六十四卦之象，自有六十四卦之名也。自君子自强不息至愼辨物居方，此又是人事中自有六十四卦名之象也。凡此皆聖人之蘊，因卦以發者也。　此以字，與文王以之、箕子以之之以字同，言其能用也。不必做方去體易說。凡君子以等皆以見成者言。自强則不息，一息則非强。自强不息，乃所以全天德之剛，乃所以體天行之健，强也，健也，剛也，一也。《本義》究竟自强不息，亦只是不以人欲害其天德之剛，但方用助見成之別耳。附見。　君子法之，不以人欲害其天德之剛者，乃推原所以能自强不息處，明人之不能自强不息者，人欲害之也。猶《孟子集註》所謂人能克己，則仰不愧、俯不怍。

《大學章句》所謂心無愧怍，則廣大寬平，而體常舒泰者，要知先儒用意以覺來學處，不必遽以填入本文。　自强不息四字一串，猶云至公無私，健而無息。　天行健者，在天之乾，自强不息者，在我之乾，而天人相當矣。　究竟君子自强不息之實，亦不外乎體仁足以長人，嘉會足以合禮，利物足以和義，貞固足以幹事而已。四德何所不該，此便是全其天德之剛。

潛龍勿用，陽在下也。

本義　陽謂九，下謂潛。

蒙引　陽，陽爻，不必謂陽氣。

見龍在田，德施普也。

蒙引　《中庸》所謂德之所施者博也。

終日乾乾，反復道也。

本義　反復，重複踐行之意。

蒙引　道字輕不可認作反復乎道，或疑踐行二字無歸着，非也。反復有來來去去之意，《復·彖》曰「反復其道」，俱不可認作道德字説。

或躍在淵，進无咎也。

本義　可以進，而不必進也。

蒙引　惟不必於進，則其進以時，故无咎。

飛龍在天，大人造也。

本義　造，猶作也。

亢龍有悔，盈不可久也。

用九天德，不可爲首也。

本義　言陽剛不可爲物先，故六陽皆變而吉。「天行」以下，先儒謂之大象。「潛龍」

以下，先儒謂之小象。後放此。

蒙引　言不可以剛爲主也。此首字與爻辭无首不同，无首以象言首尾之首，此只是先字義。　剛者天德，柔者地德，天德不可爲首言，須用坤德以濟之。六陽過盛，故皆變而吉。物字廣如與衆人共處而獨任剛，自遂便足爲物先，不可爲物先，即先迷後得云云也。不專就人君說。　君子自强不息，亦不過全其天德之剛，如何又不可爲物先，蓋天德之剛，乃專言之天德也。專言者，舉其全體，固自無所不該，故貴自强不息之剛。所便是陽全陰半的道理，陰半即陽之半，可知當剛而剛，當柔而柔，總是天德之剛。附見。天德不可爲首，則偏言之天德也。偏言者，對柔順言只是一邊道理，故不可爲物先。　天之道德猶云陽德。天德不可爲首，只是剛健中正道理，中正便有柔在，如九三重剛不中便有危道。

大象、小象、大象傳、小象傳也。

文言曰：元者，善之長也。亨者，嘉之會也。利者，義之和也。貞者，事之幹也。

本義　此篇申《彖傳》、《象傳》之意，以盡乾坤二卦之藴，而餘卦之説，因可以例推云。元者，生物之始，天地之德，莫先于此，故于時爲春，于人則爲仁，而衆善之長也。亨者，生物之通，物至于此，莫不嘉美，故于時爲夏，于人則爲禮，而衆美之會也。利者，生物之遂，物各得宜，不相妨害，故于時爲秋，于人則爲義，而得其分之和。貞者，生物之成，實理具備，隨在各足，故于時爲冬，于人則爲智，而爲衆事之幹。幹，木之身，而枝葉所依以立者也。

蒙引 孔子既有《彖傳》、《象傳》，猶以爲乾坤道大而其六爻之義廣，故復作《文言傳》申《彖》、《象傳》以盡其藴。文言二字，總指卦爻辭言。元亨利貞，在文王只爲占辭，孔子《彖傳》乃有四德之説，天之四德，自其成生萬物者言也。聖人之四德，自其統治一世者言也。至此，四德又只就君子一身所行而言。一身所行者，其體。統治一世者，其用。四德無乎不在也。又見乾字所該者廣。《本義》「元者，生物之始，天地之德，莫先於此」四段話，實只推原在人之元所以爲善之長云云，故連天地之德俱説在，非惟可見天人一理而又可見萬理一原。生物之始、生物之通、生物之遂、生物之成云者，非特天有之，凡萬物之理皆然。如人之仁，其理即是生物之始。人之禮，其理即是生物之通。人之義，其理即是生物之遂。人之智，其理即是生物之成。此段已盡包含其意，下段故於時爲春於人則爲仁云云，乃其分之殊者，其實一理也。生物二字，俱是死字，猶生民之生。何以見人之仁，其理即是生物之始？曰：《孟子》註云：仁者，天地生物之心。人得之最先而兼統四者，所謂元者，善之長也。則仁爲生物之始，天地之德，莫先於此之意可見。餘放此。春夏秋冬四字，當不得元亨利貞，《本義》只將來配屬他，蓋盡六合之間無時無處無此四段子。通大運有大運之元亨利貞，一年有一年之元亨利貞，一月有一月之元亨利貞，雖至微之物，其一年一成皆自分此四段子。若拘於四時，則物亦有春夏便結果者，是無利貞矣。　程傳曰：元亨利貞，乾之四德。在人，則元者，衆善之長也；亨者，嘉美之會也；利者，和合於義也；貞者，幹事之用也；亦分明以此元亨利貞四字就人説，可見《本義》前段之言，全是推究天理源頭之詞，不可拘執以入於本文元亨利貞四字，而以爲屬之天且四箇者也字。氣勢自相喚應，豈容説是在天之元，在人乃善之長也。《春秋傳》曰：元者何？仁是也。此足証元字當仁字，而亨利貞義禮智字看，如此方與下文故曰乾元亨利貞相合。　仁義禮智皆善，惟仁則天地生物之心，人得之最先而兼統四者，故必仁爲之本，然後義以宜之，禮以節之，智以守之，皆以次而集矣。苟無其仁，則義禮與智皆無所從出，而亦無所施之地。信乎其爲善之長也。　利者，義之和也。明利即義矣。利與義相反，義乃爲人之利，何歟？曰利者義之和也。若曰利者義也，猶爲未盡，必義之和然後見義，非徒嚴即仁之制也。陽全陰半，陽必純陰，故義雖與仁相對。其實一仁之貫不和，則義爲仁外物，所謂以佚道使民以生道殺民，此其義之最著者也。　貞者，事之幹，以生物之成言之，來日之所以爲元亨利貞者，皆於此乎出，故曰不貞則無以爲元。　言元也者，統四德，該百行，是乃衆善之長也。亨也者，左準繩，右規矩，是乃衆美之會也。利也者，上下彼此各得其分，義之和也。貞也者，正而且固，而事以立事之幹也。

君子體仁足以長人，嘉會足以合禮，利物足以和義，貞固足以幹事。

本義　以仁爲體，則无一物不在所愛之中，故足以長人，嘉其所會，則无不合禮，使物各得其所利，則義无不和；貞固者，知正之所在而固守之，所謂知而弗去者也，故足以爲事之幹。

蒙引　言君子内而心之所存者，無一念之非仁，外而身之所行者，無一事之非仁，則仁自我而出，而我其仁之體也。仁者，愛之理。愛者，仁之用。體仁則無一物不在所愛之中，自足以長人。長分明是君長之長，所謂仁者宜在高位，仁本無體，君子其體也。君子體仁，足以長人，則善之長在我矣。嘉會足以合禮，則嘉之會我得之矣。利物足以和義，則義之和我得之矣。貞固足以幹事，則事之幹在我矣。此條意是如此。會者，衆理之所聚。嘉非難，嘉其所會爲難。如得其一不得其二，非嘉會也。得於此不得於彼，非嘉會也。得者十百，不得猶二三，非嘉會也。必自一動一静，一語一默，以至通事父，遠事君，許多嘉美一時輻輳得來，如此乃合乎禮也。何者？禮者天理，節文人事儀，則經禮三百，曲禮三千，其道理至爲纖悉具備，故人必嘉所會乃合禮。天道之亨，亦如此。故萬物齊乎巽，相見乎離。講者須先提掇禮字在前，嘉字着力，務必做得恰好方是。嘉會字説得濶，許多嘉美一時鬭凑到此，方是嘉其所會。是何也？道理之在日用間，隨處充滿，無少欠缺，是以禮之條目至於三千三百之多，周旋有規，折旋有矩，以此故也。

義之爲德，發强剛毅，主於有執，故君必尊於上，臣必恭於下，男必正乎外，女必正乎内，其分截然，安在其和哉？然君尊於上者，君之利也。臣恭於下者，臣之利也。男正乎外者，男之利也。女正乎内者，女之利也。義之所安，即利之所在，利之所在，即和之所在，故曰利物足以和義。其守分之嚴明，既足以相維，而不至於相瀆，則其恩意之浹洽。自足以相固結，而不至於相戾，蓋和不生於和而生於嚴也，和自利生也。利物足以和義，則利外無義矣。義外亦無利矣。外義而求利，惠王之言利也。外利以爲義，楊氏之言義也。使物各得其所利而無少乖戾，是謂之和。和非有心爲之，義中自有箇和，不得於義，未有能和者。利物者，物有萬類，莫不各有定理。君子以物處物，使各得其宜也。凡事惟知正之所在而固守之，則其事依之以立矣。如知孝之所以爲孝者，道理是如何？却依此道理而固守之則成箇孝。周公曰：冬日之閉，凍也不固，則春夏之長，草木也不茂。見韓非《解老》。朱子曰：欲爲事而非，此之貞固便植立不起，自然倒了。此説最明貞固是事事貞固，如嘉會利物都要事事盡理，非只是一件貞固，便百事都立。胡傳曰：心不外者，乃能統大衆。智不鑿者，乃能斷大事。至哉言也。然此説《易》已有之，《易》曰：君子體仁足以長人，貞固足以幹事。

君子行此四德者，故曰：乾，元亨利貞。

本義　非君子之至健，无以行此，故曰：乾，元亨利貞。　此第一節，申《彖傳》之意，與

《春秋傳》所載穆姜之言不異。疑古者已有此語，穆姜稱之，而夫子亦有取焉。故下文別以「子曰」表孔子之辭，蓋傳者欲以明此章之爲古語也。

蒙引　體仁足以長人，嘉會足以合禮，是君子行此元亨之德矣。利物足以和義，貞固足以幹事，是君子行此利貞之德矣。然非有君子之至健，則屈於物欲而無以行此，經不徒曰元亨利貞，而必曰乾，元亨利貞者，此也。　至健者，能勝乎人欲也。能勝乎人欲然後能全乎天理，故曰非君子之至健無以行此。　首段言四德，中段言君子行此四德，末段言君子所以能行此四德，「乾，元亨利貞」亦不必謂是天之四德。聖人是以君子當乾，以仁義禮智當元亨利貞，末句云者，舉經文以實之耳，非謂以人事而合天德也。

初九曰：潛龍勿用，何謂也？子曰：龍德而隱者也。不易乎世，不成乎名。遯世无悶，不見是而无悶。樂則行之，憂則違之，確乎其不可拔，潛龍也。

本義　龍德，聖人之德也。在下故隱。易，謂變其所守。大抵乾卦六爻，《文言》皆以聖人明之，有隱顯而无淺深也。

蒙引　謂之龍德，見聖人之德，神明不測，是亦人中龍也。故曰神明不測之號。乾元用九，明其爲龍德，而非他卦泛泛之用九者倫也。　不易乎世以下，句句見是龍德之隱。　不易乎世，謂不爲世所易。如舉世皆濁，彼則能自潔於衆濁之中，而不變其所守也。不成乎名，凡挾一才、負一藝者，率欲出而成名於世。初九則恬然退處，不出以求成其名也。不易乎世，舉一世言也。不成乎名，自所長言也。遁世亦舉一世言，不見是亦就所長言，總歸於德，遁世不見是，非難無悶，爲難龍德之隱正在無悶上不見是，如吾有才而人不以爲才，吾有德而人不以爲德，一言之當，而人不以爲當，一行之善，而人不以爲善，就逐事言。樂則行之，憂則違之，不要兩平説。初九何嘗有樂行時？若論初九之心，則非固必於憂違而不能樂行者也。樂行特起憂違，而兩則字，見用舍無與於己行，藏安於所遇，如孔子謂顔淵。顔淵亦何嘗有用行時，但道既在我，以舍而藏者，用之必能行，以用而行者，舍之必能藏耳。確乎其不可拔，畢竟只是憂違之操不可拔。遁世無悶二句，尤重於不易乎世二句，樂則行之三句，更重於遁世無悶二句，此三句明其無意必也。論龍德之隱，必至是而後盡。

九二曰：見龍在田，利見大人，何謂也？子曰：龍德而正中者也。庸言之信，庸行之謹。閑邪存其誠，善世而不伐，德博而化。《易》曰：見龍在田，利見大人。君德也。

本義　正中，不潛而未躍之時也。常言亦信，常行亦謹，盛德之至也。閑邪存其誠，无斁亦保之意，言君德也者。釋大人之爲九二也。

蒙引　龍德、正中包下文庸言之信以下一句，搭一句，一節深一節。同一聖人耳。其在初九，則人但見其德之不易乎世，不成乎名，與樂行、憂違，確乎其不可拔而已。至九二，則出潛離隱，而其德已章顯於世，故人得見其庸言信、庸行謹、閑邪存誠、善世不伐、德博而化，此皆時位爲之也。所謂有隱顯而無淺深也。　内卦以德學言，然亦有時位在。　閑邪即所以存其誠，脩辭亦即所以立其誠，無斁亦保，常人有厭斁時，故有待於保。文王敬常存無厭斁，而自不忘乎保守焉。　其德之所以博及於物，而物皆爲之化者，無他，亦只是無一言不信，無一行不謹，又無一念不誠，無一德不周，則事皆天理，而人自被其澤、自蒙其化，豈必别有恩義之施哉？　德博而化，非其時位之正中，僅如初九之潛焉，人亦無由被其澤而化。　上文俱是龍德，惟此句見得是正中。　九二還是在下之大人，講化處要有斟酌。　如涵泳其德而莫知其功，鼓舞其化而莫測其用，及綏之斯來，動之斯和，恐是九五大人分上事。　此條語意相承，謂庸言宜無事於信而亦信，庸行宜無事於謹而亦謹，庸言亦信，庸行亦謹，宜無事於閑邪？而猶且閑邪以存其誠，恐發於言行者，猶有不信不謹也。　夫如是既善於世矣。然猶不自以爲善於世而或自伐，其所以庸信、庸謹、閑邪、存誠者，猶歉然若不足也。　此聖人純亦不已之誠也。　故其德廣被而物無不化。

九三曰：君子終日乾乾，夕惕若厲，无咎。何謂也？子曰：君子進德脩業。忠信，所以進德也。脩辭立其誠，所以居業也。知至至之，可與幾也。知終終之，可與存義也。是故居上位而不驕，在下位而不憂，故乾乾因其時而惕，雖危无咎矣。

本義　忠信主于心者，无一念之不誠也；脩辭見于事者，无一言之不實也。雖有忠信之心，然非脩辭立誠，則无以居之。知至至之，進德之事。知終終之，居業之事。所以終日乾乾而夕猶惕若者，以此故也。可上可下，不驕不憂，所謂无咎也。

蒙引　忠信所以進德也。每應一件事，俱著一箇心爲之主，惟心之所主者一於誠，則德之在内者進矣，而其於事也，又處置恰好一如其所言，則是誠有所歸宿安頓處，是之謂立誠，而業之見於外者脩矣。　進德全在心上，謂之德者，以其理之滋味有得於己而言，德業是一貫事，誠即忠信也。忠信就初間存主上説，脩辭立誠就後來事到就緒上説，二者總是敬以直内，義以方外，忠信直内之事，脩辭方外之事。　誠即忠信向也。誠存於心，而今則見於事而誠有立矣。忠信所以進德者，以其實也。若非有是實心下工夫，則是理無自而得，故朱子曰：如布穀相似，須是實有種子下在泥中，方會日日發生。若把箇空殼下在裏面，如何會發生？道理須是實見得，若徒將耳聽過、將口説過，濟甚事。此語説知至知終爲的且不要此要混入知旁。　朱子曰：忠信便是意誠處，如惡惡臭，如好好色，然後有地可據，而無私累牽擾之患，其進德也。孰禦？　能脩辭然後心中所得的道理，有個安泊處，故曰立其誠。　脩辭立其誠，不言事者，事歸於誠，然後其言爲不妄也。脩辭之要，在於敏事，所謂先行其言而後從之之意。　朱子曰：業乃事之就緒者，古人所謂業已如此，是也。　德則日進不已，業如屋宇未脩則修之，既脩則居之也。　進則日見其新，居則常而不厭。　《中庸章句》云：反諸身不誠。謂反求諸身，而其所存所發有未實也。所存之實，即主忠信。所發之實，即脩辭立其誠。内外體用備矣。合進德脩業，總是《中庸》之誠身，《大學》之誠意，正心脩身，夫豈不同條而共貫也哉？知至至之以心言，知終終之以事言，做到成就而守不失也。此德業之所以分，亦德業之所以貫。　知理之所在，而心必之焉，是爲主忠信，知理必至是，而後爲到頭地位遂守之不移，是之謂立誠。知至至之，即知至而意誠也。但至字與《大學》不同。　知終終之，謂其所處之事，曲當於理，無欠無餘也。　知至至之，愚意此兩句全以兩知字爲重，蓋上文只説忠信以進德，脩辭立誠以居業，此則言要先知忠信如何，然後忠信其心焉，則可與幾而德進矣。又要先知脩辭立誠是如何，然後脩辭以立誠焉，則可與存義而業居矣。朱子説上句知字重，下句終字重，蓋以知行先後自然之理言，然未必是本文之意。本文下句一知字，豈偶然哉？豈姑以對上句而無所當哉？此下録附見《大學》以誠意以下諸條。　居上二句，雖以進德脩業之效言，不拘於位，但九三居下之上，是有位，其上者九三爲在下位，亦有位在下者，九三又爲居上位矣。　不驕忘，其尊也。不憂忘，其卑也。此惟進德脩業者能之。

終日乾乾，至夕若，可少息矣。然時猶當惕也，故又因其時而惕。

九四曰：或躍在淵，无咎。何謂也？子曰：上下无常，非爲邪也。進退无恒，非離羣也。君子進德脩業，欲及時也。故无咎。

本義　内卦以德學言，外卦以時位言，進德脩業，九三備矣。此則欲其及時而進也。

蒙引　上下者，進退之已成。進退者，上下之未定。聖人下字不重疊。四之上下無常以迹言，似有求進之意，不幾於爲邪乎？然其實非爲邪也。志欲及時，恐失可爲之機會也。四之進退无恒，似乎離其群者。彼初安於潛，二安於見，三安於惕，而四獨欲進焉。然其實非離群也。志欲及時恐失可爲之機會也。君子之志，在於及時，此所以雖無爲邪，離群之心而亦不暇避爲邪，離群之疑也。及時以進，如何便无咎，只在時之一字上，非爲邪，非離群，此微生畝尹士之流，所以爲不知孔孟之心也。君子進脩之實，表裏一誠而已。其及時以進，亦不過布此誠於天下，《中庸》所謂盡人物之性者至誠也。經綸天下之大經者，亦至誠也。其間節目固多，亦只德業二字足以蔽之。須以三四做一箇聖人，而時位不同。進脩無工夫。故无咎通管非爲邪也，非離群也，欲及時也。

九五曰：飛龍在天，利見大人。何謂也？子曰：同聲相應，同氣相求。水流濕，火就燥。雲從龍，風從虎。聖人作而萬物覩。本乎天者親上，本乎地者親下，則各從其類也。

本義 作，起也。物，猶人也。覩，釋利見之意也。本乎天者，謂動物，本乎地者，謂植物，物各從其類。聖人，人類之首也。故興起于上，則人皆見之。

蒙引 萬物覩，物字當人字看。《中庸註》變者，物從而變。《孟子註》教不倦者，仁之所以及物。二物字，亦當人字。　龍興則雲集，虎嘯而風生，龍噓氣成雲，雲乃龍身所自有。虎是山君，其精魄甚大，夜行常一目放光，其嘯也，山嶽振動，百獸屏息，亦自能生氣焉。　滕文公一行仁政，而許行率其徒數十人自楚之滕，陳相兄弟則自宋之滕，曰願爲氓，而況乎聖人既作，則自有以新天下之耳目，聳天下之觀聽，天下士民安得不欣然而快覩。　雲從龍，風從虎，與各從其類皆非有心於從之也。　自同聲相應至聖人作而萬物覩一句，説出正意已盡。親上親下各從其類，又發明其所以然之理，天在上，凡本乎天者皆親之。地在下，故凡本乎地者皆親之。以物類比况人類，相動物得於天之氣，多本乎天也；植物得於地之氣，多本乎地也。《正蒙》動物篇曰：有息者根於天，不息者根於地。　息謂呼吸，有息者陽之動，其無息陰之静也。《皇極·觀物外篇》曰：陽交於陰而生蹄角之類也，陰交於陽而生羽翼之類也，剛交於柔而生根荄之類也，柔交於剛而生枝幹之類也，此本乎天地之實也。又

《觀物·外篇》曰：飛之類喜風而敏於走上，走之類喜土而利於走下，此又就飛走之物分本天地而親上下。首向上者爲親上，首向下者爲親下，鳥獸雖曰横生，首終居上，蟲行此皆昂首。

上九曰：亢龍有悔何謂也？子曰：貴而无位，高而无民。賢人在下位而无輔，是以動而有悔也。

本義　賢人在下位，謂九五以下。无輔，以上九過高志滿，不來輔助之也。此第二節，申《象傳》之意。

蒙引　上九居一卦之上，至貴者也。然凡所謂貴者，以有位也。彼則亢矣，故雖貴而無位，亦至高者也。然凡所謂高，以有民也。彼既亢矣，故雖高而無民。九五以下，諸侯布列，是賢人在下位也。凡樂有賢人在其下者，爲我輔也。今以上九之亢而莫有輔之，无位則無以安其身，无民則無以承其下，无輔則又無以自立於上，身孤而業廢，所謂來之坎坎，何可久者，故動而有悔。

潛龍勿用，下也。

蒙引　《文言》龍德而隱，以下既詳言六爻之義，以申《象傳》。此又約其旨而申之。曰初九所謂潛龍勿用者，蓋以其位下也。位下，故於龍爲潛，此與陽在下也、陽氣潛藏槩無異旨，只是反覆申言之意。

見龍在田，時舍也。

本義　言未爲時用也。

蒙引　九二所謂見龍在田者，謂其雖進於潛，亦尚未爲時用也。　論九二者，既以伊傅當之，如何又説未爲時用？曰：此猶謂其在下位，未登五位之尊也。故上文、下文皆曰君德。言未當君位而已有君德也。伊傅固有君德，然未當君位。孟子曰：周公之不有天下，猶益之於夏，伊尹之於殷也。

終日乾乾，行事也。

蒙引　終日乾乾，行其所行而不自已也。亦與時偕行之意。

或躍在淵，自試也。

本義　未遽有爲，姑試其可。

蒙引　九四所謂或躍在淵者，且自試其可否，而未能自決也。此試其時，非試其才，故曰進德脩業，九三備矣。其在聖人，則謳歌訟獄之來歸，天意人心之畢集，遂可躍而爲五之飛矣。

飛龍在天，上治也。

本義　居上以治下。

蒙引　言大人得上位以治下也。

亢龍有悔，窮之災也。

蒙引　以其處位之窮，窮則灾生也。

乾元用九，天下治也。

本義　言乾元用九，見與他卦不同。君道剛而能柔，天下无不治矣。此第三節再申前意。

蒙引　孔子之意，蓋以乾當聖人，乾元即聖人之道也。乾元之用九，則其道之剛而能柔也，故承以天下治也。泥用九爲乾卦六爻之變者非矣，《本義》明謂乾卦六爻，《文言》皆以聖人明之，則乾元用九斷從君道説，未爲無據。元包四德，舉乾元足以盡君道。君道剛而能柔，則所謂王者之無偏無陂、无反无側矣。天下安有不會極、歸極而躋治者乎？《本義》曰：乾元用九見與他卦不同。明其爲純陽之德，聖君之象也。若他卦用九者，何限不得皆爲剛而能柔之義，而有天下平之效矣。

潛龍勿用，陽氣潛藏。

蒙引　陽氣潛藏，自潛龍之象説，而聖人龍德之意在言外，即初陽在下也。　陽氣潛藏，乾道乃革，俱就爻位上説，但潛龍或躍，則皆指聖人，此特著其所處耳。

見龍在田，天下文明。

本義　雖不在上位，然天下已被其化。

蒙引　言天下之人，被大人之化，澆漓者變而爲淳龐，鄙薄者化而爲敦寬。語其家，則父父、子子、兄兄、弟弟，文而明也；語其國，則行者讓路，耕者讓畔，文而明也。所謂百姓昭明，所謂民德維新，天下被其德化而成文明之俗也。若曰天下被其文明之化，則文明屬大人而不屬天下，當辨。

終日乾乾，與時偕行。

本義　時，當然也。

或躍在淵，乾道乃革。

本義 離下而上，變革之時。

蒙引 或躍在淵，蓋九四在乾體，爲離下而上，變革之時，故且進且退，疑而未定也。所謂乾道何也？曰：凡《易》一卦一爻，莫非道之所在。在乾則爲乾道，乾卦六爻，《文言》皆以聖人明之，則乾道即聖人之道，聖人於或躍之時亦爲變革也。就卦畫發其就取象之意。

飛龍在天，乃位乎天德。

本義 天德，即天位也。蓋唯有是德，乃宜居是位，故以名之。

蒙引 乃字有意言九五之位，乃是位乎天德者，非無德而據尊位者也。

亢龍有悔，與時偕極。

蒙引 其時既極，不知自退之道，乃與時而偕極，所以悔也。與時偕極，故多悔。可見不與時而偕極，便無悔。其惟聖人乎？附見。

乾元用九，乃見天則。

本義　剛而能柔，天之法也。　此第四節，又申前意。

蒙引　言聖德剛而能柔，而天則之妙於此見矣。聖德所在，即天德所在，本義乃推本天則二字所由取處。　剛而能柔，天之法也。此句安頓在乃見天則之上，猶云安而且貞，地之德也。亦安頓在應地無疆之上，因是地之德安而且貞，故君子之安貞，有以應乎地之德，因是天之法剛而能柔，故聖人之剛而能柔，有以見乎天之法。　或因此謂孔子此段純以天言，亦不察矣。　風雪之餘，繼以陽春，摧剥之後，繼以發育，此天之剛而能柔也。而聖人之剛而能柔，有柔以濟，其剛者象之。

乾元者，始而亨者也。

本義　始則必亨，理勢然也。

蒙引　乾元者，始而云云在後。

利貞者，性情也。

本義　收歛歸藏，乃見性情之實。

蒙引　主乾言，不主物言，四德屬乾不屬物，此教人於物之始而亨處認乾元，於物之性情處認乾之利貞，即此觀之就見得下文所云之意，蓋始而亨則亨者固，此乾始之所亨也。至於利貞者，性情也。性情從何來？則亦此乾始之所成就矣。故從而贊之曰乾始能以美利利天下，不言所利大矣哉。　方元亨時，要非無性情也。利貞者，性情也。可見各正性命分不得是利。保合太和分不得是貞。性只是理體也，□叢而爲用便屬氣，所以情即太和性情不相。雖當夫元亨萬物之性情隨元亨而見，當夫利貞萬物之性情隨利貞而見。然畢竟利貞則性命於此而各正，太和於此而保合。畢竟利貞則收斂歸藏，乃見性情之實。故通書註云「元亨者，氣之方出而未有所成，理之方行而未有所立。利貞者，物之已成、理之已立。」其實乾之元亨利貞即萬物之所以爲性情也。附見。但生意未足，實理未完，故必至於收斂歸藏，乃見性情之實。收斂歸藏，便知是以物言，利貞則屬乾。此當寫在乾元節《本義》後。　乾元者，始而亨者也。乾元，橐籥一鼓，而爲萬化之權輿，；機緘一泄，而爲百物之朕兆。貽而化卵而伏者，皆於是乎？資，始也。勾而萌甲而拆者，皆於是乎？開，先也。然不始則已，始則必亨，貽者以息而□□。

乾始能以美利利天下。不言所利，大矣哉！

本義　始者，元而亨也。利天下者，利也。不言所利者，貞也。或曰坤利牝馬，則言所利矣。

蒙引 《本義》云：始者，元而亨也。利天下者，利也。不言所利者，貞也。講時此句全用，不得以入大矣哉？亦非也。蓋乾始能以美利利天下，不言所利，便見得一箇「大矣哉」，不必添本義云云，然後見其大也。不言所利者，乾不言所利，所謂斂却神功寂若無也，便貞見意。或曰坤利牝馬，則言所利矣。此又別一説，《本義》謂乾始不自言其所利，或曰言字指卦辭乾始能以美利偏利乎？天下而其終也，不言所利大矣哉，乾始也，以此語意味之，乃見利天下者，利也。不言所利者，貞也。乾始者，乾元也。乾始能以美利利天下，不言所利則乾元之統天明矣。不及亨者，始而亨者也。雖以美利利天下，不言所利屬利貞，然始而亨之時，又何嘗非美利？不言之所在，但必至是而後見耳。乾道雖以元亨利貞生成萬物，然性命太和則萬物之性命太和，各正保合則萬物之能自各正保合而造化無與焉。故不自言其所利，而萬物亦莫能名言。其所利於此，見耕田而食、鑿井而飲，無一非帝力爲之，而民乃曰「帝力何爲於我」，真如乾始之不言所利。故曰：「巍巍乎！唯天爲大，唯堯則之。蕩蕩乎！民無能名焉。」故亦曰：「大哉！堯之爲君。」不言所利爲貞，則驩虞之非貞。內而心術，外而治術，當知所擇字矣。俱附見。

大哉乾乎！剛健中正，純粹精也。

本義 剛以體言，健兼用言。中者，其行无過不及。正者，其立不偏。四者乾之德也。純者，不雜于陰柔。粹者，不雜于邪惡。蓋剛健中正之至極而精者，又純粹之至極也。或疑乾剛无柔，不得言中正者，不然也。天地之間，本一氣之流行而有動静爾。以其流行之統體而言，則但謂之乾而无所不包矣。以其動静分之，然後有陰陽剛柔之别也。

蒙引　亦只就上文說，蓋四德運行，元而亨，亨而利，利而貞，貞而復元，無所屈撓，無少間斷，此便是剛，便是健，且當元而元。元即繼以亨，當亨而亨，亨即繼以利，當利而利。利即繼以貞，貞下又起元，此行之無過不及中也。且元自爲元，亨自爲亨，利自爲利，貞自爲貞，此是立之，不偏正也。剛健則極其剛健，純也。中正則極其中正，粹也。純粹則極其純粹，精也。豈於元亨利貞之外，别有所謂剛健中正？而剛健中正之外，别有所謂純粹精哉？要是極言以深贊之耳。純者，剛健之極。粹者，中正之極。故一則曰不雜於陰柔，一則曰不雜於邪惡。　乾字包四德，剛健中正、純粹精正指四德言也。剛以體言，是他本質如此。健兼用言，其静也專，其動也直，皆健也。中就四德之交接處說，正就四德之自爲德說，有不相着意。乾則有元亨利貞，非以是元亨利貞，故曰　大哉乾乎，只是一箇乾，只是一箇四德，何處是剛健，又何處是中正，又何處是純粹精，蓋乾德只一而已，但贊美之辭，有不能一一盡者，故首以剛健贊之，見其猶未足也。更着中正猶未盡也。更着純，更着粹，又更着精，反覆贊詠，不能自已也。非聖人知天地之化而與之默契無間，洞然無遺焉，亦說不到此。　《本義》謂天地之間本一氣之流行，而有動静耳。既是一氣流行，秋冬景候何以爲静？曰：此以氣候出入言之。陽氣流行，其後半節，却是歛其向所出於外者以歸於内，故爲静。元亨，動也，剛也。利貞，動者之静，剛之柔，本一氣之流行也。

六爻發揮，旁通情也。

本義 旁通，猶言曲盡。此節就乾卦説，然舊謂乾卦六畫皆奇，純陽至健，盡得四德迭運之情，仍貼四德，説不必從。附見。

蒙引 此條是起下文之辭，正如《彖傳》六位時成之例。旁通情也，信是曲盡事物之情矣。若使但有初九、九二而無九三、九四、九五，或有九三、九四、九五而無上九，是尚未能曲盡乎事物之情也。今既發揮出初之潛二之見，三之惕四之躍，五之飛上之亢，則夫事有萬殊，物有萬類，時有萬變，皆該括曲盡而無餘矣。聖人之時乘以御天者，其有外於此哉？

時乘六龍，以御天也。雲行雨施，天下平也。此又説聖人之元亨利貞。附見。

本義 言聖人時乘六龍以御天，則如天之雲行雨施，而天下平也。此第五節，復申首章之意。

蒙引 雲行雨施，正是聖人時乘六龍以御天之功也。利貞總在天下平句内。時乘句説聖人，天下平句亦説聖人，中間直説一句天之雲行雨施，可知天聖無二致，真是上下與天地同流。附見。

君子以成德爲行，日可見之行也。潛之爲言也，隱而未見，行而未成，是以君子弗用也。

本義 成德，已成之德也。初九固成德，但其行未可見爾。

蒙引 言君子之所以爲行者，以成德爲行也。既以成德爲行，初九德已成矣。則日可見之行也。又何以曰勿用？蓋初九時乎潛也。潛之爲言也，隱而未見，隱而未見則行猶未成，是以君子亦當如之而勿用也。 行以事功言，德之發也。 理無不窮，知無不至，心無不正，身無不脩者，德也。若夫上而致君，下而澤民，大而經邦，小而立事者，行也。德者，本也。行者，用也。蓋有有其德而不見諸行，未有有其行而不本諸德者，故曰君子以成德爲行。

君子學以聚之，問以辨之，寬以居之，仁以行之，《易》曰：見龍在田，利見大人。君德也。

本義 蓋由四者以成大人之德，再言君德，以深明九二之爲大人也。

蒙引 理不可不聚，而其聚也，非學不能。學以辨而精，而其辨之也，非問不可。寬居是知止，而后有定，居之安，資之深，時節也。仁行是慮而後能得，取之左右逢其原，時節也。天下之理，散在事物之間，或在方策之上。君子多聞多見，或誦讀書，考今論古，皆學也。所以聚夫衆理也，然所聚之理，有是非得失，有精粗本末，又必上問師、次問友，孰是孰非，孰得孰失，何者爲精爲粗，何者爲本爲末，辨之必欲其明也。至於是非得失，各有所歸。本末精粗，無所不盡。則須寬着心胸以居貯之，使衆理之蓄於吾心者，淵涵海負而不見其涯際，此皆學力所得。至於事至物來，則須行以仁，仁者當理而無私之謂。凡處事，内要無私，外要當理，此仁字不可專以愛人及心德言。問辨者，問其所聚也。寬居者，居其所辨也。仁行者，行其所居也。四者德之所由成。未爲君而謂之君德，所謂大人之事備矣。

九三重剛而不中，上不在天，下不在田，故乾乾因其時而惕，雖危无咎矣。

本義　重剛，謂陽爻陽位。

蒙引　重剛而不中，上不在天，下不在田，即《本義》重剛不中，居下之上，乃危地也。不可以上下二句爲申上不中。若做申上不中，則本文爲重，而前《本義》居下之上一句亦贅。

九四重剛而不中，上不在天，下不在田，中不在人，故或之。或之者，疑之也，故无咎。

本義　九四非重剛，重字疑衍。在人，謂三。或者，隨時而未定也。

蒙引　剛而不中，上不在天，下不在田，中不在人，即《本義》九陽四陰居上之下也。九三不中，亦是就居下之上取。九四不中，亦是就居上之下取。然其俱指性情説，故與《本義》下句居下之上、居上之下以位取者不重疊。重剛自是重剛，不中自是不中，重剛是性質過剛，不中以人事言，是用不得其當，不當剛而剛也。若以不中爲重剛，則九四非重剛，何亦謂之不中？九四以剛處柔，便是用剛，不得其當，故亦謂之不中。九三重剛不中，失之大過者也。九四剛而不中，失之不及者也。但有中便有過與不及。《文言》以六爻爲聖人，何緣乃有重剛不中之過？曰周公元不以爲聖人，孔子以聖人當之，亦大槩之辭。如亢龍安得爲聖人？天地之大也，人猶有所憾，故聖人無射亦保恒，懼其有所失。武王伐紂，若史之説，未免於過剛不中矣。故伯夷謂其以暴易暴。

夫大人者，與天地合其德，與日月合其明，與四時合其序，與鬼神合其吉凶。先天而天弗違，後天而奉天時。天且弗違，而况于人乎？况于鬼神乎？

本義　大人，即釋爻辭所利見之大人也。有是德而當其位，乃可以當之。人與天地鬼神，本无二理。特蔽於有我之私，是以梏於形體而不能相通。大人无私，以道爲體，曾何彼此先後之可言哉。先天不違，謂意之所爲，默與道契，後天奉天，謂知理如是，奉而行之。回紇謂郭子儀曰：「卜者言此行當見一大人而還。」其占蓋與此合。若子儀者，雖未及乎夫子之所論，然其至公无我，亦可謂當時之大人矣。

蒙引 此與下條者倒轉。大人之德，只是以道爲體。以道爲體，只是無私。如天無私，覆地無私，載日月無私，照四時之序無私，鬼神之吉凶無私，皆道也。大人亦無私，則道在我，而質之天地而合，質之日月而合，質之四時鬼神無往而不合矣。《本義》「有是德而當其位，乃可以當之」，蓋九五所以爲大人者。不以其位，而以其德，天地合德，以下純以天德言大人造也。亦然以德言，位在造字。天地之天，以形體言，先天後天之天，以道言。此當寫在大人之德條後。雖先乎天而實合乎天，既合乎天，便行得去，行得去便是天不違。如所行有悖乎天，天亦何嘗故違之，自是理行不得耳。禮以義起而達之天下，薦之於天而天受之，先天而天弗違也。又如設網罟、制耒耜、作書契之類。又凡聖人之行權，非先王成法，非經常所有，而於理無悖者，皆先天事也。天叙有典，而我惇之，天秩有禮，而我庸之，後天而奉天時也。天既爲了我，便是後於天，依而爲之，是吾奉乎天時也。天之道，時焉而已矣。時即理也。《易經》盡説天時，如應天而時行，承天而時行之類，莫非理也。雖先天亦時也，天且弗違，不必兼後天言，蓋舉先天弗違就該得了。天地合德，如天地之無不持載，無不覆幬，而其所以然者，至健至順之日月合明，明無不炤也。四時合序，時措咸宜也。鬼神合吉凶，鬼神之道，善則吉之，不善凶之。聖人吉凶，與民同患。禮節民性，樂和民情，政以一行，刑以防淫，皆與鬼神合其吉凶也。四者一以統體言，一以明言，一以行言，一以其治化言，大人之體，段功困備矣。先天以下，則益極其德之盛而言之。孔子從心不踰，即先天而天弗違也。附見。　况於人乎？遠之則有望，近之則不厭也；况於鬼神乎？朕志先定，鬼神其依也。天地以全體言，鬼神則各有司存，如風雨雷露及草木所以榮悴之類，皆鬼神爲之，皆天地之功用。大舜之烈風雷雨弗迷，亦當有鬼神呵護翼戴之理。蓋聖人之德，神所依也。朕志先定，鬼神其依，就是這箇鬼神附着，蓍龜告人也。

亢之爲言也，知進而不知退，知存而不知亡，知得而不知喪。

本義　所以動而有悔也。

其唯聖人乎？知進退存亡而不失其正者，其唯聖人乎？

本義　知其理勢如是而處之以道，則不至於有悔矣。固非計私以避害者也。再言其唯聖人乎？始若設問，而卒自應之也。　此第六節，復申第二、第三、第四節之意。

蒙引　進退者身也，存亡者位也，得喪者物也，知進退存亡者，知其有進則有退，有存則有亡，爲理勢之自然也。不失其正者，處之以道也。進極而思退，存而不忘亡，所謂滿而不溢，高而不危也。知進退存亡而不失其正，此聖人無筮卜而知吉凶處。　進有退之義，存有亡之幾，得有喪之理。乾卦六爻之辭，自天子至於庶人，自聖人至於衆人，皆有用處，非定以模擬聖人也。孔子亦非不知，但此是純陽，就人品論則爲聖人之象，故六爻之高下，盡以聖人之進退明之。文言象傳雖是反覆申言，其實前後亦互相發。第二節言初九龍德，而隱有許多話。第三節只曰下也，明前之云云，總從下之一字出，此以位而言也。第四節云陽氣潛藏，則又見其非塊然於下，適當潛也。他日之爲見、爲躍者，亦此龍也。至第六節則言其德可出而時未可出，又前所未及也。九二龍德而正中云云，詳其德之及物也。繼則云時舍也，言德雖已及物，猶是在下之大人，未得爲在上大人也。又次云天下文明，言雖不在上位而其德之所由成也。此處當有脱簡，落然亦可概見。九三首節進脩之説最詳，次則承言不過行其事耳，又次言其所行事時當然也，末則推本重剛不中，居下之上，以見其所以當乾乾也。九四首言進脩及時，次則承言自試，又次則本其爲改革之際，所以當自試不可遽進也，末則詳言剛而不中，居上之下，以盡其旨。九五首言聖作物覩之理最盡，猶未及其治功，次言居上治下，又次言位乎天位與德稱宜，爲人所利見，末則極言德之盛、道之大，以見其所以爲大人者非偶然也。上九首言亢龍之意亦詳，次則約言其窮之灾，次又本於偕極宜其災也。末則教以盛滿自戒，庶不至於以窮致災，皆有相發明、相補足之意。

䷁坤下坤上

坤，元亨，利牝馬之貞。君子有攸往，先迷後得主，利，西南得朋，東北喪朋安。貞吉。

本義　⚋者，耦也，陰之數也。坤者，順也，陰之性也。註中者，三畫卦之名也。經中者，六畫卦之名也。陰之成形，莫大于地。此卦三畫皆耦，故名坤而象地，重之又得坤焉。則是陰之純，順之至，故其名與象皆不易也。牝馬，順而健行者。陽先陰後，陽主義，陰主利。西南，陰方。東北，陽方。安，順之爲也。貞，健之守也。遇此卦者，其占爲大亨，而利以順健爲正。如有所往，則先迷後得而主于利。往西南則得朋，往東北則喪朋，大抵能安于正則吉也。

蒙引　⚋者，耦也，陰之數也。地之爲體，盡畜得天所付許多氣，而造就出許多物來，人但見萬物皆發生於地，而不知其所發生者，實本天之氣之畜於其中者也。故地爲耦數，此其大者。而凡物之屬陰者，細看皆然，如桃梅果子核殼肉仁皆兩瓣子，其中生意則奇而屬陽。此可見坤之承乾，而乾之所爲大也。　乾元亨，無所不元亨。坤元亨，只是柔順者元亨。夫坤，天下之至順也。至順則能虛心而順應，循物而無違，此其於天下也。何行不得？故亦有大通之理。孟子曰：愛人者，人恒愛之。敬人者，人恒敬之。　牡馬則全是健，牝牛又全是順，牝馬順而健者，要非順外有健，是順之健。曰利牝馬之貞，明其不利於剛健之貞也。坤之貞，不似乾之利貞，乾無所不統，坤則爲乾所統，故先則迷。制義非其所長，東北非其所安。　參義曰：不順則專而無成，不健則不能配乾，順而健者，坤之正也。蓋造化之理，陽全陰半。坤，陰也。以先後言，僅得於後。以利義言，僅得於利。以四方言，僅得於西南。得此卦之君子，如有所往也。先則迷，後則得，而所生但在於利。往西南則得朋，往東北則喪朋，皆利害分半，然大抵惟安於正則吉也。如後、如利、如西南，是其正也。故利如先、如義、如東北，非其正也，故不利。此先後不可以一事之首末言，只是任己先物則致迷，居後從陽則不失。主利非貪欲也，家人所謂富家云耳。所謂不主義，非謂不可爲義，義主於斷制，陰之才所不足。如婦人主張家政，便爲牝鷄之晨也。當主利而主之，即是義，故不言以主義。義未嘗不利，而舍義即不可爲利，可見利必從義，利只占得義中些地位，亦陽全陰半之理也。就坤而言之，只當主義中之利耳，故但言之利而意已足。若不主義三字，亦非所以立訓，真是聖人筆如化工。附見。西南陰方，往西南則陰與陰合。東北陽方，往東北則陽，非陰類。東北之害，非止喪朋，曰喪朋者，明非其地也。西南得朋亦然。陰性不可孤行獨立，《易》中凡陰得助陽者皆利，陰柔而無應者最不利。如屯之即鹿無虞，蒙之困蒙，賁之賁其須，頤之顛頤拂經，萃之萃如嗟如，皆是也。又如夬之牽羊悔亡，僅以其陽居陰之故，聖人亦令其無與衆陽競進而安出於其後？況純柔乎？既是陰得助陽爲利，則又何以往西南？陰與陰合爲得朋，往東北，陰陽非陰類爲喪朋，可見往西南而無往東北，全是無與陽競進而安於其後之意，安於其後則非，陰與陰爲朋，正是陰與陽爲朋也。附見。脱簡。西南東北亦不必拘定，假如西南不宜往便是東北，東北宜往即是西南，聖人只要人所往得所耳。讀《易》須得意忘言，如此卦辭從頭到尾，總是言坤只得乾之半，陰須從陽而動，不可爲非所爲。分而言之，安者順之爲，貞者健之守，合而言之，則曰安於正。貞本是正而固，安於正自有固義。　後也，利也，西南也，此坤道之正也。後則得，利則主，西南則得朋，此安貞而吉也。若先也，義也，東北也，非其正也。故先則迷，東北則喪朋，而義亦不主矣。是不安正則不吉也。言占者不可越分以求全。　只循分安守便好。　利牝馬之貞一句，含下文後得主，利。西南得朋，牝馬之貞也。先迷不主義東北喪朋，非牝馬之貞也。末則結之云安貞吉，有尾、有開、有闔，便是一段文章體製。　《易》者窮理盡性以至於命者，尋常看《易》，只見得是吉凶悔吝之辭而已，安得有性命在？其實《易》中無一句一字不在性命上來。如乾元亨利貞則自乾道大通至正上來，坤自元亨利牝馬之貞以下，無一字不從陽全陰半道理上來也。伏羲卦畫亦然。蓋《易》中所有都是下一層者。其實一畫一字都有上一層道理在，所謂形而上者謂之道，諸卦皆然。

《彖》曰：至哉坤元，萬物資生，乃順承天。

本義　此以地道明坤之義，而首言元也。至，極也。比大義差緩。始者，氣之始。生者，形之始。順承天施，地之道也。

蒙引　至只自坤分內言，亦到那極處。如伯夷聖之清，伊尹聖之任，是皆各極其至者也。

大則無所不統，如孔子之集大成即此二字，亦見得陽全陰半之理。　形之始，方見是坤元。坤作成物一句，代不得。　萬物生成，只是一元之氣。造化原無兩箇元，坤元只是乾元后一截。萬物資生，乃順承天，造化且然，況於爲人子、爲人妻者。若徒曰：至哉坤元，萬物資生，疑與大哉乾元，萬物資始者敵。繫曰：乃順承天非惟見坤道无成有終之義，而乾坤合德以共成生物之功者，亦於此乎見。不然乾有乾四德，坤有坤四德，而名實混矣。分明地對天，不過天統乎地，地承乎天。生也者，生其所始者而已。聖人於名實之際，其謹有如此。　於坤元曰乃順承天，則亨利貞不待言矣。

坤厚載物，德合无疆。含弘光大，品物咸亨。

本義　言亨也。德合无疆，謂配乾也。

蒙引　坤厚載物，純以德言，德合无疆，即指其載物之厚德也，含弘光大是也。　含弘光大何謂厚德？曰：含萬物而化光，則萬物皆在其吐納之中矣。不謂厚德而何？　有四合四德，方可以配乾之无疆，今乃指坤亨言德合无疆何也？曰：元亨利貞，皆坤德之所以合乎无疆者也。或於亨言亦可，或於元、於利、於貞言之皆可也。隨其所指也。　如聖人之德，亦該仁義禮智。後之稱聖人者，或只於仁之一節而贊其德之盛，或只於義之一節而贊其德之盛，皆不爲舉一而廢其三也。含弘光大，坤之亨處，正在光大二字，然光大自含弘而出。凡通者，皆自鬱中來也。不有所鬱，安有所通？含弘雖不是鬱滯之義，其實亦是畜諸内而後達於外，故曰理勢然也。含弘光大，坤之亨也。品物咸亨，隨坤而亨也。就生物上認取，若四德則全屬乾坤。含弘，含而且弘，弘則所含者廣也。

牝馬地類，行地无疆，柔順利貞，君子攸行。

本義　言利貞也。馬，乾之象，而以爲地類者。牝，陰物。而馬又行地之物也。行地无疆，則順而健矣。柔順利貞，坤之德也。君子攸行，人之所行如坤之德也。所行如是，則其占如下文所云也。

蒙引　地類，柔順也。行地無疆，柔順而利貞也。就坤德以生物言，象則爲牝馬地類，行地无疆，義則爲柔順利貞，即至柔而動也，剛至静而德方也，是其生物之有終也，故爲利貞。曰動剛則是承乾之施，至於有終處乃爲剛，不然不得謂之剛，而亦順中之剛也。曰德方則是必到各正保合，而無欠缺處乃爲方，不然不得謂之方，而亦順中之方也。柔順利貞，分明貼上文牝馬地類，行地无疆，見文王取牝馬之貞所以能當乎？乾之利貞也。行地无疆只是不息，生物有終也是不息，不息便是利貞。牝馬之貞，如何爲坤德之利貞？曰自坤而言，生物之有終，可以見其順而健。對乾而言，代天而有終，可以見其順乎健。其生物之有終，即代天而有終，均爲牝馬之貞。

先迷失道，後順得常。西南得朋，乃與類行。東北喪朋，乃終有慶。

本義 陽大陰小，陽得兼陰，陰不得兼陽，故坤之德，常減于乾之半也。東北雖喪朋，然反之西南，則終有慶矣。

蒙引 失道，猶云失則作道理説，與後順得常正相應，乃終有慶，以其柔順利貞，故能然也。承君子所行如坤之德，而云主能安於正者言。

安貞之吉，應地无疆。

本義 安而且貞，地之德也。

蒙引 安貞與守貞不同，守字較着力，安是心肯意肯而無所勉强之意，故曰安而且貞，言所安者且得其正也。坤至柔而動也剛，至静而德方，無成而代有終，此皆安而且貞，即上文之柔順利貞也。柔順利貞，君子攸行，因言地之德而及君子之德。安貞之吉應地无疆，因言君子之德而証其有合於地之德。在地德，則爲安而且貞，在君子，則爲安於正，然此亦不必過泥。附見。乾四德就所施言，坤四德就所受言，施者、氣受者，形二而一者也。大抵乾只是元，以資始便都了，其亨利貞，不過此一元所至之景候而已，非元之外更有是三項，此元之所以爲統天也。若坤則逐漸成就出來，故曰陽輕清未形，陰重濁有迹。《大傳》曰：乾知大始。可見乾德只一資始便都了。

《象》曰：地勢坤，君子以厚德載物。

本義　地坤之象，亦一而已，故不言重而言其勢之順，則見其高下相因之无窮，至順極厚而无所不載也。

蒙引　高下相因無窮，正貼重坤意，如乾象所謂今日一周而明日又一周。此就擔當負荷之重，含容承載之廣，言所謂物不止鳥獸草木之屬，凡人民家國及一切所任者，皆是厚德載物，則君子亦一坤矣。仁以行之，義以處之，使天下蒼生各得其願，天下事物各得其理也。

初六，履霜，堅冰至。

本義　六，陰爻之名。陰數六老而八少，故謂陰爻爲六也。霜，陰氣所結，盛則水凍而爲冰。此爻陰始生于下，其端甚微，而其勢必盛，故其象如履霜，則知堅冰之將至也。夫陰陽者，造化之本，不能相无，而消長有常，亦非人所能損益也。然陽主生，陰主殺，則其類有淑慝之分焉。故聖人作《易》，于其不能相无者，既以健順仁義之屬明之。而无所偏主，至其消長之際，淑慝之分，則未嘗不致其扶陽抑陰之意焉。蓋所以贊化育而參天地者，其旨深矣。不言其占者，謹微之意，已可見于象中矣。

蒙引　霜初陰之象盛，則水凍而爲冰，一陰積至六陰之象，言微之不可不愼，圖之不可不早也。王伯厚云：乾初九，復也。潛龍勿用，即閉關之義。坤初六，姤也。履霜，堅冰至，即女壯之戒。　陰陽者，造化之本，不能相無對待之易也。消長有常，亦非人所能損益流行之易也。但主生主殺，既分淑慝，則就消長之際，便是升降之會，故聖人於消長所在即致抑揚以贊化育之功。　通天地人物，獨陽不生，獨陰不成，故曰造化之本，物物各有一造化也。　陽主生，陰主殺，此陰陽即是不能相無之陰陽，但如春夏主生，秋冬主殺，便見得秋冬是惡氣候。刑賞，國家之大柄，即此便有生殺之異，亦不能相無者，然而淑慝分焉。故皇帝明於五刑，以弼五教，而期於刑揚不用，亦所以扶陽而抑陰也。附見。　健順以造化言，兼天之陰陽、地之剛柔。　卦爻辭於淑慝之分，都就人事上説。造化氣運，亦有淑慝。如天下將亂，地氣自南而北，聖人於此所以贊化育者，亦須就人事上理會。孟子之論一治一亂，全是以人事挽回氣化，然當其盛衰即是氣化之淑慝，而人事挽回，則聖賢扶陽抑陰之功也。附見。　扶陽抑陰全就淑慝言之，如陰陽、柔剛、仁義，豈容抑揚？豈分淑慝？　《易》爲君子謀，如此爻戒占者以謹微，微指陰，謹之者陽也，此便是扶陽抑陰以贊化育。　蓋若隨造化則陰陽兩端相爲消長，全不容得損益，所以聖人扶陽抑陰，只是人事上扶氣化，使陽之長者難爲消，而陰之消者難爲長，豈聖人莫如之何，而徒致抑揚進退之私願？　立天之道，曰陰與陽。立地之道，曰柔與剛。立人之道，曰仁與義。蓋天之所以與人者，本無欠缺。自君臣父子之大，以至於事物細微之間，皆當以仁爲主，至於仁之行不去處，便有義以裁之，不然仁亦有非其仁矣。是仁與義二者缺一不可，但陽必勝陰，剛必勝柔，仁必勝義，此又陽全陰半之理，學《易》者所當知。

《象》曰：履霜堅冰，陰始凝也。馴致其道，至堅冰也。

本義　按，《魏志》作「初六，履霜」，今當從之。馴，順習也。

蒙引　其道與其道，窮也。同謂積漸之理勢然也。所以《本義》云其端甚微，而其勢必盛。　道字固指理勢，馴致則正垂戒後世。使以人事挽回之言，馴致則至堅冰，不馴致而防微杜漸則自不至，於此理勢之極與不極，全在乎人。

六二，直方大，不習，无不利。

本義　柔順正固，坤之直也。賦形有定，坤之方也。德合无疆，坤之大也。六二柔順而中正，又得坤道之純者。故其德内直外方而又盛大，不待學習而无不利。占者有其德，則其占如是也。

蒙引 乾九五一爻，當得乾一卦。坤六二又當得一全坤。蓋乾者，剛健中正之卦。九五者，剛健中正之爻。坤者，柔順中正之卦。六二者，柔順中正之爻。曰坤柔順矣，何以見其中正？曰使不中正，得爲陰之純而順之至乎？大哉乾元，剛健中正，則知坤之柔順中正矣。柔順正固，坤之直也。在六二則爲所守之得其正。賦形有定，坤之方也。在六二則爲所處之得其宜。德合无疆，坤之大也。在六二則爲直方之德，光輝盛大。周公之所以著六二直方大者，以其柔順中正，又得坤道之純也。柔順中正，故爲直内而方外。惟得坤道之純，故其德不但直方而又盛大。直者在内，所存之柔順中正也。方者在外，所處之柔順中正也。坤之大只是柔順正固，賦形有定而已，非直方之外又有一種大德也。六二柔順，本是坤之柔順利貞。柔順利貞則是至柔而動剛，至静而德方，德方二字，即賦形有定，是則柔順利貞已該賦形有定之理矣。今乃特分出當坤之方，何耶？曰此亦當從變通不爲典要矣。蓋柔順正固，是坤之本體處。賦形有定，是坤之作用處。蓋既以柔順利貞對生物有常，便是體用之分矣。《彖傳》則單言而无所不統者。直不專主静，只是存主處，故曰六二之動。直方可分内外，不可分動静。又得坤道之純，總只是柔順而中正，不習无不利，意思又總在得坤道之純上推出。坤道即指上文坤之直、坤之方、坤之大，又得坤道之純，不過只是柔順中正。但以此爻比諸爻言之，見其獨純，見其不但直方而且大，不但直方大而又且不習无不利。大者言其直方之非尋常直方也。不習无不利，又言其直方大之非尋常直方大也。此近剛健中正純粹精之例，非直方大外又不習无不利也。直方且大，則直純乎直方，純乎方而光輝明盛，此豈待學習乎？此豈有不利乎？利，利用安身之利。上下諸爻，但得坤之柔順，而不能悉得坤之中正，故柔順中正不及六二之純。純則含乎地道矣。《象傳》所以直曰地道光也，地道何嘗習而後利乎？乾九二九五，疆註曰：剛健中正。乾九二以中而該□未也。故唯九五爲足以當乾之一卦，而《文言》亦曰乃位乎天德。附見。　不待學習而無不利，取之左右逢其原，坦然由之而無疑也。言立身處事之際，直者自直，方者自方，大者自大，皆不思不勉而自中道。何也？六二得坤道之純者也。坤，天下之至順也。推其德則合乎乾之无疆，夫豈尋常之順德而已哉？

《象》曰：六二之動，直以方也。不習无不利，地道光也。

蒙引　既直且方大，不外是直，則心無私，方則事當理。六二之動然也，須平説，不必謂本於内直而後方外，以即而也。　地道亦以人事言。六二雖非地，即地之道。乾曰天德，以天道皆以人言。　地道畢竟是直方，地道之光，畢竟是直方而大，直方而大，即便不習无不利。

六三，含章可貞，或從王事，无成有終。

本義　六陰三陽，内含章美，可貞以守。然居下之上，不終含藏，故或時出而從上之事，則始雖无成，而後必有終。爻有此象，故戒占者有此德，則如此占也。

蒙引　含章者，以陰含陽，不純乎陽也。故但可貞，故始无成而但後有終，然猶幸其含陽也。故可貞以待，故雖始无成而後有終。味爻辭意，重在三字，故曰含章。而《本義》亦歸重於有終。　可貞以守者，守以待時，非終於守也。故《象傳》曰以時發也。以時發句，還在含章可貞内，或就以爲是或從王事，非。　六陰三陽，亦順而健意，故无成有終，亦先迷後得，東北喪朋乃終有慶之意。　據六三之才而從王事，亦不是能内宅百揆之任，而外當方面之寄，口講云：有士於此，内藴明體適用之才，是其含章也。且當藏器待時而勿衒於外，爲其才稍弱，未可急於進也。然才之藴於己者，終不容掩，或委質王庭而宣力四方，要亦是信順有餘而剛毅不足者。其始也，雖不能率先以立事，其終也，必能致力以成功。

《象》曰：含章可貞，以時發也。或從王事，知光大也。

蒙引　或從王事，該無成有終，象只舉上句解義，并及下文，他卦皆然。智光大也，重在无成有終，故朱子云：在人臣用之，則爲不居其成而能有終之象，如此方見得智之光大，无緣只説以時出從王事，便得爲智光大也。

六四，括囊，无咎无譽。

本義　括囊，言結囊口而不出也。譽者，過實之名。謹密如是，則无咎而亦无譽矣。六四重陰不中，故其象占如此。蓋或事當謹密，或時當隱遯也。

蒙引　以性體言，則重陰爲能括囊。以時位言，則不中又當括囊。事當謹密，通上下言，時當隱遯，專指一節。吉凶悔吝，生乎動，括囊不出，復何咎乎？然既晦迹不出，名安從生？故无譽。此當寫在《象傳》下。以括囊得无咎，便已舍得无譽，意以《象傳》只提无咎。无譽不可謂是无心，諸葛武侯三分事業，全從不求聞達來，蓋生在亂世，令名非福，隆山李氏謂六四之所以无咎者，以其无譽也。此則語意太重，轉覺括囊無力，但聖人於无咎之下，又繫无譽，决非偶然，无咎人所樂，无譽人所惜，此正以无譽謂與无咎同其幸也。

《象》曰：括囊无咎，慎不害也。

蒙引　以括囊得云云見前。

六五，黄裳元吉。

本義　黄，中色。裳，下飾。六五以陰居尊，中順之德，充諸内而見于外，故其象如此，而其占爲大善之吉也。占者德必如是，則其占亦如是矣。《春秋傳》：南蒯將叛，筮得此爻，以爲大吉。子服惠伯曰：忠信之事則可，不然必敗。外强内温，忠也。和以率貞，信也。故曰：「黄裳元吉。」黄，中之色也。裳，下之飾也。元，善之長也。中不忠，不得其色。下不共，不得其飾。事不善，不得其極。且夫易不可以占險。三者有闕，筮雖當，未也。後蒯果敗，此可以見占法矣。

蒙引　五，尊位也。而六以陰居之，陰性順五，又上卦之中，中順之德，充諸内而見於外，則其一言一動，无往而非中順居尊而能下人者也，故爲黄裳之象。　黄，中色。裳，下飾。下謂順也。如四之重陰不中，則不得其色矣。上之陰盛而與陽争，則不得其飾矣。　在舜爲温恭允塞，在堯爲允恭克讓，在文王爲徽柔懿恭。　黄裳者，中順之德之象，不可分充諸内爲黄，見諸外爲裳，此之黄裳皆見諸外者。指其温恭接下處説，然恭儉豈可以聲音笑貌爲哉？一皆根心所發。故《象傳》曰文在中也，而朱子本之以釋爻辭。中順二字，至《文言》方分内外。　人惟有中順之德，以之處己，則盡己之道；以之處人，則得人之心，不爲大善之吉乎？凡言吉者，事吉而已，元吉則於道理爲盡善而吉。　《宋史·郭雍傳》曰：坤雖臣道，五實君位，雖以柔德，不害其爲君，猶乾之九二，雖有君德，不害其爲臣，有君德然後可爲臣，不然則何以匡乃辟，故曰咸有一德。附見。故乾有兩君德而無兩君，坤有兩臣德而無兩臣。　又曰：六五以柔居尊，下下之君也。江海所以能爲百谷之王者，以其善下下也。下下本坤德也。黄，中色，色之至美也。裳，下服，是以至美之德下人者也。史贊其發明精到。外强内温，忠也。和以率貞，信也。此以坤之比言坎外坤内，卦德强而能温，卦象水和而土安正，外險而强，内順而温，則力足以制人，而心不忍於害人。水和者，性柔也。土安正者，性静不遷也。和以率貞則平心易氣，惟正理之是備。外强内温，正是發己自盡爲忠，和以率貞，正是循物無違爲信，不得其色，言非黄也。不得其飾，言非裳也。元爲善長，即至理所在，故謂之極，不得其極，言非元也。雖非爻辭本意，可見占法。

《象》曰：黄裳元吉，文在中也。

本義 文在中而見于外也。

蒙引 未有見於外而不本於内者。黄裳謂之文者，言皆中順之發越昭著也。

上六，龍戰于野，其血玄黄。

本義 陰盛之極，至與陽争，兩敗俱傷，其象如此。占者如是，其凶可知。

蒙引 陽統夫陰，陰非陽敵，但陰盛到極處，陽壓他不住，勢必至與陽争，故爲龍戰于野之象。陽既衰而與陰之盛者争，勢固必敗。然陰不循其道而與陽争，亦豈陰之利哉？故兩敗俱傷。象又爲其血之玄黄也。陰既敵陽，陽雖不能制陰，而亦未能爲之下，如此則兩敗俱傷，載胥及溺而已，果能必勝乎哉？明其能爲人之害，而不能爲己之益也。謂之龍戰則陽固龍，而陰亦龍，謂之玄黄，則陽固陽，而陰亦陽 陰盛於陽，故與陽俱稱龍。陽衰於陰，故與陰俱稱血。陰盛之極，至與陽争，天地之氣亦如此，凡天地間物亦如此。周公是承履霜堅冰至説來，蓋指小人夷狄之類，不指造化。曰堅冰至者，防龍戰于野之禍於其始。曰龍戰于野者，著堅冰之至於其終。

《象》曰：龍戰于野，其道窮也。

蒙引 謂陰盛之極，極則必戰也。

用六，利永貞。

本義 用六，言凡筮得陰爻者，皆用六而不用八，亦通例也。以此卦純陰而居首，故發之。遇此卦而六爻俱變者，其占如此辭。蓋陰柔而不能固守，變而爲陽，則能永貞矣。故戒占者以利永貞，即乾之利貞也。自坤而變，故不足于元亨云。

蒙引 剛足以濟柔而能永貞，則无先、无後、无西南、无東北矣。陰柔不能固守，安得爲順？而健利永貞即乾之利貞，如何又不足於元亨。或疑不言元亨，坤變爲乾，元亨自不假言。惟利於永貞，見不止牝馬之貞，不合《本義》亦一説也。

《象》曰：用六永貞，以大終也。

本義 初陰後陽，故曰大終。

《文言》曰：坤至柔而動也，剛至靜而德。

本義 剛方釋牝馬之貞也，方謂生物有常。

蒙引 《彖傳》有以坤之德言者，有以人之占言者，此復錯舉而申言之，不可附會以貞利亨元之說。此下寫附見愚意，此《文言》二條。 柔無爲，剛能動，靜無形，方有體，四字義相反對，遷易一箇，不得德方，又稍在動剛之後。 至柔如捧載不起者，却能承受乾之氣而運之，以發生乎萬物，又何剛也。 至靜謂寂若一無所區畫者，及其生物則陶鎔萬類，一一有常形而不可移易，固甚方也。 乾施一至坤，則盡能翕受而敷施之，生成之機，沛乎莫遏，真是動剛。此當寫在《彖傳》書以條前。 愚意此《文言》是就彖辭專言坤道之順，而兼健意在內，觀揭坤字於首，而以坤道其順贊歎於後，又申之曰承天時行，足見坤字以下，句句說他的順。其順之所在，即健之所在也。而承天時行則健意尤顯，蓋承天順也。天行至健，承天時行，則坤之健，一如乾之健，正所謂德合无疆也。如此則其爲申釋彖辭、象占並備，辭義俱明，又何必强作貞利亨元之說，令人殊不意愜。《蒙引》既謂不可附會，而又一一分貼，不知何故。非健則無以配乾，非配乾之健則無以爲順之至。 謂所生之物无變態也。如根荄者不可以爲胎卵，羽毛者不可以爲鱗介。 謂生物有常，只是至柔至靜，其本體也。動剛德方，其發用也。至柔順也，動剛，則順而健矣。至静順也，德方則順而健矣。此以順而健言。附見。動固承乾而動，德方亦承乾之施，而賦形有定，皆非自爲健。此以順乎健言。順而健，健屬己；順乎健，健屬人。然時有兩項，能順乎健則即順而健矣。只管承乾之施屬，後而不居先，此便是至柔至静。於形體見至柔勢，以地言也。於性體見至柔静，以坤言也。體不離用，用不離體，動剛德方，即皆至柔至静之所發，非柔静自柔静，剛方自剛方，勿誤認。附見。動只是生物，雖利貞時爲氣之入機，亦生物之有終即是動。至柔而動也，剛惟柔，故能動而剛也。至静而德方，亦惟静，故能方也。此理最妙。蓋坤之剛終是柔之剛，坤之方終是静之方，無此柔静，亦做此剛方不成。

後得主而有常。

本義　程傳曰：主下當有利字。

蒙引　言君子後得而主利者，乃其常道然也。與得常同。此句就該得君子有攸往，至安貞吉，西南得朋，東北喪朋，即先迷後得之理也。可見此不是説坤德之利，若泥以利貞亨元之説，則是《文言》於先迷後得以下全遺却了。後得主利，《彖傳》既不認作坤德説，至《文言》乃復以爲坤德耶？其説无據亦明矣。　貞利亨元之説，甚無理，蓋非元亨利貞，則是貞元亨利，亦水木火土金之序也。豈有貞利亨元倒行逆施之理耶？無此化工也。

含萬物而化光。

本義 復明亨義。

蒙引 言坤含萬物生意於中，而發達於外，其功化光顯。

坤道其順乎承天而時行。

本義 復明順承天之義。 此以上申《彖傳》之意。

蒙引 時謂天時，不先時而有爲，不後時而不爲，所以爲順。

積善之家必有餘慶，積不善之家必有餘殃。臣弑其君，子弑其父，非一朝一夕之故，其所由來者漸矣。由辨之不早辨也。《易》曰：履霜，堅冰至，蓋言順也。

本義 古字順、慎通用。 按此當作慎，言當辨之于微也。

蒙引 今日爲一善，明日爲一善，久之則爲積善矣。 餘慶者，非但一身之慶，子孫亦有其慶也。若今日爲不善，明日爲不善，久之則爲積不善矣。 餘殃者，不但一身之殃，子孫亦有其殃也。善固有慶矣，善之積則慶有餘。 惡固有殃矣，惡之積則殃有餘。 積者，皆自微而至著也。

重在此字，此自人家興衰常理而言，又以其變故之大者言之。臣弑其君，子弑其父，亦非一朝一夕之故，蓋其所自來者有漸，莫非由積而成也。若爲君父者，能於其漸時而辨之，則不至有弑逆之禍矣。由辨之不早辨，直到事勢既成，然後從而裁之，則其禍立至。《易》曰云云，言當於其漸者慎之也。弑逆一段，主君父當慎微言，乃履霜知堅冰之義。易爲君子謀，不必説小人當慎微，但爲臣子者，若稍有見君父不是處，亦不可不早自懲，抑不然積惡、餘殃，其慘何可當也。所由來漸，自臣子言，辨不早辨，責其君父，蓋言慎也。通管積善積惡，至不早辨，慎之則善，雖小而當爲惡，雖小而可懼矣。

直其正也，方其義也。君子敬以直内，義以方外，敬義立而德不孤。直方大，不習无不利，則不疑其所行也。

本義　此以學而言之也。正，謂本體。義，謂裁制。敬，則本體之守也。直内方外，程傳備矣。不孤，言大也。疑故習而後利，不疑則何假于習。傳曰：直言其正也，方言其義也。君子主敬以直其内。守義以方，其外敬立而内直，義形而外方。義形于外，非在外也。敬義既立，其德盛矣。不期大而大矣，德不孤也。无所用而不周，无所施而不利，孰爲疑乎？

蒙引　正是無少邪曲，義是無少差謬。正，謂本體。義，謂裁制，須認兩謂字，非以本體當正字，裁制當義字也。本體存于內，裁制見于外。　正，謂本體正也。敬則本體之守其所以正者也。敬以直內，只是不失其本體。潛室曰：以正解直，則可以敬，解直則不可轉正爲敬者，纔敬則心必正也。　正、義二字，皆以見成之德言。然直不自直，必由於敬。方不自方，必由於義。直即主忠信，方即徙義。直即心無私，方即事當理。　敬以直內，雖就本體言，然主動體居多，故曰六二之動，直以方也。程子動箴云：誠之於思，所以直乎其內也。曰守之於爲，所以方乎其外也。《中庸》致中主未發，言靜時之敬也。其動時之敬，所謂致和者，則自一念之萌，以至事爲之著，皆在所謹謹於一念之萌，誠之於思也。謹於事爲之著，守之於爲也，即內直而外方。體道家法敬以直內，雖主動説，其實靜不敬則動，亦無內而直，故即舍靜不言而自兼得靜。

敬義是工夫字目，直方是成效字目義以方外，雖主外説，其實內不敬則外，亦無由而方，故即併外言敬而不礙爲義。附見。　書稱湯之德，曰以義制事，以禮制心，二句説得盡，便是敬以直內，義以方外。　程子曰：敬義夾持，直上達天德，自此夾持二字，最習味。不謂直方，便是入內直外方，則自然至於大矣。所謂敬義夾持要放下霎時不得者，此如《論語註》云取舍之分明，然後存養之功密，存養之功密，則其取舍之分益明，二者交養並進，其有不至於盛大者乎？　夾持非只内外相倚，更有循環道理。内外相倚，固就《論語註》見得，循環不已，亦不外此，内外便足對待之，易循環，便是流行之易。不曰直方而德不孤，必曰敬義立而德不孤者，明德之所以能不孤也。不患不直方，但患不能敬義。不疑其所行，正貼不習无不利。直方大三字，帶説下于以見不習無不利，只是直方大而不在外矣。　此以學而言，蓋六二爻辭純以德言，此重在敬義，是以學而言也。學者德之所由成也。敬是學敬立而内自直，義是學義形而外自方，則德成矣。故曰敬義立而德不孤。　讀《易》之乾而得進脩之方，讀《易》之坤而得敬義之訓。然乾之進脩，非坤之敬義，則無以爲之具也。且其曰忠信，即敬之謂。其曰脩辭立誠，即義之謂。故凡言聖賢之道者，必曰進脩。言進脩之功者，必曰敬義。只是一箇家法。

陰雖有美，含之以從王事，弗敢成也。地道也，妻道也，臣道也，地道无成，而代有終也。

蒙引　以從王事，以含章之道而從王事，弗敢成也，即是含章之道，用於從王事者也。　妻道、臣道本於地道，无成有終，最要認成與終字，分别處成者，成其始而兼乎終。終者无其始，而僅終其事。

天地變化，草木蕃。天地閉，賢人隱。《易》曰：括囊，无咎无譽。蓋言謹也。

蒙引　重天地閉賢人隱句，爻辭所云正謂天地閉之時，當謹避而去也。　事當謹密時當隱遯，只説隱遯，就大者言。

君子黄中通理。

本義　黄中，言中德在内。釋黄字之義也。

蒙引　通理即是黄中處，通而理也。蓋黄中非通，則無以應乎外，通而非理，則所以應乎外者，不能皆得其當，通理亦在内。　凡道理之在中者，皆通理也。人之一心，本具衆理而應萬事。　通理只以性情言之可驗，通則無以發於情，理則所發者自相掩混。如仁足以有容，義足以有執，禮足以有敬，智足以有别，所謂黄中者在此，所謂通理者亦在此。但六五黄中專言順德，當云同一順德也。親親則如何？尊賢則如何？敬大臣則如何？柔遠人、懷諸侯又如何？各有條理而不紊，是以養成之德言，如天性之妙，則人人同具。

正位居體。

本義　雖在尊位，而居下體，釋裳字之義也。

蒙引　體是禮體之體，即所謂人君之體。又裳字義，全在居體二字。正字活看，謂當尊也。在尊位而能居下體，謂不以尊貴自居，用上敬下也。

美在其中，而暢于四支，發于事業，美之至也。

本義　美在其中，復釋黄中，暢于四支，復釋居體。

蒙引　天下無有形於外而不本乎中者，惟有黄中之德，故能以下體自居。　黄裳二字，爻辭就中順之見於外者合言。《文言》又分中在内而順在外，其實一也。惟中故順，惟有黄中之德，故能以下體自居。惟中故順，則中在内而未嘗無順，順在外而未嘗無中，中順和内外説得，俱就内説亦得，俱就卦説亦得。附見。　美在其中，美字即黄字，中字即前《本義》充諸内内字，而暢於四支，即在中之美之所暢也。《本義》不及發於事業，舉此以該彼。　暢於四支者，中德之暢而爲順也。發於事業者，亦中德之發而爲順也。六五德之積於中而形於外者，如此美之至也。　暢四支、發事業，要説得居體意在。看坤卦六爻，俱是收斂順止之意，與乾氣格自不同。

陰疑于陽必戰，爲其嫌于无陽也，故稱龍馬。猶未離其類也，故稱血焉。夫玄黄者，天地之雜也，天玄而地黄。

本義　疑，謂均敵而无小大之差也。坤雖无陽，然陽未嘗无也。血，陰屬。蓋氣陽而血陰也。玄黄，天地之正色，言陰陽皆傷也。此以上申《象傳》之意。

蒙引　疑者，似也，故謂均敵。嫌，疑也，非謂人之嫌之也。陽未嘗无者，天地之間，本一氣之流行而有動静耳。故程子曰：天地間不可一日無陽，陽无終盡之理。

朱柏廬先生大學講義

劉軍 校點

校點説明

《朱柏廬先生大學講義》（一卷），與《朱柏廬先生中庸講義》（二卷）合稱《學庸講義》。《朱柏廬先生大學講義》存世版本主要有以下幾種：

一、清乾隆刻本，上海圖書館藏。

二、清徐椿鈔本，上海圖書館藏。

三、江蘇書局清光緒二年（1876）刻本，國家圖書館等藏。

四、《太崑先哲遺書 學庸講義》民國17年（1928）俞世德堂鉛印本。

據唐文治所作《朱柏廬先生學庸講義序》記，徐椿（字六英）鈔本爲海鹽崔以學所藏，江蘇太倉人俞慶恩從上海書肆得此鈔本，加以點校，編成《太崑先哲遺書 學庸講義》。崔以學生活在清道光咸豐年間，由此可知，徐椿鈔本早於江蘇書局光緒二年刻本。

此次整理選用清乾隆刻本爲底本，以徐椿鈔本、江蘇書局清光緒二年刻本和《太崑先

哲遺書 學庸講義》爲校本，三個校本在「校勘記」中分别簡稱爲徐鈔本、江蘇書局本和遺書本。

劉軍

《學庸講義》序

在昔，宋儒曾以訓詁詞章兩家並稱爲玩物喪志，夫本之不務，而徒求工於風雲月露之章，以取名於世，洵可議也。若夫訓詁，則經學賴以發明，而曷以云然乎？且學之不講，是吾憂也，非聖訓與？蓋其所謂講學者，即以宣明修德之道，而徙義改過其要也。故必本諸躬行，凡出於口而筆之書者，反求諸己，而無怍焉。故漢唐之註疏，遠遜於濂洛關閩也。世之稱道學者，往往有藉是以爲名，胷無實得，拾前人之餘唾，兼好玄黄之争而自鳴其爲正學，適足爲識者所鄙而已矣。

《大學》、《中庸》，其初列於《禮記》。《禮記》惟《曲禮》爲經，三禮之中，其文獨簡，故有漢諸儒，博取諸篇，以爲之傳。然醇駁不倫，未有若二書之微妙者也。宋之君臣於諸傳中拔取《學》、《庸》，與《論語》、《孟子》目爲四書，豈非千古之卓識哉？《論》、《孟》篇章短長不一，語匪出於一時，可零星而研究。若《學》、《庸》則自始至終珠聯璧合，綱舉目張，顯微畢備，必貫通融洽，始無疎漏之虞，故講二書者，尤爲難也。

吾友朱孝定先生柏廬，秉希聖之資，敦明善誠身之學，自其少時，即有《無欺録》一編，以爲日記，蓋修德、徙義、改過，固其所日夕孜孜者也。隱居教授先後五十年，德日崇而業日廣，從遊者日益衆，於是有《學庸講義》。易簣之後，門人爲録之梓，蓋著述弘多，而此編因授徒而作，中多提撕勉勵之辭，尤爲闗切，故先之也。

玉峰吕子德焕、葛子聲蜀、王子鶴隨、顧子相實，皆柏廬高第，弟子謂是書不可無序，而先生金蘭之交，後死者惟余在也。介慎幾以序請余，自柏廬殁後，與慎幾相得甚深，每一晤對，輒懷亡友之思，今雖不敏，義弗敢辭。

柏廬是編，即余所云「本諸躬行宣於口，而筆諸書無怍於心者也」。其於明德修身，時中盡性之道，曲暢精詳，不爽豪黍。而先儒之説有可商者，亦皆斟酌盡善。考亭之後，復有柏廬，可稱前後兩朱子矣。

是爲序。

吴門同學教弟易亭楊无咎拜撰

大學

先儒云："讀書先讀四書，讀四書先讀《大學》。"故《大學》今日所亟當講究。程子曰："《大學》，孔氏之遺書，而初學入德之門。"以其工夫一節進一節，有次第等級可尋，故云若其書之體用兼具，本末畢該。朱子固云："外有以極其規模之大，而内有以盡其節目之詳。"非特爲初學之書已也。

聖經

欲讀《大學》，先須識得大字。《章句》云："《大學》者，大人之學也。"朱子恐人誤作有位者説，便令天下人人自諉，以爲此非我所當爲，故或問曰："此大人對小子之學言之。"而《蒙引》又解曰："大人，成人也。"是凡爲人，即當爲是學。而今人輒以帝王當之，故愚謂第一部書中第一章，第一章中第一句，第一句中第一字，今人便讀錯，又安得學術明而人品正耶？"明德者人之所得乎天"，人皆順口讀過，不加體察，此即《中庸》天命之謂性也。故繼之曰：

「具衆理，即此便見人人所同得，而非我之所得私有，不能不推以及之者。」故張子曰：「天地之塞我其體，天地之帥我其性，民吾同胞，物吾與也。」「虚靈不昧」，心也。復言「具衆理，應萬物」，是指心之體用。此爲聖學異端分途緊關處。二氏耽空守静，亦似箇虚靈不昧，然不知有所謂具衆理者，空空守著一箇心而已。彼雖出世，遺棄一切，究竟日用常行，與夫意外猝感，安能悉逃而去之？若不明理，何由應事不錯？若不格物，何由見理分明？聖學斷斷必從格物下手者以此。問姚江之學，不從格物入手。然其當大事，儘能做得，亦不見有虧欠處，何也？曰此由其天資高，仗氣魄用事，亦自能濟。但與聖賢畢竟有間，蓋所謂天下國家可均也，中庸不可能也。至善，先儒謂是極好。道理到十分盡頭處，增毫釐不得，減毫釐不得，即《中庸》無過不及也。故曰：「必至於是而不遷凡人，處事不到至善地位，只爲人欲所間。」故曰：「必其有以盡夫天理之極，而無一毫人欲之私也。」安，謂所處而安，亦從知止中體認來。誠見得富貴貧賤夷狄患難，各有當處之法，自然隨遇而安，無入不自得也。慮，謂處事精詳，初間(一)事未來時(二)，已能辨析其理。到臨事，再爲審度一番。古人處事不苟如此，今人若何漫應？問知止莫是知其大綱慮(三)，方於條目上細究否。曰知止時，條目亦已辨得，但時有萬變，事有萬殊，物有萬類，或在此當然，在彼又不當然。平日可行，此日又不可行。必更加詳審，庶不至有毫釐之差耳。一明首節明德、新民，尚是兩件。至「古之人欲明明德於天下」(四)一句，乃見《大學》之道。一明德可了，能使天下之人，各誠其意，各正其心，各脩其身，各親其親，各長其長，方完得明明德於天下之事，方完得明明德之事。若天下之人有一之不明其明德，便是我明德分量有欠闕處。《中庸》曰：「誠者非自成己而已也，所以成物也，成己成物(五)，性之德也，合外内之道也。」曰明明德於天下，便知治國是明明德於國，齊家是明明德於家。

正心最要體會。心體至虛至靈，不是一件物事，可以安排端整得。若何爲正？《記》不云乎：「王中心無爲也，以守至正。」可見還他虛靈本體便是正。

《大學》工夫，其實只到正心住了，誠意致知格物，皆正心之功也。雖曰心爲身之主宰，而家國天下皆本於身，難道心不宰乎家國天下？便明明一箇心是具衆理而應萬事的了。静涵衆理，有何得失？動應萬事，便分善惡。可見累此心者，全在所發。而意纔一發，即與物接。非推極善惡之幾，則不能決擇去就。非窮至事物之理，則不能分別善惡。豈非誠意致知格物一串是正心事。

問如此則誠意恰是正心了，如何又要去正心？曰此所謂官街上恐蹉了路也。蓋意既誠則惡念盡行銷除，止有一箇善念，而此善念者，纔有偏著，便入於邪，便失此心虛靈本體。正之云者，事至物來，一循乎當然之理應之，任他掀天揭地事業，也只猶浮雲之過太虛，而此心湛然如故，故孟子謂「行其所無事」，程子謂「廓然大公，物來順應」。又謂「静固定，動亦定」，皆是道也。

先誠其意，其實要使心之所發，無不一出於善，而不曰善其意者，從知説來，不可虛其所知，而必須實其所知，兼去惡言，故曰誠。且以見誠者未有不善，僞者未有不惡。　意是心之意，知是心之知，物亦是心之物，何則？萬物皆備於我也。格有横的，有直的。横是一事以至於萬事，直是就一事之一分以至於十分。朱子有云：「十事格得九事通透，一事不通透不妨。一事只格得九分，一分不通透，最不可。」故曰：「欲其極處無不到也。」非謂必盡格天下之物也。　格物致知，向來所以聚訟者，只爲物是外物，知是吾心之知。不將吾心之知，照見萬物，却求天下之物，充廣吾知，何其徇外也，何其支離也。殊不知心雖主於一身，而實管乎天下之理。理雖散在萬物，而實不外一人之心，朱子固言之矣。且如今有一椅，置得不正，吾必欲去正他纔安。椅之必宜正者，理在物也。吾必欲去正之者，理在物而亦在心也。此所謂體用一原，顯微無間也。不然椅之正不正，何與吾事？恰若彼之不正，即於吾分内有欠闕哉。且使正之之理，不在於我，又何由而見其不正？使歸於正哉。　朱子曰：「凡物理皆有所當然而不容已，與其所以然而不可易。」格字必兼此二意方到，如視當明，聽當聰，手當恭，足當重，是其所當然而不容已者，究其所以然，則耳目手足，皆天所賦予，本明、本聰、本恭、本重，一定而不可易者。推之君臣、父子、仁孝、敬慈之理，莫不皆然。蓋所以然者，皆天也。天體物而不遺者也。故孟子曰：「盡其心者，知其性也。知其性，則知天矣。」《易·文言》：「忠信，所以進德也。」此數欲字皆是實要如此，即忠信之心。　物格知至是一件事，故首句而后二字另看。下六句節節尚須撿點章句，可得二字，最有斟酌。《誠意章》、《章句》中功之不可闕，即是可得二字之意。　天下平，平字甚妙。水至平者也，而有波浪則不平。地至平者也，而有丘壑則不平。使明明德於天下之世，而有一人焉，自棄其德，以梗朝廷之化，便不可謂之平。平也者，盡天下之人無不各誠其意，各正其心，各脩其身，各親其親，各長其長，所謂比户可封也，何平如之？　自天子以至於庶人，壹是皆以脩身爲本，然則何人可不爲《大學》，而乃謂是天子之事哉？　須知此章書，該盡古今聖賢道理，如聖門以求仁爲學，故《論語》一書，言之娓娓然，各有所指。或言心之德，或言愛之理，或言本體，或言工夫，求其包括靡遺者，無如此章。今試將全旨體會，恍見仁之全量，而所謂一以貫之者，此也。《中庸》所謂自明而誠者，此也。聖賢千言萬語，不越一理，亦在學者實體之而已。　今天下爲吾道患者有二：曰異端，曰僞學。異端顯立門户，其邪正不須置辨。惟僞學本無仁義忠信之實，而爲仁義忠信之貌。其心甚巧，其術甚工，謂天下之耳目盡可抵塞，天下之心思，盡可愚弄，而不知識者正復不少，方洞悉其底裏也。無如此種學術，正中人情喜僞之病，易爲惑溺，轉相倣傚。自孔孟指斥鄉原以來，其種子流傳至今，未之有改也。而延及後世，又不知何所底止。蓋其所以爲惡者，既以假仁義假忠信爲道，則必以真仁義真忠信爲非道。人心於此而澌滅，天理於此而淪亡，得罪於聖賢，爲禍於天下，大可畏也。朱子諄諄於此章，云學者視天下之事，以爲己事之所當爲而爲之，則雖甲兵錢穀，籩豆有司，皆爲己也。以其可以求知於世而爲之，則雖割股廬墓，敝車羸馬，亦爲人耳。

正以此也，爲己爲人，即誠與僞，而此心誠僞之分，見於事則爲義利，在人品則爲君子小人，在治道則爲王霸之異，然則吾學之絶續，人才之厚薄，世道之盛衰，胥别於一念之微。吾輩今日爲學，務先於方寸間斬斷此僞字種子，然後可幾進步。《魯論》載孔子所以訓弟子者，一則曰主忠信，再則曰主忠信，可不勉哉，可不勉哉。

明明德章

此後三章，分釋三綱領。向疑明德新民自是善了，何又分别出止至善來？與上兩項同爲綱領，蓋德有不同，無論似是而非的，如慈祥惻怛，固是仁，而姑息亦似仁。陳善納誨固是敬，而阿諛亦似敬。此固不可謂德。即同爲是的，内間分量，種種不齊，纔有一分做不到，便攙和了一分私欲。纔攙和了一分私欲，便欠闕了一分天理，而不可爲至善。故明明德，必要止至善也，新民亦然。故先儒有云：「有明德而不能新民者，佛老（六）是也。有新民而不能明德者，管晏是也。有明德新民，而不能止至善者，文中子是也。」然究竟論之，明德而不能新民者，不可謂明德。新民而不能明德者，不可謂新民。明德新民而不能止至善者，亦不可謂明德新民也。三傳雖屬分釋，其實拆離不得。故《新民章》言自新，《明德章》克明峻德，非將新民合看，其義不全，而《至善章》淇澳節明德也。民不能忘即新民，前王節新民也。賢其賢即明德。《康誥》但言明德，未見明德之所自來。但言克明德，未見明之之工夫，故引《太甲》之辭以釋之。自天生人，便囫圇把一箇天之理交付於人。而天之理非他，又即人之所以爲人，物之所以爲物者。是故張子曰：「天體物而不遺，猶仁體事而無不在。禮儀三百，威儀三千，無一事而非仁也。昊天曰明，及爾出王。昊天曰旦，及爾游衍。無一物之不體也。」是即所謂明命也。説到出王游衍，無非天理之流行，可見一息之頃，一事之微，不可放過。纔放過，便苟且，便昏蔽其本明者了。聖人静存動察，無時無處而不還其本然之理，是謂顧諟。峻，大也。明明德於天下，方完得自己明德分量，可不謂大？《堯典》此語，上承欽明文思安安，允（七）恭克讓，下統以親九族、平章百姓、協和萬邦而言，可不謂大？

新民章

要玩新字最妙，不但去其舊染之污爲新，雖舊污既去，必逐日有一番振刷精神，便逐日有一番鮮新氣象。只看宇宙間，不過此旦晝耳。然朝曦迭代，萬象昭融。眼前境界，日日更新。不由造物者健行不息，安得燁然焕然？振古如斯，至誠純亦不已之功，亦猶是也。民自民，命自命，如何新民便能新命？雖曰「天視自民視，天聽自民聽」，然於此畢竟未見的當。看後引《康誥》「惟命不于常」，斷之以惟善，則得可見，明德新民，皆造其極是，皆已止於至善。而與天道繼之者善，渾合無間，峻命安得不歸之？故前章言顧諟明命，是新命之所以然。此章言新命，是顧諟明命之極，致理與數，非有二也。而釋新民必言新命，釋平天下必言得天命。又以見天人協應之不爽也。其不然者，不善失之耳。　專引文王言新命，是傳者偶舉一聖以例之，要之自新新民以新天命，三聖皆然。豈惟三聖？從來聖人皆然。我孔子雖不得爲天子，然垂教天下，新民及於萬世，尊崇亦及於萬世，便是新命了。　古人每事，必做到極至之地。今人執德不弘，偏端自安者，是何等學問！鹵莽因循，總歸無成者，是何等工夫！

止至善章

穆穆，深遠之意。深遠二字，最宜玩。學者纔有爲己之心，便有深遠氣象。所以《中庸》末章，説爲己之心必曰闇然，直到成德之極，亦不過曰不顯。若浮躁淺露，其德可知。　緝熙是繼續其明，明即心之神明，所得於天者也。心常存而不昧，則遇事不敢苟且，必求其當然之理而止之。但文王則自然之境耳，今人終日昏昏擾擾，事物到前，不知有所謂理，率意應去，安得不錯？《禮記》洞洞屬屬，是緝熙的解。

斐字可思，是從《闇然日章》來。若小人的然之文，不可謂斐，故上以領起如切四句，而下乂總承之，不但切赫喧也。

恂慄是千古聖賢心法，堯舜之兢兢業業，禹之秪台德先，湯之聖敬日躋，文王之小心翼翼，武王之敬勝義勝，皆是物爾。故於學脩之後，而又特爲指示，蓋雖知之明而行之力，此心纔一放他自由，欲便乘間而入，理便霎時去了。瑟僩之義，不唯嚴密，而且武毅，似强有力一般，是形容其敬之至也。

或問云：「恂慄威儀，是得止之驗。」驗字難貼恂慄説，俗解作自然説尤非。且恂慄雖在學脩之後，實已在學脩之前。故曰敬者，聖學所以成始而成終。

親親，當主基業相承，本支百世講。若曰祖功宗德，則與賢賢不分明矣。

樂樂當主教化大行，風清俗美講。若曰含哺鼓腹，則與利利不分明矣。其賢其樂，前王明明德於天下也。賢賢樂樂，民德之新也。親親利利，亦皆新民中事者。非親親無以賢賢，非利利無以樂樂。而必先言賢賢樂樂者，非賢賢不能保親親之恩，非樂樂不能守利利之澤也。

樂主風俗，先儒已有是説。然終不若直指教化，尤爲的當，觀《論語》言樂者不一，曰貧而樂，曰不改其樂，多主學問有得説，固知天下最樂者，唯此理也。

本末章

民志甚隱，人主端拱深宫，如何能使之大畏？試觀今人入祠廟，見鬼神，未有不悚懼者。即聞人談説鬼神事，亦皆心魂凛然，是何以故？蓋冥漠之神明，即吾心之神明，惟鬼神能無失其神明，而吾有不逮焉，故畏也。乃明德之君，志氣精明，儼若鬼神，其默孚之下，自有以懾服民之隱微。正所謂聖人以神道設教，而天下服爾。此非特有位聖人，即里有大賢，德望素著，能使聞名識面者，獻誠致恭，如盜牛之不使王彦方知，訟理者望廬而返，豈由法制禁令使然哉？於此益可驗大畏民志之實。

補傳

一旦豁然貫通，頗似禪家頓悟。然專心於事物所在，理會多後，自有了徹境界。如曾子平日隨事精察而力行之，真積力久，則於一貫之呼，自然應速而無疑。惟其不由頓悟，而必由用力之久而來，故禪家離物以爲知而空虚無據，吾儒即物以爲知而真實有用也。致知爲《大學》

始教，固矣。然程子謂未有致知而不在敬者，《中庸》亦謂尊德性而道問學。若不敬以立心，則物之所在，都只混帳放過，何由窮至其理？故必此心專一，卓然精明，幾微瞬息，不少間斷，然後隨其所遇，無物不格，格來格去，少不得始而見萬物各具一理，繼即見萬理同出一原，而有豁然貫通之日。謝氏謂時習之功，曰坐如尸，坐時習也。立如齋，立時習也。是即坐時立時之敬，亦即坐時立時之格也。推是以往，其所得力，夫豈僅在格致哉？自誠正而下，一以貫之矣。

誠意章

先儒謂誠意是人鬼關，此關一錯，真所謂差之毫釐，謬於千里。今日講此章書，須仔細聽著，平日須仔細看著，實要見得聖賢一片喫緊爲人婆心，只緣未有意時，無善惡可見。孟子謂舜所以異於深山野人者幾希，正指此也。及意纔發，善惡便從此分途。若各循所由而一往深入，到後來直是退轉不得，挽回不及。要其初只爭些子關頭，所以作是傳者，明白開張，如此則自欺，如此則自慊，如此則爲君子，如此則爲小人。説得不啻烏鵠之殊，燕越之辨，有目者皆見，有心者皆知。而前一箇必慎其獨，後一箇必慎其獨，提唱緊要，只在此處。所謂欲知舜與跖之分，無他，利與善之間而已。於此而不毛髮悚然，急從這裏做去者，是無心胸者也。曰毋自欺者，何也？人心之靈，莫不有知，憑它汩溺，終不泯滅。况當既致知後，善惡豈有不明者？但或一念之善，自家也曉得是當爲的。隨轉一念道：此事甚小，不爲也罷。又事事皆善，只此一善，不爲也罷。一念之惡，自家也曉得是當去的，隨轉一念道：此事甚小，不去也罷，又事事不敢爲惡，只此一惡，不去也罷。這便叫做自欺。自欺者，必不自謙。當其自欺，只爲義理之明，不勝其私欲之蔽，一時胡行亂止，少間事已過而欲已去，依舊一點靈明，在中覺照未有不懊恨其非者。但自欺關頭，斷開不得，何者？初間自欺，猶不能安。及夫今日自欺，明日又自欺，因循慣了，必且認欺爲慊。到得認欺爲慊，又何救藥？是故不明之人，不叫做欺。欺之云者，知之而故昧之者也。不明之害小，自欺之害大。不明之人猶冀其明，自欺之人日益蔽錮。心因之以不正，身因之以不脩，而其害猶在一己。抑且隨身所之，無不受害。在一家則害一家；在一國則害一國；在天下則害天下，皆此一念自欺爲之。其害豈淺鮮哉？所以傳者斬釘截鐵，下一毋字，先儒亦云毋自欺，是一刀兩段工夫。　惡須十分惡，好須十分好。惡惡臭，好好色，俱是十分圓滿者。若好惡誠到九分九釐，有一釐自欺，究竟胸次間自然覺耿耿在，那得快足自謙者，直無纖毫欠闕，其胸中浩浩落落，不怍不媿。青天白日之下如此。清夜夢覺之時亦如此。豈不自謙？一事有一事自謙；一時有一時自謙；一生有一生自謙。　慎獨是誠意工夫，下手處慎獨，則不自欺。不自欺則自謙，自謙則意誠。《中庸》兼動静言戒懼慎獨，而《大學》專言動察不兼静存者，一則意是心之動，二則亦是引而不發意。何者？要做動察工夫，必不容不做静存工夫。若不静存，單要動察不來。且亦不成箇工夫片段，學者實用力時自見。四書中言無所不至者二：一爲鄙夫，一爲小人。大抵君子所爲，步步依著道理，縱極權變不測，要皆光明正大，無不可以告人，人亦無不可從道理推究而知者。惟小人與鄙夫二者，一般伎倆，均是肆其所欲，毫不顧乎理道，奇形幻態，非復人情算料之所及，而亦寔有説不得。説不得者，故皆曰無所不至。先儒謂：「見君子而後厭然」，亦是小人良心發見處。魏莊渠先生説得好，若果是良心發見，在君子面前，正當抒露真情，痛自悔咎。乃若此揜著，恰是小人之過也必文，所以終爲小人也。不獨見無所不至之不善，并洞晰它揜著情事，故曰：「如見肺肝，則何益矣？」亦是傳者特爲咨嗟歎息，唤醒若輩。若就若輩念頭上，方自謂揜著得過，不曉自欺之害，而但覺欺人之利，安得以爲無益？五霸鄉原，其所作爲，未可便謂小人。若論心術，畢竟是小人一邊。何者？君子小人之分，所争只在誠僞。五霸功業儘大，然其假仁仗義，却與揜著何異？只緣當世無君子，故未見它厭然情狀，彼便道是可以愚弄天下後世，不知天下後世儘有明眼人。一經看破，何處躲閃？孟子曰：「五霸假之也。」假之一字，洞見肺肝。鄉原居之似忠信，行之似廉潔，其揜著之術非不至工，然而孔子曰：「鄉原德之賊也。」亦是如見其肺肝然。推論到此，誠僞關頭，可不謹哉，可不謹哉！問十目十手，不必専指當時，恐如孔孟之論鄉原五霸，凡爲後世所看破所指斥皆是。曰然，但就當下説，覺與嚴字尤緊切。所謂天知地知，子知我知，豈不真箇是十目十手？心本廣大，一著私欲，便狹小了。不爲私欲所累，則浩浩落落，有天地相似氣象，正所謂廣居也。而施於四體，足容自重，手容自恭，皆不言而喻，何等體胖！心正身脩下面，其功各不可闕，而此遂云然者，意既誠，則大段工夫易了。故誠意未便爲明明德，而亦以德許之。

正心脩身章

誠意之後，惡念掃除已盡，只有善一邊，但少有偏著。善亦爲惡，蓋心之爲心，萬理畢具，却又一物不有，所以傳者特揭有所二字，警唤世人。有便不正，可見還它虚靈本體是正。朱子以鑑空衡平，説心體最須體認。姸媸非鑑不炤，輕重非衡不審，然皆因物付物，不曾於它姸媸輕重本來分量上，增損毫釐。而且當其未來，無所迎合，當其既去，無所留滯，所以畢竟毋意毋必毋固毋我，方是正心之的。程子云：「心有主則實。」又云：「心有主則虚。」何謂實？理在中也，此分明説誠意。何謂虚？物不入也，此分明説正心。先儒亦有云：「意欲實而心本虚。」先儒謂不正便不在，未見分曉。心者人之神明，喜怒憂懼據於中，而神明不守其舍，是爲不在。朱子提出敬以直之，爲正心要法，讀者切不可輕易放過。蓋敬也者，程子謂主一無適，又云整齊嚴肅，則心便一。尹和靖謂收斂其心，不容一物，謝上蔡云：「常惺惺法。」朱子最有取於整齊嚴肅者，以其功兼内外也。而愚謂常惺惺法亦極好，下手常惺惺，則自然收斂，自然外面整齊嚴肅，自然不至它適。其於喜怒憂懼到來，亦自不爲他所粘著，故朱子諄諄於此。既曰「敬以直之」，又曰「無以直内也」。抑不特此，朱子於四子書中，説到心處，每每拈揭此字，如《養氣章》曰「敬守其志」，《先立章》曰「克念克敬」，《牛山章》曰「敬以直内」。他如曰「戰兢自持」，曰「戰兢惕厲」，無非敬也，無非示人以緊要工夫也。學者於此，皆切須著眼，若不從此做向前去者，便非聖學。諸儒之言敬，雖不一其説，而愚只以一言該之，莫若孔子之操，精而進焉，便是文王之緝。動時不得力，静時無工夫；静時不得力，動時無工夫。正心兼動静，於此便見，不容不有存養之功矣。

脩身齊家章

齊家大旨，不外「正倫理，篤恩義」二語。所謂燦然有文以相接，懽然有情以相愛也。循此二語做去，諸辟自無。問親愛而辟，父子亦在其中否？曰也在。阿意曲從，便是親愛而辟，然此亦有失於敬畏者。敬畏以分所當敬畏者言，家庭之内，論分不論德也。若以勢論，則更不可言矣。知惡知美兩知字，即知止后之慮也。然不言慮而言知者，慮即知之審也。雖已格物致知，而立心應物，非時時把知來照察，鮮有得其理者，故傳者於此，復將知字一提醒，而朱子本之，於《誠意章》曰「審幾」，於《正心脩身章》以下曰「必察乎此」，曰「不加察焉」，曰「識其端」，曰「推以度物」，皆言慮之不容已也。先儒以定静安爲事未至，慮爲事方至，而分易進難進者以此。先儒以上章爲心與物接，此章爲身與物接，要之皆心也。大抵自誠意而后，所争只在好惡。用情既辟，則一家之内，恃愛而驕者，失驩而怨者，尊卑上下，多所未安。而其觀法乎我者，習爲固然，輾轉相效，流弊更是無窮，夫安得齊？

齊家治國章

第一節須認「不出家而成教於國」句，此言教家教國，只一理也。次節須認「未有學養子」句，此言孝弟慈皆人所固有，不待學而能也。惟其爲人所固有，故上以是感，下以是應，風行草偃，不疾而速。故第三節須認「其機如此」句，雖是上行下效，心有同然，却少政教不得。曰所令，曰求，曰非，固不待下章，然後見不惟有以化之，而又有以處之。朱子所以於此有號令賞罰之謂也。故第四節又須認此數字，而誠與恕，則其所以盡是脩身成教者也。雖釋齊家治國，却步步不脱脩身。其家不可教，身不脩也。言孝弟慈，言仁言讓，言有諸己無諸己，皆身脩也。故總承以藏身之恕。　孝者三句，《蒙引》只做一人説，最是；謂孝脩於家，而吾所以事君者在是；弟脩於家，而吾所以事長者在是；慈脩於家，而吾所以使衆者在是。但要家國一理意透，而成教於國自見，不必於此三句，便扭入成教意也。　《孝經》云：「事親孝，故忠可移於君；事兄悌，故順可移於長；居家理，故治可移於官。」與此三句正相合，但《孝經》重在下截，故言故皆從内而推外。《大學》重在上截，故言所以皆從外而本内。　誠字即誠意之誠，慈到必自慊而無自欺，便是慈之至善。孝弟皆然，章句識其端而推廣之，只是要滿得誠的分量。

文武興則民好善，幽厲興則民好暴，蓋仁讓民所固有，貪戾亦民所不免，隨其上之所發動，而皆有瞬息不留之勢。雖爲上者原未嘗以是期下，然莫爲而爲，莫致而致，真是其機如此。　一家仁，一家讓，皆有一誠字在内。至誠而不動者，未之有也。故一國皆興仁讓，機亦只是一箇實理。　堯舜未嘗無令，然其爲仁也，不以令而以帥。桀紂亦未嘗無令，然其爲帥也，不以仁而以暴，故民之從之也異。有諸己，無諸己，便是所好，便是帥天下以仁。求諸人，非諸人，便是所令。堯舜所令如其所好，如心爲恕者也。桀紂所令反其所好，藏身不恕者也。而其明效大驗，彰彰如矣。　所好，亦是誠意之好。　三引《詩》辭，朱子謂其次序是「刑于寡妻，至于兄弟，以御於家邦」。愚則謂由之子而兄弟，由兄弟而父子。分明有妻子合兄弟和，而后父母順意。

蓋家庭大倫，只此三者。故《易》曰：「父父子子，兄兄弟弟，夫夫婦婦，而家道正，正家而天下定矣。」《大學》之道，仁之全量也。强恕而行，求仁莫近。故又揭出恕字，足見此書之無理不包。雖見於《治國章》，其實齊家，安可不恕？總之，與物相接，一步離恕不得。下章絜矩即是恕，而朱子分爲兩義，謂此章是以治己之心治人，下章是以愛己之心愛人。要之只是一理，蓋未有愛而不治者。子曰：「愛之能勿勞乎？」可見治正是愛。但無忠做恕不出，而此獨言恕者，齊治以前，已有格致誠正脩許多工夫，則其忠也至矣，而本章凡言脩己處俱是忠。

治國平天下章

八條目，傳雖逐項分釋，其實齊家治國平天下，總脱不得格致誠正脩。上兩章既皆原本脩身言之矣，此章亦然。曰老老長長恤孤，曰絜矩，曰慎德，曰忠信，曰善，曰仁，皆是也。此謂自天子至於庶人，壹是皆以脩身爲本。此章脉絡界限，先輩既詳言之，不必復贅。據愚意，就其中又須分作兩層看：一是平天下大政，使民孝弟慈，化成之事也。而以理財用人爲先，這是「明明德於天下」下半截；一是平天下要道，絜矩推行之妙也。而以慎德忠信爲本，這是「明明德於天下」上半截，未有要道不得而能行大政者也。所以使民孝弟慈，而必先理財用人者，衣食未足，難言禮義，且何以爲老老長長幼幼之資？此教必先養之義也。而所舉非人，則不惟無以養之教之，而又殘之賊之。故須二者兼善，而後可以使民孝弟慈。要之孝弟慈也，理財也，用人也，總脱不得絜矩。絜矩，公好惡也。公好惡，必從格致誠正脩來。能格致誠正脩，方是能發己自盡，循物無違者。不然，則又安知人情物理之皆然？而公其好惡，此絜矩，必以慎德忠信爲本也。

絜矩是恕，慎德便是忠，此忠信二字所由來。

後覆説生財一段者，又見理財與用人相因，且前言理財，止嚴内外本末之辨，而謂財可散不可悖入。即曰有財亦帶在有德内，似國家直不當謀及此者，則又安所得財賦而用之？故特補出生財大道來。前言用人，單舉娼嫉，此并言聚斂之臣。前用人言仁，理財内却未之及，亦於此處補説，而所以能仁，只是辨別得義利精明。故反覆較量義利之利害以致儆。

聖賢文字，其綱領止大段提挈，不屑屑似後人句櫛字比。如民孝民弟民慈，自是用人理財後面事，然只在首節一見以後，却不復道。又如慎德裝在理財一段之首，忠信帶在用人一段之末，難道慎德便與用人無預？忠信便與理財無預？而使民孝弟慈，又全不須慎德忠信也。

説一箇興孝興弟不倍，便見孝弟慈是民所自有。略一撥動，便勃然而發，此即是上章其機如此。

絜矩不就是政事，其實政事所在，即是絜矩處。德化感動，臨民者固不可無，到平天下，少不得許多政事。如理財用人，固其大端，然亦不專此二者。看下節母以使母(八)以事等，便隱然有所以使所以事在，此即政事之謂也。故曰不唯有以感之，而且有以處之。　絜矩是明德新民關縫處。　上節不過絜矩解義，民好二句，方是平天下者實實絜矩處。　民好好之，民惡惡之，此乃得好惡之正。　反則爲辟，辟即後所云驕泰也。　季世之君，看得民間好惡，與己絶不相干，而唯吾之所好所惡，百姓自應承奉。　如神仙、土木、征伐、游田之類，一任己情，淫泆無已，其爲辟也，驕泰也，何如？　慎德有云，即是公好惡，看來還在前面。慎字不專指慎獨，而亦從此慎字來。　已下是説理財，宜竟言理財之道，乃劈頭説箇先慎乎德，蓋王道本乎天德，未有德不明，而可言新民者也。　故章句德即所謂明德，直指格致誠正等工夫也。　先字有云照公好惡者，有云照人土財用者，愚謂此先字不對後字講，是以此爲急務意。聖賢書中説先字處，大概不拘，如先難後獲，明將先後對舉，然先儒尚云：「此後字是説抛却一邊，全不爲念，不是先後次序意，何況此處併無後字耶？」　孟子先立乎其大者先字，亦是如此。

從有人有土，説及有財，宜乎本意已畢，必兼有用，何也？天[九]子之論有無，率爲用度而然[一〇]，今説有用，財足可知。　要看内末内字，是念兹在兹，心所有者，惟此争民施奪，正大機關所在也。　上文先慎乎德下，緊跟幾箇此有，此是善底機關。　外本内末者，其心道與争奪絶不相干。　天下苟有争奪者，方且臨之以法吏，威之以峻刑，焉有自上倡之者，豈知好利之心，人人皆有，上之人外本内末，恰是開其争奪機關，下即尤而效之，捷如桴鼓耶？　一善一不善，兩相對勘，煞是懍然。　争奪之後，自然民散。　民散則無人，無人亦無土。　至於悖出，則并無財亦無用矣，又何苦而爲此？《秦誓》是就一箇臣説，非平天下事。先儒謂理只一般，亦説得好，然猶非深知傳者之意。傳者引此，正特爲相臣而設，非爲平天下者借鑒。蓋天下人主所與相臣共平者也。而人主之職，在乎擇相。相臣之道，在乎用人。人主安得人人而辨之？惟是其難其慎，擇一二大臣，大臣復以其延攬之勤，甄别之精，爲朝廷舉能。斯百司庶僚，自無不稱其職。故《秦誓》節是相臣用人，下節是人主擇相，次第井然。且六經中言相臣者多有，而指陳善惡，如黑白之分明，一勸一戒，炯然在目，無如此誓。故雖與楚書晉語同係霸國之辭，而援引之意正不同也。斷斷無技，休休有容。相臣德度如畫，此種本領，未有不從格致誠正脩來者。有此本領，於天下人才，是非邪正，自極瞭然。而其中才有才用，德有德用，又各分途。如今且不要講到用才用德，即就相臣一段汲引念頭，若已有之其心好之兩句看，是何等篤至。看《秦誓》分别兩種人處，其黜陟取舍一定之衡，宜無有昧焉者。然使不仁者處此，所好所惡，恰恰相反。假如若已有之，不啻口出，本是公忠爲國心事，不仁者看來，翻道是收拾人心，背公植黨，恰做了休休有容的罪案。媢嫉以惡，違之不通，本是妬賢嫉能心事，不仁者看來，翻道是不避嫌怨，孤忠爲國，恰做了小人結驩受知的功狀。苟非仁者至明至斷，即不至如不仁甚者，好所惡，惡所好，而亦不免遲疑寡斷，有命與過之病，故下緊承唯仁人節，而又遞列愛惡之不仁者，爲世主戒。惡而曰媢嫉者，假令其人實有可惡，惡之宜也。有技之人，効猷宣力，有何可惡？此而惡之，特妒其能耳。俾不通而曰違之者，彦聖之人，其所抱負既偉，必將通達於世，爲上所眷，爲民所望。而小人惟恐其然也，隨它所言所爲，一一與之違逆。彼謂是，此則非。彼欲否，此則然。而彦聖見道不行，亦自奮身遠退，何由得通？要其所以然者，只不勝持禄固寵之念，而不容以人所長彰己之短耳。

既是仁人，似應放一步寬。如媢嫉之人，斥置不用便罷了，爲何必要放流迸夷，不同中國，得無嫌於過刻耶？不知此正天理，當然之極，放寬一步不得。放寬，便是姑息，而非仁矣。蓋善惡不兩立，人主愛惡，每相爲重輕。若惡媢嫉，不到放流地位，則其愛休休有容之士，亦不甚力。這邊放鬆，那邊亦放鬆了。故必如仁人，方爲能愛能惡。

放流迸夷，或謂置之近地，恐其伺隙復圖進用，不知仁人在上，那得有隙可伺？大低[二]此種人，隨其所在，皆能害人，故絶之不可不遠。先儒謂置之無人之地，以禦魑魅魍魎是也。

見賢見不善，是知其爲人也。人主之於賢不善，固須知之，然著力全在舉與退，尤在先與遠。若單見其爲人，非徒無益而轉有害，蓋人主當賢奸未明之日，君子尚有冀望，小人尚有顧忌。到得見之而仍不能舉，仍不能退，則君子之氣愈消，而小人之燄愈熾，真無可如何之勢矣。弘恭、石顯、蕭望之、劉更生，於漢元之世，其證也。而漢祚以衰，昔郭公亦以是而亡。然則此病較之好所惡，惡所好，似乎猶淺，而已足以喪其國，可不鑒哉！

仁人之德貽及子孫黎民，不仁人之菑害，即不免於當身。說兩下得失相去，萬分警切。

忠信須即就好惡内體驗，心上實實見得是物可好可惡，便好之惡之，無纖毫虛僞，這是忠。而吾之好惡，一循是物可好可惡之理，無少乖睽，這是信。即此心推之，而知人之好惡亦猶夫我，於是使之各得其所，是爲得絜矩之大道。《蒙引》將孝弟慈貼發極明快，而理財用人無不然也。

章内三言得失，此是聖賢指示大眼目，亦是朱子提唱最喫緊處。蓋愛得畏失，人之情也。看到得失所在，孰不陡然儆省？誠於得失分途，而一一求其所以然，則國之得失，係於民心。命之得失，係於君身。道之得失，又係於君心。於是以忠信之心，行絜矩之道，出身加民，自無不盡善，而命與國，有不能外之矣。

理財用人，其關乎理欲源頭，雖只一般，然覺得理財於理欲之分，尤難把捉，何者？人君若將悍然不顧，而欲用一小人，猶或未敢。獨是財之爲物，自天子至於庶人，皆不容一日而無，故雖聖人亦不能不言及此。此處理消欲長，有潛移於不覺者，故尤不容不嚴爲之戒，而深警於義利之殊趍也。

財用固不可不足，而又不容自見其不足。從來好利之主，皆由於自見不足，自非清心寡欲，鮮有不墮此坑塹者。豈知好利之念，人主必不可有。纔動幾微，小人便得窺而中之。始焉投間抵隙，繼焉言聽計從，及其後也，雖有正人君子，出力排擊，愈排擊則愈固其君臣相得之驩，只緣當宁（一一）一念見得財是不可少的。雖其於民仍不能無顧惜，無如小人進説於君，又偏言不加賦於民而財自足。此説一出，真令人主傾心放膽，所謂彼爲善之，此是根原大壞處也。

盍念不由天降，不由地出，苟非刻剥其民，何以得此？財聚民散，菑害竝至，誰實受之，亦誰實爲之。寧滅其身而無悟也，悲夫！

聚財者，惟

知有國而不顧其民。生財者，本爲民計而因以足國，此即仁不仁之大較也。故仁便是先慎乎德者，而以財發身，亦便是有人土財用。不仁便是外本内末者，而以身發財，亦便是争奪而民散。

聚斂之臣與媢嫉之臣，初非兩人，大約媢嫉者多聚斂，聚斂者多媢嫉。何者？德與貨不並重也。裴延齡於陸贄，王安石於吕歐諸君子，槩可見已。

義利二字，至此纔發，然此則要其極耳。若原其始，則格物者何？即格此也。致知者何？即致此也。而自誠意正心以下，亦惟是之兢兢焉嚴辨而已矣。

若論天下之平，必至於禮明樂備，而後治具畢張，其他政理亦尚多端。而此止於民孝弟慈，及理財用人者，蓋舉其要以統其詳。天下之民，誠無一人不歸於孝弟慈，而禮樂中和之化在其中矣。每念朝廷六卿分職，固本於周官，而亦《大學》平天下之道所由見也。非用人，則無以任天下之事，故先吏部。非理財，則無以養天下之民，故次户部。非使民孝民弟民慈，則無以成天下之治，故次禮部。至兵刑工三者，治國者皆所不容已，而《大學》未之及者。兵者聖人不得已而用之，誕敷文德，干羽自舞於兩階。刑乃輔治之法，聖人以順動，則刑罰清而民服。春秋重用民力，凡有興作，必謹書之。固知非先王之所尚，而理財之中，條理不一，莫先於重農事。農事者，財貨百物之所由具。用人之中，條理亦不一，莫先於崇學校。學挍[一三]者，天下人才之所自出，則皆學者所當致察焉。

生之爲之之解，曰務本，曰國無游民，曰不奪農時。章句原主農事説。

《大學》一書，仁道全矣。一章有一章之仁，通篇有通篇之仁。而此章意義，尤爲統備。慎德忠信，絜矩、理財、用人，興孝、興弟、興慈等項，心之德，愛之理，槩盡於此。仁之量必以平天下爲極至，然正非有平天下之責者，而始當爲平天下之學也。三綱八目，原來一以貫之。格物工夫，便須格到此處。人之一心，天地萬物爲一體。若舍了天下國家，即是格致誠正脩，有所未盡。昔范文正做秀才時，便以天下爲己任，豈得謂爲騖外耶？今日諸君若不以君子自待，便不須講到齊治平，亦不須講到格致誠正脩。誠自命爲君子，則勿謂身在草野，天下事姑且置之度外，正須件件打點完備，處處理會透徹。所謂藏器於身，待時而動，即異日職膺一命，亦當有卓然自立處，況此章所謂一箇臣，原非異人任也。得志則爲王佐，不得志則爲大儒。用則有所以爲行者，舍則有所以爲藏者，方爲不負所得乎天之全體，方爲不負讀聖賢書也。勉之勉之！

朱柏廬先生大學講義畢

【校勘記】

（一）間，遺書本作「時」。

（二）時，遺書本作「前」。

（三）慮，遺書本作「處」。

（四）古之人欲明明德於天下，《大學疏義》作「古之欲明明德於天下」。

（五）成己成物，《禮記》作「成己仁也，成物知也」。

（六）佛老，遺書本作「异學」。
（七）允，江蘇書局本作「兀」。
（八）母以使母以事，江蘇書局本、遺書本均作「毋以使毋以事」。
（九）天，遺書本作「夫」。
（一〇）然，遺書本作「發」。
（一一）低，遺書本作「抵」。
（一二）宁，遺書本作「時」。
（一三）挍，江蘇書局本、遺書本均作「校」。

朱柏廬先生中庸講義

劉軍 校點

校點説明

《朱柏廬先生中庸講義》（二卷），與《朱柏廬先生大學講義》（一卷）合稱《學庸講義》。

《朱柏廬先生中庸講義》存世版本主要有以下幾種：

一、清乾隆刻本，上海圖書館藏。

二、清徐椿鈔本，上海圖書館藏。

三、江蘇書局清光緒二年（1876）刻本，國家圖書館等藏。

四、《太崑先哲遺書 學庸講義》民國 17 年（1928）俞世德堂鉛印本。

此次整理選用清乾隆刻本爲底本，以徐椿鈔本、江蘇書局清光緒二年刻本和《太崑先哲遺書 學庸講義》爲校本，三個校本在「校勘記」中分別簡稱爲徐鈔本、江蘇書局本和遺書本。

劉　軍

上

中庸

序云：「《中庸》何爲而作也？子思子憂道學之失其傳而作也。」説箇失其傳，必有所以傳者在。所以傳者何？真詮妙諦，一中而已。中之爲言，雖始于《虞書》，然無書不言道，則亦無書不言中。先儒云：先讀《大學》，次讀《論》、《孟》，然後讀《中庸》。所以然者，《大學》一書，不外明德新民。而明德新民，必要事事到至善地位，則所謂止至善者，非中而何？至《論》與《孟》，其於聖賢學問之功，古今事物之理，幾於無所不言。而《論語》末篇，歸到允執厥中，便見二十篇所發揮者，皆是此中。《孟子》末篇亦云：「孔子豈不欲中道哉？」末章又云：「聞而知之」、「見而知之」。所知是何物？道也，即中也。是則讀此三書，中庸之道，已可槩見。然後讀《中庸》，自然微言大義，易於領會。而恍然有見於聖賢之書，無非爲此而作，真是萬古一道，萬卷一理。前半部發明「中」字義居多，後半部發明「誠」字義居多，要之只一理也。道出於天，本無不中，本無不實，故《商書》云：「建中於民。」劉康公亦云：「民受天地之中以生。」此書之言鬼神體物也，曰誠不可揜，惟中與誠皆本於天而具於吾心。故要保此中，必須戒懼慎獨，全在心學，誠是實理。誠之，是以實心而實此實理。所以末章特推爲己之心，爲學問源頭，功夫要領。爲己之心，即戒謹之心。從爲己之心而造不顯之至，直與上天之載，無聲無臭同體，則所爲天命之性，又何毫髮之虧，而有天與人之别耶？

天命章

此章該括《中庸》全旨，楊氏所云一篇之體要也。然則如何體認，方可得其全旨？要知《大學》一書，只發明心之全體大用，《中庸》亦然。豈唯《中庸》？凡六經諸子，總不外此四字。就此章而言，天命之性，全體也；率性之道，大用也。未發之中，全體也；中節之和，大用也。存於心爲全體，應於事爲大用。以後三十二章，説得極精微，極廣大，要只是此四字，故六經四子，約之只《中庸》一書。《中庸》約之，只一首章。首章約之，只一「中」字。中兼體用，約之又只一不偏不倚，精矣哉！劈頭三句要看之謂二字，雖云此篇乃孔門傳授心法，然尤是子思子見當時異端漸起，必將淆亂聖學，故開卷先正性道，教名義。只緣聖學説性，異學亦説性；聖學説道，異學亦説道；聖學説教，異學亦説教。若不分別明白，差之毫釐，謬於千里，貽害豈止一事一人一時而已？故必正其名義，使人曉然如射之有鵠，方得趨向不差。此三句子思亦有所祖述，《湯誥》「惟皇上帝，降衷于下民」，「天命之謂性」也。「克綏厥猷惟后」，「率性之謂道，脩道之謂教」也。天自有所以爲天者，《易》之元亨利貞是也。天即以其所以爲天者命之於人，而人遂得之以爲人而爲性。但在天則爲元亨利貞，在人則爲仁義禮智，是亦理一分殊故也。人依所得之性，隨所感觸，不假思慮，而仁義禮智，自然流露，此便是道。即物亦然（一）。朱子所云：虎狼知父子，螻蟻識君臣，皆道所在也。特作書者之意，不以責物而以責人，此有兩喻：一如父之生子，要成就他，自然將田產屋宅，與凡一切仰事俯育的事，盡交付與子。爲子者依著付與田產屋宅，保守無失。仰事俯育，各盡其道，這便是子之所以爲子。又如朝廷之有守令，既遣之官，便必有社稷人民財賦甲兵，與那事上使下之道，交付與他。爲守令者，依著交付做去，治民事神之必謹，務農講武之有法，上下之交，亦無不協於當然之義，這便是守令之所以爲守令。天命謂性，率性謂道，分明如此，蓋天以生物爲心，其生一人也，假如耳目口鼻，便有耳目口鼻的道理。其生衆人也，假如君臣父子，便有君臣父子的道理。其生萬物也，假如飛潛動植，便有飛潛動植的道理。這便是天之全體。天既以是全體交付於人，則一人如是，人人亦如是。依此理行出來，耳目口鼻，須是聰明止肅。父子君臣，須是慈孝仁敬。飛潛動植，須是一一咸若其性。此固不待些子矯揉造作而然也。性道無過與不及，過不及者，氣禀爲之也。言氣禀，則物欲在其中。聖人之於性道，全體無虧。然彼世上人亦安有或虧者，特聖人先得人心之所同然耳。聖人既恥以我所先得者，矜其絶德於人，而尤不忍以人所同然者，使之不及乎我。於是本其身之盡性盡道，脩爲禮樂刑政之屬，垂教天下。凡以使過者俯而就，不及者仰而企，而無失其同然之定分也。　脩道之教，不專指在上者言。首出庶物之聖人，作君而兼作師。固有教以化導天下，然使在上而非聖人，難道性道便滅息不成？蓋時位不可必，而理道可自盡。誠能做到聖人地位，又何不可脩道立教？三代以上，聖人皆居上位，故其教在上。三代以下，聖人多居下位，故其教在下。即此可見性道固人人同得，而脩道之教，亦人人分内事也。　或曰：脩道之教，禮樂刑政之屬是也。聖人既不得位，則安見所謂禮樂刑政者？不知見其禮而知其政，聞其樂而知其德。子貢之言，原非專指百王也，夫子當時聲律身度、耳提面命以爲教，固不外乎禮樂刑政，而凡載之六籍，傳諸萬世者，其爲禮樂刑政，又豈僅如一王脩道之教而已也？　道不可離，是戒人之詞，非就道之於人説。若説道之於人是不可離者，則已是不離了。何又要戒懼慎獨？章句無時不然句須體認，蓋天運而不已，日往則月來，寒往則暑來，水流而不息，物生而不窮，皆與道爲體，運乎晝夜，曾無已時。道體如是，則體道者又安容有一息之或問，曰君子所其無逸，曰學有緝熙于光明，曰無終食之間違仁，曰至誠無息，曰必有事焉而心勿忘，皆古聖賢不須臾離道之功也。朱子有云：「循之則治，失之則亂。」於此須勘離不離之關係非小，終身不離，猶恐爲聖賢而不足。須臾或離，即已入禽獸而有餘，豈不危哉？ 朱子所謂充塞宇宙，是無物不有之極其量。貫徹古今，是無時不然之極其量。 戒懼慎獨，雖是兩項工夫，然静時爲尤要。蓋此處工夫做得的當，方分得動静界限明白。若静時工夫不到，便照不見動時是非。故愚嘗云：「存養不得力，連省察亦無下手處。」 既曰静存，則人事未接，思慮未起，只有一箇寂然境界。何處分别其所不睹，其所不聞，此須把不能戒懼的小人來對看。蓋不做工夫的人，身有静時，心無静時，耳目雖是無所睹聞，而此中憧憧擾擾，正不勝其所睹所聞。以此看來，可見君子静中，確有所不睹、所不聞了。 朱子云静而常覺，不如程子云静中有物。但言覺，恐近於佛氏之浄智妙圓(二)。 惟能戒懼，則心體湛然。一團天理，由此或事物方來，或一念初起，便有把握。善則爲之，惡便斬然割斷，此爲慎獨。 慎獨，是就戒懼上再一撿點，故曰尤加謹。 静中若無工夫，動時斷然措手不及，所以《大學》、《中庸》，俱説慎獨。而先儒專言主静，動亦静也。羅文莊公云：「存養是君主，省察是輔佐。」 先儒謂《大學》言心不言性，而明德即是性。《中庸》言性不言心，而戒謹即是心，此以見心性之不相離。 二則(三) 然而於作書之旨，初未有得。子思之作《中庸》，衛聖學而防異端也。異端之學，大約專主心；聖賢之學，則必專主性。蓋心之爲物，至虛至靈。若縱其虛靈之所之，可以窮幽極渺(四)，窮奇極幻，而無所底止。當時異端，雖未有佛氏，而已有老子。老子便專見得心之至虛，而開莊列之學，莊列又開佛氏之學，佛氏則又深見得心之至靈(五)，其亂真而溺人也愈甚。子思逆知其然而遠爲之懼，故特舉其本乎羣聖傳自仲尼者，以性爲道之大原，不以心爲道之大原。而復性之功，則耑在於心。以見心之所以爲心者，性也。人同此心，心同此性。夫而後心不妄用，性不虛設(六)。此虞廷人心道心之真傳也。道心即性，性所以範圍乎其心者也。夫二氏之學，未嘗不言性。一則曰脩心煉性，一則曰明心見性。然其言性也，特以性不容偏廢，而其實不知有性，皆誤認心爲性者也，抑知心虛性實。何謂虛？一物不有。何謂實？萬理畢備。認心爲性，故即心是道，而其學淪於空寂。性具於心，心非即性，故道統於心，心非即道，而其學内外合一。惟其淪於空寂，故離萬事萬物以爲道，而併無所用。其戒謹之功，隨任世緣，謂如水上葫蘆，二氏(七)大抵然也。惟其内外合一，故道外無物，物外無道，而無時無處不用其戒謹之功，兢兢業業，自强不息，千聖同一轍也。此聖學異端(八)之所以胡越懸殊，霄壤迥別，而世猶且謂三(九)教一原，此又與於不仁之甚者已。

心虛性實，所以《中庸》下半部，只講「誠」字。程子曰：「聖學本天，佛氏本心。」正不獨佛氏然也(一〇)。

喜怒節即性道之義，但把情來與性對説更親切。性之有情，如火之然物，水之潤物。水火是體，然物、潤物是用，未有水火而不然物、潤物者也。亦未有然物、潤物而非水火者也。孟子以情言性，是以情之善見性之無不善。《中庸》以情言性，是以性情人所同然，而見道不可離。性是道之體，情是道之用，如何可離？喜怒哀樂四者，要看得廣。孟子所謂惻隱、羞惡、辭讓、是非，總不外此四者。即後《問政章》五達道，其酬接之間，要亦只此四者之爲用而已。

有謂上二節是言人之不可離道，此節是言道之本不離人，此説最誤學者。朱子於《或問》已深辨之矣，如何又爲此離經畔道之言也？問道不遠人，正是不離人意，何故非之？曰不遠人者，不遠於人倫日用之間，正要人去能知能行而勿離之也。遠近是死的字面，離合是活的字面。若説離，少不得有箇離之者。若説不離，少不得有箇不離之者。人心有覺，而道體無爲。離不離全在人事，道如何可以不離乎人？此等處毫髮之差，所關甚大，不可不辨。

只如此章首二句及此節，亦是言其本然之理，以見人須致其當然之功，非謂盡天下古今之人，固無不如是也。《中庸》語意，往往有然。

中是體。後面説隱，説視弗見，聽弗聞，説大德敦化，及不顯之德，無聲無臭，皆中也。和是用。後面説費，説體物不遺，説小德川流，及大孝達孝，參贊前知，九經三重等項，皆和也。中則無所不包，和則無所不通。故曰：「天下之大本，天下之達道。」《中庸》説和處多，而總不離乎中。

中和不是二物，此爲彼體，彼爲此用。只看説箇天下大本，天下達道，可見大本非內，達道非外。程子云：「中是停停當當，直上直下之理。」和只還他停停當當，直上直下而已。故中也者，和也、中節也。天下之達道也，周子竟作一項説了。

曰喜怒哀樂之

未發，可見未發不是空寂。　中便是渾淪未判，而其理已具。和便是形體既著，而其理无朕。《關雎》之樂而不淫，《孟子》之喜而不寐，此其爲和，不待言也。文武一怒安民，孔子夫人爲慟，看是何等樣和。　極聖人經天緯地事業，總是當然而然，故曰和。　中和道理，雖是如此講，至於鑿鑿見得如何是中？如何是和？要去體認。如延平先生教人看未發以前氣象如何，羅文莊亦是其説。而程子又云：「纔去求中，便是已發。」兩説不同，要之先儒此種議論，皆是從做工夫來，各就造詣云然。學者實下交養互發工夫，則兩説俱見得是正，不必紛紛致辨。　致中和「致」字，即《大學》無所不用其極。止於至善之事，天下最病是半上半下做工夫，看《朱子章句》中下字何等精到！　《禮記》天不愛道，地不愛寶，就祥瑞説感應説猶麤。《中庸》説致中和，便位育，此是實理，亦是實事。　脩道立教，非獨在上聖人爲然，則此效驗，亦非獨在上聖人爲然。朱子《或問》言之已詳，總之做學問必到此地位，方完得性命分内事。　或問謂能致中和於一身，則天下雖亂，而吾身之天地萬物不害爲安泰，吾輩常自見得位育在身，則天地萬物位育道理便在[一一]。

君子中庸章

此章即舉仲尼之言，見中庸二字出自仲尼，非我臆見。而章内有三大旨，古人但言執中建中，無有及庸者，恐人遂疑其爲高遠之理，不向平常處尋求，故又發往聖所未發，覺千古所未覺，曰「庸」。又恐人看得中是板的，如子莫之執中，則愈以爲中而違之愈遠，故提出「時」字。見道之所貴者中，中之所貴者時。又《大學》於《誠意章》緊分别君子小人，使人審所決擇，端所趍嚮，而以慎獨爲關頭。《中庸》首章言君子戒懼慎獨，而此亦便將君子小人兩相勘辨，分明以戒謹爲關頭也。要人品路頭，走得不錯，全在關頭上守得嚴密。

《易》稱龍德，而歸於庸言之信，庸行之謹。可見最神奇處，恰是最平常處。最平常處，恰是最神奇處。此不獨言行爲然。即心之本體，亦不過平常而已。高景逸先生云：「静只平平常常，默然静去。動亦只平平常常，湛然動去。」

《中庸》不説格致功夫，然後面以智仁勇爲入道之門，其言智處皆即格致也。《章句》云：「知其在我」是補此義。先儒又云：「脩道之教内，便有知的工夫。」可見戒謹屬行，戒謹以前，先有格致在。

時中上著箇君子字，無忌憚上著箇小人字。玩《章句》意，是就他做人大概説，君子知其在我云云，是特就時中上推原帶説。

時中即發而中節，總從未發之中來，未發時存得道理渾然全備，無少偏倚。發出來方能用經行權，隨時變易。雖做成掀天揭地亘古亘今未有事業，總是一箇無過不及。

君臣道同，而服事征誅之殊烈，惟其時也。兄弟情一，而有庳郭鄰之異義，惟其時也。

此處提揭時字，以後凡説道之用處，類發此意，有不説出時字而實含時字之義者，如素位而行善繼善述是也。有明説出時字者，如時措之宜而時出之是也。要必如孔子上律天時，而爲聖之時者，方是全體中庸。所忌憚者何？理是也。人心須顧著箇理，方有約束。苟無忌憚，何所不至？其猖狂顛倒者固無忌憚，即傍著理道而爲假仁仗義者，亦是無忌憚。試看五霸摟諸侯以伐諸侯，鄉原自以爲是，此何其無忌憚耶！故曰：「鄉原，德之賊也。五霸者，三王之罪人也。」景逸先生云：「君子一點畏心，至王安石滅盡。一點恥心，至馮道滅盡。無忌憚有此兩途。」二語最説得該括。

中庸其至章

前章提出中庸二字，分别君子小人，是非判然，使人知所勸戒。此章贊中庸之道之至，因言民鮮能之久，使人知所奮激。小人固不可爲，凡民又安可爲也？同此天命之性，同此率性之道，亦能之而已矣。此章已見《論語》，《論語》有德字，無能字，與此稍異。論來道德本無二致，但子思作《中庸》，專欲發明率性之道，故不復入德字名目。其增一能字，使人知中庸之道，本人所當能，而竟不能者，自己不肯能耳，非真不能也。此能字直與唯聖者能之相照應，看得兩能字貫通，則中間鮮能知味，不能期月守，皆上有所承，下有所注。而其鮮能之故，只爲智愚賢不肖之過不及，故必能擇如舜，能守如回，乃能無過不及。能擇是智，能守是仁，然又必如君子之强，然後爲智盡仁至，則智仁勇是所以能之者也。以達德行達道，至《問政章》方見，而此即其旨，蓋《中庸》前後發明，只是一理。「中庸其至」語似廓落，然惟能於廓落處體認親切，其爲益乃不止文字而已。蓋説一中庸，何等平易！説一至字，何等高妙！今曰「中庸其至」，是道之至者莫如中庸。惟其中庸，故爲至也。通篇只發明中庸二字，亦便只發明至字。所謂至者，近而几席户庭，遠而九州四海。大而天覆地載，小而魚躍鳶飛。何者可外此中庸道理？增一毫不是，減一毫不是，循之則治，失之則亂，規矩盡所以爲方員之理，故爲方員之至。聖人盡所以爲人之道，故爲人倫之至。《中庸》盡天下事物之所當然者，又安得不爲至極也？《大學》至善，人所當止。《中庸》至道，人所當能。又且盡人同得，聖人不曾有餘，凡民不曾不足，乃鮮能已久，真是可歎。世教衰教字，即脩道之教也。不曰王者之教，而曰世教，可見先儒立言之意，是兼指在上在下聖人説。聖人在上，禮樂刑政之教，固不變夫一世。即聖人在下，明正道，息邪説，亦足以維持世運，匡救人心，如孔孟立教，萬世讀其書而興起感發，真有所云。其君用之則安富尊榮，其子弟從之則孝弟忠信者，其功固賢於堯舜。即後程朱諸子，相繼闡揚道學，雖不得志於當時，至明太祖遂用其書，以爲一代政教，三百年來，家習聖賢之訓，人才輩出，可見世教不衰，然後民知興行，在上在下，一而已矣。論來孔子正是主持世教於下之聖人，爲何道此(一二)語此？就孔子當日而言，文武成康以來，既無在上之聖人，亦無在下之聖人，故發此歎。

惟孔子爲此憂懼，所以周公之見，數形於夢，不得已退而删定贊脩之汲汲也。

道之不行章

此頂上來言鮮能之故，道本無過不及，極平常的。只爲智愚賢不肖，非過即不及，便不平常了。先王之世，道無日不行，亦無日不明。自世教衰，道雖日在人中，人却日在道外，所以不行不明。看來不行宜屬賢不肖，不明宜屬智愚。此獨交互説者，賢者好行矯異，務爲苟難，故見其賢。不肖者亦以行而因循怠惰，故見其不肖。是賢不肖似還有行一邊的事，惟智者窮高極遠，只向知一邊去，方且自謂知人所不能知，又安肯屑屑焉依日用常行之理而行之？愚者不知有所當行之理，則又安於不行了。是道之不行於智愚，更甚於賢不肖，而不明受賢不肖之病，亦從可知。賢者力量大，人所不能爲者，儘做得去，其視究心微渺，直不耐煩，而不肖者又一概廢弛，甘心茫昧，此其所以不明也。　或問所謂測度隱微，指二氏也。揣摩事變，指儀秦輩也。二氏之教，離父母，去妻子，固不消説。即宗尚二氏者，亦每於日用常行，都不照管。此皆由其心思用在高遠，自然忽視卑邇，而不知道即在卑邇。舍人倫日用，夫安有所謂道？夫子發此，正指點道之著落也。故即繼之曰：「莫不飲食，鮮能知味。」飲食指人倫日用，味指道。味字最妙，人亦於人倫日用而求其味哉！

道其不行章

此句乍看不過承上起下耳。細玩孔子慨嘆之意，比鮮能句尤極警切。前曰鮮能，似尚有能之者。今竟曰不行，是胥天下之人，非過即不及，無一能之者矣。夫人外無道，道外無人。道既不行，是失其所以爲人，不可爲人了。讀至此而有不陡然一驚者乎？

大知章

《章句》云：「舜之所以爲大智者，以其不自用而取諸人也。」是因好問好察等，故爲大智。如此看方與下予智對準，此是作中庸者的旨。但至聖聰明睿智，生知之質，問察隱揚，執兩用中，俱須見聖人境界方得。

邇言必察，言有遠近，道無遠近也。看兩好字，是何等懇欵念頭！口雖不言其惡，而心上猶有留滯，非聖人之隱也。舜則當下即消融淨盡，口雖稱揚其善，而未能聲入心通，非聖人之揚也，舜則隨感而觸處洞然。

言雖皆善，而其間等級不一，要不外過不

及兩端，執此過不及者，以爲揆度之準，而中出焉。蓋其言不全是過不及，就内有一可用，便是中了。或全是過不及兩端，而合來參酌，中亦自見。總須能執而後可用，而於民字亦不漫設。《章句》「行之至」亦是此意，此聖世之所以民協於中也，則夫今者鮮能之久，不重可歎哉！問《章句》小大厚薄，難貼上過不及。小大厚薄，其當然處皆中也。過與不及，則全無用處。既不得分厚大爲過，小薄爲不及。又不得謂小大厚薄，總就過或不及説，如何朱子《或問》則以吕楊之説爲優，而此又不同耶？曰朱子明以小大厚薄作起訖解，謂從頭揆度到尾，於其間取出中來，而自有過不及者在。則小大厚薄之於過不及，可以意會而不必其脗合，要之兩端所指，過不及爲的矣。

予知章

予知之心，予知之言，不但聰明者坐此病，即昏愚者亦坐此病。故下一皆字，是聰明人不應妄誇，是昏愚人無可妄誇。乃聰明而予智，則失其聰明。昏愚而予智，則益其昏愚。其所以然者，只由物我相形，而不勝其好勝之私也。故聖人以無我爲學，大舜亦只是無我而已。上截是處事，下截是明理，就《中庸》論道，自重下截。然上截提醒凛然，正該省惕。天下之事，禍機所伏，非有罟擭陷阱之形，實與罟擭陷阱一般。惟其無形，所以易犯，何者？禍機正伏於利端也。故聖賢只講義字，義便是利，利却是害。今人知利而不知害，經營慘淡，惟恐不得，以爲我求利也，不知已暗暗地到罟擭陷阱去了。平時説罟擭陷阱，未有不知辟者，到此時却不知辟。若是爲人所驅，爲人所納，亦未有不思辟者，獨此驅而納者，予智也爲予智之心所驅，自不知辟。所謂「自作孽，不可活」也。或謂求利亦有不得禍的，然身雖不入罟擭陷阱之中，而心術已壞，則不啻入罟擭陷阱中，而有甚焉者矣。況其自恃求利之工，將其身亦必至受禍而止，故凡求利即得利，而不遽得禍者，正其人之大不幸處。《章句》「知禍而不知辟」是説明知故犯。《蒙引》云：「只如貪財好色，彼豈不知其爲害哉？」僥倖之念未忘，苟且之習難革，不至覆敗不止也。然明知故犯，究竟是知得不真，能擇而不能守，亦是知得不真。若是真知，如知食之救餒，香之逐臭，彼豈肯既得於己，而復拋却哉？所以此與下章雖同一擇乎中庸，而其所得固懸殊也。朱子於下章，即下真知字面。　總之不自以爲智，則其心虚。虚則明，而利害是非不爲所惑。

回之爲人章

爲人二字要重看，人能弘道，全在於爲。前面説君子小人、説民、説智愚賢不肖，後面又説聖者，皆人也。然邪正高下，迴然不同，人其可漫爲乎？小人與智愚賢不肖，俱不可爲也。則斷由君子做到聖人地位，方是爲人，回之爲人，其志如此，故能擇能守兼至耳。拳拳服膺，不是强把這善牢記在心。蓋實做工夫的人，此心刻刻操存，與理相依，便是不放它走失。而日用動静，隨所當然，便做出來。雖未能如舜之若决江河，沛然莫禦，而其契於心而施諸事，則一也。

中庸不可能章

此章意旨，向來人多鶻突，欠體認。看作三者是三者，中庸是中庸，固不合理。即先輩謂三者做得恰好，便是中庸。亦但耳食先儒之説，擡高中庸而未識所謂恰好者何也？子思引此，直把三者指點出中庸道理來。中庸是所謂停停當當、直上直下者，著不得一分氣魄，著不得一分意見。而此三者，人所視爲難事，恰是全憑氣魄意見可做得的。獨中庸道理，看去極平易，然越用氣魄意見，越不相干。以中庸而爲此三者，三者即是中庸。以三者而求合中庸，中庸非即三者。所以堯舜之均天下是中庸，管晏非中庸。孔孟之辭爵禄是中庸，晨門荷蓧非中庸。比干之蹈白刃是中庸，荀息召忽非中庸。正要學者於此體認明白，則中庸不可能而可能。《易》曰：「天地革而四時成，湯武革命，順乎天而應乎人。」此雖言革之時義，然四時往來，極寒極暑，變化不測，却自然而然，無所勉强。湯武放伐，行從古未有之事，似乎驚天動地，然順天應人，何等行所無事，是所謂中庸也，中庸其至矣乎！　不可能，即後面「夫焉有所倚」《章句》。義精仁熟，而無一毫人欲之私，即是實理。自然總著些子靠傍不得，三者有所倚，都做得。

問强章

此章要看《章句》勝人自勝四字。孟子論黝舍之勇，與曾子大勇，意正如此。曾子守約，即是自勝。《易·大壯·象》曰：「君子以非禮弗履。」朱子亦註以自勝者强。自勝爲己之學也，勝人爲人之學也。爲己爲人，是中庸能不能關頭。《書》言敷教在寬，顏子犯而不校，似南方之强，未爲不是。然戒休董威，教法不可不盡，但優游不迫，使它自得耳。今却立意要寬，如先王侯明撻記，移郊移遂，及聖人不屑教誨等，都廢了，如何使得？犯大都是小過，故不必校。今無道而亦不報，是得罪於君親也，將含忍，豈是正道？

南方北方，亦大概説。强而含忍勝人者，便是南方風氣。强而果敢勝人者，便是北方風氣。不拘定南方北方人，一一如此〔一三〕也。和而不流四句，要看它卓然不惑，毅然不動，真箇刀斬斧截，壁立萬仞，方見得强，方見得矯。情分所在，固要和好。然理之是非，自須明白。今人凡事隨人脚跟，無復主張，有不知不可而流者；亦有明知不可而或徇利或懼禍，因循苟且以從人者。此種直是諂諛逢迎，叫不得和，不要説到應事，即偶然一句言語，不顧義理，胡答應去，也是流，此處毫髮無滲漏纔好。　中立猶易，不倚爲難。孔子棲棲皇皇於賢流皆隱之日，孟子崇王道明聖學於舉世異端功利之時，任它千摧百折，到底不回，方是中立不倚。若如今人立意要做一事，不同庸俗，少焉莫有應之者而意便移，又少焉仍莫有應之者而意益移，漸不自覺(一四)，直倒向那一邊去了。不變塞焉，塞字要看，今人不過記問剽竊之學，希圖知遇。先不曾有塞，又何所謂變？古人隱居求志，實實做一番工夫，所謂爲上爲德者若何？爲下爲民者若何？真箇居仁由義，大人事備，俱從平日停停當當，只待時而行之耳，是所謂塞也。但恐當其未遇，一身以外，無所顧惜，似可惟所欲爲，此時未有不了了分明者，及一旦立朝，富貴功名，𠦑其念慮，欲照素懷做去，不免東妨西礙，於是向之了了分明者，不知何在而變塞矣。始而不敢行，久之竟忘却而不知行，誰知百鍊剛化爲繞枝柔，惜哉！然則不變者，亦只是富貴功名之念，打疊得盡，更無些子竊發，這箇是强。　可變之塞，畢竟所謂塞者，尚未盡善。若是志伊尹之所志，焉得不堯舜其君民？　人當無道時，亦知抱道自重，只是當不過貧賤二字，貧賤實有許多難堪境界，纔見爲不堪，便變起來了。抑思不堪到極處，只是一死，其忍受不過，亦總怕一死。君子合下一念早已勘破，到此溝壑，亦分内之事，本極平常，何累於我？　固要從四不字體認出强來，亦要體認出中庸來。不流不倚不變，俱是一團天理當然，而非與人争意氣也。争意氣，便不是中庸了。　能擇能守，道可明行矣。作中庸者，又恐人氣量短淺，未能智盡仁至，故繼以君子之强，非謂智如舜，仁如回，而猶不足於勇也。然亦不是功夫到後面須勇，乃是貫徹始終者，看《大學》「苟日新，日日新，又日新」，何勇如之？吾輩今日自省，辦得此一副力量否？士貴弘毅，蓋不容以不勉也。

索隱章

上面層遞説來，以智仁勇三達德爲入道之門。此言中庸成德，總結上文，照章句更不消説。據愚見章内尚有深意，正是聖賢喫緊爲人，不可不知。凡學道者，必先去害道之病，何者爲病？如利害禍福窮通得喪，一切境遇，苟一繫念，便是俗情。俗情添上一分，道心便退減一分，學者須是去盡俗情纔好。《大田》之詩有云：「既方既皁，既堅既好，不稂不莠。去其螟螣，及其蟊賊。」愚每喜誦此數句不厭，此治苗也。苗之好處，不可一件不到。不好處，總來一件不得。而欲善其治苗之方，必先去其害苗之物，學道亦猶是也。上章和而不流四者，學人病痛，大概已去，然能保不動爲名之念否？爲名與爲利，雖有清濁之分，要其害道則一，而爲名尤難掃除，此念一起，便如太虚之有浮雲，不能不爲所障翳，故此章直自索隱行怪病痛極處，説到遯世不見知而不悔，更無纖毫病根留著，方是成德。今日便須從此撿點，雖是站定脚跟，自然走嚮道理上去，然不必論大端所在，即如偶然説句話，做件事，能絶無一點爲名之念否？倘不免此，即是有爲而爲，去道甚遠，更何望於中庸成德？

道理本光明正大，誰肯走隱怪一途？其所以舍此就彼者，只坐好名之病，以中庸之道爲極平淺，不足取名當世，不特看平常人不入眼，連聖賢也看做等閒，此種人天資儘高，力量儘大，任其天資力量，所知者必不肯是易知的。愈入愈隱，所能者必不肯是易從的。愈行愈怪，就聖賢看來，此真深惡而痛絶者。而庸夫俗子，只道高世絶俗，不覺傾心動魄，一人倡之，天下隨而和之，不惟當世以爲可師，後世亦以爲可師，由是異學日盛，聖學日衰，流禍於世道人心者不小，聖人所以大懼而不爲也。

厭常喜新，天下人的通病。隱怪者，與有述者，同此病源，故不覺其相感之易，而相入之深。

更有一種人，原知隱怪不好，肯從聖賢路上走，但志向雖正，其精神力量未能强毅，始而僶俛從事，漸且遲徊退避，卒歸廢弛。要知聖賢學問，只是樸實頭做去，所謂反己自脩，循序漸進，初無甚異於人而致其知，但能只管嚮上，自覺滋味深長。

彼半塗而廢者，不咎自己工夫不專，只道此中趣味全無，反覺得爲名有些效驗，作輟之端，緣是而起。

聖人當此，不要説立志不到極頂，不肯休歇，亦正所謂中心喜悦，其進自不能已矣。

吾弗爲之，吾弗能已。兩吾字，最要體認。

人生天地間，各有箇自己，正須自去主張，切不可做隨波逐流半上半落的人。

聖人此語，分明對隱怪者説，你的能事，可以作此伎倆，吾却斷斷不能做。它又（一五）分明對自廢者説，你的念頭，可以如此放下，吾却斷斷住手不得。斬釘截鐵，直從此兩種人醉夢中唤醒轉來，同一吾也，何故聖人獨弗爲之？獨弗能已，其亦可以憬然悟矣。既做了人，便須將古今聖賢，頂天立地，一條重擔，挑向前去。一息尚存，此志不容少懈，方爲不負了我。依乎中庸，是所知所行，靠定一箇中庸，此是何等地位！便該當世之人都曉得他，却不見知，何也？聖人於不見知上，著箇遯世二字最妙。古者聖學脩明，一道德而同風俗，即不必人人聖賢，亦大槩相去不遠。到後世學術乖裂，百家錯起，莫知所謂中庸者，而君子所爲，恰與舉世一一違背。譬如它走東，我走西，豈不相遯？故曰遯世。既與世相遯，自然莫有知之。此處最宜撿點，果能胷中乾乾浄浄，不動一念否？自顧懷道抱德如此，乃埋没曾不出頭，論起來稍有悔心，也是人情之常。然正惟人情之常，最爲害道，此便是前所云：俗情與道心，相爲消長的，毫忽再來不得者也。君子合下見得中庸是吾分所當盡，初不是要世人道好。若爲要世人道好，則不見知應生懊悔，今全是爲己之學，知得十分透徹，行得十分透徹，是於吾的所性，十分完滿。世之知與不知，念頭上總想不及，何悔之有？不曰怨而曰悔者，怨是怨夫失之在人，其害輕；悔是悔夫失之在己，其害重。隱怪一流，受不悔的累。半塗而廢的人，又恰受了悔的累。惟依乎中庸遯世不悔，方是徹始徹終，純全造詣，《易》之龍德，亦曰遯世無悶，不見是而無悶，故惟聖者能之。悔心一萌，生平所學，盡不可保，亦曰殆哉！此一字切須著眼。

看一遵字，便覺勉强合道。看一依字，便見與道爲一。吾弗爲之，自然依乎中庸。吾弗能已，自然遯世不悔了。《章句》是鐵板註脚，尚多岐見，何也？

費隱章

此章雖説道之費，須看《章句》云「申明道不可離」之意，要人於無物不有處，做無時不然的工夫，蓋必有無間之功，然後能體無外之道也。道之大原出於天，何故？《中庸》獨曰聖人之道，君子之道，本章不云乎？天地之大也，人猶有所憾，抑道非外求，人人率性便是道。然正惟人人可以率性，却人人不能體道，所以獨推聖人君子。從天道而言，生知安行者爲聖人；從人道而言，學利困勉者爲君子。聖人君子，雖有自然勉然之分，而其統備乎道則一。人能弘道，非道弘人，要人自己擔任。《中庸》憂道學之失其傳而作，有兩層意：一是明聖學，一是防異端。在子思防異端意居多，開卷首章，便爲提唱，一路説來，時見此意。而此章指示，更爲喫緊，只緣異端之教，探索幽隱，專以人所不見不聞者爲道，故特曰費而隱。見得道何嘗不隱，只是隱處恰在費處，費外更無隱。求隱於隱而道晦，求隱於費而道顯，使盡天下之人識得此三字，必不至流於異端。既曰隱，便非語言文字所能盡。且説費而所謂隱者，昭然若揭，不見者自不見耳。通章所以只説費，不説隱，然《中庸》何嘗不説隱，若蔡氏所謂無物不有，無時不然爲費。上天之載，無聲無臭爲隱，是也。彼不見者，并不知費，何由知隱？

隱就是中，萬物統體一太極也。費就是和，物物各具一太極也。後面誠，即是隱。不可揜，即是費。

按《鬼神章》夫微之顯則此即説隱而費亦可。然子思必如此立言者，是要人於費處著力，亦猶顔子「博我以文，約我以禮」。曾子於其用處，已隨事精察力行，而後告以一以貫之，蓋必識得費而隱，而後可語於微之顯也。

侯氏之解不知不能也，羅文莊以其問禮問官，及孔子不得位語爲非，謂官禮未得爲至，且不知直是不知。若既問是仍知了，以孔子不得位爲不能，則似孔子非無意，於得位特阻於力不能者，乃爲之説曰：「天高地厚，罔測所窮，古往今來，莫窺其始，是聖人有所不知也。有教無類，下愚不移，博施濟衆，堯舜猶病，是聖人有所不能也。」此爲的義矣。

聖人既有所不知不能，則是聖人亦未能盡道。如何後面以道歸之聖人，而此更以歸之君子？蓋聖人即有所不知不能，而其所爲盡道者固在也，學者正須識得。

若説夫婦之愚不肖，不得與知與能，便不見道之費。聖人無不知無不能，與夫天地之大更無遺憾，便不見道之費，抑或大而能載，小而能破，便有虧欠，便不見道之費。此則一一[二六]兩路夾説，看有何窮盡所在，雖是善於形容，然無一字虚張門面，俱是實境故妙。

莫破頗難解，須認《章句》無内二字。凡可指爲道所不在處，便是有内，便可破得。乃入於至小，密匝匝地，天壤間何處尋得罅縫來，只如植物中最小的是芥子，然其根本枝葉，無理不具。纔著土中，一乘生氣，便形形色色都發出來。動物中最小的是疥蟲，然頭目肢體畢備，而其心腹腸胃亦復靡所不有，是不惟內之中有內，而內之中又復有內，更無一裏面可指爲道所不在者，豈非天下莫破耶？ 子思直是仰而觀，俯而視，心目之間，充塞宇內，何者非道？不覺有觸於詩之言鳶言魚，隨舉宣示。能飛能躍，便是天命之性；能飛而飛，能躍而躍，便是率性之道。大而綱常倫理，小而事物細微，固無不如是也。 察者何？正是隱之察也，若費則無所謂察矣。 無行不與道，又何嘗隱乎爾！ 讀此便見費隱二字，拆開不得。 費不只費，費即是隱；隱不只隱，隱即是費。 鳶魚亦能率性，可以人而不若鳶魚乎？

程子謂此與「必有事焉而勿正，心勿忘」之意，同活潑潑地。 朱子則曰：「蓋必其心之存，而後覺全體呈露，妙用顯行，無所滯礙。」 此語有兩層意：一是就吾心說，有道之全體妙用，能常存此心勿失，則自見其呈露流行於吾心；一是就物物說，有道之全體妙用，能常存此心勿失，則自見其呈露流行於物物。 總之心存則道存，舉目見物，無非是道。 閉目觀心，亦無非是道，是所謂活潑潑地也。 佛[一七]氏有云：「青青翠竹，盡是真如；鬱鬱黃花，無非般若。」 此與鳶飛魚躍之旨，所謂彌近，是而大亂真者也。 要其所以不同者，佛氏於翠竹黃花之外，別有真如般若，而萬象皆從妙明現出吾道，於鳶飛魚躍之中便見天命率性，而萬象即與吾心同體，此羅文莊公之言也。 可謂辨之精矣。 佛氏又云：「未悟之前，是真皆妄。 既悟之後，是妄皆真。」 真與妄，不容混一。既是真了，何又爲妄？既是妄了，何又爲真？此等語最鶻突可笑，揔由以心爲性，則只此妙明是道，其於物物皆通。不去所以未悟，不容有真，便指爲妄。既悟不容有妄，便指爲真，真妄皆誣。若君子之道，則是萬爲一，一實萬分，其未知道也。見物不見道，物原不曾妄得，其既知道也。見物即見道，物非至是而真，真妄皆在心，初何與於物，鳶飛魚躍，其容有妄耶？其特有真之時耶？纔説費，便見必須戒懼慎獨不離道之功，而末節總結上文言下（一八），此意尤警策。朱子謂人倫大法，雖講於師友之前，而未保不壞於幽隱之處。此言夫婦之不可不謹也，直令聞者心悸。後面登高自卑，行遠自邇之意，併於此節可見，蓋造端夫婦之道，即察乎天地之道。察乎天地之道，即造端夫婦之道。造端非小，察天地非大，誠從造端者而致其功，雖小必矜，雖微必慎，即極之參天地，贊化育，要不外此。

道不遠人章

此章因章句鐵板，分作三項，所以難於聯絡。《蒙引》欲重忠恕二字，愚向亦欲把以人治人作串，今細思之，俱覺起罏作竈，不如仍從朱子鐵板三層註脚爲妙。吾輩今日從千思萬想來，自謂有真見獨得，大抵先儒一一都曾想過，道是不好，所以不用。道不遠人，自是此章綱領。下三節朱子俱先下不遠人爲道句，然後引張子語，可見只發明首句。黄氏曰：「此人字兼人己言。自己觀之，便具此道。自人觀之，亦具此道。」此最是本章緊要語，惟兼人己，故就治人言，固以人治人。就治己言，亦以人治人。而愛人之道，不外乎愛己。責己之道，不外乎責人。使道而遠人也者，此而安可通之於彼，彼而安可通之於此，是則有不聯絡而自聯絡者。道者率性而已，性爲人之性，則道亦人之道。然更有至當易明之説，只看後章天下之達道五，曰君臣也，父子也，夫婦也，昆弟、朋友也。論來父子有親，君臣有義，長幼有序，夫婦有别，朋友有信。必親義序别信，方是道。此却不言者，這許多道理，不是從人外取來，只此父子君臣等人，自具此親義等道理，此豈非道不遠人最精切註脚？道不遠人，故只須以人治人。以人治人者，不是以我治人，亦不是以道治人。纔説以道，便是執柯伐柯，人不外道，君還他爲君的道理，臣還他爲臣的道理，便治父子兄弟夫婦等項皆然。此亦聖人自有註脚，在《論語》、《易傳》曰：「君君臣臣，父父子子」，曰「兄兄弟弟，夫夫婦婦」，蓋減一分不得，增一分不得，故改而止。以人治人而人不治，聖人於此，未嘗不費周折。如侯明撻記移郊移遂等許多調御，要之只是要人改而止也。使改而不止，便是人外求道了。治之云者，失其所以爲人之道也。改則復其所以爲人之道了，夫又何求？道者天理之當然，而天理之當然，皆具於心。故治心所以體道，而人心道心不兩立。人欲一萌，天理即遏，忠恕是去人欲存天理之法。忠恕分明是中和，但中和就道理上説，無功夫。忠恕就人事上説，有功夫。中是停停當當的道理，發之於用，不失其本體，是爲和。忠(一九)是發己自盡的念頭，推之於物，一如其在己，是爲恕。戒懼慎獨，敬以持己也。不願勿施，恕以及物也。敬與恕皆所以體道，而恕以及物，正不可少敬以持己之功。愚嘗謂，不敬決恕不來。分言敬恕，則恕内尚有忠。專言忠恕，則忠恕兼有敬。人之爲道而遠人者，決不忠恕。如老子欲弱故强，欲取故與，可謂恕乎？不恕又安得忠？佛氏遺棄君親，滅絶種類，可謂忠乎(二〇)？不忠，又何由恕？天地間事事物物，莫不各有箇實理，但盡吾心以推於彼，實理自得，其於道也，何遠之有？忠恕違道不遠，故道不遠人。於穆不已，天地之忠也。各正性命，天地之恕也。純亦不已，聖人之忠也。物各得所，聖人之恕也。盡己之心，學者之忠也。推己及物，學者之恕也。天地道所自出，聖人道無不盡，分明一出於忠恕，可知忠恕違道不遠。

未能固屬聖人謙辭，其實天下道理，原是無盡的，聖人之心，確自見得知不了做不盡，故如此立言。

先施二字，説者率以信字代之，止緣子孝臣忠、弟恭友信，是從來現成話頭，故爾葫蘆應副(二一)，殊不知聖人於此，何不炤樣説箇以交友未能，而特換却云爾耶？仍説交友，把箇信來填實不妨，今既別用字面，便須確切還他意義始得。蓋施報之理，非所用於君父兄。君父兄即不以道待我，我決不可不以道事君父兄。惟朋友合講施報，他若不來，我亦不去，此蓋人情之常，然聖人以爲是薄道也，是非所以交友也，故教以先施之道。謂朋友雖論報施，然施之當先自我，所施大約有四：善則相勸，過則相規，有無相通，患難相恤。四者若必待人先施，然後爲報。人人如是，誰爲施者？縱令與之交了一生，憑他事故多端，也只看得過，忍得去，是何道理？友即善不相勸，我則不可不勸。友即過不相規，我則不可不規。友即不通有無，我則不可不通。友即不恤患難，我則不可不恤。不但此也，倘如是以施之，因其人之不報而只此便了，更不復施，亦非君子之用心。且若此則前日所施，乃是滿懷望報，其爲施也亦淺，必也善只管相勸；過只管相規；有無只管相通；患難只管相恤。施了又施，更不計較往來，纔是先施。然則不可則止，無自取辱非邪。曰若是良友，决無此事。隨時處宜，即或有當然者，而先施之念，要不可以不篤也。假令勢位財力在友之下，則方相恤相通之不逮，而又何能爲繼？若勢位財力在友之上，則自當相恤相通之不已，又何故謂應適可而即止邪？今之友道不講久矣，只由不識一體之義，夫萬物猶同一體，而况朋友？然既不以一體爲念，即父子、君臣、兄弟，且不免於秦越相視，而况朋友？

或曰：「子論先施，得無直是不論施報，同於君父兄，而用情過厚邪？」曰：子言過矣，其人苟不可交，便不當與之投分結契。其人誠可與交，則是德業相成，性命相與之友，所繫豈小小者？揔之同是五倫中人，自當有一段懇切情分，不比泛常。今人先不把自己做人當一件事，自然看得朋友輕。看得朋友輕，自然百凡漠不關心。子不能致其情於友朋，而先憂同其情於君父兄，豈所以事君父兄者，其情又不過若斯而已邪？

問吾即欲通財，而友人却秉性孤介，

不受奈何？曰此亦要看平時交誼，及餽遺名義如何。若在我所當通者，必在彼亦有可受者也。朋友之義，固非能合而不能離者。朋友之情，自當從厚而不從薄。庸德之行六句叠叠説下，逐步趲緊，寫出慥慥神理，如見慥慥篤實，是做聖賢本領。爲道而遠人者，類不篤實，驗之當今，可見彼先不於子臣弟友上着力，即不於謹言踐行上加意，率情任性，自謂蕭踈脱俗，圓通無礙，此最害道，學者直視之爲深坑險塹可也。慥慥便是誠，便是末章爲己之學。道只在子臣弟友，謹言踐行，是遠人否。言行相顧，只是收斂此心，打併向上前去。吾輩今日在此講論，是口説也，得無一時好盡，而不顧其行之不足否，言下不勝悚然汗浹。

素位章

上章子臣弟友，便分明是位字，但意在發明道不遠人，故就人倫説，若論道之費而無所不在，則此特其大端，未足盡道，故此章又概舉位而言，人之位無窮，則道之所在亦無窮。道之所在無窮，則人其可須臾離道哉！然此特就素位句解耳。素位而行，便有不願外意。子思當時何不只説上句，又添下句，凡人不能素位而行，只壞於願外之心。願外之心，皆妄想也。未有心上妄想，而於位上能行道者，可歎舉世之人，膠膠擾擾，揔在一箇妄想中過了日子，埋没了一生。

要知吾心本無妄想，但須廻光返炤。妄想安在？妄不可得，即是真心，便站定了脚根[一一]，不能不素位而行了。所以素位句固重，不願句亦不輕，不願外亦便是誠。《中庸》上半部内雖不言誠，然實步步有誠字意，正須於此等處體認貫徹。有一位必有一道，所謂物物各具一太極也。而道統於心，願外便背道了。雖本位之外，莫非道之所在，然既非見在之位，即非見在所當行之道。譬如今日思想做明日事，明日事未便做得[一二]今日事，豈不恰錯幹了？故必不願外，方真能素位而行也。然如讀書做士子時，講明治國平天下之理，與夫爲人謀而盡忠，又是合當如此。叫不得願外，蓋做學問也是位，爲人謀也是位，盡忠便是行爲人謀之道，儲蓄經綸便是行做學問之道，所以位有萬變，道亦有萬殊。下文不獨説富貴四者，而又曰無入不自得，惟爲學而希爵慕禄，及舍田芸田，是爲願外，此須辨得。處順境易，處逆境難，所以富貴貧賤夷狄患難，舉順境少而逆境多。雖云位所在即道所在，只依著本位的道理行去，然却不是易行的意思。位中道理無盡，只如富貴須兼善天下，貧賤須修身見世，説來只是一句，實則其中不知多少事端，多少工夫，非可以苟且塞責。蓋道散於事事物物，一事不得其宜，一物不得其所，便是行得缺陷，何處是盡頭的所在？何時是盡頭的日子？自得人多説是悦樂的意思，此於本字殊不親切，要從上數行字看來，是行道而有得於心之謂。行一件得一件的道理，行件件得件件的道理，雖未必不由此而悦樂，然此乃其本義，今人不是富貴，即是貧賤；不是安樂，即是患難。未有一日無所處之境，而其所得何如者？語云：「莫入寶山空手回。」今人大都是空手回了也。噫！所得不從外來，摠得其性分所固有，故曰自得惟自得，決不願外，若願外，則雖有所得，亦非自得矣。然苟陵下援上，種種貪求，其所失之多，又豈惟不自得而已哉？位即是已身安放處，素位而行，即是正己。正之云者，道理本極端端正正，君子隨處盡道，安有不正？隨處正己，焉得求人？陵下援上，皆因不能正己，故苛於求人。求人不得則怨，雖怨而終不能得於人，則何如素位而行之，無不得其自乎！只把上二節看來看去，易字已躍然在內。如行富貴，行貧賤，在上不陵，在下不援，只依本來道理行之，更無一毫造作，何等平易？若要勉强拗轉，何等險阻？天下平易莫若道，君子步步循道，是爲居易。雖道之既行，天佑人助，何必不得福？然君子初無求福之心，故曰俟命，小人反是。此節不獨易字、命字、險字、幸字要看，即居字、俟字、行字、徼字，子思子下得最有意義。俟字從居字來，徼字從行字來。居者安然在此之意。高忠憲公云：「惟天理最静。」一味此居字，何等安静，何等受用。所謂作德，心逸日休也。小人機械變詐，無非險徑，不要説奔馳營幹，固是終日忙忙碌碌，即令打坐一室，此心也煞勞擾不定。叠〔二四〕所以説行不説居，字字與君子相反，令人自去體勘。居易，則無復庸心得喪而俟命。行險，則直欲抹摋造化以徼幸。《易蒙引》有云：「君子無幸。」幸字只可加於小人，不可言君子。何也？君子雖極安富尊榮，都是分所當得。小人即極危難不堪，也是他自己作孽所致。故君子無幸，但有不幸。小人則但有幸，而無不幸。　君子不以不幸而摇其居易之守，小人却以有幸而滋其行險之念。殊不知君子不幸繫於命，非其不求之故也。小人之幸亦繫於命，非其能求之力也。故君子落得爲君子，小人枉做了小人。　居易俟命，原非撿易處來寬假自己，有許多真實工夫在内，故復引反求諸身以結之。先儒云：「君子坦蕩蕩。」是從兢兢業業而得，非安意肆志之謂，正是此意。反求諸身者，求其惟道之歸，而正己也，自得也，素位不願也，皆是物也。然則君子所以能盡道者，亦只是打起真心，掃除妄想，當身一一理會做去而已矣。　反求諸身，則自不求於人矣。把求人的精神智慮，只管收斂轉來。求在我者，不教一毫滲漏，何德不進？何業不修？讀前章，知人倫内，道雖無窮，惟一慥慥而已。讀此章，知境遇間，道雖各異，惟一反求而已。一切妄想，揔用不着，只此二章，鞭辟學者無限真實念頭。　素位不願，在工夫未至者，只是真修實踐，不敢苟爲，不敢妄想。若到極處，即是大舜若將終身，若固有之地位。

行遠章

此章即《大學》知所先後之意。須認清高卑遠邇四字，是指事非指道，道初無高卑遠邇，事則有高卑遠邇，惟事有不同，道若因之而異，其實只一致也。子思作《中庸》以明道，開卷只一句提唱云：「率性之謂道。」不更有云如何謂道者，可見父子之親，也是率性；君臣之義，也是率性；夫婦昆弟朋友之别序信，也是率性；聖人無所不知不能，也是率性；愚不肖夫婦與知與能，也是率性。乃至鳶之戾天，魚之躍淵，摠是率性。安得一個道理是高遠，一個道理是卑邇邪？先儒諸説，惟許東陽云此章專言行道必自近始，未有目前日用細微處不合道，而於遠大之事能合道者，是謂高卑遠邇皆屬事，而道則無高卑遠邇而不在，界限截得最清。或謂行遠自邇，登高自卑，分明是下學上達。精義入神，只在洒掃應對，性與天道，只在威儀文辭。詩詞及子語，特舉事而言，以見形而上者，不外形而下者。父母其順，猶之形而上者也。和妻子，宜兄弟，猶之形而下者也。愚以爲此章初非此旨，自十二章至二十章，皆言道之無所不在，而隱即在其中。不應此章獨以高遠屬形上者，卑邇屬形下者，如此則與費字之義，殊不合。且以高遠言道，則是道真高遠者，如何又謂道不遠人，而亦豈《中庸》名篇之意？若謂高遠即隱，卑邇即費，則高遠又當不得隱字，卑邇又當不得費字。畢竟下章夫微之顯，微乃是隱，顯乃是費耳。故斷當以高卑遠邇，皆指事爲的。而事之高遠者，其道只套在卑邇裏面，成物不外成己。齊家治國平天下，不外修身。引《詩》辭及子語爲證者，父母之順，必由和妻子，宜兄弟。只舉一事，而天下之事皆從可知。

前造端節，即帶此意，而此更發明之。惟其道無不在，故高卑遠邇，摠皆道體。惟其道非有二，故高卑遠邇，道實相因，只由連章説道之用廣，正恐人忽近而圖遠，遺小而謀大，故詔以進爲之序如此。兩必字當玩，父母其順矣乎，贊歎得妙，令人自去（二五）矣乎二字内，尋出必字至理。必不可不登高行遠者，盡道之量。必不可不自卑自邇者，循道之序。既不合畏高遠而溺卑邇，又豈容厭卑邇而騖高遠？

鬼神章

上幾章就人事説費，此章就鬼神兼説費隱。先儒已有明訓，不消講得。據愚見，《中庸》特地説鬼神一番，更有至義。誰云鬼神不可見道？然明道特爲人謀。今言鬼神，得毋疑與人事未甚切實，豈知正是聖賢直將性命源頭抉示與人？誠將此章書旨仔細體認，則《中庸》全部皆可領會，而首章天命謂性，率性謂道之義，洞徹無遺藴矣。蓋在天地爲鬼神，在人即是此心之靈。人但見天地之鬼神，便起敬起畏，至於此心之靈，任他昏憒放軼，不加檢點，不加收束，此豈知鬼神之道者？經傳有云：「上帝臨女，無貳爾心。」又云：「鬼神非人實親，惟德是依」二語。雖極明切，然猶鬼神自鬼神，我心自我心，不知我心與鬼神，不是兩樣。鬼神既體物不遺，則我心即是物，我心即是鬼神所體。故曰：「心者，人之神明，所以具衆理而應萬事者，此所謂性命源頭也。」人豈唯不知我心即是鬼神？連鬼神之德之盛亦莫之知，蓋人胸中所有，但祠廟中鬼神。至於天地間日月星辰，山川草木，鳥獸昆蟲，與凡一切有形有象之物，無非鬼神。且不惟有形有象而已，凡兩大間虛空境界，無非鬼神所在，即今一室之中人物而外，其虛空所在，都是鬼神，則皆見不及也。唯聖人見得無遠無近，無古無今，密匝匝地，無非鬼神所充塞。故不覺贊歎曰：「鬼神之爲德其盛矣乎！」此句豈直摠括通章而已？通篇所發明者，皆是三重之質鬼神而無疑，正以其皆鬼神所在也。　先輩有云：「陰陽非鬼神。」陰陽之所以屈伸往來，乃是鬼神。此因張子有鬼神二氣之良能，朱子有「鬼者陰之靈，神者陽之靈」之語，故爲是説。細思之，陰陽焉得非鬼神？朱子、張子特就陰陽鬼神分别説明耳，究竟良能不脱二氣，靈字不脱陰陽，而人心之靈，亦不可謂非氣也。天地間只有理氣而已，氣運行於無窮，而理則爲之主宰者，焉得理氣之外，更有一件兩無所屬而介乎其間者邪？先儒有云：「心者，氣之靈爽處，鬼神正此義耳。」　一氣之説，於《易》書最易體認。乾坤雖是兩大對待，而(二六)云「坤道其順乎？承天而時行」，便是此理。天地間只有一箇陽氣，下截便是陰，所謂陽全而陰半也。　爲德德字，《蒙引》云：「經傳所謂德者，皆取得字之義。」有以禀受所得者言，則人之所得乎天是也。有以學力所得者言，則行道而有得於心是也。惟鬼神之德，難以得義解，故朱子特爲之説曰：「爲德猶言性情功效。」此於經傳中别是一解。竊嘗反覆體驗，終未敢謂的當。據愚意亦不消如此講得，天下之物莫不有德，只將三十章小德大德參看，便見分曉。天地有德，鬼神何獨無德？德是物之所以爲物者，其欛柄處也。細看《或問》小註，只因朱子泥「中庸之爲德」句，謂中庸即是德，不容於中庸上另求所謂德者。今鬼神亦即是德，不應於鬼神上別作德解。故朱子更有言曰：「性情便是二氣之良能，功效便是天地之功用。」此性情功效之所爲訓也，然經書上句法同而解法不同者正多，何必將此爲德與中庸爲德例看。鬼神之德，言鬼神實然之理。又鬼神是氣之屈伸，其德則天命之實理，所謂誠也。此二語亦出於朱子，以是爲的義，恐非過也。若謂如此解德，則疑屬隱一邊，難以言盛。不知費隱本不相離，末節誠不可揜，正是極言其盛，此又豈有隱與顯之嫌邪？而古人又何以動言盛德邪？

視弗見，聽弗聞，只就體物不遺處見得。不然，則是離陰陽而爲道，而隱與費是兩件了。所以後面夫微之顯之字，着得最緊。

始終之大者天地，千萬年一闔闢；始終之小者昆蟲，朝生暮死。虹霓霆電，忽起忽滅，中間徹上徹下，亘古亘今，不知多多少少始終，孰得而遺鬼神，何其盛也。

鬼神雖分陰陽，然就鬼神內各有陰陽，只因陰陽離不得太極，而太極全體陰陽，故太極動而生陽，即有太極在陽之內，而陽兼陰矣。靜而生陰，即有太極在陰之內，而陰兼陽矣。人之男女、物之牝牡、時之寒暑、日之晝夜，乃至息之呼吸，無不然者。摠是陰陽，分開不得，故曰兩在，故不測。

鬼神在人，爲此心之靈，故須一一體驗到自己身上。弗見弗聞，是人心之至虛。體物不遺，是人心之至靈。唯其虛，所以要掃盡塵妄的念頭，直至無聲無臭；唯其靈，所以要做盡裁成輔相的事業，不問在上在下。必皆有使物物得所者，方與鬼神合德。

人心之靈，雖只在方寸中，然就吾身而言，目何以見？心也。耳何以聞？心也。一膚一髮何以知痛知癢？心也。就吾身之外，而言千百年以上，此心一想便到；千百年以下，此心亦一想便到。近而户牖几席，固此心之所周也；遠而九州四海，亦此心之所周也。何者不通於方寸之靈？知此則知鬼神之體物不遺矣。

體物不遺，與弗見弗聞，不是兩項，此[27]能實信得及，便做到掀天揭地事業，其於我乎何有？

齊明節，就人見鬼神之所在，見其體物不遺引詩節，就人不見鬼神之所在，見其體物不遺。鬼神昭著，莫如祭祀。恪恭承奉，所不待言。若夫暗室屋漏之中，絶不見有鬼神，似可或忽。然陰陽二氣，密匝匝地，又何處非鬼神？而敢戲豫之稍萌，故《詩》辭最爲嚴密。此章揔説道，只矧可句，是説體道。然在學者，正須語語反身體驗，洋洋如在，何由見得？皆吾心齊明之所致也。吾心之神明用而鬼神以顯，暗室屋漏，亦提起此心，方見得有鬼神來格，來格之鬼神，即是吾心之神明，所以先儒云：「天地間止有一靈，安得有二？」

體物不遺如何？下二節只就人説，正以物不可遺，而人心却有射之時也。射便悖棄了鬼神，失其所以爲心者，便不成箇人了。一生厭射，一生非人；一刻厭射，亦一刻非人。後面所謂不誠無物是也。然則人其可稍厭射乎哉！昊天曰明，及爾出王。昊天曰旦，及爾游衍。君子無終食之間違仁，造次必於是，顛沛必於是，皆矧可射思之意。

吾心即是鬼神，物物之鬼神，即是吾心之鬼神。故天地位，萬物育，不出戒懼慎獨之中。

《易》

萃卦，聚一己之精神，以聚祖考之精神，即此便見不是兩箇精神。但在一己，則爲一己之精神；在祖考，則爲祖考之精神耳。　上節使字雖是鬼神使之，其實即吾心之神明使之。　鳶飛魚躍，先儒謂是聖賢喫緊爲人處。愚謂誠不可揜，此句尤甚。直是和盤托出，徹内徹外，徹上徹下，盡此四字，更無藴藏了。　人與鬼神，既無二體，則人之誠不可揜安在？《中庸》全部所説許多道理，皆是。故誠不可揜句，爲是書上下文樞紐。　後面許多誠字，都就人身説，獨此章誠字，就造化上説，是後面許多誠字之來歷，此正所謂性命源頭也。故率性之謂道，一陰一陽之謂道，一而已矣。　鬼神以是誠而體物，物即得是誠於鬼神，故曰：「誠者自成也。」就人身指出天命之本然，則曰誠者。指出人事之當然，則曰誠之者。　聖人之心，渾然一誠。全體鬼神，故能與天地合其德。日月合其明，四時合其序，鬼神合其吉凶，故能考三王而不謬，建天地而不悖，質鬼神而無疑，百世俟聖人而不惑。若學爲聖人者，必須先識得吾心本體與鬼神無二，即不容一刻不誠敬。而邪妄之心，自然漸漸消磨。程子故云：「學者先須識得仁體，然後以誠敬存之。」　誠是實理，敬是保守。此誠者即《詩》辭所云：「矧可射思也。」此心纔離道，便與鬼神不合，誠亦有以實心言者，即是敬。　實理實心，亦非有二體，此實理便是實心。

大孝章

在鬼神爲體物不遺，在人即爲仁，體事而無不在，故此下幾章連説[二八]孝道，孝是仁之最爲切近而精實者，正欲人於此處緊着精神也。而推之以至其極，則又未始不廣大，蓋此章言大孝，《武周章》言達孝，《無憂章》雖無孝字，然專言子述之事，則亦是言孝。合看三章首言德爲聖人，終言治國如視諸掌，德至聖人而止，業至治平而止，盛德大業，無不該矣。而揔不外孝，孝特庸行之一端，而其量如此，可見道之費，亦可見孝是爲仁之本。

人子苟有一德，亦足以顯親；苟居一職，亦足以榮親。或但有德而未能尊富饗保，亦未始非孝。然覺孝之量未全，而道之用亦未大，故舉舜以爲極，則非謂人人必須若舜也。何者？人人可以爲舜之聖，人人亦可以爲舜之帝位邪？故德本人所固有，固當以聖人自命，即尊富饗保非我所得主，而隨其位分，期於尊親養親，亦未爲妄想，但着力終在德耳。所以此節德福並舉，下即歸重大德，福以報德。若一心修德，而又一心求福，則德不純而福終不應，且使福而非德所致。而出於闇干苟取，以敗名喪檢，適所以辱其親也，又何以爲孝？

德至聖人而後大，德大然後孝大，當思不得爲聖，便於孝道未盡，則等而下之。倘併不得爲賢人，即爲不孝子，可不懼哉！

古今有德大而未能福大者，亦有

福大而未能德大者，時數參錯，似難必得。此何以斷斷若是，其可必亦必之於理耳。蓋祿位名壽，人之所不得爲者，大德人之所得爲者，盡乎人所得爲。而人所不得爲者，自有相感致之機也。必字正從大德來，大字要重看。德大而福不大，自人觀之，以爲時數不齊。若在修德者反求諸己，則福之不大，皆因德之不大，只自聿修厥德而已，豈有覬覦之心，而或以不得而怨尤乎？故須知此數必字，正所以堅人進德之心，正要人於必字内體認出莫爲而爲，莫致而至之意，非啓人以責報也，所以下節緊接天字。天者理而已矣，祿位名壽之權操於天，得祿位名壽之故繫於人，天與人默相契於一實理，故歷歷可必。因者，隨物付物，無庸心之謂也。栽者，自具一可培之理。傾者，自具一可覆之理。物無所徼倖於天，天無所私厚於物，不能强爲必然，而又不能故爲不然，一一適如其數以應之，故曰因。受祿受字，與因字正相應。祿雖降自天，而受之則存乎人。其人苟無令德以爲受祿之基，天雖欲保之、佑之、命之、申之，不得也。特因其可受而授之，是天祿雖若難必，而可受不可受，則又未嘗不易必，故申斷之曰：「大德必受命。」然則三代以下之聖賢祿位名壽，偏若靳而不與者，將聖賢之德猶未大歟？抑天心亦有古今之異歟？曰理不可以拘執，事不容以概論。三代以下，聖賢不得尊顯於一時，特世道民生不幸，而其所爲祿位名壽者固在，是天下之無福，非聖賢之無福也。蓋位不必天子，祿不必四海，名不必謳歌，壽不必期頤。昔人謂孔子以萬世爲土，推斯言也，古之聖人，其祿位名壽以一時。後之聖人，其禄位名壽以萬世，正以一時之禄位名壽，不足稱其德，而以萬世報之，則是德愈大而福亦愈大，又何有於一時之受命哉？

無憂章

天下事有常有變，道即有經有權。處常而用經易，處變而用權難。非權無以通道之窮，非行權無以極聖人之妙用。《中庸》多言常，少言變。雖前此言變者有矣，亦未嘗詳舉其事，故此章與下章，特就君臣父子、千古至變者究論之，以見道之用廣，而聖人能行權以盡道也。前日論時解善繼善述，有「文王當此亦未必無是志，亦未必無是事」之語，殊與服事之衷有悖，此論誠然。然觀《無憂章》父作只帶説，而專言子述，其言子述也不及他端，而只以王天下爲文王無憂處，追王上祀，又不止謂成武之德，而併成文之德。愚常反覆尋繹，乃知此章蓋大道之關鍵，聖學之閫奥也。文王至德，固不待言，然武王豈遽與厥考之志，不相謀而相悖哉？觀其觀兵盟津而返，猶然服事之衷也。洎紂囚箕子殺比干，天怒人怨，不得已而畢伐，此其間是非得失，辨於幾微，是而得也。則爲聖王之弔伐，苟其非而失也，則爲亂臣之篡逆，是豈容有毫髮之或爽哉？所以此章一則曰「壹戎衣而有天下」，再則曰「身不失天下之顯名」。夫有天下何事也，而僅壹戎衣，此其爲應天順人之甚可知也。以暴易暴，僅有首陽義士之譏，而天下萬世，早已共諒其隱，無異言也。又曰：「未受命，則是天命已歸。」而武乃遲之又久而後受之，夫聖人之心，一惟理之是安，苟天命一日未去，人心一日未離，皆於理有未安焉者。惟上爲天命所迫，下爲人心所强，於此而必過爲推避，則適非理之所當然。聖人又何容狥一己之初懷，而違天下之公義？此未受命者，又武王之所以壹戎衣而天下定，身不失天下之顯名也。而文王在天之靈，亦於此可以無憾焉已。何者？以迹而論，則武王之燮[二九]伐，與文王之服事，不異胡越背馳。以心而論，則文王之由乎道，與武王之由乎道一也。武王固不敢不遵服事之衷，而文王亦安得有憾於燮伐之義哉？使文王於此而有憾，則武王爲不肖其父，而文王之王號，方含垢於千古，即追王太王王季，亦非所以仰慰祖宗，聖賢又何故以有天下爲子述之盛事，而以追王上祀爲成文之德也哉？善讀書者，正須於此等理道轉移處，深加體勘，方見先聖時中妙用。邵子曰：「一動一静之間，天地人之至妙至妙者歟！」亦便是此道理。此是子思把事之絶不相謀而實相謀者，發明道之至精至微處，又直把驚天動地事情，説得極平極淡，揔歸在中庸二字裏面，豈非所謂大道之關鍵？聖學之閫奥也哉！《無憂章》旨，須如此領會方得。蓋以武王之能盡道爲無憂，非以武王之能有天下爲無憂也。若使諸侯不期而會者八百，雖文王亦安得而止之？故曰：「堯舜湯武，其揆一也。」虚齋已有是論。周公成文武之德，揔只是性之德也。天下無性外之德，亦無性外之事。吾於祖宗有得盡而不盡之孝思，固於吾性分有虧，吾而可使天下人人俱得盡孝於其祖宗，而乃不能推己及人。有未盡之孝思，亦於吾性分有虧，必也吾與天下無不循分以盡禮，循禮以盡心，方完得吾性分内事。於此便見成己成物，皆性之德也。要知《周禮》一書，總是周公自成其德，亦總是成文武之德，此特就喪祭言耳。

達孝章

此章大旨爲達孝，而其發明達孝也，説祭祀，説治國，此處須看得融洽。蓋以言乎道，則必至於治國平天下，而後爲道之全量。即以言乎孝，亦必至於以孝治天下，而後爲孝之全量。而孝道莫重於祭祀，故從祭祀之禮，層遞説來，人皆以郊社節爲血脈欠貫，遂謂此另一義。殊不知「孝之至也」句，一以結上，一以起下。《郊社節》正是孝之至處，何者？尊祖必敬天，尊祖敬天必仁民愛物。而所以仁民愛物，不外一禮義，只是知之明而處之當。既明乎郊社禘嘗最深且遠之禮義，則又知之何所不明，處之何所不當？而治國自然視諸掌矣。然而所以謂之達孝，所以謂之善繼善述者，則以武周之能易侯而王，化國而爲天下耳。武王備位西藩，縱令秉文之德，化行南土，亦不過六州效順，未能天下皆治也。自其應天順人而爲善繼善述，於是上之所以祀其祖先者，不以公侯而以天子，無一禮之不隆洽。下之所以治其民人者，不於國而於天下，無一物之不得其所。而孝盡矣，而道全矣。顧武周處此有極難者，使非服事之文王爲厥考，縱如湯之予有慚德，亦爲千古綱常，欿然不敢自足。此正聖人光明正大心事，而皆曰非富天下，則固已信及天下萬世矣。獨武周於家庭之際，顯相背馳，不謂之繼述，則傷武周。直謂之繼述，則傷文考。即君臣之義，迫於不得已而然。而父子之至性，其能恝然自安乎？然而君臣父子，其道一也。以人心天命之當然，而君臣之義屈，則亦以人心天命之當然，而父子之情，不能不變通於其際矣。此處義利之辨，間不容髮，非聖人盡性至命，烏足以語此，此之謂善繼善述。

武王末受命，即是予有慚德之心，不可謂武之不及乎湯。《傳》曰：「聖達節，次守節。」此達孝似可作變通解。見聖人能行權以盡道，而朱子乃云：「天下之人通謂之孝，非無變通之見也。」是從上身不失天下之顯名來，蓋武周父子之間，先若有相違者，此欲合乎天下人心最難，惟其無一毫利天下之念，不得已而行權，光光明明，共見共悉，故不待事久論定。千百世後，諒其至公，即當時天下之人，已皆信之。而通謂之孝，此正所謂顯名也。而人心之所同然，正道之所當然，則言通謂之孝，而變通義在其中矣。若直作變通解，變通有是有非，未見得合乎天下公心處，則亦未見得盡道處。

名以徵實，雖非聖人所貴，然既合乎人心，則名自顯。王龍溪曰：「若是真打破的人，縱被惡名埋沒一世，更不出頭，也無分毫掛帶。」此言雖見得志念堅强，不騖於外，然人同此心，心同此理，苟所作爲，實出於人心天命之當然。雖在末俗，天下豈無一人相契者，何至埋没一生？故通謂之孝，不失顯名，正見聖人之能盡道。

善繼善述善字，向但就作用説，謂是不泥成迹，圓通變化。不知若如此解，則邪正未判，即頃[三〇]訓達爲變通之義，安得皆謂之善？愚謂此即《大學》「止於至善」善字。至善《章句》云：「必其盡夫天理之極，而無一毫人欲之私。」《中庸》亦曰：「非義精仁熟，而無一毫人欲之私者，不能及也。」可見中庸即是至善。聖人之繼述雖審時度勢，不拘成迹，然總出乎人心天命之本然，而無一毫私欲雜於其間，正是盡中庸之道，正是止於至善也，故曰善。

「踐其位」以下五其字，即指武周亦可。《章句》必曰指先王者，非若是不見善繼善述也。今日所踐之位，非復先王之位；所行所奏之禮樂，非復先王之禮樂；而所愛敬者，亦非復一一先王之所愛敬，前後誠懸殊矣。然先王不變通於當時，則武周亦必不變通於當時；武周不固執於今日，則先王亦必不固執於今日。何者？聖人之道，一而已矣。道之爲用，時而已矣。故「事死」二句，今人多看得率略，不知此正五其字之所以指先王也。先王生存，雖非是位是禮是樂，以致敬致愛於所尊所親。假使先王至今猶在，武周必不敢爲此者。特以先王既没，一旦不念前烈，而大變其所爲，則是死生存亡，兩般奉事，孟莊之孝之不若矣。惟武周一循道之至當，而無違乎道，即無拂乎先王。所以事死事亡者，初不異事生事存，即以今日之位爲先王之位，今日之禮樂爲先王之禮樂，今日之所以愛敬爲先王之愛敬，而於武周之心無不安者，於文王之心亦非有遺憾也。則洵乎爲孝之至，至即善繼善述，無過不及之謂至，亦無過不及之謂善。

《郊社節》緊頂孝之至來，雖曰人本乎祖，物本乎天，其實天祖總是一本，何者？人亦物也，人本乎祖，祖又本天，非一本而何？孰不念祖宗之覆育？孰不感天地之生成？水木亦有本源，豺獺皆知祭祀〔三二〕，顧祖之於人也。親親則恩意篤，而各有不能已之情，天之於人也。尊尊則勢位懸，而均有不敢干之分，惟王者父天母地，爲其宗子，既致孝享之誠於祖，復隆祭報之文於天，要其情不能已者，則非徒自孝享而已。而又使天下之子孫，得以禮所可爲者，並致其孝享於祖。而分不敢干者，則雖曰自祭報而已，而實爲天下之民物屈。於法所難踰者，交伸其祭報於天。王者之事天事祖如此，則固以祖爲天下之所獨，而天爲天下之所同。惟天爲天下之所同，則夫萬姓也萬物也，自天視之，皆所生也。自祖視之，亦既吾胞而吾與矣。王者欽若天道，紹承祖烈，其所以撫此民物，有不盡仁盡愛也乎！本胞與之心以知之，自無不明；本胞與之心以處之，自無不當。天下雖大，又何不治之有？治之，又何不視諸掌之有？天下和平，菑害不生，禍亂不作，固明王之孝治也。然則此其爲孝道之至何疑？故斷不可曰另是一義。

曰所以事上帝，則特以郊社盡爲天之子之職。若曰自天作高山，以有今日，皆天地保佑之靈也，而答之則私矣。曰所以祀其先，則特以禘嘗彌爲人後者之職。若曰自有邰家室，以有今日，皆祖宗功德之盛也，而酬之則隘矣。

天地之祭，有主分者，本於《周禮·大司樂》

之圓丘方丘，有主合者，本於《虞書》之肆類上帝。《周頌・昊天有成命》之小序云：「郊祀天地。」分祀者則以陰陽之辨，高下之分，自當各從其類。合祀者則比於夫婦同牢，豈得爲瀆？後世王者制禮，分合不一，諸家建議，亦分合不一。至明太祖始分繼合，而丘文莊公因以合祀爲定制，萬世所當遵守。安得謂王莽所行，而斥爲不經？惟宋儒五峰胡氏，則以爲祭天圓丘，祭地方澤，是猶家有二主。古者初無北郊，只社便是祭地，朱子韙之。而本朝魏莊渠先生原本經傳，歷證南北郊之無其説，復折以孔子郊社事上帝之語，謂地不可與天對，天地一氣，如人百骸一體。上帝乃天之主宰，人心亦身之主宰。主宰豈容有二？故不惟南北二郊，固非尊無二上之義。即郊壇並祀，亦與《周禮・大宗伯》禋祀昊天血祭社稷不符。斷當郊以祀天，社以祀地。分合二者，仍從其分，但不應爲兩大之分耳。夫禮莫重乎祭，祭莫重乎天地。郊社不古，崇地抗天之制行，蓋政教昏明，世道升降一大關也。自天地之分不明，浸假及於夫婦，以毋后而專國政。浸假及於父母，父在，爲母齊衰三年，又甚者爲斬衰。浸假及於君臣，而篡弑之亂多。浸假及於華□[三二]，而□□[三三]之禍代以益甚，又且并及於天地，而日食星變，河決地震，乃至史不勝書，蓋其源一失，其流之害，自未有極。然則古今不易之經，顧可輕言勿泥。先王已廢之制，顧可不思亟復也哉！《章句》不言后土，省文也。愚謂非省文，天用郊而地用社，不並崇其禮，正所以尊上帝之爲主宰也。觀《易》之於坤曰：「承天而時行。」又曰：「地道無成而代終。」則聖人於天地之大分，判別如此，安得享祭而獨用鈞敵之禮？　禮以義起，義以禮彰，有提綱之禮義，有條折之禮義。　郊社禘嘗，便是禮。　事帝祀先，便是義。　此提綱也。　其間一器數，一儀文，至纖至悉，莫不有其所以然者，此條枏也。　乃天下人民之衆，事物之賾，舍禮義又何以治之？　義者體之所以立，禮者用之所以行，要其大端，不出乎三綱五教。　而先王之於祭祀，如禮書所謂君臣之義，親疎之殺，凡十倫焉。　又如本章《春秋節》，但言禮文，而其義可知。　《宗廟節序》、《子孫序》、《爵序》事旅酬燕毛，禮也。　序昭穆，辨貴賤，辨賢逮賤序齒，義也。　先儒又訓之爲親親、貴貴、賢賢、幼幼、老老，然則其爲治於廟庭者，即其所以爲治於天下國家者也。　所謂廟中者竟内之象，而祭者教之本，豈不如視諸掌？

【校勘記】

（一）即物亦然，遺書本作「揆之物情，亦何莫不然」。

（二）恐近於佛氏之浄智妙圓，遺書本作「恐近于浄智妙圓之一説」。

（三）遺書本無「二則」。

（四）窮幽極渺，遺書本無此四字。

（五）「莊列又開佛氏……心之至靈」，遺書本無此句。

（六）設，遺書本作「説」。

（七）二氏，遺書本作「异學」。

（八）端，遺書本作「學」。

（九）三，遺書本作「諸」。

（一〇）聖學本天……佛氏然也。遺書本作「聖學一本乎天。與其他學説絶然不同」。

（一一）此句之後，遺書本有「此所以致知開誠正之路，修齊爲治平之源也」。

（一二）道此，遺書本無此語。

（一三）一一如此，遺書本無此語。

（一四）漸不自覺，遺書本作「漸漸于不知不覺間」。

（一五）又，徐椿抄本、遺書本作「人」。

（一六）一一，遺書本無此語。

（一七）遺書本無此節。

（一八）遺書本無「下」。

（一九）忠，遺書本作「中」。

（二〇）佛氏遺棄君親……可謂忠乎？遺書本無此句。

（二一）應副，遺書本作「響應」。

（二二）根，遺書本作「跟」。

〔二三〕得，遺書本無此字。
〔二四〕叠，遺書本無此字。
〔二五〕去，遺書本作「向」。
〔二六〕而，遺書本作「易」。
〔二七〕此，遺書本無「此」。
〔二八〕説，遺書本作「誠」。
〔二九〕爕，遺書本作「弔」。
〔三〇〕頃，遺書本無「頃」。
〔三一〕祀，徐椿抄本、遺書本均作「祖」。
〔三二〕□，遺書本作「夏」。
〔三三〕□□，遺書本作「背逆」。

下

問政章

政之一字，聖人自有註脚。政者，正也，正己以正人也。此章所言，一正己以正人而已矣。上章言治國如視諸掌，故此便言治國。孝治固非本旨，然須看與孝治有關否，其間血脉相貫通否？《大學》一書，修己治人之全道也。此章分明一部《大學》。其言明善誠身，即《大學》格致誠正修之事，所以正己也。其言九經，即《大學》齊治平之事，所以正人也。究竟九經一節，足以統括通章，猶《大學》之綱領。通章所發皆九經之分註，猶《大學》之條目。但前後反覆，首尾錯綜，不似《大學》劃然界限耳。而中間此詳彼畧，此略彼詳，正可互相發明。《大學》之言修身也，曰誠意、正心、致知、格物。此章前則以道以仁，知人知天，後則誠身明善。然而以道以仁，即誠身。知人知天，即明善。明善即格致，誠身即誠正修。《大學》渾言格物致知，此章析言博學、審問、慎思、明辨，格致之功於是爲至。他皆類此，融會斯見，其理一無二。人存政舉人字，兼君臣。可見凡有人之責者，皆當盡爲人之事。而此章止言君道，不及臣道，然則千古之爲君者，固當如孔子言，一一惟文武是法，以求爲文武之君矣。而千古人臣，亦欲求爲文武諸臣，將若何？蓋君行政，臣輔政。政非有二，則夫爲是政舉之人，其道亦非有二。知君之所以人存政舉，即知臣之所以人存政舉矣。爲政在人，臣也。取人以身，君也。君與臣壹是皆以修身爲本，修身以道，修道以仁，所以爲文武之君，文武之臣，皆是物也。此兩句道理，儘大儘全，何者？道即五達道，仁亦兼智仁勇并兼誠字，下特敷暢言之。若其意義渾涵兩語已盡，須知古今人一般頂天立地，斷無今之君不可爲文武之君，今之臣不可爲文武之臣之理。所可憂者，假如今有文武之君在上，即有周召畢散諸臣佐理於下。而我獨不得與，我固自媿。萬一上有可爲文武之君，一時乃無輔治之人如周召畢散者，使天下有有元首無股肱之歎，不尤爲士君子深恥乎？然則欲爲文武之臣者，正當於今日未遇時打點完備，藏器待時。雖要到此地位，原不單靠著此一章書，然治己治人，大概已具，從此而加細密工夫，殫平生精力，讀古今之書，明天人之理，件件儲蓄在此，則王佐大才何數[一]管葛？

後在下位節，雖是借下箴上，然於此則修身修道，就君身說。於彼則明善誠身，就下位說。可見此章道理，原不專以責君。

取人以身，如何可爲君取？尊賢之等，如何可爲君尊？尊賢則不惑，敬大臣則不眩。如何可不惑不眩其君？

此處俱須全局理會，不教一着不到始得。　人存政舉，人亡政息，兩則字便有敏字意。人道之舉政甚速，則無是人之息政可知，言下正將此機關示人，使之惕然知所儆戒，知所振勵，一刻不敏政，則此一刻之人道便失，此一刻之政事便息。要知人存人亡，原非有一定之數。只一人而依了下文修身云云道理做，便存。不依了，便亡。於此足見有治人無治法。而夫政也者，則特闡發文武之政一句，以見非他帝王之法可比。正所謂咸正罔缺，不愆不忘者也。而於人道所能，尤不費力，尤易見功，何不敏而舉之？莫孤負了人道，更(二)莫孤負了此善政。人雖貴賤賢愚，品第不同。要莫不終日汲汲忙忙，各有所事，若把此副精神，來幹政治，焉得不敏？試看地氣，日夜所生息，其機有片刻間斷否？乃至雷奮乎地，勾者畢出，萌者盡達，是何等樣敏！文王自朝至於日中昃，不遑暇食，用諴和萬民。周公仰而思之，夜以繼日，幸而得之，坐以待旦。如此君，如此臣，顧不敏歟？得士者昌，失士者亡。古今天下，不是賢人君子撑持，是誰撑持？裁成天地之道，輔相天地之宜，以左右民，三陽在内之象也。可見爲政在人，蓋自公孤卿貳，與夫庶司百職，皆不可不得其人，不然，則政有闕，此句煞是叮嚀。取人以身取(三)字，如磁取針，有潛孚默感，不期而致者，非是君，則不能取是臣也。於此足徵古之君不敢妄求士於天下，臣亦不敢輕委贄於其主，蓋古者以爵禄爲公器，非朝廷所得私。其所以得人者，兢兢焉惟恐其身或陷於有過，而不爲天下賢士之所歸與，故君多明君，臣多良臣。而庶事以康，後世直操爵禄以爲市，矜己所有，慢彼所無，一時之士，亦不復問其君爲何如主，争邀榮寵。愈矜則愈貪，愈慢則愈卑，是其所謂取人者，非上有所取於下，乃下有所取於上。而民生國計，更謂之何？自然仕路無人品，國家無吏治，言之可爲三歎。身無不道，纔成箇身。道無不仁，纔成箇道。「取人以身」三句，即周子所謂心純則賢才輔也。但此則層遞説入，而心純，則直從以仁源頭處説耳。仁如何訓人？此亦最易明白。仁者天地萬物爲一體。人也者，一體之謂也。所以《章句》解云：「指人身而言。」《蒙引》云：「夫人身豈頑然不知痛癢者哉？」痛癢相關，即是惻怛慈愛，仁者痛癢相關之理，人者惻怛慈愛之實也。今人自頂至踵，大小百體，而手受觸則痛，足受傷則痛，乃至毛髮之孔，誤有抵突，亦輒蹶然而起。所謂無尺寸之膚不愛，則無尺寸之膚不養，此是爲何？一體故也。獨自身而外，無論物不與我相關，於民亦然。無論民不與我相關，於親亦然。無論親之疎者，不與我相關。甚且至親，同於秦越，所謂母〔四〕取箕帚，立而誶語，婦姑不説，反唇相稽。又所謂親昆弟，同父母，尚有争錢財者，此是爲何？不能一體故也。要其所以不能一體者，物我之形間之也。故當其不存物我之私，原是痛癢關切。假如漠不相識之人，聞其阨難則惻然，聞有爲之救解則欣然。即或救解而勞己之力，損己之財，亦所不惜。孟夫子云：「乍見孺子入井，皆爲怵惕惻隱。」此處曾有絲毫物我之形否？同是人也，同是心也。及夫物我之私一起，而恩意遂離。由相離而至於相争，由相争而至於相怨，由相怨而至於相仇，由相仇而至於相鬩相刃，其禍有不可勝言者。嗚呼！奈何一體而至於此，亦曾念手足而忍害頭目否？亦曾念左右手足，而忍交爲害否？是以聖人特以人訓仁，使知一體之義，自親而民，自民而物，無彼此，無遠近，摠一惻怛慈愛之意以周流而無間，其有失所者，真不異頭目之傷、手足之痛、毛髮之損，盡天地與萬類同一人然。血脉相貫，呼吸相通，所謂仁者，蓋如是也。　然何以不曰仁者身也？身較呆，人較活，《蒙引》亦云：「猶言活物。」　與天地合其德，與日月合其明，與四時合其序，與鬼神合其吉凶。先天而天弗違，後天而奉天時，天地一體也。克明俊德，以親九族。九族既睦，平章百姓。百姓昭明，協和萬邦。山川鬼神，亦莫不寧。暨鳥獸魚鼈咸若，萬物一體也，此之謂仁者人也。　仁者人也，孟子深得乎此，故動言擴充。　由父子之仁以推之於君臣、夫婦、昆弟、朋友，摠如一人，故曰親親爲大。　説仁便説義禮智，可見仁統四德。　尊賢因親親而見其爲大，非義之爲義，獨尊賢大也。　親親必不可不尊賢，便見五倫中少不得朋友，四倫賴朋友以維持。　親如何一概親得？賢如何一概尊得？親分踈戚，賢分大小，此是天造地設的道理。　禮者天理之節文，節其過，文其不及。　人但道等殺，是不可過一邊的意思，孰知内却有不可不及在，這纔是禮。　知天只是窮理，親親之道，固得人而明，然人不易知，亦須先有箇欛柄在胸中，纔分别得人品明白。　欛柄者，天理之當然也。　不窮又如何知得究竟？得人以相與講明於親親者，亦只講明此欛柄，以故此節，就上文一一推原其所以然，則有此層次，其實修身也，事親也，知人也。揔少知天不得，而知天也，知人也，事親也，皆所以修身也。功夫竝頭做去，非做了一件，纔再做一件。只看四不可不，原是一套説，不是逐漸意。　善言天者，莫若《虞書》。叙曰天叙，秩曰天秩，命曰天命，討曰天討，功曰天功，禄曰天禄，工曰天工，即此可見天體物而不遺。人君一身宰制萬物，不知天，如何得不錯？此天字，即下文誠者天之道也。不離乎所自來曰天，散具於各事物曰誠。　首章以喜怒哀樂中節爲天下之達道，此又以五倫爲天下之達道，道豈有二乎？彼就性之發而言爲情，此就身之修而言爲人倫。而君臣、父子、夫婦、昆弟、朋友，各盡其道，要不外喜怒哀樂，各中其節。虚齋先生言之詳矣，天下達德似不應泥《章句》所同得之理。蓋理是體，此説所以行之是用。若論所得於天之仁義禮智信，其理即分見於君臣、父子、夫婦、昆弟、朋友。今以知仁勇行此五達道，則即孟子之所謂才，是人之能也，性也、情也、才也，皆所得於天者也。故此德字，未必指理，要之性既善，則才亦善。才即具於性分之内，有智仁勇而後能行五達道，則即謂是所同得之理可也。　天下之道，包括於五倫，更無些子罅漏，然又當知要盡一倫，須是兼盡五倫之道，方始成這一倫，何者？以父教子，非此五者之道一一克盡，終於父道有虧。以子事父，非此五者之道一一克盡，終於子道有虧。爲人君者而於五達道有所不逮，維皇建極之謂何？爲人臣者而於五達道有所不逮，大人格君之謂何？昆弟也，朋友也，無不然也。即若夫婦一倫，亦身不行道，不行於妻子。抑且以不行道而或招尤致禍，則不保其妻子，是必五倫盡而後一倫舉，惟其然也，故舜以盡孝而德爲聖人。五倫中，惟朋友一倫爲最廣，似難言乎一一盡道，故獨着之交二字，其情分正在此處分別。果與之交而有如前所謂德業相成、性命相與者，是當何如其盡道，而豈泛應之謂哉？要之當泛應而泛應，亦是道。天下之人誰是不行達道者，纔行，便似脱不過智仁勇。然究竟不成箇君臣，不成箇父子，不成箇夫婦、昆弟、朋友。只爲不曾誠得，則原不曾智仁勇得。誠則渾是實心，便件件見實理，其行達道，便件件是實事。少焉知之，一成功一[五]便件件收實效。讀知之成功二句，真令人有懽忻踴躍，夢者頓醒，仆者頓起之意。造化有贏詘，人事無贏詘。不但學利不異於生安，乃困勉亦不異於生安。是則不待盡人性，盡物性，而後爲參天地，贊化育也。即能盡自己的性，也便是贊化育而參天地。知之一，成功一，雖非上文一字，然於此二句，正須體認出誠字來。及其知之一，非誠何以及此？及其成功一，非誠何以及此？學非博聞强記之謂。博聞强記，非智也。除了格物，聖道更無第二樣。致知工夫，讀這句書，窮這句理，遇這件物，窮這件理，纔明彼，即曉此，豈不是近智？但若今日學了，明日再學。明日學了，後日再學。有斷有續，或作或輟，終不濟事。是全副精神，放在這裏，覺得世間趣味，別無似此，更不一刻間隔，更不一毫滲漏，如此迸著心光，自然所在透發。今人動諉於質之不明，而不自咎其學之不好，不知天下事，憑他鈍漢纔好，未有不轉移者。力字知字俱極着力，仁只是欲去理存，而其間消長之機，全憑力量如何。假如讀書，是天理上事，纔思量早眠晏起，東挨西走，便讀書不長進。親近好友，是天理上事，纔覺得他事不近情，語不投機，便再親近不成。固窮守節，是天理上事，纔轉念不若庸庸多厚福，便自固守不來。居官盡職，是天理上事，纔有意要全軀保妻子，便斷不能盡職居官。種種所事，摠須一力掙上前去。孔子曰：「非禮勿視，非禮勿聽，非禮勿言，非禮勿動。」看是何等力量！孟子曰：「無爲其所不爲，無欲其所不欲。」看是何等力量！此處要非有一夫當關、萬夫莫開之力不辦。周子曰：「大不幸無恥。」從來恥心重的人，最可取今人所以没造就者，只坐病在甘爲人下。隨他所在有勝我者，彼摠不爲念。假如家庭中有賢父兄，吾不及他，不恥也。鄉黨閒有良師友，吾不及他，不恥也。至若四海之内，偉人傑士，千載而上，大聖大賢，彼更不想着吾曾不及他的萬一，如何便好？摠之看得别人百般好處，都是應該的。吾（六）百般不好處，也都是應該的。終其身（七）只如此懵懵懂懂過了日子，真箇頑鈍痿痺，成得甚人？若是恥心重者，自己便做到九分九釐，纔有一釐，别人强似我處，終若市朝之撻，决不干（八）休。古人一物不知，以爲深恥，而况大節？猶且恥其君不能爲堯舜，而况自己？所謂知恥蓋如此。世間亦有自恥智不若人，仁不若人，然而浮游髣髴，旋起旋滅，算不得恥。故又着箇知字，要使靈明常炯，自然打疊不過。程子曰：「人於外物奉身者事事要好。」只有自家一箇身與心，却不要好。要好者，知恥也；不要好者，不知恥也。只是身外之物，有何關係？猶且恥不若人，却把最緊要一箇身心放倒，憑他不若人，不爲恥，此箇念頭爲何？大不可解。

要知惟智者爲能好學，如大舜之智，好問好察是也。惟仁者爲能力行，如孔子之聖仁，不厭不倦是也。惟勇者爲能知恥，如湯天錫之勇，撿身若不及是也。而不足於智仁勇者，又却從好學力行知恥做上來，蓋同是這條路上事也。一則由源以達委，一則由委以遡源。惟其原有是智仁勇之德，故能爲此好學力行知恥之事。惟其原有是智仁勇之德，故能從此好學力行知恥。以同歸於智仁勇，所以謂天下之達德。

好學即擇善，力行即固執。知恥即擇善固執之務造其極誠之之功也。只看好與力與知，何等樣誠，但智仁勇是全體之誠，好學力行知恥是偏曲之致。

治人治天下國家，即便修身裏頭的事，而修身只是修道，雖曰好學近智，力行近仁，知恥近勇，然好學不是求做到智，力行不是求做到仁，知恥不是求做到勇。學是學何者？學此五達道也。行是行何者？行此五達道也。恥是恥何者？恥此五達道之有所不足也。則夫好學力行知恥，特就智仁勇全體而言近，實則便是智仁勇，而道已無不修於此。所以修身，只斯三者，以行五達道也。所以治人，只斯三者，以行五達道也。所以治天下國家，只斯三者，以行五達道也。無兩箇知，無兩箇所以，首句知字，亦煞甚着力，吾輩須是十分辦箇實心，便從脚下劄住，刻下奮起，去做剔骨剔髓工夫，方是知斯三者。不然，今日講究，明日講究，徒事口耳。縱極透徹，曾何絲毫之益？

凡爲天下國家有九經，以上言人存之事，此下至所以行之者一也。言政舉之事，界限固是如此，然愚意於此，正須體認修身以道，修道以仁，何者？九經只完得君臣一道的事，上文説修身以道，雖親親爲大，然特舉其大者，道實兼五達道，只是上面説人存然後政舉，爲政必須修身修道，今却扭入人存在政舉内，修身修道在爲政内講，何也？必其政無不舉，然後見其道修而人存，蓋君子之身，非以一人之身爲身，而以天下之人之身爲身。就五達道而言，君臣、父子、兄弟、夫婦、朋友，皆其一身也。就九經而言，賢親、臣民、百工、遠人、諸侯，皆其一身也。必君臣、父子、兄弟、夫婦、朋友道無不舉，而後君子之身修。必其賢親、臣民、百工、遠人、諸侯待之無不各盡其道，而後君子之身修，此萬物一體之義也。惟仁者萬物爲一體，惟萬物爲一體，所以必不可不仁，仁者即天地之元氣。天地之元氣，流動盎溢於兩間，無物不體者也。君子惻怛慈愛之意，亦流動盎溢於天地之間，無處不徹，方始是仁。修身修字，即有仁字在内。齊明盛服，非禮不動，便是仁之源頭。自是尊賢而去讒、遠色、賤貨、貴德，親親而尊位、重禄、同好惡，以至懷諸侯，而繼絶舉廢，治亂持危，朝聘以時，厚往薄來，何一非仁所流注，將此等書反覆吟誦，沉潛體[九]勘，真覺君子之心，活潑潑地，如水銀然，雖有微罅纖隙，無不透入。而仁之所在即誠之所在，道而不仁，是爲虚器。仁而不誠，是爲假仁。君子揔是一團實心實理，發微而不可見，充周而不可窮。倫類雖衆，拆開不得。條理雖紛，間斷不得。此是何等體量，何等工夫！一言以蔽之，亦曰誠身而已矣。誠身者，非誠其一人之身，誠其以天下人爲身之身也。

先儒於九經目中，又推箇序來説，蓋恐行之者襍施不順，究亦無由得達，故須從頭一一做去，非謂完了身之事，然後及於家；完了家之事，然後及朝廷也。

朱子此處不解柔字，而於《書》之《舜典》、《詩》之《民勞》，皆訓柔遠能邇。一曰柔，安而撫之也；一曰柔，安也。

時君世主，狃於逸欲，不能自奮。哀公又性稟愚柔，須先與他說箇效驗，庶覺其事之可爲。不然，未有不畏難苟止者，所以前面先說知之成功一，然後說三近，與此同一機括。

修身以道，道無不行。斯身無不修，措諸躬曰行，法乎人曰立。立也者，非立其獨知獨能之道，而以我爲天下準。乃立其共知共能之道，而以我爲天下先也。

禮字即體字，所以體之者，禮而已矣。

在羣臣不敢期其過，在人主必無爲其不及。忠信，禮之心也。重禄，禮之文也。

遠人雖來自四方，而曰四方歸之者，不獨賓旅願出其塗。仁聲所暨，即四方之不爲賓旅者，喁喁然亦皆鄉風慕義。

諸侯雖錯處天下，而曰天下畏之者。

諸侯既戴德而畏威天下之固，譬猶泰山而四維之〔一〇〕，其孰敢不斂心戢志？故曰：「天子有道，守在四夷。」

上文以三達德行五達道，纔是脩身。

此只云齊明盛服，非禮不動，無亦有此挂而彼漏者耶。

正須看極分曉，五達道之行，不外乎齊明盛服，非禮不動。

齊明盛服，非禮不動，固已悉全五達道之行，此二句，即所謂動静弗違，表裏交正，主敬之學也。

夫子固曰脩己以敬，而安人安百姓，曾見有脩己以敬，而君不君臣不臣者乎？曾見有脩己以敬，而父不父子不子者乎？故下面許多事，此一經内，都已包括在。

齊明無二體，只一戒謹恐懼，自然整齊，自然明潔。

正乎中必能飭於外，而制乎

外，所以養其中，故又要盛服。古人雖當獨居燕處，大暑隆冬，輒整衣冠，危坐終日，良以此也。非禮不動，即是齊明發見處，但纔隨物轉，動便差錯，此時齊明心體，亦復安在，故動之一字，路頭煞濶，防範煞嚴。

人主無好讒言之理，讒言能移易主聽，墮其術而不悟。色貨，則好者多也。真尚德者，必無嗜欲。多嗜欲者，必難進德。故須截斷各項路逕，方能一心向德上去。邪正不容兩立，賢者但看人主邪正念頭不分明，自然不樂爲用，難道必待其鉗我於市耶？

賢者，見幾而作。而讒人之攻賢者，又不遺餘力。君即志氣清明，彼必多爲之途以蠱惑之，進以好色，進以好貨。君心纔向[一一]，於是賢者已不自安，其身及或不去[一二]，則女寵言利之徒，又交起而擊排[一三]，於是君之廷更不復有賢者之迹矣。故讒色貨三者，皆所以退君子者也。而讒爲首，去字亦甚力，有與賢者不並存之勢，較遠賤不同。

父子兄弟，本有天性至樂，又况天子諸侯，崇高富厚，其樂宜莫踰焉！然偏猜忌易起，禍害嘗烈者，只由看得自己富貴重，諸父昆弟恩義輕，地嫌勢逼，不勝篡奪慮也。先王不惟尊位重禄，又同好惡。尊位，便是親之欲其貴；重禄，便是愛之欲其富。然此則大權在君，爵賞非難，又義分不得不爾。須是方寸之内，真有痛癢關切無分彼此者，纔見親愛之篤。鄭莊公殘忍以待其弟，魏文帝峻法以制諸藩，豈得謂之同好惡耶？《詩》曰：「式相好，同好也。無相尤，同惡也。」先王非以此自保其富貴，而猜嫌何起？禍害何生？富貴之保於其中者多矣。

後世人主，於公卿大臣，猶或情義相聯屬。其於羣臣，不啻視之如遺，縱有宣勞效績，亦謂分所宜然，無復有一人焉。在人主意中者，此羣策羣力之所以解體也。先王壹以至誠優恤，不遺疏逖，下吏忠信，要亦是發己自盡，循物無違意。上必自盡優恤之心，爲忠（一四），下孰不望上之優恤？而無違爲信（一五），重禄亦忠信中事，特提要而言，非獨厚酬以鼓其忠，亦養廉以勵其節。漢光武增六百石以下俸，良是羣臣嘗見人主一心眷注於彼，而又豐給其養，如何不勸？勸賢等勸字，從效生來（一六），勸之而收其效也。送迎就往來者言，嘉矜專就游士之托處者言，不能者無長可效，便棄而不録，是豈王者物各得所之政？故矜之，須别善與它安放（一七）。

繼絶舉廢，是録其祖德之貽於先；治亂持危，是憂其世緒之墜於後。朝聘二句，是卹其財力之詘於當身，真個懷得周至也。以時雖曰不疏不數，不數意重。讀此節書，最要見得世人色色等等。無個不在先王念慮中轆轤轉來，真天下爲一家，中國爲一人，故曰仁者人也。

纔説脩身，便不能不齊明盛服，非禮不動，不然，如何叫做脩身？纔説尊賢，便不能不去讒遠色，賤貨貴德，不然，如何叫做尊賢？纔説親親，便不能不尊位重禄，同（一八）好惡，不然，如何叫做親親？以下六者皆然。是天造地設的實理聖人，前説一箇凡爲天下國家有九經，後説一箇凡爲天下國家有九經，正見九經之在天下國家，猶血脈筋骨之在人身。血脈筋骨是人身之所以爲人身者；九經，是天下國家之所以爲天下國家者。後之有天下國家者多矣，而行九經者不概見。正不知千百年來，泯泯棼棼，斯世斯人，如何挨過？有志於正身脩德以致主於王道者，又何可不於是九經，備究其學？　達道九經，皆實理也。實理，非實心不體，故皆曰所以行之者一。然兩句不分兩項，此行之者一，即是君臣道中行之者一。究竟君臣一道，父子、兄弟、夫婦、朋友，又未嘗不在其中，則總是五達道行之者一。　聖人於此章每説到頭緒繁多處，輒下提綱語曰：「所以行之者一。」於此便可悟一貫的道理，此處雖指誠爲一，然聖人之道，豈誠外復自有其一哉？朱子固曰：「至誠無息者，道之體一也。萬物各得其所者，道之用貫也。」雖千聖萬卷，要不過此一而已矣。　文武之政，至今猶傳者，賴此九經。而九經之詳，槩在《周禮》。《周禮》六官分職，條貫萬千，要其所以行之者一也。　凡事豫則立。豫字，不要含糊説過。一是誠豫，即誠之之功，便須把後面擇善固執許多條目來看是甚樣豫法，纔見精神力量，纔見事所以立。此句是從此至末通段綱領。　道外無人，道外無事，道外無學，故人之學道，皆事之豫。　言事行道，雖分四項，前定則一，亦只是擇善固執而已。近乃有謂前定四句，不干誠字，只明豫字者誤。舍却誠，豫底是恁麽？若謂前定爲未言之先，打點如何言？未行之先，打點如何行？是落計較之私，不惟不勝其煩，亦與誠字恰相背馳。　道理素具於胷中，循著道理説出，自然有體有要，神閒氣定，如何或跲？有德者必有言，正以此也。　事之奇變不測，似乎得來困我，然變於事，不變於理，道理熟者自然不困，不然，舜之完廩浚井，周公之管蔡流言，皆坐窘矣。　行諸一身謂之行，行有不謹，人或不知，知亦未必見罪。獨事後内省，鮮不爲疚。疚，病也。《語》云：

「自家有病自家知。」此最是不好過處。無如世人但苦受病，不善治病，則何不前定也？必無纖毫過差，方得不疚。　道本不窮，窮豈是道？左之左之，無不宜之；右之右之，無不有之。斯不窮矣。　在下位節，層層含箇誠字，不得專泥順親由於誠身，或問諛悦取容等語，便是爲誠字設。雖曰推言素定，其實即是所以行之者一。就理而言，總只一誠；就事而言，各有一誠。明善又爲誠身所由，非誠要亦不能明善。　信友如何必要順親，這箇道理，先須看得信字分曉。今世友朋交與，多是浮浮泛泛，不要説情分疏略，無從取信，即深相契洽，交過幾十年來，也不過意氣相投。論到人品心術，信得過他，究竟茫然不知所在，所以這箇信字，便是交友的實學問處。交際結納，固不相干，就是聲望才能，也未可憑，須從人生第一件根本著眼，果能於二人之側，視無形，聽無聲，殫心盡道，做箇孝子過來。縱令悃謹淳樸，不見所長，而忠可移君，順可移長，治可移官，一一便可信他了，何者仁之實事？親(一九)是也。茅容殺雞供母，自以草蔬。與林宗同飯，林宗起拜其賢，勸令成德(二〇)，即便是此道理。　於所厚者薄，無所不薄。若不能惇篤孝友，其人斷斷是浮澆一邊，切勿輕與投分，此亦是自己學行品望所關。　《書》旨本説順親者爲友所信，今却説友之信順親者，蓋理只一般，而愚正欲擇友者知所依準，不濫交以招害。若爲友所信者之宜以實行，則非便佞苟合，朱子一言已該。　朱子於《孟子·厎豫章》訓順親云：「諭親於道。」心與之一而未始有違，似彼處就瞽瞍言，此不必泥，非也。若不以道爲主，但説箇順，則恰是從親之令，使陷不義了。

且設我於事物之間，幾微之際，容或以善承親而不得，則又烏可謂順。惟吾與親心一皆所存所發，真實無僞，方始是順。

誠身所以順親，究竟信友獲上治民，何者非誠身裏面事？亦何者非明善裏面事？蓋治民四者遞有所豫，而明善誠身，又統爲四者之豫，義不相妨。

豈惟四者？又統爲達道達德九經之豫，蓋明善誠身，理何所不該？事何所不豫？《蒙引》於此，覺猶未瑩。

《章句》人心天命之本然，即下文天之道也。十分粹美，不著一毫渣滓，所以謂善。十分真實，不著一毫虚假，所以謂誠。

天所賦於人，人所得於天者，元來如此。認得此本體，自然所存也善，所發也善，又何不誠？朱子真知字煞喫緊，真知便是明善之誠。

在下位者明善誠身以獲上而治民，在上位者脩身脩道以取人而爲政。兩下精神恰相應求，道理恰相合一。傅説入夢，尚父協卜，從來聖主賢臣，相得益彰者，豈獨時數使然哉？愚[二一]故謂讀此章書，正當務勉人臣之所以人存政舉。

豫不豫，前定不前定，便是誠。不誠，先把兩下利病得失，反覆開導，使之油然生悦，惕然知儆，然後説與誠之之功，看聖人陳善納誨一時語次，而用意爲何等！

天道人道二句，今思聖人所以維救天下後世也至矣。向來但謂天道句是就誠之前面一層説，豈知千古學術廢興邪正關頭，全在此句，何也？俗學先不知道爲何物，安知其原出於天？異學則又以道本心不本天，矜奇[二二]炫誕，方謂心之神靈，可以生天生地、生人生物。二者聰明才力，雖有不同，要其拋棄本然之善則一。道源不明，學術何由得正？又何由得興？惟聖人原本誠爲天道，始知人之一身，所具者心思耳目口鼻四肢之屬，所接者父子、君臣、夫婦、昆弟、朋友之倫，一一皆有理道，理道一一皆極真實。而此真實理道，又絶不須自己安排布置，乃是天生吾身，即便賦於我者。而吾於是有所不容已矣，今人身外之物，何一是我真實所有，猶且蓄金錢，廣田宅，皆視爲分所當然，非是即若無以爲一生事業者。而況此我真實有之之理，完完全全，無欠闕也；停停當當，無危殆也。此宜如何保全，如何克復，乃自暴自棄，縱横僞妄，蕩然無復本來面目，其尚能靦顔對天且靦顔自對否？故聖人復責成之曰：「誠之者，人之道也。」知誠在我爲天道本然，即知我之誠之爲人事當然。俗學可以思奮，異學可以知返矣。

誠者天之道，此〔二三〕不可廢，則又輙謂吾所能生，猖狂肆恣，惟意所之。豈知道本自然，無容已私。同一事物，而忽焉真之，忽焉幻之，忽焉生之，忽焉滅之。此昔人所以謂莫私於異學，莫勞於異學，只爲不曾識得誠者天之道焉爾。

善字即「繼之者善」善字，自人受之爲天命。人心本然，有何庸擇？擇也者，以善之濁於氣稟，殺於物欲，而不能不爲之别擇焉也。然言乎復其本體，則只有理欲兩途。朱子嘗謂我進一步，彼退一步，牢劄定脚，逐旋捱去。此法之外，更無别法。擇又安施，惟夫吾心之理，即萬物之理。萬物之理，即吾心之理。心有或蔽，何以察物？物有未晰，寧不累心。其間似是而非，似非而是，至賾而不可厭，至動而不可亂。非詳擇之，何由而明？虞廷所以危微之辨，功在惟精也。人心道心，辨於事物，正所以辨於吾心。事物之違其則者，未有非出於人心者也。事物之協其宜者，未有非出於道心者也。惟於事物析之無不精，乃以成吾心之惟精。惟於事物得其理之瑩然至善，乃以成吾心之瑩然至善。所以景逸先生謂視聽言動，本無非禮，一一還他本色，不加毫末，是謂本體，是謂工夫，此擇善之精義也。

先儒於《博學節》，謂知之功多，行處自易。非易也，擇善固執，自是兩項著力工夫，但擇善功夫透徹，便亦有難歇手處，蓋無失乎事物之理，而後無間於吾之心。無間於吾之心，而後無失乎事物之理。如何可霎時放懈？

非擇善無以爲執，而擇善尤未易執，如守險然，如防川然，稍不致嚴，便恐有千里潰決之勢。直須恁樣用力，自寂然不動，以至千變萬化，自瞬息之頃，以至没身後已，總是此善，纔是固執。

擇善即格物致知，於以見求得夫明德新民之至善，總求得夫吾心之至善而已矣。

學是學五達道，博學者(二四)五倫，道(二五)本是(二六)博也。今人五倫中，曾學何倫？就一倫中(二七)，曾學何事？聖人之學，無非五倫。聖人之倫，何者不學？蓋實見其博，故以是爲訓，豈教人貪多務得之謂？前言費而至於莫破莫載，皆五倫之道也；後言大而至於洋洋優優，皆五倫之道也，如何可以不博？

只看九經是恁樣博。

有身所歷之學，有道所該之學。身所歷者，日用常行是也；道所該者，古今聞見是也。時地所值不同，今日之常行，未必非向日之聞見；今日之聞見，未必非後日之常行。故不可以常行爲卑邇而或忽，不可以聞見爲疏遠而或略。吾所求者，善而已矣，誠吾身而已矣，行吾道而已矣。又安有卑邇與疏遠也？是之謂博學。

明乎其爲學，而問也是此，思也是此，辨也是此，行也是此。今人不曾向五倫中學道，昏昏逐逐，無所爲可問也、可思也、可辨也、可行也。如誠從五倫學道，則勿論古今聞見，道無窮盡，只日用常行，莫不有其所當然所以然者。而吾未之著也，未之察也，蓋不勝其爲問爲思爲辨，嚮雖行而又何嘗行？即有欲不審不慎不明不篤而不能者已。

人不好問，其病有二：一則自是不疑，一則蓄疑自安。而蓄疑又有二病：一則恐人不耐煩，一則恥己不如人。要其所以然，只不好學耳。審之云者，三翻四駁，轉轉生疑[二八]，如刑官之審獄，不窮極隱微，俾無遯情不止。

聖門多善問者，《禮》載《曾子問》一篇，尤可爲法。曾子是誠篤人，故其用心精密如此。

思之不慎，大約非鑿則泛，要知事事輒有此病。假如理會一句書旨，稍不著意便泛，纔著意便鑿。

博學審問，是擇之於外；慎思明辨，是擇之於內。思辨深於學問，而問又深於學，辨又深於思。

至於辨而不留毫髮疑似，擇之之功精矣，善斯明矣，故直謂之明辨。

陽明先生以學問思辨，便是行之所在，其說未可盡非。然未明乎善，畢竟知之功多；既明乎善，畢竟行之功多。若必謂即知即行，獨不容既學問思辨之後，有不必如是其爲功於知，而但須檢點行之者邪？又不容雖致詳於學問思辨，有不必悉著之行，而仍無損於全體之善者邪？

或謂安有學問思辨而不見之行者，曰此固多有，只如孔子行夏之時，是說夏禮而得之者也。乘殷之輅，是學殷禮而得之者也。服周之冕，是學周禮而得之者也。於三代之禮，而各掇其至中至正者，此正所謂博文約禮，豈不亦從問思辨過來，而又何嘗行之也邪？　固可合擇善而言固執，亦可離擇善而言固執。學問、思辨、篤行亦然，但所擇也是善，所執也是善，則篤行之中，知未嘗不存焉。是謂知行合一，不此之從，而務以知爲行，則啓人脱略行撿。朱子固有陷入異端之憂，而行之所不及，即知之所不及，徒挾空空靈覺，謂是心之全體，心之全體果安在也？　此節當把五之字作一層看，學問思辨行作一層看，博審慎明篤作一層看。五之字俱指善，言只一善也。又學又問又思又辨又行，而且學務博也，問務審也，思務慎也，辨務明也，行務篤也。其功如是，直是一眼覷定，通身據定。昔人所謂如猫捕鼠，如雞抱卵，不放些子罅隙，使物欲得復捱入，即此是善，即此是誠，更不須騎驢覓驢。　如此而知爲真知，行爲真行，勇爲真勇，便是所以行之者一。雖説事豫則立，却就在五達道上做去，不是另下工夫，誠箇身了，纔去行道。　理具於心，在天無不實之理，在人有不實之心。今只以無不實之心，復無不實之理，有何不復？　杜詩云：「語不驚人死不休。」語亦何必驚人？不驚人亦何至死不肯休？此亦是外物好時，自心已不好了也。惟此誠之之功做得徹，生順死安；做不徹，真箇死有餘憾。　弗能弗知，如何措得？　朱子解《易傳》，忠信所以進德，謂項羽破釜甑，燒廬舍，持三日糧，示士卒必死無還心，然後能破秦軍。忠信便是這箇心，愚謂弗能弗措，亦便是這箇心。陽明子謂良知二字，我從萬死一生中得來，做功夫須是如此。　雖説弗能弗措，難道能了便措不成？此最須識得。　已百已千，即是弗能弗措，寧有餘，毋不足。狠力做事人，大概如此。原不曾限定分數在前，亦不曾覺著分數在後。曾子是箇百倍千倍其功者，他用力只是一箇誠，是以所得亦實不比子貢。夫子特地舉參之魯來説，想當時諸賢無有如其鈍者，然後來一貫之唯。當時諸賢，又無有如其敏者，看是甚樣氣質變化？說了已百已千，又説箇果能，蓋此段功夫，最易畏難苟安，亦或徇外爲人，須是發憤爲雄，真箇誓不肯休，則氣禀不得拘，物欲不能誘，好我者無所用勸，惡我者無所用沮，纔有成就。看雖愚必明，雖柔必强，以不智不仁不勇之質，而智也仁也勇也。以優入乎聖域，直須旋轉乾坤過來，人定勝天，此是何等力量？一念自欺，一息少懈，便不能了。只須依博學之節做去，便已善無不明，身無不誠，已百已千，都該在内。復有下兩節者，特爲資禀不齊，恐爲之者不力，是以痛加策勵，先聖這一片刻苦爲人念頭，休負休負！自「凡事豫則立」以下，但言人存而不復及政舉者，只要立政本原處，反覆叮嚀，理自一貫。昔人問世上如何太平？朱子曰：「只此身心間先不太平，安問世上？」蓋一身之氣質，與一世之氣數，雖大小不同，總一實理。可以旋轉，既能變化氣質，明善誠身，則脩己治人，道無不備。孟子謂：「天下之生久矣，一治一亂。」後面許多聖人，除却性之之聖，其反之之聖，而挽回氣數者，未有非變化氣質而得之者也。故曰：「致中和，天地位焉，萬物育焉。」今日不論時位所處何若，此章學問，統要實實此身做徹，能成己德，便能輔成君德。顏子王佐之才，皆由克己復禮辦來，可不勉諸？

自誠明章

細看此章書，覺與首章遥應。首章揭出性道教名目，此又重提性教，雖《中庸》不分上下篇，分明此章是下半部綱領。其單舉性教，不言道者，全部《中庸》，何句不説道來？亦且性爲道所統備，教爲道所昭著，言性教而道在其中。但首章以天所命者言性，以聖所立者言教，是原性教所自來，此則就人當身，切實指示，以見性之不可不盡，教之不可不由。性字下得最妙，天命之性，雖在庸愚無可減，雖在聖人無可增，故不須别立字面，只還他性之本然，便是十二分二十四分極頂地位了。性教雖分，兩項原來只得一項，何者？性之之聖，自顧既非其人，自應由教而入，以反所性之全體，所以上二句雖平説，下二句却側注。子思立言之意，全在明誠。明誠二字，顯然是復性之學。從古聖賢立教，只是要人復性。子思作此《中庸》，亦只是教人復性。吾輩幸生羣聖羣賢之後，備承羣聖賢之教，詩書禮樂，詳明已極，若不從此朝探夕究，躬行實踐，以進幾聖域萬一，豈不爲下流之歸，孤負聖賢如許婆心？德無不實而明無不照。只看孩提之童，皆知愛親，及其長也，皆知敬兄。由他純一無僞，故不學而知，不慮而能。聖人之心，亦只是純一無僞，故無所不知，無所不能。孟子所云：「大人不失赤子之心。」正是還他性之本然。增一分不得，減一分不得，是謂之性。明誠只是擇善固執，逐漸體驗出人心天命本然。見得善實當爲，惡實當去，自然天理充周，無處可安放私欲。正朱子所云：「出而無所施於外，入而無所藏於中也。」不做擇善固執功夫，如何到得此地位？不從聖賢之教，如何做得此功夫？故謂之教。

明則誠矣，即是唯天下至誠爲能化。

盡性章

此章要把至誠與盡性看得融洽，盡人性，盡物性，贊化育，參天地，與盡其性看得囫圇。蓋盈天地間總是一箇實理充塞，而此充塞之實理，無不具於我心。而爲所性，存則所性之全體，發則所性之妙用，本是千停百當，無有欠缺，只被私僞紛煩，攪擾得波翻鼎沸。譬如王者，天下爲家，中國爲身，得其道則海宴河清，便成金甌無缺之天下，此纔是一統規模。失其道，則寇賊攘竊，尺地一民，且不可得而保，縱令極力撐持，也是偏安局面了。事事物物，必須一一還他實理，不著纖微私僞，所性全體妙用，方無欠缺。故曰惟天下至誠，爲能盡其性。可見非天下至誠，即不能盡其性。下章由致曲而至於能化，便是能盡性者，所以亦便以天下至誠歸之。而其性其字，人也在内，物也在内，天地也在内。下文盡人、盡物性，參天地，贊化育，特就中抽出言之耳。或謂如子説，則數則字，正見盡其性之十分完全，非謂能盡其性了，而後可次第推行如此也。曰余非即人物天地之性以爲己只盡人盡物，參天贊地，便是能盡其性，而自己分内事全無邪？之性，乃統人物天地之性以爲己之性也。《大學》第一節工夫是格致。所謂格物，即格意心身家國天下之物；致知，即致意心身家國天下之知。而所謂誠意，亦誠身家國天下之意；正心亦正身家國天下之心。纔説内，便有外在；纔説外，便有内在。只《中庸》戒懼以致中，是專説内一邊。然朱子謂未有致中而不足於和者，未有致和而不由於中者，則中和亦不容判然爲二。人性之盡，是誰盡之？物性之盡，是誰盡之？化育之贊，是誰贊之？苟有一人一物不得其所，便覺我心不快，便是我性有虧。總是脱不得自己本體，便脱不得自己工夫，況此章是天道，全不説到工夫，奈何言不見自己分内事邪？《蒙引》謂：「人物之性，亦我之性。」泄漏天機，只此一語，的哉！

自己要察之由之，到得盡人物，又要知之處之。雖是如此説，其實知之處之，即是察之由之内事。萬一人物知之未明，處之未當，謂非察之由之有未盡邪，此亦須識得。朱子以盡己性爲父子有親，君臣有義之類。盡人性，爲黎民於變時雍，只緣將己與人物，太要分别，而不覺語義之有妨。堯不以天下與不肖之丹朱，舜不以有庳付有爲於傲象，此正是盡人性以贊化育處。

只是一箇實理就人物天地實理之自我而盡言，則曰能盡其性。就在我實理之盡於人物天地言，則曰盡人性盡物性贊化育。　先儒謂此章爲有德有位聖人事，惟堯舜當之，愚謂不然。孔子賢於堯舜，則所爲盡人性盡物性贊化育者，抑且徧天下及萬世，而謂不得與於斯邪！　此盡字，在至誠固是全體之盡，須知在人亦有一事之盡。苟就所當爲者，知明處當克盡當然之理，不可謂非一端之盡已性，盡人物性，以贊化育，只如富鄭公知青州，流民大至，公勸所部出粟，益以官廩，得公私廬舍十餘萬區散處其人，老弱病瘠者廩之。山林川澤之利，可資民生者，悉聽取之。凡活五十餘萬人，其爲裨益化育何如也？不然此五十餘萬者，皆溝中瘠而已。斯蓋不勝類舉，總於人物分上，盡得一分道理，做得一件事業，便於我性本體實得一分，便於造化功用贊得一件，此即下節致曲工夫，能滿其量，便是至誠。不能滿其量，只是隨所能盡，而不可謂全體之盡。　一事之盡，要亦必由於誠，故朱子亦有一事之誠之説。　三才各具一太極，聖人全體太極，故能與天地參，蓋天地之所不能爲者，賴聖人而爲之，德業與天地同流。萬古人物，此天地生。萬古人物，此聖人成。真箇與天地參，太極無不具之人，則亦無不可爲之聖人。

致曲章

天道人道，子思見得從來有此兩種人，故一一指出。且不先説天道在前，亦不見得知之成功之一。其實天道人道，也是别人定箇等第。就生知安行之聖人，未有不自見爲學知利行者，所以天道只須從人道識取。子思於此數章，蓋已明明示人，《誠明章》曰：「明則誠矣。」則與誠明無二矣。此章曰：「唯天下至誠爲能化。」則與至誠盡性無二矣。《自成章》曰：「故時措之宜。」則與如神至誠無二矣。而此章指示入道之門，其功候層次，尤爲明備，讀者其可不由是而學歟？《章句》曲一偏也，偏非曲字正解。偏與全反，曲與直反，蓋未有曲而不偏者，未有偏而不曲者。或問，謂以理言之，人自孩提，聖人之質，悉已完具，則此真實无妄之理，本甚全而不偏，無如氣質之拘，加以物欲之蔽，此心横被私僞占去。本然實理，倒不過偏曲一隅，偶然發現，譬如竹萌出土，被石壓伏，只爲滅没不得，斜向石旁透出些子。人到五更夢醒時，回光覺照，豈不可媿？豈不可歎？然而可媿可歎者此曲，可喜可幸者亦此曲，何者？方纔講王者之天下，本是金甌無闕，緣何一旦土崩瓦解，僅有一成一旅？秪緣君不脩德，到此地位，而今只是勵精圖治，不肯偏安，就此一成一旅，便可興復，便可到金甌無闕的日子，豈不是可喜可幸？但此偏端發見，猶如草木萌芽，本來參天蔽地的茂盛，轉眼不知何處去了。而今却把萌蘖之生，又望到參天蔽地，重復舊觀，豈不又極可危？所以必須全副精神，狠做前去，直用卧薪嘗膽、沉船破釜的力量，纔有冀望，纔有成就。致字須如此理會方得。只緣其次是統大賢以下説，故先儒謂或偏於仁，或偏於義。此重大賢一邊看，曲字地位占得寬。愚則重以下一邊看，曲字地位占得狹。實則一念之明，暫時發露，如石火電光，隨現隨滅，未始非曲，未始不從所偏處來。偏之一字，從太極圖看最易見。圖之左曰陽，右曰陰，稟陽氣多者偏於仁，稟陰氣多者偏於義。偏於仁便不見義，偏於義便不見仁。然偏陽者不能兼陰，而又未嘗無陰。偏陰者不能兼陽，而又未嘗無陽。則其陰陽雜糅，不可勝數。周子所謂爲慈、爲順、爲巽，陽之陽也，爲懦弱、爲無斷、爲邪佞，陽之陰也，此皆偏於仁者之事也。爲直、爲斷、爲嚴毅、爲幹固，陰之陽也，爲猛、爲隘、爲强梁，陰之陰也，此皆偏於義者之事也。朱子所謂惡者固爲非正，而善者亦未必皆得乎中也。此如齊宣之知愛牛，善矣。而不知愛百姓，并不知愛子弟，其得爲善之中乎？然其愛牛之心，究竟因仁之偏而出，此偏仁偏義之大分也。或曰人之生也直，故仁之所發，由親親而仁民，由仁民而愛物，足見性體何等樣直。而齊宣不發於親親，不發於仁民，却從一牛見端，不亦曲乎？余曰：此只要説得曲字的，而義有未該。先儒看書，只平鋪著看去，一偏分明是説一邊。《章句》善端發見之偏句，可見知曲之義爲一邊，則兩邊之未全者，固須致之。一邊之未全者，亦須致之。故曰悉推致之，以各造其極也。　致曲，固即孟子擴充之功，而孟子喫緊要人察識，此處擇善固執，則亦察識爲要矣。希聖工夫，只有此一條道路，聖賢安得有異教？　誠是曲之統體，曲是誠之偏端，非有兩項。故即此偏端，日擴月充，自能復得全體。　聖賢學問，只是爲己，而由中達外，由己及人的道理，則又開口便説，只爲此做得徹，纔是爲己。不符乎外，畢竟内有未充。不孚乎物，畢竟己有未至。化之云者，譬猶水火。水能净物，火能柔物。到得化污爲潔，化生爲熟，方盡得水火分量。人亦須化人之不誠者盡歸於誠，然後盡誠之分量，然後盡己之分量。　工夫有淺深，故形著明動變化，效驗亦隨之而淺深。《章句》於動字人己關頭處，復一提誠字，曰誠能動物，以見皆誠所積累，旨哉！若誠則形誠字，直貫至化字，工夫至是而至。誠則效驗，亦至是而至。誠之能化矣，大文辭義自明。末章説工夫處逐層推進，説效驗處亦逐層推進，同此。

化難道不是盡人性、盡物性？盡人盡物性，難道不贊化育？

前知章

不説惟天下至誠爲能前知，而曰至誠之道可以前知。可見至誠不以前知爲事，而其道則有然者。其道惟何？不外善不善而已。此善不善，人多作禍福解。不知把善不善替禍福，既於字義欠的，且上文纔説禍福，如何又忽將善不善來替他？亦於文義難安。蓋善不善者，禍福之原也。善是天命人心之本然，即真實无妄之理。善則誠，不善則僞。誠則召福，僞則取禍。然則至誠之前知，取必於善不善，亦取必於一誠而已矣。禎祥妖孽之必有，誰爲有之？蓍龜之見，誰爲見之？四體之動，誰爲動之？皆鬼神也。鬼神亦何心哉？只於人之善不善而知其禍福將至，故禎祥妖孽，蓍龜四體，隨在發見，有不可或遏之幾。此正是誠不可掩，至誠亦於人之善不善，而知其禍福將至，亦是誠不可揜，故曰至誠如神。幾者動之微，吉凶之先見者也。人皆謂《章句》察其幾，是就禎祥妖孽等上察，殊不知禎祥妖孽等已露，即常人亦能知其禍福，何必至誠？只爲禎祥妖孽等全未萌見，至誠早從善不善處，逆見其幾，是爲難耳。孔子於子路曰：「若由也，不得其死然。」孟子曰：「死矣盆成括。」當時子路、盆成括，初非有徵兆可見，而孔孟云然者，一則斷之於行行，一則斷之於恃才妄作，其後言皆果驗，此正先知確證，其外猶有禎祥妖孽等已露矣。乃善未必無妖孽，不善未必無禎祥，此又他人所見不到者。獨至誠於善而有妖孽，則斷之曰：「焉知非福？」於不善而有禎祥，則斷之曰：「此非福也。」此何以故？蓋善而有妖孽，正鬼神所以勵其志，使之益脩厥德；不善而有禎祥，正鬼神所以奪其鑒，使之益甚其毒。其理確然無毫髮之爽者，而至誠亦洞然無毫髮之疑，非與鬼神爲一而何。至誠前知之理，讖緯術數者，不足以語此。億則屢中者，亦不足以語此。此神字雖貼前知謂鬼神，然《大傳》曰：「《易》无思也，无爲也。寂然不動，感而遂通天下之故，非天下之至神，其孰能與於此？」周子謂寂然不動者，誠也。感而遂通者，神也。動而未形有無之間者，幾也。誠神幾曰聖人，是則神非至誠，其孰當之，下章時措之宜，亦即是无方之神。何謂神？曰誠。

自成章

只這「誠者自成也」一句，世間道理，抉發已盡，更無虧欠。天也在内，地也在内，人也在内，物也在内，前乎千百世也在内，後乎千百世也在内，此外更不須費言説。只是先賢救世心切，免不得再與申論，要其道理，總不外此。所以次句緊用「而」字帶上説下，足見不是此句外意。下兩節，並照首句提誠者説，益見不是此句外意。蓋首句言天命本然之自成，次句言人事當然之自成。物之終始節言，須徹始徹終以自成。非自成己節言，須盡人盡物以自成。故就此章言，只一句「誠者自成」而已矣。就亘古亘今道理言，亦只一句「誠者自成」而已矣。後儒本此作太極圖，若誠識得圖中妙藴，也不須更立語言文字。千條萬緒，只在一句「誠者自成」之中；千變萬化，只在一箇太極圓圖之内。但須真知誠爲天命之本然，則其當然之道，自不容已而周徹始終，曲成萬物，此正皆本然之理，當然之道，一以貫之，如何可放得手？所以吾朝邵半江先生亦謂：「全部《中庸》，只一句『天命之謂性，性即是誠也』。」　夫微之顯誠之不可揜，可見鬼神體物不遺，即是誠之體物不遺，所以盡天下物，無不受箇完完全全的實理，以成其自己，故曰自成，而此誠所流露便是道。　誠見於父子則爲慈孝，誠見於君臣則爲仁敬，誠見於兄弟則爲友恭，誠見於夫婦則爲義從，誠見於朋友則爲有信，以至貌言視聽思之恭從明聰睿，都是自己所必當然的，故曰自道。　若不自道，便無道了，無道便不成了。　此處煞是危悚，直寬假纖毫不得。　兩自字俱作自己看，不害曰自成，見誠非外鑠，曰自道，見道無旁諉。　乾知大始，坤作成物。　如何爲大始？蓋凡物之所以爲物者，無所不始也。　故人之生也，萬物皆備。　當其受中於天地，五常百行之實理，早已停停當當，無少欠缺，不待有生以後，更爲補苴也。　此理驗之於物最易見，只如果實之仁，渾然无眹，而千枝萬葉、千花萬實之理，悉已胚胎，此便是誠者自成。　到他千枝萬葉、千花萬實，都本固有，不假外求，豈不猶而道自道？又如竹方萌於土中，而枝節之數，尋丈之勢已具，後來不過逐漸長大，何嘗另增枝節？此尤明白可見，但在人則所稟有純駁之不齊，其理即有偏全之各異，此誠之者，爲實其本實之理，則亦成其本成之己而已。元亨誠之通，利貞誠之復，豈不是誠爲物之終始？大而天地之元會運世，其終其始，此誠也。　微而朝菌之不知晦朔，浮蝣之不知旦暮，其終其始，此誠也。　故必自生至死，無一時不有實理，方成箇人。　自頭徹尾，無一節不有實理，方成箇事。　曾子曰：「父母全而生之，子全而歸之。」　此正是誠始誠終的道理。不誠無物，譬如讀書作字，句句認理，一句却不認理，此一句便不曾讀得，字字用心，一字却不用心，此一字便不曾寫得。人而一日不誠，一日不成箇人。一處不誠，一處不成箇人。不是人，是何物？言之直欲心膽墮地，此誠之爲貴，君子所以不敢自棄，死而後已也。其不自棄，非但恐不如聖人，即恐不如衆人，并恐不如庶物。庶物皆有誠，而爲人反可不誠乎？　玩誠之爲貴貴字，分明有無以尚之之意。　所以成物即套在成己裏面，使是君爲堯舜之君，本是盡臣道，爲臣之成己，而君已成乎此。使是民爲堯舜之民，本是盡君道，爲君之成己，而民已成乎此。類而推之，舍物無以成己，舍己無以成物。　仁即是成物之渾然一理，故曰成己非内；智即是成己之泛應曲當，故曰成物非外。　成己成物，前所謂擇善擇此，固執固此。

成己非内，成物非外。則時而成己，而成物在其中。時而成物，而成己在其中。故曰「時措皆宜」，須知此句包含甚大。堯舜克明俊德，以親九族，平章百姓，協和萬邦，時措之宜也；孔子老者安之，朋友信之，少者懷之，時措之宜也；顔子鄉鄰有鬬，閉户不救，亦時措之宜也。愚故曰：「時措之宜，即是聖人神明不測之妙用。」　《中庸》自拈起誠字以來，始就鬼神上説，繼就人身上説，不曾説誠之爲誠大概體段功用。何若此章三揭誠者言之？其充塞宇宙，貫徹古今也如是。　天地全體此誠，即以誠體物而不遺，是天地以實理結撰一箇天下，而無如物之不能皆誠也。君子全體此誠，即以誠成物而無外，是替天地完全一箇實理結撰之天下，聖賢苦口相告，只此一意。天地位，萬物育，渾是一團實理。三代以後，安易有此世界？一日之間，安可無此學問？

無息章

此章只須認箇無息二字親切，便通章道理融貫，不須多費辭説。豈但通章？全部道理，亦皆融貫。此書開卷説箇道不可須臾離，即無息之意也。就造道者言，則曰不可須臾離；就成德者言，則曰無息。所以然者，天體本是不息，人得天之所命以爲性，率性之所有以爲道，如何可息？《章句》以無物不有，無時不然，解不可須臾離。無物不有者，道之散於萬殊也。無時不然者，體道之極於無間也。無無時不然之功夫，便體無物不有之道理不來，所以孔子於易卦之始曰：「天行健，君子以自强不息。」又於川上之遊曰：「逝者如斯夫，不舍晝夜。」大而作經，小而觀物，皆喫緊爲人即天之道，示以體道之不息，而此不息者，夫豈滅絶見聞，屏黜思慮，空守妙明之爲不息也哉？天無是理，人亦無是學。天不一陰一陽以化生萬物，則天道息；人不一張一弛以曲成萬物，則人心息。帝出乎震，齊乎巽，相見乎離，致役乎坤。説言乎兑，戰乎乾，勞乎坎，成言乎艮。而一物如是，物物如是，以至於百昌萬彙；一歲如是，歲歲如是，以至於元會運世。何無息也？聖人既竭目力，繼之以規矩準繩，以爲方圓平直。既竭耳力，繼之以六律，正五音；既竭心思，繼之以不忍人之政。而千百世之上，有聖人出焉，此心此理同。千百世之後，有聖人出焉，此心此理同。何無息也？知此，則知此章之言至誠，即其所以不息者也。言久也，其不息之積於中也。言徵也，言悠遠博厚高明也，言覆物載物成物也，其不息之發於功用也。言配地配天也，同其不息者也。言不見不動無爲也，其不息自然之效也。言不貳也，是天地所以不息者也，言生物不測也。言昭昭，言一撮，言卷石一勺也。言無窮，言廣厚，言廣大不測也。是天地不息之功用也，言不已也。言純也，純亦不已也。天地聖人一不息也，不息之爲道至矣哉！推是以求，則天命之性，率性之道，皆所以不息者也。戒懼慎獨，其不息也。天地位，萬物育，不息之功用也。上天之載，無聲無臭，亦所以不息者也。内省不疚，屋漏無媿，其不息也。民勸民威而天下平，不息之功用也。原始要終，而中之所該者舉可知，非一不息。而《中庸》之極功於是而致，《中庸》之全理於是而盡哉！要知《中庸》無一章不説道，則亦無一章不説無息。首章已是不消説得，後面緊説三達德者，不離道之功也。自《費隱章》以後，雖不章章説箇智仁勇，而不離道意自見。至《問政章》則更詳哉乎其言之。及分性教兩項，性固自不離道，而教者擇善固執之功。一事離道則一事息，一刻離道則一刻息。子思次第説到此處，躍然有箇無息兩字，在胸中筆底。而所謂無息者，除却從前不論，只就此處，則盡己性以盡人性，盡物性，參天地贊化育也，由誠而形著明動變化也，至誠而如神也。誠之而非自成己，所以成物也，是無息也。又已躍然有箇覆物載物成物，天地聖人，合而爲一，在胸中筆底。故此章劈頭下箇故字，不獨本句無息意蒙上説來，通章那一句意思不蒙上説來？如此理會，纔得通章血脈貫通，纔得全部血脈貫通。

佛氏雖説無住生心，實是要息。雖説度盡衆生，實是要衆生同歸於息。此所以與吾道背馳，彼先與天背馳也（二九）。

存諸中者積久，則驗諸外者悠遠，此理極易見，只如堯舜教民，合下發念便要他比屋可封，是所謂誠也。而此念頭，便是堯舜一生直到底的念頭。所謂久也，惟恐民之不盡善，又惟恐遽欲民之盡善，而反不至於善。於是命契曰：「敬敷五教，在寬。」又曰：「勞之，來之，匡之，直之，輔之，翼之，使自得之，又從而振德之。」氣象何等悠遠！固不極於萬邦協和，不極於有苗來格不止也。此便可見他博厚高明了。即今教子弟者，若是真心要他好，亦自然辦箇耐久不厭的念頭。而其見諸施爲者，亦自然有箇寬緩不迫的規模。所謂中養不中，才養不才，涵育薰陶，俟其自化，豈非中積久，而外必悠遠邪？若躁急心熱，不能久待，則其爲教，不相夷即助長，如何悠遠？此無他，不誠故也。只悠遠而博厚高明已該，亦猶只無息而久與徵已該，由久而徵而至於覆物載物成物，而其所爲不息者自如，則由悠遠而至於博厚高明，而其所爲悠遠者亦自如。故始言悠遠博厚高明，繼復言博厚高明悠久，直捷明了，無庸費解。

無所存於中，則亦無所爲於外。外的悠遠，即是內的積久。五霸假之，所以一味欲速見小利，全然不知這箇道理。禪家空諸所有，所以只是擎拳弄捧，一超直入，更全不知這箇道理。纔有博厚的意思，便覺其能載物；纔有高明的意思，便覺其能覆物；纔有悠久的意思，便覺其能成物。何況至誠？子曰：「天何言哉？四時行焉，百物生焉。」又曰：「聖人久於其道，而天下化成。」何見動與爲之有？朱子曰：「一則純，二則雜。純則誠，雜則妄。」此不貳所以誠也。天地之誠，即誠於生物。故曰元亨誠之通，利貞誠之復。天以静專，動直生物。而誠於物之生，地以静翕，動闢生物。而誠於物之成，天只管天的勾當，地只管地的勾當，更無第二件些子攙入。纔攙入便貳，纔攙入便息，而天地之化，只有一誠，亘古亘今，遡之而莫窮其始，逆之而莫既其終。如是無息以生物，則又孰測其生物？天地言生物，聖人言成物。蓋天地之所生，天地容有不得而成者，惟聖人成之。論生物，聖人亦在天地所生之中。論成物，天地亦在聖人所成之内。故天地之生物不測，聖人之成物亦不測。知生物之不測者，其知神之所爲乎？故曰至誠如神。天地以生物爲心，聖人亦以成物爲心。非無息以生物，無以爲天地之不貳；非無息以成物，無以爲至誠之盡性。在上聖人，有在上之成物；在下聖人，有在下之成物。孔子一生布衣，然老安少懷友信，又何日不成物？當時從遊，三千七十，總是友信中事。且帝王成一時之物，孔子成萬世之物。若論祖述憲章，堯舜文武，未嘗不成物於後世，但非孔子，則二帝三王之道，亦無由得顯。試將天地之道至貨財殖焉三節，潛玩數過，真覺兩間本結撰成箇實理世界，人生其中，如何不體天地之道，以結撰成箇實理世界邪？先正不云乎：「既戴天履地而爲人，當參天兩地以有事。」今夫天節，子思善言不測，亦正善言不息，故末節緊接維天之命，於穆不已。而以文德之純合之，同一無息，則亦同一至誠。《傳》云：「成性存存，道義之門。」人其可以須臾間體道之功哉！

大哉章

前章言天地之道之大，無以復加。而聖人與之爲一，則聖人之道之大，亦無以復加。故不覺贊曰大哉！而天地發育萬物，聖人亦發育萬物，所謂上下與天地同流也。其發育峻極之實，則三百三千之禮是也。先正謂發育就道貼二氣五行説，不必指聖人，恐與待其人句礙者泥。發育不貼聖人，則三百三千，却屬天地邪！又謂禮儀〔三〇〕二句，專就人事説，物不在内者尤泥，只緣輕覷了禮字，此處直是揭箇禮來還他道字的實落。前面説悠遠博厚高明，説覆物載物成物，都是懸空的話，畢竟所謂悠遠博厚高明者何指？畢竟所以覆物載物成物者何事？則禮也。禮者，道之顯也。禮者，聖人所以位天地，協鬼神，惇五典，宰萬物者也。道之外無禮，禮之外無道。後兩章只發揮得禮樂二重，看是何等樣道理！此禮儀兩句，正聖道之大之所在，所以不但説優優，復下箇大哉兩字。　三百三千，是盡性的事，故禮非聖人不能作。　記之言禮也，有內心焉。君子慎其獨也，有外心焉。君子樂其發也，發即發育之謂。發育由於慎獨，故夫子教顔淵之爲仁也，曰：「非禮勿視，非禮勿聽，非禮勿言，非禮勿動。」其教爲邦也，曰：「行夏之時，乘殷之輅，服周之冕，樂則韶舞。」蓋必克己復禮於其心，而後可以制禮作樂於天下。禮也者，至誠無息以純其德，博厚高明以大其業，體用同源之道也。先聖後聖，其揆一也。　有天地之發育，有聖人之發育。聖人不可無天地之發育，天地不可無聖人之發育。天地發育，天地之禮。聖人之禮，聖人發育。橫渠先生曰：「禮不必皆出於人。」即無人，天地之禮，自然而有。禮即天地之德，天之生物，便有尊卑大小之象，人順之而已。此正言聖人之禮〔三一〕，與天一也。只看《周禮》一書，真箇悠遠博厚高明，真箇覆物載物成物，而皆由於公之朝乾夕惕，不息心體，自然流出。　此禮本於天而具於心曰德性，造其理而履其事曰問學。就其在德性中，無後起之爲患，曰廣大、曰高明、曰故、曰厚。就其在問學中，不得少而已足，曰精微、曰中庸、曰新、曰禮。體備曰德，流行曰道。循是禮以居上，則不驕；循是禮以爲下，則不倍。言足以興者，禮足以興也。默足以容者，禮足以容也。內外大小，物我天人，一以貫之。所以《易》舉九卦，而以履爲德基，此蓋存誠之本。由是而馴致之，禮日益謹，誠日益積；誠日益充，禮日益洽。德是至誠無息之德業，即是三百三千發育峻極之業。　千言萬語，只是禮者理也。內此心，外亦此心；內此理，外亦此理。　德性即天命之性，孟子所云：「萬物皆備於我」是也。　聖人反身而誠，固已德無不全。　君子是用誠之之功者，向來懵懵懂懂，顛顛倒倒，不知把箇德性抛却在何處，其爲褻之棄之也甚矣。　而今特推戴他出頭，使如天之有日，國之有君，妖魔盜賊，一切屏跡，如是纔許他做學問工夫，庶幾絲絲入扣，滴滴歸源。　此直於博學審問慎思明辨篤行中，又透出箇欛柄在手來，煞是子思喫緊爲人，然即夫子所謂敬以直内，義以方外也。　後來朱子謂涵養本原，思索義理者以此。　若先無此一項工夫，也不解學問。　就學問，也是俗學。　若但有此一項工夫，而不好學問，又流入異端去。　此尊字是孟子良貴尊爵之所本。　尊德性而道問學，真是一言立千古之學的，蓋學問之道無他，復性而已。　而復性又無他，復禮而已。　從尊德性説起，説到崇禮，可見中間許多工夫，總是德性工夫。　而德性只是立體，其致用處，却在三百三千。　德性是禮之統會，禮是德性之散見。　心體固要廣大，若窮理稍有些缺略，便不廣大；　心體固要高明，若作事纔要不尋常，便不高明。　良知原無所不知，守其故我，便本體多蔽；　良能原無所不能，率其樸厚，便本量不全。　要精微而不由廣大，便是訓詁；　要中庸而不由高明，便是鄉原；　要知新而不由温故，便是機權；　要崇禮而不由敦厚，便是浮僞。　良能何謂之厚？人性本無不厚，不但愛親敬長，即如見人貧乏，則思周濟，聞人道德，則知仰慕，非厚而何？　子思不曰心而曰德性者，心有人心道心之别，説德性則是道心，而下面問學即是德性之問學。　朱子又不曰德性而曰心者，大文既説德性，則存心自是存德性之心，而使人知德性之所屬，有所依據以爲功，非便以心爲性也。此是學術邪正關頭，切須仔細。佛氏只緣以心爲性，故從不知性，其説皆閎闊而不實，如遍覆三千，大千世界，似廣大矣，却不分善惡，精微何在？盡十方世界，是沙門眼，似高明矣，却毁棄倫常，中庸何在？認箇本來面目，疑於温故而以事理爲障，是知新乎？慈悲不殺，近於敦厚，而削髮以揖君親，是崇禮乎？既無道問學工夫，則於德性全然無預説者，猶謂其止知尊德性一截，是所謂毫釐有差，天壤易處，三綱既淪，九法亦斁也。戒之，慎之〔三二〕。

陸子以廣大精微高明中庸故新厚禮爲尊德性，致之、盡之、極之、道之、温之、知之、敦之、崇之，爲道問學〔三三〕。此以問學之理爲即德性之理，最近似可聽。然以廣大精微等爲德性，則尊字意安在？以致盡等字爲問學，則又懸空無著落，蓋陸子自謂某自來非由乎學，又謂某即不識一字，也須還我堂堂地做箇人。他看學問工夫甚輕甚略，故其言如此。然以是解聖賢之書而傳聖賢之學，恐聖賢不勝爲之皺眉耳。

居上居下，在治在亂，雖是極大節目，舉少概多，以見德脩道凝，則進退屈伸，時中妙用，自然如此。然竊意子思亦有時位不同之感，蓋發育峻極三百三千，自是聖人有位有時之能事。世運既降，不復盡然。雖在聖人隨遇而安，無可不可，而志大道之行者，能無寄慨？故後章復緊爲伸説大要，是爲孔子而發，蓋亦不獨爲孔子而發。

禮時爲大，非脩凝不能與於時中之道，非禮不能極其脩凝之功，以可以居上之道而爲下，以可以言與之道而默容，舍禮其何以哉？昔諸葛武侯，苟全亂世，不求聞達，先儒謂此即其三分割據之猷略也。諸葛且然，而況脩凝君子？

自用章

聖人之視爲下居上，初無或異。但在下則天下相與惜之，要其爲下之不倍，亦聖道之所以大也。而第言其不倍於下，則又無由見其不驕於上，故兩章伸説，先爲下，次居上，究竟其道則一，爲下而不倍，焉得居上而轉驕哉？此章所舉自用自專反古三者，要知其受病在何處，只一妄字，彼雖愚不自安於愚也，彼雖賤不自安於賤也，彼雖今之人不自安於今也。不安於本分，便不勝其妄想。《易·无妄·彖》云：「其匪正有眚，不利有攸往。」匪正者，妄也。眚者，裁患也。誠爲福倡，妄與[三四]禍隨，此即善必先知不善必先知之理也。所以《中庸》明道，只是一誠。事事依著實理而行，自然裁不及身。聖賢説道理上之可以經天緯地，阜物和民，登三咸五，而下之乃以免禍，蓋上的地步儘寬，下的地步儘窄，甚矣人之不可以不誠而或妄也。孔子之論君子也，曰懷德。退一步來，便是懷刑。此之謂中庸之道。自用自專反古，與下兩不敢及兩學字，是此章底血脈。蓋自用自專反古，他只是箇敢耳。妄者未有不敢，不敢又何患此？然聖賢只教人不敢，不教人不學，禮樂也者。以之治己，則斯須不可或去，以之治人，則四海合敬同愛，自天子以至於庶人，未有異學也。在下不能全制禮作樂之才，則在上安能致禮節樂和之化？故章首既引孔子語以爲爲下者之戒，章末復引孔子語以爲爲下者之勸。孔子於夏殷周禮，無所不學，則夫三百三千，何一不稱停[三五]過來？其所以經世宰物者，固已爛熟胸中，而發育峻極，大而無外之模，渾然全具。雖孔子固無藉脩德凝道之功，而亦未嘗不爲脩德凝道之事。脩凝如孔子，則爲下可也，居上可也。子思以孔子立爲下者萬世法程，其意豈僅在從周不倍於下而已哉？文爲書名，緣何也？當大事在三重內，只看伏羲畫卦，爲萬世文字之祖，是甚樣關係的大！有一事必有一字，有一物必有一字。字之點畫聲音，往往曲象其事其物之形貌義理，況夫古今帝王之政治，聖賢之道教，宇內之民情物務？非是則無以信今而傳後，詎得不謂事之大者，而考之自王朝哉！分三項言，曰議禮、制度、考文；分兩項言，曰禮、樂，實一禮字足以該之。故子思前後只說禮，周子謂君君、臣臣、父父、子子、兄兄、弟弟、夫夫、婦婦，萬物各得其理而後和，則和即在理內，非另有一項所謂和也。樂也者，亦所以昭播乎此也。雖說非天子不議禮制度考文，其實不惟天子，如周公，則亦有德位時者也。《無憂》、《達孝》兩章，亦嘗稱述周公之禮矣。而此言學周禮，學周公之禮也。吾從周，從周公之禮也，使孔子得居周公之位，便可舉其學於夏殷周者佐天子，成不驕之治以樹百王成憲，而無如其不能也。夢見周公，正以此也。孔子以有德無位，不敢作禮樂。春秋二百四十二年，南面之禮樂，謂非作而何？曰不敢也。《周禮》在魯假魯之權，因史之文，使周公禮樂不行於周而猶行於魯，不行於魯而猶行於史云爾。然且曰罪我者，其惟《春秋》。孔子不敢之心，蓋儼乎其如見也。胡敬齋曰：「《春秋》，天理之凖的。」即此不敢之心，便是天理凖的。而三百三千之所由出，《春秋》作而亂賊懼，不即以見《春秋》覆載成物之功哉？不然，亂賊接踵，天下幾何其不胥而爲夷狄禽獸？

三重章

議禮、制度、考文，如何叫做三重？蓋天下重器，而非勢位之爲重，刑威之爲重，富强之爲重，此三者乃所以爲天下重者也。今人一顧瞻一步履，能必在規矩凖繩中，自覺端凝厚重，人亦重之。若率情任意，不擇言動，其人便毫無足重了。所以有天下者，畢竟禮樂文章，秩然粲然，則國脈自然壯固，人心自然慴伏，何等樣重！亦且天地受其範圍，萬物受其財成，何等樣重！由是而天下之内，有國者以之而重其國，有家者以之而重其家，有身者以之而重其身。有禮則重，無禮則輕。輕則多過，重則遠過，故曰寡過。一人在上，自以其循禮寡過之身，而使天下之大，各得爲循禮寡過之身，是爲王天下而爲天子。一世遵之，一世寡過。萬世遵之，萬世寡過。即不能料後世必無僻王疵國，滅棄先王之典法，迂疎明聖之詩書，而其道則固萬世寡過之道也。故曰：「世爲天下道。」亦曰：「百世以俟聖人而不惑。」

天子有天下，諸侯有國，大夫有家，士庶人有身，固皆以有禮而重，而皆心爲之本，則心尤要重也。出入無時，莫知其鄉，只是輕。思不出其位，無入不自得，只是重。心重而後身重，身重而後家重，家重而後國天下重。故古之有天下者，曰「以禮制心」。而《中庸》修凝，首尊德性。曰尊，則亦勿勿乎其重之矣。

三重是甚樣事業？止完得不驕的分量，何也？《大學》平天下之道在絜矩，其失絜矩之道以驕泰。先儒訓驕泰爲惟知有己，不知有物。可見天下一民一物，皆當由己以推，使各得其分願，而後可爲不驕。三重者，正天下民物各得分願之道也。天以下濟而光明，君以錫極而斂福，民物雖衆，要惟名分足以馭之。今以禮度文，三者使之大小相維，愚智相使，罔不遂其情志之所欲，而亦各安於義分之當然。朝廷賤不黷貴，閭閻富不耀貧，蕩蕩平平，真是寡過。夫必至於如是，然後爲能無隱不照，無遠或遺。法下濟之天道，盡錫極之君德，以云不驕，洵乎其不驕矣。不然，天下苟有未寡其過者，猶未必非兢業之疎，而驕泰之萌，故曰：「一夫不獲，時予之辜。」不驕之量，夫豈易全也哉？

或曰：「絜矩言仁，三重言禮，子何比而同之邪？」曰仁以體禮，禮以顯仁，絜矩只是推己及人之法，而其所爲絜矩者，老老也，長長也，幼幼也，生財也，舉賢退不肖也，舍三重又何以行之哉？聖賢論理，地頭各有不同，要其爲道，未嘗不貫，故其得失之故，亦未嘗不一。　愚意上章申說不倍，當就德位時言。此章申說不驕，不必復泥德位時，須重使民寡過說。民弗信從，無由寡過於民也。徵諸庶民，民皆由以寡過也。世道世法，世則有望，不厭無惡無射，永譽蚤譽，則寡過之徧天下及後世也。其考諸三王以下，極言聖人制作，宏大悠遠，而又推原制作之本領，曰知天知人，則皆所以能使民寡過者也。在下者十分寡過，正在上者十分不驕之驗。所重既不在德位時，然則上焉下焉兩層，其又何所爲而設歟？曰：「惜仲尼也。」仲尼斟酌四代之禮，以立百王之法，使其議禮制度考文，必有超今邁古者，乃詘於雖善不尊，曾不能納天下於軌物，而偕之寡過。彼上焉者，即亦無徵不信，然已嘗居得爲之位，成一代之業，仲尼與之同其聖而不與之同其位之尊，此作《中庸》者所以竝舉上下，而不勝其致惜也。觀後章緊接仲尼，且曰祖述堯舜，憲章文武，益可見。　兩善字即是人心天命之本然，而發之爲三千三百者，尊德性尊此，道問學道此。　爲下而倍，裁必及身。居上而驕，其亦有裁乎？不能本諸身以與民寡過，則亦何往而非裁已？君之過，君之裁也；民之過，君之裁也。　本諸身，見非但議之制之考之而已。此禮度文者，一一從躬行實踐過來，本諸身而後可以議制考，不然浮文僞行，天下其誰與我？　有通三王之變而損益隨時者，不必一皆踵襲也。而道則同，故不謬。有開後聖之先而尚藉脩明者，不能無爲於後也。而道則同，故不惑。可以贊天地，可以祐鬼神，天地鬼神之受成於聖人者甚多，聖人亦安能拱手而聽命也？而道則同，故無疑不悖。　立天之道，曰陰與陽。鬼神陰陽屈伸變化之妙也，知其理而作爲禮度文者，一以屈伸變化質之而又何疑？立人之道，曰仁與義，聖人仁之至而義之盡者也。知其理而作爲禮度文者，一惟仁至義盡，俟之而又何惑？子思復推究到此，要以見贊聖人者，竝根極至理，非有一字夸詡。知天知人，即脩凝之功也，看他是何等問學。天人之理，無所不知，愈精微則愈廣大，所知之理，只是天人愈中庸則愈高明，知之於心者無一非新，所以復其故之體，行其所知者無一非禮，所以全其厚之量。就天人而分言之，則有陰陽仁義。就天人而合言之，一誠而已。誠明者，誠無不明。明誠者，明無不誠。天下寡過，非三重便能使之寡過。由三重之本諸身，而能使之寡過也。動而世道兩節，全是此意。曰動、曰行、曰言，皆自君子之身而言也。曰夙夜，尤自君子之心而言，謂其無一念不謹，無一息或間也。本其知天知人者，以爲動言行，斯能世道法，則本其夙夜匪懈者，以爲無惡射。斯能永終譽，此動而世爲道者，不是教後世以不本諸身而道之也。行而世爲法者，不是教後世以不本諸身而法之也。言而世爲則者，不是教後世以不本諸身而則之也。故曰：「未有不如此而蚤有譽。」子思辭意，煞是緊嚴，蓋亦有感於春秋時，文武之道，雖未墜於地，而禮樂失官，强臣僭亂，天下之寡過者少也。朝廷既無人焉起而振飭之，孔子以聖人之德，又不得位，而不無反覆叮嚀於後之作禮樂者云。周家八百年之國祚，究竟一禮度文維之，後世雖無其實，而猶不敢廢其名，其重如此，而況乎能脩舉其實者？

祖述章

《章句》此言聖人之德，通章大指也。自二十七章言苟不至德，至道不凝，下兩章雖蒙上發脩凝妙用，而未明有所屬，至是始歸之仲尼。若曰：「此至德之人也，此至道之所凝者也。」第子思不於仲尼説德，而於天地説德者，仲尼與天地同其道，即與天地同其德。天地仲尼，無庸枅〔三六〕疏，朱子却於章内用點睛妙手，曰：「此言聖人之德。」正以下節雖言天地，有仲尼之大德小德在，而仲尼之大德小德，則此兩節是也。此節之爲大小德，下節自見。上節之爲大小德，則《章句》先下一語矣。曰兼内外，該本末。内外本末小也，兼該大也，故於此單舉德字已足天地有是德，故其道莫大。仲尼有是德，故其道亦莫大。末句此天地之所以爲大，大者道也，而仲尼在焉。祖述憲章，上律下襲，分開看便是小德，合并看便是大德。而《章句》又於四者各分内外本末。《蒙引》謂内以心言，外以事言。内有本末，外亦有本末。本是大端，末是瑣節。此其本末之數，不亦無窮盡無方體也哉！次節之意，只此已具，故下特辟言之。無不覆載，無窮盡也。錯行代明，無方體也。先儒以錯行代明，爲流行不息。未的〔三七〕非竝行不悖義，且與川流覺侵軼。祖述憲章，分明是仲尼之考三王，俟後聖。上律下襲，分明是仲尼之建天地，質鬼神。

再從覆載行明，分開看，則不害不悖而爲小德。合并看，則並育並行而爲大德。蓋物與道不自能竝育竝行也，必有所以爲之者，則大德是。不自能不害不悖也，必有所以爲之者，則小德是。仲尼祖述憲章，上律下襲，亦有其不害不悖者，亦有其竝育竝行者，此仲尼之大德小德，所以同於天地也。然則大小有二德乎？曰安得有二？即德而言其體，則無所不包，故曰大；即德而言其用，則無所不入，故曰小（三八）。大有所不包，即小有所不入；小有所不入，即大有所不包。總是物也。此就聖人分上説，則尤易見德即性之德，而具於心者也。無二心則無二性，亦無二德，只因天地本有是大德，以爲萬物之所共託，本有是小德，以爲萬物之所各足。而人資始於天，資生於地，則其心之所得以爲性者，大也小也，亦若是焉而已。以有是大德，故全體渾然，而萬理畢具。以有是小德，故因物付（三九）物，而泛應曲當。渾然全體者，即其泛應曲當者也。泛應曲當者，即其渾然全體者也。夫豈獨聖人爲然哉？而無如人皆失其固有之德也，於是大者褊隘，而小者闕窒。無論見仁不復見義，見義不復見仁。即仁義所發，亦僅偏端蹔時，而天機日淺，所以尊德性道問學，是原本大者，以致極其小者。即致極小者，以充周其大者。知大德小德之非有二德，則知問學德性之非有二理。學者誠希聖賢，非尊道，其何自而爲功哉？彼矯語本原，遺棄事物者，又何由而得窺聖人之大德小德哉？同一大舜之孝也，井廩奉命，不害其娶妻之不告。同一周公之悌也，管蔡受誅，不悖其金縢之請代。同一事君也，十三年之服事，不害於甲子之肆伐。同一傳國也，子啓賢之繼世，不悖於神宗之受命。即仲尼而論，同一秉禮也，陽貨之避，不害其南子之見。同一引義也，遲遲之吾行，不悖其明日之遂去。一管仲而予其仁，復斥其器小而不害。一仲由而訶其瑟，旋嘉其升堂而不悖。若此者，古今聖賢不可枚舉，要其千變萬化，何者不並育並行於冲漠无朕之中？居安資深，而感而遂應，此理真是魚躍鳶飛，廣大活潑，今人自把胸襟纔芥(四〇)子樣，動轉(四一)不得，所以輒害輒悖。

爲我兼愛，固無與於大德小德，隘與不恭，亦難語於敦化川流。

大德小德，要之無他，只一誠而已，誠之中無所不有，便是大德。有是理則必有是事，有是物。及事物之千條萬緒，便是小德。極其事物之所至，不過只完得是理本然之量，而無不早具於本然一理之中，故曰敦化，化即川流也。曰川流，流其所敦也。此兩句，活畫出箇太極圖，又即是《太極圖説》。

先正謂《脩凝章》發育之大，《費隱章》語大之大，竝屬此章川流一邊，此不必過泥也。體用不能不分箇地位耳，實則體用一源，顯微無間，朱子以發育解尊德性，則初不屬川流矣。就顯微言則曰費隱，就分合言則曰大小。大即是隱，費即是小。隱不離費，費不離隱。大不外小，小不外大。不然，子思不總説箇德字。首提仲尼，次説辟如，次直言天地。竟止(四二)説者以爲善贊仲尼，要知道理原是如此，人豈有二於天地哉？不顯之德，即是上天之無聲無臭，末章之旨，早見於此。

至聖章

前章不曾就仲尼説箇大德小德，故此下兩章特爲申説。而言至聖至誠者，川流是德之四達於外，故言至聖，聖無不通也。敦化是德之藴凝於中，故言至誠，渾然天理也。至聖至誠，總仲尼也。合來是箇誠明之聖。　只緣德體無二，所以纔説小德，便關著大德。纔説大德，便關著小德。此章是申説小德，却一一就本體上指數，如大寶藏，非其有是具足於内，若何分見於外，兩下割截不開。此節即是立天下之大本註脚。　非大德以立其本，則所謂小者非德也。是違道干譽，咈衆從欲之爲也；非小德以致其用，則所謂大者亦非德也，是清浄空寂，滅禮棄法之爲也。　四子書中言仁義禮智者多矣，未有若是之詳明者。就四德中各分四者，而於生質之殊，又有四者。《大學章句》謂心具衆理，於此可見具衆理矣。此節無一字説到外邊有臨，與容執敬别，總就心體上説他本然之量，須玩足以字。　聰明睿知，雖是生知之質。有是質，其四德自與人不同。下四足以，俱從上足以來。然用明誠之學，脩凝之功，做到四者具足地位，雖非生知，而其聰明睿知，亦自與人異矣。古來君臨天下者，自二帝三王以外，有能當足臨之德者乎？其容執敬别，有能視此而無媿者乎？且容執敬别四者，何人不履是境？何日不有是事？問其曾於所當容時，一自檢點，曰吾其寬乎，吾其裕乎，吾其温與柔乎。更於所當執時，一自檢點，曰吾其發乎，吾其强乎，吾其剛與毅乎。而齋莊中正，文理密察，皆一檢點於所當敬别時乎，未也。平時既無問學，當機又不審察，一味糊塗苟且，罔不失已。失人幸而得之，亦是天資所近。噫！要其心體具足，何嘗不與聖人同也？四德中少一件不可謂足，一件中欠一分不可謂足。仲尼雖不居君臨天下之位，而實備君臨天下之德。必謂此章爲堯舜事，義有未全。寬裕温柔等項，即惻隱羞惡恭敬是非也。彼言發見之端，故略。此言全體之德，故詳。溥博淵泉，具衆理也。以時出之，應萬事也。溥博淵泉，如天如淵。總言其體，只是上節，以時出之。及見言行，纔是川流。川流章句，脈絡分明，而往不息，此從溥博淵泉勘出，説溥博便有脈絡分明意，説淵泉便有往而不息意。而溥博又就寬裕等項見得，淵泉又就五箇足字見得。民莫不敬信悦，可見德非聖人所獨。天有是德，以丕冒下土。至聖亦有是德，以丕冒下土。安得不盡天下而尊爲天子？天有是德以生育萬物，至聖亦有是德以生育萬物，安得不盡天下而親爲父母？莫不尊親，故曰配天。但贊至聖之德，便有不及無踰量。

經綸章

上章是就大德發明小德，故於沖漠无朕中，見其理之森然已具。此章是就小德發明大德，故於功用流行處，見其理之渾然全體。天下大經，天下大本，天地化育，皆言化也。經綸立知，皆言敦也。或謂經綸如何謂敦？大本如何謂化？曰經綸非敦，然自有經綸之者，其神明之所統會，則敦矣。大本非化，然必有本之者，其萬殊之所散著，則化矣。蓋大德即是。費隱之隱無可説，必於其可説者見之。故就大經説經綸，大本説立，化育説知足，見化之所敦，包涵甚廣。若論大德本體，只有一箇經綸立本知化，却有幾箇大德不成？此須學者善自理會，只就三項看來，説著經綸大經，便有立本知化在裏面。説著立大本，便有經綸知化在裏面。説著知化育，亦便有經綸立本在裏面了。然此猶帶功用説，至其仁、其淵、其天，分明只是一箇直指全體，然畢竟是形容贊歎，多著條件名目，未甚親切。子思説到此處，直欲人得諸意言之表，曰苟不固，聰明聖知，達天德者，其孰能知之？此正所謂神可得而會，口不可得而傳，猶夫前言隱之，上下察明者自見之，而卒莫能舉示也。然則大德畢竟如何，後章仍爲抉破矣。曰無聲無臭，所謂知之，蓋知此也，即天德也。然非聲臭所得而窺，則亦非意言所得而見已。

人倫不分則褻而至於相混，不合則離而至於相畔，故須經綸究竟，合即爲分，分即爲合，原無二道。正倫理纔是篤恩義，篤恩義纔是正倫理。

自聖人立身制行，以及布政出治，一語一默，一動一靜，一舉一錯，一恩一威，一伸一屈，一經一權之妙用，無非天地化育也。故大文曰知，《章句》曰與之默契，此與贊化育不同。贊以事言，知以道言。

經綸三句，要不外仁義禮知。經綸者，仁義禮智以經綸之也。大本者，仁義禮智之本也。立之，即孟子謂根於心。化育者，在人之仁義禮知，即在天之元亨利貞，知之不與之有二也。

夫焉有所倚者，三者渾是實理流行，自然而然，一切才識學問，都銷鎔在至誠裏頭，無所倚靠，亦分毫倚靠不得。朱子謂：「堂堂然流出來。」堂堂，充滿和順之謂，形容不著力意最妙。孔子曰：「易无思也，无爲也，寂然不動，感而遂通天下之故。」何倚之有？又曰：「天下同歸而殊塗，一致而百慮。」天下何思何慮？何倚之有？又曰：「天何言哉？四時行焉，百物生焉。」何倚之有？又曰：「老者安之，朋友信之，少者懷之。」何倚之有？

肫肫三句還傍著上三項稱數擬議，故一以爲其仁，一以爲其淵，一以爲其天。實則其仁即是其淵，其淵即是其天。上面亦經綸之者即是立之者，立之者即是知之者，是即所謂大德也，是即無聲無臭之體也。不知者只道大德緣何有許多頭面，知之者即其仁而大德亦見，即其淵而大德亦見，即其天而大德亦見。太極固無乎不在，此所以唯聖人能知聖人也。

焉有所倚？固極誠无妄之流行，亦即未發之中之發見，故中也，誠也，一也。

金革百萬，同於疏水曲肱，静何如之？退藏於密，雖鬼神莫窺其際，深何如之？

非達天德不能知聖德，然除了知聖德，亦無所謂達天德者，蓋有知小德而不知大德者矣，未有知大德而不知小德者也。曾子未唯以前，於其用處，蓋已隨事精察而力行之，但未知其體之一，則猶是知小德而不知大德也。及夫既唯以後，則小德大德，罔有不知？故便能説忠恕。忠便是大德，恕便是小德。而於所謂其仁、其淵、其天，足容、足執、足敬、足別，一以貫之矣。　達天德，原是達自己之德。天人聖愚，本同一致，無二德，無二知。　有造化之忠恕，天地之大德小德也。有聖人之忠恕，聖人之大德小德也。有學者之忠恕，求達乎天地聖人之大德小德也。　愚於此節細玩固字，竊謂此聰明聖知達天德者，即下章立心爲己，以馴致乎篤恭不顯，而與天載之無聲無臭爲一者也。何也？人之神智，愈收斂則愈篤實，愈篤實則愈精明。聖人不怨天，不尤人，下學上達，知我其天，正此謂也。固也者，收斂篤實，不使神智有須臾之滲漏，幾微之越軼，不與聖人同其聰明聖知而達天德乎？此節蓋結上以起下，陳氏謂非孔子不知堯舜，未的。　堯舜之爲堯舜，文武之爲文武，只此大德小德，故祖述憲章。《章句》至聖之德，至誠之道，不必泥其義，則德主條栝(四三)言，道主統體言。

衣錦章

爲甚古之學者必要爲己，而此章是全部《中庸》結束，却把此做箇入德成德的根基，合下便要立心爲己，曰道在闇然。只緣己雖一身，分量却大。天地之能，由己而成。民物之性，由己而盡。君相之業，由己而大。聖賢之學，由己而明。前千百世之禮樂詩書，由己而删定。後千百世之詩書禮樂，由己而昭垂。是合宇宙間之道以爲其己者也，而天之生之，亦合宇宙間之道，以盡畀之於己者也。夫然而已也者，色色完具，豈容毫髮缺陷？亦色色本分，豈容毫髮矜張？苟缺陷焉，便非爲己。苟矜張焉，便非爲己。缺陷且不可，而況喪失。矜張且不可，而況虛假。此《中庸》自開章以來，説了無數道理，却托始於闇然之脩，以爲己爲心，而由省察存養極其功，以至於不顯篤恭，無聲無臭而後已也。蓋己之分量愈大，則己之心思愈不得不細。己之功能愈廣，則己之精神愈不得不斂。不精細無以爲大，不收斂無以爲廣。心思之粗非粗也，物欲乘之也。精神之散非散也，物欲擾之也。細以益細，斂以益斂，迨於物欲浄盡，天理渾然。而己所得於天之分量全矣，天所付於己之功能盡矣。非(四四)天下之平，只一無聲無臭爲之哉！此實理也。夫爲己者，固聖學之所以成始而成終者也。

惡其文之著，須看箇文字。他只要文之在内，而不要在外，則裏面的文，原是日新月異，裏面日新月異，外面却只深沉韜晦，故闇然，故日章。日章即套在闇然内，闇然者，不自知爲日章也。

今人穿了一件好衣服，擺了一件好器玩，便像自己長些體面，增些光彩。至若挾了一副好才具，行了一件好事體，做了一篇好文字，説了一句好説話，益發要報得滿地人知，恰是好其文之著，那肯惡其文之著邪？這箇念頭，關係非小，外面整齊一分，裏面疎脱一分。外面精明一分，裏面糊塗一分。漸漸疎脱，漸漸糊塗，始而還要倚藉裏面，討人道好，既而直竟剗斷裏面。一味欺人，到此地位，更没救藥。君子小人，霄壤懸殊。所以子思喫緊爲人分辨，怕稍錯著了脚。與第二(四五)章君子小人首尾相應，此的然日亡之小人，即無所忌憚之小人。人之所争，只在（四六）本心日亡。不是謂的然者之日亡，乃日亡其本心（四七）。本心既亡，又何顧忌之有？　茅季偉殺雞供母，自以草蔬與客同飯，郭林宗便信爲成德之器，有以哉！今人决要世情討好，殺雞供客，不知早失孝道了也。可知實心爲己者，斷不外面著脚。不向外面著脚，其所作爲，却自有些趣味，有些道理。此所謂淡而不厭，簡而文，温而理也。世無人才，實學衰息。父兄之教，子弟之率。帖括科名（四八）而外，罔知有他。而操評月旦，亦有識者少。以訓詁詞章爲碩學，以權要趍（四九）馳，聲利傾軋爲殊才，以深藏曲謹，無所短長是非爲宿德，此倡彼和，一招百應，弄成一箇蒸蒸騰騰浮僞世界。彼悃愊無華，繩檢自好，讀濂雒之書，講誠正之學者，若以此而逢時，亦未始非終南捷徑。若以此爲閉户實脩，希蹤古人，則未有不厭棄之，笑謔之，呰詬而排擯之。江河日下，將不知其所底止也。噫！　三百三千，也總是一箇實心。周流無間，爲己立心，如何不文且理，敦厚崇禮？雖是敦厚，又要崇禮，崇禮却是敦厚中事。　闇然之學是真學問，闇然之人是真人品。夫子之牆數仞，不得其門而入，不見宗廟之美，百官之富，也是闇然的極致。　知遠之近三句，即是格致工夫。馮少墟先生謂格物，是格其知如何致，意心身如何誠正脩，家國天下如何齊治平，中間孰爲本，孰爲末，孰當先，孰當後，節目明白，工夫纔得不差。則此知遠之由乎近，風之由乎自，微之見乎顯，格致精切，孰有過此？然愚意此段當開闔看，人但知遠而不知有遠之近，知有風而不知有風之自，知有顯而不知爲微之顯，此就重乎外者下頂門之針也，此固本章之旨也。人但知近而不知爲遠之近，但知自而不知爲風之自，但知微而不知有微之顯，此就重乎內者下頂門之針也，此亦本章之旨也。何也？所謂德者？固如此也。逐物非德，絶物亦非德，只看遠近風自從外説向內，微顯從內説向外，當亦此意。

有了格致工夫，纔好做戒謹工夫。而《章句》以戒謹爲爲己之功，不言此爲工夫者，猶《大學》以誠意爲自脩之首也。前面猶是知的事，未曾做到自己身上來，故曰可與入德。

《中庸》明道之書，而開章言性，末章言德，蓋性爲道之所率，德爲道之所凝也。自賦畀而言爲性，自稟受而言爲德。脩德復性，斯其爲全體中庸之道者歟？

君子之所不可及者二句，提得警策。君子許多不可及處不説，却指他極隱微處，謂爲不可及，蓋關頭固在此也。若是爲己立心，憑他做到外面來規模極廣大，只是爲己。若不是爲己立心，憑他做到裏面來道理極切實，只是欺人。堯舜光四表，格上下，何曾一分爲人？桓文稱仁義，仗禮信，何曾一分爲己？

敬信二字須善會，因動而見敬，因言而見信。此未動未言時，只是存天理之本然，緣何指箇敬信？蓋傍著言動説，如於未發之中，説喜怒哀樂，雖無其事，而有其理。天理本然，正萬理畢具之謂。

《章句》並言其效，不是就上兩節爲己之功説，是謂下兩節言德之進而并及之也。四箇承上文只一意，皆就德言其遞進。

均天下，平也。《大學》詳於用而略於體，非略也。其所言格致誠正者，前已詳也。《中庸》詳於體而略於用，亦非略也。其所言九經三重，三千三百者，前已詳也。然就兩章正須參看篤恭而天下平，特以見君子之德盛化神有然耳。其中由己及人之序，脩爲措置之方，有大德以宰之，有小德以給之，正非端拱齋居，一無所事而致之也。戒懼慎獨，恭也。自戒懼而約之，以至於至静之中，無少偏倚，而其守不失，自謹獨而精之以至於應物之處，無少差謬，而無適不然，篤也。如是以篤其恭，則夫寬裕温柔，發强剛毅，齋莊中正，文理密察，合之固無或遺於大德之内，而事之當有容者，則見其寬裕温柔也。當有（五〇）執者，則見其發强剛毅也。當有敬有别者，則見其齋莊中正文理密察也。析之亦無或亂於小德之中，而且博而不匱，流而不息。其所爲九經三重，三千三百，何者非篤恭之所廣運，所爲老老長長幼幼，内本外末，能愛能惡。亦何者非九經三重之所該備，而謂天地萬物，猶於以不位不育者，未之有也，故曰篤恭而天下平。

不賞民勸，不怒民威，見民勸威之皆由於戒慎，而刑賞原未嘗無。篤恭而天下平，見天下平之實由於篤恭，而政治原不可廢。

篤恭而天下平，而後見遠近風自微顯之合一，不容舍内以爲外矣。彼徒徇文爲之治者，必無以平天下，亦不容離外以爲内矣。彼好爲高簡之治者，必無以平天下。

闇然也，近也、自也、微也，已遞説入幽隱處來，人所不見也，不動不言也。益遞説入幽隱處來，思慮未起，鬼神莫知，收斂嚴謐，到此地位，真是不顯，真是無聲無臭，然却不是無物。豈惟不是無物，却是萬物皆備之全體，故不單曰不顯，而緊下箇惟德二字，此聖學之所以不墮於虚寂也。

此無聲無臭者，本是生初固有，天之所命，命此也。吾之所性，性此也，即以是而爲德，言得之於天而具於吾心也。無如後來人事紛繁，情欲熾起，向之一物不有者，今不異蜩螗沸羹。向之萬物皆備者，今不異榛莽丘墟，幾何其不淪而爲異類矣。故苟爲己而知所謹，即予之以入德，以己能從事於固有也。及夫省察存養，日以交懋，而馴造其極，則曰不顯惟德，蓋已猶夫天之所以命我，而我之所以爲性者也。於是直贊之曰上天之載，無聲無臭。天德我德，本非有二。奈何人自二之，而且遠之。聖賢爲之深憫如是，其提撕誘掖，而猶冥然而罔覺也，哀哉！

自子思揭破無聲無臭，真是乾端坤倪，軒豁呈露。聖人曰：「吾無隱乎爾。」真是無隱乎爾。

天吾見其有形也，地吾見其有象也，日月吾見其有明也，雷霆風雨吾見其有聲而有迹也，山川吾見其爲流而爲峙也，萬物吾見其爲動植而飛潛也。而上天之無聲臭，正可從此識取，此皆無聲臭中來也。身吾見其爲度也，聲吾見其爲律也，下民吾見其作君而作師也。天地萬物，吾見其範圍而曲成也。禮樂刑政，吾見其咸正而罔缺也。詩書六藝，吾見其綱紀而考訂也。常吾見其經，變吾見其權也。而聖德之無聲臭，亦正可從此識取，此皆無聲臭中來也。

天以無聲無臭而爲體，即以是無聲無臭之體生萬物，故萬物莫不具是無聲無臭之體。人以無聲無臭而爲體，即以是無聲無臭之體應萬事，故萬事亦莫不具是無聲無臭之體，此一本之所以萬殊，萬殊之所以一本也。此物物各具一太極，萬物統體一太極也。當夫未發則謂之中，及其已發則謂之和，總是物也。故朱子曰：「無聲無臭者，造化之樞紐，品彙之根柢。」　無聲無臭，而九經三重，三百三千，皆不外是。故曰視之弗見，聽之弗聞，體物而不可遺，蓋誠之不可揜也如是夫。知遠之近三句，智也。内省無惡，不言動而敬信，仁也。始於闇然，終於不顯，勇也。以達德行達道，亦以達德脩至德，德脩而道無不行矣。　無聲無臭，則自不偏不倚，中也。又極平常，初無玄妙，庸也。　自闇然以至於無聲無臭，有不容躐等而進之序焉，有不可半塗而廢之功焉。半塗而廢爲自賊，躐等而進爲異端。　曰不顯，則一以收斂爲功。與彼之作弄精神，我大物小者異矣。曰不顯，則一以微密爲用，與彼之認空爲性，掃盡塵緣者，異矣。　王魯齋先生謂周子《通書》直接《中庸》，以《中庸》終之以誠，《通書》首之以誠也。愚謂《太極圖説》，亦與《中庸》相繼。《中庸》末言無聲無臭，《圖説》首言無極太極，故朱子亦即以無聲無臭釋之。　馮少墟先生曰：「今人多不肯用戒謹之功者，未知本體責任，不容諉耳。」天命謂性，即命之使我位天地，命之使我育萬物也。命如君命、父命、師命然，君父師之命皆著於聲臭，而惟天命不著於聲臭。命我既如此其重，而又無聲臭可即。念及於此，喜怒哀樂，雖欲不中節不敢也。子臣弟友，雖欲不盡道，不敢也。獨雖欲不慎，不覩不聞。雖欲不戒懼，不敢也。小人不知天命而不畏，知之豈敢不畏？知本體之難諉，自知工夫之當盡。先生此條詔誡，透切危悚。《中庸》固當字字審察，句句精研，章章融會，此則舉其大要，而歸功於敬學者，所宜更爲加意。

【校勘記】

（一）數，遺書本作「讓」。

（二）更，遺書本無「更」。

（三）取，遺書本作「之以」。

（四）母，遺書本作「毋」。

（五）一，遺書本作「一切成功」。

（六）吾，遺書本作「看出自家」。

（七）終其身，遺書本作「若終其身不自知其非」。

（八）干，遺書本作「甘」。

（九）體，遺書本作「禮」。

（一〇）諸侯雖錯處天下……四維之，遺書本作「諸侯戴德，而天下畏之者，譬猶泰山屹立，而四維朝拱」。

（一一）向，遺書本作「移其傾向」。

（一二）其身及或不去，遺書本作「設身或不忍遽去」。

（一三）排，遺書本作「排之」。

（一四）爲忠，遺書本作「以啓下僚發己自盡之忠」。

（一五）而無違爲信，遺書本作「而表當人循物無違之信」。

（一六）從效生來，遺書本作「含勉策意，亦從效力言」。

（一七）故矜之，須別善與它安放。遺書本作「故行其矜憫，須別作措施以安放之」。

（一八）同，遺書本作「以同」。

（一九）親，遺書本作「親親」。

（二〇）勸令成德，遺書本無此句。

（二一）愚，徐抄本、遺書本均無「愚」。

（二二）奇，徐抄本、遺書本均作「可」。

（二三）據徐抄本、江蘇書局本、遺書本可知，「此」後應漏刻一頁，漏刻内容爲：「子思《中庸》一書所爲作也。開卷遡道體所自，曰天命謂性，率性謂道。末章論造道極致，曰上天之載，無聲無臭，中間千條萬緒，何者非發明在人之天道。而《鬼神》一章，則天人之分，正《章句》所謂人心天命之本然。此本然者，善也是他，誠也是他，性也是他，中也是他。景逸先生極言本色二字，即本然也。皆從真知後，脱去名目，更切指之最有味。　誠者誠字是本體，誠之者誠字是功夫。説功夫不异於説本體，只爲本體之外更無功夫。此猶《大學》明明德，明德本明，《大學》只明之而已，非能有加於明德也。人性上減一分不是，添一分不是，憑他費盡修爲，做盡事業，也只完得他本體中實理，故不容於誠字外，更著一字。　極聖人之功用，不過謂參天贊地，配天配地，何曾有生天生地等語？此出自《莊子》，後世异學乃祖而言諸，蓋性爲心所具之理，實而細；心爲性所附之氣，虚而大。聖學見性亦見心，實而未嘗不虚，大而未嘗不細。故其於事物無一或滯，亦無一或離，只處之各當而已。德業罔外，异學見心不見性，虚乃至於空寂，大乃至於夸誕，故其視人世皆厭離，一切幻妄。而天地人物，决」。

（二四）者，遺書本作「這」。

（二五）道，遺書本作「五倫之道」。

（二六）是，遺書本作「甚」。

（二七）中，遺書本作「言」。

（二八）疑，遺書本作「款」。

（二九）「佛氏雖説」一段，遺書本無。

（三〇）儀，遺書本作「雖」。

（三一）之禮，遺書本作「禮育」。

（三二）佛氏只緣……慎之，遺書本無此段。

（三三）問學，遺書本作「學問」。

（三四）與，遺書本作「爲」。

（三五）稱停，遺書本作「體驗」。

（三六）⿰木片，遺書本作「分」。

（三七）未的，遺書本無此二字。

（三八）小，遺書本作「大」。

（三九）付，徐抄本、遺書本均作「行」。

（四〇）芥，徐抄本作「芬」。

（四一）纔芥子様動轉，遺書本作「窄狹著，一切容受」。

（四二）竟止，遺書本無此二字。

（四三）枬，遺書本作「目」。

（四四）非，遺書本無此字。

（四五）二，徐抄本、遺書本作「一」。

（四六）在，遺書本作「怕」。

（四七）「不是謂的然者之日亡，乃日亡其本心」，遺書本無此句。

（四八）帖括科名，遺書本作「弋取名利」。

（四九）趍，遺書本作「奔」。

（五〇）有，遺書本作「其」。

朱柏廬先生編年毋欺録

王廣成　校點

校點説明

《朱柏廬先生編年毋欺録》三卷、補遺一卷、附一卷，系朱柏廬先生之年譜，屬史部傳記類，清朱用純自撰，金吴瀾補編，李祖榮、孫福康校輯。

《朱柏廬先生編年毋欺録》，或名《朱孝定先生編年毋欺録》。現存版本有：

一、《朱柏廬先生編年毋欺録》三卷、補遺一卷、附一卷，清光緒六年歸顧朱三先生年譜合刻本。

二、《朱柏廬先生編年毋欺録》三卷、補遺一卷、附一卷，清光緒六年刻本。

三、《朱柏廬先生編年毋欺録》三卷、補遺一卷、附一卷，1999 年北京圖書館藏珍本叢刊影印本。

四、《朱柏廬先生編年毋欺録》三卷、補遺一卷、附一卷，2007 年四川大學出版社儒藏史部儒林年譜影印本。

因爲 1999 年北京圖書館藏珍本叢刊影印本、2007 年四川大學出版社儒藏史部儒林年譜影印本，皆是清光緒六年刻本的影印本，且清光緒六年歸顧朱三先生年譜合刻本與清光緒六年刻本内容、版式相同，但這兩個刻本或損毁較多，或書頁較小，所以本次整理選擇 1999 年北京圖書館藏珍本叢刊影印本作爲底本，以《毋欺録》清道光二十二年刻本、清同治八年石印本、玉山朱氏遺書刻本作爲校本。

囿於所見，疏漏難免，敬請方家指正。

王廣成

上

嘉興金吴瀾臚青甫編刊
古吴李祖榮芷華氏校輯

明熹宗天啟七年，丁卯，四月十五日，先生生。八月，天啟崩。

先生名用純，字致一。因父節孝先生殉國難，自比王裒廬墓攀柏，號曰柏廬。有宋秘閣公始遷崑山。高祖希曾，仕江右寧州判官；曾祖景昇，官唐王府審理正；祖家佐，不仕；父集璜，貢生，即節孝先生也。母陶氏，生四子，先生居長。

莊烈帝崇禎元年，戊辰，先生年二歲。

崇禎二年，己巳，三歲。

崇禎三年，庚午，四歲。

崇禎四年，辛未，五歲。

崇禎五年，壬申，六歲。

是年，先生初就傅。先生父節孝先生設教於徐文靖公家，授讀小學。

崇禎六年，癸酉，七歲。

崇禎七年，甲戌，八歲。

先生父節孝先生祭秘閣公墓，道經虞山，瞻族子鼎和所藏睢陽五老圖原本。

崇禎八年，乙亥，九歲。

先生父節孝先生以烈皇下詔求賢，得膺上薦。對策獲第而所對有忤時相意，乃以他事沮格，令入太學。至是始罷歸。

崇禎九年，丙子，十歲。

崇禎十年，丁丑，十一歲。

崇禎十一年，戊寅，十二歲。

崇禎十二年，己卯，十三歲。

崇禎十三年，庚辰，十四歲。

先生父節孝先生定後世命名取字。

崇禎十四年，辛巳，十五歲。

是歲大饑，先生父節孝先生倡平糴於郡中。

崇禎十五年，壬午，十六歲。

崇禎十六年，癸未，十七歲。

先生補博士弟子員。吴中荒旱，飛蝗蔽天，斗米九百錢。道饉接踵，正供無出，民間力難代輸，先生父節孝先生上《乞免崑邑代兑書》。

崇禎十七年，甲申，即

大清順治元年，十八歲。

先生夫人陶氏來歸。夫人名端，仁節先生諱炎之女也。來嬪後，遭世多故。迨節孝先生以身殉國，骨肉離析，脱身兵火之中，日不暇給。每當燈殘月落時，猶聞夫人緯車刀翦之聲不輟，其勤儉持家如此；先生母晚年多病，修脯所入，不足以供甘旨，夫人輒傾女紅以繼，而自茹素爲姑祈壽。及姑殁，終三年喪，不食肉者前後垂二十年，其孝以事姑如此；先生諸姊弟妹之未婚嫁者，夫人殫力佐助。處家務持大禮，不聽僕婦之言，以故諸妯娌合宅而居者四十餘年，歡睦如一日，曾無片言交惡，其和親闔内又如此。他如調飲食以供客，恤勤苦以御下，事無巨細，裁斷悉得其要。其一生中饋之助，曾不煩先生内顧之憂，卒以此積勞傷脾，家貧不能博求醫藥，致成宿疾，年六十而殁。先生作事略以紀之。

順治二年，乙酉，十九歲。

是年七月六日，先生父節孝先生以城陷自投東禪寺後河。先生晝夜哀號，遵遺命棄儒冠。後作《朱布衣自傳》以明志。其時先生弟用白、用皞皆幼，用商遺腹未生。先生授徒贍母，下撫弟妹，備歷艱辛。

順治三年，丙戌，二十歲。

順治四年，丁亥，二十一歲。

順治五年，戊子，二十二歲。

順治六年，己丑，二十三歲。

順治七年，庚寅，二十四歲。

先生祝巨濤伯七十壽有序。

順治八年，辛卯，二十五歲。

順治九年，壬辰，二十六歲。

順治十年，癸巳，二十七歲。

秋，先生有《祭王誠履表兄文》。

順治十一年，甲午，二十八歲。

順治十二年，乙未，二十九歲。

順治十三年，丙申，三十歲。

先生著徐太史《兩闈雜記小序》。太史徐先生之分司楚試也，爲庚午之歲，用純猶未就傅；其主閩試也，爲壬午之歲，用純已學爲文章。因先大人之與先生交也，得盡閩士之文而請讀之，歎爲絶盛。蓋其文千變百出，不可端倪，要皆閎于中而肆乎外者。夫以閩之郡八，士之挾其文以試者五千餘人，其間斐才者何限？先生拔尤簡異，所收者皆閩産之英奇、人倫之秀粹。於是歎先生取士之明也！惜我生晚，獨不及讀先生分試于楚之文，則未知所獲之楚才又何如也。越十五年，先生始以《兩闈紀事》示用純，且命之序。用純受以卒業，見先生奉命以往，自郵傳舟車及乎棘院、門館、宫室之閒，罔弗密勿從事，而士子之文搜羅剔抉，惟恐一有不當，上失祖宗以來育才之報，下負儒生數十年簡練之苦，前後一轍也。宜乎鬼神式臨，時或見之。而一時之襄事者，亦相與惟公惟勤之交敕。嗚呼！士大夫身任國家之重寄，有能夙興夜寐、惴惴小心、罔或愆乃職者，曾幾人哉？于是歎先生得人之所以盛，又不惟其明也，蓋以慎故明也。彼夫薦士皇朝，受餽私門，與夫士子之妄于榮進、謂暮夜無知者，讀先生之紀事亦可以少息焉。雖然先生之恪于事，又豈必在試事已也？

順治十四年，丁酉，三十一歲。

順治十五年，戊戌，三十二歲。

先生《毋欺録》始於是年。

顧鳴仲先生謂：今日世道惡薄，吾輩只是立身行己處著力，正厚自益爾。良然。

叔父齋頭聽客話甚久，光陰可惜。

余於酬接時，或無〔一〕所言或被問，往往道述時事。既非我〔二〕分内事，且未必所聞之有據，不亦妄乎？自後切戒。仲舒徐先生來，劇談賦稅之重、有司之猛、民命之不幸、人生之立槁，蹙額[三]相向，不覺抵暮。噫！三斗三[四]升五合者，明興惟正之供之額也。然折者十六，不折者十四，今漕米即需此數，而又畝金一錢，人其堪也耶！其不堪也耶！

德下齋前桃花爛然，婆娑其下，不得不誦「樂子之無知」句。岳心云：「只此酬對時，我心本太虚，然須真實識得太虚本體。」

以代兑事至縣倉。代兑者，崑邑有七。荒區不毛之田實多，户率逃亡，於是土著賠累積苦此。而斟酌權宜一爲援手，亦是疾病相扶之義乃盡。富豪奸猾冒是爲名，而荒區實户不及什三，並非以熟代荒，乃是以熟代熟，甚且以荒代熟；亦並非以殷户代窮户，乃至以閭閻代縉紳，以飢疲代素封。此真千古絶奇粉見者！非此時，焉得有此事？今歲漕米每正兑一石，率加一石五斗爲贈，其甚者更不止焉，豈復堪此？抑漕軍之毒猛，猶是虎而殺人，此則人相食矣！崑邑人情大抵若是。將來天變人禍，其所感致，正不知如何也。

埽墓歸，舟中談及任侯能醫工畫，余因出一褻語。好友不宜戲玩，承祭不宜瀆慢，對叔父諸弟不宜放言，一語而冒三過。

有一鄉人欲與余言，余正飯，令之坐。余因舉《大學》敖惰一端，謂亦是用情之正，特不當辟耳。即如此，人豈必如至戚良朋，吐哺迎納耶？坤行曰：「汝著此念，便是辟。」

余頗不平漕事，往往出憤激語。有欲尋讎雪恨者，頗鼓勸之。噫！人事所至，天心使然，豈一夫之力所能强奪？違天必有大咎，徒自取辱禍耳！又况己不爲而陰勸人爲之耶。是日深悔。

余自昨悔後，無復不平之欲洩。然偶與徐習生兄談，復及代兑，猶不免以羣奸未盡伏法爲不當理，此究與前日之意氣何異？自後此等念慮盡行埽除，惟有行法俟命四字守而勿失。

饗陽山族衆，有酗酒者衆共斥之。噫！此皆吾九世祖征東公之後也，迄今盡業農，無復一人讀書誦詩者。雖然業農何足鄙，惜其長者無以孝弟之道訓之，故致語言、面目種種不倫。與念祖德，爲之三歎。

傳云：齊崔杼生成及疆而寡。男子喪配亦可言寡。

襄公還自楚，及方城，季武子取卞，使公冶往問璽書，追而與之，是臣印亦可言璽也。

今人登數取便，或不欲著明，自一至十往往不用本字而用謎筆，如二則書〢、六則書〦，其二遇六則左右書〢〦、六遇二則書〦〢，殊不成文。竊嘗怪其所自。偶讀絳縣老人述生之歲一事，史趙曰：「亥有二首六身，下二如身，是其日數也。」士文伯曰：「然則二萬六千六百有六旬也。」杜註：趙語謂：亥字二畫在上，併三六爲身，如算之六；下亥上二畫，豎置身旁。觀此不覺駐思，以亥之身爲三六，則直似今之云「〦」者；以其上二畫豎之而置於六旁而順累之，則益似今之以二爲〢，從左之右而云〢〦者意者。此固出於春秋時者耶。

方寸之中，窮愁填委，神思窘悶，惟有昏昏欲睡，覺宇宙間一草一木，尚皆有有生之樂。庚開府有云：「傳燮之但悲身世，無處求生；袁安之每念王室，自然流涕。」余每至坐困時，輒誦此語。

迫於催科，將脱綿衣質物輸之。母念我寒也，出衣以代。

天王使宰喧歸仲子之賵，生致賵也；衛侯賜北宮喜謚曰「貞子」，析朱鉏謚曰「成子」，而以齊氏之墓予之，生賜謚、墓也。

讀鮑司隸七亡七死之奏，不覺廢書三歎。今之生民且相率而死於租賦矣。不特亡也，此又當時所未有。蓋當時租賦，猶祇令人亡，則民尚少一死道耳。

余謂德下，吾輩際此世亂，不宜過自孤潔。如交知中金孝章、葛瑞五、歸元恭，並爲當塗所品題，此雖不啻風之過樹、雨之點荷，既不足以榮之，亦不足以辱之。然脱不幸如公孫述之徒，威徵勢辟，此時將何以自全？即安車粟帛，進退在我，亦與其有之不如無之也。故名可得而聞，身不可得而見。昔人以爲至高，然名之隱見，亦當視時之盛衰。天崩地圮、波沸燎揚之日，名固可得而有者耶。《易》曰：「不易乎世，不成乎名。」猶龍之學非吾所逮，若行己在清濁之間[五]，苟全性命於亂世，此皆古人之善保其身，較著彰明者也，吾輩豈得不以是爲法。

授徒一事，亦非余所當爲。向來以是爲懷，而是日念及，尤覺惘悵。蓋古人隱居教授，期於學者經無不明、行無不篤，非猶夫今之人傅會章句、剽切(六)聲華，以覬覦當世之功名而已也。余雖亦時以立心之誠僞、行己之是非、交友之邪正、應事之得失，諄諄爲學者分别而曉暢之，而彼之意不重是也。且及夫所學之進退成敗，凡所以褒奬之而督責之，又或不能不一藉功名以鼓其志，則是余所挾以爲教者，乃卻行而求前之道也，其何以對古人而無愧乎？

今之所以立教者，時義也。而時義之所以致用者，應舉也。余既脱棄儒冠，絶迹科目，則亦不復於時義中研慮覃精，以求其故，而猶高據函丈之座，指揮論列，無乃求者齊語而授者楚語耶？此其不當授徒者一也。天地四時猶有消息，乘時利用，固俊傑之務。而余既以不才全其志，則沈心泥滓、痼疾煙霞，乃吾事也。又率人之子弟，孜孜勉業以求榮名之一當，是猶毁顔嫠處而繁稱合巹，毋乃與私心刺謬乎？此其不當授徒者二也。謝康樂曰：「負心二十載，於今廢將迎。」陶靖節曰：「誤落塵網中，一去三十年。」夫余之心亦何時而不負？余之塵網亦何時而得解哉？

得族兄汝任之凶問，怛焉淚下者久之。亂時曾僦其屋而居，患難相倚，意好甚篤。

德下、令則同赴無上人精舍。瑞五先在，論史觀荷，殊有勝致。德下云：「吾輩要當即境求静。」

坤行來夜話，輕受一扇。余自顧今日履此窮途，力難酬報。即親戚間錙銖之物，豈容無功而受耶？慎之，慎之。

小人有畏人非議之心，則其爲不善也無力；君子有畏人非議之心，則其爲善也亦無力。莊子曰：「呼吾曰馬，則吾應之曰馬；呼吾曰牛，則吾應之曰牛。」謝疊山（七）亦引之以卻胡元之聘，然正須有壁立千仞、百折不回之操始可語此。不然，其去笑罵由他笑罵，好官自我爲之者幾何矣！

過瑞五齋，德下不至，談論亦略。徐蓮生來問入蜀之三江，乃知外水蜀江也，在南；内水涪江也，在北；中水綿水也，又即雒水，在中。及談從峽入蜀之程頗詳。

何封翁日初爲葛弁來解紛，曰：「萬事要作鏡花水月觀，苟至逆情悖理者，置之不論不議可也。」教我多矣。民力竭矣，而猶謂無樂輸之義，將遣官巡行郡縣。七年以來之逋賦盡行搜括，不准赦條，加之以酷罰，江南之人無不重足累息者。

静思余處今日，固當若聾若聵，泰山崩於前而不動，麋鹿興於左而不瞬。何乃以一僕婦之死，而輒不免爲之伸其屈也？且以一僕之無端受毆，而猶動不平之意也。昔任永託爲青盲以避世難，見子入井忍而弗救；吾友徐昭法有子爲保乳所誤，殞，卒善遣之。皆吾師矣。

余在郡城，聞有以逋賦陷昭法者，至是見昭法，得審其詳。以饘粥不繼之人，何堪此災？而又非異姓疏屬之所爲，益爲驚悼。燈下出文兩帙示余，云：「病中雖僵卧在牀，息已綿綴，而心甚清，每夜必作文一首。及能言語，即口占令吾子書之。此累牘者皆是也。」余讀其《病中度歲記》及《再生記》，因念天之將來奮揚昭法者，正未可量也。夫以昭法之節行、文學，業爲目中未有之人，而必復處之以目中未有之困阨，其窮餓如彼，其危病如此，豈天之果醉，乃夢夢於昭法耶。抑猶動心忍性，爲將降任於是人耶。

昭法又出其所著《管見》一書示余，蓋讀《管子》而作也。甫十五日而成書，胸懷日月之明，筆有風霜之氣，真天人也。

昭法之病也，鄭三山以撮許藥而起之於垂死。此其術之妙也，乃其藥之所需，雖參附所極貴，無不供之。以至一家之内所仰賴者，靡不料給，如其家之翁焉。且此非獨於昭法病之日也。余向竊歎其高義，故于入郡即拜之而不得見。金墅有張英甫，視昭法之急即周之，而其家又貧者也。以昭法不入城府，苟其事之不可不善全者，年雖老，必爲之奔走於城不倦。昭法病，稽顙求名醫治之；昭法家不給，則治精腆具以款醫，客至亦如之。及病幾危，英甫則日侍牀榻，涕泗交頤。嗟乎，豈非義士哉？鄭三山猶有姻誼焉，英甫則何爲者耶？余於到昭法齋頭時一見之，及別時又一見之。中數日，以其入郡，而不一拜於其堂，亦大可悵也夫。

余讀書，苦遲留不能即下，意古者不求甚解是第一妙用。以質昭法，昭法然之。因自謂病中甫能仰倚牀壁，即方便讀書，計讀韓、柳、歐陽、曾、王、三蘇全集及《三國志》、《韓非子》俱畢，何速若是！蓋讀書豈能無疑，疑而不滯，則一書他人纔閲一周，吾已二之三之矣。且烏知前之疑不於後而悟之也。若滯於語下，徒思未必得益，而蹉跎已多。余言下爽然，及歸，展卷而遲留如故。始知惟讀書可以益智，亦惟智者乃能讀書也。

蘇綽嘗戒其子威云：惟讀《孝經》一卷足以立身治國，何用多爲。昔我先考，手書《孝經》授某兄弟，亦有見乎此也。某今能繼萬一之志否。

秋來方苦水盛，田禾有淪没者。今又晝夜雨注，刈穫無望者十將五六，而借徵已至十分，糧艘又將臨倉。民命安知死所，然天心正未可料也。

寒不可耐，歸家，吾母解衣衣之。信哉朱百年所謂綿定奇温也。比來賦斂煩苛，如火益烈，兼之今秋霪雨，桂薪玉粒，箱篋所有，自幂襪以上，無不以爲質者。余則餬口館舍，而家之所爲養，非惟藜藿不充，亦且酸鹹不給。其爲俯育既有愧矣！吾母以垂白之年，又奉佛教茹素，穎叔之肉既非所需，茅容之雞雅不欲御。爲子之養，不幾易哉！然三餐奉膳曾不能少進甘旨，每一静念，中心如割。即今寒風蕭瑟，豈非老母非帛不暖之時。乃爲子者，曾不能贍給其親，而顧分親之所衣以自暖。然則父母生子竟何益哉！如某者尚得爲人子哉？

徐子威之尊人樂令先生爲徵輸所困，不免坐愁行歎。子威傾其橐中精金五十兩，爲輸之官。人子竭力，當如是矣！

瑞五述與元[八]恭別於洞庭。元恭曰：「何以處我？」瑞五曰：「子之所信何也？」曰：「慎獨。」「慎獨如何？」曰：「主静。」瑞五曰：「静非獨也，静與動對，皆境也。獨者，無對之謂也。」元[九]恭言下爽然久之。

德下謂：夜不能寐，只須排擯衆慮，自然熟寢。瑞五曰：「縱排擯，其如事之迫切者何？」德下曰：「正當力敵之耳。」瑞五曰：「然人之將死，其敵之也若是。」

瑞五又謂元[一〇]恭，子不須闢佛，闢佛者上下千古又誰過於達摩者耶？德下笑頷之。瑞五徐謂，止爲學佛者之障蔽不淺，故達摩入中國埽除一空。

德下謂：自達摩啟教，學者必須從佛入門，而後漸窺孔孟之窔[一一]奥。余未學道，不敢質問，但不知周孔又入何門耳。

從木瀆入一雲山，循靈巖之麓而行。恐天雨不及登，到瞻明所留宿。遊仰天塢，四望絶壁，攀躋無路，從里人谿荒塗曲上。修竹、精廬、清泉、怪石，别有天地非人間，豈欺我哉？登其巔，風猛不能駐足。觀鉢盂峰，巨石削底，其狀如鉢而側綴於石上。里人云：以綫歷其綴處，不閡也。俯臨千仞之壁，孰維持是而不崩墜？

凡爲子之道，固不當以其親爲不慈；而爲親者，亦不當輕以其子爲不孝。今吾某甥實爲庸猥之材，然生子豈能盡皆賢者？既非賢者，則其於子道必有所不足，在爲親者當有以善全之。

何堯舜當日，初不聞以丹朱、商均之故，而乖父子之恩也？孟子云：「父子之閒不責善。責善則離，離則不祥莫大焉。」某父子之所以致此者，非一朝一夕之故矣。余於兩年前見某督責之狀，竊即憂之，曰：「此不祥事也。」乃日甚一日，而至有不忍言者。余每見之，未嘗不婉轉諷勸，而卒不能旋轉其心，深自愧誠之未至。嗚呼！先君子而在，焉得有此？

一出户不慎便不快意。

勸某父子如初，率某甥進受小杖，因謂之曰：「若翁所以笞爾者，天性不可解也。即此是罔極之德矣！」又謂其翁曰：「此一役也，不可以再。願賢父子必孝必慈，無不若烏鳥之恩。」

吾母以勤劬之故，向苦多病，比尤不寧。某既不能盡藥膳之養而又餬口於人，羈迹佗館，不得頃刻侍左右問安否。鮑參軍云：「一息不相知，何况遠離别。」是夜，擁衾不寐，不覺悲從中來，涕泗横流。

順治十六年，己亥，三十三歲。

近來頗事静坐，然全未有端緒。芟除殆盡，則茫無依據。存主有所，則便覺執著。苟肆力於古人之遺書，必有所以啟我者。

新歲余頗不與世務，親朋大以爲非，因相與各出論議以咎余。然吾輩作事，凡沮抑非議之來，苟理果未安，則當翻然悔改，固不再計而決。即自審不詭於義，亦當虚懷容納，以俟學詣之更進。而余於時言論雜投，即極自斂攝矜心勝氣，忽已冒貢，不覺見之語言。方寸之中，似此無主，危哉。

人必欲自見其是，是大病處。

唐高宗朝，劉曉上疏言：禮部取士專用文章爲甲乙，故天下之士皆捨德行而趨文藝。有朝登甲科，而夕陷刑辟者。雖日誦萬言，何關治體？文成七步未足化人，況盡心卉木之間，極筆煙霞之際，以成斯俗，豈非大謬？夫人之慕名，如水趨下，上有所好，下必甚焉。陛下取士若以德行爲先，文藝爲末，則多士雷奔，四方風動矣。觀此乃知取士之弊，今古一轍，而於我明專用八股一科，尤不能不三歎息云。

唐太宗曰：「朕爲兆民之主，皆欲使之富貴。若教以禮義，使之少敬長、婦敬夫，則皆貴矣；輕傜薄斂，使之各治生業，則皆富矣。」大哉王言，使後世人主知有盡貴斯民之道在乎敦禮尚義，而舉世之人亦争以此爲貴，不傾心夫爵位榮寵，則宇内何至有陸沈之禍哉？

早未覺，得一語云：守心如莅陳，一不備則破滅矣。

自歲首以來已五十餘日，而不陰雨者特數日耳。夜坐翦燭，聽窗外雨聲淙淙，念舉城玉粒桂薪之家，無不心碎於此時。即病婦經營室内，突煙不繼，度餐如越險，不知若何艱苦。而余以舌耕受養，三餐豐備必以其時，能不惕然内省？

藜藿糟糠，吾之分也。十年以來，以授餐館舍，給鮮不廢，然每飯輒存一藜藿糟糠之想，庶幾善保吾（一二）貧。

是時，斗米三百二十錢矣；是日，雨復傾盆。天乎，民命其堪此乎！

人雖昧於責己，而獨明於責人。然則以理求吾者，無往非是；而我欲一事之狥意而行，其誰與我？

晤瑞五，氣體之際，縝密不弛，知其多於静坐之功矣。愧之，愧之。

浙東史尊聞來。尊聞之尊君子虚先生名孝咸，爲理學耆舊。昔曾來遊，余得親炙之，昨歲亡矣。尊聞來此，請瑞五銘墓，且謀葬也。

在我不可不自反以待人，在人不可使自反以待我。

天色晴和，荀若、瑞五、賓之，共步城隅。過靈默上人許少坐，荀若留。歸命酌，德下亦至，談飲極歡。余慨然曰：「朋友之義，善則相勸，過則相規。吾輩善相勸固誠有之，過相規尚未盡也。自今各務勉之。」德下曰：「子亦檢諸内可也，不必救之於外。」瑞五亦謂然。余曰：「吾輩未即是聖人，萬事萬端，何能泛應曲當？正須藉良友糾繩，匡其不及。」賓之曰：「若藉他人匡救，正多不及。余實内無所見，何敢多置一辭？但見今之所謂明内者，其動止未必無過，意殊未能傾折。」已而，余有戲語，瑞五舉之，余以手加額曰：「荷君德矣。」瑞五云：「苟以是爲懷，不患過之不日聞，善言之不日至。」

余十五年來，執雌守下，隱氣吞聲，幸得苟全無恙。而忽遭此妄人蓄奸逞鋭，必欲毒螫而後已。噫！吉凶悔吝生乎動者也。當此之時，逆情爲常，順理爲變。余第以理之所無，屑屑焉欲與之較，宜其引變端而發禍機也。吾向者所以兢兢養拙，正慮有此。

吾母一生，食荼茹苦，比尤虔事佛教，不御葷肉。向但恐違志意，不即勸阻。體素苦羸，近尤見病，乃始言之，而吾母意不之許。昨晤顯若，欣然願爲進諫。是晨，果來言，深感其錫類之誼也。

捧蒲觴，進肴饈，求吾母開素。從之，甚喜。

此心爲耳所役，不復能通於目。余既苦心雜況，比來又全無操攝之功耶！

甚矣，民命之困也！兵戎擾攘於外，盜賊縱横於内；積雨水漲以没其禾稼，淫刑暴斂以覆其身家。斯民何罪而遭此？與序閒兄共話，咨嗟相向。

意中所不欲言者，酒後竟言之！

聞海舟移泊於金陵、鐵甕之間，人情擾擾，歸慰老母。近者風雨調和，米不踊貴，當事無故而下平糶之令。或曰：「中于奸也。」於是大家米閉塞不出，市絶販糴，人心摇摇。加以烽警狎至，不逞之徒將乘間搆亂，大家恐禍發不測，是晨，各出倉粟，減價賣之，民乃稍安。

松江、崇明兩鎮之兵西行赴援，恣行殺掠，且有盜賊混效服色，到處掩獲。比户盡閉，大家米不得糴，閭閻絶食，民言不靖。

念母心不寧，從亂兵中伺間而歸。

兵之擾民，亦或有之，而莫酷於是役。四出剽掠，市肆皆空。其所止宿，叱咤抵擲，索醉索飽，且索行資。及其去也，凡室中財賄器用，以及門户窗牖，無不罄埽而行。又其甚者，加以淫殺併掠。其人民之倒懸如是，諒天地好生之心，豈忍終坐視之耶？

是時，攝縣事者忽棄印單騎而去，人皆謂其聞變而逃矣。縉紳官吏恐邑無主則召亂，固留之，乃止〔一三〕。而人情大驚，傾城四出。

余相度此番事勢，甚可不必從衆出城。乃老母在鄉，既隔晨昏，兼之風鶴時來，身親者驚恐易勝，而懸念者迫切倍至，始定計。明日，令婦侍母於鄉。

竊念士君子之所以立體而致用，要不可無其道，是莫窮經若矣。是日，讀《周易本義》始。又自苦文筆之拙也，不可不有以濬導之，讀韓文一篇。

向讀《禮記》未半，將畢是業。是晨，續讀《禮記》始。

借折借漕以供軍需，誅求如虎，不應則以叛加之。是晨，有追呼者來，應之惟恐不順。噫！斯民水火豈猶未之深烈，故必不容免此益甚之爲耶。

景泰中，長洲民楊芳嘗以均税額請巡撫鄒都御史，以爲古昔井田養民，而秦廢之。漢初輕田租，十五而税一。文帝三十而税一。光武初，行十一之税，後三十而税一。晉隆和，畝收二升。五季錢氏，兩浙畝收三升。宋王方贄均兩浙田，畝一斗。元耶律楚材定天下田税，上田畝三升，中二升五合，下二升，水田五升。我朝天下田租畝三升五升，三合五合。蘇松後因藉没，依私租額起税，有四五斗、七八斗，至一石者。蘇在元糧三十六萬，張氏百萬，今二百七十餘萬矣。偶閲葉文莊公《水東日記》見此。後勅行減定，不知所減幾何，未徵文獻。其在今，則聞吾蘇額供有二百五十萬二千九百之數。加以官私蠹蝕、折銀猶可，漕米至有一倍、二倍耗者。草澤小臣能不爲之深惜也！

世亂方劇，此身真如飄蓬落葉，不知所向。雖死生禍福天也，然從吉違凶，聖人所許，欲學奇門，以稍識趨避之宜。

務博之爲病，昭然也，而愚魯之人偏犯之。愚魯者之必不能務博，又昭然也，而不務博則不足以爲愚魯。余之資禀最下者也，書率三十行爲度，而非六七十過不能成誦。即成誦矣，自謂無復字句遺誤，而甫越期朝，旋已茫然。以是之拙而艱苦，乃於一日之内館課講解訓命之外，程讀三書：《易》、《禮》、昌黎韓子，不益足見其愚魯歟？其自讀兩書而後，鮮有不喉噪脣焦，神竭意眊，困憊而不可收拾者。苟至困憊不可收拾，則併其一書亦且廢，而又何三之可得乎？於是輟韓子一課，有餘力則兼之可也。

海艘有泊於七了者，撫軍亟往禦之。從兵止舍於此城之中外，前所未被兵害者，今復及矣。吾邑雖逼海濱，然所憂者正不在海師之奔突，而在貪兵之擾掠。與叔父相聚而愁。

侍母夜話甚歡，一時憂亂之心不知何在〔一四〕，天下可喜可悦之事，猶有過於天倫之樂者乎？

宿館。良夜月皎，空庭獨步，領略絶勝。雖然，究竟月爲月、我爲我，所爲〔一五〕領略者安在？

兵來皆用舟，縣索民夫牽挽，而張皇其數至萬餘人。其意以爲有司必不能給，則多脅取其金耳。而攝崑山令者又不忍出其橐裝，于是廣率民夫。十户四人猶不足，乃於昏夜攝令自出，循門叫叩曰：「起！起！且屠城。」其人出，即繫之而去。而不得金，則終非兵之意。攝令已拌此城之民爲餓虎之肉，將縱兵四掠，且語其徒隸曰：「爾火吾門，彼必謂民反，則掠矣。」而兵猶觀望迫索，有鄉先生料事必潰，奮身獨見攝令，任償其金，且周旋將吏之間。攝令乃出金而遣之。會撫軍自海上至，亦麾兵還，乃去。是役也，人情方畏悸於兵，而攝令又以屠城駭之，於是舉城震沸，四出奔竄。而城門嚴閉，大雨傾注，富室則賂司關者，小户乃縋城而出。有墜折手足者，有驚破膽而死者，而居者亦皆束手待禍，刻不保命。余取材於理，固安母心，然當時猶未委悉情狀如此。既乃知之，則事變竟有不可料者。蓋世道草昧，亦何常之有哉？其鄉先生，則巨翁也。

閲《水東日記》所載洪武初鄉飲酒禮，乃知不獨有司舉行，一鄉一里皆得爲之。讀律致禮，風俗以變，故曰：「觀於鄉而知王道之易易。」明天子出，其能無意於此歟？

鄭瑞生兄云：强巷有屋可買。是晨，同仲弟附其舟往觀之。强巷距城十五里，距夏駕浦僅里許，風土甚樸(一六)茂，而此屋敝漏無人居，他亦無隙壥。瑞生之主人顧奉橋感我先皇考濬河之澤，留余兄弟飯，情意勤厚。云往歲壬辰大旱，而此地自夏駕運水而入，畝率收三石焉。其子亦袁能讀書爲舉子業，相對亦温雅。聞先考門人王彙嘉兄授經於村之北，步訪之，蓋已數年于兹矣，大有遯世之意。

攝令之與兵金也不踰千，及其徵償于民也，數倍之。始既委萬户於燬滅而不卹，今幸得免禍，而又厚因以爲利。非此世焉得有此長吏？非此世焉得有此人心？

九月丁丑，學使者移駐崑山，就試者麇至。吾里甚蕭寂，今忽爲極囂極庶之地，所以趨利者競集也。

身爲妄念所使。

懷私不能力破。

陳名蓮兄言及世道窘隘。名蓮曰：「此正恐懼脩省時也，而今之人，無貧富貴賤(一七)，利欲薰心、惘然無忌，將來禍不知所底耳！」

許上舍《嘉靖注略》有戚繼光平盜機宜奏云：民間畏兵甚於畏賊。謡云：賊來梳汝，兵來鎚汝。言無遺也。噫！前朝〔一八〕如此，何有今日？

偶閲曾南豐文，義理淹通、文章醇雅，非深於經籍者不能。余年越壯而書卷茫然，固宜其理之不明、言之不文。自今日立志始，不復攻不急之業，不復犯貪多之病。惟經惟史，惟勤惟專，有不然者，先聖先賢其降之罰！

孔子曰：「思而不學則殆。」殆則愈思，思則愈殆。苦哉！孔子又曰：「困而不學，民斯爲下矣。」

春，荀若邀先生往弔陸孝子墓。孝子名安，其配鍾氏又烈婦也。墓在城東南隅，荀若居其旁。預弔者六七人，皆同里閈。三月，先生赴族伯巨濤之約，見嫩蕊穠花、豐豔眩目、水木交帶、深緑欲流。先生云：「四時最好是三月。」古語信然。閏三月，邑令汾水郭君，名文雄，有善政而乍没，邑人愛之，葬於玉山之麓。先生從衆往觀之，四肅以致禮焉。

順治十七年，庚子，三十四歲。

題四語於某生座右，曰：「受人言，毋自欺。能力行，聖可希。」

元崑山州判官徐公去官即家於崑，殁而葬焉，其墓在今南關之東南一里餘。《崑山誌》云，朱氏子孫世祭掃之。我先高祖遺書亦有祭徐太公墓之紀。蓋吾八世祖中書公實其壻也，然此禮廢而莫舉者百餘年矣。是日，隨叔父拜其墓，以酒酹之。坏土將夷，殘碑猶在，以歲久荒没，訪求而後得之，則伯元弟之力也。

料理祝母壽事。此數日者，蓋某合親戚之歡心，以事我親時也。而有以非禮相加者，此人雖自棄於彝倫之外，然以吾遇之，何不幸也？

比來自念習氣未除，何以進德？正欲嚴以節之。即如飲酒一事，往往不能自持，至於敗度廢時。余向服康令茹素之有毅力，今渠又節飲矣！自前餞瑞五之日始。噫！古志士不云乎，惟恐祖生先我著鞭，某某何多讓與！

以寡才斷，俗事縈心，甚無謂也。

向苦旱，今又苦雨矣。崑山之田自海道既壅，則藉西北及南諸湖以蓄洩其水。近以寇盜充斥，内地諸流無不堰壩，而湖道復壅。是以少晴即有旱乾之虞，少雨復有漲溢之患。

瑞五自山中遣舟至，邀余往。同瑞五、一雲晤昭法。别離不過二載。物變相尋，容顔非舊，交揖而視，不覺悲歡之來併也。

同過姚墅，游鷩魚澗、夾石泉、小赤壁。正值桂花盛開，天香咽路，亦快事也。鷩魚澗有大桂二十株，獨花已過，然猶樂婆娑其下。夾石則峭石插水，不能度險而觀。赤壁亦以秋水没石未盡其勝。中道留憩，有僧之賢者曰牧田、曰雲坡。

遊銅井，登眺之地，此爲絶勝。客有攜酒而來者，顧周望也。周望寫照擅精，而其人慷爽、多逸興。

登七十二峰閣、茶山及潭東山房，即此湖山而殊境各闢。此番游眺，得于天者良厚。蓋山川之勝，其固然也。友朋之良猶可致也，而天之雨晴顯晦則不可得而必矣！獨此數日者，雨師屏迹、風伯避權，能不額手蒼蒼？惜無詩文紀之，辜負多耳。

人患於不知過，而尤患於知過不止。知過不止者，小人之所以下達也。余乃爲下達之人哉？

心有所溺，而不自振拔，可謂人乎？

僧鑑上人來，言及國初來復、宗泐輩道法既超，文辭絶勝，羣賢濟濟，特盛千載。因言今人所以不及古人，豈真運會使然？大都怠惰不好學耳！飽食游談是今人能事，何有英才出衆追蹤古人耶？斯言也，非惟禪流之藥石，抑亦士林之龜鑑。書以常自儆勉。

年加進士而德業無稱，録録紀次，可媿也夫。

是年夏，先生題李忠毅公《獄中教子書》後。

順治十八年，辛丑，三十五歲。

道上爲醉者所詈，乃知孟夫子自侮侮人之言。亦特論其常，而今受于人者之未可以必不諒也。

方寸之間，內則妄想纏結，外則物誘牽奪，心其餘幾哉！如是飽食暖衣，以度白日，猛一回思，何地容身？

君子立言，自有理之當執，不可隨人意爲高下。若少隨人意，徒爲其所菲薄耳，可不慎哉？一刪

凡見親戚與人交惡，必須平察其是非之所在。縱親戚極受屈，亦當究極致是之繇，果爲逆情而妄加，然後徐相論列，斷不可倉卒爲乘氣之言。如是，雖切中事情，亦爲黨護之私矣。雖然，默足以容，豈終[一九]無一當理者可言也？其亦必無有[二〇]言而後可也。

學業妨廢，於天地間，此日便爲罪人，其猶不自猛省耶？

天旱，邑東南不能插蒔之田十有七八。其已蒔者亦漸稿，而官之徵租日久，且烈於火，傷哉！

顯若云：「怪異頻仍，自是凶亂之徵，要在反身脩德以俟之，非趨避可免也。」

爾公李文，以顯若之薦將延余。余以授徒本非吾事，特爲飢所驅，所謂仕非爲貧而有時爲貧，則亦辭其尊富，擇所宜居者可耳。如葉氏、李氏，皆館之巨擘，豈余所宜居哉？今既辭葉氏，而就李氏，是又一葉氏也。

江南逋賦一事，始於吾郡嘉定而蔓及他方。當國者又建言設奏銷册，歲終達於司農，而逋數無或遺。江南大吏又好爲掩襲之計，猝上其册，人皆不及知，知亦不及辨，而逋户莫可救。於是鄧尉徐子，亦以官逋罣吏議矣。

應事接物，余自知有三病：濡緩一也，怯葸二也，愚鈍三也。然而濡緩之病，因乎怯葸。怯葸之病，因乎愚鈍。知病之所在而不能治之，天耶？人耶？

余性最平緩，近更頗用檢身之學，而偏易躁怒，何也？是日，以小事忽發憤懣，及後思之亦不復憶當時所以激怒者何語。方寸如此憒憒，應事何一而可？自後若不亟爲養心於平時，又審理於臨事者，學必終於無成，而人必終於無用矣。

薛文清公云：「自治之要，寧過於剛。」余思柔之爲害甚不淺也。鄭子産之論爲政也，曰：「水懦弱，民狎而玩之，故多死焉。」故知柔以立身者，已既爲人所輕玩，而又陷人於死地。是以《易》之於乾也不言柔，而於坤則曰「至柔而動也剛」，其旨微矣。

知義之不可，而不能忍，且終於不得遂，乃知無守者之徒自破義耳！

怒激於内，徒知理之不合，不能以情體人，殊媿厚德。兩月以來，吾[二]心之錯雜，不可名狀。一日之内，其所當思者十之二三，其所不當思者十之七八。又知其不當思而牢不可破。《詩》曰：「上帝臨汝，無貳爾心。」則予之獲罪於神明也，其可勝誅也哉！兩日雜念始釋。

不謹於心，因復不謹於身。人皆見余衆著之所以爲是，可以號端潔而不知有不自持者如此。故薛文清公云：「獨處不能謹，而徒飾於外，僞也。」

欺者，余之所戒也。而於家庭之際，乃有所甚欺。雖常覺於中，而不能省改者。是晨，以大窘困，始自悔恨，然愆尤已不可回矣。

是年，先生贈金孝章六十壽序。

康熙元年，壬寅，三十六歲。

書勖及門，曰：「志欲大，心欲虛。盡孝弟，敦詩書。學如是，斯遠到。勉之哉，及年少。」

謹於彰顯，則人敬之；謹於幽隱，則神敬之。《詩》曰：「神之聽之，終和且平。」必如是而後無媿乎爲人。

不能以義自斷制，尤悔之來，固自取也。細行不矜，終累大德。人其可數，尤悔乎哉！

余性濡忍不斷，每藉吾母之果決以制事，甚且必待徵發聲色而後振奮。嗟乎！年已如許而猶學髫齔小兒，必不可無嚴君之教，此時，縱不敢期於道成德立，而古人入學以後所謂知類通達、彊立不反之學安在也？可媿也？而吾母罔極之德，則益無可爲報矣。

忽聞雞鳴塘又涸，自吴淞江戽水入溉田。佃户來索資，殊惶悸。大荒之後，重歛滋苛，其又堪再荒耶！今年入夏以來，天嘗雨，而此地及其左右又獨多。然不雨者曾幾日，而乾渴若此矣。

水利不治，東南之民未有生理也。蓋不旱而已乾，不水而已潦，此非天之降災而地爲之也，亦非地之召災而人自爲之也。悲夫！

處事不當，雖因疾惡之情而失篤親之道。

陳夙公兄篤信佛氏，比年來，不惟〔二二〕不茹葷酒，并不茹五味而食淡。今〔二三〕又兼絶菜蔬瓜果，惟穀食而已。余叩其故，曰：「以甘淡泊也。」嗚呼！人之所以失志節者，不能安貧也。貧之所以不安者，淡泊不甘也。陳子雖所從異道，而其言則固善言也夫。陳子又刺舌本血寫佛氏《華嚴經》、《彌陀經》各一部以報父母之德。雖亦非儒者之所以孝親，然其精誠毅力則固非吾黨事父者之所能有。余雖不從其教，敢不服其心哉！

子夏事父母能竭其力語，就當日立言之意，本不甚深。然由今思之，豈止於服勞、奉養處竭力，德爲聖人，乃爲竭力耳！

康熙二年，癸卯，三十七歲。

余無剛制之德，往往有明知其過而爲之者。不知而爲猶可原也，知而復爲，罪乃不勝誅矣。即小德亦當慎出入，况大端顯節豈可不力持之。乃違心冒過，不知何以逭禍於神明。

同一熒惑守心，宋景公不忍移於相，而熒惑爲之徙度。漢成帝殺丞相翟方進以當之，而已卒不免。矯誣天道，曾何益哉？

二弟不勝追呼之暴，趣余出館。魑魅魍魎縱横播虐，吾輩逢之，何容自全？正須無怨無怒、泰宇不動以處此。

晤巨翁。巨翁云：「主錢穀者有四字訣不可不知，四者何？管、收、除、存也。管，謂通計管攝之數幾何也；收，謂所徵收者已幾何也；除者，或上供或下給應除去若干數也；存者，尚存儲若干數也。四者交相檢勘，則無纖毫之滲漏矣。」

暎碧先生囑訪二書：一爲《桐下听然》，歸文若奉世著；一爲《桃花渡異林》，支子固允堅著。听，古哂字。

是年，先生祭姑邱孺人，有文。

康熙三年，甲辰，三十八歲。

貧賤之人最易責人，處富貴者正須諒之。豈惟富貴即在(二四)貧賤之中，稍有毫忽之勝，便須體察彼情，忍其非意之干。凡所遭逆順夷險，用心皆當如是。

燈下聞有哭其夫，繼哭其子，又哭其父母者，聲極哀愴。問之，乃柴秀才之妻，夫死而再嫁者也。嗚呼！聽其哭，則豈樂爲失節者哉？飢驅之耳。飢驅故有是哭。使古立朝之士知皆有是哭，則身事二姓齒冷千古者，吾知其猶少也。

不當怒而怒，輕以聲色加人，某頗自省身，乃大過若此。蓋此心之放，稍不加意便如火倏（二五）燎原。懲忿窒慾之學，正不易言也。

是年，先生題《道德經帖》。閏六月十六日，先生母陶太夫人卒，年六十有四。

康熙四年，乙巳，三十九歲。

母病連年，然元旦猶得扶服牀下，瞻奉色笑，今何爲乎？再拜靈几，音容杳然也。痛哉！非義之念，既閃倏而猝乘，亦糾結而難化。殊恨無治心之功，惟其念之欲所不欲，則亦可以爲所不爲，自覺與不肖之徒相去不遠。

夢中，忽念及「君子謀道不謀食」章，覺，猶繹之。

余前寫《困衡録·報天地民物之德》一則致山威劉子，顯若見之，謂余曰：「聖賢立言，理不偏舉。惜也，子言過高而無下學之功。」余其時欿然不足而已。及歸而復視之，則正余求盡下學之語也。夫余也而何敢不下學也，亦何能不下學也。

帳内乍見一蜘蛛，亟以扇驅之，乃帖伏於扇而不墜。細視之則蟢子也，其腹龐然而大，則皆所孕之子也。余即承之以扇，委置壁下，任其所之。既思何不隨驅墜地，乃反附於所驅之物，蓋恐一墜地而破傷其子也。使非是盈腹之子，彼固輕於一擲矣。物微若蟢，愛子之篤如此，且何其巧也！於此可悟誠而明之理。余宜體察其情，置之必無傷害之地。而余固未致詳，是豈非未能盡物性耶？未能盡物性，由於不能窮物理，亦豈不于己性有未盡耶？

文王之詩，不可不讀，但讀一過，覺上帝與人呼吸皆通，放心自收。信近於義，言可復也。苟不度義，雖欲踐之，亦極難矣。然與其固踐以蹈不義，無寧廢而不信。不義之信，信由敗也。

文辭之作，未能因人而施。既爲不度於義，亦豈寡尤之道？

余近者留心性命之理，欲與昭法徐子共勉之。而昭法亦於讀書、應事之際潛心理會，兩相質論。甚幸，吾學之不孤。

昭法談論，大半爲省身克己而發，然深以頻復頻悔爲病。余曰：「此是存心不密。」瑞五曰：「若從根本上了徹，自無此病。」余曰：「安得根本上便了徹，且存養此心，漸漸理會。」瑞五曰：「不知及，何由仁守；不知性，何由盡心。故學者見性爲要。」余曰：「如曾子唯一貫，斯爲見性耶。」曰：「然。然則曾子未唯以前，所爲真積力久者，將日夜黑漆漆地耶。」瑞五曰：「曾子雖未聞一貫，固無日不以聞一貫爲期。」余曰：「是豈不然，吾所謂存心，亦只存見性之心而逐處理會耳。但必見性爲急，則夫子何不使曾子早聞一貫，而必待真積力久之後耶。又何不使諸弟子盡聞一貫，然後責之力行，而必求如曾子慥慥篤實者耶。且見性之後將心可不存而自存，抑必待存之而後存耶。」瑞五曰：「亦存之而後存耳。」余又問曰：「將心存而心可由見，抑心雖存而終無與於性耶。」瑞五曰：「心性無二體，存心何爲不可見性。」余曰：「見性既不可不存心，存心又自可以見性，然則學者何必淩獵而求見性歟？」瑞五曰：「見性以居心，則神明變化。吾能用忠孝，而不爲忠孝所用，存心以成性，則膠固拘偏。吾爲忠孝用而未必能用忠孝，凡事皆然。」余曰：「人能存心，則亦孟子所謂善人、信人矣。獨無大化聖神之境耶？」瑞五曰：「苟至是，寧不純全，但恐不逮且極難耳。」余曰：「自非人力所必不可通者，則亦在乎爲之而已。」昭法以禪宗與聖學門庭路徑雖殊，而其源頭領悟則一。因問瑞五曰：「致一謂禪宗聖學絶相背馳，何如？」瑞五曰：「禪宗之悟超妙，實自不同，吾安得爲相欺之語？」因復論從見性而入，則細微雖不能曲中，其過易見。若爲存心之學者，心有係累，善自包藏，其過難知。余曰：「包藏已過，此《大學》所謂揜著之小人也。曾存心者而若是耶？」瑞五曰：「抑又有病。既見性則理欲判然，未見性而但存心則以爲理，安知其非人心？以爲欲，安知其非道心？」余曰：「平居有析理之學，當時有審幾之功，寧患此耶？」瑞五曰：「子且言，以何者爲心？何者爲性？」余曰：「心不難知，性不難知，吾之靈覺主宰運用處是心。其主宰運用自然不易之理是性。」瑞五曰：「若是，性在心後耶。」昭法亦曰：「子言性，將無近於情。」余曰：「理具於心，故能主宰由理，運用由理；理不具於心，則將何主宰，將何運用。性在心後耶，抑性情之分《中庸》已發未發，析之明矣。情者，感於物而後動者也。惟情感物而動，由性而出，故即情可以知性。惟心之主宰爲性之静，運用爲心之動，故存心可以見性。」瑞五曰：「子欲存心以見性，子即是以爲學可也，顧子之心宜明辨之。」余曰：「辨則入於聖賢，不辨則入於禽獸，敢不承命。」

是年，先生贈馬君房七十壽序。

康熙五年，丙午，四十歲。

意中所必不欲爲者，而復爲之。甚矣，從惡之易，若水趨下也。故曰：「小人下達，危哉！」

苟（二六）能力濟朋友之急而不求（二七）利，固義也；竟以無可稱貸而辭之，亦義也。必欲曲全之而又求利爲念，則兩失於義矣！就朋友之義而言，固不當求利，而亦無貴乎曲全；就取與之義而言，固不必曲全，而亦烏容以求利（二八）。

與瑞五言，不免有附和之意。使自處此，有未必然者。蓋爲人不若爲己矣，爲人不若爲己，則其爲己之道恐亦有難信者，正所謂知而不言爲不忠，不知而不言爲不明。

事之得失，當辨於微，乃顯然之理。而爲人所奪，不能自主，自貽後戚。似此謬昧，真棄物也。所謂納諸罟擭陷阱而莫之知避者也，亦大可哀也歟！

偶見《韓詩外傳》有云：「學以爲人，教以爲己。」此二語與子貢所稱孔子之言正相反，道盡千古學者、教者之通病。子貢之稱夫子曰：「學不厭，智也；教不倦，仁也。」學以爲人，故不智；教以爲己，故不仁。

余病至是已兩月矣。病之發於外者雖止，其在内者(二九)正(三〇)難療也。岳心自⿰目翏來(三一)，語余以攝養之道曰：「莫若無心。」又曰：「提起正念，便自無心。」瑞五以余(三二)憂思成病，語余曰：「天下事水到渠成，莫不有自然之位置，不必過慮(三三)。《中庸》十四章，熟讀可以解矣。」

余性寡怒，嘗視顔子之不遷若易學者。是日，有一事至頗拂意，恕以處之，竟得泰然。少頃，又一事至，亦不如意，不覺出一怒言，失之過當。隨自省悔，而駟不及追矣。乃知前事之不怒者，非真能泰然也，原憲之不行也；後事之發怒者，非其激之獨甚也，强制之不可久也。薛文清公云：「不遷怒工夫甚難，惟嘗用力者知之。」信哉(三四)！

一言不審便輕出，一言輕出便尤悔交至。

以理處事頗得順應之道，而心不爲動，乃復有遏撓之者。甚矣遂意之難也！然畢竟因德行淺薄，不能深孚於平日，故致相左於一朝。

今人餽遺之來，必書奉引敬意。余最愛此敬字，猶有先王禮意之遺，此所謂「禮云禮云，玉帛云乎哉？」所謂恭敬者，幣之未將者也。然天下之實致其敬者，寡矣。

讀小學畢，憶六歲時初就傅，先君即授讀小學。及習舉業而此書遂廢，迄今蓋四十歲矣。復讀一過，退而自省，立身接物之間，有一事與此書相合否？上負聖謨，下辜嚴訓，不勝慚痛切中。

一刻放下，此心不做工夫，便一刻爲庸惰之人。可畏，可畏。

輕出一言，劉賓初兄玉潤正之以義。赧然愧，瞿然而起。

昨得賓初一語，因思余夙昔失言於人而莫爲匡救，與夫不能匡救人言之謬者，不知何限，二者皆過也。從今以後，只嚴加存省，此過庶可漸寡，而賓初一言之益厚於百朋矣。

語事不能簡要精當，當知其爲過而勿復犯。

是年，先生贈張永暉六十壽序。

康熙六年，丁未，四十一歲。

四十見惡，其終也已。乃又進一年矣，所以猛自惕勵，爲桑榆之收者當何如？

評論人長短得失，余極知其不可。往往了然於胸，而復侈然於口，故知有守之難。

斯須誠敬不致於内，而禮即愆於外。

此心一刻在道義上，便受[三五]一刻安樂。

從友朋借得《薛文清公讀書録》。去冬，病中曾覽之，抄不及十之一。是本又亡失前二卷、後三卷者。開卷不無憮然，然能得其益，一章一句亦可精進；不能得其益，雖全書亦奚以爲？

每動一念，當思於仁、義、禮、智四者何著。

枕上讀《讀書録》，始知[三六]前者未嘗一日爲人。奈何靦顔視息[三七]，不知愧悔？

余與二弟語，雖無失於事理，然於語時，實未嘗畫然胸中一定而後出之於口，如此其不失理也者幾希。及二弟去後，又不能無留滯之思，耿耿者竟日。此皆由於見理不明，見理不明由於己私勝也。昨動念，當於仁、義、禮、智有歸著，是可謂智乎？不智則不仁、不禮、不義之心皆可因之以生，故窮理之功爲最要。窮理又須力行。

平時雖或知之，至臨事而又若罔聞者，畢竟知之不明。余於此事非漫無所見者，然幾不免臨事之誤。又一日之縈懷，窮而後反，胷中始豁然有定見。雖得豁然，亦可謂之魯矣。

古聖賢於橫逆之來，始則自反，繼則任之而已；或受或避，則觀乎禍之輕重，斷無與彼爲難之理。聖賢亦有不容橫逆者，要皆發於至公之心，非爲己也。

前此未嘗爲人，今日以後，如何方爲爲人？不得仍與昨日無異。

容貌辭氣，全未得敬字之力。

仁而不能，裁之以義，便是私，私便多事，多事便多害。思及不必然之事，後即果如所思，猶爲妄念，况又決不然耶。未然而冀倖，則其後不然而懊喪。一忻一戚，徒自勞攘。誠能循理順運，不爲物累，此心無喪無得，其樂有不可言者！

天理本是至直、至易、至簡，加一毫人欲於其間，便生出無數紆曲煩難來。

今舉世之人汲汲津津，所事者惟功利，所尚者惟富貴。其於人之所以爲人，三綱五常之道，莫之或講也。然求富而富不至，求貴而貴不得者何限。乃至飢寒困踣，流離失所，人卒莫指而斥之曰：「夫夫也，非人也。」若其不習於德、不軌於義，縱欲忘親、姦欺誤上、暴横殘賊、虐己害人者，則羣相與排棄之曰：「甚矣，夫夫之非人。」以此而觀，則天理之未嘗泯滅，而人心之未嘗一日亡也猶信。

夢我皇考於《孝經》前有凡例三四條。噫！第二條有云：「盡孝之心，即求道之心。」

余讀二典三謨，有見夫堯舜至德、唐虞至治，不過欽之一字。甚矣，敬道之大也！今人但於存心、履事之間能持一敬，便覺得力甚多。

不審於理而發言，不敬之故。

余有過於疑慮之病，此不勝其私也。疑慮之甚，則又生出過端來。若明理、養氣之功勝，決不患此。

余於奔走酬應之後，若坐定即作字，輒易差誤。于以見余動中之不静，雖事後而猶未凝心斂氣也。於動中之不静，又以見静中之亦未嘗静矣。若静固静，動亦静，則雖至動之中紛然肆應，猶不至於或誤，況動後乎？

吾友有不當爲之事，不能力阻，其病[三八]畢竟分人己爲二，看得不切。爲所不當爲者，固失於不義；不力阻者，亦豈得爲無過？豈非不能成物，即不能成己？

行之不勇，畢竟知之不徹。

吾於藏鉤射覆，而有見夫人心之神，亦於此而有見夫人心之無二理，又於此而有見夫天下之至神不出乎天下之理一。

人於自成成物之外，更無別事，而今之人日役役焉以從事於身世間者，總於自成成物無與。

聖賢之言以君子、小人竝論者，如喻義喻利、居易行險、易事難説、易説難事之類，殆難悉數。蓋欲使人判然知所從違，如南朔之殊途、暄寒之異氣也。苟嗜利焉，則小人矣；苟倖獲焉，則小人矣(三九)；苟難事焉，則小人矣；苟易説焉，則小人矣。所謂終始慎厥與。與君子同道，即爲君子；與小人同事，安得不爲小人？今人於小人之名皆知所惡，苟以是相訾謷，則憾深切骨。而於小人之事又甘之若飴，莫知所戒。樂其事而忌其名，猶病戚施而惡影之俯，不可得也。

枕上靜勘心體，以其容納而言，則可以爲禹之聞善言則拜也。舜之善與人同，自耕稼陶漁以至爲帝，無非取於人也。以其推暨而言，則可以爲老者安、朋友信、少者懷，鳥獸魚鼈咸若也。真覺浩浩落落，因識得《中庸》「致廣大」三字。

一事之應，公私之念交戰於胸中，竟日而不能釋，何其中之無主也！然必求其公之得、私之失，而見吾本然之心德，則亦致知格物之功，但足見其魯耳！

魯而能至於敏，斯謂之變化氣質。苟於義利之辨、公私之介，今日見之遲，明日又見之遲，是魯將終於魯也。亦曰殆哉！

夢中似題《西銘》云：「能求堯舜之心，必有堯舜之業。」

康熙七年，戊申，四十二歲。

終日侍先像側，真覺祖考之皆式臨在上而音容無問者。

人所交口稱揚者，不必別指過端以抑之；人所交口非毁者，須婉爲回救以解之。其無可解，默然可也。若人非亦非，最爲傷德。

善出於己，而歸美於人之鼓舞作興，尤爲厚德。

余固深知好有德、揚人善，而亦間有不然者，私意所偏蔽也。

私意偏蔽，則言動之間，有莫知其然而皆出於不公者矣。知其不公，猶可力制；不知其不公，咎斯積矣，可畏也。

私意植根於心，即甚惡之而不能去，以是知克己之難。

察言觀色，大是進德關頭。然察言觀色以省己，是進德事；若察言觀色以迎人，是敗德事。

酒政中勃然有不受屈之心，此區區者猶然，況其大者乎？且自致之，而非人之所加。若自人爲之，則益將不受，余於此等處，每自見無絲毫學力。

口中稱謂之誤，雖非大過，然亦足見其心之不在矣。看孟子之才之學，真能做得掀天揭地事業。然其根本切實，不過從孝弟上體驗出來，所以爲人倫之至。自覺氣稍浮，語言易出。日讀聖賢之書而不知其道，日親有道之人而不獲其益，心不在焉故也。不瞽不聾而不能視聽，不當爲之惕然猛省耶！

作事而不能盡事之理，固由於不明，亦由於不誠。

向讀《孟子》之言，「仁之實，事親是也」，未能確見其義。逮反覆乎《孝經》而後知仁道雖大，實根荄乎孝之中矣。蓋順吾親之志以愛敬天下，又合天下之懽心以事吾親。太和之氣充塞兩間，陰陽調而風雨時，五穀熟而百物殖，皆由此也。故不孝不可以言仁，不仁亦不可以言孝。讀是經者其勉旃！

和而不流者，自然動皆中節，非心有主，其孰能之？

酒政之間，辭氣未盡和靜，足徵所養不密。

「不逆詐，不億不信」，朱子釋云：「詐，謂人欺己。不信，謂人疑己。」須看此己字，蓋指關切者而言。今人議論人事，應對物情，於己初無所預，而動以疑詐懸度他人。朱子之意謂[四〇]切於己者尚不可，他可知矣。能戒乎此，則心術自醇，言語自寡。

余書小楷，實未能工，奈頻有乞書者，甚自愧也。是晨，無待來，謂有以余書爲力不足者，聞之深喜其切中吾病。噫！安得立身制行之間，亦有能摘我瑕而抉我疵者，我固傾耳聽之。

心有所蔽則雖天良最親切處，亦不復發。事過忽覺，膽欲墮地。

言有不安者，寧闕而不言，勿勉强牽綴以求合。闕則不過爲固陋，牽合則妄矣。

纔覺財用重，便不知有恩義，凡處人倫皆然。

賓之來，以雨阻談甚久。所言皆古今爲善、利益之事，此半日不爲浪擲。

余頗致慎於出話之際，而往往不自覺其言之易發（四一）。不自覺者，心之亡也。

作事須含容詳審，方得易簡之道。蓋躁則煩，粗則難，理固然也。

與計利者有事，而復增其計利，是吾亦計利也。一有計利之心，則必昧於所當然，爲其所不欲，而利亦究不可得。故君子寧隱忍以挫於人也，不屈己以求人。

余每自覺其言之多、言之雜、言之陋。去此三者，則幾於進矣。

多言最害事，多言則心馳矣。孟子曰：「予豈好辨哉？予不得已也！」須看「不得已」三字，「不得已」雖辨而非多言矣。

氣習深處，不能克治，抑鬱竟日。

余勸學徒好學，因想一人好學，則一人之心樂，師長之心樂，父兄之心樂，乃至聞者見者之心樂，鑒觀在上之心樂。宇宙間，真是一理充塞，無有間别。

每預事，不論爲人爲己，要持重，要盡誠。持重對輕佻而言，如動輒戲言之類；盡誠對淺略而言，不能悉心圖度、執理告諭是也。大約輕佻者必淺略，余未能無憾於此也。

余每聞人之稱吾善，惟恐其言之多出，或語他事以奪之。此念亦見可與爲善。第未知聞人之告吾過，能惟恐其言之不多否？此當自省察也。

少爲(四二)俗習所誤，往往(四三)筆墨之間、口語之際，喜作輕巧之辭。此病入骨，雖痛自刻除，猶未逮也。故教子弟者，切宜使之厚重簡默，乃爲有造(四四)。

人之資性不出愚智二者。智者易於多言，愚者易於寡言。雖然，愚而多言者有之，智而寡言者則鮮矣。智而寡言，顏子所以造道篤，而去聖一間也。

病中不敢浪擲光陰，兩日頗覺悠忽過日。

畫前之易，妙於設卦之易；設卦之易，妙於繫辭之易。朱子所以作《易本義》，視釋他經，簡幾十倍，而猶自謂覺言之多也。

切乎事而當乎時，必當言而言便訥。

日來頹弛已甚，若遇明眼人，定覺面目可憎、舉止乖張，第不自知耳。

迎神甚盛觀者，舉國若狂。余適閱邸報，山東地震死傷破壞未有之酷。此間幸得無害，而人心如此娛蕩，豈所以仰承天意，而轉異爲祥乎？

欲證己言之不妄，不覺暴人一過。

張聖丹文來質《史記》所疑云：按《通鑑》漢高元年乙未至武帝太初元年，相去一百有三年，爲丁丑是也。然以《史記》十二諸侯年表、六國表考之則合。若據曆書，元封六年詔以七年爲太初元年，年名閼逢攝提格，則甲寅也。太初元年爲甲寅，則漢高元年當爲壬申。《史記》同出於太史公之手，以理言之，則當以曆書爲信。何也？天文律曆，太史所掌，宜無憑臆傳會之訛。又其受禍在天漢二年，則曆官正在元封、太初之間，亦無傳聞異辭之失。甲寅之與丁丑、壬申之與乙未，雖先後二十三年，其宜知所從矣。然苟謂作《通鑑》者未之或考，則自宋代之年逆而數之，即周秦以前，皆可歷歷不爽，況於漢乎？且《通鑑》特祖《左氏春秋》爲編年之史，則干支互異，是其大綱，豈容於曆書所載疏略如此？其所以斷，斷從乙未、丁丑者，又不可謂非徵信之筆。然則《史記》之甲寅謬耶，是不可解也。余讀史既失精詳，聞此亦但茫然，特爲筆之，以俟博洽君子。

余以不能固違人意，往往有不當應而應者，自後切戒。不能臨事審察，事後引咎，曾何益哉！

事後之悔，業(四五)無益於既往，庶有補於將來，所謂前車之覆、後車之鑒也。然不痛自刻責，嚴加提省，已而愆謬相循，覆轍復(四六)然，此真不可救藥者矣！

薦嚴寺燬於孟冬二十九日之戌刻，來朝往觀，亦弔災之意。

有不可對人言者，非君子；有可對一二人言、不可對千萬人言者，亦非君子。

人主雖臨御萬幾，然有爲、有不爲。王莽惟不能無爲，所以煩碎躁擾而日底於亂亡。人心雖酬酢萬變，然有感有寂，吾輩方寸惟不能無事，所以糾結迷惑而日究於汙下。

食菜甚甘，德下指謂曰：「此物至冬後，其美如此，乃知風霜非惡物也。」

乙酉歲，松江有縫師聞清兵將至，預多市酒。及城潰日，夫婦偕飲極酣，固鍵門户，自焚死。陸天逸云。

一事之來，必當審其理之當爲與不當爲，與夫事之可成不可成。其當爲而可成者爲之，無庸疑也；亦有當爲而不能成者，則己不必其悉爲之矣。若夫理不出當然而勢又處於難必，則未有不摧敗困屈、徒自取辱者也。然則不當爲而可成者，如之何？曰：「事愈成，則德愈喪而品愈下。是故知柔知剛，知微知彰，見幾而作，不俟終日者，惟君子。」

敬止之學，不可須臾離，一不敬則失所止矣。

九德須常常以之自省。

言雖當，亦宜審所疑忌。

爲君子所喜愛，足以徵己德之進；爲非君子所喜愛，我殆有邪德乎？是可恥也，可懼也！

是年，先生贈葉廷玉之母李太孺人五十壽序、記崑山縣吏何振溪、順溪昆仲乙酉殉難事。

【校勘記】

〔一〕無，道光刻本無此字。
〔二〕我，道光刻本作吾。
〔三〕額，光緒刻本作頞。
〔四〕三，光緒刻本作二。
〔五〕閒，光緒刻本作間。
〔六〕切，光緒刻本作竊。
〔七〕疊山，道光刻本作文節。
〔八〕元，光緒刻本作玄。
〔九〕元，光緒刻本作玄。
〔一〇〕元，光緒刻本作玄。
〔一一〕窾，光緒刻本無此字。
〔一二〕吾，道光刻本作我。
〔一三〕止，光緒刻本作至。
〔一四〕在，道光刻本作往。
〔一五〕所爲，光緒刻本作所謂。
〔一六〕樸，光緒刻本作淳。

（一七）貧富貴賤，道光刻本作富貴貧賤。

（一八）朝，據光緒刻本在「朝」之前補「前」字。

（一九）終，道光刻本作真。

（二〇）有，道光刻本作是。

（二一）吾，光緒刻本無此字。

（二二）比年來不惟，道光刻本無此五字。

（二三）今，道光刻本作近。

（二四）即在，道光刻本作「即均在」。

（二五）倏，道光刻本無此字。

（二六）苟，道光刻本無此字。

（二七）求，道光刻本作計。

（二八）亦烏容以求利，道光刻作尤不可以計利。

（二九）其在内者，道光刻本作發於心者。

（三〇）正，道光刻本在「正」字之後有「復」字。

（三一）自嘐來，道光刻本無。

（三二）余，道光刻本無。

（三三）不必過慮，道光刻本作何容心焉。

（三四）信哉，道光刻本作余於身體之久始信。

（三五）受，道光刻本無。

（三六）知，道光刻本作嘆。

（三七）靦顔視息，道光刻本無。

（三八）其病，道光刻本無。

（三九）苟倖獲焉則小人矣，道光刻本無。

（四〇）謂，道光刻本作蓋謂。

（四一）發，道光刻本無。

（四二）少爲，道光刻本無。

（四三）所誤往往，道光刻本無。

（四四）有造，道光刻本作有造之器。

（四五）業，道光刻本作雖。

（四六）復，道光刻本作仍。

中

嘉興金吴瀾臚青甫編刊
古吴李祖榮芷華氏校輯

康熙八年，己酉，四十三歲。

此生又增一歲，而不知學業之增在何許。拜神祇則無以對神祇，拜祖父則無以對祖父。

程夫子曰：「一命之士，苟存心於愛物，於人必有所濟。」此就居官者言耳。要知吾輩居常，苟以養人爲分内事，一言一事存心於此，自然便有利濟。

天下之人，所以不能守其道義者，内則顧己之得失禍福，外則慮人之是非榮辱。止此二念爲害，更無他端。所以聖人特著於《易》曰：「艮其背，不獲其身；行其庭，不見其人。」則無不得所止矣。無不得所止者，無適而非道義也。

臨事有二病：一氣盈，一氣歉。此固從生質來，若養之以學，則皆變浩然充塞而非盈，惴惴慄慄而非歉矣。平時漫言學問，遇事毫無得力，負媿，負媿。小事如此，何況其大？

學然後知不足，教然後知困。亦是鈍漢，何不慮之於平日也？

節制最不可少，所以儉爲聖〔一〕德。

一事之失，畢生不能挽。雖一日而百回悔恨，嗟何及也？醉，惡德也，迷心性、敗禮度、戕軀體、失觀瞻、廢時日。

偶處一事，小人頗有侵侮之語。雖彼無知，細思，畢竟是我處之不得其宜。

一行一止，毫不可苟。不當行而行，既行而欲止不能；不當止而止，既止而欲行不能。當思於此，有甚難處者，故君子貴謹始慎微。

《國語》，秦饑，晉惠公欲輸之粟，虢射止之。慶鄭曰：「已賴其地，而又愛其實。」此當今俗語賴字所由出。今謂不實其言皆曰賴。

館中有夜合花甚香，獨是日初至。絶不聞其香，雖嗅之亦微香。及坐良久，而後漸覺其香，雖閒室亦香。此無他，方奔馳而至，則氣濁，濁則昏。漸静則清，清則明，清濁昏明之相去如此。

人有善則竟言善可耳。有所顧瞻而抑揚其詞，私也。於是，乃有無據於己，而徇人以爲言者。

翼王言及治心之功，謂余曰：「不能禁邪念之雜乘，如何？」余曰：「且須檢點。」翼王云：「但言檢點，如薙草之不能去其根，仍即生耳。」余曰：「其功止有檢點，所以旋去旋生者，不能精嚴無間斷也。」翼王曰：「邪念飄忽，本無根柢。」余曰：「然孟子謂仁、義、禮、智根于心，是乃根也。以是爲根，則邪念何自而生哉？」

言而闕疑，立誠之道也。反是則誕，故須切戒。

酬對之次，能必爲有益之言。不然則[二]默，斯其有主於中者歟！

杜詩云：「好武寧論命，封侯不記年。」學者須辨此一副沉勇，乃有成就。「好武寧論命」，即所謂仁義禮智、天道，君子不謂命也；「封侯不記年」，即所謂發憤樂之、不知老至、仁爲己任、死而後已也。

人只是意所便利處，去得一分，便長進一分。故爲仁之道，不過克己。

笻在上人來。上人俗姓沈，名麟生，宣城人也。隱君子而托迹於禪，今名大瓠。博物洽聞、工於辭賦，向從昭法處知其名。

「敬」是做人種子。舍乎此，則禽獸矣。

出言輕佻，回思可媿。

物之實於中者，必重其言。輕佻則誠不至，何以動人？

偶讀陶靖節還舊居詩有云：「嘗恐大化盡，氣力不及衰。」不覺陡然一驚。然繼云：「撥置且莫念，一觴聊自揮。」靖節志在曠達，故可云爾。若余，則自顧壯强漸去，德業猶荒，何能不念也？衰已無可爲矣。況不及衰？學者皆當時時憶此一語，以自警惕！

子游曰：「朋友數，斯疏矣。」此非求免於疏也，數則非道焉耳。事君亦然，其有義當力争者，雖疏雖辱而不顧，此又不可爲[三]數矣。

讀先哲之訓而不知警，臨過差之事而不知止，謂爲學者，不亦恥乎？翼王謂陶菴黄先生有《自監録》，悉書動作念慮之失，以自鞭策。至其後而希復可書。噫！是吾師也，是吾師也。

細思隨所居之位，盡職爲難。

今人皆以浮薄爲聰明，故此病中之最深，最難克治。既不能矯輕，復不能警惰，斯人安可與言學？

薛文清云：「學者舊習語言出於鄙俚者，皆當絶去。必使一言無不正，所謂脩辭立誠也。」不過一言之鄙，先儒何以如此切戒？蓋即此便是檢點不及，便是太清之污。是日余有一鄙俚語。

自審不能，擇能者而任之，此智者之事。若不度人之能不能，直以己所不能而漫投艱於人，是爲不恕。

語言之際，覺心無主。

是年仲夏，先生應姜西溟索題王丹麓《聽松圖》。

九月，遊天平山，有記。己酉重九後數日，同仲弟至上河，晤徐子昭法。次日，晤張君君重，同登天平。峭壁奇峰，千端萬狀，昌黎南山詩之所形容，殆未盡也。始過懷竟庵主僧髻珠，不遇。繼憩曰雲庵，遇蓮花洞之僧徹明。謂自此而上，石磴陵甚。假其杖而策之，歷白雲泉，僧曰法炤，形神樸厚，望而知爲有道者。遂同徹明至蓮花洞，君重掇菌，令徹明炊黍以待。自蓮華洞上上石屋，入也窈深，出也遐曠。迤西諸石，尤見峻偉。流連良久乃下，抵小石屋而返。較上石屋爲少平，而幽奇不減。上石屋之僧曰默融，小石屋之僧曰印中。如此闃寂孤危之地，非有所甚愛于中不能居也。即此便極高致，不必論其人之行詣何如矣！返蓮華洞，過飯，循故道抵昭法齋。瞻明聞予兄弟在山，躡蹤而至。昨在靈巖，得見笻公之子沈譯問兄。是晨來訪，予兄弟偕行，尤喜遊陟之多侶焉。**遊靈岩山，有記。**顧子岳薦、吴子期久同步靈巖下院，坐霜林下，丹黄熠燿，覺衣冠、杖履皆增殊采。期久有别業可坐，爲其孫欵師讀書處。延頸望靈巖諸勝，余視不遠，諸君歷歷指示，便如身到。有若龍鳴虎吼，從碧空忽墮，則鐘聲也，亦一異境。取次西行，全山景物目不勝收，何異一幅文待詔畫？留連久之。過披雲禪舍，主人曰悦芳座有文休承先生畫，挹對其下，則又恍若置身空林峭壁。聞此去韓碑不遠，共披榛往。其高插天，爲所未睹，惟睹此則已第二次。額曰：中興佐命定國元勳。撫其碑，不勝企想其人。衰蹇易倦，遂理歸笻。然竟日流覽造化之軒豁呈露，蓋不啻神爲爽而骨爲清。舟已艤于河畔，返岳薦許，置酒相酌。**遊西金山，有記。**余欲遊西金山，朝宗放櫂，并邀蘭石、繩武、觀三、德焕、導誠偕行。觀三、德焕欲訪次程、靈昭，余因並遇次程許。留飯過，從季子祠步至西金，朝宗已攜酒饌以待。其地有石磴參差，延袤不下數百武，俯瞰太湖。便在靈岩、虎阜之間，豈容淹晦于叢蒿荒壤若此也？相與拂苔坐少頃，分席把酒。山銜落日，水泛明霞，漁帆遠近，煙嵐出没，觀湖勝致，不勝賞心。已而暝色催歸于波際，鶯聲送客于林端。同遊各别，余與蘭石諸君仍鼓枻而返。平湖如掌，繁星滿空，醉者高談，醒者静聽，而不覺舟已次岸矣。

康熙九年，庚戌，四十四歲。

本無意於侮人而輕出戲言，彼若見答，是自取侮也；彼若不答，彼之有禮，我滋疚矣。

讀王少湖先生《俟後編》而氣轉浮，細思之，非往日之氣沉而此日之獨浮。蓋是曰由讀《俟後編》而覺其浮，他日則昧而不覺耳，故知往哲之書不可一日不讀。

心者，身之主宰；理者，又心之主宰。故纔有主，便是理。

要有主，須有致知工夫。

余以人生須勞其筋骨以有所爲，而惡夫以病逸身者。故自血證後，非不嚴慎，而近來頗習勤勞。至去冬先妣窀穸之役，經營奔走，拜跪哭泣，以至新正增築先塋，無一日之寧帖。余固慮將病矣，而不意其大劇也。寒氣凝錮，上下痞塞，雖極潦到時，猶覺其有進無減。再加甚焉，則死矣。余何所犯之，病輒幾於死如此，吁可畏也。然余於此猶有幸焉者，幸其發之早而又在胸腹間，所謂變速而禍小。若再蘊蓄而或爲傷寒之疾，則死生又不知如何爾。

天下無主則亂，豈有身無主而身克治者？

子曰：「飽食終日，無所用心，難矣哉！不有博弈者乎？爲之，猶賢乎已。」在當時，不以詩文爲重，故云爾。若今日則當曰：「不有習爲文藝者乎？」均爲無益之事，非君子之所用心也。

晤蒼宇，謂廣南事去，死節士甚多，一時未易更僕，僅舉二人：一爲張同敞，號別山，江陵相國之長孫，被獲，同瞿臨桂殺於長沙；一爲張□，吴江人，被獲者再，卒死於□。又有守義之士錢君名邦□者，遁迹爲僧，號大錯，今猶在楚中，其於廣南事紀載蒐羅甚備。傍晚正雨雪時，有雷聲電光，童子驚道之。余既以理之所無，又以言出黄口，不之信。及明日而羣言皆然，始相怪駭，此亦目所未見之異，或曰荒徵也。

自問兩日爲長進、爲墮落？墮落易，長進難，思之不禁神魂驚怛！

余家所藏五老像，先高祖考令名手臨摹副本，而先考復裝潢之，益裒録諸名公題贊者也。原本向在族兄汝任處（四）。乙酉歲，先考避兵於汝任家，請先考題辭，某因得拜觀。後其子孫不能守，質於郡城朱氏，今爲同邑顧天忱氏購得，請元恭和原韻詩。昨元恭見語，是晨，同仲弟過其寓，復得瞻謁。此爲吾家世寶，不啻如天球河圖，而托於他姓，又力未能復。展卷既畢，蓋不勝低回感愴云。有《五老圖記》。

薛敬軒先生云：「厚重、静定、寬緩，進德之基。」是晚，余有怒過，不能寬緩之病也。

不求事之理，而但膠擾於中，是爲邪欲；既見事之理，而復往來於中，是爲雜念。有邪欲不窮理也，有雜念不居敬也。

胷中有二事便擾，擾則昏，況不止二也？若一一以義制之，又何擾焉？

以禮制心，然後能以義制事。

邪欲（五）紛乘，雖由於不明理，然其敬也鮮矣；雜念未泯，雖由於不主敬，然其明也鮮矣。故存心致知不可偏廢，直是一事。

人之摘我瑕釁者，其言未有不中者也。恕己或寬，而責人則明，雖有不中者寡矣。

本無刻薄之心，而出言有似於刻薄。甚矣，輕俊之語，殊傷令德。

言之可以招尤者，縱不見尤，不如勿言。不繫乎人之尤不尤，而在吾言之得與失。如其失也，尤即幸免，過已難逭。

但知有己者，不知有人，而吾以爲併不知有己。以身發財，可謂知有己乎！存心觀驗，無處不見物我一體。每事詳審退避，終鮮失誤。

偶讀《長恨歌》「姊妹兄弟皆列土，可憐光彩生門户。遂令天下父母心，不重生男重生女」之句，因有感於世之科第重襲，争相豔羨。父勉其子，兄勉其弟。此外更無足貴者，不覺廢書三歎。

升如語次，自謂此爲習氣轉移，志趣反不逮昔，語頗篤實，此子蓋所謂可與共學者矣。今諸年少中，誰知及此？

一言相助，即欲人知吾功。此心安可以(六)入道？

黄介子先生之子子聲來拜，得讀先生遺詩。先生義士也，死於己丑。江陰人，名毓祺。子聲名大洪。

過萬佛林，訪紹原上人。上人蓋昔年介子先生被禍，諸子婦女盡入旃下，而醵金贖歸者也。信慷爽有膽氣，今老，猶未衰。其佛舍亦即介子先生故園。

不能自持，即是不畏於天。不畏於天，何所不至？

理欲交戰之際，理勝最難。

胷中一爲物蔽，則畏忌之心不覺退舍。要知由畏忌不足，故物得以爲蔽。

多言非必煩數之謂，不當其可即爲多言。孔子與回言終日，孟子不辭〔七〕楊墨之辨，而莫謂其多言者，當其可也。

一語之予，一語之奪，切不可輕。人主愛一嚬一笑，豈特人主？又豈特嚬笑宜然哉？於此不愛，德斯貶矣。

夢中若讀曾子之遺書，有感其致孝之語，不覺涕泗橫流，嗚咽而寤。

不以不敢事人者事神，不以不敢欺神者欺人，斯其爲誠敬矣乎？

敬以知微，秦大夫孟明之言也。春秋以後，宋儒以前，無能爲此言者。

日月如流，豈堪更浪擲耶？

彼醉不臧，不醉反恥。自兩人言之耳。醉時不臧，醒時能不自恥耶。

與人飲酒而不節，不惟損己，亦以害人，咎孰大焉！

夢中能自持。

夢中不能自持，昨是而今轉非，可見進之難，退之易。飲食不節非傷於多也，可已而不已也。

今冬天寒特甚，陰雪連綿，水澤皆凍，無食之人不知死於寒者又幾何矣？

論議若瞻顧畏縮，則雖堯舜心事，無由得達。

心誠存則應事之理有不得不出於是者，只緣理心之所固有也。

放心，則氣質用事而爲人心；存心，則涵養義理而爲道心。此朱子以存心爲尊德性註腳也。

輕相指斥，非禮也。不可指斥於當前者，而指斥於背後，君子尤惡其欺人。

甚矣寡欲之爲要也！苟有所欲，則已常不能自持，而人亦得以此中之，危莫甚焉！然則寡欲如何？曰：「視天地間物，無求亦無可吝，則思過半矣。」

楚國無以爲寶，惟善以爲寶，此[八]真寡欲。蓋無所寶則無所好，無所好則凡名利、酒色、游戲、玩物之好，舉無足動我者，斯其爲剛德君子歟！

伯夷、叔齊餓死首陽山，此千古義士之的也。後人不必皆爲其事，斷不可無其心。有其心則氣象自別。

裋褐不完，風雨不蔽，凡所以窮困其身者，皆餓之道也。有死之心，而後可以行餓之道；行餓之道，而後可以不爲不義之事。要知爲不義亦未必不餓，徒自敗耳（九）。

怒時發言，最宜詳慎。

康熙十年，辛亥，四十五歲。

病體不出拜節，静侍祖像，讀高忠憲公遺書。

歲中懸設祖像不過三日，若復奔馳於外，其異於不懸設者幾何？獻歲雖有尊長當候問者，但覺侍奉先像一刻爲歡愉一刻，不能不惜此三日矣。

不謹細行，對先哲之書而内媿。

侵晨忽夢將死，脈息微矣，目光瞑矣，覺而陡然。蓋天之所以警我也，人命不可恃，安知不旦夕死，尚不亟求聞道以爲夕可之計，何也？

其爲物不貳一也，則其生物不測貫也。至聖一貫之道，天地之道也。豈惟至聖，天人古今總無二道也。

聖人無行不與，開口便見。《論語》首章，天道昭然。「學而時習之」，於穆不已也；「有朋自遠方來」，生物不測也；「人不知而不愠」，不言所利也。人自不察，覿面失之（一〇），真是「夫子之言性與天道，不可得而聞也」。

雷非其時，已爲異矣，又況與雪並作，未知何徵？若主歲祲，則民生豈復堪耶？

晤對子猶氏，真不覺矜心浮氣俱消，安得常與之處？顧見賢思齊，正未必時時羣萃也。

理不勝欲，當已不已。

夜坐，偶憶東坡詞云：「但屈指、西風幾時來，又不道、流年暗中偷換。」因悟世之厭貧賤、慕富貴者，急急煎煎，膠膠擾擾。今日望明日，明日望後日，少壯已去，老大忽來，悔之無及，不亦悲乎？

偶然發怒，雖於人甚有益，而於己畢竟輕發。不顧病體，且着意，不能若太虛浮雲也。

人生而静。静字，聖人掀天揭地，行所無事，大作用即在其中。

病中頗事静坐。是晚，得高景逸先生所謂「平常」二字之妙。

在物爲理，處物爲義。如飲酒過三爵，非禮也，是飲酒之理也。而吾不敢過，義也。畢竟吾心有是理，故能隨物而處之，則可以知心之無理不包矣。

言理而人或不敬，言天而人能不敬乎？無事無物不有理，無理而不出於天，則亦無在而非天。甚矣，敬之不可須臾離也！故曰：「昊天曰明，及爾出王。昊天曰旦，及爾游衍。」

善之過即爲惡，故曰：「惡亦不可不謂之性。」

認定無極太極之理而體驗之。

險逆之遭可避則避，不可避則亦受之而已，他非所計也。譬如大寒大暑，只宜於衣服飲食起居〔一一〕調劑之，若有望涼望温之念，徒甚其寒燠焉耳！

常人但有動而無静，動亦動，静亦動也；聖人但有静而無動，静亦静，動亦静也。

鐘未撞時聲固在，花當滿處氣先衰。

輕發言，言不及我，默坐爲當。

語不確核，爲操心之學者，輕率固如是乎？足見其功疏矣。

兩日秋暑復盛〔一二〕，余不免有汲汲〔一三〕望涼之意。雖因病體畏暑，究竟此念即是願外，即是求無益於得。

不覩不聞，與獨爲本體；戒謹恐懼，與慎爲工夫。然不覩不聞此也，獨此也；戒謹恐懼此也，慎此也。本體即工夫，工夫即本體也。

偶玩「慎獨」章句，所以遏人欲於將萌，不使其潛滋暗長於隱微之中，以至離道之遠。始知妄念不生即是道，即是性，即是命。朱子云：「提醒處，即是天理，更別無天理。」於此確見。

慎獨便主静，閑邪便存誠，非兩項工夫。

人欲不萌即是道，故戒謹恐懼所以存天理之本然。空山無人，水流花開，静中似此景象。

看來太極只是生理，六經四書，聖賢千言萬語，只講得生理而已。

太極只是生理，所以天地非此不立，萬物非此不生。《中庸》明善即是《易傳》繼之者善，善字性也、命也，無聲無臭之體也。得善善字亦然。「内交、要譽、惡聲，皆妄念也。」讀孟子此語，真令人一切妄念無自而生。王天下，孟子尚以爲所樂不存，奈何以微名、小利、聲色、玩好爲樂也？「太極生兩儀，兩儀生四象，四象生八卦。」雖遞言之，實則四象八卦皆太極所生，所以太極只是生理。

人在静中整齊嚴肅，便覺有天地位氣象。

同客夜坐，雖甚謹飭，尚覺言多。能人喧我寂，如刀斬斧截，乃見學力。

聖賢之書，各有箇合一處。如孔門求仁，則《論語》章章有仁在其中；孟子道性善，則七篇章章有性善在其中。又總有箇合一處，仁即性善，性善即仁，原無二理。學庸五經皆然，此正所謂一本萬殊，萬殊一本也。

《大學》一書，無非至善。

一貫須即從《論語》看出，而一貫不獨孔子之道。既了一貫，定然見得。《論語》皆言「貫」，須從「貫」處見一。

性與天道是一，然而夫子不言也。仁是性與天道，然而夫子每言脩爲、言功用、言效驗，獨不言本體，故須貫處見一。

《易》言各正性命於利貞。可知人到死時一刻，還是性命所在，所以曾子要易簀而卒。

各正性命者，物當資始之初，性命即具有利貞之理，必至是而後爲正也。斧斤之伐、牛羊之牧，可謂正乎？君子知性命之無物不有、無時不然，故一息尚存，此志不容少懈。

多言既損氣，復生悔，何不切戒也？

多言只是心浮。

志不篤則心浮。

方苦此心操持，静中不定，而又放他自由如此，是卻走而求前也。

夢中忽吟唐人詩云：「幾度木蘭舟上望，不知原是此花身。」覺而思此語可以見道。

夢中又吟詩云：「一悟寂爲樂，此生閑有餘。」摩詰學於禪者，故其言如此，而入余之夢，何耶？意者予所志在未發用功，則正寂然不動時也。此以見静亦定、動亦定之非不可幾者耶。

先儒以佛氏爲自私，只觀摩詰此二語，何其自私也！若君子則不然，静則涵天下之萬理，動則應天下之萬事。但静固非空，而動亦非擾耳。故其寂也，不必爲樂，而其感也，亦閑有餘。

盛時即是衰時，此理驗之草木之花最見。花之香者，滿放之前香於滿放之時，豔色亦然。

言雜則心亦雜，故知言可以知人。

《大學》之所謂至善，《中庸》之所謂性，孔子之所謂一，皆太極也。性，生理也。

莊子曰：「道者，萬物之所由也。失之者死，得之者生。」蓋亦見夫道之爲生理矣。

洞洞屬屬最妙，洞洞精也，屬屬一也。

理之所在，只合泰然處之，增一分不安便是過失，又將生出惡來。

理當如此而以爲不安者，只是見理不明，天下豈有加於理之外哉？

《中庸》言天地之道不貳，是日始見得立心處事只有一理，更無第二箇去處。蓋一者誠也，妄則貳矣，所以程門立教只是主一。

事不當可，即是非禮之動，不必其悖謬也。

《易》於乾之二曰誠，坤之二曰敬。誠，聖道也；敬，賢希聖之道也。誠則必敬，敬則必誠。

天下事，若但爲所當爲，不爲所不當爲，真覺至易至簡。今人只爲所不當爲，而當爲者多拋卻，便忙得不了。

胷中須肅然無事，乃是聖學。泰然境界，從肅然見得。若但言泰然，恐易向清虚曠達一途去。

《孟子》七篇，不外仁義。然欲仁則自不能不義，而義正所以成其仁，此又仁義合一之旨，讀者須識得。

人固當安分，又須盡分。若不能盡分，決有不安處。

萬世學者皆尊仲尼，仲尼則祖述堯舜，而《書》稱堯之德第一是欽字。噫！盡之矣。子路問君子，子曰：「脩己以敬。」答問仁者，亦大都主敬以此。敬也者，聖學之所以成始而成終也。入此則是，出此則非。以此辨古今之學術，觸處洞然。

微有淩忽人之心，工夫密者固如是耶！

病中稍覺怠放，便過咎叢集如此。

一事有當然之理，則事事有當然之理，而皆不外乎吾心，故曰萬物皆備於我矣。又曰純粹至善者也。

讀聖賢書，須見得聖人之心即吾之心，聖人之道即吾之道，非有二也。但「聖人先得我心之所同然耳。」

箴規人者，必借鑒他人之過以爲訓（一四），似不如只就理而言，爲不稱人惡尤無口過。

余每見人一言之失、一動之差，大則召禍，小則生釁，歷歷不爽。蓋不可不致慎也如此。

當静而静，心在静上；當動而動，心在動上。此之謂誠。若當静而心動，動乎此而心在彼，即是不誠無物。

當静之時，廓然大公而萬理畢具，内外合一也；當動之時，物來順應而性無不在，内外合一也。

有事理至顯易明處而余竟不覺也，幸有言及之者，始得不悮。以是知人己所不及察而成過者，蓋不可以計數矣。

曾子之戰戰兢兢，即是顔子之樂。

當静之時，則爲戒懼；當動之時，則爲慎獨。非二物也，慎獨即是戒懼，故曰主静。

戒懼，静中之動也，故不空寂；慎獨，動中之静也，故不紛擾。

敬則静也。明也、誠也，皆在其中矣。

極奇變之事，只是極平常之理。在不知道者則以爲奇，在知道者則見爲常。

理一，所以大無不包；理一，所以小無不入。

孟敏謂「甑已破矣，視之何益」，此所謂天資近道者也，於此可悟性上不可更添一物。或曰：「不視破甑，何謂性？」曰：「性即理也。物理合當如此，便是性。」

先儒謂矯輕警惰。究竟輕由惰生，斯須偶懈，則輕妄隨之。

人而於己無嫌也，則聞其善而信之敬之。此以知中無私主，則無感不通。人而於己有嫌也，則聞其善而忌之疑之。此以知中有私主，則觸處障塞。

神足以知來，智足以藏往，人心之本體皆然。但其發用處，有真與妄之異耳！

今人稱果種多曰仁，如桃仁、杏仁之類。此仁字最妙，於此可見人性之仁，可見仁之統四德。其生生不已之機，由果實而爲根幹，由根幹而爲花葉，由花葉而復爲果實，由果實而復爲根幹，仁也。當根而根，當幹而幹，當葉而葉，當花而花，當實而實（一五），是即義也。根幹花實之異其質，青黄黑白之殊其色，莫不秩然粲然，是即禮也。自根幹而花葉，而果實，無纖毫之混淆，是非貞固不能，智也，而是（一六）四者渾然全具於果種沖漠無朕之中，故曰可以見仁，可以見仁統四德。

亘古亘今，塞天塞地，一誠而已矣。

《易》言无妄利貞。利貞中有格致之功焉，貞即心之正也。心正者，心得其理也。蓋必格物致知，得其正理，而後意可得誠，意誠則心正而身脩矣。推之家國天下，無非此正，即無非此誠也。

格物致知，求此誠也；誠意正心，存此誠也；脩身齊家治國平天下，行此誠也。此《中庸》之明道，所以不外乎誠也。

堯、舜、禹處父子之變，湯、文、武處君臣之變，而禹水湯旱又處民生之變（一七），周公處兄弟之變，孔、孟處時位之變。從古大聖，未有不在逆境磨鍊過來，故曰：「困，德之辨也。」故曰：「若要熟，也須從這裏過。」

涵容便能鎮静。

拂意相感，能安忍詳審，最見學力。

聖賢所以撥亂世而反之正者，只一懼字；學者所以去舊染而新是圖者，只一恥字。

今世士習放辟，庸鄙已甚，而習不爲念。有心匡救者，須亟與提唱「恥」字。恥者，桀堯之轉關，故聖賢皆喫緊以此教人。孔子曰：「行己有恥。」孟子曰：「恥之於人大矣。」周子曰：「人之生，大不幸，無恥。」

刻刻提醒，此心爲動爲静。動時爲仁、爲義、爲禮、爲智，各要分明，此即天道之陰陽五行也。

稍不着力檢攝，此心便濁亂無緒。

心存斯誠矣，故中庸之道，不外一誠。而朱子卻於待人而行下指出存心工夫，以爲立誠要領。

此心光光明明，静者即是動者，動者即是静者，更無須臾間隔，斯其爲緝熙也歟！

洞洞屬屬，緝熙也。

静則專而翕，動則直而闢，須於自心驗之。

舍敬而言學，非聖學也；舍五常而言道，非聖道也。此之謂知言。

堯、舜之不傳子，只是知其子之惡，只是人所極意障蔽者看得十分透徹，做得十分了當。然於此固見堯、舜之聖，竊謂丹朱、商均亦非兇逆，但無君德耳！何也？彼兇逆者，見他人唾手而有乃父之天下，惟辦得一反矣（一八）。

堯、舜不過知其子之不可爲君，故與賢；禹不過知其子之可爲君，故與子。聖人之於天道，如是而已（一九）。此之謂行所無事。

私鄙心忽動，亦即化。其即化也不足幸，其忽動也深可恥。

妄念不生，而氣忽浮動，高景逸先生所謂學者俗根難拔，須堅凝其正心正氣，正爲此也。本末内外交相培養，然二者畢竟志以帥氣。氣之浮動，持志未能堅，久之爲患也。

康熙十一年，壬子，四十六歲。

今歲元日，猶是去歲元日面目，豈善學者？

纔提醒便無欲，堅久爲難。

切不可輕議論人短。

背後譏笑，殊非有德者事。

學者識得春風沂水之趣，固無待於兵農禮樂。又須識得兵農禮樂之理，初無異於春風沂水。

鳶飛戾天，魚躍于淵，固以此見天理發見流行之實，抑物各有定分，於此尤須識得飛者必至於天，躍者必在於淵，定分也。飛者不能爲躍，躍者不能爲飛，定分也。知有定分而後知天理流行之妙，隨處充滿，無少欠闕。所以君子只是素位而行，不願乎外。所以春風沂水，夫子與點。所以必有事焉，而勿正心、勿忘、勿助長，程子謂是活潑潑地。

五倫之外更無人，五常之外更無道。

氣浮，不審言，多時閉關，應對頗稀。纔一出門酢酬，便覺病痛甚多，以此知比時全不得力。

與人相對，微動輕侮之意。

探月鹿之喪。月鹿來崑即病於粒民齋中，竟不復起。粒民經紀其喪，真有於我殯之意。

送月鹿厝於馬鞍山下。月鹿姓張氏，名□□□□人所厝之地，今三賢祠西。

侍飲長者，不能致敬，以爲卑幼勸，氣粗而語輕。

人之物即己之物，故當相爲愛惜；己之物即人之物，故當無所吝惜。

昔賢爲謀必忠，人事即己事也；與朋友共，己物即人物也。

今人多責效於天，殊不知舍己更無所爲天也，亦只求諸己而已。

是年五月，先生贈玉孚兄六十壽序，祭顧荀若處士文。吳江隱者戴耕野先生六十生辰，程子杓石、袁子重基請先生作文爲之壽。

康熙十二年，癸丑，四十七歲。

每發一言，必先自省，於義何取，斯鮮失言之病。人惟自見爲是，則天下之服其是者少矣；人惟自見爲非，則天下之議其非者亦少矣。據事直言而不知違乎言下當然之理矣，故貴精義，故貴時中。理不外乎氣，故氣不可不養；性不外乎形，故形不可不踐。而養氣踐形，皆自孟子發之。其以實學喫緊，爲人如此。

可以爲可以不爲，爲傷義，縱能絶之於後，而失於前者，已不可復回矣。事之在我爲非而在人無害者，猶不可爲，況未必無害於人乎？知明勇斷，決不出此。婢僕雖供使命，然凡事苟可自爲者，即當自爲，不必動役婢僕以盡其力，一以恤下，一以習勞，一以養福。天下之物，雖曰與天下共，然在己者，不得過分彼此，在人者，不得無分彼此。或曰：「無乃厚於己而薄於人乎？」曰：「均厚也。待己則以無分彼此爲厚，待人則以必分彼此爲厚。事有萬殊，道與之俱，均道也，則均厚也。且夫待己厚，而待人之厚即在其中，待人厚，而待己之厚即在其中，尤足以見大道之公。」

是年，先生有《贈東木姪六十壽序》。

康熙十三年，甲寅，四十八歲。

康熙十四年，乙卯，四十九歲。

出言傷厚而無實。

矯輕警惰，宜爲心銘。

標榜不喜及乎己，譏評不敢加於人。生平意念，硜硜如此，二者要亦相因。

對田夫而失言，而田夫亦覺余言之失，是余固田夫之不若也，當下不勝慚愧。先儒釋「允恭克讓」云：「聖人實見天地人物，無一之可忽，無一之可傲。」信然，信然。有此失者，畢竟忽之故也。

偶有一極小事，而不覺教人以僞。使時時省察克治而無間，焉有此失。

理勝則氣不用事，氣静則理愈以明。苟遇事而矜張急遽，爲氣所役，不惟不能自處乎〔二〇〕理而且即於愆矣。戒之，戒之。

事至而未嘗有事，斯理勝矣。

人猶有所憾於天地，天地何嘗輒生憤恚，故犯而不校者爲量同天地。但不可以天地不恚人之憾而不敬天地，聖賢不校人之犯而不敬聖賢。

是年正月二十六日，先生病中贈王醇叔序。九月，代族子曷壽曾叔祖母楊太孺人七十文。

康熙十五年，丙辰，五十歲。

康熙十六年，丁巳，五十一歲。

妄用便是不義，故伊尹非道非義，一介不與。余從來不妄用。昨於酒後，偶不自持，物雖微，然亦妄矣。甚矣，寡過之難！甚矣，酒之害德！

妄用失天理之當然，且不爲造化惜物力。雖一介，焉得不爲獲罪於天？

是年，先生作《〈吴中往哲圖〉序》，贈盛逸齋先生六十壽序。

康熙十七年，戊午，五十二歲。

王生醇叔北上，來别曰：「先生何以教之？」余曰：「以子之才，掇巍科特攜取耳，吾又何以益子。」曰：「非敢望然也，惟願先生教之。」曰：「心欲其下，情欲其厚，氣欲其斂，事欲其約。」

天下事有勢之所至，即非意所欲而已不能爲力者，尤見始之宜慎。

今夫錢之爲物雖小，而其形平，又其性重。及爲人所立而旋焉，則千迴百轉，良久乃復其故。以是知天下之事勢所激，使莫能爲力，其間幻變，有絶非恒情恒理所得而擬者。甚矣，人之不可以妄動也！此聖人所以作《易》也。

事機相左，是大益處。不知自儆，非所以順承天意也。天下之事，有善有不善。而善之中，又有善不善焉；不善之中，亦有善不善焉。俗流失，世壞敗，乃至矯然自命爲善者而率皆不善之事，己不以爲媿，人莫之能辨，可悲也夫！

是年，先生贈王醇叔母夫人朱太孺人五十壽序。

康熙十八年，己未，五十三歲。

出言過於謙抑，深媿不能學禮。學禮者品節詳明，事無大小，當下有以自立。即有(二二)不及，亦不踰毫髮。

世人只爲得喪禍福四字占了方寸，遂使理之一字埋没不出頭。要知比干之直諫而死，孔子之明日遂行，只是禍福得喪看得透耳！此處不容有纖微之點翳。

是年，有博學鴻詞之選，當事者將以先生舉，先生以死自誓，遂不出。

康熙十九年，庚申，五十四歲。

是年，先生贈徐俟齋先生嫂蔡孺人七十壽序，贈徐季重先生七十壽序。七月，祭邱近夫表兄文。

康熙二十年，辛酉，五十五歲。

是年，先生贈徐俟齋先生六十壽序。

康熙二十一年，壬戌，五十六歲。

余病中有質疑經旨者，以余知之所及，苟能細心静會，未必不得其説。而乃率意妄對，不自覺謬，豈病中神思蹇淺歟？有學力者，身雖病而此心湛然如故，愧不勝已。

程子謂：下學人事，便上達天理。而陶靖節卻云：「惟於人事拙，故與天道近。」程子所云是日用常行之人事，陶公所云是溺情喪德之人事。故一與天道合，一與天道違。

多疑人者，由於己之多咎。若無所取咎於人，此心坦蕩，又何多疑之有？

君子不輕疑於人，輕疑則雖周親密友，其情不能以自達。輕疑則寡助，又安得有周親密友？

是年九月，先生於病中作《朱布衣自傳》、《書董觀三先生卷後》。

康熙二十二年，癸亥，五十七歲。

是年九月，祝席獻臣永渤之母太孺人五十壽序，並爲乃翁典籍作《〈畜德録〉序》。

康熙二十三年，甲子，五十八歲。

庭中落梅繽紛，隨風蕩颺，静與相對，心甚灑然。

千病萬病，總由物我見生，故曰：「仁者，人也。天下只如一人，斯仁矣。」

讀龍川先生《中興遺傳序》所紀龍伯康、趙次張事，想見其人，不勝神往。

鈔龍川先生文畢。先生氣概雄邁，識解超闢，誠哉一世之豪！然談兵則未必悉合乎機宜，論學則未能深探乎原本。其一生所得力者，大義較然。而大義之所以較然者，由與晦庵、東萊、南軒諸君子相交好。甚矣得朋之爲益也！不然，生龍活虎，無有檢柙，恐未知其所奔軼。然得如是之友而究駁而不純者，則以純任豪氣，故心粗而難於入理，自高而不能下人。余之録其文，特以備參考焉耳！

讀先生與晦庵先生諸書，則胷中所見不啻枘鑿之不相入。而尊之信之，尤拳拳所服膺者，惟一晦庵。此則其資稟之高，而東萊先生與之往復講論，深相推許，至謂虎帥以聽，誰敢違子，足見當時諸君子所以收攬之者，蓋亦不遺餘力。使先生而潛心會道，豈曾不得比於孔門之狂？其所擔荷，夫豈淺小？惜乎其虛懷屈己，亦終是客氣使然，故無得耳！或曰：「驕爲客氣，虛懷何以亦客氣爲之？」曰：「固有客氣爲不善者，亦有客氣而爲善者。客氣之不善也易變，客氣之善也難變。彼謂虛懷慕道，亦是英雄豪傑分上事，而但以是爲善則誤矣。」

豪傑、聖賢，皆是人所推許之名。豪傑而不自見其爲豪傑，斯真豪傑矣！聖賢而不自見其爲聖賢，斯真聖賢矣！使挾一以豪傑而虛懷屈己，惟虛懷屈己而後豪傑之念，則步步虛懷屈己，便步步不虛懷、不屈己。龍川先生者，蓋至死而不消豪傑兩字於胷中者也。聖賢不自見爲聖賢者多，豪傑不自見爲豪傑者少。豪傑不自見爲豪傑，便是聖賢。故朱子謂(二二)：豪傑而不爲聖賢者有矣，未有聖賢而不爲豪傑者也。

白沙先生之學，大約從静坐得力，胷襟灑落，誠非支離膠固者所可同日而語。然其詩有云：「元神誠有宅，顥氣亦有門。神氣人所資，孰謂老氏言？下化囿其蹟，上化歸其根。至要云在兹，自餘安足論。」孔子未嘗不言神，孟子未嘗不言氣，要豈是之謂，即是以推其大概，恐非先聖的脈。其於學者非徒無益，而又悞之者也。

惟其認神氣爲性道，所以先生之學並非佛氏，而於真人仙子之徒言之津津，若相酬酢也。蓋静坐流弊未有不入仙佛兩家者。聖賢即氣求理，故不混理於氣；後人離理於氣，故卻認氣爲理。何者？理舍氣更無棲泊處也。顔子之智、曾子之魯，聖人只教以博約，教以忠恕，何嘗有静坐法門？

九日主人請登莫釐。飯過，同甫瞻挈金生乘竹兜而上，子偉、次文、元功、序仙皆至。子偉曰：「登峰不造其極，猶弗登也。」乃舍輿，徒步扶挽躋巔。天景晴徹，四望波光無際，七十二峰遠近大小如舟横螺附。山外重山，湖外重湖，東洞庭周遭四十餘里，至是而若蹴踏可翻。始覺置身天地内，烏可自大也。稍下，至三茅峰，主人已置酒林皋。峰有僧舍，主僧慧鑑，曉詩翰，出藏畫披玩。啜茗少坐，乃就酌。歸時已皓魄横空，同甫瞻在肩輿上朗吟：「但須酩酊酬佳節，不用登臨怨落暉。」響答空山，余顧甫瞻曰：「咏而歸矣。」有《登莫釐峰記》。

元燦、次程陪登射鶚山。山雖不高而下臨湖際，迤邐皆石，嶔崎凸陷，里人號爲石浪。元燦云：「惜雨後没水者大半。坐而縱目，一碧萬頃，殊令人胷次空闊。」次程又云：「此地極淺露而人得樂業安栖，曾無萑苻之警者，倚此石浪之險，賊舟不得近也。其上有東嶽廟，主僧曰不染。」

行不媿影，寢不媿衾，便是浩然之氣。

夢中得句云：求道當如貓捕鼠，養生須學木爲雞。蓋今人最易見人之驕，我既不援，安見其驕？最易見人之吝，我本無求，安見其吝？凡易見人之咎者，皆由吾不能盡其道以致之也。盡道則潛消默奪，而可積極以至於化。

世之學於禪而稱爲能悟者，以愚觀之，未有不妄。蓋彼但襲一時之虛見而未嘗用積累之實功也。自謂直證真如本體，而不知卻墮幻怪鬼胎。小悟則小妄，大悟則大妄。程子謂「學者如淫聲美色遠之」以此。

鄉愿之學，其禍在假；禪悟之學，其禍在妄。假則公盗善名以欺世，妄則敢爲不善以淩人。此兩種衣鉢、兩種種子，轉轉流傳，轉轉播植，後生小子志趣未定，或聞聲而思效，或入室而親承，浸淫日廣，迷誤日深。聖賢在昔，衹有鄉愿爲害者一，猶且挽回匡救之不遑，而況生於今日，兩禍交作，勢未有極。爲生民者，不亦悲乎？爲君子而有世道、人心之懼者，不亦難乎？

昔之學禪者，禪學而已矣；今之學禪者，必不肯自居禪學，而即用禪學以攻禪學。然其所竊附聖賢而自爲活計者，究竟一禪學也。於是後之人又即用禪學以攻攻禪學者之禪學，而其所竊附聖賢自爲活計者，又究竟一禪學也。噫！聖賢中有是心術乎？即禪流中有是心術乎？不知何以狂流汩汩，險幻乃至於此。此殆鄉愿禪悟欲合而爲一人，恐聖人復起，有非但末如之何之歎者已。

是年，先生贈徐瞻明七十壽序，祭廷尉李映碧文，自洞庭東山歸作《梅圃記》。梅圃者，日巖徐子昔從余問業請益處也。尊甫休倩先生視余乃通家子，猥延授日巖經。負笈之日，先生先下拜曰：「吾之子五人，所從師多矣。即前三子曩從君之先尊遊，吾皆弗下拜。今是子幼，弗獲遊先尊之門，俾學于君，獨下拜于君，而後率以北面者，吾老矣，將以是子托君，惟君之善成其人也。」余不幸早違先君子教，得左右周旋于父之執，如趨庭焉。又辱先生之重委，敢不早夜祇惕、濯磨淬煉，以罔自墜厥行、以罔或懈日巖之學。而其下帷之地，即梅圃也。前後去而復就者六年，日巖之文以成，名以漸起，于是乃謝去。追憶日巖初受予業，纔十有二歲。今已通經登仕籍，年五十，多子。長者皆善文，爲時所知。幼者亦早慧。又以昔所下帷之地，爲濟之昆季諸子讀書會課於其間。某所爲昔者陳書策于斯、講藝于斯、同堂布席于斯，某所飲食于斯，某所寢息寤言于斯，日巖必一一以告濟之昆季，而當日伏几埋頭、焚膏繼晷之勤，亦于是可想見。予以授徒故，身無虛歲，不數過其地。濟之近復從予講四子書，身之又受制舉學于予，予閒過之。户庭几榻，宛然猶昨日也。兹濟之昆季於其家庭舉五十之觴，欲乞予言，又謂弗敢以壽序干也，屬葉生篆鴻馳書來洞庭東山。予歸，日巖復自來道其意，而曰請作《梅圃記》。予雖謝詩文之請，是不能辭。圃之屋不過五楹，且僅容膝，故休倩先生顏之曰「易安」。至今篋中與先生易安齋中酬倡詩餘猶有存者，而懸搆于宅後空曠之壤，喧囂不入，如野人居。繚以土垣，圍以竹屏，維藝蔬菜，間以卉木。當夫風月交美、羣芳鬬麗之日，先生輒偕予登城眺步，日巖亦從。

退而酒果已設，開襟撫景，傾通門之情好，叙耆舊之軼事，蓋若是者三年。日巖今者齋仍其舊，西偏壤地更斥而爲圃。往日桃梅紛映，具有四時之榮。日巖名特以梅著，梅之勁骨寒香，不同凡豔，足與君子争烈。而余奉先君子遺緒，以隨休倩先生之後而遊處日巖父子閒者，職是道也。梅圃之板，日巖亦索予書。固以見其不忘研席之椎。而濟之昆季編摩、講誦之暇，倘巡檐而指數曰：「是圃也，固疇昔柏廬先生執事父執之禮，以與吾祖笑語、酬酢者也；固先生之口誘指畫，以教吾父無閒於風雨晦冥者也；固吾父唯諾質問，承先生之教以恐後者也。」則未必於日巖之庭誨無助，而今日修于家，他年樹猷于當路，是父是子，皆由圃中績學以有成，庶足慰予記斯圃者之意。葉生亦及予門，日巖爲其婦翁，而使並與有聞焉。

康熙二十四年，乙丑，五十九歲。

旨酒樂賓，禮也，然有節之謂禮。既醉而出，並受其福；醉而不出，是謂伐德。使不諒賓醉而必欲沈酣之，則是伐人德而貽之害，殆非所以成物成己也。

偶讀陸放翁詩，有云：「垂名千古易，無媿寸心難。」令人通身汗下。如何不務實行，如何更[二三]起名心，正恐可媿不媿，卻挾此爲取名善物耳！

舟中偶見一書云：「一僧見佛座上旛動，或言風動，或言旛動。六祖云：「非風動，非旛動，仁者心動。」」即此便見佛氏之學與告子同，直是强制其心，毫無格物窮理之功者也。蓋旛非風則不見旛之動，風非旛亦不見風之動。論本分，非風動，非旛動；論觸物，是風動，是旛動。此正所謂萬變皆在人，其實無一事也。釋氏總不欲生分別想，故亦以格物窮理爲意識，一切屏卻。不知有心即有意識，意識之合於理者不可無，意識之背於理者不可有。有物即有分別，分別其合於理者即爲心之理，分别其悖於理者即爲心之欲。今不求風動旛動之所以然，而但舉心動爲嫌〔二四〕，故曰佛氏不知理，亦曰不知性。蘇東坡云：「若言聲在琴弦上，放在匣中胡不鳴？若言聲在指頭上，胡不于君指上聽？」畢竟是讀書人語，但似欲物之格而卒未能格夫物耳。偶論事理，不免著一念頭，待人殊覺心不太虚，語亦少迫。

適山中有繼母死，其子脅制前母所生之兄不得稱爲繼母而直稱母者，所親來問余。余曰：「前母之子尊繼母而忘其母爲不孝，後母之子尊己母而廢前母亦爲不孝，而又不從兄之令爲不弟。」陸給諫之故人沈辰階氏，後母子師也，力佐之，山中人乃共詆之。今給諫未必不爲沈游説，昨所謂〔二五〕念頭待人者，此也。既而知後母子亦給諫之門人，足爲世道深慨云。

輕譽我者輕譏，易親吾者易怨。

昔人論頤生之道有云：量腹容所受。余一生不但量腹，而亦量福容所受，自覺身心俱安。

非禮勿視聽言動，即自一貫。聖人之所以授顔曾者，一也。顔子一聞克己復禮，便恍然於一貫，特工夫卻未到家，故請問其目。顔子先透一貫，而後非禮勿視聽言動。曾子先非禮勿視聽言動而後悟一貫，其聖道之得亦一也，得之先後，則由於資之敏鈍。四勿字，一也。勿視、勿聽、勿言、勿動，貫也。故註曰：「勿者，人心之所以爲主也。」要知一貫，只看非禮勿視聽言動道理；要得一貫，只做非禮勿視聽言動工夫。

善爲人謀者，致心事中，置身事外。自爲亦然。

喜事與厭事，病則一般。神旺務閒時，能不喜事；神疲務迫時，能不厭事。便覺此中有確然隤然氣象，亦有樂於見長。雖有事而只喜事者，疏懶成性；雖無事而卻厭事者，妄想橫生。禍端積伏，皆二病爲之。張子云：「性性爲能存神，物物爲能過化。」則無此病。

謝上蔡謂凡事須有根，屋柱無根拆便倒，樹木有根，雖翦枝條，相次又發。今人輒要富貴，要他做甚，必須有用處尋討要用處病根，將來斬斷便没事。此段道理是格物致知第一著，學者亟[二六]須做個十分透徹。斬得此根，仁、義、禮、智纔得根心。

如何聖門所謂近思？朱子於「仁者其言也訒」，謂聖人如天覆萬物。延平先生曰：「不要如是廣説。要窮『其言也訒』前頭如何，要得一進步處。」夫是之謂近思。

幼時聞諸故老，吾明取民之數，每歲計及八分，則不復責之有司。是以民力既寬，而有司亦易於恤下。嘗讀朱子《封事》有所謂「破分良法」，正此之謂。足見前代愛民，大率如是。

胡敬齋先生謂：朱子行狀，初學便宜讀之。明道行狀，非工夫積累久、地位高者領會不得。余謂《伊洛淵源録》、《續録》二書總不可不熟讀，於此體認體用一源之學最親切。

迴思二十六日之失足，雖由心在他事，而足之越階，心固知其越階也；身之顛仆，心固知其顛仆，而莫之回也。了了分明，從容順運，誠與夫倉皇失措因以致傷者有異。然何如不思他事，並不失足者之爲愈。意者纖小之厄，亦時數有不容避者歟。不然，何兩年所無之事而忽見於此夜？何兢兢不敢渝之念而忽渝於瞬息之不逮也？戒之，戒之。要必無毫髮之失，而後可委諸時數，且果無毫髮之失，又安知人定不可以勝天？戒之，戒之。

《大學》要領工夫，至正心而止。格致誠意，皆正心之功也。然聖賢不曰正心爲本而曰必脩身爲本。此聖學之所以爲聖學，步步踏着實地也。畢竟能脩其身則物於是爲真格，知於是爲真致，意於是爲真誠，心於是爲真正。若説正心爲本，便要流入異端去，而況陽明單提致知，其能無病？

總之，吾輩今日要學術端的，只靠著聖賢經傳做去，但恐做不到耳。再不要翻新出奇，又思駕聖賢而上之。若纔别放眼光，便墮入狐穴鬼窟。聖賢於八條目中提個爲本出來，此是何等關要，無論聖賢把自己走過路頭盡情告人，更無遺蘊，亦且差之毫釐，則是以學術殺天下，後世又安得爲聖賢？假令應該單提致知，聖賢早已説致知爲本了。

身必由格致、誠正而脩。格致、誠正必達乎脩身，原是内外合一之道。然其歸本卻不言内而言外，意固有在矣。或曰：「對家國天下言，故脩身爲本。」獨不思説向身子裏面來，則又何者不爲本耶？

事至物來，只尋思他好處來相處，便覺綽乎有餘裕。緣婦病不能下鄉取租，遣兩僕往。米既入舟，舟人伺兩僕之疏虞，徑鼓枻去。雖於理法不容，不一詰責兩僕，然人遺人得，胷襟正須於此勘驗，實能然否。

巢縣楊士展先生軀幹不盈五尺，慷慨有大志，宏光乙酉倡義舒城春秋山中。事不成，隱於尖山阪，僅茅屋小閣三楹而已，粗糲苦淡，皆窮檐所難忍。有同姓者貲甚饒，欲與爲兄弟，不從。數餽遺，不受。令其子從學，延講書義，乃往。講畢，亦即退。甲辰冬，崑山王甫瞻聞而訪之。寒醪薄糜，高談達旦。胷中萬卷，其出也不啻江河決注。雖所居極隘，寂不聞婦女聲，出絶句十以示，皆記之。今録五章。士展，字也。忘其名。甫瞻云：裘帶應知誤腐儒，不堪横槊且攜壺。緑楊橋畔青青草，何日消閒醉大蘇。幾隊明妝一路啼，生攜蘭秀出幽閨。雕鞍小約青驄尾，那得琵琶怨日西。寒宵鈴柝守嚴更，城角凄風入夜生。幾兩木棉纔裹背，空牀稚子泪縱横。夜色翦翦茅蓬一火攢，疏疏人語伴燈殘。敝裘不耐寒威逼，夜半教聞風雨酸。驚心似有因，杞人無計問艱屯。當今不少回天手，豈必離憂在楚臣。

獻臣邀同陸潁文兄、居郡城，善醫術。子偉訪甫瞻于翠峰，便道先同獻臣晤天立稺圭，復觀泉於金天庚氏漱玉亭。勢如奔驥，聲如怒雷，蓋得所未見。坐少頃，岱生弟來晤，以潁文、子偉待於翠峰，别天立、岱生往訪。止白上人即同至甫瞻處，澗水淙淙可聽，不虚昨之見招。話久，獻臣攜酒饌至，過飯，從馬鞍嶺歷山之佳境，曰仙嶠浮蹤、曰梯仙盤紆，而下松石之間，皆叢桂，爲翁氏墓。規模壯麗，想見承平物力。遊華嚴寺，主僧曰守風婁上人也，與崑山之周氏爲族。寺在翁氏墓右，計其舊觀當不復存一二。迭相盛衰，物理固然。其下曰楊家灣，居人鮮少。子偉云：櫻桃産其地。濱湖迤邐南行，過毘盧洞，有石觀音像，在籃輿上彷彿觀之而返。獻臣出飯過，同答王東筏，拜於元極宫。甫瞻、次文、自廣、允吉亦偕行。秋光迥潔，翠滴丹流，登翠微小閣，憩眺少頃，復歷溪橋而南。迴視松嶺回環，花宫上下，不減石田一幅畫障。循徑縱步，山店村莊，斜斜整整，密密疏疏，或向或背，或斷或續，古木方池，棲雞卧犬，家無不有，人無不閒，信所謂別有天地非人間者耶。正不知居之者之亦自樂其樂否也。相與歎羡不已，由曹塢而還。丙寅，訪山椒上人，蓋吴文定公寬五世孫也。聞自上人歸空門，文定公已無後。叩之，云有嗣爲六世孫者，文定公兄之六世孫也。不絶如綫，賢者之後之危乃爾耶。

赴斌雯招，便道看緑梅於朝宗別業。斌雯園中梅花正放，登樓臨眺，疏者亦密，遠者亦近，真如縣圃積玉，無非夜光。飯後散步，次程爲導，得觀葉氏梅屏、潘氏梅傘、周翁盆梅，皆有勝致。已而開筵促坐，酒醲政嚴，昏黄乃別，余竟醉矣。

天立邀同斌雯、漢超、平仲看櫻桃於楊家灣，萬顆朱實掩映緑葉間，兼風日晴美，炤燿如濯江蜀錦，亦得所未見。再遊華嚴寺，退而小酌高樹下，新緑浮杯，鸎歌滿耳。余謂天立曰：「雙柑斗酒聽黄鸝，戴仲若不得專美矣。」

同趙潤周兄寮裏村一步。山中皆以此地爲互鄉，而其人並捕採爲業。汀滿菱舟，門皆漁網，水木雞犬，風土清素可愛。或曰：「近俗亦漸嚮樸。」

訪子偉，得觀碧落碑帖，楷書鄭承規，其篆書謂是仙筆李陽冰，覽之七日而不忍去，習之十二年而不成者也。及右軍書周孝侯碑、興福寺碑即薦福碑，歐書虞恭公碑、皇甫君碑，褚書孟法師碑，虞書瑞蓮賦，懷惲書實際寺碑，徐季海書不空碑諸墨搨。

子繩來索札，致廷玉。武陵之訟，義也。而子兆甘爲不義，廷玉又左袒之。三綱淪，九法斁，忠言逆耳，究竟何益？雖發札，不勝三歎。

是年秋，先生贈陸之峰先生詩集序，書贈何宗台先生扇，題吳南一泛湖圖，題吳旅庵過庭圖，答甫贍招聽泉瀑詩。

康熙二十五年，丙寅，六十歲。

醇叔客臘歸里，余赴館，來送，攜日記(二七)請正。日來閱之，歎其甚不可及。處極喧囂之地、極得意之遇、極塵雜之務而能步步收攝，刻刻檢點。即其所記，詳密端嚴，不間一日，不草一字，向余謂醇叔，使其進詣，是能有爲者，此已可驗。

閱醇叔日記(二八)，自訟嚴密，見理精當，真有助吾之益。同學中，恐無匹者。用財又失當，雖非本懷，然畢竟自欠老成。雖數無幾，然揆一介不與之義，豈容漫擲？或曰：「子用之，則必有受之者。受者而饒於子歟，誠爲失當；受者而乏於子歟，則比於周急可也。」曰：「此就吾之爲道言耳！若論人之受之，吾又何愛此區區也哉？」

向來悠悠忽忽，身心之功不惟無所成就，亦且墮落良多，空自慚恨，究竟何益？今者年已六十，去日多，來日少，某猶不百倍精進耶？不信爾之爲人，將遂靦顔一生而已耶？斷勿復爲自欺之學，作自誓文。

卧後惺惺數覺，不即睡，不知所兆維何？諒非以日來發省之故而能此。並夢境亦不佳，頗萌疑慮。既思，此便是徇欲忘理。古人處萬死一生之際，尚且赤條條地直上直下，不著纖毫，況此捕風捉影者，乃以嬰我方寸。

克己之己，人心也；由己之己，道心也。虞廷就個心字界理欲，孔門就箇己字界理欲，皆是喫緊提撕，親切開示。是一非一，是二非二。識不得認賊作子，識得時早知燈是火。四非禮，克己之己也；四勿字，由己之己也。明以察非禮於幾微，至精也；健以致四勿之勇決，至一也。孔門與虞廷，授受一也。

或曰：「己爲人欲，則禮爲道心。」此爲一定之説，子顧以由己之己爲道心，何也？曰：「難道不以禮爲道心，只是説個克復工夫緊切耳。非由己不能克復，非克復不爲道心。」

克復之心，即私己之心也。人心道心，總此心，故虞廷不换個心字；私己由己，總是己，故孔門不換個己字。分别得個心明白，而人心非心，道心是心；亦分别得個心明白，而人心未必非道心。分别得個己明白，而己非己，禮是己；亦分别得個己明白，而己之己，未必非禮之己。

從季霖借宋税巽甫名與權，巴郡人。今重慶府。先生《易學啟蒙小傳》，讀之。雖淺昧，未能盡解其説，大意是後天易學，謂伏羲先天圖兩卦相對，合爲二九之數，而文王後天上下經皆爲十八卦，始終不出九數。蓋就八卦中乾坤坎離反覆視之，一卦各成一卦。震巽兩卦，反覆視之，一卦互成兩卦。震即爲艮，巽即爲兑，雖曰八卦，實止六卦。雖曰六卦，其實爲乾之奇畫者九，爲坤之偶畫者亦九，共成十八。就六十四卦中，止乾、坤、坎、離、頤、中孚、大小過，一卦自爲一卦，餘皆兩卦反對，合爲二十八卦。并八不反對卦，共爲三十六卦。分上下經，則自乾至離，十二反對，六不反對，共十八卦。自咸至未濟，十六反對，二不反對，亦十八卦。故曰始終不出九數。九者，究也。天地生成之數，始於一，究於九。十特偶陽而爲盈數。九可變而十不可變，故河圖洛書皆中虚五與十，而止見九位。伏羲則河圖定爲乾坤奇偶之九畫，以作先天之易；文王法洛書亦本乾坤奇偶之九畫，以作後天之易。可見羲文心畫，皆出於天地自然。初無同異，後天所以始終反覆二二相偶者，可以互觀其陰陽消長，禍福倚伏。正吉凶之與民同患，而孔子雜卦之所爲作也。愚謂孔子序卦，亦便有此意。故曰：「先天者，易之體；後天者，易之用。」先生自序云，此蓋得之邵子《觀物篇》序卦圖。

後天反對八卦實六卦圖

乾父☰　中男☵　長男☳少男

坤母☷　中女☲　長女☴少女

後天周易序卦圖

上經　䷀乾　䷁坤　屯䷂蒙　需䷄訟　師䷆比　小畜䷈履

三十卦　泰䷊否　同人䷌大有　謙䷎豫　隨䷐蠱　臨䷒觀　噬嗑䷔賁

剝䷖復　无妄䷘大畜　䷚頤　䷛大過　䷜坎　䷝離

下經　咸䷞恒　遯䷠大壯　晉䷢明夷　家人䷤睽　蹇䷦解　損䷨益

三十　夬䷪姤　萃䷬升　困䷮井　革䷰鼎　震䷲艮　漸䷴歸妹

四卦　豐䷶旅　巽䷸兌　渙䷺節　䷼中孚　䷽小過　既濟䷾未濟

四月十五日[二九]，余六十誕辰也。回顧六十年中，得成何事？惟有鍵户媿省而已。所以家人父[三〇]子之賀，亦不敢受，而出居於館。

見心未必見其性，未有見性而不見心者也。

語醇叔曰：「士大夫以延攬後進爲急。然寧取質實之行，無尚浮華；寧録拘方之品，無濫通圓。士大夫之所好，風俗、人心之所轉移。近世諸公非不汲引，然扶靡挽頽，是所望於君子。」

人之所以爲人者，心也；心之所以爲心者，理也。佛氏乃以理爲障而務掃除之，故其所爲得道者，亦全不從理上領會。麻三觔、乾矢橛，愈没理義，則愈無處著思維；愈無處著思維，則心愈專壹。少焉，靈光迸發，便爲得道。既没義理，何以爲道？既没義理，何以爲心？此本極可笑事，顯然易見，而世乃重惑之，又陽斥而陰趨之。學術淆訛，將不知所底止，君子所爲大懼也。

心極大，理極細。惟心之大，故於理無所不知能而爲大哉聖道；惟理之細，故此心惟恐不知能而爲小心翼翼。小大相成，聖學所以心與理一。彼離理以求心者，但空見其心之大而不實求其理之細，此程子所以謂輕自大而卒無得也。不從義理而得，則亦不從義理而爲用；不著思維而得，則亦不著思維而爲用。此朱子所以謂率意妄行，不知氣稟之雜，將許多麤惡都做心之妙理也。

心極大，又極靈。得其大而爲放僻邪侈，得其靈而爲機械變詐，此離理求心者所必至之病。驗之前賢，多有然已。

程子謂佛與儒多有同處，然終是不同。其多同者，大約是説心處也；其不同者，大約是説性處也。羅整菴謂佛氏知有心不知有性，以此。然知心不知性，則所謂同者，亦適得其似，而究何同之有？

象山《荆公祠堂記》自謂聖人復起，不易吾言。《答朱子》、《辨無極》二書，又並此記，自謂本諸身，徵諸庶民，考諸三王而不謬，建諸天地而不悖，質諸鬼神而無疑，百世以俟聖人而不惑。姑無論其説之於理違合何如，亦且似此矜詡，無乃顧忌之心、温恭之度覺少耶。

朱子謂陸氏之學，在近年一種浮淺頗僻議論中，固自卓然，非其儔匹，其徒傳習，亦有能脩身、治家以施政者。但其宗旨本自禪學中來，不可掩諱。當時若只如晁文元、陳忠肅諸人，分明招認，著實受用，亦自有得力處不必如此隱諱遮藏，改名换姓，自欺欺人而卒無益也。此言最爲公明，論陽明者，亦當如是。近時有好爲過激之論者，適足以見其心之不平、學之不粹。蓋聖賢之道、學術人品，一以貫之。惟陸王之學，人品是人品，學術是學術，不得謂人品皆原乎學術而由其學術亦不必皆得人品之賢，是則其非至正大公而可紹往哲而開來兹也審矣。又曰：「若於吾學果有所見，則彼之言釘釘膠黏一切假合處，自然解拆破散，收拾不來。」此即孟子「知言」之學也。朱子知言本註，亦謂非心通乎道而無疑於天下之理者，其孰能之？

惟其學術、人品各不相謀，則如象山、陽明，自有位置。其爲人者，地望儘高，正不必以學術之竊據，亂吾聖賢之正統，此千古莫大莫要之事。安得聖王在上，孔子再生，以日月之明、雷霆之斷而一大釐正之？

陽明知行合一之説，未可謂非。而其所以爲知行合一者〔三一〕，謂行即是知則非也。蓋聖賢之道，雖知行並進，而行較重，故曰知之匪艱，行之維艱。陽明之學，一知已畢，此外更無餘事。其視行之爲功，甚畧甚輕，而又無如聖人篤行之何。此理不容顯然廢卻，則將行攝在一知字内而謂知行合一，其實意不在行。據愚所見，陽明病朱子支離，此正不免於支離。又有爲之説者曰：「陽明以來心爲行，見心爲知，是行而後知，則又非知行合一之謂。」此卻無容措辨。

知以求其所行，行以踐其所知，故知行交勉而皆實學。若謂行即是知，論其言則支離，論其見諸事爲則知行不相顧，即所知以爲行，即所行以爲知，師心自用，必至於猖狂肆恣。君子行必稽其所敝，而況學術之關乎天命、人心、道統、世運也。

知其所行，行其所知，分也，故合也。不分而行即是知，則知非知，行非行，如何是學？如何是道？

陳清瀾先生謂理形而上，氣形而下。心也者，形而上下之間。此語尚失體認。天地間只有理氣二者，不容理氣中間更有一物。在先儒謂：心者，氣之靈爽處。纔説氣，便畢竟靠著形而下一邊，而其所具之理則形而上。百體皆形而下，而各具一理，惟心則萬理皆備，此所以爲百體從令之天君也。後先生仍自説破，似宜去此一句，此理要所在見者得無疑悮。

孔曾一貫之旨，一便是「敬以直内」，貫便是「義以方外」。直故一，方故貫。識此則敬義工夫便不分截，不是「敬以直内」，何由「義以方外」？或曰：「一貫敬義雖非有二，但此熟彼生耳！」要之，一貫亦有生熟，敬義亦有生熟。忠恕便是生的境界，不習無不利本是熟的境界。

讀書到老，愈難愈遲，愈見己之不如古人。蓋少年心粗而老則細，少年氣浮而老則實；少年更事少、見理淺，而老則更事多、見理深也。

閲德焕日記所録張東海《諭内教子》詩，足以警礪膏粱，亦爲録之。「四兒六歲五兒三，莫與肥甘習口饞。清白家風無我媿，詩書世澤要人擔。三餐飽飯何須酒，一筋黄虀略用鹽。聞説有人曾餓死，算來原不爲官廉。」

太極動則爲用，静則爲體。又動而爲天地之用，即静而爲人物之體；動而爲人物之用，即静而爲事物之體。可見體用只此太極，但有動静之分耳。

慮患莫若審幾，幾之不慎而徒自憂危，且事不可知而横擾方寸。噫！亦至愚已！

太極無動静，氣機有動静。只因理氣不相離，故亦分動静。而體用合一，故動静無二。

同蘭若兩生田間散步，秋稼花香，晚山蟬寂，令人意境自殊。余自端陽後來山，田未苗也。今日[三二]秀而將實，于此嘆天行之何健，于此愧人事之迴懸。

夢中得二語云：一生大處著工夫，萬事静中求得力。

枕上聽[三三]櫂歌，何聲之清明而記憶之熟也！使其讀書若是，當有成就。因與同舟子輿[三四]歎息，草茅市井之中，秀慤之資，其埋没於不學者不知幾何！先王之世，民間子弟，皆令入小學以教之，不成以爲農，是則天下無一不學之人。人之可學者無一不進而爲士。天地生才不擇地，聖人立教無遺才。于此見脩道之教，不信乎贊化育而與天地同流歟！

陽山祖塋松楸邱隴數有事變，非置贍族田以惠結山中族衆，勢不能收其非僻之心，使於祖塋無所耗斁。余蓄念雖久，而折枝之力，豈能扛九鼎之重？族中又無能分任者。自顧年已衰頽，坐致無成，若不倡始，何以鼓後？故於近者宗人、及門所醵壽金，辭之不獲，不敢自私，爲廣其惠，約三十金。又世俗多作佛事爲冥福，余於亡室不欲更爲無益之費以滋累，復計積十金。奮然且市數畝，價浮於力，典金足之。使余不即就木，它日猶可竭綿力以繼。不然，亦見余志在乎此！即身後猶不能忘也。是日有來售田者，爲孔氏。有《贍族田記》。

人安得(三五)事事如意，但能小心，則與如意爲思過半矣。作札致葉子兆，極知無益，然亦欲此理不没於天地之間耳。

與《繩武夜話》(三六)。繩武自言常患絶糧，然不令尊人知，恐貽之憂也。予因悟孔子謂文王無憂。雖兼父作子述，然不稱父作之事而但稱子述，足見父即賢聖，創業垂統而子孫未必善繼，未可謂無憂。惟得賢子孫紹承於後，方可無憂。而爲子孫者，必能使前人無纖介憂，方可爲孝。故無憂章後，即次達孝。此雖非《中庸》本旨，然亦經義之可旁通者，因爲拈出。

耳目口鼻四肢之欲，事事爲之節損，即是吾所得於天之定分。不得謂天所賦者尚有餘而吾所用者寧不足。以不足養有餘，如是便視天人爲二理矣。彼謂人壽何常，惟恐用之不盡者，則轉自促其生者耳。

謁清遠先生祠，此歸孝廉讀書處也。孝廉名子慕，字季思。茅檐土垣，裁可容膝。憶三十餘年前曾一進謁，猶有田家守之，今已無人，敧頹將鞠爲茂草。余語歸之族子弟曰：「此先賢遺蹟，切勿廢也。」而無如先生之無後，度必不能。歎息徙倚，良久而別。

不見人之功者，必自居其功；不見人之善者，必自伐其善。

天下事只有理而已矣。不理之循而席豐榮者憑陵以肆意，履衰落者憤激而求勝，此所謂同浴而譏裸裎也。蓋皆知有己而不知有人。

過之檢點於己者疏，檢點於人者密。誠能己之檢點一如人之檢點，斯過寡矣。余前夜席上輕出一語，雖有爲云然，然已有檢點之者，不可謂非其善意而不自警於後也（三七）。

甚矣，有容有忍之難也！雖甚犯我而苟與之校，便不能容；雖極小忿而稍所有（三八）發，便不能忍。所宜切戒，以底於渾化，斯爲善境。

過之分量僅及於五，而詆訶之口已踰於十，是安可不慎不懼也？然存一責人之念，則雖詆訶一二，而已疾視而起。苟能自反，則即詆訶過量，但覺其言之益我，而甘而有味、和而可悅。

位高者，人之指摘愈嚴，望重者亦然。愈嚴，則己愈得以脩。必藉指摘而後脩己，固見克治功疏；然幸獲指摘而猶不以自脩，又何克治之功之有？是故子路人告之以有過，則喜。

是年，先生贈徐子威六十壽序。七夕，作《諸儒講義後序》。七月，與王醇叔書。中秋，患脾疾輟講，有《輟講文》。冬，作《熙庵席君墓誌銘》。

康熙二十五年，丁卯，六十一歲。

人日，余觀世道。噫！賊民興喪無日，不去何待？吾不能爲載胥及溺，此番到洞庭，便須爲卜居之計。轉而入於西山，恐其志之或移也，故記而堅之。

先輩有言：先時發出一錢，可當萬錢之費。急時與人萬錢，不敵[三九]一錢之用。用財者所宜惕省。

乾以易知，坤以簡能，可知天下事只循一易簡之理。爲之，自無多事。其所以事變日出，不可意計者，類由不明與斷以致之也。明則銷之於未然之先，斷則絕之於將然之際。此間有是而無非，有利而無害，不知占許多人品之高，享無數太平之福。

閱《綏寇紀略》[四〇]，每於先帝之殉宗社而不勝其椎泣也。故反覆流寇之禍，而窮其亂階，則不能不歎惜於貽謀裕後之有未盡。若在先帝，雖曰人事，豈非由天命哉？乃自王侯縉紳，下逮民庶，屠劊燔夷之慘毒，古今未有。噫！亦誰實使之然哉？

魏子[四一]光士來論銷圩，苦無其人。余曰：「非無其才也，實心任事者之少也。夫子每說主忠信，又曰忠信所以進德脩業，正以此也；孟子論仁、義、禮、智而必推本乎其實，蓋有其實，始有其枝葉。實心積中，雖思慮之所未及而義理自出。内無實心，雖義理之所切著而苟且念生，苟且之心即奮勵之心，一緣乎實，不實則穹壤背馳。三代以下少人才，非三代以下少實學之效歟。」

能盡仁之道者，雖威嚴而亦仁；不能盡仁之道者，雖惠愛而非仁。能盡義之道者，雖慈祥而亦義；不能盡義之道者，雖剛制而非義。故文王爲人倫之至要，只於道之所在而敬止(四二)之。人之生也，與舉世共度此生。不過如官塘趁船，與船中人共閲此途而已，固不必盡人敦骨肉之愛，亦何至彼此傾軋不相容。彼處世而動輒忮忮者，宜審度之。

道根按：此亦有爲而言。

尚實行者，從盛名之下而求人，其所重只(四三)在實行；尚虚名者，聞篤實(四四)之賢而傾仰，其所重究在虚名。何者？爲與不爲、知與不知也。爲之而後知之，自然實行之趣；不爲之而又何自知之，不過虚名之慕。

是非，義也；禍福，利也。聖門以是非爲禍福，故雖趨利避害，而非明心見性；佛氏以禍福爲是非，故雖明心見性，而無非自私自利。

事未至而心先迎之，静既不得其太虚之體，動亦多失其見在之道。此《大學》正心之以有所爲戒也。

枕上循省己過。懲忿窒慾，真是難事，病根只在不能自主。古今聖賢，百法千方，總是要人心爲我主。心爲我主則學力始得而物理自見，雖有不中亦不遠矣。靈明者，此心；謬迷者，亦此心。所以謬迷者，物爲之主也。昔人謂物大我小、物重我輕，則未有心不爲之動，理不爲之奪者。愚以爲未論大小輕重，先論有無，有則本體已失而莫能自持矣。故《大學》正心只言有所。事物之來，只爭明暗。明則從容中節，暗則狂亂失次，相去何啻天淵？而決於幾微之際、俄頃之間。噫！其可不時時戰兢惕厲以爲之宰哉？

不問親疏，遇老者便當有敬的意思，遇幼者便當有愛的意思，但有差等耳。今人此理多不能知，只有親者而不愛不敬，疏者可知。

高皇帝有云：小人善於逢迎，彼知人主所樂爲者，不顧非義，輒牽合傅會曰：「是不可不爲。」人主不樂爲者不顧有益於國，亦牽合傅會曰：「是不必爲。」此誠國之賊也。自古知人固難，而知言亦不易。斯言也，世之交友者多犯之，樂諂諛而憚誠直，不知諂諛之爲賊己，誠直之爲利己也。盍思樂順憚逆，人情所同，故諂諛亦彼之所樂進，而誠直亦彼之所憚行。彼特以益我之故，能舍其所樂而從其所憚，吾顧不知所以自益，乃舍其所憚而從其所樂，亦獨何哉？

舍所憚而從所樂，未有不爲害者也？就諂諛言則諂諛者爲賊人，納之者爲自賊。

門人某不能容人，箴之曰：「鯁直狷急者雖或立品過人，而其享富貴福澤多薄。」（四五）蓋富貴福澤，未有非寬宏闊達之量受之也。要其人品，亦未嘗不高。

偶論所親爲人，余曰：「某善人也，惜不讀書。不讀書則心不細，量不大。其所以然者，讀書而後明理，理愈明則心愈細，心愈細則量愈大。」

程子云：「滿腔子是惻隱之心。」先儒謂腔子指通身言，則夫中國猶一人，中國其亦腔子歟？天地萬物爲一體，天地萬物其亦腔子歟？

鄰有吹笛者，余聞之而喜。自廣曰：「何喜？」余曰：「於我初無所著而於彼則有各得其所之意。周子窗前之草，蓋猶是也。」

傳不習乎，所以畢竟曾子得聞一貫。

物力不可不惜，既以留有餘於己，兼以濟不足於人。程子曰：「出門如見大賓，使民如承大祭。充之則睟面盎背。」可見仁、義、禮、智根於心，須是敬。敬，德之聚也。

烈風頻日，亦所罕覯，此比者奇暑必至之應。蓋陽氣在外，不得入爲風。今酷熱積久則陽氣太泄於外，其不得入而發爲烈風震盪，宜也。顛木拔屋，蔬果摧敗，幸而禾未花實，然恐根株不無所傷，又爲災沴。

以吾之怒，止人之怒，未見其有濟也。惟理可以制氣，只平情順理，則我怒不生，而彼怒亦息。因知氣之用事，多少自誤誤人。

人之怒固不循理，若我亦怒，則與之同不循理矣！又曰：「我蓋理有所不容已也。」斯不亦强爲説而重自欺乎！

湯之怒葛伯，文王之怒密人，此又不怒而不得其道者，他莫得而藉口也。君子於人倫之際、纖介之嫌惟有自反而盡仁盡禮，斷當以大舜爲法。

水之患，至於覆舟殺人、決堤漂蕩，只爲風所激耳。人爲事物所激而怒之輕發，必且致多少舛謬、多少事故、多少侮慢，甚者多少禍患。可不審幾於一念之萌乎？

若人之怒，而非拂乎理者，則是我有以致其怒，吾之怒又惡從生。而今人猶且咆勃而不可遏，吾更不知其何心矣！

不藏怒不宿怨，想見聖人方寸，是甚様光明瑩浄！克伐怨欲不行，而聖人不許其仁者，只壞於病根之猶在耳。諺云：有病千年發，故能無失於從容之地，而或不禁於倉卒之頃。

今人動輒過誤不自檢點，但以人不指摘，便昏昏自得。不知人於吾過既不關切，誰來檢點？即有明於責我者，亦但腹誹後言，孰肯面相指斥？然則必待人之徵色發聲而後喻也，其亦偵矣！故君子一言一動，必反求諸身無憾，而後即安。反求諸身而後，人亦樂告之以過。

後世學者之病，最喜捷徑；而聖賢之學，最壞於捷徑。道非不直捷也，但直捷處自直捷，周詳處自周詳；直捷中又自周詳，周詳中又自直捷。道貴不偏，專取直捷，其偏甚矣！只如《大學》，就自己分上事，只説個明明德；就推己及人分上事，只説個新民。又合兩項來只説個明明德於天下，何等直捷。然明明德則格物也、致知也、誠意也、正心也、脩身也；明明德於天下則齊家也、治國也、平天下也，又何等周詳！蓋不直捷則周詳者不見其統貫，不周詳則直捷者必至於疏略，此道之所以是[四六]萬爲一，一實萬分也。自陸王之學興，斥朱子爲支離，非斥朱子，直斥聖賢耳。而學者不察，争趨捷徑，賊害學術，不知所底。近乃有謂格物是打通人我，即是克己者，審若是，則一格物足矣。凡屬[四七]誠意、正心、脩齊、治平，俱屬贅疣。聖賢又何事周詳慎重，於功夫所在，層層下個先字；效驗所在，層層下個而后[四八]耶。持是説者，謂非即陽明知行合一之説，以爲善去惡即是知善知惡，而與之絶不相謀者，吾不信也！即不相謀，要亦捷徑之趨，而非聖賢有本有末、有始有終之爲道矣。

打通二字，余先不以爲然，蓋人同此心，心同此理。本無不通，又何用打？即曰爲私欲所障蔽，則亦克去己私是已。聖賢説忠説恕，俱只做得自己分内事，其在人則曰：「君子之德風，小人之德草，草上之風，必偃。」曰：「一日克己復禮，天下歸仁。」但有求己之道，别無求人之法。今以打通物我爲説，則似物我殊途，特地起爐作竈，合二爲一，且豈無錯認？既須打我通物，又須打物通我，將使爲治者皆以督責爲術，接物者皆以刻急爲尚。此語豈聖賢道理，又豈儒者氣象耶？至以打通物我訓格物，抑思齊治平是物分上事，誠正脩是我分上事，而推其始事於致知，則是由格致而後誠正、脩齊、治平。今卻曰致知在乎打通物我，則是由齊治平誠正脩而後爲格致，不益顯與聖經背馳，而與以知爲行之説若合符節乎？此係學術大關頭（四九），不可不辨。

陽明從萬死一生而得者，只得其浩然之氣。又卻不免助長，不是集義而（五〇）生，故與坐禪覺悟者同病，是見心非見性也。既不見性則其所得浩然之氣，猶只好算個影子，此語人多不信，步步實地上體勘便（五一）見。

孟子從集義而生浩然之氣，先儒猶謂時露英氣；陽明不從集義而得，所以全是氣魄用事。聖門言仁言誠，皆主性而不主心，心畢竟屬氣一邊。

同獻臣、朝宗訪客於關公廟，主僧月禪亦出晤，共登元鶴樓。基實爲臨眺勝境，心目加豁而湖山轉若在巾舄之下。乃知所處卑則其與物也益遠，所處高則其與物也彌近。此聖人於天下所以盡物而可親也。聖德之覆物、載物、成物，亦只是與之近耳！民好好之、民惡惡之，顧不近歟。

燈下偶覽《列朝詩集》，有士女曹妙清者以詩名，嘗寫所作寄楊鐵崖，楊亦答之；又有薛氏二女蘭英、蕙英亦工詩。其竹枝詞云：「約伴燒香寺裏去，自將釵釧施山僧。」閨房言動，固如是乎！而學士大夫歎羡不啻口出，則固非先聖貞勸淫懲，不廢鄭衛之意矣！其載之也，適所以敗常亂俗。甚矣好文滅質之轉患也！竊嘗謂後世羣言淆亂，人心失正，自六經四子、諸儒先正著述而外，多讀一書，不如少讀一書。當亦未爲悖道之論。

《大學》仁、敬、孝、慈、信五者，止至善之大目也。此止字中有無數經權妙用，故須從格致來識得止透，妙用斯出，用無不妙，方爲至善。止猶是定盤星，非定盤星無以起輕重多寡之數；非知所止，無以神五常百行之化。

孟子曰：「仁人於弟，親愛之而已矣。」此便是爲兄者之止至善。天下以象爲傲而舜之心初不見象爲傲，惟見己之親愛未盡（五二）。愈傲而親愛愈蔑以加，轉若非象之傲亦莫知親愛有如是之分量。故曰：「聖人主静以立人極。」

識得止透，定静安慮得，皆真實受用境界。

必格物致知，而後仁、義、禮、智根於心。仁、義、禮、智根於心，性者也；格物致知，而後仁、義、禮、智根於心，反之也。孔子説個吾十有五而志于學，學非閉口瞑目枯坐懸（五三）想之謂，則合下心與事、器與道、形與性、理與氣，不相混，亦不相離，直到從心不踰，只是這個道理至精至熟，是爲聖學。

劉忠宣公發戍甘肅時，氊帽布袍，徒步過大明門，匍匐頓首，乃行。策蹇驢，不挈一子姓。時以兵部尚書謫戍，莫不加禮，不欲公赴戍所。公曰：「大夏有罪，幸不加誅，乃復不奉役耶？」

披甲持鋭，與諸卒無異，且即買地爲墓。余讀此事，不覺喟然歎曰：「吾今而知孝子無不是底父母之心矣，吾今而知君子正己不求人，素位不願外之心矣！公此時，豈尚有一君父聽讒、逆閹煽虐在其方寸中耶？豈尚有一大司馬官及恩宥生還在其方寸中耶？寵辱齊觀、險夷一致、貞襟亮識，未易到此地位也。」

民間賦税，朝廷苟行預徵之法，未有不民日窮、財日盡而至於死亡離散者也。何者？如人有百畝之産而以歲入不足於用，爲之稱貸十金。少焉其所入者，先權其(五四)十金，子母償人，歲用益窘，益且稱貸二三十金。二三十金又權子母償人，更不能不多爲稱貸。如是者不四五載，此百畝者盡爲他人有矣！今朝廷指未插苗之土塊，便徵其賦税，金錢不從天降，不由地出，必且稱貸以輸。一年稱貸，來年倍之，又來年再倍之。雖家累千金，其銷亡也可立而待，又況繼之以需索，加之以鞭箠，重之以災荒，民尚何以爲生？不知籌國者若何爲計而出此。倪文毅云：「水旱不可先知，豐歉未能逆卜，如之何其可預徵也？」斯言其亦當思之矣。

有葬母者欲書神主，而父有封、子有贈，問其書之序當何先。余曰：「自當先父封。」曰：「封在前朝，贈在本朝，似當先本朝而後前朝。」曰：「惟封在前朝，益當先父封。受前朝之封而故後之，恐非泉下之心也。昔人不云我先人豈知王氏臘乎？時代自有後先，即朝廷亦豈得而咎之乎？子不先父，烏(五五)可以子爵加於父爵？無論今爲先尊後卑，即先卑後尊，亦當後其尊者。

若父之除拜爲先尊後卑也者，則當卑者之安，而用前某官以顯之，非是不可也。」曰：「封爵當在考妣之上，抑在其下？」曰：「朱子固載在家禮矣！」曰：「顯考某官某府君、顯妣某封某氏，先王制禮，尊祖尊君，各有其所。宗廟之禮，所以尊其祖也。故封爵雖受之朝廷而繫在考妣之下。自世不知學而禮義之不明，又不肯虚懷折衷於識者，尊祖則不復知尊君，尊君則不復知尊祖。尊祖義昧于是，以子而先父者有之。子而先父，是自有其富貴也，是不有其親也，非所以維人道於未墜也。」曰：「宗子之法，大夫得自爲宗，則固可以貴掩親。如子之説，無乃膠於義歟？」曰：「以貴掩親，亦義之所當然，今子非是之謂，如曰貴，貴則又何以後父封之尊者？余故爲知有其親之説，以使後之有是事者用相參考。而余固非明於禮者，子姑退。」

「存心」二字，固爲學之大要，然但把個心看守在此則必墮於空寂。既病空寂則必出於夸誕。孟子言存心也，曰：「以仁存心，以禮存心。」又曰：「存其心，養其性。」仁禮即性，性即心所具之理。識得性以爲心，便不空寂；識得養以爲存，便不夸誕。故孔子曰：「操則存。」操與存不同，若操即是存，則又何容下個則字？旨哉操也，存與養並在其中矣。

孟子曰：「盡其心者，知其性也；知其性，則知天矣。」玩此語意則心也、性也、天也，固不相混，而又豈得二之。佛氏乃謂性即是心，是混之也。天生於心，是二之也。究竟心與性混，則已撇卻了性；天與心二，則又糊塗了天。混卻是二，二卻是混，不知性天其爲禍於心，固有不可勝言者也。

知存心之在乎養性，則並無急迫拘苦之病。

佛氏之説，至謂天本於心，不亦顛倒猖狂之甚乎？物本乎天，失其所本則何者不至？又謂天地人物皆生於心，可知彼所見之心，只認得一個氣。何者？天地人物皆氣爲之也。孔子之操，即文王之小心。一作一止，一事一物，皆小心而極於無間，是謂能存。小心，故能盡心。

聖學但言知性而不言明心，可見知性方是明心，而明心之不得爲學也審矣。

偶讀唐人詩：「自家飛絮猶無定，争解垂絲絆路人。」身不克治而求人之治者，可以反矣。「采得百花成蜜後，爲誰辛苦爲誰甜。」學裕於素而世莫之知者，可以安矣。

水之濁者，少澄焉則清。余過太湖，輭其水，久而不清，乃知晝夜震盪，以濁爲常者，雖欲清之而未可得也。梏亡反覆之，所以夜氣不存也。

漢超共論世俗奢靡，不惟泥沙物力，亦且草菅物命。物力太耗則人力亦詘，而凶荒盜賊之變隨之；物命太戕則殺氣所感，而刑獄兵革之慘應之。故曰奢侈之禍，甚於屠戮。世且争高嗜勝而莫之知返也，悲夫！

我生之初，親戚友朋(五六)至，酒一壺爲錢一，腐一簋爲錢一，雞鳧卵一簋爲錢二，便可款留。

今非豐饌嘉饈不敢留賓，非二三陌錢不能辦具。耗費益多而物價益貴，財力益困而情誼益衰。故王者教民不先於富，而富民不（五七）先於撙節愛養。

素富貴行乎富貴，素貧賤行乎貧賤，素夷狄行乎夷狄，素患難行乎患難。在上位不陵下，在下位不援上。上不怨天，下不尤人，静無以加於斯矣！故思不出其位，爲兼山艮。

人只有一個心，亦只有治心一件事，卻放他浮浮油油，紛紛擾擾，懵懵懂懂，好不受用。堯之安安，由欽而得，亦惟嚴敬之至，而始得大受耳！

横逆來一番，自反一番，自反一番，學問進一番。故自反之至，乃爲可法，可傳之大舜。

事處人倫之際，有不能孚感又不容恝置者，覺得大舜怨慕之心真實親切。

同自廣、朝宗訪素民，歸途步東園，向聞盟雲樓前壘石甚奇，今始得觀。不異夏雲排空，雷雨欲出，又不異矍鑠老翁提兒挈孫而來，前顧後趨，高俛卑仰。抑且南視則雄偉，如讀司馬子長文字；北望則雅曠，如臨王子敬書法。背面旁側，各極殊致，信乎名下不虚也。蓋謂是張南垣氏手栽云。

遠之諸君，武林奇士也。精於識鑒，一語品題，不下汝南月旦。巨公名士，交遊滿四方。乙巳春，王寄迹寶雲山寺，與余得親晨夕。酒懷道誼，亹亹快人。奈何俗薄難留，仲春下澣又挂片帆西問矣。臨歧握别，悵惘不禁，因賦短章，以識永懷云爾。寂莫窮村老鷁冠，客窗與子共盤桓。煙霞骨相逢姑布，冰雪襟懷許伯鸞。山寺落梅傷別易，天涯芳草寄愁難。西陵南浦應杞憶，月滿中庭各倚闌。

是年春，先生遊洞庭豐圻，作《觀梅小記》。余聞洞庭梅花之盛，昔推長圻，今稱豐圻。丁卯仲春三日壬子，朝宗席生攜酒饌，邀其昆仲輩陪余父子看花豐圻。風日韶麗，湖平如掌，泛船容與，流覽七十二峰，或遠或近，或蒼或赭，或演迤如雁陣，或孤突如豹蹲，無不隨波欲流，迎帆欲斷，盪胸眩目，奇賞得未曾有。而緣麓二三里，高下疏密，皆雲屯玉積，梅稍殘落，櫻桃正當滿放，班坐其間，不異身在香國花城。觀梅者競侈鄧尉之勝，余從未托足，未審視此誰爲伯仲。三月，偕席素民、翁自廣遊雨花臺，作《春遊記》。丁卯之歲暮春之月，席君素民、翁君自廣同遊雨花臺。境雖幽邃，林泉院宇無一足觀，惟臨眺湖光頗有曠致。而坐窮晝漏，不聞一聲鳥語，則其景物之荒索可知，亦浪得佳名已耳。素民云此地故多喬松，官伐，故減勝。主家送酒饌至，人罕觥密，徑醉。來日壬寅，素民、自廣同虞山瞿端叔氏偕遊法海，雪浪上人以手製新茶款客，香味色俱超絶，而山簌所謂香花甲者，尤未獲嚌。茲列果核清芬，可滌塵腑，信爲名下不虛也。酒肴既至，飛觴緑陰之下，薄暝乃別。癸卯，金子與珍攜尊卧佛寺，邀余往遊。自廣、幼平、素民陪余先遊興福寺，子偉氏向余語，興福有畫羅漢十八幀，爲貫休筆，而余已忘其在興福也。遊金庵，諸佛羅漢塑像雖稍剥蝕而笑貌如生，相傳爲元人邱彌陀塑，蓋絶技也。因問畫像于僧佑生，知在興福，于是重往叩僧寮。月江上人出共披視，揆其縑素繪采，多不過三四百年物，當是貫休有傳本，而元明間人摹之。子偉意亦云然。然筆情遒勁，固非好手不能辦。閱畢，與珍使命已再至，乃上卧佛。卧佛與興福金庵殿宇傾阤難上下，而僧房則興福卧佛較潔整。東偏主僧曰濟蒼，西偏曰聖超，有吴、葉二君讀書西偏。與珍與葉君有善，邀同席。日已薄暮，杯不停揮，兩茶熟時即別。初踰戴家嶺而往，茲由蝦嗘嶺而旋。登嶺，流覽湖山之曠邈、巖壑之窈深，歷歷在目。縱洞庭紛華之所，幾疑過于城市，而長林絶隝之間，意有千古未窺之境如桃花源者，未可知也。挑鐙紀事，不勝坐馳。甲辰，意欲堅閉書齋，緣日來席生朝宗往虞山，而踵事遊陟，主家復具盤飧，請登莫釐，端叔、與珍、自廣、素民同行。余謂素民曰：「昔人有謂禽荒，此兩日爲遊荒矣。」初上竹兜，即大風作，憩於三茅峰下。又適慧公至郡，興殊岑寂，鼓勇衝風，觀湖峰巔。復叩二茅峰舍，少坐，反而命酌。慧公亦歸，談諧甚驩，時醉。風少減，仍上莫釐。湖光山色，皆若故人相對，別敘新情。而比頗胃惡，是日加苦。復下二茅，不更勝酒。坐觀四君杯斝交錯，抵暮言旋。嗚呼！流覽湖出風物，自覺有得于己，方不孤負造化，方不浪擲光陰。不然，與村夫、巷豎、嬉遊者何異？反不若採樵、拾菌者荷擔攜筐之爲虛往實歸已。又且煩費主家飲饌之設、輿從之奉，兩日自顧遊歷，所得何如。不其甚有媿耶！四月，作《〈聽松圖〉後記》。圖中聽松者凡十人。率二人坐立爲耦，兩手踞地按膝，若有所思者，萬貞一言；展卷陳筆墨，若苦吟垂就，揮毫有待者，桐城錢飲光澄之也。葉九來奕苞，以子從，倚石指畫，使執經問于先生；先生手執如意，危坐而講論者，朱致一用純也。又其左二人爲張漢章雯、茅康友蕃，談禪並坐。又其左前後行者，萬季野斯同、徐季重開任。季野遇斷崖，迷失路，指問季重所欲之者而後進。竹陰深處，陳列酒果，盤斝狼戾，一人斟酒挽臂强飲，一人摇手固辭、酣笑爲歡者，陳躬乙覺先、葉敷文方蔚也。此十人者，所遇不同，要皆嶔崎澹蕩放廢之士。而九來搆半繭園，以自著書悦性。巒嶂多植長松，時時邀圖中人聽松濤其下，飛觴賦詩。相與忘形共適，不異餐芝洗耳，致足樂也。九來恐後者之無傳，令漢來馮君作圖像之，而屬用純爲記，逡巡未逮。後見南昌彭躬庵士望已有《記》，意可不復作。無何而漢章最先没，次康友，次季野，躬一且以病廢。昨歲首春，而九來復奄棄矣。俯仰今昔，不勝存亡之感。而風清月白，松聲之謖謖如故，其益不能爲懷也。葉生汝濟復請題，因繼躬庵，于是作《後記》。亦見予于九來，既以半繭爲西州，足跡不忍輒過，而聊以是爲墓劍之挂云爾。二萬寧波人，康友青浦人，餘皆崑山人；汝濟即問業于用純，九來子也。丁卯四月記。十二，贈盛逸齋七十壽序，祝席太孺人五十壽序，題陳西莊畫梅册，作山居讀書詩。

【校勘記】

〔一〕聖，道光刻本作美。

〔二〕則，道光刻本作寧。

〔三〕爲，道光刻本無。

〔四〕處，光緒刻本作許。

〔五〕欲，道光刻本作念。

〔六〕以，道光刻本作與。

〔七〕不辭，道光刻本作爲。

〔八〕此，道光刻本作斯。

〔九〕徒自敗耳，道光刻本作徒爲夷齊之罪人耳。

〔一〇〕靦面失之，道光刻本作靦面失之昧者。

〔一一〕起居，道光刻本無。

〔一二〕盛，道光刻本作甚。

〔一三〕汲汲，道光刻本作亟亟。

〔一四〕訓，道光刻本作誡。

〔一五〕當葉而葉，當花而花，當實而實，道光刻本無。

〔一六〕是，道光刻本無。

（一七）湯文武處君臣之變，而禹水湯旱又處民生之變，道光刻本無。
（一八）惟辨得一反矣，道光刻本作豈能晏然在虞賓之位哉。
（一九）聖人之於天道，如是而已，道光刻本作聖人之於事毋細大行所無事而已。
（二〇）乎，道光刻本作於。
（二一）即有，光緒刻本作不。
（二二）謂，道光刻本作有云。
（二三）更，同治石印本作便。
（二四）嫌，同治石印本作言。
（二五）所謂，同治石印本作所云。
（二六）亟，同治石印本作急。
（二七）日記，同治石印本在「日記」後有「二册」兩字。
（二八）日記，同治石印本在「日記」後有「畢」字。
（二九）四月十五日，光緒刻本無。
（三〇）父，光緒刻本作婦。
（三一）而其所以爲知行合一者，道光刻本無。
（三二）日，同治石印本及光緒刻本均作已。
（三三）聽，同治石印本在「聽」字下有「舟子」兩字。

（三四）與同舟子輿，同治石印本無。
（三五）得，道光刻本作能。
（三六）夜話，同治石印本在「夜話」前有「把酒」兩字。
（三七）余前夜席上輕出一語，雖有爲云然，然已有檢點之者，不可謂非其善意而不自警於後也。光緒刻本無。
（三八）所有，同治石印本作有所。
（三九）敵，光緒刻本作啻。
（四〇）閱《綏寇紀略》，同治石印本無。
（四一）魏子，同治石印本無。
（四二）止，光緒刻本作承。
（四三）只，同治石印本作究。
（四四）實，同治石印本作行。
（四五）多薄，道光刻本作者少。
（四六）是，道光刻本作自。
（四七）屬，道光刻本作夫。
（四八）后，道光刻本在「后」下有「字」。
（四九）頭，道光刻本作隘。
（五〇）而，道光刻本作所。

（五一）便，道光刻本作自。
（五二）盡，道光刻本作至。
（五三）懸，光緒刻本作縣。
（五四）其，同治石印本作此。
（五五）烏，同治石印本作何。
（五六）親戚友朋，道光刻本作親朋。
（五七）不，道光刻本作必。

下

嘉興金吴瀾臚青甫編刊
嘉興孫福康雪友氏校輯

康熙二十六年，戊辰，六十二歲。

天下言語相激之爲害者二：有惡聲之激，有法言之激。激於惡聲者，猶是度量之不能容；激於法言者，直是天理之存焉者。寡矣。

過自聖人以下所不能無，但當救過，不可諱過。

孟子謂：「天將降大任于是人，必先苦其心志，勞其筋骨，餓其體膚，空乏其身，行拂亂其所爲。」人因謂此大任未降之時之事耳。豈知大任之降，非便予之以安樂也，仍是苦心志、勞筋骨數者境界。特動心忍性，曾益所不能，則從這裏過來爲熟徑耳。所以安樂、憂患與生死初非兩截，步步安樂便步步死，步步憂患纔步步生。

閱鄭微苓（一）名圃，吴縣人。病後語，大約不肯虚心讀書會理，立意要駁辯先儒，病痛便多。先儒是甚樣精神才分，是甚樣學問工夫做來，其所見所言，未易輕爲訾議。欲攻先儒之罅漏，卻顯自己之敗闕。故曰：「言不可不慎也。」又閲翁申伯名旭，吴縣人。漁樵語，二君皆議論英快，非無得處，要亦是口頭説得好聽，而非從學術明正處來。

觀三、德焕來，朝宗同二生登莫釐峰。先至三茅，晤慧鑑上人。既登，復下三茅，聽琴酌酒，殫歡竟日，乃返。方陟峰嶺，觀三以徑陡爲苦，余曰：「登峰造極，固是難事，然慎無生畏心也，稍畏即不能至矣。余凡三上莫釐，湖山歷歷，足稱大觀。而自顧胸襟卑隘，昔猶夫昔，今復猶夫昔，曾無毫髮勝槩，能不重有媿否？」

君子不激人，亦不爲人所激。何者？氣有相激，理無相激。君子一循乎理，而又何激之有？

臨財斷須持之以義，自覺氣和心静。

人猶木也，木無本根則顛，木無枝葉則枯。人生上而祖宗，是本根也；下而子孫，是枝葉也。邱隴祠祀之事[二]，必敬必勤，所以培其本；鞠育教訓之事，必誠必正，所以茂其枝。不培不茂而生理以墜，故人道之大綱，奉先裕後，思過半矣。

或有欲揚其先人之節而訾他人之節爲未純者，余曰：「是安得爲孝歟？必欲以過情之譽譽其親，已貽親以不安。而復毁人而譽己，是滋爲親疚也。孝子所不出也。」

夫毅然以其身付之斧鑕而無所回顧者，亦足維繫綱常之重，猶必追而咎之曰：彼其始念固游移未決者也，是皆辱身敗行之人，故爲此忍心害理之言，以自掩飾耳，奈何不察而信之哉？凡天下責我之人，皆成我之人，切須反躬修省。苟不受人之責，而意氣相淩，或淡漠相置，皆自暴棄之徒也。

蔡脩遠談論甚久，其意以先儒之所以闢佛者，皆由不識佛氏宗旨。聖賢之學，止於治世。二氏之學主於出世，治世未能盡道。蓋道足載世，世不足載道，故道之大而無外，惟出世乃能盡之。出世、治世，作用不同。因謂二氏聖學相去固遠，其實同此本體，天下豈有二體也？又以禪學論《易》，隨指其扇頭禪偈一咄字云：此咄字，是一喝也，纔破一喝，便心爲之動。只就乾卦而言，心一動便外統事物而爲五爻，有五爻便有前後，而爲四爻上爻。有外必有内，有外之五爻，便有内之二爻。有外之前後，便有内之前後初爻三爻。而此六爻者總屬名相，則必有一主宰乎名相者，此爲第七爻。既有第七爻，便與内外卦體無異，而有第八第九爻。故乾卦六爻之外，復有用九。其論《易》也如此。雖倉卒未及詳竟其説，然大槩可知。凡所言論，是非瞭然，固不待智者而後能辨之也。其學本於一開士號月菴者，故潯陽董氏，高介之士也，而逃於禪，有所著易學之書，余嘗覽而深病之。脩遠勸余究心於是，過辱謬好，殊感其意，而不知余即自問不能無過，然此心斷斷不敢得罪於聖賢。不敢得罪於聖賢者，不敢苟悖乎天理也。

楊文襄公諭邊將曰：「無事常如有事時隄防，有事常如無事時鎮靜。」是道也，夫豈止治兵當爾哉？

心上不可有些兒事，纔有些兒，便覺昭昭本體不知何在。

天下有氣歉之人，事本無私而常自視若私者，此便是私。

人只謂《中庸》下半部纔發明誠字，而不知開章、戒懼、慎獨早已是誠了。然此猶就實心言，是成性以後的誠。若繼善以來實理的誠，則天所命者何？人所性者何？誠也，而道與教總不外是。《中庸》爲明道之書，盡誠盡道，一而已矣。

敬鬼神而遠之，猶是當祭之鬼神，然且不能遠而不得爲智。而況佛爲胡人之鬼，其名號則後人之矯誣，其載籍則中華之所僞造，其義理則三尺童子之所竊哂。乃士大夫相與崇奉其教，而傾心以信，委身以事，吾不知其智爲何如也。

非理之來，只寬以容之，緩以待之，平以應之，自然寂如無事。否則事不激我，而我爲事激，過咎叢生。

腐之爲物，淡然無味，豈敢與嘉饈爭列？然而盤餐類不可已，貴賤皆不可廢。可見腐儒之在天地間，亦未必無一日之用。而世之人初未嘗厭腐，或更稱美之，獨厭儒而望風交避，何哉？

孟子先立乎其大者，即孔子爲仁由己，聖學只[三]此是第一着。

心性本不可二，然孔子大約從性上立教，孟子大約從心上立教。從性則無弊，從心則直捷。此在學者自己體認的當，則心即是性，性即是心。若纔向心上毫髮偏重，便恐墮入異端。先儒最要於威儀、言動講究氣象。而先儒之所謂氣象者，正俗情以爲可厭而可笑者也。東坡之於伊川，且猶玩侮，而況它人？而況後世？在賢者，固不喜慍於此。然人心陷溺、好惡乖張，爲世道計者，正自不勝憂懼耳。

余在洞庭五載，西山雖在望，尚未問津。是日朝宗奉太夫人意邀往同遊，風阻。

朝宗邀既受、楚山、素民同至茭田，并邀子偉、誠兒登舟。風日和霽，午餘抵西峰，即步遊洞上(四)。其上爲玩花臺、曲巖、伏象巖，其下爲林屋洞、丙洞、暘谷洞。暘谷之東有無闋菴，少坐，投神景觀宿。

羽客吴函谷延入圃中，觀宋天禧間奉勅重修神景觀碑。飯畢，登輿，游包山寺，居方丈者曰柯菴。遊毛公壇，問徑，過橘香菴，尋同岑和上不值，坐松竹間少飲。過點，游福源寺，主僧曰體融。日猶未晡，急返神景觀别函谷。放舟抵石公山，登岸便霜果炫目，迥異兩日所見。步至石公庵，慧目上人出迎。初至觀落炤，既晚酌，觀新月，皆擅絶勝。

早出庵東，尋夕光洞。又東爲雲梯，北轉爲聯雲嶂。下臨湖流，有廣坡虎阜千人石，不足道也。北有巨石蹲踞，爲石公石母。細諦之，冠服皆肖。入穿雲澗，從一線天登巔，過落炤臺，尋徑菴後懸壁而下。

訪鳳翁起咸，請介於王君叔介，得登明秀閣，苕上張君爾就在焉。流覽湖山，此閣爲最。子偉欲訪秦君九功，從之，並晤其族父存古。九功雅好客，攀留甚殷。既別，即過答於舟次。

放舟東行，山根石境之奇半尚没水，無由登覽，仍至石坡，舍舟留連少頃，乃返菴。晚飲於歸雲洞，再觀落照新月。

波面烟霧蒸騰，謂是風兆。且慮往返途遠，趣同行。晨發歷揚塢、明月灣、消夏灣，抵大龍渚。龍渚之石，故爲名勝，亦以水未甚涸，未能盡探其玲瓏變幻之妙，但得一二於盼望而已。游石佛寺，洞中佛像皆極工，非近手所辦。返小龍渚，子偉謂無足觀，不復泊。由銷夏八九里，泊西蔡。登縹緲峰，下視諸山，真比兒孫，即莫釐亦未得與鴈行也。復過明月灣，余與子偉、素民步抵石公。風發，落葉滿山，如萬蝶舞空，偏體亦皆著鱗甲。行視山川，風土頗悉，丹林黄樹，橘緑橙紅，五六里未嘗少間。歎諸少年不能從，皆不善遊云。就舟中晚酌，仍至菴宿。

尋雲梯、雲障故徑，趣石公石母。湖中風色尚壯，不能行，憩息菴中。過午，訪王氏挾仙樓。欲登，主人適它出，乃登朗西閣，亦王氏曰綸音者之居。慧公引上高岡，撫喬林，過滿願菴，游王氏墓。愛楊塢風土，復往。昨涉其外徑，今稍步街里而返。晚酌，頗得物我之見。風微浪平，歸舟容與。此游邀天之福，亦人生未易有。有《游西洞庭山記》。

邀東筏飯，東筏精於字學，所著有《六書勺》。談次謂「爲及、乚爲隱、亅爲兜、厂爲岸，亦爲崖四字也。昔有宦成而用圖章，其文爲㕣，人莫之知。有解者曰：此老將引身退矣。是爲及早須隱，後果然；又卯爲丣、酉爲丣，祇一字，而所争在上畫之連斷。丣爲天門，連則天門閉，酉時也；斷則天門開，卯時也。故從丣從丣，若酉即古文酒字。

事到不如吾意處，須且放下我意，把人之意來一想，彼或非全無當也。便覺胷次寬展、事理和順、世路平坦。

春，先生謝徐俟齋竹杖銘書，贈徐退山七十壽序。

康熙二十七年，己巳，六十三歲。

日來兀坐，見物情之甚忙，亦甚樂。余雖病中，不覺爲之體輕。但忙其常也，樂其暫也。苦而忙，則益難爲命矣！人生不幸，今世爲極，勞苦於畢歲而僅歲首數日之懽忻，良可憫哉！又況苦者之樂，其樂亦神不旺。

讀《劍南詩選》畢，忠君愛國、憂世恤民之念，每飯不忘，雖老愈篤。放翁真人豪！亦文豪也！讀之殆不忍釋卷。「讀書破萬卷，下筆如有神。」於放翁尤信。其詩云：「我生學語即耽書，萬卷縱横眼欲枯。莫道終身作魚蠹，邇來書外有工夫。」看是何等學力，宜乎不獨詩才擅絕。一切塵途趣味分毫不入其靈府，是放翁人品文章之本。

放翁非不問津二氏者，然其六言有云：「熟讀大小止觀，精思内外黄庭。直使超然有得，豈若淵源六經。」此等識力，豈易得之騷卿墨客？窮而知反，固由天分之勝，而亦見當時道學風高，故能收攝賢豪若（五）此。

行有不得，皆反求（六）己。人只事事自見一分不是，自覺地位有餘，意味甚遠。

加德於人，纔有要人道好之念，便是驩虞。

「今觀世間事，如僧視沐櫛。」放翁此語，是知鄉鄰同室之鬭之義者。士君子而不遇於時，則世間事非其所得爲。如櫛沐，雖生人當然之事，獨非僧徒得爲之事。不得爲，則亦安於分而已。使（七）僧而羨人之櫛沐，怨己之不得櫛沐，而且憤人之不善櫛沐，則將不得爲僧矣。而士君子，其能免於忘義殉禄乎哉！

文可通於詩，而詩難通於文。讀放翁之詩，大開闔而神變化，可以善文。

過巴城鎮，入崇寧祠。尋訪僧房，有王元陽先生隸書「一峰禪舍」扁額，瀟靚爽目。又石一方，甃爲牆跗，幾没於蕪穢灰礫。視之，則方棠陵先生詩也。先生，邑之賢令，時自陽城湖歸，復經崇寧，作詩曰：「昔年從此去，今日從此歸。野僧迎我上，江絮向人飛。雙湖公事了，三月賞心違。亦知風日好，病母在深閨。」正德某年三月某日，雙湖散吏方豪初稿。書法亦瘦勁，得率更筆意，先哲風流，于兹未泯，而爲俗僧所屈抑。告諸鄰僧，宜亟出之，未知得從吾言否也。

同弟、姪之佛樓頭清丈祀田。晚歸，往來道上，或舟或步，領挹花香樹色，歎造化之無私如此。

富貴之人爲賢士所不屑近，則富貴亦何足道？故知當忘勢下交，始得與賢者爲伍耳！主家邀百二歲翁來，亦令出見。余耳目手足俱不任職，但猶能日噉飯二甌。問其姓，曰張。問其名氏，莫有知者。以其業屐，謂之張木屐。余蓋肅然起敬，天之厚是壽者，必有其故。彼亦甚致禮於余，去來皆揖而再三，多壽爲祝。

勉强於己則有功，特非所語於非分之事；勉强於人則不恕，特非所語於進人之善。不以禮處人，即不以禮自處，人己兩失，是故君子慎之。

先正謂：一言不善、一念不善，則天地萬物爲之解體。余謂此心一刻不存，即天地萬物于焉間隔。

道人之長而微及其短，雖若惜之，自反終是忮心。故必攻其惡，無攻人之惡爲脩慝。不善在幾微之念，便覺仰而天，俯而人，不成一片。

《中庸》戒懼、慎獨，動静交致其功也。二者固不容一之或畧，然獨知之地是酬酢萬變關頭，學者喫緊用力，尤須在此。雖曰静無工夫，動不得力，獨不曰動無工夫，静不得力耶。能慎其獨，毫不放過，則不睹聞之戒懼，亦思過半。先儒謂慎獨是鐵門拴，而《大學》亦但反覆丁寧於慎獨，良有以也。若先儒謂動静對不過，全是戒謹恐懼之體，慎獨只事至物來，加省一省，此去渾然天理泛應曲當境地不遠，此處工夫大有次第。多言只是氣浮，纔浮便是暴，故無暴以持志爲本。

知爲非禮之視而不能當下斬截，此時之健以致決安在？是非之機，間不容髮，可曰不遠之復而稍自寬假耶。

心之動静，猶氣之呼吸也；氣之呼吸，一刻不相接續，此身便不能生。心之動静，一刻不自主宰，此身獨可得生乎？故曰：「人之生也直，罔之生也幸而免。」其動也直，言天之用也；敬以直内，言心之體也。然天人無二理，體用無二源，其直則一而已。

若不操存此心，使無間斷則德之得也，得於何所？道之行也，何以爲行？故戒懼、慎獨爲不離道之功，而主忠信爲崇德之本。

孔子要人於富貴貧賤、不去不處處識得仁體，曾子要人於格物上識得仁體，子思要人於喜怒哀樂未發時識得仁體〔八〕，孟子要人於集義上識得仁體。總是一般道理，根基便實。所以步步踏著實地，做到至誠地位。不似佛氏，只參一個話頭，懸空打進去，到底落一空字，不中用。愈透愈空，愈空愈謬。

脩己、治人，君子畢生德業惟此二者。然脩己則不可不極其量，治人則但可安於所遇，要當隨遇自盡耳！於此分毫有虧，便是脩己有虧。

分位之所不能爲者，聖賢不以責人也。當爲而爲，固是天理；不當爲而不爲，亦是天理。范文正公於富貴貧賤、毁譽欣戚不一以動其心，此便是聖賢盛德大業、頂天立地的本領。王文成公謂：吾「良知」二字，從萬死一生得來。也是這個本領透徹。但文正似不及文成此段透徹工夫，而文成卻又似此透徹，恰是受病所在。此其故，識者當自得之。

比來雖屬些小得失，輒猶擺脱不去，亦明知身外事物於我何加何損，且萬變未起時，本來無一事，然而擺脱不去者，内治不專也。學問畢竟到一絲不掛，方是立乎其大，方是真體，方是實落受用。

下學而上達，上達即在下學中，所以聖賢立教只就下學一邊説。纔以上達立教，便悮下[九]學，便恰是害道病根。只如程子云：「主一無適之謂敬。」高忠憲公云：「心無一事之謂敬。」心無一事，自是主一無適極至地位，然使學者但求心無一事，而不從主一無適做工夫，則焉得不墮聰黜明，離事絶物以爲道。孔子耳順以後，看是甚樣胷襟，然猶且曰從欲不踰矩。步步還它實落，初未嘗言心無一事則甚矣！學之必不可不進於上達，而教之必不可不主於下學也。蓋聖人只是下學中人也。

敬是徹上徹下工夫，則主一無適者正是徹上徹下者也。不必就上再著一層高妙話頭。「從心所欲不踰矩」，可見人心、道心是一非一，是二非二，鉤勒的直恁分明。周忠介公云：中進士不過秀才的結局。此語可通於下學上達，上達只是下學的究竟。其實從心不踰，恰是心無一事。

尊德性而道問學，明明德也。曾子、子思之所以爲師友淵源也。

楊子石宗，名萬里，先節孝門人。執經不數年而亡。平時善病，有著述曰《病言》、《追録》二首，不欲没其志行云。「窮達有定分，役役驅年少。一悞四十年，膏肓不早療。自謂逢時業，揣摩得其要。所賴過侯門，懷刺頭還掉。初無虎豹姿，更不工諧笑。薑桂性難易，囊琴不廢調。戛然入雲去，夜静獨長嘯。」「鄉村煙靉靆，垂柳編柴荆。桑麥蔭疇隴，四望各縱横。白頭牽稚子，徙倚踏新晴。野渡沿溪見，道周曲澗清。空山静無響，古木與雲平。花開獨微笑，目遇心無生。」

康熙二十八年，庚午，六十四歲。

元旦〔一〇〕侍先像，始連日静侍左右，覺衣冠言動，不啻身相接而口相誨。

孟春仲丁〔一一〕，釋菜小有堂。飯畢，爲同堂講富與貴章。先兩〔一二〕日，同諸子習禮，對越時，忽有小物得失感觸于懷，殊愧先師在上，不能無貳爾心。既思，即于當下惕若，親承先聖痛下鉗鍾一番則庶幾過中之微益云。

静虚即是中，動直即是和。虚，故無所偏倚；直，故發皆中節。

赴大樹書屋，講《通書》四章。午後，聽諸生講四子書，各出所見，互相證益，顧此而樂可知也。自後講約率如此。

循理而行便是敬。不敬，雖所失乎事者只一端，而所違乎理者循省良多，是以君子務寡悔也。

僕隸下人，余未見有事事合宜者。特偏長足稱，彼善於此則有之耳！小人難養，信哉！雖莊莅慈畜而彼初不之知，仍不免怨與不孫。小人難養，信哉！

閲姚江黄藜洲《孟子師説》畢。藜洲爲劉念臺先生門人，蓋宗陽明良知之學，更偏而隘焉者也。以虚靈知覺爲性，而以仁、義、禮、智爲不可謂性，但可謂德，則其所見大槩可知。至恐已之説近於告子，而先以告子杞柳桮棬之説，爲杞柳喻知覺，桮棬喻天地萬物之理，以杞柳爲桮棬喻以我之知覺求通乎天地萬物之理。因謂宋儒不即以理歸於知覺，而必格物窮理以致此知者，與告子之説一。是既自掩爲非告子，而又誣先儒爲皆告子。藜洲此言，無乃得罪聖賢而徒爲世之識者笑也。告子不得勿求，安知有天地萬物之理之當求，而博學於文，是孔門入手工夫，豈聖人亦教人馳騖於外而迷途之是趨乎？

呻吟中時時操守此心，庶幾不以病而廢時。

禄在其中，禄字不必實指干禄之禄，只虚看，甚有意味。學猶是學，但爲干禄而學，則多聞見、闕殆疑、慎言行、寡尤悔，必有不克盡其功者。聞見，必日積月累，優柔涵蓄而後漸進於廣博。苟志在干禄則亟欲自見，得少亦足，夫安得多？疑殆所在，正好自作聰明，矜奇炫長，悦人之耳目，以爲干禄之階，夫安得闕？疑殆且然，况可見諸言行者，又安得慎？務爲欺人之學，惟務〔一三〕利禄之邀，即有尤悔，亦不復暇顧，夫安得寡？是則寡尤悔之學，正與干禄事同途而功胡越者也。若誠一念不紛，實下工夫，其中所得，豈止利禄之所能及？故曰：「禄在其中。」分明謂寡尤寡悔，何禄如之也？不須更别尋討個禄字。魏生光士曰：「此書如此著眼，抑何静甚？」胡甥表被曰：「令人胷襟不覺灑落〔一四〕。」蓋註中不求自至，解極透脱。但自至二字，無乃猶掛著纖翳在。孟子天爵，爵字亦從人爵借説，初非實指。

用純，爾忘爾父之命，爾名用純乎，何其心之雜而不純也！每日常以此自呼省，庶少懈思。

延平教朱子静中觀喜怒哀樂未發以前氣象，此復性最上一層法門也。昔有問程子求中於未發以前如何，曰：「求中即是思，思即是已發。」羅文莊公疑之，謂此思乃動静之交，未可謂已發。愚以爲文莊此語未得程子立教之旨。蓋程子每不欲與學者言静，故曰：「人生而静，以上不容説。」曰：「纔説静便入於釋。」曰：「人言静見天地之心，某獨謂動見天地之心。」曰：

「未發前謂之静則可，然静中須有物始得。今誠提起此心，專一體認未發如何，此正静中有物之謂也。雖虚明之體似有所屬，然不著形相、不落聲臭，體認未得與體認得時氣象雖不同，境地〔一五〕則不異。超動静而言，則固無動無静；就動静而言，則但可謂静，而不可謂動。所以謂是已發者，有物即已發，已發即不得爲静，不欲以静立教也。」然則未發以前究竟如何？程子固言之矣，曰：「喜怒哀樂未發時更怎生求，只平日涵養便是。涵養即是有物，無物涵養甚個。」

看來纔説静便入於釋，是程子不欲言静本旨。

孔子言性相近，孟子言性善；周子主静，程子主敬。孟子願學孔子，程子受學周子，而卻與孔子、周子各異。其説者，固由於學之所得，亦挽回時弊之意多也。自孟子力持性善，而世猶有爲無善無不善之説之告子，性惡之説之荀子。自程子力持主敬，而世猶有爲遺棄事物、專務虚静之陸子。

頗苦酬應廢時，既思學之爲功，不在無曠於事而在無曠於心。苟能無曠於心，則對賓爲日用之常，又何廢時之有？

小有拂意，即不能無動於中，而且形於外，非乾乾不息之功也。

愈自檢攝，愈自覺日用行事之多過，而多言爲最。

孟子謂：「人人親其親，長其長，而天下平。」程子謂：「盡性至命，必本於孝弟。」似乎孟子是就孝弟推擴出去，而言其事業之廣大；程子是就孝弟收斂進來，而言其義理之精微。然而非有二也。天下之平，正所以盡性至命也，都是這個愛親敬長、良知良能中事也。此本實實落落、至明至切的道理，但人自信不及，所以孟子曰：「終身由之而不知其道者，衆也。」程子亦曰：「不能盡性至命者，由之而不知也。」

「己所不欲，勿施於人」，人多就利害一邊言，而是非亦貴平情；「行有不得，反求諸己」，人多就是非一邊言，而利害亦當安分。審若是，則怨尤之念何自而萌？

有恥便是立志，不立志只是不知恥。

一小事，本無可愠而愠意忽生。細自省察，固知此愠之所由來皆私也。程子曰：「怒驚皆由主心不定，心定則理自明。」

無毫髮之夾雜，方是誠。不誠即不敬，故主一謂敬。

發念處不善，才夾雜便是欺，不必有其事而後爲欺，不必欲爲其事而後爲欺也。理豈有夾雜哉？亟毋自欺，欺的端倪霎已逗露。誠者，蓋不如是。

養心莫善於寡欲，養知莫過於寡欲。知是心之明，欲是心之蔽，不兩立。故須所欲打掃淨盡，則此心常明。

讀《二程摘要》十卷畢。二程先生之學之教，只立天下之大本盡之。其學以是真是，必不肯以第一等人讓人；其教亦以是真是，必不敢以不能待人。大本達道，天下之所公也，人奈何獨自暴棄？

專治内不是學問，專治外不是學問，何者？心兼内外纔專治，不惟理道之偏，并所治者亦齟齬而不馴伏。

一言不由中出，愓然内愧。何不愓然於欲言之頃，而愓然於既言之後？

六經皆吾註脚，固大病語，然讀聖賢書而復下註脚，亦覺多事。天地間道理，就聖賢書發揮得千停百當，領會得不假一字。領會不得，註脚雖多，盡是懸空揣度，盡是障礙。但先儒引導後學心切，不得不以其所領會得者指示與他，其實卻是筌蹄。

語不如默，多言不如少言，蘧伯玉寡過未能，看來口過最易犯。

先儒謂心即天也，而又以其爲萬變之主宰，謂之天君。曰天曰君，尊孰加焉，其可玩媟之也。故好仁者無以尚之，惡不仁者不使不仁加乎其身（一六），其要只在主敬工夫，切不間斷夾雜。縱間斷後隨要接續，夾雜後隨要純一也，便覺生疎費力。

孫文學霜奇，名道民，從遊先節孝，與余童丱交，後同先節孝殉難者也。無子，善詩，有遺集，聞在其猶子處。一日，朱二陶述所作飲酒詩曰：「一飲一百杯，一醉一千日。天地酒杯中，兩丸跳不出。」時甫十歲，便磊落有奇致。

主一之謂敬，靜則主理之一，動則主事之一。事之一亦理之一，天地間只有一個理，故曰一。

中庸所以行之者一，一雖就心言誠，要亦是理，心非理不誠。

未見人之嫌怨己也而發言疑之，甚矣己私難克，億逆難免。以不仁之心逆料人，彼未必然，而吾先自處於不仁，多又見其不智。程子謂不當爲是（一七）罪過，即是可知不當思，亦是罪過。

是年仲冬，先生病中與諸生論講學書。

康熙二十九年，辛未，六十五歲。

須於疾病貧窮人所最困苦處偏尋出個樂來，方不爲境遇所奪。然此樂處非可僞爲，非可强求，只遵道而行，便無入而不自得。

若是，則道與境遇有二乎？曰：「疾病貧窮不是道，道卻不在疾病貧窮之外。此便所謂道亦器，器亦道。在人自去領會。」

浮言切勿輕動，輕動只是志不能帥氣。

犯而不校，何況浮言？則猶未審其言之不誣與否，便萌校心。且不知此心之何自而來，憑空變幻，卻受實害非一。

夢中自儆云：「必也堅守静默，庶幾可以寡過。」只爲物我見重，所以到處窒礙，不相貫通；若除盡物我，便天地一，萬物一，更有何處不貫。故曰一以貫之，故曰忠恕而已矣！

所疑妄對，一語而三過兼焉。老而不明，一也；又率其胷臆出無稽語，二也；且誤後學，三也。

古之學者寡過未能，今之學者亦每覺寡過未能。然而過有重輕，又有疏數，正未可同日語也。思之，曷勝悚慄。

病卧在牀，見日光穿漏，正當牀唇。余適以扇置之，日光則在扇上。少頃，移扇，日光又隨扇而移，扇高則下[一八]，扇下則高[一九]，扇豎亦豎，扇横亦横。乃知性體一定，特隨事變而各異其面目。故曰：「萬變皆在人，其實無一事。」太極者，静之極，由静以爲動；虚之極，由虚以爲實；常之極，由常以爲變。静之極則亦無静之可言，虚之極則亦無虚之可言，常之極則亦無常之可言，故曰無極。

由動[二〇]以爲動，故動而不可失其静；由虚以爲實，故實而不可失其虚；由常以爲變，故變而不可失其常。是爲立天下之大本。

孔子之格物致知，子思之尊德性、道問學，一也。孔子特合尊德性、道問學言之，子思是於格物致知抽出格致，而爲尊德性耳。所以尊道二者，朱子解得極分明，曰：「非存心無以致知，而存心又不可以不致知。」可見是一件事。《大學》是不離一邊意，《中庸》是不雜一邊意，但《中庸》之致知兼行在内，似有稍異。要之，《大學》之格致雖專説知，誠正、脩齊、治平實都貫到。

「有朋自遠方來」註：「説在心，樂主發散在外。」雖説在外，不要向外體認，須看發散二字，是發散其心之所悦也。合遠方友朋以爲悦，便是發散在外，便是樂。但將孟子獨樂樂、與人樂樂、孰樂，與少樂樂、與衆樂樂、孰樂，來借看便見。

威驅勢禁，徒取人之非欺則怨耳！而自謂令之得行，令究何嘗行也？故曰：「使人不以道，不能行於妻子。」

好仁即是狂，惡不仁即是狷。天資近道，只此兩種。

盡心知性即格致也，與存養雖分造理、履事兩項工夫，然盡心知性之中便有存養，存心養性之中便有格致。格致無間斷則存養自純熟，存養無間斷則格致愈精明。故居敬窮理，原自拆開不得。

顧君孟謙來晤朝宗，得與酬對，性疎坦有奇致。嘗念王文恪《震澤編》雖舉七十二峰之名，而未悉其實，於是扁舟泛湖歷覽七十二峰，各記以詩。處北門之境爲此豪舉，非胷襟磊落其能若是。

許學使海鹽人，今已年六十餘，而兄長主家政。比者貽書學使曰：「吾寧可餓死，汝寧可壞官，斷不可作苟且一事，貽禍子孫。」此學使自語於素巖王編修，屬垣之耳之所聞也。夫官在禁近，年逾耆艾，昆弟尚不析産分居，已爲難得，又能道義相勖勉，不顧身，不顧官，而惟飭己盡分之是務，可謂難已！聞者能不起敬起愛。

素民孝修來，告以甫瞻已没。素民歎曰：「世風凋敝，人品卑庸。崑山固名邑，然自歸元恭亡，恐減幾分清雅之氣。自王甫瞻亡，恐減幾分孤高之氣。」斯言也，雖未必皆切中，顧人之有係于其地如此，爲士者當知之。

事不宜忙，忙必誤。

學問深則義理勝，義理勝則客氣妄念俱無所用。然是二者之去，血氣既衰，亦復能之。故人於方寸之地，漸就平實。當時自覺炤爲學力之深乎！爲血氣之衰乎！苟徒血氣衰息，恐與根心之性終不免燕越之隔。

親朋吉凶慶弔，禮也。苟施之稍濫，而或以利，或以畏，斯固不可。然後世不講於禮，復薄於情，但論生者，不論死者。苟與生者無甚交好，雖其世講近親，竟有絶不舉斯禮者。愚謂貧家力詘，慶賀缺略，猶或可諉。若夫喪葬之事，苟其先人與我先人爲戚爲友，情誼親睦，弔送斷不可廢，亦故舊不遺之道也。而物之豐儉則各從其力，苟如近世情尚虚文，雖或百物燦列而初不爲餽，或束上侈陳而一無所攜，則又君子恥之。雖然，道之云遠，既無磨鏡之技，又乏行李之資。生芻一拜，余所負媿者正多也！

一小事需之良久而物情乃見，甚得緩字之妙。故先儒謂：甚事不因忙後錯了。然亦有轉關捩柁，間不容髮者，此又不可以槩論。

夢中擬輯《歷代國本提要》一書，先勸後懲，以示來兹。蓋建儲爲天下之本，或以不早建而致亂，或以易樹子而遂亡。若誠爲此書，亦今古大得失之林也。惜乎余年已老，精力不能及此，特爲識之，以俟後之有志者，斯亦余所冀倖也已。

君子之於衣食也，特以養生而求遂其事爲，故志不在衣食；小人之於事爲也，特以謀利而求快其衣食，故志不在事爲。

有以財利爲重而人倫爲輕者，余深斥其非。或語余曰：「當今世界，莫不皆然，迂談高論，其誰是之？」余曰：「世界雖然新世界，人倫猶是老人倫！」

小有所觸便怒氣溢中，非惟量隘，抑且理昧。而其爲累不特事有未善，並致體有弗安。一怒而數病兼焉，要惟明理則諸病自無。

孟子説求放心，程子説心要放。求放是放失之放，要放是放開之放。放開即擴充而盡心之謂，故放開卻是求放，若放失則將何者爲放開。

忿從中來，明知口過而不能禁。故君子懲忿如摧山，但知父子爲重，則所以傷吾父子之恩者，皆不爲矣；但知君臣爲重，則所以傷吾君臣之義者，皆不爲矣。五倫皆然，故《中庸》第（二一）舉君臣、父子、夫婦、昆弟、朋友五者之目名，而天下之道已盡於是。

傳稱焚廩掩井，舜父母之事，而象以爲咸吾績。竊嘗致疑於此，謂象何不直諉父母之命，且殺兄何事，又豈有功於父母，乃自誇伐，固夫人而確見不可也。因數反覆思之，而後知人即甚凶頑，其天理之良，終有不盡没者。蓋象初無殺舜之心，而嚚母則實有殺舜之意。象，騃人也。不知母子之無分前後，而原知父母惡名之不可居，故皆引爲己功，以示殺舜之謀，我也，而非父母也。牛羊父母、倉廩父母、干戈朕、琴朕、弤朕、二嫂使治朕棲，皆嚚母之指揮。己擁厚貲而止以玩物予象，二嫂治棲，明知帝女之不可近，叔嫂之不可亂，特愚象而悦之，使必殺舜爲己快。使象自爲謀牛羊、琴弤，猶於不仁之中見其厚父母而薄己。二嫂之使，雖甚凶頑，何忍萌於心、出於口？固知此狡謀者皆出於嚚母，而象，騃人也。惟母所使，不知語言，遂爲人一一具道如此，於是不曰父母殺舜，而曰象日以殺舜爲事。然而象實無殺舜之心，安知舜之下廩出井象不與有纖勞？故當時紀載廩井之事，皆曰父母使舜，審乎此也。或曰：「象欲殺舜，千古一口。子云然者，抑更有據歟？」曰：「象與舜同父而異母，則猶是分形而同氣也。嚚母視前妻之子則何與於彼，且爲己子謀，自有不勝其不相容者。而況舜德日盛，日益富貴，則日益妒害，其必欲殺也，情固有之。若象視舜富貴，未必不有利於己，既親愛之極篤，又茅土之加隆，而猶曰必欲殺之，此人情所不出。故愚於象謂斷無殺舜之心。」其曰謨蓋都君咸吾績者，爲父母受惡名也。嚚母愛象不以道，自象當之，不可謂非愛。愛己生之子，而殺前母之子，不可謂非父母之惡名，故爲父母受之也。然而父母殺子之惡名不可受，己殺兄之名，獨可受乎？象以爲吾無殺舜之心，何妨受此名以全吾親。夫處父子兄弟之變，即不能幾諫號泣，如後世王覽之孝友兼至，而顧以是爲委曲周全，此真天下之騃人也。惟其騃，故傲。惟其病不過傲，故卒克諧以孝。而其克諧也，豈非猶賴此天理之存歟？世之變在昆弟者，其可甘自棄於傲象，而不以天理重自省歟？潘道根云：先生此篇似乎故爲獨闢之見，難以語於淺腐之輩。及讀世之變在昆弟者云云，始知其爲有爲而言。言雖如象之傲而天良究未全滅也。言雖如象之傲者，亦可本一綫之天良，而馴致克諧以孝也。其不憚委曲周全，納約自牖之意隱然可見。惜乎其人其事，今不可考矣。或曰：「傲象之克諧，固賴此天理之存，然則嚚母之必欲殺舜，何爲而亦得以底豫？」曰：「象不欲殺舜之心，即其不欲嚚母受惡名之心，而父母底豫於舜之心，亦即其愛象之心。故當舜德之至盛，而皆不容以不轉移也。」故孟子曰：「人性皆善。」或有評之者曰：「朱子此辨，翻千古成案，當無不羣起譁之。而闡發性命，扶植倫常，孟子但欲舜之仁親愛弟昭於千古，其焚廩掩井，直置不問，正少此段議論不得。然非專爲爲象者言也，覽者當自得之。」

今年除夕，比昨歲加忙者，只爲生計彌艱。以余所見，人人真若少水之魚。如何？如何？

是年八月，先生作《顧子雅暨配徐孺人墓誌銘》。

康熙三十年，壬申，六十六歲。

歲首瞻禮先像，多不過四五日，又往往爲物務紛營或往來譤集所奪。是日，復得侍奉良久，覺多一刻則展一刻之敬，而愜一刻之懷。

履富貴而有貧賤之友，擅聲華而有誠樸之友，方爲善友。

慎幾〔二二〕、聲蜀往見平湖陸稼書先生，昨歸過晤。今之士林有知越國涉遠而訪道求師者乎？其風良可尚已。

槎溪吴雪臣來。雪臣正當强盛之年，專精理學。觀其言動，一以誠心直道，洵今之志士也。語及稼書先生，余深歎其道詣高妙。而雪臣曰：「人同此心，心同此理。」可爲善對。

周全世故，甚與道義相違，學者所宜切戒。世故愈熟，則道義愈違。失口失色，有不自知其過咎之叢積者，良可懼也。

讀武承張氏《王學質疑》，朱子之道久而彌光，王學之舛亦久而彌著，此書蓋千古之定論矣！至其讀史質疑，謂孝宗令主，然稔知閹豎之惡，而適釀閹豎之禍，此亦病知之未至、意之未誠，讀之不勝毛骨悚然。今人日用行事之間，蓋犯此病而玩忽不察、因循不斷者，所在皆是。奈何不懼近則禍身，遠必禍其子孫也？

楊明遠述其少時嘗謁虞山錢宗伯，問作詩之法。宗伯曰：「只少陵一句『別裁僞體親風雅』盡之矣。」又問如何爲別裁，如何爲僞體。曰：「別，區別也；裁，裁割也。區別僞體而裁割之，斯與風雅相親。」蓋不惟漢魏三唐有僞體，宋元亦有僞體。能別裁僞體，則漢魏三唐固風雅可學，即宋元亦風雅可學。斯老於文章一途，真獨具眼。故明遠詩云：元宋何曾不可師？其有本已。

不恤人力，即不安己分；不安己分，即不恤人力。處己待人，初無二理。

操心而至夢寐皆操，斯謂緝熙。

道也者，吾所當爲者是也。才責人，便不自盡；才不自盡，便失其道。大舜之孝，亦只是吾所當爲者能盡其分量。至於充塞無間，則瞽象之不慈不弟，自然消融亦盡，故底豫而克諧。底豫克諧，非責人者之所得而强致。

才責人，便非物我一體，故不能相通。

王生友竹問曰：「告子之不動心，雖是强制，果能不動否？」余曰：「烏能不動，但曰强制，斯不勝其動矣。」蓋天理不容泯滅，人即甚凶頑，亦有時而發露，此乃往復氣機之自然。即所謂平旦好惡，即所謂善端發見之偏也。告子雖勿求，其不得而得失，天理之昭昭者，日月〔一三〕之間，清夜之際，何嘗不自省覺？只是隨省覺，隨抑制。省覺非動，省覺而强抑制之爲動。孟子之不動心亦非心全不動，只是其動以天。故曰：「不動莫静於天理，莫動於人欲。」以人欲而强制其天理，動奚若焉。先儒謂釋氏忙得不了，正謂此也。告子之學，釋氏之學也。動静之動，是有對待之動；不動心之不動，是無對待之不動。

平旦之好惡，善端之發見，愚以爲告子之所必不能無者，此一定之理也。聖人使人於汩没之後而長養之以全其良，擴充之以造其極者，惟在於此。告子乃復强爲抑制，真滅絶造化之氣機，斬斷生人之種子。釋氏既揚其波，世又從而揚釋氏之波者且盈天下，何也？噫！

告子覺見不得，便是平旦好惡之良。

義所當爲，事無大小，苟曰吾不能，即是自棄。

見聞未確而懸擬謂然，即不能辭易言之失。

敬也者，萬善之綱領，千聖之命脉。入則人，出則禽；入則生，出則死。

偶不專一，又愆於儀，非祭致其嚴之道。

君子之才，何者非德？小人之才，與德爲二。千古以來，同一君子則同一德，同一德則同一才。而古之君子，才常見優；今之君子，才常見絀。非其德有優絀也，人心日僞日險，世變日棼日劇。則豈君子防閑智計之所能周？故常見絀也。

財利之往來，人品心術之所關。故一介不苟，昔人以此堯舜其君民。

人只爲一生在習氣中汩没，故學者遠習如讐、革習務盡。宿習漸除，真性乃見。

檗庵和上以所撰《管東溟、顧涇陽、涇凡、高景逸四先生傳》相質，是日覆閲訖。管與顧、高學術本難合一，且以學於禪者而論次之，其所高下何如？余之大意已見復札，特以高、顧言論之有味，故閲之者再。

待處境勝於我之人易，待處境不如我之人難。失禮於勝我者，其怨雖深而猶淺；失禮於不如我者，其怨雖淺而亦深。

收租雖寡取而心頗安。

竊揣人之不義，使果然也，亦是逆億；使不果然，徒自壞其心術。操存嚴密者，決無是患。

禮義之衰廢也久矣，然輿情皆謂今歲爲甚，更無復加，則以物力艱蹙更甚也。竊恐年甚一年，來歲此日，又覺今歲之爲優。春有回期，此世運者不知何時得挽？噫！

兩除夕，兄弟父子團欒款語。此中得少真樂，卻不復知物情、世路之窮促。

康熙三十一年，癸酉，六十七歲。

奮其勉然之志，致其當然之功，以進於自然之域，斯復其本然之德，如是而已矣。

天性如紅爐，物之投者即銷。人誠知天性爲大本，培養深固則一任非禮之加，不情之感總融化於此大紅爐中，又安得有骨肉之釁、纖介之嫌耶？故曰：「萬變皆在人，其實無一事。」

論士於三代以前，有爲重於有守；論士於三代以後，有守重於有爲。非古今之才有優絀也，守有優絀也，而世道于是而懸殊已。

澹泊可以養生，寂寞可以彌性。

事有不可强求者，强求不惟不得，必且召[二四]禍。

静而常覺，動而常止者，心之妙也；静則昏昧，動則紛擾者，心之放也。皆朱子之言。治心者，只於此處體勘，自有把捉。

語云：「名者，造物所忌。」造物何嘗忌名？實至名歸，正天道之自然[二五]。造物所忌者，乃無實而妄求者耳。即其欲上人之心，便是無忌憚之心。人之所無忌，正[二六]天之所甚忌。忌是畏忌，今人多半視爲忮忌，其亦昧於天[二七]之甚者已！

聽言信行，聽言觀行，可以時言而不拘一人，亦可以一人言而自分今昔。余際末流，其尤當慎，信乎哉！

毋意纔是意誠，纔能從心不踰。

惟精惟一，精是不雜，一是不離。精之固便是一，非兩項，故曰：「至誠無息。」

天地福我禍我，總是睠顧我；父母愛我惡我，總是成就我。故曰：「欲報之德，昊天罔極。」

看來「睠顧」、「成就」猶未免强自安排，似不如説禍福總是天理、愛惡總是親心，順之而已。然謂是天理、親心猶未免與之爲二，又不如説：或禍或福，皆是吾身所當然；爲愛爲惡，皆有吾心所當盡。總須認得一「吾」，纔是無我。

十月朔猶浴，前重陽日亦浴，皆僅見事。值此災荒，而徵輸嚴急，敲朴之聲竟夜徹耳。斯窮黎者何一非吾同體乎？能不悚惻。頭顱如許，猶且知過復犯，豈不行負神明？

過之隱者，不有人訶，必有神譴（二八）。

一舉而數過叢焉，乃至向所兢兢自持者而不復能持。此無他，只是立志不誠。不誠故不能閑邪，而猶受人忠信之稱，真是汗顔無地。

郡邑科名多，人皆謂氣運之盛，而不知是乃所以爲衰也。蓋科名以人品而盛，人品未必與科名而俱高。則雖風俗之厚者，不覺因是而急功利、輕道義，而況乎其本薄也？然則科名之盛，非有心世道之所深懼者哉！

科名豈足累人？人當思所以重科名，則科名之盛又未必（二九）非君子之所深幸。何者？培值世道，又率有科名者，而後易爲之。

甚矣，不遷怒之甚難也！余偶意緒不佳即不能平心易氣以處事。是雖憂繼而爲怒，然由此至彼，是亦遷也。甚矣，不遷怒之難也！

事須見理而固守之，切勿徇人。徇人，恥辱之招也。何者？不守理而徇人，則非過即不及矣。恭不近禮，何以遠恥辱？

過乎禮固取慢，然既曰慢則又安得爲禮耶？而況乎其不當慢者耶？斯又適以自辱，不可不審。

年來物力艱絀，如水益涸；歲加荒儉，風景倍惡。然一身一家且自支吾，極目蕭條，計將何自？父子兄弟雖復椒盤團坐，意緒殊不似舊。

是年嘉平望日，先生題顧元放畫扇。

康熙三十二年，甲戌，六十八歲。

聖賢著書，初非供道聽塗説之用也。須是一字一句從自己身上做出，使聖賢即便是我，言皆言我之行，行皆行吾之言，方是讀書，方是忠信。

不是存心一層，禮義又一層，存心即是禮義；不是放心一層，利欲又一層，利欲即是放心。但存心有動静之分，放心則無動静耳。

不可懵懂以做人，必當懵懂以處世。非以身、世爲二視也。生亂世、處亂國，安得盡如吾意、行吾事？懵懂以做人，是真懵懂；懵懂以處世，卻是真明哲。

懵懂以處世，即是不懵懂以做人：身、世原是一理。

縱令智如堯舜，能如周孔，總是天之所生，非我所得私。前乎此已有堯舜周孔，後乎此安知不復有堯舜周孔。此理之顯於天地間，必有其人，不爭乎我也，而況誠如堯舜周孔之必不没世無聞也，而何不知而愠焉？

余嘗自謂：人生無益於天地間，不若死之爲愈。今既不死，便當隨事殫力，置死生於度外。故在家則父子兄弟常切不盡分之慮，而不敢或懈；教人則法語巽言，惟恐其不爲君子，而不敢或棄。此余所以畢世憂勞〔三〇〕，忘其老至也。雖然，死而後已，昔賢之訓，敢不勉焉！義與利相須而並行。舍義言利，固不識義；使舍利言義，亦未得〔三一〕爲識義。孟子百鎰不受，十萬亦辭。然苟曰是無取乎利交者也，義所當餽不餽，則〔三二〕又何以有不素餐之辨，而謂卻之爲不恭也哉！蓋重道而好禮，潔己而遠利，亦各行其是而已。

持己而見利思義，則固無貪取之病；待人而見利思義，則亦無吝與之病。

非禮之來，雖旋即豁然，而當下不能無少拂意，亦是見理不熟。

夢中尋觀梅舊遊，見有一樹，昔緑今白，意以爲奇，因賦首二句。忽覺，乃續成之：當年銀燭爛紅紗，曾遇仙人萼緑華。今夜玉堂相掩映，東風吹變作瓊花。

用之則行，舍之則藏，玩兩則字，便可識孔顔樂處。

邪正之關由於昏明，昏明之介由〔三三〕於敬肆。故君子敬以直内。直也者，無時無處而不致其敬也。小有間斷，即入昏邪，可不戒哉？

看若愚齋秋色，庭除布列，姿容靚好，皆若有喜而自持之色。

偶閲《國朝狀元録》，載吾高伯祖恭靖公加封資政大夫恩誥有云：受天間氣，爲世偉人。白傅香山之社，不戀時名；裴公緑野之堂，盡空世慮。又謚恭靖恩誥有云：史局編摩，褒貶不乖於公論；文場較藝，甄收多得夫名流。完名全節，實雅重乎鄉評。耆老鴻儒，允作孚於士類。煌煌天語，可謂字字實録。而先節孝作公祠祭祝版亦云：鍾天間氣，作時純臣。未必彷彿恩誥，而前後立言自相符合，尤足見公之至德孚於家國云。

視聽言動，非必淫聲亂色莠言妄動之爲非禮也。視聽乎此而忽視聽乎彼，言動乎此而忽言動乎彼，縱或視聽言動之無害者而要爲不敬。不敬，即是非禮。禮，只是天理之當然。此之視聽而忽彼之言動，是天理否？如此檢察則入一日之内，凡所思爲，求不悖乎天理者，能有幾何？故曰：「存心養性，所以事天。」

不精如何得一，不一如何得精。此知行之所以不相離而相爲用也。

霜降節尚在來月五日而昨朝霜甚重，此亦律書九灾之一。自地方大吏以至田甲，不報灾者，一體治罪。今則誰爲意者？或云秋分節中已一隕霜，或云是晨仍復有霜。

幾番酬應而一日之功已畢。即曰事至物來，總不在性分外，然殊覺親切處少，畢竟病在工夫不密。

不察乎物之小者，不知大者之兼該衆類；不審乎物之大者，不知小者之實涵巨觀。

凡事固須熟思審處，亦有稍瞻顧焉即非者，二者皆無失乎天理而已。然天理見於審慎者易，見於當幾者難，而惟當幾之見爲最真切，致曲致此，達於所忍所爲，達此能馴致其極，則惟義所在矣。

從來父子兄弟之際，類多不齊，如堯舜爲父而有朱均，舜禹爲子而生於瞽鯀。雖（三四）周家父子亘古難遘，孔子歎其無憂，然且文武周公爲父兄而有管蔡。可見氣數雜揉，必無全盛；人事間錯，必不能盡如人意。此正孝子慈父恭弟友兄之所自出，但當安於所遇，盡其當爲以處之。一有責望之心，則不勝其乖迕，而是（三五）爲人倫之變也已。

今日臘盡，明日春回矣。而一冬以來，幾於無冰，亦曾無微雪。暄妍似春，入臘逾甚。前冬有冰有雪，去歲凶災札厲，無所不有，而況今冬如是。洪範極無之凶，來歲豈不大可憂虞？

昨甫立春，即雷電交作，且未夜而晦，大非佳兆。

昨日雷，今日雪。如是而謂之祥，固不信也；如是而謂之常，吾亦不信。

見義不爲，是爲無勇，固聖人之明訓。然凡事須決於義理，尤須審乎時勢。蓋時勢即是義理，苟與時勢抗衡，便又（三六）果敢而窒。

甚矣熟習易流。偶答一語，不覺周旋世故，而非義之至。既寤，不及復追。世情恒喜人之順從吾言，不知言惟相違而義理出。余每當（三七）晤對，見無一言之違也，則尤恐恐然内自省察其口過。

孟子云：上慢殘下。慢則其民已殘，而況讐視之乎？催科色目非一，新舊累年。人有受杖一日而及百者，明日復然。雖所欠毫分不遺，朴責乃至通身血涴，滿砌肉飛，猶大詬行杖者曰：「汝撲塵耶！」且曰：「我再官此，必將使人人斥賣其妻子。」噫！言行動天地，此舉其善者，豈不善者獨不動天地耶？民亦天之所生，其亦可哀也已。

怨天尤人，聖人之所不有；悲天憫人，聖人之所必然。吾輩即不敢萌怨尤之想，夫豈能泯悲憫之意？

大化環循（三八），天亦無如之何，此人於天地所以有憾，而聖賢亦不能不爲之悲也。

康熙三十三年，乙亥，六十九歲。

正心亦是操心，但操心在致知之前，正心在誠意之後。不操不可爲正，但操亦不可爲正。

一以貫之，但驗之吾身百體，而其理自見。目能視也，而心以爲當視則視；耳能聽也，而心以爲當聽則聽。是心貫乎耳目也。持者手，而苟非心之所欲持，則不持；行者足，而苟非心之所欲行，則不行。是心貫乎手足也。言之者口，而不言者，必其心以爲不可言；爲之者身，而不爲者，必其心以爲不可爲。是心貫乎身口也。推是而天下之大，萬事萬物之繁賾，一而已矣。故曰：「一以貫之。」己之所不欲持、不欲行，亦人之所不欲持、不欲行；己以爲不當視聽、不當言與爲，人亦以爲不當視聽、不當言與爲。推己及人，即無不各得分願。故曰：「一貫之道，忠恕而已矣。」然人[三九]猶就人己言，云爲務循、云爲之所當然，視聽持行務循、視聽持行之所當然，是即各得其所也，是即恕也。故曰：「一貫之道，忠恕而已矣。」

程子謂：「人須放著自己與天地間物作一例看。」此最妙語。今人於衆人中作一秀才，便没安頓此秀才處；進而中舉人、中進士，益没安頓此舉人、進士處。他如有了些少家私，有了些少才學，都没安頓此才學、家私所在。所以動作、語言、威儀之際，種種謬妄，種種罪戾。豈知天地間人物無窮無盡，吾亦無窮無盡中之一人一物，造化合下有一安放自己處，吾只還他安放便了。管仲也只爲没安放自己一個上卿仲父，故雖許大功業，而聖門直以爲不足道。

人惟求舊器，非求舊惟新，吾以爲此亦舊器之無用而在所更張者耳！不然，器亦安可棄舊也。器不求舊，未必非人不求舊之漸。漢宣立后，此所以託意於故劍歟！

昌黎銘崔評事墓有云：「苟親矣，雖不肖，收之如賢；苟賢矣，雖貧賤，待之如貴人。」今世之待親戚友朋，有能如是爲心者否？然先正黄陶庵改貴爲故見《吾師録》，此字之改，恐未必無意。

昔賢謂：「立誠自不妄語始。」蓋無是念、無是事而有是言，固爲妄；其不當言、不必言而言，亦何者非妄？誠能一切謹密，則此心之無虛假間斷可知，故曰立誠。

咈人以從己之欲，君子弗爲也；忘身以徇人之欲，君子亦弗爲也：均不得謂心之德、愛之理也。

天下事，何者而非自取？思慮未起，鬼神莫知，不由乎吾，更由乎誰？慎之哉！慎之哉！有感必應，有往必來。既感既往，雖悔何追？慎之哉！慎之哉！

惟其有車馬必拜之感恩，所以有窮乏得我之市德。君子不市德於窮乏，亦不感恩於車馬。

比來同學中不免志氣懈弛，請余申儆，因就金汝白先生洞學十戒各附中病尤切數語以示。

厭事最爲害，事至而不能辭，便是吾分內事。才生厭心，便慮之不周。慮人不周，猶或有周之者，而過己難辭。慮己不周則轉以致害。聖人毋意，厭事寧(四〇)非私意。

醇叔來商度救荒事宜，並及今者異學盛行，倡之者甚堅勇，從之者甚尊信，擔荷聖教，其徒絶少，抑又爲之不力，將必盡趨而歸於異學，欲余起而主持匡救。余謝非其人，更非其時。然醇叔於此，真(四一)見仁賢之用心已。

女子、小人之不孫，只(四二)平時不能自守之、嚴啓之。猝欲禁於臨時，愈禁則愈不孫。

貧由於惰，惟惰愈貧。

德惟恐不積，福惟恐或過。

德者，得也。本是施德於人，卻曰積德於己，可知物我一體，成物正所以成己。

施德、積德，總一德字。無分彼此，其妙無窮。

敬以持己，便是致中工夫；恕以及物，便是致和工夫。故出門如賓，使民如祭，便有天地位的意思；己所不欲，勿施於人，便有萬物育的意思。或曰：「敬恕是兩項：致中、致和，由未發而已發是一項。」曰：「無忠做恕不出。非主敬，即行恕不來，則又何兩項之有？」

福由天降，德亦天生。人[四三]之稍自脩飭，便自謂行德而即有望報於德之意，便是望報於天，非必呼天而干瀆之也。故克己復禮，先難後獲，方始是仁。

君子所性，大行不加，窮居不損，而況狐貉敝緼？貧則敝緼，富則狐貉。敝緼非損，狐貉非加，此正事物當然之理，故由也不恥，可進於道。

人生事境，焉得盡處順易？事之極疑難者，正所以長吾才智；境之極困厄者，正所以養吾德性。皆造物生成之德，惜乎孤負之者多也。

倉卒發札，不當與言而與之言，雖覺不寢，何疏忽也？能受善言者，不當與言而亦受；不受善言者，當與言而亦不受。然勿論其人之能受不能受，而但審吾之[四四]當言不當言：是爲有執。能受善言者，雖陌路而亦受；不能受善言者，雖父子而不受。故亦不可以情之疏、戚，爲吾語、默之宜。

有以非禮之所爲敢來相告者，余雖曉以義命，然王彦方當日鄉里質辨曲直者，或至途而還，或望廬而返。甚矣余之有媿于彦方也！

禄郎病殤，日嘗鬱鬱不樂。或語余曰：「子，達者也，而何若是溺情爲？」余曰：「此非余死生脩短之數不明也，顧以爲邀祖父之世德，吾兄弟四人，吾與仲弟皆無子，叔弟只生一子，而旋即早世，惟季弟生二子，一嗣仲弟，一自爲子。而叔弟之子今爲吾後者，亦生二子：長十一歲，次五歲，禄郎也。余兄弟次第受室以後，四五十年來凡兩世。所生育者止如是，是宜多男也。多而必育也，而故少之，而故折之。禄郎痘難已過，方謂可幸成長，不二年而又病以殞。是非所稟之數，偶然不齊也，天蓋降譴於我也。亦非天之獨薄於我也，我固有以致之也。是能不反躬省愆，自怨自艾。所謂父母之不我愛，於我何哉？吾之爲心，亦若是焉而已矣。若夫命之脩短，如漚起滅，不容一概，則吾又安敢惟情之溺？」

康熙三十四年，丙子，七十歲。

只此理也，就其萬變而言，則曰律天時；就其一定而言，則曰襲水土。萬變卻是一定，一定即是萬變。祖述憲章亦然，道者法之道，法者道之法。

上元夜（四五），同四弟門首小立。燈之爲狀，至於花卉、魚、龍、鬬雞、搏兔，固已奇矣，乃至作爲臺閣、舟船，裝寫故事，曲盡機巧，雅非余所欲觀，略觀即八。噫！結綵張燈，彌街溢（四六）巷，此豈凋敝之民之所能？室凍餒而路侈靡，於以見侜張幻惑之至矣！爲上者莫之省憂，顧嘉玩而賞賚也。噫！

雨澤久慳，至於井枯河涸，飲食且不能給，清濁人皆珍愛。非竊取也而謂之偷水，特傭汲也而謂之賣水，殊非求無弗與之常。吁！

昔薛包於其弟子求分財産，奴婢則引老者，田廬則取荒頓者，器物則取朽敗者。甚矣包之友讓也！而吾謂何獨友讓爲然，凡人生之奉其身者，得有奴婢便足，何妨老稚？得有田廬便足，何妨荒頓？得有器物便足，何妨朽敗？如此則吾之安身處己，亦大(四七)受用。人皆以有餘爲福，吾獨以不足爲福。人之所讓，讓於人；吾之所讓，讓於天。天固不因人讓而有益，然而人之此心當不悖於天心云。

四月十五日(四八)，爲余七十生辰。深維天地栽培之德、父母鞠育之恩，無所報効，但叨慈宥。且先父母見背日久，余顧偷生而敢言壽。辱内外周親畢集，堅不受觴祝。即誡兒夫婦，亦但令拜老人星而已。是日，款親賓俱用素。

父兮生我，母兮鞠我，以有此年歲。雖極媿虚生，敢忘所自？用具牲儀，以七十生辰告諸考妣，上逮高曾，出自愚衷，故不悉遵時祭之儀。禮宜血食，故不在十五用蔬之日。

不義之事，斷不可爲。成則爲儌幸，不成則取禍。禍固不可取，幸又豈可儌？

天下之民，爲農者多。故有國者苟使農夫有輕棄其業之心，此大不祥事也。乃今者就吾崑而言，東作之時將過，東作之事僅及二三。農人視其生計若不繫乎此者，或傭雇，或遷徙，而田畝則一望赤土。雖以時之旱乾，然災祲從來所有，其救治之功，類若赴湯蹈火之不顧，力盡而後廢，曾未見有不思救治者。而長上亦漠然罔聞，此其意必曰："吾但知有田主而賦税之無缺耳。彼佃田者，吾何暇問焉？"不思田主即力處其極，亦但坐而受困，無他慮。若佃田者，正須此土田以維繫之。倘俾有騰飈之勢，視如脱屣，則賦税又何自而辦？而大患將莫解，故曰不祥之甚者也。吾恐將來田之爲累，不可勝言。上受官司之征斂，下受田夫之需索。征斂愈苛，需索愈横。蓋彼見所征斂者必須出於田租，田主輸納之有無懸於吾手，雖多方需索，其敢不應！夫以一畝之入，即上産豐年，輸於官者已去其半，而田夫名雖爲貸，實不之償。又去其所當償者，則餘者幾何？若産薄歲歉，有出無入，益不支已！

讀亭林顧氏《下學指南》，所載慈谿黄氏辨謝上蔡、張横浦、陸象山三家禪學之説甚晰。如不可求，從吾所好，亦是聖人云然耳。若俗情，安知有吾所好者？正爲所好在富，故不勝求。聖人此言，直欲使人人於自己分内尋個所好，然而千百人中，正未知有一人否也。

纔不自攝此心，便無所不至。小人所爲之無所不至，亦只由此心放而不收。故曰："人心惟危。"

世道人心，昏亂已極，總不識理義爲何物。愈出愈怪，可勝浩歎。

顧汝凝兄述其祖母王夫人早喪所天，遺孤二，思所以培植之者，莫如德。家故世官，僮僕不啻千指，於是盡散遣之而焚其文簿。又羣從中有佃農輸租不足者，輒鎖其舟，不令還。夫人曰：「吾一嫠婦，力不能使還舟，何忍復視其人之餓？」嘗以時給酒食。此其母德有過人者，以故子孫蕃衍，多有文行。

仁之中已兼讓意，而《大學》言仁必復言讓者。讓尤人情所難，故孔子特稱泰伯以風世。

昔有後輩問前輩曰：「聖人如何可學？」曰：「輕財便是聖人。」旨哉言也。極其量，雖堯舜讓天下，只是輕財。余見今之好利者，不勝其繫戀。繫戀常出於意外，則凶害亦常出於意外，然卒莫之覺悟。不知均受心性於天，何以若是其溺而不返也？

是年十一月十二日，先生祭夏師永言文。

康熙三十五年，丁丑，七十一歲。

同四弟閒坐良久，話及名教衰息。向余幼時，見有昆弟不睦者，駭爲怪事。今則疊見踵出，就所識内，屈指不啻十數家，敢不惕然省戒！

言與事在疑似之間，不之察者，往往至傷倫敗德。故君子坦以居心，貞以執理，而疑似俱消。

恩、怨須明，同曰明也，而重在恩，不可忘；取、與必謹，同曰謹也，而重在取，不容苟。謂二姪習之曰：「語有之，立身孝弟爲本，治家勤儉宜先。斯言也，汝其勉旃！」

有事勿正，即是先難後獲，而忘與助皆正所必至之病。棄其效，遲則忘；貪其效，速則助。獲字中該此二病，故不可不後。

有事、勿正、勿忘、勿助，是聖學；反是，即佛學。或曰：「有事，未嘗不同。」余曰：「途路之差，正在有事。」聖賢之有事，集義也；佛氏之有事，守寂也。守寂則但知有心之虛，而不知有性之實；集義則靜而立其具衆理之體，動而達其應萬事之用。故曰：「差正在有事。」

靜而立其具衆理之體，即是敬以直內；動而達其應萬事之用，即是義以方外。

即心即性，是生初事，是聖人事。自夫不能保其生初而不得爲聖人，則性已離，其心安得不分？而性又如何可離，其心安得不合？合則復矣。故曰：「復其見天地之心。」復者，復性也。天地之心，即心即性也。」

堯舜性之，孔子從心不踰[四九]，即心即性也。一但言性，一但言心。然性具於心，心不踰矩，即心即性也。

虞舜人心道心之言，便是分；舍心之外道無別在，便是合。合之之功，全在精一；生安學利，總不外此。

惟其性具於心，本非二物，故雖大不仁不智、無禮無義之人，而卒未嘗滅仁、義、禮、智之性。其不仁智、無禮義者，放失其心也。而仁、義、禮、智卒有時而發見者，本體之未嘗息也。惟其本體未嘗息，故但推致擴充，便人皆可以爲堯舜。

不留餘地之事，斷不可爲，尤不可教人爲。若有不得已之故，則寧可別爲善計以曲全之。古今之天下，非有異也；古今之人，亦非有異也。後世（五〇）動謂古人之事非今人所能爲，古人之道非今世所可行。轉相師效，日以淪下。不知古人只爲此事、行此道，而成古之天下。今苟爲之、苟行之，則雖唐虞三代，未嘗不可在今日也。先儒謂：纔讓第一等人與別人做，便是自暴棄。今只一自暴棄而遂舉斯世而沈淪之，哀哉！要其事無窮，其病則一：只是嗜利。古之人不好名、不好利，其後好利而猶或顧名，至今日而并不復名之顧已，哀哉！

戒謹恐懼，即是睹聞時之敬畏；未睹聞而守之不失，即是睹聞時敬畏之專一無間。慎獨，特於是非得失機關所在一加省察。此省察者，即是戒懼之本體。苟有得而無失，又即此戒懼而應事接物，專一做去，此先儒謂動察靜存不過也。

靜存時，此戒謹；動察時，此戒謹；應事接物時，總是此戒謹。故曰：「敬以直內。」直也者，無間斷先後也。

東木父子自郡歸鄉，時正欲爲汝止納婦行聘，有遺金當道，遥見之，謂汝止曰：「此塊然者，遺金也，汝必勿取。」汝止心怪之，然已受命則謹從。既過，乃請曰：「此遺金者，非吾取，必有人焉取之。均與遺金者無與，何不我取也？」東木曰：「人生一縷一粟，皆有定分，妄取者必厚禍。坐待遺金者至而歸之，吾之分也。今既日暮不能，儻後至者能還其人，猶之吾還也。不能，則彼之所當得，吾何與焉？夫不取遺金，善一；不動心於子之納婦，善二；又思讓善於人，善三。」非長者而能若是乎！記之以爲後勸。然天下有不可解者，東木他善類是，其德可知。然一生窮困非常，汝止乃至饔飧不繼。汝止之于已三十未授室，造物之於善人固如是乎！是不可解也。

中庸行達道也是一，行九經也是一，便是夫子之一貫。

何思何慮兼動静言。静也是何思何慮，動也是何思何慮。殊途百慮，即是同歸一致之所見。同歸一致，即殊途百慮之所存。

從行達道九經兩一字體認一貫，更與忠恕覺親切。自君臣至朋友，自身與親賢至遠人諸侯，各得分願，豈非忠恕？

梅雨霑足，足見天之惠愛農夫。然恐東作猶未大興者，農之窮困則已甚也。特視去年此時，水涸土焦，雨久不至，則又何如耶？雖亦天道之常，正不可不感天之德。

祝京兆詩云：「水車辛苦婦，山轎冶遊郎。」不覺感歎人之苦樂不同也如此。然而此時農夫未嘗羨遊人，遊人未必薄田婦，夫亦各適其天而已。乃世之苦樂相形而不勝其欣厭者，獨何心也？

四月晦(五一)，試院災。或云有縱火者，蓋苛斂之所迫。噫！時事可知已，民命亦可知已！爲長上者，必能得端方正直，如澹臺滅明之賢士，以表帥斯民，而後可以行絃歌之雅化。無本不立，無文不行，三代之治道也。

兩日風稍減(五二)，炎威大(五三)熾。時余覆讀《易蒙引》，終日嚴坐，而室無北窗，衣非裸體，手不揮扇，然亦不覺毒熱之困人也。乃知物起於有而泯於無，意中有熱則無地非熱矣，意中無熱則無往而熱矣。

心以性爲體，性以心爲用。體用不相離，故知心性非有二。

一念一生持，非一生只守一念也。千休千事得，亦非世務一切遺落也。只是戰兢自持，隨物順應。憑佗萬感萬慮，不用別起念頭，故曰：「一念一生持。」不著自己些兒陪奉，故曰：「千休千事得。」

慎獨卻是主静。

余之病也，陳趙二公皆言此過用心、太耗氣所致，而以閲文講書爲切戒。余亦自知今年館職爲不自量力，然既任之而不終其事，或終之而苟且塞責，均爲有負神明。如何？如何？

後儒主静、主敬之學，總不外慎獨二字，故知聖人之言無所不盡。

中正仁義本極静，所以静中即具有中正仁義；若無仁義中正之静，便落空寂，便體非體、用非用。

有中正仁義與無中正仁義之静，如何分？曰：「窮理則有，不窮理則無。」故格物致知(五十四)爲大學入門第一工夫。蓋聖學舍此亦更無第二法門。

鄭春陵兄脈余。余此番病患多端，痰嗽一也，風寒二也，怔忡三也，盗汗與怔忡，皆自去年加劇，而怔忡時或少閒盗汗至今不減四也，畏惡飲食五也。自審六脉常不接續，此氣血大虚之證也。具此六者，自非佳兆。而春陵獨謂此只是痰火舊症，又加風寒，故六脈帶數而兩氣口俱大。但正苦盗汗，發散又不相宜，只須清解之，則諸證自平。疏一方見示，即製服。昨傳公脈時體正發熱，脈自加劇。故見其憂思頗慇，當亦不爽也。

天地未闢之先，方是體；天地既闢之後，天地亦只做得用的事，特體與之俱耳。故聖人言道，多言用，不言體。然體亦至難言，故程子曰：「人生而静，以上不容説。」善言體者，莫如伏羲先天之易。至文周而全是用矣。而文周後天之用，總不越伏羲先天之體。故聖人之心當其静也，萬理畢具而不墮空虚。當其動也，泛應曲當而無少造作。

周子主静，是大易艮止之學；程子主敬，是大學緝熙之學。俱歷聖傳心要法。或曰：「主静，慮有偏弊，故程子易之以敬。」此不知學者也。敬指工夫，固綜動静而言；静指本體，亦不與動爲對。

格致知止以後之静，是理静。未能格致、未能知止而言静，是氣静。理静故能慮而應萬事。若持氣静以泛應，其不爲意見之私者鮮矣。

咈意之來，但能禁制不發而不能不勃然于中。甚矣學問之知易而行難也！且細思，亦何足咈意？不足咈意而咈意，無乃意之爲累，非盡咈者之過歟！其亦不得謂知之者之已明已。

一念不起，恰是一念自持；物來順應，恰是千事千休。先霜降而隕霜，亦災也。

醇叔深以禪家之直見本原爲空而不實，是已。然謂禪家所見者空，故爲病。吾儒亦必有直見本原而不墮於空者，本原既得，則以之應事接物，自然頭頭是道。余曰：「本原二字，先有辨。禪家所謂本原，心地之靈光也云云。」已見集中，故不具。

醇叔又謂：吾所以欲先見本原者，只爲人心私欲錮蔽，更不出頭。故須絶去已私，洞見本原，則事物所在更無非幾冒貢，下學不尤甚易，非謂不用下學工夫也。余曰：「本原何嘗有私欲，私欲全從事物上起。故朱子謂心之本體，初無得失可言，及用之所行，便有差失。今子既不先下學而以直見本原爲絶去私欲，則少間事至物來，即步步認私欲爲天理，何由明辨？且自謂大本既得，又安肯屑屑於事物。故惟至誠而後立天下之大本。未到至誠，如何輕言立本？孔子七十而從心不踰，雖聖人而未到七十，如何敢言從心不踰？是子欲絶己私，恰縱己私；欲透靈光，恰蔽靈光；欲屏禪學，恰率天下而趨于禪學，非但倒行而逆施也。」醇叔曰：「當更熟思以請。」

是年，先生祝馬君房七十壽序、董繡衷曁配蔣孺人七十雙壽序，題顧文康公家書後，應公七世孫維楨請也。

康熙三十六年，戊寅，七十二歲。

四月七日，先生殁。易簀之前三日，命設節孝先生位於榻前，俾其弟若子扶起，向上叩首者四，曰：「吾可告無罪於先人矣。」其始終所持者如此。學者私謚曰「孝定」。臨終又曰：「學問在性命，事業在忠孝。」語既畢，目遂暝。

《毋欺録》補遺

讀亭林顧氏《左傳杜解補正》，載僖三十年左傳「饗有昌歜、白黑、形鹽」。補正謂：歜字誤。玉篇作歊，徂敢切，昌蒲葅也。

宣十二年「屈蕩户之」。户，向讀作尸，補正讀爲户。户，止也。古者守户之人謂之户者，取其能止人也。《漢書·樊噲傳》「詔户者毋得入羣臣」，《王嘉傳》「坐户殿門失闌免」，《唐書·李紳傳》「擊大毬，户官道，車馬不敢前」。

襄十九年「諸子仲子、戎子」。顧氏引房元齡注《管子》曰：諸子「内官之號」。

昭元年「中聲以降。五降之後，不容彈矣」。傅氏遜《左氏辨誤》曰：「樂有五聲：宫、商、角、徵、羽。其相生大小之次，皆有節焉。先王所以成樂而用之以節百事，其遲速本末皆有倫序，以及於中，五聲固本以黄鍾爲宫，然還相爲宫，則其餘十一律皆可爲宫。宫必爲君，而不可下於臣；商必爲臣，而不可上於君；角民、徵事、羽物，皆以次降殺。其有臣過君、民過臣、事過民、物過事者，則不用正聲，而以半聲應之，是爲五降。五降得其節，則八音克諧，毋相奪倫而可彈。若自五降而後，則非復正聲，如鄭、衛之樂，君子弗聽，故不容彈。《周禮》：『凡建國，禁其淫聲、過聲、凶聲、慢聲。』光武使桓譚鼓琴而好其煩聲，爲宋宏所惡者是也。」

三年「豆、區、釜、鍾」。毛晃曰：「豆，當音斗。《考工記》：『一獻而三酬，則一豆矣。』豆，古斗字。」

九年「陳，水屬也；火，水妃也。妃以五成。」顧氏謂：天以一生水，地以二生火，天以三生木，地以四生金，天以五生土。五位皆以五而合，而陰陽易位，故曰「妃以五成」。然則水之成數六，火七，木八，金九，土十。故水以天一爲火二牡，木以天三爲土十牡，土以天五爲水六牡，火以天七爲金四牡，金以天九爲木八牡。陽奇爲牡，陰耦爲妃。故曰：「水，火之牡也；火，水妃也。於《易》，坎爲水，爲中男，離爲火，爲中女，蓋取諸此也。」愚按今之星卜家皆以能克者爲夫爲官，亦取諸此。

十五年「王一歲而有三年之喪二焉」。顧氏謂：禮，爲長子斬衰三年。喪妻雖期年，而傳曰「父必三年，然後娶，達子之志也」，是亦有三年之義在。君雖無再娶之理，而其餘哀則同也。

定四年「嘖有煩言」。顧氏謂：嘖，争言也。《管子》有「嘖室之議」，《荀子》「嘖焉而不類」。

讀《毋欺録》管見

讀是書，覺先生平日進德脩業、省身克己、處事接物之要俱在焉。必閲全本元本，然後可見其無一事放過、無一時錯過。若經删摘，不惟當時之有爲而言者，今且不知其何爲，且恐去取亦未必當先生之意，亦仍與別人格言只圖口頭好聽者無甚分別。

凡係先生自舉過失，多在念慮之微。人或以爲醜者，而先生不諱也。正見其無欺處，正見其功夫嚴密處，録者亦不必爲諱。

中間議論敘事、自成篇章者，有本無題目、只作日逐紀録者，宜分別録出，一清面目。

人生天地間，有固有之秉彝，當盡之職分，不可逭之責備。自有知以至於一息尚存，行之而不盡，履之而愈難。其倫，君臣、父子、夫婦、昆弟、朋友；其事，官常、士坊、耕田、鑿井、飲食、起居；其德，忠孝、節義、廉仁、慈讓；其垂教者，堯、舜、禹、湯、文、武、周公、孔子、孟氏；其書，六經四子；其儀，冠昏喪祭；其民，士農工賈。初何嘗有元空微妙、超越常見之事與説也。然而淺之則夫婦與能，深之則聖賢莫究，至簡至易之中，節文著焉，至理寓焉。故聖賢立教，以誠爲體，以忠恕爲用，性與天道，即流行其間，而初非有兩事，故不待言之也。盡生之理，即盡死之理。鬼神禍福，胥不越此，天與人無二致也。下學上達之理，惟毋欺二字足以盡之，而非如佛老二氏之説也。根年四十得讀柏廬先生之書。是録嘗手自謄寫，間以話諸同學，而深歎世之言學者有異乎是也。自維固陋敗闕日積，絶學將湮，凜凜是懼，何敢背之？今承婁東友人季君菘芸謀刻是卷以顯諸世，將來正學昌明，必有其人者出焉。因書服膺之意，以識嚮往，而并原夫吾道之授受自有其宗云。意以衛道，不僅爲此書言也。邑後學潘道根謹識並跋。

朱柏廬先生箸述目

《四書講義》

《删補蔡虛齋〈易經蒙引〉》十二卷

《春秋五傳酌解》

《毋欺録》

《遷改録》

《困衡録》

《多敗集》

《媿訥集》十二卷

《治家格言》篇幅無多，家絃户誦，昔人誤爲新安朱子所作，嗣又羣信爲先生作也。惟讀先生已未刻各書，皆不選入。且先生之文，詞旨渾厚，即用規誡語，不肯字字顯露，瀾竊有疑。然謁先生祠，見廖養泉太守撰聯云：講學法程朱，欲訥毋欺，義理直同性命；治家承節孝，困心衡慮，格言悉準人情。似已確有所考。且瀾莅此四年，習俗相沿，知之已稔。先生作挽回世道之語，皆人情對病之藥也。世之羣信爲先生作也，可無疑矣。金吴瀾謹註。

朱柏廬先生及門弟子

王子素巖名喆生，字醇叔。以青浦籍補諸生，康熙丁巳中順天解元，壬戌成進士，官翰林院編修。時朱孝定以理學倡導後進，素巖從之遊。沉潛反覆，通五經四子、《資治通鑑》，復與同學嚴立課程，互相砥礪，學大進。爲湯文正公斌所器重。所譔《懿言日録》，儀封張伯行稱其精深廣大，比諸衛武公抑戒云。

王子鶴隨名景獻，字介亭。素巖長子。執經孝定之門，邃於學問，於《詩》、《禮》三傳反覆貫串。中康熙戊子舉人，雍正元年，恩科進士。官廣西懷遠縣知縣，有惠政。縣境與猺獞雜處，先是縣役每假公苛索，猺獞因之生變。介亭下車，揭榜通衢，痛斥其弊，又親至猺獞所居宣諭撫慰，苗民欣忭，至撰歌詞、吹蘆節、奏聯袂踏歌以頌之。又攝融縣，縣有鬻販婦女巨案，案涉柳城、羅城三邑幾八九十人，丐紳士求貸，以重賂啖之。介亭怒叱其人，渠魁皆伏誅。旋以父老乞養歸，遂不復仕。

朱子慎幾名立誠，字慎闢。父肅，以孝旌。慎幾七歲時，讀《尚書》，人或問之，説《禹貢》水道，瞭如指掌。師事族父朱孝定，以慎獨不欺爲本。旋補諸生食餼，與同學王素巖切磋、琢磨，講求氣静理静之説。後謁平湖陸稼書先生，歸作《平湖問答》一書。性至孝，父母病篤，廢寢食，願以身代，幾至滅性。生母卞氏以上壽終，慎幾年已五十九矣，以盛暑哀號致疾卒。咸豐間，亦以孝旌。

支子諤音名守默，號太沖。少從朱孝定遊，補太倉諸生食餼，終歲貢生。工詩，著有《嘯古齋詩稿》。與余起霞、劉崿、張雨時、柴奕蓀、孫大登、葉九淵、顧易稱爲「玉峰八俊」。

吕子德焕名廷章，號孚三。邑諸生。受業孝定先生之門，誠敬備至。與同學王素巖、魏光士、朱慎幾、劉御蘧諸人從事講席，體貼身心。孝定没，爲梓其遺集，并同素巖建祠馬鞍山麓，捐田致祭。畢生言行，悉遵師訓，著有《遷改録》、《嚴心書屋集》。卒年七十一。

魏子光士名宗灝，又冒李姓，時多稱爲李光士。自幼受業于孝定之門，服習師訓，言端行慤，爲士林推重。著《遷改録》、《自課功程》。按：《吕子孚三祭文》言康熙丙寅孝定先生有講學之約，其奉約而常親几席者，惟君及王子素嚴、毛子雲翼、董子觀三輩四五人而已。爲人誠懇敦篤，不應得暴疾卒。而又無子，僅息一女，年五十二，天道茫茫，深爲痛悼，則其爲人可知矣。

劉子御蕤名葳，郡人。父公旦殉節前朝，時御蕤尚襁褓，母陳夫人經營旅櫬，歸葬其夫，後即入空門，居崑之勝蓮庵爲尼。御蕤幼爲通門王君禹慶所撫，十歲時曾患疾，就醫婁東沈世瞻。沈君知爲忠孝裔，憫之，爲施治。疾既愈，留其就傅讀書。常來崑省母，尋入婁庠，師事孝定。刻苦力學，尊聞行知，爲諸生祭酒。每追痛其父之就義、母氏之劬勞、未遂顯揚之志，日夜涕零。子登泰字心翼，亦苦心礪學，刻其祖考遺文，表揚殉節事始末，皆無忝爲忠孝後人。惜年俱不永，未及五十而卒。

毛子雲翼名飛。幼失怙恃，家貧，資館穀以給。困童子試，久而後得。逾壯，喪偶及子。就居僧寮，讀書之志益鋭，從孝定遊，受業維謹。孝定喜其志之堅而憫其貧之甚，嘗囑同學之有力者出粟以佐之。年未五十卒。

董子觀三，名號未詳。自幼執贄孝定之門，潛心研究，與同學相切磋。及孝定有講學之舉，又與魏、吕諸子日侍函丈，心體力行。曾請箴規於先生，孝定答以學必有得於己，而後可爲益於人，觀三終身奉爲矩矱，第不永其年。

錢子愚谷名金聲，字玉振。自幼能詩。康熙乙酉，聖祖南巡，愚谷以諸生獻詩賦，録取爲宋金元明四詩館纂脩。丁母艱，未赴。越二年，車駕復南巡，獻謝恩詩。所録者相繼登顯要，愚谷以父老堅志終養。邑令趙光謨聞其賢，延課其子。三年絶無干請，年七十三卒。

葉子篆鴻名李暐，字朗吟。明工部主事國華曾孫，補嘉定學庠生，由例貢授涇縣訓導。課士勤嚴，涇俗爲之一變。有《北遊草》、《朗吟集》。

葛子聲蜀名太樸，號山民。初名慎中。少補青浦縣諸生。大父軆，父雲薛。時朱孝定以理學倡導，山民親炙其門。同時當湖陸稼書先生亦林居講學，山民扁舟往謁，談論甚契。所著有《西爽樓詩集》。卒年七十餘。

葛子觀瀾名誠中，號省齋。自幼從朱孝定先生受《周易》，潛心玩索，通其大義。補邑諸生。好古文詞，詩宗温李，與同里余起霞及從兄聲蜀相倡和。著有《草廬詩集》。

葉子廷玉名振珽，號確齋。重華孫，方至子。貢生。執贄孝定之門，身體力行，一稟師訓。嘗大雪夜，侍孝定夜膳，酒半，孝定忽興歎。確齋起問先生何歎，孝定曰：「適憶及故人貧甚，當此嚴寒，悵無綈袍爲贈耳！」確齋答曰：「此不足憂，且請暢飲。」及明，問師所在，以白粲十斛遺之。孝定於歡飲之時，忽戚然念故交之貧乏，而確齋以仰體先生意，即饋遺於素未相識之人，斯真兩賢矣。

葉子韋叔名宏綬，號藹園。國華曾孫，太學生奕荃孫，邑庠生天機子。中康熙辛未進士，由縣令擢吏部主事，遷員外郎，官至敘州知州。一作知府。

周子震平名嗣發，號拙園。明南京刑部尚書倫六世孫。由吳縣籍中康熙乙酉順天舉人。少師事朱孝定，潛心理學。性慷慨好施與，屢試禮闈不售。年七十八卒。著有《拙園吟稿》。

盛子玉臣名炎，號未詳。從孝定受業，先生有《勖以勿變文體書》。著有《東菑草堂稿》。

顧子相實初字壽音，名世茂，號栗園。明禮部尚書錫疇曾孫。少師事朱孝定，潛心理學。游學山東，補萊州金川衛諸生，尋受餼。歸里後，書法秀勁，名冠一時。嘗作《廣惜字説》以警世。晚年更號墨癡。

徐子遐佐名與華，號日巖。休倩先生幼子。十二歲從學於孝定，先後六年，通經登仕籍。年五十時，其嗣濟之、身之昆季舉觴爲壽，請於孝定，孝定爲作《梅圃記》以畀之。其長兄名與喬，字揚貢，師事節孝先生，潛心理學。順治辛丑進士，將得官，以奏銷詿悞而罷。及事白，遂不復出。與孝定互相砥礪，及門甚衆，稱退山先生。

徐子樂原名向撰，號來李。與喬第七子。少補吴江縣諸生。幼從孝定游，有雋才，終廩貢生。以名節自勵，工詩文。

徐子濟之，弟身之，名號皆未詳。俱日巖子。受業於孝定之門，講受四子及制舉學。

顧子中孚名易，號柳村。恂九世孫。由太倉學受餼，改歸新陽。年十六，母歸氏病危，籲天祈代，封臂肉煮糜和藥以進，母旋愈。稍長，出後伯父，力貧奉養。與王、魏、吕、董諸子與朱孝定講學之規而受業焉。嘗著《得仁》、《操存》二圖，得先儒未發之旨。慕陶靖節之爲人，故號柳村。所著《律陶讀陶譜陶》，爲長洲沈學士德潛所稱。卒年五十九。

顧子達夫名洪善，號柏亭。亭林先生之姪。父纘，諸生，殉乙酉之難。母朱氏，自刺不死，匿其姑以免。達夫中康熙丙辰進士，授内閣中書。性通敏，解國書繙譯。大吏擬列名薦，以疾卒，年四十餘。

徐子達夫名陶璋，字端侯，號蘅圃。中康熙乙未進士第一人，授翰林院修撰。遷居蘇郡之長洲。乞假南歸，居最久。乾隆元年補原職，纂修實録，卒於官。守拙按：徐子與素巖同官翰院，故與王子相善，而孝定又曾館洞庭徐俟齋先生所，與郡城相近。先生與素巖書，有欲枉受業語，其必欽慕而師事焉。

朱子誠之名導誠，孝定先生弟用皞子。六歲而孤，孝定撫之如己出，教以讀書。孝定無子，爰立爲嗣，克承家學，能文，兼工書法。

潘子確潛名道根，號晚香。私淑孝定先生，潛心明理盡性、篤實毋欺之學，研求四子六經精義，旁參互證。又善詩、工古文詞，時推作手。嘗恢復前明陸孝子暨配鍾氏孝烈之墓，又與張君潛之搜輯邑中人詩，爲《國朝崑山詩存》三十二卷。性恬退，邑令山右王公省山薦舉孝廉方正，堅辭不就，隱居於鄉，以醫餬口，年七十一卒。郡人呈請崇祀鄉賢，軍興，不果，同治九年附祀孝定先生祠。

孝定先生既隱居，聚徒講學，及門甚衆。茲輯其言行之有可考者，商之潘君勤補，爲作小傳，一一紀之，以附不朽。然散見於先生詩文、劄記中而未能詳考者尚復不少，瀾不敢臆爲附會，又不欲任其湮没焉者，則有如顧子恪如、先生與素巖書中謂其與御蕤俱已早故。柴子藝循、先生作書，勉以沈潛確實爲功。藝循方壯歲，圖其容，蓋念其身之所自出，請先生書《蓼莪》篇，先生嘉其意。顧子德芳、先生勸以專心課業，作書勉之。唐子履吉、先生有《與論詩格書》。潘子咸正、先生閲《質疑録》，與論言動事物書。周子孚尹、先爲欽序三先生門下。後從學，先生有《賀生子書》。徐子星來、先生有《勸勉改過札》。張子闇成、先生與盛玉臣、劉御蕤、王素巖四人公函，謹密爲主論。胡子振安、先生以任勇太過、求名太鋭，有《勸改過務實書》。又《題廬山瀑布生照辭》四章。陸子省公、嫡姓顧，先生有《勸戒圍棋札》。席子永渤、見《席太孺人壽序》。王子友竹、先生與論告子之不動心，見《毋欺録》。徐子韓若、曾請先生書《孝經跋》。周子載聖、名磻。周子方宣、名蕃。見《先生與二周生札》。王子文堯、先生嗣子導誠弟子。在先生館舍兩月，親承指授，先生甚喜，其端静誠焉。惜早卒，先生作文哀之。共十六人，並列于篇。是鄉藏書之家、博古之士得有一二考證，惟冀羣相録示補刻，以遂表揚。金吴瀾謹識。

跋朱柏廬先生無欺録後

玉峰東濱海隅，山川靈秀，爲吴郡人文淵藪。登巍科、躋膴仕者，指不勝屈。其以文學經術名世者，如震川歸先生、亭林顧先生，所著諸書固已風行海内矣。獨柏廬朱先生當鼎革之際，因尊人集璜以貢生抗節死義，自比於王裒之廬墓攀柏，故號柏廬，修身勵行，不求聞達，其學問之精粹，猶未大顯於世。

蓋國初講學諸家，北平則孫夏峰，關中則李二曲，浙東則黄南雷，當世稱爲「三大儒」，然其學皆不免參以陸、王。其粹然一本於程、朱者，惟桐鄉張楊園、平湖陸稼書、太倉陸桴亭三先生。而柏廬先生與之同時，閉户潛修，實踐躬行，紹明絶學。今觀其《愧訥集》及《學庸講義》等書，與張、陸諸公皆以程、朱爲宗，若合符節。當姚江之餤熾盛徧於天下，而先生乃能卓然自立，不少惑於異説，斯亦孟子所稱豪傑之士也。桂林陳榕門相國輯《五種遺規》，誤以先生《治家格言》爲朱子；金壇于鶴泉學士爲先生作傳，詳其行誼，亦未詳其著述。蓋亭林先生既屢辭薦辟，而先生尤尚闇修，其書雖嘗付梓，獨爲學者所珍秘，未得展轉摹傳，如歸、顧兩家彰彰在人耳目也。

往者，予在應敏齋方伯幕府，方伯既請以楊園、桴亭兩先生從祀孔廟，疆吏入告，均奉俞旨。

又從玉峰假得柏廬先生《愧訥集》及未刻稿，擬重刊以廣其傳。會方伯謝事，未果。先生所著《學庸講義》，今官書局已重刻行，《無欺録》亦嘗以聚珍板印於吴門。及吾友金君臚青出宰玉峰，次第訪得歸、顧兩先生年譜，付之手民，獨朱先生年譜徧求未獲。近乃得其《無欺録》鈔本，視吴門本尤爲詳備，纂言紀事，皆繫以年，即以爲先生年譜也可。爰謀彙刻，以合成璧。後之覽者，由是以窺先生之學之精粹，庶可快然無憾。而金君表彰前賢之苦心，亦與是編並垂不朽也已。

光緒六年太歲上章執徐季夏之月，瀨江周榮植謹跋。

自講學之風起，而分門闢户。其言傳者，其人未必傳；即有儒行克敦而語皆凡近，不足以開來學，則人傳而言亦不足傳。鹿城朱柏廬先生，古今傳人也。其所著《治家格言》已風行海内，家絃户誦。惟《毋欺録》一書，一見於虞山顧氏所刻《小石山房藂書》，略而弗詳；一見於吴門擺板所印葉涵溪徵君舊藏、潘晚香先生手鈔本，始乙丑終丁丑，雖見一斑，未窺全豹。灦蒞斯邑，欲羅歸、顧、朱三先生之遺書而不可得。適王子藺廣文贈有震川先生年譜，吴亦如茂才持有乃祖止狷先生所著亭林先生年譜。軍興後，原板皆已無存，亟付欹劂；而終以未得柏廬先生年譜，不能爲三先生合刻也，耿耿予懷。宗伯垂署正自安定來，談次知王升卿茂才家藏有《毋欺録》全篇，借録一過，倍於前刻各本。自先生三十歲，以迄七十一歲，按年紀録，纖屑不遺。則先生之言行班班可考，不期傳而自傳千古矣。

且夫理學之興莫盛於宋，而以紫陽朱子爲集大成。故其論誠意之功，必以毋自欺爲本。先生後紫陽數百年，上接淵源，卓然有所統宗，豈近日所傳理學者可同日語哉？

瀾得是編，如獲異寶，爰仿編年之例，重加纂輯。其事實可稽及著述有攷者，分年繫録，仍於《毋欺録》之中寓年譜之義。庶先生之學問行事，相輔以傳，且與歸、顧兩先生年譜並垂不朽也。

夫先生爲節孝後人，聽彝訓，廸前光，故銘座右有曰：「受人言，毋自欺。」誠意之功，詎不足上繼紫陽耶？吾願學者奉爲今日之紫陽，可矣。

光緒六年季夏之月，嘉興金吴瀾公安氏謹序。

【校勘記】

（一）鄭微苓，同治石印本作鄭薇令。

（二）祠祀之事，道光刻本作祀事之時。

（三）只，同治石印本作即。

（四）上，光緒刻本作山。

（五）若，同治石印本作如。

（六）求，同治石印本作諸。
（七）使，同治石印本在「使」前有「如」字。
（八）子思要人於喜怒哀樂未發時識得仁體，同治石印本無。
（九）下，道光刻本作後，同治石印本亦作後。
（一〇）元旦，同治石印本在「元旦」下有「連日」兩字。
（一一）仲丁，同治石印本作丁未。
（一二）兩，同治石印本作三。
（一三）務，道光刻本作冀，同治石印本亦作冀。
（一四）魏生光士曰：「此書如此著眼抑何静甚？」胡甥表被曰：「令人胸襟不覺灑落。」道光刻本無。
（一五）境地，道光刻本作境象。
（一六）身，同治石印本作心。
（一七）是，同治石印本在「是」前有「總」字。
（一八）下，同治石印本作高。
（一九）高，同治石印本作下。
（二〇）動，同治石印本作静。
（二一）第，道光刻本作但。
（二二）慎幾，同治石印本在「慎幾」下有「同石臣」三字。

（二三）目，道光刻本作用，同治石印本、光緒刻本俱作用。

（二四）召，同治石印本作有。

（二五）自然，同治石印本作当然，道光刻本亦作当然。

（二六）正，道光刻本作即。

（二七）天，道光刻本在「天」下有「人」字。

（二八）神譴，同治石印本作鬼責。

（二九）未必，同治石印本作未始。

（三〇）勞，道光刻本作勤。

（三一）未得，道光刻本作未必，同治石印本亦作未必。

（三二）義所當餽不餽則，道光刻本無。

（三三）由，道光刻本作發。

（三四）雖，道光刻本作以至。

（三五）是，道光刻本作足，同治石印本亦作足。

（三六）便又，道光刻本作即是。

（三七）當，道光刻本作常。

（三八）環循，同治石印本作循環。

（三九）人，同治石印本作此。

（四〇）寧，道光刻本作詎。

（四一）真，同治石印本作具，光緒刻本亦作具。

（四二）只，道光刻本作由。

（四三）人，同治石印本在「人」之前有「今」字。

（四四）之，同治石印本在「之」之前有「言」字。

（四五）上元夜，同治石印本無。

（四六）溢，同治石印本作盈。

（四七）大，同治石印本作儘，道光刻本亦作儘。

（四八）四月十五日，同治石印本在「四月十五日」之前有「丙子」兩字。

（四九）踰，同治石印本在「踰」下有「矩」字。

（五〇）後世，道光刻本作後人。

（五一）晦，同治石印本在「晦」下有「曰」字。

（五二）兩日風稍減，光緒刻本無。

（五三）大，同治石印本作太。

（五四）格物致知，同治石印本在「格物致知」下有「爲聖門」三字。

柏廬先生像傳

偉哉夫子，荷道厥躬。學純德茂，克紹前縱。濂洛關閩，淵源貫通。羲易語孟，闡發性宗。蓼莪矢志，攀柏高風。惟忠惟孝，土室身終。疾革吟誦，心追放翁。廷章侯疾侍側，夫子朗吟劍南示子詩句。先生遺像，氣粹貌充。其中浩浩，孰測化工。憫予小子，則效靡從。肅然瞻仰，鄙悋潛融。偉哉夫子，百世欽崇。門人呂廷章百拜題。

光緒己卯初秋，古由孝孫福康敬書。

朱柏廬先生傳

蘇州府志

朱用純，字致一，號柏廬，崑山人。集璜子。年十七，補郡諸生。越二載，遭國變，痛父殉難，棄去諸生冠服，隱居教授以養母。潛心四子六經及濂洛關閩之書，探索融會務在躬行實踐。當路重其人，將以博學宏詞薦，用純以死自誓，作《朱布衣傳》以見志。門弟子來學者，先授以《小學》、《近思録》。舉業外，别立講約，闡發經史。晚年作《輟講語》，示人曰：「《中庸》成己成物，罔弗由誠。然所謂誠者，不外乎倫常日用之間。今人心中不脱『卑鄙』二字，倫理上只辨得『苟且』二字，以此讀書，豈可語於聖賢之學。雖日事講貫，奚益哉？」其箴砭後進，嚴切如此。生平嚴以律躬，不欺暗室。每日晨興，必謁家祠，莊誦《孝經》一遍。病革，命設先像，扶起再拜。以平日所著《删補蔡虚齋〈易經蒙引〉》及《四書講義》二書屬其子曰：「謹藏諸笥，吾將以此見先人於地下。」復語門弟子曰：「學問在性命，事業在忠孝。」言訖而逝，年七十二。門人私謚「孝定」先生。

朱柏廬先生傳

震伯楊无咎撰

柏廬先生姓朱氏，名用純，字致一。因厥考節孝先生之死於忠也，創巨痛深，等王裒之攀柏，故自號曰柏廬。是其德爲大孝，學爲醇儒。其歿也，門人思之，請於其同志之友楊无咎，亦既謚爲孝定先生矣。兹爲傳其行事，不以謚而仍以號稱者，重君之志所存也。

朱氏之先，自亳州徙睢陽者，唐孝友先生名仁軌。在宋避靖康之亂，以六歲童子附柁渡江，遂爲吴郡崑山始遷之祖者，秘閣公名子榮也。公九世孫希周，謚恭靖，爲明名臣，官至宫保、南冢宰；弟希曾，仕江右寧州判官，是爲君之高祖。生唐府審理公景昇，景昇生家佐，家佐生集璜，即節孝先生也。先生夙抱明德，兼經濟才，未仕於朝，以貢士家居殉國難，詳門人徐孝廉枋所作《傳》中。有四子，君其長也。

嗜學篤行，才德酷類其父。崇禎癸未年十七，補博士弟子員。甫二載，而遘節孝公之變。君晝夜慟哭，痛不欲生。時其弟用白、用皥俱幼，用商遺腹未生，君以子身肩重任，義不敢以從死。上奉母陶孺人，下撫弟妹，播遷流離，備極艱苦。迨兵戈既定，始得返其舊廬。而家徒壁立，卒能善事慈闈，先意承志，以得其心。迄其終二十年，未嘗一日貽之憂也。教養諸弟，俱不失爲賢者。經營窀穸之事，以至婚嫁、交際之屬，亦罔弗既厥心力。此雖家庭之庸行，而設身處地求如柏廬之俯仰無憾者，世亦鮮矣。

君方弱歲，即棄諸生，隱居教授，潛心聖賢之學，探索書義，罔弗驗之身心而見諸躬行。故正己接物，靡不歸於至善而合乎中庸，非徒以高節宏才爲人所敬仰也。尤循循善誘，遊其門者，隨其性之所近而各有獲焉。先是，邦人重君之德，争設席以延君。其後，度不能以偏應也，曰：「『禮聞來學』，有志者盍顧我乎？」乃謝諸聘者，而設教於家。從學者日益進，雖祁寒酷暑，講論終日，無倦容焉。恒以忠恕爲則，律己甚嚴，而責人以寬，故使人易從而悦服者衆也。

當是時，玉峰夫子之門彬彬然可觀矣。君猶自謂德薄，而不能感人以力行也，作《輟講語》以示之。其略曰：「《中庸》成己成物，罔弗由誠。誠非虚懷其願而已，必於聖賢學問躬行實踐，不欠一分，乃爲善也。」又曰：「日用常行，雖道不外是，然古之所云，罔非倫常矩矱。而今也心之所見，無非卑鄙；事之所爲，無非苟且，種種惡習，豈復有出頭之日乎？學者須勘破病根，跳出坑坎，以聖賢之心爲心，以聖賢之事爲事。日用常行，一一正其本位。從其上而討求精彩，於以進道不難。諸君能努力向前，將世道、人倫、士品、學術一肩任去，用純亦敬拜下風，何必予之言是聽哉。」其誨人之勤而感動深切如此。蓋君之自强不息，本乎《易》之「天行」，而其所遇在《乾》之垢，《文言》曰「遯世無悶」。

歲在己未，有博學宏辭之選。當事者將以君充之，君以死自誓，遂得免。所謂「確乎其不可拔」者，非耶？他若鄉飲大賓，亦堅謝不應，又其餘事已。

然君雖屏世緣，而事關祖先，未嘗置諸膜外。先世墓在陽山，有富豪賄守墓者，售穴前之地以葬焉。君聞之，曰：「祖宗體魄所在，而他姓實逼處此，先靈能無恫乎？」亟命諸子姪鳴諸邑宰。而豪力甚强，君爲之食不下咽者二年，積誠所感，卒以歸正。其墓木歲有所失，君謂：「貧不聊生以致此。」爰設贍族田，以其粟給居山之貧者，由是斬伐者鮮矣。初，節孝先生所定祭規，子孫凡輪祭者徧掃練塘、陽山、寶華諸墓，宗人畢集，厥費浩繁。世變以來，斯禮漸廢。君首置義田，爲族人倡，以是春秋祭掃，至於今不替云。遠祖貫，在宋時與杜衍諸公善，有《睢陽五老圖》。秘閣公攜之南來，以爲世守。爲族子售諸他氏，君竭蹷贖歸，而後即安。其篤於水源木本又如此。

若其友愛諸弟，亦自性生也。用皡疾篤，子導誠方六歲。君垂涕謂其弟曰：「若子猶吾子也。」遂撫之如己出。後君無子，爰立以爲嗣焉。用白繼没，君痛悼益切而待用商益親。事無巨細，必與共酌，未嘗因年長以倍而忽之也。

與人交，雖久而敬不衰，即有忤之者，惟自反而無慍色，其後靡不愧而服焉。遇事之難，而處之裕如，蓋其從容中道，非深有所得莫能然也。居平傚法古人，尚友前哲，自濂、洛、關、閩以來，若薛、胡、羅、魏諸公，皆其所私淑者。同時所交遺老、逸民最善者，爲昭陽李清、同郡李模、金俊明、徐開任、葛雲芝。而徐枋爲中表兄弟，其誼尤篤。晚年更善楊无咎，考道論文，稱莫逆焉。他若當世縉紳有折節願交者，君固未嘗拒之，然以禮自持，足不輕至其門，亦不以其私干瀆也。

導誠有聲庠序，而屢躓於棘闈。君勖之曰：「爾毋躁進，毋怨尤。文苟不佳，雖得可恥。否則，雖失何傷也？」

柏廬雅不欲以詩文自鳴，而其所作咸有法度，修辭立誠，非專工詞藻者所能及也。書法行、楷悉精，有手書日所誦《孝經》，門人爲勒石以傳世。所著成書有《困衡》、《毋欺》等録，暨删補蔡虛齋《易經蒙引》，藏於家；外撰《四書講義》，能闡先儒之所未發者，編未及終而卒。卒時年七十二。易簀之前三日，命設節孝先生位於榻前，俾其弟若子扶起，向上叩首者四，曰：「吾可告無罪於先人矣！」臨終又曰：「學問在性命，事業在忠孝。」語既畢，目遂瞑。嗚呼！歷觀其行，而垂没之言信不誣已！

楊仲子曰：予生平知己不數人，而玉峰居二焉。歸子元恭，其才不可一世，而獨心服於余。其没也，余慟哭之。朱子之交予也最後，而其相得也亦最深。其理學之精醇，世無有出其右者。是宜天假之年，俾同心志道之人得所宗也。而今又奪之，悲夫！念昔我顯考忠文公之殉難也，較諸節孝先生而事更慘矣，鮮民之生，恨未即死，而遷延至今。惟是善守其身，以不辱其親，此與吾友所其勖者也。今柏廬已全受全歸矣，而後死如予者，敢不益加惕勵哉？

朱柏廬先生自傳

朱布衣者，名用純，字致一，崑山人也。年十七補博士弟子員，十九遭先節孝大故，奉遺命棄儒冠，故仍稱布衣。不能效王裒廬墓攀柏，而時時輒灑其淚，故自號曰柏廬。年少多難，頗逃於詩酒文翰。旋覺習也非學，去聖域甚遠，於是雅志爲己，欲紹前脩。然讀書不能措諸實踐，求道不能得其閫奥。軫懷濟世，而先不能自善乃身，特以資本忠信，硜硜焉恥作僞。一生操行，如是而已，無可傳。慮交遊有言之溢美者，故自傳。

贊曰：布衣爲人，前無可幾於曩哲，後無可稱於來世，則不必謂天壤間有此布衣也，然亦何必謂天壤間無此布衣也。亦既有之，與衆見之。

朱柏廬先生墓誌銘

放濂彭定求撰

吾吴崑山，有隱君子柏廬朱先生，勵志節，精理學，遠近人士沐教澤而服行誼者，五十年無間言。今年先生殁，門墻喪厥依歸，鄉里失所矜式，咨嗟涕洟，見聞合轍。余獲交於先生甚晚，方冀歲時請益，而先生不可復見矣。其孤導誠衰絰踵門，以先生墓銘來屬。辭至再三，請且益堅，曰：「先子交遊落落，自與君邂逅浹談，宛若夙契。垂殁而注念不忘，不可謂非深相知也。」余於是不得終辭。

蓋觀自古諸儒，漢以志節著，宋以理學著。尚志節者多刻厲嚴苦之爲，尚理學者多涵養深沈之詣。然志節不進於理學，則有之；理學不本於志節，斷未之有。自後世志節日衰，理學亦日僞。於是毁觚爲圜，游光揚譽，而徒事拘牽訓詁，紛樹門庭，世道人心何所依賴而不趨於敝壞與？若先生者，始於志節，成於理學，竊以爲在漢宋諸儒間，無疑也。

先生尊君節孝先生，經明行修，鄉推祭酒，乙酉殉難最烈。先生方補郡諸生，茹哀飲痛，遂謝舉業。作《朱布衣傳》以見志，竊自比王裒廬墓攀柏之義，號曰柏廬。

家貧遭難，授徒贍母，潛心聖學，由四子六經及濂、洛、關、閩之書，晝夜探索，融會窾綮。謂學必以程、朱爲宗，知行並進，無捷得，無虛襲，務在身踐，於倫常事物間，纖悉必求盡善。門弟子來學者，必諄諄授以《小學》、《近思録》，爲入門法程，迎機而導，積誠意以感動之。舉業外另設講約，闡發書義，商榷經史，彷彿白鹿洞規。又於每歲孟春，率諸同人行釋菜先師禮畢，亦講四書一章。進止肅恭，興起者衆。然先生恐學者未能真實切磨，整襟歛容，以身爲鵠。

嘗有《輟講語》，示之警省。其略曰：「《中庸》成己成物，只一誠字統括。實實做得聖賢學問，不偷一分；實實盡得聖賢道理，不欠一分，方始是誠，始是成己成物。余今自反，果能如是否？而欲妄居皋比，多見其不知量也。」又曰：「日用常行，雖曰道不外是。然古之所謂日用常行，大段不失倫常矩矱；今之日用常行，無非種種惡習。人心中只辨得『卑鄙』二字，倫理上只辨得『苟且』二字。以此爲日用常行，更無出頭日子。必須勘破從前魔障，跳出坑坎。直以聖賢之心爲心，聖賢之事爲事。把此日用常行一一正其本位，更從上面探討精彩，以此進道不難。諸君各具一本來面目，各具一全副精神，猛力向前，將世道、人倫、士品、學術一擔挑去。某亦願拜下風，何必區區之言之聽哉！」先生此言，真爲學者剔骨洗髓，不啻鵝湖之講義利章，使聽者汗下霑衣也。

先後居考妣喪，哀毁動人。嘗曰：「宰我欲短三年喪，吾黨皆以爲怪。然於此可見古人喪禮之盡，必其齋蔬饘粥、哭泣哀毁之禮，無苟廢弛。而宰我乃天性少薄者，故覺行之至期已久。若今人食肉飲酒，不改其常，雖更三年，豈謂久哉？」至性激發，篤論如此。

居恒罕與人事，惟關係祖宗族姓，必竭蹷經理，不少退避。上世祖墓祭規淪替，重置祭田。富豪謀侵陽山墓地，重賂彌縫，先生率族力争，遲久得斷理如法，心力幾瘁。修葺先祠，身肩勞費，不恤也。又念子姓貧乏，私伐冢樹，設田贍族，俾無侵損。友愛諸弟尤深，於仲叔之殁，經紀喪葬，存撫諸孤。與季弟垂白聚首，事必相咨。訓子弟循分讀書，切以攀援倖進爲戒。

燕閒無惰容，言動有常度，中懷耿介，不可稍干以私。而温然有道氣象，使人如坐春風中。鄉里曲直争衡者，必就之折衷，得一言乃解。其律己嚴，接物恕，嘗曰：「識得天理熟，當機立應，如離弦之矢，更不擬議，更不矜張，真是何思何慮，真是行所無事。」此其晚年進德之驗矣。

當路諸公，折節慕先生者衆。先生僻居委巷，布袍幅巾，裹足不出，自東脯外絶不泛受人惠，屢空晏如。歲己未，將以博學宏詞薦，先生固辭乃止。邑宰欲舉鄉飲式廬之禮，並堅謝不應。縉紳納交致敬，亦不輕爲報謁。蓋其束躬韜晦，不求人知，固從學問鞭辟近裏得來，初非好爲迂僻、鄰於矯激者比。孟子曰：「君子有終身之憂。」又曰：「不失其身，而能事親。」惟先生足以當之。故其始終弗渝，克成篤孝，素所積慮然也。節孝先生曾手書《孝經》以授曰：「天地之廣大，性命之精微，其理皆具於此。」先生識之不敢忘。每日晨興，盥漱拜謁家祠，即莊誦《孝經》，且廣書善本，勸勉來學，門弟子因鐫諸石。病將革，猶命子弟曰：「爲我設祖先位，具清酌，扶我起拜，以致全歸之意。」卒强起如言，越三日乃殁。時爲康熙三十七年四月初七日，距生於前明天啟七年四月十五日，得年七十有二。所著諸書，精力最注者删補蔡虚齋先生《易經蒙引》，闡明《易》理特精。又自作《四書講義》，皆先儒所未發。臨殁時，以二書屬嗣君曰：「謹藏諸笥，吾將以此見先人於地下。」復語門弟子在側者曰：「學問在性命，事業在忠孝。言盡此矣。」

嗚呼！先生一生存順殁寧，易簀瞭然，豈非志節、理學合而爲一者哉！他若《無欺》、《困衡》等録，皆平日省克工夫至嚴至密。其詩文翰墨流衍散軼，先生謂非儒者要義，每過而不留也。

先生諱用純，字致一。系出唐孝友先生諱仁軌，後自亳遷睢，宋直閣諱子榮始來居崑山。明翰林侍制公諱逢吉、御史公諱文、冢宰恭靖公諱希周，皆其後。秘閣公十二傳，至節孝先生諱集璜，崇禎乙亥拔貢士，城潰不屈死。妣陶孺人，配即孺人姪女。先生舅氏圭稺陶公炎，與節孝先生同時殉難者也。子一導誠，邑庠生，娶葛氏。孫男二，直典、直衡。孫女四。以今年十月壬寅，葬於吴縣陽山之新阡。余惟先生之在今日，足以砥柱末流、羽翼名教。凡屬儒林，應共闡揚懿德，追蹤曩賢，而僭爲之比事屬詞，書諸隧石。以應嗣君之請，或亦用備識者之採擇。銘曰：

真儒挺立，孤忠所貽。實惟名節，爲道籓籬。卓哉純孝，退藏允宜。淵冰臨履，豈曰違時。性天可聞，慎我獨知。批繩荒渺，剷削支離。典刑弗墜，經師人師。往從九京，潛德無虧。遺編在篋，尸之祝之。勒詞幽竁，徵信來兹。

朱柏廬全集

治家格言
愧訥集

治家格言

王廣成　校點

校點説明

《治家格言》是有清以來影響最大的家訓。不少人請書法家抄録，懸掛在廳堂之上。烏程戴翊清更是編寫了《朱柏廬治家格言釋義》，影響很大。民國時，江寧朱煜重印《朱柏廬治家格言》，供學生誦讀。

《治家格言》，又叫《朱子家訓》，有一段時間曾被誤爲朱熹所作。因爲朱熹所著的《朱子家訓》、《朱子格言》、《朱子家規》、《朱子十誨訓》等著作並没有刻印成書，另外清乾隆年間《丹午筆記》的作者顧公燮也説：「朱子格言，係崑山朱柏廬所作，非文公也。」所以《治家格言》的作者應該是朱柏廬。

《治家格言》的版本很多，但歸納下來不外兩種。代表版本有：

一、陳弘謀輯《五種遺規·養正遺規》卷下《朱子治家格言》，上海古籍出版社《續修四庫全書·子部·儒家類》951 册影印版。

二、朱用純撰、戴翊清釋義：《治家格言釋義》，廣文書局 1980 年影印版。

從成書的時間看，陳弘謀所輯《五種遺規》成書於乾隆四年，比較接近於朱柏廬寫作《治家格言》的年代，另外，也與現存崑山文物管理所的《朱柏廬先生治家格言》碑文一樣，還與朱柏廬先生親筆書寫的《治家格言》真蹟一致。因此，點校以陳弘謀所輯《五種遺規》版本作爲底本，以朱用純撰、戴翊清釋義：《治家格言釋義》，廣文書局1980年影印版作爲校本。

囿於所見，疏漏難免，敬請方家指正。

王廣成

宏謀按：禮，男子三十，壯，有室。今則未弱冠，而已多授室者矣，此其去成童無幾，能知閑有家悔亡之道者蓋鮮。故於論讀書後，即繼以治家格言，所以及其志未變，而使知保室宜家之非易也。夫古人治家之言頗不少，獨取乎是者，其言質，愚智胥能通曉；其事邇，貴賤盡可遵行。故雖朱子文集所不載，以其鋟版流傳之既久也，録之。

黎明即起，灑掃庭除，要内外整潔；既昏便息，關鎖門户，必親自檢點。一粥一飯，當思來處不易；半絲半粒，恒念物力維艱。宜未雨而綢繆，毋臨渴而掘井。自奉必須儉約，燕[一]客切勿留連[二]。器具質而潔，瓦缶勝金玉；飲食約而精，園蔬愈珍羞。勿營華屋，勿謀良田。三姑六婆，實淫盜之媒；婢美妾嬌，非閨房之福。奴僕勿用俊美，妻妾切忌豔粧[三]。祖宗雖遠，祭祀不可不誠；子孫雖愚，經書不可不讀。居身務期質樸，訓子[四]要有義方。勿貪意外之財，莫[五]飲過量之酒。與肩挑貿易，毋佔便宜；見貧苦親隣，須加温恤。刻薄成家，理無久享；倫常乖舛，立見消[六]亡。兄弟叔姪，須分多潤寡；長幼内外，宜辭嚴法肅。聽婦言，乖骨肉，豈是丈夫；重貲財，薄父母，不成人子。嫁女擇佳婿，毋索重聘；娶婦求淑女，勿計厚奩。見富貴而生諂容者，最可耻；見貧窮而作驕態者，賤莫甚。居家戒爭訟，訟則終凶；處世戒多言，言多必失。毋恃勢力，而陵[七]逼孤寡；勿貪口腹，而恣殺牲禽。乖僻自是，悔誤必多；頽惰自甘，家道難成。狎昵惡少，久必受其累；屈志老成，急則可相倚。輕聽發言，安知非人之譖愬，當忍耐三思；因事相爭，安知非我之不是，須平心再想。施惠無念，受恩莫忘。凡事當留餘地，得意不宜再往。人有喜慶，不可生妬忌心；人有禍患，不可生喜幸心。善欲人見，不是真善。惡恐人知，便是大惡。見色而起淫心，報在妻女；匿怨而用暗箭，禍延子孫。家門和順，雖饔飧不繼，亦有餘歡；國課早完，即囊橐無餘，自得至樂。讀書志在聖賢，非徒科第（八）；爲官心存君國，豈計身家（九）。守分安命，順時聽天。爲人若此，庶乎近焉。

【校勘記】

（一）燕，廖綸手書《治家格言》和《治家格言釋義》俱作宴。

（二）留連，《治家格言釋義》作流連。

（三）粧，廖綸手書《治家格言》和《治家格言釋義》俱作妝。

（四）訓子，《治家格言釋義》作教子。

（五）莫，廖綸手書《治家格言》和《治家格言釋義》俱作勿。

（六）消，廖綸手書《治家格言》作銷。

（七）陵，廖綸手書《治家格言》和《治家格言釋義》俱作淩。

（八）非徒科第，《治家格言釋義》無。

（九）豈計身家，《治家格言釋義》無。

愧訥集

景軍　校點

校點説明

《愧訥集》十二卷、附一卷，崑山先賢朱柏廬先生所撰，是朱柏廬先生現存於世的最主要文集，其中涉及朱柏廬先生的交往圈、朱柏廬先生對部分人物和文章的品評以及朱柏廬先生理學觀點的闡述等方面内容。《愧訥集》現存版本有：

一、《朱柏廬先生愧訥集》十二卷、附一卷，清雍正三年嚴心齋刻本，上海圖書館藏。

二、《愧訥集》十二卷、附一卷，清光緒八年津河廣仁堂刻本，上海圖書館藏。

三、《愧訥集》十二卷、附一卷，民國十八年崑山保管祠産委員會木活字本，上海圖書館藏。

四、《愧訥集》十二卷、附一卷，民國二十三年崑山圖書館刻本，崑山市檔案館藏。

《愧訥集》現存四個版本，除帝王名諱及部分字詞的用法隨時代變遷有所變化外，主體内容出入極小，附録部分隨著年代累積而逐漸增多。本次整理選用上海圖書館所藏清雍正三年嚴心齋刻本作爲底本，以清光緒八年津河廣仁堂刻本和民國十八年崑山保管祠産委員會木活字本作爲校本，以上三個本子在文中分别簡稱爲嚴心齋本、廣仁堂本和祠産本，底本附録一卷作爲附録一，其餘三個本子中與底本有别篇目結集爲附録二。

筆者學識水準有限，疏誤難免，望讀者諸君不吝賜正。

景軍

目録

校點説明……四三九
卷一 書……四四三
卷二 書……四七五
卷三 序……五一三
卷四 壽序……五三七
卷五 壽序……五七三
卷六 記……五九九
卷七 像贊 字説……六一八
卷八 祭文……六四六
卷九 墓誌銘 傳……六八五
卷十 雜著……七一一

卷十一　雜著……七四五
卷十二　雜著……七六五
附録一……七九二
附録二……八〇七

卷一 書

答李映碧先生書

伏承手諭及所開文目，又另示大文一册，具荷老先生深信至意，不以用純爲無似，而有纖介之嫌也。即當於文目中謹照所示，凡有觸冒忌諱者别爲一帙。獨手教中有所謂「應删」者，不知老先生直欲剗去邪？抑仍欲别存之也？又不知以爲無繫於重輕而欲去之邪？抑更有他意也？

據用純鄙懷，謂目中所開諸文，或指示以垂教，或寄托以言情，或刺譏而不傷於薄，或諷勸而悉歸於中，或旁蒐廣引而足益乎聞見。雖老先生之高文典册，固已炳乎日月，不必藉是爲傳。而文章要期有用，苟有裨焉，無庸删矣。

間有如萬春妃、客舍子婦等傳，或稍涉於綺豔，則老先生仍分外傳，而《韓柳文》亦有《外集》、《别集》之例。諸凡偶然筆墨，非意所屬者，悉依是類區而置之，何如？廬陵之文，正大高明，至於詩餘，則皆緜婉温麗，或不必有恐妨盛德之嫌也。

抑有請者：用純夙荷老先生契愛獨深，得藏老先生著述亦幸良多。凡《三垣諫疏》、《折獄新語》、《女世説》、《史論》、《澹寧齋集》、尺牘共若干卷，此外已刻、未刻者正多。其已刻者，固悉仰冀惠教；即未刻者，不審得邀副本見示否？就今所有者，《史論》外又有《續史論》之惠，則續者當亦不止此也。

先高伯祖恭靖公著述甚少，亦不見裒集成帙，用純竊有志，然今益散失矣，恐未逮也。恭靖公之先公侍御府君，有《臆見雜録》數卷，皆紀本朝故事，亦無刻本。近從友人家借録將畢，當俟後便呈覽。謹復不具〔二〕。

又

前者兩承惠書，懇懇款款，情溢乎詞。自揣薄劣，何足當大君子一顧盼？而顧如此眷注，蓋有吾黨所謂性命之交、金石之誼未之及此者，而以當世大君子加於微末下士，所以皇恐媿汗而不敢當也。

時用純方罹大故，不敢以不祥姓名溷干左右；且聞古者有唯而不對之禮，故俱未拜書以報。而今者老先生不棄其無狀，猥荷惠弔，錫之厚儀，固泉壤之榮光，而不肖用純則哀痛而無極也。

用純惡德過於山積，不復可以爲人。老先生猶以禮待之，加之以慰諭，不唯欲齒於人，數又教以古孝子之道。間嘗謂：「古孝子之於其親，所以盡子道者，類皆有盛德大業、顯親揚名，不惟是致哀之禮，故切切焉傷生滅性之爲慮。」若用純者，即死不足以贖其不孝，而又安能如老先生之所諭？所以俯而自惟，不禁感媿而繼之以哀也。

謹北望叩謝，冥資謹領，厚奠奉返。令似大兄惠儀亦附上。銘勒至意，已入五内，望垂諒察。

又

前使者來，知有令兄先生之變，不勝驚悼。

伏念先生忠孝大節，師表百世，友于至性，定復過人，雖履高年而彌以篤摯，當此大故，能不傷切？但由來人倫之際，所得自致者，道也；所不能必期者，數也。惟先生以道抑情，以數委化，無過悲怛，不勝禱祝。道遠不能走弔，並慰先生在原之戚，冀垂鑒原。

令似六兄春初以來時時晤對，具悉才品之高，深相歎折，似此醇謹之資，將來德器所就，某固未敢輕爲涯量；至若文筆高奇，雄風秀骨，必能馳騁於唐宋大家之間。若徒束縛於舉業，不能無驥服鹽車之惜。愚意當潛心好古以達其才，卓然爲文章鉅公以踵美家學，豈非快事？

以令似行急未及相告，謹以陳之左右，恐匏落之見，毫無當於高才，知不以其爲妄，笑而斥之耳。諸不縷悉，無任神依。

與徐俟齋書

前者黷擾山齋，過承欵接，皇愧皇愧。五年之别，五日之聚，以一日而當一歲之久，即窮日徹夜轆轤爲舌以稱舉情事，猶爲不給，而況寢興語默之間隔，登臨酬應之廢失，其十不得盡一二也何疑。别後惟有西望咨嗟，悵然若失。

是夜，宿於舍親齋頭，夢與我兄命題賦詩，題曰「望夫君兮思予」。其體則吾兄欲作七言長歌，弟以爲不若五言近體，兄首肯之。然覺而思此句，雖本楚詞，而非「思予」二字，則又不可以爲成句而賦之，故復中止。然吾二人之心志綢繆，於此可見。蓋自此又無日非相望之日、非相思之日矣。

古人三日不見，輒擬刮目相待，何況五年？弟自問行無所益，學無所得，冒昧而前，慚對良友。若吾兄則德高而懷益退，學大而心益小，足見吾兄省治之功精矣、密矣，其爲進境弘矣、多矣。接見九月朔日書，猶懃懃懇懇，自視愈欿然不足，而謬以弟爲少有所知委懷下問者，無乃舍秋陽之曜，而資螢爝之末光；忘洪河之流，而挹涓勺之微潤邪！然弟安敢仰負虛懷，不一竭其固陋以報尊旨。

今人有以程子「主敬」之學爲執著而不圓通者，又有以爲未足盡聖人之學者。弟獨以爲敬即天行之健，天一息不健，則四時不行；一端不健，則萬物不生。《易》於《乾》言健不言敬，於《坤》言順即言敬。聖人法天地之健，故六經、四子皆言敬也。一敬而天下之理得矣，天下之能事畢矣。堯之「允執厥中」，敬也；舜禹加之以「惟精」「惟一」，而敬尤著。不敬則雜，何由精？不敬則輟，何由一？自是以後，歷聖羣賢未有外敬以爲學。至於文王而《詩》、《書》所以言其敬者，尤爲曲盡，使非文王實有以積中而著外，安能稱道精微若是？故曰：「文王，我師也。」但敬有自然者、有强勉者：不思而得，不勉而中，從容中道，自然之敬也；非禮勿視，非禮勿聽，非禮勿言，非禮勿動，强勉之敬也。吾輩能於一念之發，一物之應，實下强勉之功，自然漸進有得，以吾兄二十年之大節苦行敬身之道，當今之世，孰逾吾兄？而手教猶云：「結習既深，根塵難泯，既知之，復蹈之，既悔之，復犯之。」此吾兄之所以既弘且毅，必求至於聖人之域，而吾黨之所以仰望而莫可幾及也。然所云「既知復蹈」、「既悔復犯」，必有實見其然，而非貌爲是説者，此無他，主敬未密耳。視聽言動，或從内出，或從外入，未有不聽命於心者。聽命於心，而以吾之神明才力，可否行止其間，未有可行而不行，可止而不止，止其所不可止，行其所不可行者也。但此際幾微之辨，最宜體勘可否。或出於太虛，或出於偏著，此人心道心之殊、誠僞之別，而王伯之所由分也。要之，吾心若能時時警覺，則太虛與偏著亦自有不容掩昧者。故《易》曰：「齋戒以神明其德。」即或事大理微，學有未及，則參之前言往行、質之友朋議論，亦所以盡敬也。雖事理極明且易，苟平日此心放倒，臨時安得卓然不亂？故君子有全體之敬，有隨事之敬，隨事之敬即是全體之敬，但於動而爲用更加之意耳。

竊觀吾兄酬應人倫，微喜諧謔，諧謔雖無損於大節，要非君子之所宜爲。何者？德盛不狎侮也。《書》所云：「狎侮君子，罔以盡人心；狎侮小人，罔以盡人力。」猶是爲治天下須得人心人力者言之。若學者之事，則身心之間，何處可容狎侮？身狎侮而其職不修，心狎侮而其體不立。所謂德盛不狎侮者，正以狎侮之非有害於人，而有虧於吾德也。孔子曰：「修己以敬。」己非外人物，而爲孤孑之己；修亦非外人物，而爲偏寂之修。與人接物而不失其敬，正是持己而不失其敬，故一修己而人安、百姓安。

弟嘗謂：「若視他人一分可忽，便是自己一分學力未到。」此語諒不悖聖賢修己之旨。蓋聖賢實見人之於我，此心同，此理同。吾無可驕於彼，彼無可爲吾忽也。夫婦之愚不肖，可以與知與能，及其至也，雖聖人亦有所不知不能，夫又何可忽乎哉！夫又何可忽乎哉！狎侮之心畢竟起於忽人，忽人之心畢竟起於不自修，未見自修之至而猶忽人者也。此「允恭克讓」所以爲堯之德，「温恭允塞」所以爲舜之德也。

忽人亦有二故：一則以自矜而忽之，一則以非人而忽之。吾兄檢身若弗及，寧復自矜？然吾而智，則易見人之愚；吾而賢，則易見人之不肖。吾兄負絶世之識，抱千古之操，凡至乎前者，智且失其爲智，賢且失其爲賢，而況乎愚不肖。在彼猶自灼見分量，無可遁藏，而況我兄之超然玄覽於其上。然而以高臨下，君子所戒。所以見人之非，亦由於不能自忘其善，但比傲然自得者，爲有間耳。二者皆學道之障害，此須直下斬截，如操銛鋒利鍔，更不可犯，乃見學力。

竊觀我兄之意，又我先得乎道以爲之主，而後可以言學，此又狃於參禪學佛者之見。若聖賢之道，則不離乎事事物物，即事事物物而道在，即事事物物而學在；苟欲先得乎道而後言學，則離道與事物而二之，亦析學與道而二之矣。朱子曰：「人須是博學、審問、慎思、明辨、篤行，然後可到易簡地位。」若先以易簡存心，便入異端去。惟於事物而見其簡易，故雖應天下之事，接天下之物，而不覺其煩難；若舍事物而求其簡易，則苟應一事接一物，便覺煩難，不勝紛錯。此弟所以謂禪學與聖學絶不相同，而吾兄亦既驗之而有見者矣。

若謂學無把柄，但深探六經四子之書，而把柄在焉。吾兄之所以憂無把柄者，亦坐既知復蹈、旋悔旋犯故耳。則弟所謂聖賢之學無過一敬者，正乃把柄之所在也。以敬而學，學安得不博？以敬而問，問安得不審？以敬而思，思安得不慎？以敬而辨，辨安得不明？以敬而行，行安得不篤？以敬而與人接物，與人接物安得不盡其道？敬猶長隄巨防，防之密也，滴水不漏，敬之至也，毫髮無尤。故一敬而天下之理得，天下之能事畢，變通鼓舞、盡利盡神、希聖希天之學俱在於是。程子謂「敬乃徹上徹下之道」者，正以此也。然此亦就弟鄙見云，然未知當否，伏望條其得失而明以教我。

若弟於力行，則尤未有得，觸處過端，怨艾藂生，嘗自歎念，同志者寡，輔仁無徒，非吾昭法，其誰與歸。此番入山，見吾兄勇猛精進，壯志無前，不勝慶幸，願吾兄惕之勉之，又堅持之。即以所自惕勉者，倡我於前；又以所自堅持者，翼吾於後。幸後之日相與有成，庶上以仰承先志，下以不虛所生，亦不負吾兩人生而同時同地、同志同道，無鹵莽滅裂、半塗自廢，而爲異端曲學所笑。以後音問往來，務各言其所得，交勉其所不逮，亦無爲徒相贊許，近於標榜者之所爲。禱祝禱祝，懇切懇切。

又

伏蒙高誼，爲先人撰傳見示；兼拜手教，懃懇備至，恭讀迴環，感而繼泣，泣而且媿。

嘗論弟子受業於其師，得以行成德立者，雖曰淵源有自、陶鑄有資，亦猶天挺人才，其精神至慮，自有以奮興而遠到也。惟其才之偉傑爲與道親，故其於師門之一言一動、一步一趨，皆有以得其指趨，而受其裁成。

古來所謂見知、聞知，皆是道也。不然，則雖日遊鄒魯之門牆，日接闔雒之几席，亦何自而知其所以爲孔孟、所以爲程朱也哉！而其所得於師門者，復有以身著之、以言顯之之不同。顔曾之於孔門，奉無隱之傳、不言之教，神明默成，以馴造道之極致，而不聞頌揚。孔子之爲聖，何如其至，又何如其大，此所謂以身著之也。自孟子謂智足以知聖者，則皆曰：「汙不至阿私所好」，雖有若、子貢、宰我三子之德行若不逮，夫顔曾而其善言孔子，則亦未有若是精實至當者。

恭惟老表兄執經先人之日，某尚在童蒙，顧亦嘗厠處其間，竊見我俟齋篤信之思，固已與諸從遊者有别。維時俟齋科名甚早，志氣甚盛，方謂：「大其師承者，在乎經國家而利民人。」不謂先人旋踵尊先公之後，痛從彭咸遺則，而吾俟齋亦遂屏居土室，抑何不幸！然而四十年來，履非常之危遇，歷百折而不回，同於一日，則於師門之所承傳，亦既身著之矣。雖始也入奉趨庭之命，而又出聆函丈之誨；既也内懷偉元攀柏之痛，而又外深端木築室之悲。然自非天挺人才，自以其身維繫千古之綱常、羣倫之名教，亦安能在三之際盡孝盡義若兹也？即不以其文爲先人揚芳播烈，而後世皆知俟齋徐先生爲節孝朱先生門弟子，其於先人爲有光而滋重也多矣！況復舉先人一生綱常節烈，彙而爲傳，則是身著言顯，一人兼之。以先人之名德大節，或不負乎斯文，某則何幸而邀此榮施？

蓋自顧不肖，幼聞嚴訓，又得以中表子弟仰覩尊先公大君子之末光，而且蒙先人之澤，與吾俟齋契誼深厚垂五十載。然而悠悠畢生，無所振奮，即比於没溺塵溷者，差若有間，然不過朽株枯木，同焉腐廢，既不能以行諸身者發揮先人之遺緒，又不能以其言導揚萬一，能無愧歟！能無愧歟！若夫銜感之忱，充溢五内。子瞻謂「多言何足爲謝」，仰祈照悉，不宣。

又

竊惟〔三〕老母六十年中，艱難險阻，靡不畢嘗，積德累善，以迄於今，亦云瘁矣。顧以先君殉節，痛結於中，履兹慶辰，義不受觴。故宗族鄉黨僚友之欲爲吾母壽者，用純兄弟含悽抱疚而不能不懇懇以辭之也。

然獨以爲吾母之徽美既若彼，而不欲壽之大義又若此，誠得仰求當世君子敘而記之，以垂不朽，是真壽也。既不違吾母不欲壽之意，而又無失用純兄弟願母萬〔四〕壽之心也。夫君子而可以使人不朽者〔五〕，孰有過我昭法徐子者哉？德義文章度越今古，得一言之與，則榮於黼黻而信於世。然而用純兄弟自顧不材，貽辱所生，徒以先人之餘庥，得混交於下執事，而實庸疎鄙穢無足採取。故用純前者叩訪之時，接對之下，數前却於心口之間而卒不發者，誠有所自愧也。今者仰承吾兄不忘先君之義，言念吾母之德，而略用純兄弟不孝之罪，并憫其不能立身揚親之恥，錫之敘言以表慈懿，而又申之以圖畫，期於吾母之年喬松比永。如天之福，何以當之，汗慄驚疑，罔知所措。

夫當世所欲得徐子之文以顯其親者，何可勝數，然往往匍匐宛轉，祈請門下，卒不能得一言，疲乃廢去。今何幸不吝榮施，應心而得，豈用純兄弟所敢覬覦萬一哉？蓋非吾母之德，不足以致徐子之文；而非徐子之高義，亦不能眷惠真篤如此。於是跪而進之吾母，吾母授而讀之，至情切中，不覺淚之交下，而命用純兄弟所以爲復書者，曰：「爲吾謝徐孝廉，得師教而復大之，以重我門牆者，徐孝廉也。而又欲厚幸於我家，以有此贈。然吾所以至今日者，爲諸子也。今又老，不能復教諸子，孝廉其無道我善以滋吾憾，惟是稱説師教以善吾諸子，無令不肖其父者，孝廉事也。」用純謹具母命，西向再拜，奉復臨書，感激不知所謝。

又

去歲自春及夏，以主家有急足往來白馬、鄧尉之間，故弟得時時以數行附達記室，而兄亦時時見報。方謂吾兩人會面雖稀，而音問頻過，則猶非了不相聞者比也。

自六、七月間，有逋賦一事，此尤賴有往來之信，恨不得朝夕頻繁。而弟僅草一書奉訊，兄亦於王玄坦兄來，附書報吾。此書在閏月二十六日得見，自後則絶不相通，以至歲終。以吾兩人之關切，又當風波驟激之會，即不能一見面相勞苦，乃至曾不得一字之信，兄謂吾之中腸若何安排也。猶幸而兄之心固所謂和如膠漆、堅如金石者耳，不然不容不疑吾意之少疎矣。

爾時傳聞怪異，頃刻變幻，風鶴皆兵。賴玄坦兄在吾里，弟倉皇荒忽，惟奔走瑞五、玄坦許，相與攢眉搔首，嚼齒頓足，既愁且恨，而計莫能出也。不得已而爲之筮，得《涣》之九二，曰：「涣奔其机，悔亡。」心固喜兄終必得亡其悔而得所願，然何能已今日之奔乎？又何以使吾兄知之，而急爲奔身而遯乎？抑所謂「机」者，又何處所乎？曾欲與瑞五飛棹入山，又欲倩玄坦使者持書奉報，特以傳聞未確，恐徒相驚擾，故不果。然此止爲逋賦一事也，若他怪怪奇奇之事，玄坦兄來，曾頗悉之。至八月初，秋孫兄來，則又悉之。噫！天之置我昭法於此，不知何心？

然弟於此有竊怪吾兄者：交與有常（六）情，倫品有定量，凡過情以相與、越量以相從者，其人未有可信者也。以兄之博達弘通，而獨失於此邪？非吾處心之薄，理固然耳。又聞秋孫兄云：「昭法屏處僧寮（七），莫知其處。」然則昭法固不謀而協於筮。雖然，其如弟之欲從末由何？弟之楊梅之約不果，斷擬中秋奉訪。至中秋而又若此，兄謂吾之安排方寸又若何也？重陽時，爾音兄來，亟訪吾兄行止及尊眷所在，而疑似無定語。及十月初，瑞五歸自山居，則云：「昭法逋賦事已豁然，而其身卒不可得見。」後有友人自郡來者，或云吾兄浮沉七十二峰間，或云在堯峰，最後乃聞在天池，又言是尊眷，而不得吾兄所在。及冬末，古如上人來，瑞五晤之，始云昭法定在天池。及十二月四日手書至，又不言卜居何處。意者在天池有日，以弟爲必知之無疑也邪？

接是札，正除夕，讀未畢，便不禁涕淚嗚咽。非以久不通問而忽得信，回念風波駴激之時，喜極而繼之以悲也。蓋札中云：「日日至午，尚猶枵腹。」嗚呼！誰堪聞此？是日弟雖瓶罍罄竭，燈火蕭條，猶得濁醪一杯、脱粟一飯，以侍老母。念吾昭法荒山壁立，不知如何度歲，真欲腸寸寸斷。令嗣之殞，良朋傷痛，聞鄭三山先生已徂謝，此在吾兄又大不堪事，如何，如何！

札中怪吾不赴約西來，理固當怪。然正不知弟脱奮身而前，兄於何處待弟？弟亦於何處尋兄？一番浪走何益？坐館之人，尤不能不重惜也。今年弟館地已易，到館獨遲。燈前幾與瑞五同鼓櫂，復爲風雨阻。今又纔坐，不便即出。弟今亦不敢與兄復約來期，恐進退之際，轉增吾兄意緒縈擾。故當突然來前，使吾兄陡然一喜耳！率爾寫懷，不覺覼縷。

又來札云：「兩年以來，承周王老諸公有畫社資弟薇蕨，今歲併此謝却矣！人固自有造物，造物自有定限，總無須營營者。吾兄以爲然否？」

許魯齋云：「學者治生爲急。」先儒以爲此語病在「急」字。觀此，則知治生亦非必害道，但不當著意耳。畫社之却，足見吾兄樂天順運之學。然以弟觀之，世路將來益復艱難，而年歲又必將有奇凶異災。人生固有定分，又况吾輩，而豈有營求分外者？但於義之所無傷、力之所當盡者，則亦不必過爲溪刻自處。蓋畫社之舉，亦友朋之所以交盡其誼，原非吾兄有意營求。事既出於同方合志之友，則亦吾兄義之可受。又况以畫相酬，則又不徒受之，而亦有先儒治生之意焉。大約有意營求固非道，過於溪刻亦非道。養其身以有用，則饔粥豈特爲口腹之奉？吾兄必有以處此矣。率復，不盡委曲。

又

一行造訪，動隔經年，向以爲恨事。至於今，又不僅經年而已。此雖出於時會之多阻，而亦自怪其身之何乃不自由邪！

弟之窮愁潦倒莫甚，客冬至於歲除，則昏昏儚儚度此數日，而於昏昏儚儚之中，獨所（八）耿耿不忘者，則惟吾兄之近况未諳若何。恨不得縮地之術，便置身在左右。既悉兄之履遇，復披寫吾胸中沉悶。大約人所處之最不堪者，事不容不與命相從，身不容不與心相背耳。而弟實坐此。獻歲一二日間，猶不能稍自遣，比者乃有甚快意者。老母去秋病甚，冬初稍健，而冬杪乃復疲極，新正來，頓覺進境勝前。向苦不克强飯，今加餐矣；向苦不違牀席，今能起坐立矣。真新年之介福，其他愁悶不覺盡且退聽，而體爲之輕。

又復正接吾兄手書，不必面悉近境，但讀手書一過，便覺意氣暢適，真是脱然無累。弟且不顧書中所云「兩年攢眉拊膺之苦」，但就近時所可手額稱慶之喜，則益爲之體輕。此人倫中之真境至情，弟固喜兄之喜，亦惟兄能喜弟之喜耳。情多楮隘，更詳他幅，不具。

又

上壽之儀，深愧輶褻。顧溷擾山齋，窮晝申旦者，累日極抱不安，如何！如何！承許尚有大文惠教，衹以暌别既久，衷曲填委，未免貪共談悉，竟不及讀此，則歸後所爲悵然者耳。

令似英穎絶人，而温醇不露，非常之器，實所罕見。前在高齋，欲以一言相益，竊念弟所欲言，皆令似所能，故不復少效，然畢竟有區區鄙忱者。自昔聖賢微言大義，如令似之異稟，固當一見領會，但講論之功，終不可少，以資稟之高，而更加講究，則領悟益復淵通。弟極淺固，竊於四子之書，微有所窺，托在至契，不敢故匿。又念就學往教，均有甚難，前已面相語悉，如何如何！惟有往來方寸耳。姜奉世兄，倘有便羽，乞爲致懷，再一訂八月會晤之約，何如？

上陳和陽先生書

竊惟人心，感莫感於知己，思莫思於其親。惟思其親，則推而至於其親之所受知而懷德者，自有所不能忘也。

先君懷才莫展，半生牢落，幸遇太老師國士之目，拔貢帝廷，謂：「苟藉此寸進，以驤首王路。何者非太老師之所賜？」蓋在家庭燕處之時，感激頌德，用純未嘗不與聞之也。而天之不佑，命與世傾，傷心痛骨，何復忍言。

用純早遭大故，庸暗孤弱，嘗不自揣量，竊欲親近當世大人君子。恭惟太老師義高而德鉅，道廣而智周，欽恤之澤溢於隣封，冰雪之操重於吾道，即靡所依托，猶將□□。每念先君而不逮，庶幾得見先君之知我、成吾者，則愛先君當並以愛其子也。而遠隔三千里外，山川險阻，風塵澒洞，雖在夢魂，猶迷瞀不知所從。加以杜門絶跡，消息莫問，徒深敬罔而已。

茲者二勝禪師侍者歸，蒙詩篇之惠，伏讀數四，如親承音旨；兼審太老師神志之固，動履之和，感想之下，喜可知也矣。勝公純明篤厚，士流素所推挹，避世歸禪，早明心要，今者飛錫貴里，太老師深相契納，淵明遠公，道味相投，自然不介而孚。前者勝公相别，但言遊武夷山，不言到貴里，故不附書候問。而猥承太老師遠垂慈眷，恐左右不察，或謂用純後生脱疎，不復念先人之所尊。故於般舟上人還閩，謹布衷曲萬一，冀垂鑒焉。

過此以往，雖一劄之候，仍或有便，而不知何時何事得晉謁門下。或風塵邂逅，或旌旆枉臨，得望太老師之步趨，而披陳昔者先人受知之感，馳溯以仰奉教誨也。

與孫雪屋年伯書

用純平昔無足稱數，顧獨樂親有道君子。況重以先人之執契，雖片晷之追隨，亦愜於懷。前者道經虞山，得以晉謁，踪跡不能自由，倉卒請退，獨念十餘年違侍長者，今得望光輝、奉謦欵，樂且有餘，復何悵怏無端？江上淹留兩月，唯以左右一侍爲非浪跡耳。拜謁之後，舟中率成四韻，本擬歸途即呈削正，緣從錫山旋棹，未獲再叩，玄恭兄往，又不及知，兹特寄呈，幸賜覽教。

先人《北行紀日》，皆與老伯丙子之歲並轡聯鑣，所紀雖止道里聞見、晨夕話言，而抒寫情愫、咨嗟國事，學術經濟並在其中，非求老伯大序增重，未足垂後。用純不肖，不足以邀不朽之惠，或者惠顧先人之好，使載德於奕世，不惜爲之援筆也。前已面懇，兹再九頓以請，倘附便，得叩階庭。遺稿尚擬賫送台覽，率布悃忱，無任瞻切。

與舊令楊公永言書

伏惟老師雲天高誼，俯念故人之子，披蓬蒿之徑而撫視之，感荷之私，何可言盡。顧以俗務羈牽，不得晨夕追隨，傾寫鄙悰，具聆大誨。又於前歲賤軀乍嬰羸疾，至今不任勞役。台騶西發，準擬恭送，值天陰雨，遂不能衝泥；復出東郊，遥望行旌，惟切馳企。至以十五載之暌隔，幸老師惠然枉臨，曾不得少伸款讌之情。老師又萬里南旋，經紀先公大葬，行李之資、負土之費，無以稍佐萬一。此在老師知其不逮，定以格外原之。然區區之懷，不審何時得釋然也。老師既以蘭溪爲并州，諒此去亦不久還旆，道經吴門，萬望不惜紆轡，再一惠顧。此非用純以桃李私情輒敢仰邀，乃甘棠之愛，邑人所共望也。珍老北來，率附布懷，伏惟垂鑒，不宣。

與金孝章書

今歲以戎馬塞路，竟不能一到吴門，候見顔色。近者恭逢先生六十壽辰，又不能登堂拜祝，亦無以盡承筐之禮，深自爲恨。然不拜祝者，時使之也；其不治禮以將敬者，詘於財也。此皆先生之所可諒者也。

若不必其物之贈遺，不必其身之越境，以從取諸中而自足施之於外，而無不可見者，而又不藉以伸其繾綣之懷，則不容諒之矣。何者？立言之道固。疇昔窺先生之著述，聞先生之議論，而得少與知焉，此則非有所難於其身而待於物者也，非取諸中不足施於外不可見者也。若又喑然無言，則將烏乎用其言哉！故曰：此則先生所不可諒者也。

然而爲是言也，亦有説直爲泛常頌美祈祝之辭，縱鋪張揚厲，要不過勦襲陳言、牽綴傅合，而其情不與，且是庸衆人之所喜，無乃唐突長者。夫君子立身既有規模，則其用志之所存未易一二爲俗人知。惟同志之人乃深知之，必舉其所志而發之於言，然後君子見之，而逌然而喜曰：「是真知我者」、「是真得立言之要者」、「是真能以其言顯人而無負乎人之用心者」，而頌揚祈祝之意，又未嘗不與焉。

雖然説則是矣，而用純之言則烏能及此。不揣淺下，謹草壽序一篇，寄呈左右，亦冀先生諒之。謂非無繾綣之懷者而已，若謂其言之遂有當於先生，不敢也。無任戰越，不宣。

與陸玄圃書

竊見古人未相見而相思，相思而不能相見，即有尺素往還，至再至三，以道其懃懃懇懇之誠者，往往有焉。蓋所感以道，所洽以義，千里而神爲之交，固不必握手覿面之爲款好也。伏惟老道兄志高而節峻，行偉而學弘，不惟不欲俯同乎流俗，且不擬古人有其匹。昨歲，映翁李先生自貴鄉來，論説之際，所稱引人物甚多，而惟於玄圃陸子，則累辭不一辭，咨嗟太息而不能已。先生蓋先達鉅公至德篤著者，豈其以鄉里後進姑有所試而多與之哉？誠見之切而信之深爾。既乃出示尊著，先人墓銘一篇，捧讀感泣，不知所謝。

伏念先人位不膺一命，道不踰鄉國，直以大義切中，奮不顧身。用純惟慮草茅寒士，孤忠特節，不足以自彰顯，苟不亟求當世君子表而出之，將湮没而不聞。故迫切祈請，冀一言一字之及，榮於十賚，不謂得邀大文之旌録也。道里不能以蹴至，筆墨不足以鳴感，惟有北望稽首而已。夫古人惟是道義之感慕而不得，猶且涉遠貽書，而況重以先人之加惠，敢不具一緘，佈悃於下執事。伏惟少垂督行路之難，出門便如蜀道，正不知何時接令儀、奉明教。臨啓無任馳溯。

與丘近夫書

弟賦稟庸弱，學道不篤。前者匆匆面語，緣吾兄以宋儒性氣之説爲確非孔孟之旨，故弟謂宋儒兼氣言性，實未嘗有違孔孟。倡酬往復，遂至覼縷，然不過循襲往説，良媿無所發明。兹者復承吾兄不棄，賜之論性之書，反復詳明，惟恐弟之或昧於性。大德之施，感可知也。當此性學沉晦之日，吾兄獨爲提唱，而又尊孔孟之微言，闡至極之妙理，聖教人心胥幸有賴，豈獨弟一人當拜下風？但弟終不敢謂宋儒性氣之説有違孔孟，而併謂吾兄之論實與先儒相發明。吾兄言性善，先儒未嘗不言性善；吾兄言兼氣，言性則有善有惡，而非性之本體，先儒亦未嘗曰「有善有惡者，性之本體」。虚懷觀理，本甚易明，何必生一鉏鋙之見。

至謂「孔孟之道，以程朱諸大儒而不明，且禍仁義邪」。尊孔孟恐不得不信諸儒，黜諸儒恐不得不于孔孟有礙。吾兄以宋儒之失全在言氣，故自《太極圖説》以下先儒諸書，皆不得邀深許，而謂一陰一陽之謂道，孔子非爲論道而發。蓋贊《易》之言《易》者，陰陽二氣之道，道實不盡於《易》。於是言性則必欲其離氣，言太極則又推入於氣，是天下有無氣之理，無理之氣也。理氣相離，正不知吾兄以復性立教，使學者將從何處驗性？而所謂「隱在費中，上達在下學中」，皆有所難通矣。且謂「《易》不足以盡道」，則當日伏羲作《易》，所以仰觀俯察，近取諸身，遠取諸物者，爲何？豈天地人物之外，猶别有道在邪？因此，欲草一報札，亦自(九)略陳所見，以質之左右。

既而退自循省，言難妄發。來書令弟驗諸本體，然乎？不然乎？反復此語，不覺瞿然自起，通身汗下。弟向來省察體驗之功，亦不敢謂全無，但謂實能洞見本體則未也，未也。夫未知性而言性，是猶未登泰岱之巔，而遽談日觀之峰，識者徒笑其誕耳。吾則何敢，吾則何敢？故報札之念，嗒然盡廢。併評次尊稿，將及其半，亦於此而輟筆，實不敢以影響附和之語，唐突高明，而取咎於前哲。惟於素所從事者，益密其功，變化氣質以復性，克治己私以復禮，多識前言往行以蓄德。而吾兄爲之左右，而維挽之不勝，覬幸先聖賢與先儒之論性爲異爲同，姑以俟諸後日。尊稿當即送還，因有未評之半，復欲潛翫一過，識之於心，更附數語於《楚遊抱痛記》之末，以無失吾兄示教之意，故稍濡遲，統惟鑒悉。

與吴開奇書

昨歲冬杪接手書，迄今三逾月，而後始報。雖屬歲盡春初，不無事故，然非以此遂無片刻之暇，亦非緣性嬾作書。蓋以道兄推許過當，令吾皇懅失次，不敢當意之莊、禮之重，幾欲報，而不知所以爲辭也。

用純不才，天地倫物，古今聖賢學問之理，無毫髮之窺見，爲兩間浮惰之人者，已四十年，每一宴坐默照，不啻仰愧俯怍。道兄與弟特甫始定交〔一〇〕，未深悉耳。用純自顧生平無他足取，獨其志願所托，有可告於當世賢者。蓋嘗自慨念以謂「天之生人與父之生子，一也」。父之生子，惟恐其不安於居，不利於用，則爲之置良田美宅，多金厚藏，雖一絲一粟之微，亦必積而予之，而後即安。然而其子不肖，摴蒱六博，聲色狗馬，舉其父之所遺，忽若風煙蕩盡，父其如之何哉？天之生人，亦唯恐其非僻之即，而近於禽獸也，則無極之真、二五之精、剛健中正、純粹之德，皆乘氣機之鼓動以畀於人，而無有偏而不全者。故天地之性，人爲貴。然而，欲長理消，若水趨下，無有已時；若火燎原，不可撲滅。天之所畀，雖有存焉者寡，天亦如之何哉？父多不肖之子，家安得不亡？天多不肖之人，天下安得不亂？家亡而不咎己之所以亡其家者，由於不勤不儉，不克保其先業，而乃甘心賤役志，求安飽，而不顧其名之愈敗，親之愈辱；天下既亂，而不念夫天下之所以亂者，由於人心不正，聖教不明，禮義不修，而乃厭棄塵俗，逃於異端，自謂己利利他，而不知天下之火已益熱，水已益深。嗚呼！此世道之不幸，民生之無禄，謂之何哉？

吾輩少承父師之教，長讀聖賢之書，而又不幸生於亂世，極目傷心，安得不動萬物一體之懷。但動萬物一體之懷，而道義不得不行，性命不得不正，真覺眼前之人皆天肖子，特無有父兄師友起而提撕匡翼之者，縱未能令天下之人盡肖於天，而又何忍猶使吾身不肖於天壤之[一]間哉？此用純之志也。然而材質短薄，積習難除，徒抱空志，而行不加進，正須高明執友，同心一德，相與扶我不植，而勉吾不及。而杜門掃軌，孤孑無徒，性命之友，獨有俟齋尊師耳。每念愧菴尊師遇禍，輒爲腸斷，使今而在，用純瑑磨之益，當更有賴，外是而求，實未敢漫相傅會。

伏惟吾道兄服膺雖久，而投分特晚，自昨歲周旋以後，所見殆過，所聞實不禁傾心相望。以道兄行義偉奇，文章駿遠，固已度越賢流，而用純猶竊有所致望，則區區之意有獨深焉者矣。夫學至聖人，而其心愈虚，非聖人之能爲是，虚懷以徇物也。天地之道體本虚，惟虚故大無不包，惟虚故小無不入。惟道體本虚，故體道愈至，而愈不有。今道兄謙衷沖度，真有所謂身不勝衣、言不出口者，竊以爲以是而體道，則何不可至之有？

及讀手教，以馬鄭之明經、黄陳之篤行爲猶未足，直欲追紹濂雒，扶維墜緒，豈非足爲吾道大慶，而用純之所望爲不爽與？然而學必求其極至，不肯少貶損以自居，固以見道兄識高而趨正。獨以用純爲可與適道者，因欲相師，則未見道兄自愛之意也。用純寡交，爲契洽者尤少，其不啻口出若真有所愛慕於用純者，惟俟齋一人。夫俟齋固不輕譽人，而道兄又高明廣大，雖師門之好惡，諒亦不肯苟狥，又豈敢謂道兄漫無所見而然。然人苦不自知，苟自知，則其智之所及，蓋有非他人所能與者。若用純，則固自知之審矣。不過如前所陳，志有足取已耳。初非有，識慮之，幾乎道也；履行之，殊乎俗也。亦非研精極微，學問有造，博辨沉雄，議論可采也，而何足以爲師？此正由道兄虛懷太過，見其一得，而不見其百失。

俟齋之篤於信，弟從善如不及也，亦職以此。夫師之爲道，安可輕言。「人之患，在好爲人師」，此可爲爲師者之戒；「因不失其親亦可宗也」，此可爲師人者之戒。借聽於聾、乞明於瞽，豈聾瞽之可怪，亦乞明借聽者之可惜耳！願道兄審之、慎之，勿復爲此言、萌此念。道兄年力方强，好道甚專，又得俟齋尊師爲之提唱大義，闢正學之榛莽，登先聖之閫奧，後先奔走，絶塵而上。用純方懾息退舍，拜舞下風之不暇，而又何敢不度德、不量力，據非所據？惟幸我道兄不棄不才，而與俟齋左提右挈，前挽後推，不使用純終抱空志，而歎白首之無成，則幸甚幸甚。此亦有道仁人，萬物一體之懷所最切而不容已者也。伏冀矜亮，不宣。

與徐瞻明書

重荷吾兄兩番枉駕，曲爲吾計，加以手札曉示，自非頑然無知者，能不仰遵台命，且以副俟齋兄之所期？但弟視此事也愈重，則就之也愈不得輕。使如他事，不必有職業之托，不必有歲月之期，不必有往來之程度，不必有去就之禮義，弟亦何難姑且受命？而節文之於賓主，則莫過館席；功施之於師弟，則畢生所關係。此豈可苟焉已者？乃泄泄焉而就之，則安知不泄泄焉而去之？是以反覆審度，攜家既出萬難，舍攜家又別無策，寧迴翔而不前，不然俟兄相延之懃懇誠篤。

蓋自弟餬口塾職以來，從未有若此者，豈不知之，而故違之也？而先人之好、總角之契，三十餘年，同心之固，又無論已不得已。因以神道設教，問攜家於卜筮，庶幾歌之舞之，盡掃疑慮，而奮往直前，豈知神亦不之默相，而兆乃不佳。此不佳者，實在於弟，而或轉以此少貽累於俟兄，則弟不慎之咎，後將何追？

以此勉焉仰辭，極知非吾兄之所樂聞，抑或俟兄之所見尤。然自舊冬以來，食不遑味，卧不安枕，思有以勿違故人之意，而無如不能者。此心可對諸神明，質諸兩家之先人，而亦何敢以欺我至友也。冀垂洞鑒，并曲致俟兄，倘以屬在世好，度弟之力，學業所係，其苟可效能於令弟者，所斷不辭也。報俟兄札兼祈轉達，詳在〔一三〕札中，不復縷縷，臨楮曷勝悚仄。

與葉敷文書

別後即往西山，不復河干一送，爲歉。時從令似表兄處訪悉，道路平安，興居萬福，不勝欣慰。

兩得康令兄札，又從表叔家報中知，二表叔將賤姓名達諸撫憲，列在啓事，以應薦舉大典。始聞之，惟有駭愕；既思長者之用心，必非後輩所能窺。爲之斂氣攝神，反復推求，所以謬採之故，則茫乎未有得焉。何者？昔二表叔與先節孝交最厚，用純因被故人子弟之愛，前者枉贈詩篇，亦云：「吾友宜其子，乾坤有布衣。」是固以布衣許我矣，固以不忘先志勖吾矣。用純方佩服之不遑，感戢之不遑。今斯舉者，且與詩旨有間。此用純所以竟日徬徨，一夕數起，而不自釋然者也。言乎博學，則空疎固陋，孰若用純？言乎鴻儒，則卑末猥瑣，孰若用純？當代文章鉅公，篤行君子，在二表叔意中足爲推轂者，必也指不勝屈，顧乃枉及用純，此所益不能自釋者也。質之季重、瑞五諸公，莫不與鄙意合；其外則皆云：「學亭先生相愛之故。」夫愛之適宜則可受，踰量則難安，此不可謂非踰量之愛矣。伏祈轉謝二表叔，極知冒昧，死罪，死罪！然竊以爲不如是不足以答長者夙昔之所期，伏惟矜鑒，不宣。

與徐道積書

昨重擾，謝謝。收米規模，諸公酌議已定，甚善，甚善。其管催裝載一項，弟所以不無過慮者，地有遠近，家有饒乏，用心有厚薄，種種不齊，故難概視。地之近者，令各户自送到倉，此不必言；地雖遠，而管催人舟易便、善念有餘者，亦自收貯（一三）彙送；第恐道里既遠，資力復詘，其念又未必孜孜慕義者，正不可不爲之計耳。

以弟觀之，管催最爲勞苦，最宜優恤。稽報各農，一勞也；放則散給領票，收則散給催單，二勞也；統率窮農領米，三勞也。至於督促還米，尤爲煩瘁，各户零星四散，又皆極窮極苦之人，領米則歡欣恐後，還米則逡巡不前。即曰「遲則利重」，然當有米在手，視三分利亦不甚惜；及夫米各散去，塞默坐視，本米亦闕，此時爲之催者，不亦難乎？管催之於本倉，初非有情分聯屬，既勞其力以奔走，又費其財以輸送，又責成在彼，不容少有虧欠，彼固各有職業，亦何樂而爲此强者？必需索於窮農弱者，必畏倦而謝事，則於本倉其有益焉？否也。

在今日，第一要領最宜提清：此舉是爲尊府行善，非爲尊府計利，則當爲此舉圖久遠長策，不當苟狥目前小便。凡事不可無法，立法又貴能守，寧周密無疎漏，寧固執無通融。諒吾兄自有鑒裁，而將來任事諸兄必見及此，無庸弟之贅辭也。弟於邑中善事，類不與聞，加以年力衰頽，意計迂拙，過承下訪，謬發芻蕘，目今已喜大事將成，自後惟與諸鄉農歌頌明德。此外不能復效萬一之思矣，并布幸垂諒悉，不宣。

與陳欽念書

承教，制義細爲評校。才情英越，直不肯一字猶人，此藝苑之難事，而文壇之所羣爲懾伏者也。但蹈常襲故固不足多，尚異矜奇亦非所貴。黄山谷云：「好奇亦是文章一病，但當以理爲主，理得而辭順，文章自然出群拔萃。」陳龍川云：「意與理勝，則文字自然超衆，奇寓於純粹之中，巧藏於和易之内。」二公皆非肯蹈常襲故者，然其言如是，則文章之不以奇勝而以理勝也，審矣！

欲明夫理，莫如看書。載籍者，文章之根本；文章者，載籍之英華。凡天下之理，皆由書而得；天下之文，皆由書而發。而況制義之於六經四子書，又一字一句莫能踰其範圍脈絡者乎？

看書之法，莫若切問近思。所謂切近者，非麤淺之謂也。從吾之分量，以爲切近，分量進一分，切近亦進一分。今日有今日之切近，明日有明日之切近，即至心無不通，理無不明，亦從層次切近功夫以造乎其極也。而切近之道，莫若先儒所示：虛心涵泳，反已體察。

古今讀書者之通病：書之章句，口未及下，吾之意見，胸已横據。是不以我讀古人之書，而抑古人之書以從我。不惟書是書，讀者是讀者，毫無長進；更且書以是而益晦，我以是而益妄。故須使心若太虛，沉潛翫繹，吾之意見，分毫不生，則古人之義理將不求而自見。而猶恐所得未實，更審之於設身處地之際，驗之於日用行事之間。夫如是，又何慮之不切、何理之不近？君子學以致其道，正謂此也。循此之法，即造於聖賢之域不難，而况發爲文章乎？其業高士流，名滿當世，可跂而俟也。過叨下問，謬陳所見，想辱財擇。

代猶子導誠與王醇叔庶常書

老世兄特膺簡命，超官禁苑，此昔人所謂起家之良選，仕版之仙職。辱在親交，誰不欣忭，弟之稱賀，益復可知。顧既托老世兄道契之末，則又不敢循常襲俗以相黷冒。

竊以爲今兹恩遇，所當賀者，在朝廷，在天下，而不在老兄也。士君子讀書懷古，明道進德之日，即志在萬物一體，所以上籌國是，下軫民艱。而熟晰其經綸補救者，慮無不備，則當身伏田間，朝廷即未求其人，而庶政早已賴之；天下即未知其人，而大命早已繫之。不遇，則朝廷之不幸，天下之無福，是可憂也；其遇，則朝廷之厚幸，天下之多福，是可賀也。其在士君子，一旦去奧渫、升本朝，方且以素所儲蓄措爲謨猷，而又以或者一念之有未純、一事之有未周，退將自負其平生，進將爲病於當世，則不勝惕之、慮之，疇昔二三良友、深情愛好者，亦當相與箴勉之、贊助之。

若夫諛辭夸語，稱榮道盛，以是爲賀，豈直視其人爲希爵禄、慕光寵以矜耀於閭里族黨者，而顧若是其黷冒哉？伏惟老兄生平之志，萬物一體之志也；生平之學，萬物一體之學也。豈惟同學諸子仰望已久，桑梓之人，其孰不引領以冀曰：「使我醇叔得成進士，爲京朝官，故鄉之顛連困苦，其庶幾以告諸百司、陳於卿貳，獻之輔弼，以上達宸聰乎！」若是者，亦既有年於兹矣。自桑梓言之，則其志願不過桑梓；自老兄視之，則桑梓特天下之一方，一方如是，天下亦如是。老兄於桑梓之利病，自顧所能任者，固已知無不行，行無不力。今在朝著，其於天下事，直舉此而措之，故曰：「當賀者，在朝廷，在天下也。」

而所慮不無未純、未周於念慮事爲之間者，則或以機宜有所難事，權不我屬。此際稍涉顧瞻疑忌，有可以言而不欲言，有可以爲而不敢爲，滿腔惻隱，當前錯過，一錯再錯，漸且淪溺而不自知，是爲可惕，是爲可慮，則亦唯務充其萬物一體之念而已矣。夫此一念者，有生之初，如是以受諸天；有生之後，如是以爲其人。静之則爲中，動之即爲和，存於己即爲忠，及於物即爲恕。論其無庸作爲，則爲至易至簡；論其無弗周遍，則爲彌天塞地。但須直以養之，而拳拳弗失，一切私情鄙態，不啻雲消霧散，何處更著纖毫？走盡天涯海角，總是家人婦子，何處還來障礙？

故老兄今者雖在清秘之列，初無庶政之預，然誠以萬物一體之心，往來酬酢於諸司百寮，則諸司百寮之心猶吾心也；誠以萬物一體之心，出入風議於公卿侍從，則公卿侍從之心猶吾心也；誠以萬物一體之心，備顧問、侍講讀於天子，則天子方喜其一心一德，而諂諛之不遑，倚毗之不遑。但恐吾有所不言，不患言之不行；但恐我有所不爲，不患爲之或間。如是，而自廟堂以迄四海，無上無下、無大無小、無内無外、無遠無近，壹皆以一體爲懷，是誠萬物一體也，而皆由於老兄之一心使然。於此可見，聖賢經世濟物，真乃盡性至命之學。他日老兄爰立作相，以此而已；致當宁於聖明，登斯民於三五，以此而已。是豈不足信爲朝廷賀、爲天下賀？而士君子果從田間來，從容植畫，俾國家振無外之鴻猷、寰宇享無疆之美利，又寧不可賀也？然則弟不自揣度，輒附君子下風，效箴規贊助之萬一，而不敢漫作賀語。竊以爲賀老兄者，又莫有若弟也，希宥狂越，俯垂裁幸。主臣！主臣！

【校勘記】

（一）廣仁堂本、祠産本均無「朱柏廬先生」五字，後卷皆同，不再出校記。

（二）廣仁堂本、祠産本均無「謹復不具」四字。

（三）「惟」字，廣仁堂本、祠産本作「維」。

（四）廣仁堂本、祠産本均無「母萬」二字。

（五）廣仁堂本、祠産本均無「者」字。

（六）「常」字原作「嘗」，據廣仁堂本、祠産本改。

（七）「寮」原作「僚」，據廣仁堂本、祠産本改。

（八）廣仁堂本、祠産本均無「所」字。

（九）廣仁堂本、祠産本均無「亦自」二字。

（一〇）道兄與弟特甫始定交，廣仁堂本、祠産本均無「特」「始」二字。

（一一）廣仁堂本、祠産本均無「之」字。

（一二）廣仁堂本、祠産本均無「在」字。

（一三）「貯」字，廣仁堂本、祠産本均作「儲」。

卷二　書

示同堂諸子（一）

講學二字，向來口語傳習，道只一件事，而不思講者講其所學也。學於事事物物，講於友朋聚處，學以爲講，講以濟學，固合二事而爲一言者也。吾輩坐病，只爲講而不學。若學以爲講，則學之時，必有所未明於心者，當考辨於講論之際；講之後亦必有所未融於心者，當質問於酧對之頃。苟皆無之，恐不可謂志在於學，而非以講爲文也。講而不學，則所講非所學，言之者雖極親切，聽之者縱若影響，曾何益之有哉？

今不必別舉聖賢論學所在，只就比者複講《大學》，此尤初學入德之門，而格物致知又爲《大學》最初工夫，次第正要將格致誠正與諸子發明一番。適愚病不能講，請即是而略言之。夫學莫先於立志，愚向謂諸子學問只在日用行事間者，道在邇而不在遠也。然爲學之日用行事，事事即以養性存心；不學之日用行事，事事即是放心逸志，二者氣象懸殊。今未見諸子勉爲學者之日用行事，而安於不學之日用行事。竊以爲志有未立焉耳！

學問只在日用行事，即格物致知也。觀朱子於《大學》或問及其師友，問答不便教人格致，而尚有所事於格致之前者，非增出條目也，非是不可爲學也。其述程子之言，曰：「入道莫如敬，未有致知而不在敬者。」又曰：「格物致知須立誠意以格之。」又曰：「致知在乎所養，養知莫過於寡欲。」述五峰胡氏之言，曰：「立志以定其本，居敬以持其志，志高乎事物之表，敬行乎事物之中。」其自言曰：「涵養本原又爲致知格物之本。」凡叮嚀反覆於所以爲格致者，其説如此。而後之學者曾莫之察，既莫之察，而不誠敬先之，則以何者爲格致？其一切事物之理即或知之，總無歸著，而意何以誠？而心何以正？此所以懵然自廢於學，而諸子受病之所由來也。

然立志也，存誠也，居敬也，細求各分，條件道理實只一項，而愚獨提立志爲言者，人苦因循頹惰，不自振拔，苟一旦矢志，必以聖賢爲歸，而從事乎其學。此時胸中盎然篤實即是立誠，截然整齊即是居敬。以此而當事物之來，其爲吾之已格已知者，亦須再審一番；未格未知者，即便就此格之，必求其理，必求其理之至善。苟未措諸日用，則拳拳服膺勿失；如即措諸日用，則循其已知之理。便從心意上密加檢點，只管如此做去，是所謂學問只在日用行事也。

朱子之解格物曰：「或察之念慮之微，或考之事爲之著，或求之文字之中，或索之講論之際。」此四者，非皆人之日用常行者乎？今諸子於此四者之前，果能立誠否？果能立志居敬否？果能涵養本原否？則亦於此四者之中，果能著意考察求索否？所當細細各自省察也。但既知格致爲學，而其間大小輕重，又不可以不審，則莫若先格吾心。

心亦物也，朱子所謂「至切且近者也」。心之静爲體，其動爲用。動分人心道心，静亦分人心道心。朱子雖云：「此心未與物感」，即在常人，亦無得失可議。然戒謹恐懼存於未發以前，爲發皆中節之本者，道心也；舍戒謹恐懼，而但空寂爲樂，則即自私自利人心也。動而因物付物，雖萬變紛乘，常不失其至静之體者，道心也；不覺與物俱遷者，人心也。辨别無幾微之或差，即虞廷之所謂「惟精持守」；無須臾之或間，即虞廷之所謂「惟一」。

然欲格吾心，究不外於格物，何者？心所具之理，即萬物之理；心所應之用，即萬理之用。在吾則爲人心、道心，在物則爲物理、物欲。格得物之理欲分明，即是格得心之理欲分明。物理日格，道心日擴，乃至沂水春風，無非理趣，鳶飛魚躍，總是道機，又却不須一一格到鳶魚風水。當其格之，猶有一格者在；及其既格，格者與所格者兩相融釋，是謂「豁然貫通」，是謂「物格知至」。只爲後儒看作物是物，心是心，所以將聖賢第一喫緊事件，便分岐趨，而學術之榛蕪至於不可芟薙。

而愚向謂正心以上皆正心之功者，正以意是心之意、知是心之知，而物亦心之物也。朱子固有是一串事之説也。此一關頭誠不易過，過此關頭後面許多層次，只把知來覺照，便節節容易用功。心之所發，一如是物之理則誠，不然，則不誠；心之所用，一如是物之理則正，不然，則不正。於其稍有不誠而亟誠之，稍有不正而亟正之。意固無不誠，心固無不正，而知亦由之以更無不致，修身猶是，齊家以下亦猶是。是所謂「明明德」也，是所謂「明明德於天下也」。此格物致知所以爲最初工夫，而實貫乎《大學》之始終也。誠知物即心之物，格物之理即格吾心之理，則不容一物錯過，不容一念放過，而立志存誠居敬，亦自然歇手不得，即《中庸》之必先尊德性，《孟子》之必先求放心。夫豈程朱之言之獨然歟？而得不奉爲法程歟？

諸子天禀有優絀，詣力有高下，未易同年而論。而愚概爲是説者，即極力鞭辟做工夫，猶慮不能十分精密，人生一息尚存，此功何時可少間歇？願諸子從此，志未立者發憤爲雄；其已立者與夫用力久者，益加警勵，則無日不學，猶之無日不講，正不必待愚之苦口提唱。而況諸子之又能自相講習，鄙懷賴以慰甚，聖道賴以幸甚。病懷荒略，語不詮次，無任惓切，萬惟照悉。

試後示諸生

諸生近者往就科試，孰不懷一優等之念？只爲有了此念，便不免爲得失所累，得者未必揚揚自喜，失者不無怏怏觖望。孰知乖合亨屯，總無關係。無論此區區名第，總到鼎甲台司，是自己安身立命處否？若論考試，他何可恃？所恃者文藝。然文藝與時數參半，則文藝並不足恃。若講到安身立命，則又文藝、時數總無可恃，所恃者植品制行而已。

誠能植品制行，便到處有事業成就，鼎甲台司不足爲我重，而我爲鼎甲台司重；布衣韋帶不足爲我輕，而我轉爲布衣韋帶重。苟不能植品制行，便到處無一可觀，鼎甲台司不足爲我累，而我爲鼎甲台司累；布衣韋帶不足爲我辱，而我乃爲布衣韋帶辱。

所以，做了秀才便不得不與考試；既與考試，便不得不工文藝。但工文藝，吾事已畢，其他悉聽之天。中舉人、進士也得，不中舉人、進士也得。能中之才，不可不辦；要中之想，不可或存。只爲所以取重於鄉黨朝廷者，亦不在舉人、進士，只如做秀才。科歲考試，也有鎮常得遇的，也有文雖工而鎮常不遇的。此處正須看破。

有了貴，便有賤，有了窮，便有達。彼適當其貴者、達者，此適當其窮者、賤者，總屬本分。失學行而得科名，猶無所以自處；失科名而并失學行，更將何以自立？故愚緊切爲諸生告曰：「中的本領要做，不中的本領更要做；做得不中的本領，纔做得中的事業。」

辭諸子聽講

昔人謂：「學必講而後明。」據愚意，學之明不徒在講，必也德之修、義之徙、不善之改三者交勉不遺餘力，方可日進於明耳。

所以前者吾弟輩請業於僕，僕意只將聖賢書義時一提舉，而所重在乎平日躬行實踐。蓋以聖賢書義範我躬行實踐，而以躬行實踐證昔聖賢書義，正所謂知行交進之功也。不謂弟輩不審乎此，浮游從事。始也尚以口耳爲業，繼也不惟廢於身心，併亦廢於口耳。但就僕區區講論片刻，此身坐定，稍稍檢攝，此如破屋壞器，東穿西漏，暫時抵塞，濟得甚事？以致過咎多端，物議沸起，豈是人之好爲譏斥哉？果然白璧無瑕，又何由而指摘？即或語有過當，要非無端至前，此須痛自悔責，猛加遷改。但覺譏斥之盡當，莫怨譏斥之我加。直視譏斥者爲神明之降鑒，爲骨肉之相愛，爲師長之提命，爲醫藥之救療，感之、愧之、禱之、頌之。存此一片公心，方是作聖基址；辦此一副誠心，方於自己分上有所補益、有所造進。不然苟於胸臆之間，微有咎人之念，便是終身墮坑落塹，永無救拔根源。而且衆口之並多，惡聲之益甚，夫不思弭己之過，而但欲毀之不來，是猶不知熄火之燃，而但欲鼎之不沸，安可得哉？安可得哉？

雖然，此非獨弟輩之事，僕亦與有責焉。形端則影正，源潔則流清。僕不能刻責省躬以爲弟輩倡率，致此懈弛，是足下之過即僕之過。僕敢不因此益自悔勵遷改，務期寡尤，而但屑屑焉口耳相警戒，而且泰然坐於講席，借聖賢書作此不顧行之言，腆顔不知内疚也哉？故已决意辭講，勿復相强，各自閉關思咎，加鞭向上，日日讀聖賢書，日日做聖賢事，諄諄砥礪，有此而已。幸深鑒悉，努力自愛，不宣。

又

用純講學之舉，誠有感於世道之陵夷、人倫之荒壞、士品之頽污、學術之晦盲，而又迫於諸君之意，因欲以塞河填海故智，於狂瀾日下之勢，與諸君共挽迴於萬一。無如德薄志高，智小謀大，僅以言教，不以身教。身教者誠，言教者僞。

《中庸》成己成物，只一「誠」字統括。所謂「誠」者，非但空懷志念而已，實實做得聖賢學問，不偷一分；實實盡得聖賢道理，不欠一分，方始是誠，方始是成己成物。余於方寸之際，夢覺之時，返觀内照，果能做得聖賢學問萬一否？果能行得聖賢道理萬一否？良知難昧，幾欲愧死。如此而妄居皋比，宣説書旨，其不昧於聖賢大義者幾何？而猶冀孚於同學，偕之斯道，是猶非磁而求取針，以莛而求鳴鐘，求之愈勞，得之愈難。多見其不知量也。

自今與諸君辭，不敢復講。諸君但念日用常行，雖曰道不外是，然古之所謂「日用常行」，大段不失倫常矩矱；今之所謂「日用常行」，無非種種惡習。人心中只辨得個「卑鄙」二字，倫理上只辨得個「苟且」二字，行而習之，莫知其尤。以是爲「日用常行」，縱便收定轡勒，不更隨逐波流，亦只成就得「卑鄙」、「苟且」，更無出頭日子。故須勘破而今魔障，跳出而今坑坎，直以聖賢之心爲心，聖賢之事爲事，把此「日用常行」一一正其本位，更從上面探討精彩。以此進道，庶幾不難。

總須人我之見挨去得一分，便於己物之成挨進得一分，此是至切要訣。諸君各具一本來面目，各具一全副精神，猛力向前，自成學者，將世道、人倫、士品、學術一擔挑去。某亦敬拜下風，何必區區鸚鵡之言之聽哉？勉之，勉之。

與王醇叔

山歸無多日，已極匆遽，加以相對止片刻，益匆遽。覺欲言者十未一二，輒賫懷而來以需後，後又復然。此胸中深以鬱結，吾弟必猶是也。

講書之約，倡自吾弟與二三同志，僕愧非人耳。甚盛舉也，然亦殊有所慮，故始辭而後從，既又中止，不得已而復續。及復續，而吾弟既在都，玉臣、闇成亦更不一至，而願聽講者却稍稍多人，其不必來者亦不謝而自退。

自僕入山以來，雖[二]歲一二講或三四講無多次，而相沿以迄於今不廢講，必主約者柬邀玉臣、闇成。即吾弟去冬旋里，亦兩番講，兩番邀約，而竟無一人至者。當吾弟未歸之日，僕嘗反覆尋維玉臣、闇成不至之故，豈以僕之中止爲然，無庸旋寢而復旋舉歟？抑豈并悔當日倡始之非，往不可諫而來猶可追歟？抑或僕年寖老、智慮短淺，講論率不逮前歟？又豈人言足恤，而僕有未之聞歟？抑亦悼恪如、御豨之迭逝，以此舉爲西州而不忍復過歟？不然，何每值講期，適皆多事而曾不少暇歟？且是數者皆無難訟言，而玉臣、闇成比年晤對，曾不一及。

近吾弟來見，叩僕聽講姓氏，始覺頗以中有好名者爲嫌。爾時僕深自悚惕，退而返衷循省者多日，而謂吾弟此言殆諷僕也，非薄聽講者也。蓋萌諸心者不可得，而窺踐諸行者始可得。而信今聽講者名之好否，方寸之事，良未易晰，顧其行之不實，不可謂非好名，而不能鼓舞激厲、身自表率以使之敦慤其行，僕之過也，故曰：「殆諷僕也。」而併恍然於玉臣、闇成不至，良以是爾。但僕既不能教，又不能拒，要亦有說。

猶記吾弟未上都日，亦嫌講席之漸多人，僕曰：「此廣大法門也。前後聽講之人，竟可各自一番，何多泥也。」吾弟深韙僕言。蓋道理實是如此。今僕猶夫往見，而不能輙易使其人苟來而前曰：「吾願受聖賢之書，而聞聖賢之訓。」夫聖賢之書，原以待後世之不獲親炙其門者，使之熟聞而飫聽，則固聖賢樂與之矣〔三〕。吾不過代爲宣説，乃從而别擇取舍之，吾又豈聖賢之徒哉？即曰「彼特浮慕」，然方其來也，浮慕吾固不得，而知及後之漸覺，其浮慕也，亦唯積吾誠以感之，勤吾教以導之。一而不已，至再，再而不已，至三，三而不已，至數四，以期吾之無愧於其人，無愧於聖賢，無愧於造化，而終不改焉，則亦無如之何也。使逆謂「其人之浮慕」，而即斥諸聖賢之教之外，恐古之師聖人者，豈必盡真切懇到？誠盡真切懇到，則盡顔曾閔冉矣！縱七十子無可議，聖人更安能與三千人者一日而同處哉？且均爲造化門下，人固與之有一體之誼，即不必其能受我教，而使得一與聞乎？聖賢之書，亦吾之所樂而不忍或棄也。夫子之「與其進，不與其退」，孟子之「往者不追，來者不拒」，或職是之故也。若曰慮浮慕者，轉爲匪僻，以重累門墻，夫若是之類，僕誠不能保其必無，此僕所以亦嘗中夜徬徨而不勝歎惜。然誠敗德則拒之矣，僅曰「浮慕」，似無拒之之理。且門墻兩字，僕亦雅不欲聞，未之能教而竊竊焉。先以門墻二字横亘於胸中，懼其貽累，則必靳其光寵，而更高自矜貴，其爲自私而不足道也甚矣。所以前吾弟似爲僕惜其教者，亦非僕意中語。人物之生於兩間，有功造物者固多，爲造物累者亦無算。造物初不以其爲我累也，而不覆載之，此造物之所以爲大。然爲造物累者徒自棄絶，究何累於造物？人之用心想亦當如是耳。

夫矜貴者，傲慢之伏也，處己待人，無一而可。吾弟位登朝著，尤當檢點乎此。士大夫以延攬人才、扶掖後進爲急，前既與吾弟略言其指矣；鄙夷當世，此遯跡巖穴者之所爲。然僕嘗嘆沮溺荷蓧真有心人也，孔子、子路既以道不相謀乃熟識如素交，則其留意於宇内人物何如。而況將營經國寧人大業，苟不虚懷折節，而稍示以耻與爲伍之意，則貧賤之士皆望而却走。此却走者固不必皆有用之器，然天下之賢者亦將聞風而不至矣。若旦暮奔走，伺候乎我前者又非其人。周公之一沐三握其髮、一飯三吐其哺，孟獻子之有友五人而皆不有獻子之家，蓋不可以其邈焉，高蹤而不希慕也。因論講事，而更效忠益於左右。抑且自顧矜貴，其病不一，或以門地，或以聲望，或以文學，或以道義，苟有患焉，在家類不孚於父子兄弟，在邦類不協於鄉黨朋友，其於聖賢之訓又奚能真切而懇到？病在不覺，斷宜加意滌除，望並與玉臣、闇成悉之。至若講書之舉，僕比來感於亡友宋子猶氏之言，頗欲與同堂商榷(四)，維持此脈，以存正學，以匡世道於百一。然衰老矣，無復能有爲矣。吾弟前言莫若諸生自講，甚善，鄙意正然，今已令其自講矣。僕即講，多則一兩番，賢輩不須復來。何者？此札似强車從一至，以爲聽講者之重，無論諸生必不敢以此待賢輩，賢輩亦必不以此待諸生。但若其自相講論，稍有規模，僕當奉告，望賢輩嘗往視之。不憚箴規剴切，如孔門言曾之於子張，甚或如子貢之於子禽，以不失當日倡始講約之意，且不失諸生再四敦請之意，亦且懃懃懇懇所至以愛人成物爲念，是僕所竊願於賢輩者也。

札中多引孔孟爲説，殊不自量，然分雖懸殊，理則無二，諒不怪。秋仲東旋，又將營度先室埋骨地，恐益匆遽，不禁覼縷，惟照悉。

與魏光士

及門中求如足下之篤學，固不多得，就僕向所交與，亦未易有其匹。是以深爲之喜，而每有論辨，不禁傾倒。言之來札，以僕於佛氏一若太訾議者，欲僕固執前所講，道不同不相爲謀之説，圖度固不可，排擯亦不必。此誠愛我厚意。

顧佛氏之學，僕亦非好爲輕議也。特於論學之際，分别同異，究析精微，不得不舉先儒闢佛之語，及僕所見一爲演説，若夫觝排激訐，僕不爲也。苟欲矜勝以相指斥，即此一念，覺於本分上多一事，便是人欲，而非天理，僕又何敢？惟是收斂精神，以欲所當欲，知所當知，爲所當爲，乃吾事也，他非所暇。

但足下既見其中實有不同，而復爲此推獎回護，得無隱微之地，猶有昔之見者存，而今日之志未必其能專且久於後也，然否？然否？此亦不可不自省察，幸加意毋忽！

又

别後讀書之約如何？須吾親丈奮興而倡率之同學，不必多人以病冒濫，亦不必務少人以阻向往，各須猛發志願。吾在天之下、地之上而爲人，便不可有媿於天、有怍於人，而當盡其道。求盡人道，則亦讀書而已矣。蓋先聖賢惟能盡人之道，斯有是書，則後生亦欲盡人之道，如何不讀是書？故學問之道雖多端，要讀書足以蓋之。《大學》之道首格致，先儒論格致之功首讀書。由格致而誠意、正心、修身，讀書以治其己也；由格致而齊家、治國、平天下，讀書而推己以及人也。宋之真文忠公、明之薛文清公，皆克體乎《大學》之道者，而其著學之爲功與所得曰《讀書記》、《讀書録》，誠有見乎參天兩地，而爲人要不外乎讀書也。今人但思做秀才，顧名思義，才而曰秀，則亦未易當也，如此讀書纔可做秀才；但思中舉人、中進士，舉而曰人，進而曰士，亦殊未易副其稱也，如此讀書纔可謂之人與士，纔可不愧其舉與進。遇則不愧舉與進，不遇仍不失爲人與士，是進退兩得之道也；不然則進退兩失，非惟有怍於人，而亦有賊於人。得失之關，惟在讀書，可不危哉！可不勉哉！

是則其所以爲讀書者，亦非猶夫悠忽爲功，博洽取效而已也。朱子曰：「爲學莫先窮理，窮理必在讀書。讀書之法，莫貴於循序而致精；致精之本，又在於居敬而持志。」蓋窮理者讀書之事也，持志者窮理之源也，致精者窮理之功也。惟居敬而後能持志，惟循序而後能致精，是皆其所以爲窮理者也。而窮理之事，則又有綱領、有節目：如治心則存養以立體、省察以致用，是綱領也；而存養之造次顛沛不違，省察之理亂安危必謹，是節目也。治身則踐形以全身之所具，盡倫以善身之所接，是綱領也；而踐形之貌言視聽不一其用，盡倫之親義序別不一其遇，是節目也。推是而凡事皆有綱領、節目，一一挈其綱領而復推極其節目，入細一分則擴大一分。聖賢之德業大而無外，皆其學問能細而無間也。是皆聖賢遺書具有成轍學者，但精思而求之，反躬而實蹈[五]之，則巨細精粗罔不貫徹。仲尼謂善人曰：「不踐迹，亦不入於室。」則夫踐迹者，正其所由以入室也。即或古人之所無，而爲今人之所有，精義入神可以致用，亦不患乎其道之不合，亦不可謂非讀書而得之者也。讀書之爲用大矣哉！神矣哉！今諸子舉讀書之約，愚用是樂聞而樂道之，願各相與敦勉。自象山譏朱子爲支離，適中學者厭煩就簡之病，於是直透本原，遺落聞見之學久而益熾，愚嘗深探力究，此其爲禍學術真非淺鮮。諸子爲功伊始，未便可較量古人得失以散佚心志，但於所當爲者專攻直上，特此亦是塞斷旁蹊一要義，故並及之。秋仲東旋，便當相與樂觀其效矣！勉之，勉之！

又

舉業猶去聖賢之道不遠，何者？其所研窮而發明者，六經、四子之理也。所去之遠者，得失之心耳。此則放下不以擾其靈臺，便庶幾矣。宋儒蔡久軒先生論「舉業學業不相妨」一段，甚精，俟兒子歸，此書當寄還德煥，可取觀也。講約望敦促諸同志，勿曠其講時，務須箴勉切琢，期於實踐。囑囑形篇，不與講約，未審何故。豈日在仙壇中，無暇於此耶？形篇曾向僕言仙乩，所論道理甚佳，形籥嗜之，當以此故。彼所言者縱極精妙，恐無以加於孔孟之道。孔孟猶父母也，今舍孔孟而尚仙，真是猶舍自己父母弗事，而事他人爲父母也。耽奇志怪鮮不爲害，形籥何不之察？便間望以此札示之，更望吾丈效友朋規勸之益，不具。

與呂德焕

尚未三伏，而炎歊（六）過於伏暑，計文候與賢郎輩俱清安。到山即聞今秋雍中下闈稍費委曲，未審何日起程，念念。

做學問者，未有不於言動性情上加功；而驗人學問得力與否者，亦未有不於言動性情上著眼。僕以是觀諸同學，殊不滿意，蓋當以學問見己之過，不當以學問見人之過。即見人之過，而貴乎隱藏之、化導之；不當見人之過，而惟有介於中懷、非諸口語也。不但見人之過即不見己之過，亦且因人之過而更成己之過，此絕非學問人事。

吾弟闇然克治，沉毅足多，特不能無勉强之意。然學問未有不自勉强爲之者，但須硬着筋骨，如撑上水船，不容退步耳。不然，便恐於勉强中，滲漏處多而切實處少也。同學間犯前病者有之。計同學不過五六人，不能同心一德，打并精神，做向上工夫，乃物我見重若此，何異六七歲小兒？纔到書館，便與同學生交訶共誶。僕所爲不寧於寤寐也。望吾弟以爲鑑，而并相與有成。因便勒寄。

又

接來翰，自非真實做切己學問者，烏能似此深懲猛省？殊喜！進機之有自，但學問得力全在應事。吾子乃謂「遇事便毫無據守」，此只是志念不真切耳。無據守是吾子，有據守是吾子，先儒所謂「不由乎我，更由乎誰？」吾子於此其亦可以言下僂然，不容復蹈前轍矣。《質疑録》閲得寄還，區區鄙懷已在評語，兹不復贅。但看之之道不可以不相告：切勿先看僕之評語，須將原稿細細挨視，就其中得失據自己所見看了一番，然後把僕評語反覆推求。則義理自然的當，神智自然開廣，而僕之一字一苦心亦得不没也。且只看此評閲，亦自覺講論之不容輟矣。望以此札與諸子共觀之，行人甚迫，率布不他及。

又

接六月十二、十四日兩札，語語痛自鉗錘，亦且拈發直字，並極警當，自是潛心體驗之言。顧所謂體驗有二：讀書也，躬行也。二者功須並用，然從讀書中體驗者，所見雖精而未實，易以其虚見見人之非；從躬行上體驗者，步步實得於己，惟見己之敗闕處多，又何暇檢點别人之非？今吾弟之得於體驗者，未審讀書耶？躬行耶？如或有未逮於此者，所望竿頭之更進耳。光士札云：「氣質之與義理相爲消長。」雖語本先儒，然此是學者一句關要所在，必從氣質上驗，義理長進方是真長進，勉之，勉之。總之，心思向別人身上少，向自己身上多；向共見共聞處少，向獨見獨聞處多，便是好消息。勉之，勉之！

又

別後雲翼即舉讀書約，喜甚，喜甚！務須互相敦勉，互相成就。蓋學問工夫必須獨自做去，無可依傍；學問道理又却盡人所同，無分彼此。稍有一念靠着別人，便非工夫；稍有一念冷淡別人，便非道理。然若看得自己十分真切，自然看得別人決不冷淡，此聖門之所謂仁也。人生別無他事，一刻放下不得，勉之，勉之！

與顧省公

昨見足下與七襄對局圍棋，胸次勃然，深以爲非。所以不即訟言者，一則欲飾足下之體，一則恐損七襄之重。足下自揣時、位何如七襄？七襄年踰五十，學有所就，名有所立，即玩物適情未足爲過。足下學已博古淹今耶？名已榮身顯親耶？宣之於口，未必辨難風生；載之於文，未必吐納英華；考之胸腹，未必如五都之市，百物皆有。即疲精竭力、朝勤夕勵，以從事於《詩》、

《書》、六藝之中，尚憂不給，況乃從容閑曠、彈碁六博之爲務耶？

讀書不獨可以益智，亦可以養望。足下曾見沉湎好學之爲人所輕耶？曾見逸游敗度之爲人所重耶？今人購一金之貨、百錢之物，必津津於銖兩輕重之相較，重則欣然自以爲得，輕則嗒焉若有所喪。何至立身修己之大，則寧舍其所重，而取其所輕？大愚者當不若是。

僕少時讀書，寓目了然，至今猶髣髴記之。乃十餘年來，對卷輒如頓兵堅城，不能即下，及掩卷而便復茫然，何者？年益長而神智益短、物務益多，曾不若年少之神完而氣清也。足下當此妙齡，資分甚敏，兩尊人尚持家政，生産不攖其心，世故不淆其慮，不惟是沉潛篤學，求高翔於儒林聖域，令人痛惜。

僕見兩尊人之愛戀足下過於兩賢兄，此非兩尊人鍾情之偏，正以足下年富力强，孳孳學問，可以有所成就耳。兩尊人之責望若此，而足下之職業若彼，曾是以爲孝乎？足下今年雖不坐吾函丈之前，居家固當有常課，可時來商榷。及昨見足下之舉，然後知一年來絶不見來問字請業，固無足怪。蓋足下之課在彼，而不在此也。既爲象箸，必爲玉杯。足下圍棋之不已，又安知不樗蒱簙簺，流而忘反耶？甚爲足下危之，勉思無忽！

與徐日巖

令姪正子議嗣之舉，僕所以與聞者，非僕强與足下家事也，出於令伯兄之意；亦并非令兄，乃令叔益翁先生之意。謂僕與德門誼兼師友，交厚不啻骨肉，故使之一參末議也。及哀子就位之日，僕適過令兄齋，知吾弟堅違羣議，賢伯仲因是悲惶無措。蓋吾弟一日不就議，則哀子一日不就位；哀子一日不就位，則令姪婦一日不成殮，傷哉！忍哉？僕乃特邀令兄造請，而足下堅拒如故，逮僕下拜，始勉就議。

僕退念吾弟性本敏慧，此特一時不察，必且旋悟其非，故自後絶無一言達於左右。不意足下迷惑不解，一言之於德公，再言之於家仲，若欲使僕聞之。噫嘻！其亦弗思之甚矣！禮曰：「師無當於五服，五服弗得不親。」言五服之親非得師友切磋，則不克盡其道也。又先儒謂：「人倫有五，而理則一，師也者，又所以維持人倫，而使不悖焉者也。」又曰：「天下無切實師友，非各執己見，則恣情縱慾。」然則吾弟於此事正當禀命父兄，謀及師長，何轉怪僕之與聞耶？

夫立後非細故也，其可無説以處此歟？程子云：「長子不得爲人後，若無兄弟，又繼祖之宗絶，亦當繼祖。」僕與子威令兄初並堅持是説，當議嗣日，僕又親操先儒之書質之令叔，謂「非繼祖，德公一子不當嗣」，而令叔詰云：「於《律》如何？」僕於時深愧，考之不審，因按《律》云：「凡無子，許令同宗昭穆相當之姪承繼，先盡同父周親，次及大功、小功、緦麻，如無，方許擇立遠房及同姓爲嗣」，又云「若養同宗之人爲子，所養父母無子而捨去者，杖一百，發付所養父母收管；若所養父母有親生子，及本生父母無子，欲還者，聽初，無一子，不得爲人後」之文。僕乃反覆思維而爽然，於先儒之説，重宗法也；《律》文所載，重無後也。今正子之同父周親則古心昆仲，無可嗣者以次而及，非德公之子而何？且無子而後仍歸本生，則非必有他子而後出爲人嗣也明甚。況一人有二子，一人無子，分其一而使皆有子，此事之常有，何疑(七)議？唯(八)一人有子，一人無子，若以有者與無者，則是無子而幸有子，有子而反無子，此事之變正理義之所由出矣。夫《律》文所云「生而立後者也」，故云(九)「有親生子」，然猶云「本生無子，而欲還者，聽原」，不强之還也。況今所養無親生子乎？聖王於此必有達權以濟變，而不使本生轉爲若敖者，但《律》未之詳耳。

今正子殁而立後者也，殁而立後則此既絶胤(一〇)，而本生又未必其終無子，脱令無子又可緣情起義，因時合禮，況天祚德門必無此事。蓋重宗法與重無後，事不相謀而義不相悖。《禮》有繼別繼禰之宗，一人僅得承宗，安得出爲人後？故寧有無後之人，而不輕有出嗣之子。《律》以存亡繼絶爲重，必不忍天下有一人爲無嗣之鬼，故不妨多爲議立之塗，但不容踈戚尊卑之相混耳。原祖宗定《律》之深心，豈奪人之宗哉？亦欲通於義，以盡仁也。在吾弟念切一本，即義無可執，猶當涕泣悲哀，旁搜博訪，求其可以置後之道，使令兄無孫而有孫、令姪無子而有子。況《律》有可援之文，而猶堅執不可若是哉？夫人立身制行，安能無過？所賴以維持匡救者：外而師友，内而父兄。今僕受令先公顧托，視吾弟倍切於情，覺有殷殷不能已於中者，而又以吾弟性本敏慧，猶冀此爲一時之不悟，故特縷悉如此。足下其亦察之，不宣。

與葉廷玉

凡遭父母大故，孰非終天之痛？獨尊慈於吾弟，以母氏而兼父教者二十五年，於兹一旦膝下永違，是失恃而復失怙，德真罔極，痛真罔極！親朋雖皆以節哀爲勸，在吾弟則崩裂摧割於内，擗踊號哭於外，覺非人子常情可比。吾弟素性率真，正恐哀痛之時、罔極哀痛，而徑易之處，不無徑易，是用懸懸。

昨倉卒執手，未及言者，兹特悉之門地既高，力亦非薄，自附身附棺以至款親待賓，百凡材用皆須一一寬優，無致有以天下儉親之譏。喪事雖極繁多，然大者請至親尊長主之於上，細者委大小紀綱任之於下。吾弟須體荒迷二字，專心哀毁，以盡喪禮，無或動輒關情，漫離苫次，致有咈怒聲高户外，其在苫凷中一切所係。執喪事宜，倘有懷疑，則以問諸至親，至親有告即當聽從。父母所愛亦愛，父母所敬亦敬。近自同懷女兄弟，遠暨内外兩姓族黨，上自諸父尊長，下逮輿儓僮婢，務須加禮推恩。念昔人無改父政父臣之孝，大禮所在。

又吾弟向著聲問一事，差失遠邇觀瞻，他日雖悔無及，不嫌覼縷，萬惟慎重，至切至切。嗣有鄙衷，當再相告。

又

發潛闡幽，揚休道善，此僕之雅好。重以尊慈太孺人懿節，足下以誌墓見委，僕何難即爲下筆。所以遷延辭避而不敢當者，豈不念足下仁孝迫於衷哉？一則以墓隧之文，僕向未爲之，恐疏陋不足播揚淑德，而塾職又煩猥寡暇；一則以立言有所甚難，引避則不能達情，直陳則動輒觸諱。故辭之，至於再，至於三也。

昨晚還舍，見足下復示手札，慮僕以好名未誠爲疑，此皆孝思鬱結迫於求伸之辭耳。然而足下過矣，何者？僕亦人子，使僕有所求於當世君子以宣昭前烈，則亦爲好名耶？而僕更有所感於當世，並布諸左右，其勿以我爲發言不中也。《詩》、《書》所載以子而頌其父之聖德者，莫若周公之於文王，蓋不啻言之重、詞之複。若孔子之父母，則其名字行蹟具見於傳記，然而《魯論》二十篇曾不聞有一言及其父母之德。而孟子之父，雖有道其名字者，然不見經傳而行誼不詳；孟母則以三遷之教特傳，要之七篇之中，亦未嘗有一言追道之者。然而千古以來，不聞有謂周公爲諛其父，而孔孟爲簡其親者。蓋人孰無親，豈必皆文王哉？

古人所謂顯榮其親者，其道不過立身揚名，使己而明道、立德、積功、累行至於賢、至於聖，則令當世亦得以賢聖稱其父母，如是而已。若夫吾親之平生梗槩，則一以聽夫天下後世之公而已，不敢有所與，此所謂誠者，天之道也。周公之頌文王，亦天下後世之公也。自夫〔一一〕後世不顧於義，始相率爲文辭以稱詡其父母之善，或自爲之，或乞諸他人之手，無不裒集衆美，累牘連篇，於是父皆賢父，母皆聖母，此孰非曰仁孝之思？然而求諸天理之自然，則寧有當也？且其間無一言之當乎？實聲聞過情，君子耻之於己，然於親亦然，得無欲彰其親之善，而適遺親以不安乎？況使天下之爲父母者皆曰：「我但得一能文之子，與求諸天下之能文者，而吾可以不賢而賢、不聖而聖，則又何必賢與聖之是勉？」而天下之爲子者亦皆曰：「我但多爲文辭以揚吾父母之名而已，而又何必立身行道而後得顯吾親爲是率？」天下之人崇虛聲而〔一二〕隳實行也，是亂天下之是非誠僞而莫知所從也。

夫表章父母，立意豈不〔一三〕甚盛，而不知其弊適中於世道人心。《洪範》謂：「雨、暘、燠、寒、風。極無，凶；極備，亦凶。」此亦猶極備之凶也。不察吾意者，將無謂僕此言與於不孝之甚，不知僕正欲率天下盡孝之實，以安於人心天命之本。然蓋天下非獨不孝、不友、不忠、不信之爲害，正惟孝友忠信而稍屬矯揉，便爲害於天下（一四）。昔許文正公憂末世之文勝，而不喜作文字，僕嘗歎其用意深遠而心竊效之。

以太孺人之立節守孤，誠未易幾，而足下至性，方將力行仁義爲賢、爲聖以益輝先烈，又豈過諛其親者比？僕之所以爲此言者，亦講學論德之一端，格物窮理之極致。因足下之孝思而並及夫天下之弊有如此，知足下與僕有同慨也。若夫太孺人納壙之文，即僕他日終不能爲，世必有爲之者。正昨所謂孤芳幽懿，終不泯滅，亦論久而益定，德久而彌光。足下盍姑緩之，恐未必有悖於孝子之心也。重辱謬注，非敢固違，冀覽不宣。

與毛雲翼

東歸二十日，在家僅得其半，又復家常世務縈繞，此身曾不獲片晷，從容論説意中所最欲達左右者。吾弟此番受知，在久抑之後，其視尋常得遇，自應倍加喜忭。但在他人則可，在吾弟切不可萌是念。

大器晚成，草木之花得氣厚者開放必遲，吾弟積厚流光，則正當專心輯力向前途著鞭。此區區泮芹，曾不足以當一盼，始得且喜，念一動於中，即形於外。人之見之，必以吾弟爲志荒，而友朋之輔仁不力矣；又以吾弟爲志驕，而宿昔之情好多弛矣。德孤而業寡，皆此一念自喜所致。程期遠者，固若是耶。

齊桓葵丘之會，而叛者九國，以其震而矜之也。萬惟吾弟欿然自省，務要去此一念；則不惟此念消除，平日種種氣質之偏，皆可於此洪爐中鎔化。謝上蔡别伊川久，問：「做甚工夫？」謝曰：「只去個矜字，子細檢點，病痛盡在這裏。」亦望吾弟之勉從事此，庶幾追蹤古人，且不負今日交相砥勖也。

與柴藝循

别後想揣摩闈業之中，不廢檢點身心，慰祝慰祝。雲翼氣質偏重人也，其病處在此，其有造處亦在此。同學直須以寬量容之，以至情化之。

去冬，吾弟以延致家塾，此中大有衷曲，僕所深悉。館課倘有疏略，不妨旦暮婉商，或托友傳道，當自聽從。至若比者吾弟自課令似，雲翼即指爲「督過於師」。此亦做先生之恒有然者，而雲翼特發之太甚耳。僕意此等事直如飄風之過前，彼此無足介意。而雲翼固不能化，竊見吾弟亦未能無耿耿於懷。僕到館，苦相懸注，故特馳札，冀吾弟之釋然焉。

夫朋友之誼，猶兄弟也。兄弟聚處一生，若必無言語之不相投，事爲之不相協，則必其皆聖賢也。不然則安能保無纖芥之嫌也？然且和樂於一生者，直以爲此非他人，兄弟也。兄弟爲重，則當此纖芥之嫌，置之而已耳，忘之而已耳。朋友雖以義合，然亦我所必不能無者也。苟非吾友，即勿與交；既與之交，則朋友爲重。豈無言語之不相謀？豈無事爲之不相協？然吾之所藉於友者大，而吾之所當効於友者多，又豈區區纖芥之嫌所得而間奪其情哉？

有過不妨面相箴規、面相消解，一消解而歡好無損矣，一箴規而歡好彌篤矣。此之謂道義，此之謂學問。若其事真不踰纖芥之微，而排叠方寸幾如丘岳，欲置不能，欲忘更不能，正不知方寸之所不能置、所不能忘者，私欲耶？道義耶？而向所研窮講究學問以爲功者，又安在也？幸察。

與唐履吉

昨吾弟持詩見過，喜極！正欲一傾胸臆，而值催科之事，意緒不能不爲之擾。有懷莫吐，殊悵。昨所見吴兄詩固佳，他作皆妙，不獨此也。此兄全學李太白。太白本不易學，然以其才高，往往有神似者。即如昨詩「恍若辭春風，坐我以寒冰」之句，絶俊妙，確是從李詩中得來。

不肖之意，亦欲吾弟從此入門。何者？天才焕發，莫若太白。不肖觀吾弟才甚優裕，特未有以達之耳。昨細叩吾弟所觀何家之詩，逡巡不應者再。謙耶？抑實未有所專學耶？然昨見吾弟諸什，不肖亦微疑吾弟有未規摹於古人者。顧獨信吾弟之才，以爲必有風發泉涌、日華雲爛莫可掩遏（一五）者在，故宜以太白之詩導而達之也。

古人推崇少陵，幾爲詩家孔、孟。學詩而不以少陵爲歸，亦猶學道而不以孔、孟爲歸，終爲小成散聖。愚獨不喜勸人學少陵。學少陵而不得，將流爲村學究，黄齏冷飯、飢嗔飽喜之作，最不可也。夫此豈少陵之故？少陵固是登峰造極，亦學者之故耳。惟學者之故，故須量力度分而學之。則愚以爲吾弟之所學，宜莫太白若也。然學太白，亦恐有病，蓋憂其結束不嚴。太白乃天然佳麗，豈有天孫貴格、姑射仙姿而病於結束少者？則正以今人之才之美，未必能如太白之才之絶也。

不肖於唐人，自李、杜而下，獨取王右丞，次則孟襄陽。中晚如許丁卯、韓致堯、韋端己輩，雖皆絶工，然靡靡不足學。温、李、元、白，又是一格。愚獨謂明朝人詩確有勝於唐人者，不獨在宋、元之上。明朝詩不肖未得多讀，然所見而服膺者，則得二人：高太史，何大復，何又賢於高。高、何固難與李、杜齊肩，然唐人中求如兩公工力完美者，正絶少也。

不肖略道大概如此，蓋入門可得而言，要歸則未敢漫以相期。明朝既有勝於唐人者，安知後來不又有勝於明人耶？但詩之大旨，所謂「温柔敦厚」、「發乎情，止乎禮義」者，則《三百篇》之所以爲經，雖塗歌巷唱，亦必有合乎此，不可不知也。他如屈、宋之高文，漢、魏之逸響，此皆水木本源。本源既得，而後及於枝葉波流，始可歷觀唐、宋以來諸家之詩，以博吾學。

夫學者以立身勵行爲本，文其餘也。然《詩》、《書》、六藝，聖門之所不廢。因吾弟之有其才，故爲道其所以爲學如此。《答吴兄》詩昨已成，録往一笑。如有所見，不妨起予。偶有四題並録往，暇閒爲賦就示我，望望。

與顧德芳

僕與吾弟本屬世講，又加以一日之長，情分敦好，亦固其所。而吾弟復至性過人，盡忠且敬，竊嘗謂及門中殆罕其匹。方期文行之淬礪、朝夕之薰陶，僕所以效誠於吾弟者正非一日。而以嘉禮迫邇，匆遽就道，兩地迢遥，有懷莫吐，其何能無耿切於中耶？

所望吾弟刻意精進，無少懈曠。第一專收放心，第二深研義理，第三廣藉諮訪。能置吾心於學問之事，不隨異物而遷，則川魚泳而鳥雲飛，觸處文心，動皆理趣。而況署中自有明師良友，虚衷請益，勿護己短，此最喫緊要務。夫如是，則不啻與僕同堂共對，何嘆天各一方？而所以仰慰高堂之遠念者，又孰過此？禱祝禱祝！至吾弟素性坦率，尚須加意檢點，能由聖人「寡尤」、「寡悔」之道，則處己處人兩得之矣！至切至切！

宗伯公《哀江南》詩前略讀過，字字出於忠義至性。此宗伯公有韻之語，而不容强以詩篇律之也。其間事實，僕亦多所未諳，恐未敢妄爲之説。俟厚夫見付時，當再細讀之。家弟輩既〔一六〕諸同人並叨枉問，俱托鳴謝。

又

關山迢遞，音問難通，懸繫之懷，與日俱積。前寄一札，定已徹覽，然正所謂書不盡言也。合巹之期，聞在清和月中，一過吉禮，望仍專心課業，無少曠懈。力學猶如治生，積得尺寸是我尺寸，積得銖兩是我銖兩，但須有原、有委、有條、有理。譬治生者，布帛菽粟既足，而後謀及金錢；金錢既足，而後謀及珍寶。若家未有儋石之儲，而遽思珍寶之蓄，無論珍寶必不可得，即得之又何能一朝守也？

目今所急者時藝，然而時藝之精，必先書理熟、經旨明，而又旁通。古文大家以恢弘其識想、典藻其詞章，一時藝而本末主輔之理具焉。前在荒齋，曾示課程，遵而勿渝，可也。百凡自愛，慰我遠懷。

與潘咸正

讀書之約，吾弟與於其中，足見立志甚高。但必須反躬實踐，切勿徒爲口耳之學。先聖謂：「十室必有忠信，不如吾之好學。」此非舍忠信而别爲好學，乃是本忠信以專務好學也。有其事而必由於其心者爲忠，發於心而必見於其事者爲信。試自反求，果能無一事不由於心乎？果能無一念不體於事乎？事必由心，則便不至爲所不爲；心必達事，則便不至欲所不欲。如此讀書，纔有頭緒。總之，學問中分毫浮游之氣來不得。望吾弟力除此病，爲學問基本，以紹令先君之志業。道遠不能嘗晤，附囑無或遺忘，切切。

又

前言吾弟所戢唱戲事，僕之大意已悉，且見吾弟有深悔之語，適客至，遂不復終其説。然退後嘗自修省，未知吾弟所言深悔，止悔此事耶？抑並悔如此等事總不復爲之耶？若論此事，不惟舉動乖張，亦且深自貽累，誠當深悔。然使如此等事，其間作爲不甚謬戾，又無所累於己，將遂不顧而爲之耶？

愚意此亦斷斷不可也。士以守身爲經，循分爲緯。身者，父母所生之身也，苟不慎守，而寸步尺趨之有忒，即貽辱於父母。自卿大夫以下，莫不各有其分之所當然。若與官長往來周旋，則非士所當然之分，此澹臺氏「非公不至」，所以爲能持己也。事事循分，則身由以守；不循分，則身由以敗。

比見吾弟喜與敝邑令丞往還，雖曰有同鄉里之誼，然情誼所當伸也，志操不可隳也。此則歲時一見可，爾數數衙署出入，即不得不事故關説，事故關説即不得不利害與共，今日利之與共非不可喜，設或他日害之與共，追悔何及？尊大人清修苦節，教行吾邑，吾弟身爲後人，所當力紹前徽。試思尊大人當日非無同鄉里者來官吾邑，然曾與之酬酢乎？曾肯與之關説事故乎？所以敝邑至今道及尊大人者，罔不肅然起敬，慨然與慕，謂其守身嚴毅，無與爲比。吾弟之身，尊大人之身也，無論他日害之與共有累於尊大人，即今日之周旋關説，其爲顛越尊大人之身也多矣。

原吾弟所以爲此者，貧困故也。然愚謂如尊大人貧困已極，然餓死不悔之志，僕極愚下猶能信之，何吾弟弗之省也？吾弟今者有數畝之負郭、十餘金之館穀，又有二三良友相爲倚藉，誠能循分自守，亦未必至於饑餓不能出門户。即與官長交好，亦未必遂得饒裕，而徒喪其所守，計亦拙已。且既失平日之守，即失良友之望；失良友之望，即延以教其子弟亦所不樂。是將進退兩無所據，益又拙之拙者已。

前見吾弟謂來歲將遊山左，意所恃爲生計者，在此進可幕賓，退亦不失茂陵上客。僕以爲苟不循分守困爲懷，又將何所之而可哉？僕觀吾弟所處，當己窮而思反，乃有謂「方且招摇兜攬，意氣洋洋」。此語僕不之信，但願吾弟勉思尊大人守身之志節，痛懲比者非分之失足。所不當爲者，斷乎勿爲；所當爲者，務與二三師友講求淬勵，則同人信、通邑信。此中雖小，或亦儘足生活，勉之，勉之！望之，望之！

至於僕之門墻，無足顧瞻，所以切切效忠告者，爲尊大人惜也。尊大人之情分，雖非僕所極厚；尊大人之道義，則實僕所深重。僕不徹底一言，是有媿於尊大人之道義矣。切惟照悉。

上族尊書

竊惟武承姪孫尊慈張孺人之殁，武承問門狀於姪而曰「誰主喪」，姪對以「七兄」。非無據也，禮曰：「凡喪，父在，父爲主；父殁，兄弟同居，各主其喪」。此但言妻子之喪，而未及兄弟，因恐人誤，謂父殁，兄弟有死者，兄弟之子亦各主其喪，而不復推長者。故繼之曰：「親同，長者主之；不同，親者主之。」謂同父兄弟喪，則主以長兄；從父兄弟，則自有親而長者主也。其實即無此二語，但就「父在、父殁」云云，此意未嘗不明。何者？曰父，則伯父、叔父皆是；曰各主妻子之喪，則非妻子即不得自主可知。而況古人制《禮》爲後世慮，又如此其詳明。

今與立姪之於張孺人，則長者也，七兄則父行也。有父行，父行主之；無父行，亦當長者主之。今日即非七兄在前，與立固在。而況七兄爲司李公同産，縱與三姪今尚無恙，而遭孺人之喪，猶當引父在之例，而推七兄爲主，奈何武承昆仲不之考也。惟父行、長者俱無，而後親喪，哀子主焉。故《朱子家禮》之叙主喪，先繫父在一條，而次以喪有無後，無無主明乎？主喪乃其常分，特有父兄者不容無之爾。

至其□主喪、赴告兩條，則專舉子孫，此又臨文之法，不容雜舉其人，而非必謂子孫爲主也。使必子孫爲主，則父在，父主之，《禮》文又何爲而設歟？古禮之廢於今，如江河日下，無復可挽之期，而此禮猶行於吾邑，亦一幸事。近乃有不行者，則以其爵尊位高，父兄之親不敵其貴。《禮》云：「士不攝大夫，大夫不主士之喪。」蓋親親、尊尊、貴貴皆天下之通義，若夫《禮》又有云：「士之子爲大夫，則其父母弗能主也，使其子主之，無子則爲置後。」竊謂《禮》唯不皆出於聖人之手，故往往有於義不合，而不可從者，此亦其類也。古人之所謂士，大抵皆已仕者。今七兄、與立雖非已仕，而武承昆仲亦未爲大夫，又何爲不可主歟？

而或謂：「親同，長者主之，止言兄弟，不言兄弟妻。」此又非知《禮》者。蓋兄弟妻自當類從兄弟，《禮》特舉其大概，安能一一稱數？如使義有未安，則亦當有「父殁而居母喪，則子主之」之明文，而《禮》曷爲乎無之？未有其貴而遽奪尊親之義，無所援證而妄執臆見之私，此古禮之所以廢於今爲已極也。若謂：「孺人篤行勤儉，徒手致千金之產，朱氏父兄初無力焉，何謂今日主喪乃有其人？」則司李公蕭然宦囊，亦不聞有厚遺於子，假令司李公在，將亦不得主其喪歟？又或謂：「三子皆以母教而名列膠庠，今者曾不得子爲主喪，一稱先妣以顯孺人？」則所謂顯親揚名者固在是耶？而今日之靈座，他日之木主，亦不獲稱先妣耶？且以孺人之淑慎謙恭，有子可以主喪，受先妣之稱，顧以夫之父兄退而安卑幼之分，而從長者之主，愈以顯孺人之善。下使自多其成家教子，悍然不顧長者，則於孺人之德何如？而亦豈所以教其子？武承昆仲皆早孤，勵學行可謂賢子，而於斯未見其大，甚爲惜之。

姪既非族尊，且非再從、三從以内親。故前者顧德普姪孫丈持張氏昆仲之命而來，謂不當七兄、與立爲主，姪引分不敢力争，謂必有争之者，而武承昆仲亦自當有定見。豈知門狀之出竟自主喪，則是使之蔑視其諸祖、諸父也，使之悖棄典禮也，使之漫自驕貴也，使之詒親以不安也。姪戚戚然，愈思之而愈不能以自釋，深悔前者不力與之争。武承昆仲雖亦未嘗殷勤諮請，緣在荒迷之次，然無乃知有母族，而不知有父族。此亦足見父族之教不敦於平昔，今者又未能力持大義以挽回匡救，父族殆有不能辭其咎者。伏惟叔父前臨孺人之喪，匆匆即去，此事未及與聞，亦莫有奉聞者。姪不揣淺鄙，謹率所見，具陳左右，伏冀叔父俯賜裁奪，亦禮教宗誼之幸，翹切翹切。

與二弟三弟

按：兩弟今歲皆失館。三弟則猶有四弟、五弟及其内弟從受業，二弟則竟無徒也。新正心事雜擾，未及檢點其學業。是日，奉叔父勅教云：「兩姪在家無徒者，逢三、六、九日宜示之題，索其文而改削之；有徒者，亦須十日内作文一、二首。此吾姪分内事，不可獨善也。衰祚而當此世道，各須猛力爲人，諸弟皆吾姪之責，勉之勉之。」手牘警惕，不獨欲使濯磨諸弟，直爲用純下一鞭策。隨草一札，致之兩弟，才〔一七〕在舘，未得歸而教之也。

新年作文，曾與三弟略言之，於二弟則未言也。因吾意中頗爲兩弟籌畫生徒，資其脩脯以爲餬口計，兼多他務，故未及此。頃奉叔父札，令我悚然慚省。噫噫，似此注心，豈易得遇？似此指誨，豈易得聞？

痛吾父之早背，誰爲提撕而警覺者？吾性又弛緩，自治嘗不及，手足之愛雖切，然相對輒喜和樂，未能嚴相督察，乃大病也。亟將叔父札送往覽之，想亦感激奮迅，猛力精進，不復如前泄泄。即自今日始，各定課程，課不必貪多，量力之一日可行者，而寧稍寬假之，恐鋭進者退速也，但不可少有缺失。《傳》曰：「民生在勤，勤則不匱。」旨哉言也，切須識之。

若夫立身制行，尤當加意，可各造一簿子，每日至燈下，便記注日所行事。以孝弟忠信、禮義廉恥爲條格，而以日所行者，一一省審。合則安，不合則懼；多進則安，少退則懼；兼録所課學業不曠則安，曠則懼。如此，則庶乎其可望於成人也。

吾與二弟年俱三十餘，三弟雖少幼，然及此年甚易，特轉瞬耳。孔子曰：「四十、五十而無聞焉，斯亦不足畏也已。」又曰：「年四十而見惡焉，其終也已。」可不懼哉？吾身不可敗也，先緒不可斬也，親志不可悖也，父兄之教誨不可棄也，親戚鄉里之屬意不可負也，勉之勉之。及時而圖，秖恐不及，毋忽。

與四弟

頃五弟來，知吾弟明日到館之期已決。吾意中一則以喜，一則以戚。所以喜者，今歲憂吾弟無所事事，乃有館可坐，不惟拘束此身，又可得數挑館穀，以爲餬口助也。所以戚者，吾雖長於吾弟幾二十年，然吾意中初不知年齒若是相懸，相憐相愛，但知古人所謂出則牽袂、入則聯裾之樂，今赴鄉館，不免有分離之感。吾又病體，不能得吾弟時時來看，吾弟亦不能嘗得吾消息。且吾弟此去，若能奮然振起，大改從前積習，則成家立業亦由於此；若依舊兩年光景，則將來敗壞不知所底，吾能恝然於此去乎？

今無他說，但願吾弟體吾之意，自到館後，盡心竭力教諸學生。第一要夜眠早起，第二要與酒無情，第三要功課及時。館職既畢，然後以其餘功自作終身活計。或醫或字，學習一業，務求其精，夢寐以之。一者，有志者事竟成；二者，皇天不負苦心人。將來決不但作村學究，即作村學究，家道決能稍裕。此則吾弟雖去，而吾之意可慰；不徒意慰，病亦霍然可去其半矣！

昨見吾弟計無所出，吾亦自愧恨貧乏，無以濟吾弟之急。究竟弟兄雖好，能相資助，不過解一時之困苦。自去撐持，成得一業，此乃終身受用無盡者也。吾弟天性純孝，不比他家不肖子弟，上無父母，下無兄長。只是因循廢弛，以致如此受累，到今日喫苦已極，宜自猛悔。從此豎起脊梁，掙起精神，不惟家道有望，抑且人品益進。

言盡於此，一字一血！吾弟常常把此一看，便是常常對我。三月二日，用純燈下書。

【校勘記】

（一）廣仁堂本、祠産本均未收《示同堂諸子》篇。

（二）「雖」字，廣仁堂本、祠産本均作「難」。

（三）「矣」字，廣仁堂本、祠産本均作「説」。

（四）「榷」字原作「確」，據廣仁堂本、祠產本改。

（五）「蹈」字，廣仁堂本、祠產本均作「踐」。

（六）「歆」字，廣仁堂本、祠產本均作「熱」。

（七）「疑」原作「擬」，據廣仁堂本、祠產本改。

（八）「唯」字，廣仁堂本、祠產本均作「惟」。

（九）「云」字原作「可」，據廣仁堂本、祠產本改。

（一〇）「胤」字，廣仁堂本、祠產本均無。

（一一）「夫」字，廣仁堂本、祠產本均無。

（一二）「而」字，廣仁堂本、祠產本均無。

（一三）「豈不」二字，廣仁堂本、祠產本均無。

（一四）「於天下」三字，廣仁堂本、祠產本均無。

（一五）「遏」字，廣仁堂本、祠產本均作「過」。

（一六）「既」字，廣仁堂本、祠產本均作「暨」。

（一七）「才」字，廣仁堂本、祠產本均作「方」。

卷三　序

畜德録序

《畜德録》者，席舍人文輿之所輯也。其子獻臣請序於予，予惟聖人傳《易》，獨於《大畜》曰：「君子多識前言往行，以畜其德。」蓋《大畜》之《象》：「天在山中。」天者，天理也；山者，止而不遷之義也。

人能念念止乎天理，言言止乎天理，事事止乎天理，而德之所造純矣。人莫非天之所生，則莫不得天之理以爲德；德固其所素具，而又必資前言往行以畜之者。天固全授於人，而人不無虧損，於是觀法乎古人。夫古人之言行，莫非天理之所著見。古今事遇或有不同，而不能不同乎言行；言行或有不同，而不能不同乎天理。則非古人言行而即吾之言行，非古人之天理而即吾之天理也。況夫古之聖賢德無不具，而以位各不齊，故其致於用者或有未盡。乃幸生古人之後，旁蒐博覽，並納兼收，則將來吾所見之用者，即未知何若，而德之積於中，則已無不周，此「畜德」之説也。

予讀舍人是書，蓋悉述古人嘉言懿行，自心性之精微以及事爲之廣大，家庭之切近以及(一)四海九州之疏遠，其理率已該具，可謂識周而量宏、思密而志勤矣。惜也年僅踰强仕而没，此蓋其未成之書。抑余聞之舍人同里金君天立謂：「舍人非直言之，誠能行之。素多病，嘗親牀簀，所以得仕不仕；而樂善好施，凡親舊里黨，人之貧乏，事之艱詘，物之廢墜，罔不壓其意慮，爲之振贍修舉。尤本至性以敦孝友大節，其事有非人情所易能者。」金君醇慤，不苟語而言若是，是舍人所得於前言往行者渥矣。使非天限之年，則是書所收攬者既益備，而其植德於身與世，詎不更益優厚？是誠可惜也！

然舍人之尊人太僕已有《格言類編》之著，今舍人又輯是書，獻臣又亟爲授梓，蓋可謂有世德。而獻臣所以繼先人之志者，方未有量；若世之讀是書者，正無徒以是覘席氏之濟美。而前言往行，展卷具在，務於此求盡己所得乎天之理。而動静云爲無弗止，是如山之不遷焉，則庶幾不失先聖傳《易》之意云爾？

雍里世德録序

嘗竊怪今人於子孫則望其賢而求之也厚，於己身則初無責望其賢之意。而不思祖宗所以望我者，猶夫吾之所以望子孫也，奈何慢於祖宗而勤於子孫？夫苟祖宗望我之慢置，又安得子孫從我之望之恭謹？而況乎不從祖宗之望，則所望於子孫者，必有不當其道、不由其誠者矣。此祖訓之所以不可斯須忘也。

吾友伊仲顧先生，文康公六世孫也。公之先公曰桂軒公，厚德著聞。先生慮文康公之名位勳猷，顯於朝廷，而其所爲教家者或隱，其本於先公之貽謀者尤弗彰。於是自桂軒公《永思録》，至文康公圖畫詩如干篇，彙爲《雍里世德録》，又約舉文康公遺訓跋於後。凡所以惇孝友之義，擴仁愛之途，盡窮達之分，永福命之源者，靡弗該，而又附載南巖公《申明祖訓》十餘條。南巖公者，以孝廉仕至南昌府通判，桂軒公之孫、文康公之猶子也。其謂《申明祖訓》，則猶夫桂軒公諄懇告誡，而亦推廣文康公遺意也。爲南巖公子孫者，固當恪恭遵守；爲桂軒公、文康公子孫者，又豈容有二視？誦古人之詩，讀古人之書，尚且愛慕之、效法之，而況均爲祖訓哉？先生之裒輯是録也，上則凜承先烈，下則垂裕後裔。生雖不遇於世，要其禔躬植德，大概可見。人皆羨吾邑科第之盛、子姓之蕃，顧氏爲最，抑知固有所由來？然是二者，猶有其時，又有其數。若夫世德相承，則非時、數之所能限。故余於顧氏，尤羨其忠貞義烈者之後先顯融，幾於史不勝書，非祖德滋培之厚而能然與？

是録之曰「雍里」者，先世所居之里名也；曰「世德」者，以見上不惟自桂軒、文康公始，下將以貽世世子孫而不竟厥止也。豫章羅氏有云：「祖宗成法不可廢，德澤不可恃。廢成法則變亂之事起，恃德澤則驕佚之心生。」顧氏後賢，其尚有感於斯言，斯無忘先生是録之意。在昔吾邑，有斯文雅社，用純六世祖日南公，與桂軒公觴詠周旋；而桂軒公之孫桴齋侍御，又與先恭靖同舉弘治丙辰進士。辱在弈世通好，故不覺其辭之僭云。

外史摘奇序

事非其常則奇。奇也者，君子之所弗取也。天地以常而定位，四時以常而代序，山川品物以常而順成達化。一用奇焉，而慮夫斯世斯人將不得立乎其間。故奇也者，君子之所弗取也。

然君子能不以其身樹奇於俗，而不能不與當世紛紜之奇故相遭而相處，則以氣會之推遷，人心物狀之流易，有時變常越故，而出於耳所不聞、目所不睹、理所不有、意所不及之奇也夫。

是所謂奇者，天爲之與？抑非天爲之與？使天爲之，則無乃「俶擾天紀」者，即自天啓其端；非天爲之，則夫履道不回，以匡率流俗者，孰踰君子？何以勢當波蕩，雖君子僶俛枝拄，而卒莫如何。

古之人有處之者，屈原是已。原，古之守常者也，失志無聊，嘗作《天問》，所舉則皆神靈鬼物、琦瑋僑佹、悖心駴耳之事。豈非其所遇者無復世道之常，人則蠅營狗苟，物則山奔水立，有所不信於天，叩而問之，若冀天之慰答我者，而又一一托諸古昔，以庶幾言者之無罪歟？嗚呼！千古之遇，不必不奇；千古之天，卒不可問。君子不幸生於其時，良足悲耳！

昭陽李先生，僑居吾里，用純得常侍。先生披奇書，溯奇人，論奇事，寫奇懷，未嘗不咨嗟感愴。已而又以所著曰《外史摘奇》者，授用純爲序，蓋奇之藪也。夫先生豈嗜奇者流哉？當先生補衮掖垣，平刑廷尉，所建皆朝廷之偉議，所施皆當世之鴻業，勳名爛然，光耀曩昔。即退而論列史傳、表章徽懿，亦何者非扶名教、正物則，以千古之常經，勵世而摩鈍。而故爲是襞積捃拾之學，似與世之貪多務得者競尺寸之長，何歟？蓋悲夫事故何常，天道甚遠，屈子之陫側憤懣、悲歌慷慨，亦徒爲爾爾。以是蒐羅故聞，不得舉而問之於天，特以見夫事之變者何所不有。外史如此，載於史者又何限？其盡天下之奇，而總爲君子見聞之所常，庶得以廣其志、齊其遇焉。嗚呼！益用可感也已。

金孝章先生詩序

士生衰晚，遭天下多故，隱見去就，志節於是而見。然其間復有幸、不幸。千載之下，俯仰古今，履運各殊，良可感也。周衰，儀封人、荷蓧、接輿之徒，仲尼謂其「隱者」。夫固有濟世之具而不用之謂隱，非無所挾持、後世所謂「純盜虚聲」者比，故歎從政之危殆，慰羣賢之患喪，皆卓乎有深識遠慮。其自居避世，正其憂世之心所迫。然長爲周室之人，無悼瞻烏之止，抑猶幸焉。若夫道既不用，莫適與謀，而坐見夫廢興存亡之故，於是身非梟而難泛，心非席而難卷。於是古之貞臣志士，或絶西向之坐，或爲生輓之章，或慟哭於西臺，或傭伍於賣菜。彼皆有所不容已焉者。而其悲憤無聊，或以言見，或不以言見，均之爲士不遇，斯何更不幸歟？

吴邑金孝章先生，今之靖節、皋羽也。然予聞其少壯善騎射，饒經濟。當崇禎時，英主嚮明，群才並進。先生應鄉闈試，夢與卜協兆，幾遇矣。有慨於中，輒自裂卷而出，遂挂儒冠。自罹世故，天下之棄儒冠者多矣，而不能不歎先生之勇爲得。其時壯決若斯，不將轢司空圖、申屠蟠而上之，幾與儀封、荷蓧埒歟？以昔日奮厲有爲之氣，而抑鬱俛首，志固傷已。乃其後感時恨别，益不自勝，又晚而多難，雖其强自摧挫，以予所見，蓋已神襟冲漠，興會蕭閑，且多結契於黄冠禪侶，時寫懷於詩古文辭，及夫書畫臨摹。要其不言而傷者，蓋亦深矣。

故予嘗謂儀封、荷蓧使其生也而爲靖節、皋羽之世，則必不以身在風塵之表，一無所激愴於其中；使靖節、皋羽而生於儀封、荷蓧之時，則投足幽遐，猶得以山川風物逍遥自遣，不至履運危蹙。若先生之不幸，即欲爲儀封、荷蓧而不可得也。

予後先生之年，在初交時爲倍長。先生不以其末行後進，而録爲同志，書問往還，殆無虚月者垂三十年。今先生詩文集中，與予所訓倡寄答，閒有存者。先生之子上震、侃，業授詩於剞劂，而委予爲序。其詩具有承傳，非漫作者。然詩以先生重，先生不必有藉於詩。故余不復論，特以幸不幸慨先生之遇，以見畢生所爲心，抑不獨爲先生道也。嗚呼！其亦可感也已。

葉敷文《半樗草》序

孟子曰：「禹、稷、顔回同道」，而以爲易地皆然。由後世視之，非僅同道，而直同功，正不必易地以觀也。

蓋禹、稷之所以爲功於天下者，救飢拯溺。後世士風之壞，不啻飢、溺矣。饕餮於富貴而不顧萬一之禮義者，滔滔日下。由其無志節，因以無學問；由其無學問，因以無世道。後世之人，徒咨嗟歎，悼於民生之飢、溺，而不知皆士道爲之。然則有能明出處之節，砥不字之貞，以維挽乎頹風者，功豈在救飢拯溺下哉？

半㮮先生篤於好義，澤被州里。或意其志在大用，行登要津，且以門地、才力，何求不濟？顧乃退守諸生，不應省試。近者膺辟舉之命，復引疾堅辭。適省兄在山左，墜驢傷臂，益以掉頭而歸。著爲詩篇，皆其志操所托，若無意於斯世者。噫！此先生所以有意於斯世與？古之人，有盲其目而自謂不盲於心，切切焉求附於貴人之門者，其恬競何如而要？所謂爲功於世者，又安在也？讀先生之詩，可以慨然興矣。

許致遠詩文序

予授經太湖東山者半載，而未嘗懷一刺、訪一友。意其中必有蹈道立德與夫博學好古善文之士，而其名未之彰者，予獨不得見也。又自以埋迹於此，不使人知我名氏、識吾面目爲幸，則寧寡聞見、受固陋之譏，堅不一出。

已而有客偕介來見，再拜就賓位，道其姓字，曰許子致遠。其容歛然，若不安於席；其言吶吶然，若不出於口。予逆而許之，曰：「是蓋有諸内者！」旋出其詩文請評，復自道不足於學，甚懃懇。及既退，而予讀其詩，則蕭森沉鬱，得陶、杜之流風；其文有軌度，彷彿柳州、欒城，好爲外篇小品，然悉歸於雅正。大要不務雕繢，一以寫其憂時憫世、感舊懷人、寃懟不得伸之情。予不禁擊節賞之，曰：「是予所謂其人歟？是予所謂其人歟！」

夫天下之至大者，道而已矣。道之爲體，天地且不克盡，而況人之所能？凡夫事業、文章皆不足與道度廣而絜長也。故知道，則雖所挾者大而不争；不知道，則雖所挾者小而輒妄。今人稍能馳騁筆墨，即自盈溢，謂可蓋世。而有如致遠之學，博於物，洽於聞，其所著作亦類能驅駕古人，宜何如傲物肆志？然而逡巡却避，不讓循牆傴僂之恭。予是以歎其必有得於學也。

惟其學而有得，故詩之爲用，不外乎倫紀民物；而又以遭時不偶，寧埋没於湖山之壤、魚鳥之儔，而不以其才爲世用。致遠之言曰：「詩文之作，必本之識而達乎氣。識不精，則其言浮；氣不充，則其言薄。」是語也，非學道之君子，其孰知之？

予聞山之中有鄭薇令先生者，今殁矣，道甚高，致遠之兄也。致遠育於許，故不復鄭氏；家學之承傳，予固可挹而取焉。而修道好德，不厘詩文之雅尚者，抑必更有其人。予雖不及覯，止冀熟聞之，嘗往來於意中，則猶之與晤言。致遠其無惜一二爲我告之也。

施荔邨[二]詩序

名山大澤，天地之氣所汎溢而凝蓄，其地之魁人傑士產者既衆，而天下志尚之高不產於是者，又雅愛其山川人物之奇，攜其家族而廬旅焉。於是山澤奧區賢流薈萃，然類皆韜文揜耀，不與世狎，世亦罕得而知之。予以故俯仰於今昔之間，而恒不勝爲之太息也。

荔邨施子，洞庭東山人。始者屬予友諸君彥明，請予序其詩，已再四。比余來洞庭，復屬王君甫瞻申其請，且道願見，意益勤。旋即來見，峩然道貌，今所罕覯，又自箧其詩以請。予自顧非能言者，卒未許。乃其友嚴子子奇爲荔邨馳書於甫瞻，曰：「荔邨跂慕柏廬者，二十年於茲矣，向無由見，固望足下爲道其誠。生平所爲詩既就正於足下，而猶以未得柏廬序之爲憾，請者慇，而應者緩，柏廬豈少可於人邪？尤望足下爲道其爲人。蓋荔邨豪宕慷慨、好學謙衷、放浪河海者踰三十載，所至之地，弔古懷遠，搜訪遺逸，惟恐弗獲。而一時巖穴之徒，亦皆謂五湖七十二峰間，有施子者，秋士也，樂相就之。性喜飲，獨不能與俗客飲，醉則引商刻羽，好爲雅音。今年已老，囊空壁立，灌園自給，而吟詠弗輟。詩學本於葛震甫先生，遇當世以詩名者，輒與後先論究，故其所造特深。又善畫菊，其爲人畫扇題云：「秋滿東籬菊滿觚，西風寂寞老潛夫。興來三逕閑吟遍，漫把行藏托此圖。」此亦可見荔邨之梗概，而序荔邨之詩乎？意之誠者，人力即或未至，天必成之。荔邨猶不能以詩請僕，又何敢以曾未一見者之言爲荔邨請。然柏廬倘肯慨然有作，則亦天也，非人。此皆所望足下之道於柏廬者也。」

予受其書而讀之，不禁躍然起，歎荔邨之爲人有是哉。宜其詩之刻露淵涵、陶冶造化之靈，而苞孕湖山之秀也。抑嚴子亦奇士，得其人以爲友，而即津津樂道其人之善，觀其言性情以之，予又烏能不感而爲之序？

夫嚴子，湖州產也，僑居東山，名山大澤爲魁傑之所生，而亦魁傑之所聚，詎不信然？余既因嚴子以知荔邨，又將因荔邨以知嚴子。蓋於此俯仰今古之間，而復不勝其喜。幸焉，顧予生不處名山大澤之區，而竊附於韜文隱耀者流，雖知二子，猶之莫有知者，又惡足爲二子重。然窺二子意，方且以造物爲知己，以先哲爲良朋，以山川、草木、禽魚爲往來酬酢之侶。則其欲予爲之序者，非以詩要人之知而猥藉予言，信其不與世狎也。然乎？否乎？甫瞻其以復之嚴子，而並爲問荔邨。

陸鳩峰詩序

乙丑秋暮，鳩峰陸先生投所著詩二卷，令作題辭。受讀，殆忘寢食，惟恐卷之或竟。大要先生之詩，不蕩繩檢，不蹈畦封。其才甚富，而不列錦鋪繡；其氣甚高，而不輕世肆志：是固得《風》、《騷》之遺者與？

予因讀先生詩，竊舉夙昔所與友朋論詩者，以質先生。性情，詩之本也；格律，詩之末也。嘗怪今人舍性情而尚格律，每見一詩，必先位置爲何代之格律。其近今與，則斥之；其三唐與，則稱之。究徒得其貌似，而實近今之非近今，三唐之非三唐。性情者，詩人之格律也。舍性情而言格律，則無格律矣，且無詩矣！世以人成，人以性立。性發乎情，而有哀、樂；人值乎世，而有常、變。凡其爲詩，皆哀、樂、常、變所彰，而格律行乎其中。如僅格律而已，恐聖人刪《詩》不若是淺。且《風》、《雅》各有正、變，是即格律之不可概論。

臆見若此，未知先生其許之否？若夫先生之學，宜受世知；而其詩爲不得志於時之音，讀者當自得之，無俟予贅言也。

蒼雨和陶集陶詩序

古人之詩，傳於後世者不可勝數，然而和之者寡。惟陶靖節詩，後世往往和之。予以爲陶詩之和，未易言也。非一切邪正、廉頑、污潔之辨，毫髮無所淆於其心者，不能和；而亦非一切邪正、廉頑、污潔之辨，毫髮無所膠於其心者，亦不能和也。蓋必其心無所淆，故發於詩者足以鼓翼天下之志氣，使頽敝者不容自已於矜奮；必其心無所膠，故發於詩者又足以和平天下之志氣，使矜奮者初無犖确自喜之意，而與居者亦初不見其溪刻難近之概。是故未易言和也。

和之者固有其襟情，又有其境會。不自善用其才，而或文章刺譏，獲戾當世，乃希蹤古人冥冥遐舉而陶詩之和，恐其襟情不符也；又或大義不審，身際白日之照臨，心繫長夜之冥茫，竊不勝其悲離念舊而托於陶詩之和，恐其境會不符也。是二者，古人皆有之，詩雖工，而豈得謂之和陶哉？

家蒼雨少蒙多難，從其先公播蕩於炎[三]荒瘴海，踸踔於溪蠻峒獠，人世險患，靡所不履。此其得於千摧百折者，固已有莫之緇磷者矣，是故不推遷於世，亦不凝滯於物。既故里之返轍，復順運於萍踪，非無所之而不可，蓋亦擇地而後蹈也。

近者客遊邠州，鮮所托興，於其暇時，得《和陶集陶詩》成帙。一一寫其往昔之遇、今兹之感，遠惠寄予請序。予讀之，不逮終卷而歎曰：「是真能和陶者也。」蒼雨即不和陶，而其境會、其襟情，固無一而非陶也，況其風流文采又不讓於陶乎？彼和陶者，皆以詩和陶，蒼雨則以陶和陶。今而後有和陶之人也夫？今而後有和陶之詩也夫？

《容齋隨筆》載晁以道語云：「建中靖國間，東坡和《歸去來辭》，其門下賓客從而和者數人，是淵明紛然一日滿目前矣。參寥持和篇示予率同賦，予謝之曰：「童子莫居位，先生無並行，與吾師共推東坡一人於淵明間，可也。」容齋深許其説，予謂「即東坡和陶，亦未輕許」，《序》中「襟情不符」，實指東坡。予固不敢顯爲軒輊古人，而又附記容齋此語，特以見陶未易和，非予臆説。惜容齋所見，僅在文辭，故謂共推東坡爲不誣。而揆以知人論世之説，當必有進於是，若如近者，黄陶菴先生之和陶，則又非可概論云。

葉九來詩餘序

少時見秦少游、周美成諸家詩餘，心竊病之，以爲此咿咿兒女語也，非壯夫所爲。及讀歐陽子之書，觀其文章行業正大炳烺，庶幾孔子所謂文質彬彬之君子，而於詩餘則豐美柔豔，又不亞於秦、周諸家。然後知詞人之語不足以累人，而亦士君子之所有托焉者也。

余又早嬰多難，坎壈軻結，無如何，率盡托詩餘以發之，日嘗得一闋。及後年益進，所讀之書日益廣，則又見吾之耿耿不忘於心者，亦行吾所當然者耳。其必有托而見焉，良可已也。又何況詩之餘，抑君子之所期學乎古人者，曾止是哉？於是廢向所作，絶不復事，凡十餘年於兹。

葉子九來猶以余未忘故習也，將刻其詩餘而徵序焉，曰：「予其深知是得失之故者，盍爲我言之。」而不知余於詩餘如風之噫、鳥之語，乍響乍息，氣適使然，豈果有得之於心者足以爲葉子贈？且余即能言詩餘之爲得、爲失也若何？葉子其盡善於詩餘也又若何？則又烏足以重葉子？

然葉子以卓犖之才，其詩若文皆祖述唐宋大家，詩餘特其兼能。而風格婉麗，又與古作者相頡頏，猶且欿然不足己資其益於窮約無聊如余者。則古人之道固有大於此不啻百千倍者，其孜孜下問、嚮往之懷何如哉？天下必皆傾困倒廩以爲葉子益矣。

贈王子醇叔序

予性鄙昧，守先賢訓，不敢好爲人師；又素與時宜不合，每自揣量，衹合坐邨塾教黄口誦章句而已。而英賢之儔頗相游處，其亦何所取於予？而然與醇叔名家胄負，俊才聲華，蓋雪煜當時矣。顧不自足，來從予遊，横經考義，殷然求益，予顧語同堂諸生曰：「醇叔其可謂虚懷也夫。」夫虚懷，造道之基也，惟虚而後能大，天道固然。醇叔持是虚懷以來，亦冀予之能大其學歟？而余於道猶未有窺，又何以大之？雖然使予必有所與，醇叔必有所受，以是爲大其學。則予宴人也，誠不能出其珠玉珍翫以相厚遺，而學不若是也。夫所謂大者，亦自在乎天壤之〔四〕間而已矣。仰而觀、俯而察，聖賢之所垂訓，古今載籍之所流傳，五事五倫、巨細精麤之極致，國家禮樂、兵農民風、治術得失之所以然。與夫陰陽鬼神之説，草木鳥獸蟲魚之屬，其理莫非庸也，莫非神也。醇叔其從是以爲學，博求而實體焉，則大無不包矣。

蓋天下之理具於心而散於物。若不全具於心，則何以一物失正便於吾心有憾焉者，必欲使之得正而即安？若不悉從物來，則何以失正者物，得正者亦物？各如其本然者而已，而吾無所與焉。此以知道配天地，功崇古今，亦止循乎分之所當盡，而初無毫髮之加，古聖所以不矜伐也。至此方爲至虚，方爲至大。予所以期醇叔者在是。使徒爲鞶帨之學，則雖文章冠古今，無益也。然苟爲鞶帨之學，則醇叔又未必向余門而問業矣。

贈黄生序

予觀於古今之變，而知天下之事亦惟人心無相求利而大定矣。自夫公卿以下挾其官守、士亦挾其所學以求利，乃至執耰鋤、操斧鋸、坐列肆與夫偏長曲藝之流，各售其業以爲己利。苟利之趨，率天下受其禍而亦不顧，此天下所以紛紛多故而莫之救解也。使世之人各安於所當爲，而無求其所不必得，吾不知寇竊攘奪、凶荒夭札何自而生哉？

魯僖公「思無邪」而「思馬斯臧」，周文王「視民如傷」而「鹿伏魚躍」，此其道也。今夫卜筮其小技耳，而世之爲是技者類無不以求利爲心。謂世俗之尚淫祀也，非此則不足以邀天下之好而罔其利，於是矯誣鬼神、邪説蠱衆，使人皆好禱以敗其家，廢醫以亡其身。甚者，鬭争凶逆之事，亦或窺伺意旨以爲向背，而莫有爲子服惠伯所謂忠信之事則可者。噫！末俗之爲禍者，久矣。

黄生以司馬法爲諸生尚，年少乃不思挾所學以求世利，志固遠矣。而又潛心《易》學，思以其所得於占訣者行於世，而《易》其弊如君平之隱蜀市。於是請序於予，而未知生所見於天下之故，固與予何如？然生既潛心於《易》，則古今之變莫備於《易》，生其以予所見者，參之二篇六十四卦之中，以觀予言之足信否也。

顧亭林先生集序

天以五行生萬物，地以五嶽奠萬方，聖人以五經教萬世，其功同也。蓋聖人稟五行之秀，鍾五嶽之靈，故能於天地之心無所不體，天地之用無所不達，而以其五經輔成天地生之、奠之之功。然聖人之得志於時者，類皆敷五教以爲治；其作爲五經以維五教，又皆聖人不得志於時者之所爲也。故後之君子，抱道秉義，無所施於世，不得已而立説著書以垂後者，要皆不越乎五經之範圍。然或得其「温柔敦厚」，或得其「疏通知遠」，或得其「潔浄精微」，或得其「恭儉莊敬」，或得其「屬辭比事」。正所謂聖人之道大而博，學者不能徧觀盡識，而皆得其性之所近而已。

吾鄉亭林顧先生，以經綸天造、恢張帝略、衽席民生之學，而履天圮地裂、國破家傾、流離奔走、靡有寧宇之遇。然其遇固極時數之奇窮，其學則極古今所大備。蓋遇不足挫其所學，學適以愜其所遇。故其軌轍之至，賢豪歸之，學士師之，罔不擔簦負笈，風靡景附。而網羅之所獲，講論之所發，投報之所言，輯而爲書，散而爲文，蓋不啻千百卷。顧好之者往往争相傳誦，争相乞假，以故多所放失。晚乃歿於山右，其子衍生僅於羈旅之中、倥偬之際，收拾百一，囊而奉之。先生之從弟巘、猶子洪慎，扶喪南返，又稍稍蒐訪，乃以示余，而委余爲序。余謝之曰：「先生一生，遊歷幾遍天下，所交魁人傑士亦幾遍天下，而猶未有序之者。」余何人，敢贊一辭？乃强之再四，因受讀。卒業而歎先生之學贍矣！先生之文偉矣！其砥礪末俗之澆訛，則得之《詩》者多；辨論國家之治體，則得之《書》者多；窮析義理之精深，則得之《易》者多；是是非非不容偏假，則得之《春秋》者多；事事物物不苟凌襍，則得之《禮經》者多。

然此猶分别義類而言也，若其沉浸乎百籍，貫穿乎百代，則所爲千百卷者，亦何篇何章非《詩》、《書》、《易》、《禮》、《春秋》之意趣洋溢於筆墨之間？蓋自聖門文學爲科，而説者謂著之詞章者爲文，博其探索者爲學。竊以爲秦漢以來，如先生之文者有矣，未有能如先生之學者也；然苟未有能如先生之學，則雖謂未有能如先生之文可也。

若夫先生時與道左，用無可顯，因以其歲月馳驅齊、魯、燕、趙、秦、晉之邦，江山雲物，陶冶胸襟，而一寫於著述，如昌黎謂子厚窮不極，其文學辭章必不能自力，以致必傳於後，雖使子厚爲將相於一時，孰得孰失，必有能辨之者。又如馬賓王謂司馬子長，南浮江淮，北過大梁，西使巴蜀，東適乎夫子之鄉，而覩車服禮器之盛，故其文縱横出没，萬變無窮。此皆僅與文章家較彼此之短長，非所以論先生。

先生之學，後世苟有能用之者，雖以之經綸天造、恢張帝略、衽席民生，而翼五經以達天地之用，何多讓焉！何多讓焉！

諸儒講義後序

昔人謂：「朱子之學不行於宋而行於明。」蓋朱子一再傳，後至宋文憲、王忠文諸公，一時遭逢聖明，皆以累世私淑之學、仁義道德之正，贊成熙朝盛治也。

間嘗念：「自朱子後，使不有其人力爲振興，遞相傳授，即有聞風而願學者，亦第尋緒於篇章諷誦，安能久而弗墜，益以光大？」今讀《宋元諸儒講義》，而後知朱子之道，其得爲有明一朝之治者，良有以也。孔子既没，僅有曾、思、孟子嗣統，遂無傳人，微言絶而大義乖，古人所爲皓歎。諸儒之扶，維朱子之學也，非徒廛是口舌而已，帝臨神格以嚴其立本，蕉剥繭抽以精其析理，鋒淬鍔鍊以鋭其修爲，皆本躬行心得之餘，紹師承而詔來許。故所爲言者，靡不剴惻警到，聞者神悚，感者泣下。宜其足以廣勵人才、昌明奕葉，此固朱子之能倡起於前，而亦諸儒之能踵烈於後也。

德焕吕子，方與諸同志單心實學，互相講讀。其以是書爲標準，下學而必期於上達，修己而後可以治人，則諸儒之大旨也，是皆發明朱子之學也。抑非朱子之學，即自格致以達於治平之學也，後數百年而復有繼起者，安知朱子不殷然遥望於數百年之上哉？勉之，勉之。

丙寅七夕，柏廬朱用純題於洞庭擊壤草堂。

吴中往哲圖序

戊申之秋，吴門張君永暉槖其所圖吴中往哲，以來崐山。予拜而觀之，蓋二百有餘人，德業文章，蒐羅殆備。予退而歎曰：「永暉之爲此，其有功於世良不淺也。」蓋圖與史古人所並重，而爲功亦無異。

作史者尚論古人於千百載之遠，而其人之言語、事實、性情與夫不可名言之隱，一一辨之於心，著之於文。而記載之下，即如親接其人焉。而又使天下後世之讀之者，見其所記載，亦如親接其人之言語、事實、性情與夫不可名言之隱。圖畫者追遡古人於千百載之遠，而其人之言語、事實、性情與夫不可名言之隱，一一會之於心，形之於貌。而臨摹之下，亦如親接其人焉。而又使天下後世之觀之者，見其所臨摹，亦如親接其人之言語、事實、性情與夫不可名言之隱。凡皆所以使天下後世有所感動興起、鼓舞傚法，而生於千百載以下，一如千百載以上之人，無令論世者有古今不相及之嘆也。

今永暉不能爲史而爲圖，而圖與史固無異，故曰「永暉之有功於世不淺也」。然史有褒貶予奪，善者載焉，不善者亦載焉，善者以勸，不善者以懲。圖止録其善者，而不善不與焉。則有勸而無懲，夫亦善善長而惡惡短也。而善者在是，即不善者反是矣。抑史家於善、不善，當權衡其幾微之際、疑似之間。自非作者至公無私，則或出於罔察，或由於有爲，往往是非瞀亂，使前人抱恨撫慚於千古。永暉有勸無懲，其亦可無憾於此乎。而吾知永暉猶有慎焉者，則在乎可貌不必貌之間也。予既以是語告永暉，越十年永暉來請序，而復有感於斯焉。

竊謂古人誠有厚助於今人，今人正不必專藉乎古人。蓋昔者禹、湯之爲禹、湯，非堯、舜使之也，以禹、湯自爲禹、湯，而得紹堯、舜之傳；文、武、周、孔之爲文、武、周、孔，又非禹、湯使之也，以文、武、周、孔自爲文、武、周、孔，而得接堯、舜、禹、湯之統。然則斯圖具在，觀者誠不能無感發鼓舞。然人之生也，厥有恒性，夫固有今人之自爲今人，而仍無愧於古人；抑亦有今人之自爲古人，而足以興起乎後人者。正不必謂吾之所以爲吾，僅賴此焉而已，則又在乎觀是圖者自得之。而是圖特吴中三百年之往哲也，永暉又繪歷代帝王名臣，其用意益遠。觀其圖者，亦當知吾自爲，吾以與古人相頡頏也。而千古之讀史者，又不當若是乎哉？

金薤集序

士君子生同時而不同遇，則升沉榮落迥不相謀，雖窮愁發憤，而世終莫之知。若夫不同時而同遇，則即曠代綿邈，而誦詩讀書之下，其憂讒懼禍、含諷托喻、不能自明之隱，恒如親見而傾倒之。王、李諸公之不讀大曆以後詩也，不同時而不同遇也；今魯一鄭子於晚唐諸家，章品句第，參以箋解而有是選也，不同時而顧同其遇也。

蓋唐自文宗甘露之變，日飲醇酒，至自謂受制家奴，不如赧、獻。朝綱之紊，國祚之衰，日以浸甚，而迄於亡。士不幸生於其間，類皆侘傺連蹇，且或托身失所。故其爲詩和平之思寡，而多愁疾激楚之音。顧其人大約文章自喜，以才華聲燄凌厲當世，不盡篤於志行。況夫鄭子端真醇雅，不媿介菴先生家風，其至性獨行有過人者。而生不逢辰，宜其與古者憂時憫亂之言，不必求志行之合而但惜其所遇，不覺相入以深也。

訥夫盛子、西池楊子，皆文章、行義甚高，不遇於時，而於是選並有箋疏序述之附。後之讀是選者，豈惟惜昔人之遇，其於三子必皆有致惜焉。而三子平生所論著尚多，藏於篋衍。發而讀之者，因文章以想其行義，相與咨嗟太息，尤不啻如三子之於晚唐諸家也已。

附《醇菴子小傳》同里弟葉方蔚拜撰

昔袁淑録古來隱士有迹無名者爲《真隱傳》，以譏何尚之。蓋隱而不著姓名，實行之至高者也。然晨門、荷蓧之流，後世慕其風者，每以姓名失傳爲恨，是不必求傳者固隱者之心，不欲使之不傳者則論人者之意也。

吾友醇菴子素不求知於人，人亦尠知之者。一日屬予爲作小傳。太史公云：「閭巷之士，砥行立名者，非附青雲之士，不能施於後世。」醇菴不屬諸當世達官貴人及立言家，顧以屬一窮老無聞如予者，嗚呼，醇菴豈真謂其生平得託予言以傳哉？夫固不必求傳之素心也，遂不辭而論次之曰：醇菴子，名儒，字魯一，姓鄭氏，崑山人也，介菴先生五世孫也。介菴當明正統中，甫成進士，以親歿，終身隱居不仕，天下高之。醇菴少承家學，習制舉業不得志，遂棄去，顧獨工爲詩。居貧，炊烟常不繼，妻子慍見，而醇菴方危坐，苦吟不暇省。當其得句自賞，琅琅雒誦，聲動四鄰，人竊笑之，不顧也。《鄭氏世傳》、《薛氏帶下醫》，醇菴亦習之，深通其理，所投輒效。然不能隨俗俯仰，術雖高而不售，以故家益困。里中稱詩者，類工攀援，遊賢豪間，以丐膏澤，醇菴耻之，惟與二三窮交相爲倡酬，未嘗一入朱門。嘗謂人曰：「我詩豈能作乞食聲口耶？」體素癯行，道中聳肩，矩步望之如孤鶴，有不可羣雞鶩意。有一子克岐，早夭，貧不能畜姬侍，然終不作怨尤語，其安於義命如此。嘗選唐詩名《金薤集》，去取甚嚴，學者宗之，所著有《書帶草堂稿》若干卷。

論曰：醇菴工於詩。人謂詩必窮而後工。醇菴之境絶窮，故詩絶工。然予讀古人詩，如郊、島輩，大都嘔心劌腸，極鳴其不平已耳。今取醇菴詩讀之，何其怡愉自得也，非有道之君子，其能形之言若是耶？醇菴之詩固必傳，予恐後世但以詩人目之，未爲知醇菴者也。

【校勘記】

〔一〕「以及」二字，廣仁堂本、祠産本均無。

〔二〕「邨」字，廣仁堂本、祠産本均作「村」，本篇後文皆同，不再出注。

〔三〕「炎」字，廣仁堂本、祠産本均作「災」。

〔四〕「之」字，廣仁堂本、祠産本均無。

卷四　壽序

李映碧先生六十壽序

爲文辭以賀生辰，近世之所尚也。非其親戚，則其故舊，相與概壽者之生平而稱述之，與夫往來交好之隆、今昔之感，以致其頌禱之辭誼至切也，非是則無以爲也。

今年四月某日，廷尉映碧李先生六十之誕(一)辰。先生，興化人也，嘗遊於崑而居焉。故崑邑士之有志行者，多與先生游處，於先生之壽皆有文以往賀。而用純之於先生，僅賓階一接，重席一坐而已，亦不揣其詞之拙，欲有所言者。蓋以人之爲壽必皆親戚故舊有往來交好之隆者，隘也。非其親戚故舊，則舉天下之人耳，舉天下之人而(二)皆若欲登堂而致其頌禱，斯其人之所繫何如也夫？是以不能獨異也。

間嘗論士大夫有輔世長民之德、有特立獨行之操，而又有斟酌古今、通達天人之學，則在家必能以其家壽，在國必能以其國壽，而身亦因之。故《詩》曰：「爾受命長矣，茀禄爾康矣。豈弟君子，俾爾彌爾性，純嘏爾嘗矣。」言君子立朝，而道行能壽其國也。又曰：「天錫公純嘏，眉壽保魯。居嘗與許，復周公之宇。」言壽其家也。又曰：「樂只君子，邦家之基。樂只君子，萬壽無期。」言既能以其邦家壽，而又壽其身也。

然而遇固有幸、不幸者矣。幸而仕承平之代，謨明弼諧，則無焦頭爛額之勞，而有綢繆牖户之福；不幸而遭國不造，大事已去，雖痛心疾首，大聲切呼冀以挽回補救，而燎原之火非勺水所能熄，決防之川非簣土所能塞，良足悲也。迄今讀先生於崇禎、弘光兩朝諫垣諸疏，反覆諍論，沉痛悲切，此豈非欲厝宗社於億萬年之永哉？然而不能命也夫。於是退而屏居削迹，成教於家，天下惜之。

夫古之君子，不得志於時，則以其身任天下綱常之重。如陳咸、范粲之徒，要使國雖亡而不亡於我之身，故百世而下，猶覽其行事，見其心而如其國之不亡也。慨自國家傾覆以來，人心漸忘其舊，先生以厚德宿望、廉頑立懦，使斯民有所興感，後生有志之士有所依歸，朝廷教化之澤有所賴以不泯。然則先生之所壽，未嘗不在國也。士大夫遇則以其國壽，而身與家因之；不遇，則以其身壽，而國亦因之。此用純所爲不自疎遠，而樂致萬年之祝於先生者也。

是爲序。

金孝章先生六十壽序

憶往者辛卯之歲，孝章先生授經於崑山，年五十，吾黨二三同志置酒顧宗伯東山之墅，邀先生而爲壽。時秋芳在澗，寒岫出雲，相與分題賦詩，以寫情好。蓋吾黨雖皆數窮失志之人，中多沉困無聊不平之氣，而時遇友生，山水猶不能不以爲樂，何者？以其數之所遭，宜弗久而復也。而因循迭代，至於今又十年矣，先生之壽，蓋周甲矣。

曩者東山之亭舘猶在，巘阿澗壑之花鳥依然，時移地隔，獨不得仍與先生觴詠於其間。而吾以爲今者即復得友朋山水相聚如故，先生之壽且加進，要其心亦不樂也，何者？以其所遭意爲弗久，而今久也。夫天亦長得和風霽景，人斯相與適志耳。若轟雷電奔、風雨馳驟，闇留者將累日，則人未有不叫讙荒忽、狂奔而不已者。而獨可處於數窮失志之時，每進而十年也哉？

且夫士君子之生於世，所有事者其亦可知也。回視十年之内，廢興豐悴，迭更遞變，彼馳騁豪雄勢力相矜者，朝爲虎而夕爲鼠，今求其人於荒墟蔓草之間，多不可復見，觀此宜若可自喜慰。然而吾黨之所用心，夫豈在是？仰而天，俯而人，所不能不愴於懷者？歷年之久，猶未有豸，而吾又漸至於老，是不能無感耳。

自先生去崑山，予或一年，或二年，率一過從先生於吴門，觀其神明之盛衰以卜亨屯之運。去歲，自鄧尉訪徐子昭法歸，起居先生。先生容觀如昔，又送予於舟次，往還十數里，疾健如少年。是則先生雖不能釋然於時數之遭，而其好道安貧自頤養之學，又自有獨卲者。又意者，天之所行，循環屈伸，於此可以知先生今者弗樂之懷，其亦有不終於不樂者乎？予於先生之壽不容無文辭，而又自謂辱先生知之深，故其言不以迹而以心也如此。是爲序。

徐俟齋表兄六十壽序

古今魁奇碩傑之士，其所以行成德立、炳烈百世者，亦由於志之非常而已矣。《書》曰：「功崇惟志。」《易・蠱》之上九曰：「不事王侯，志可則也。」而《孟子》亦曰：「士惟尚志。」志高乎一鄉，則爲一鄉之士；高乎一國，則爲一國之士；高乎天下，則爲天下之士。而爲百世師者，能奮志乎百世之上也。

余雖交於天下者寡，而心所服從以爲志極高而不可及者，唯我俟齋一人。俟齋於經史百家之書、名山之藏，靡不熟讀深思，其上下古今人物皆出乎尋常識辨所不逮，而與之默契於精微之間久矣。目空千古而欲超而上之，故其爲君臣父子之倫、出處辭受之節，以至文章翰墨繪染之事，皆斷斷然不屑爲古今第二人。余所見夫志之高者，誠未有如俟齋者也。

余獨異時會不齊，蒼蒼之待夫人者險、易、亨、屯，不知若何爲之宰制於其間。以俟齋不肯少貶其志，即使履順易、涉夷坦，優游乎富貴福澤，未嘗不爲天地間間出偉人。而必處天崩地陁、風駴波翻之日，跡其平生所遭，皆極人世之憂患，天亦若以人世所憂患者聚而加諸俟齋，使之歷試而後無憾，何哉？蹇險顛阨，從來魁奇碩傑之士所由出也。不處夫甚難安之遇，則不得爲特立之人；不兼處夫古今所未處之遇，則不得爲萬全無遺行之人。由今而後，天下之仰俟齋者，爲名孝廉、爲義士、爲逸民、爲孝子，而不知其所以至於是者，非獨造物鍾英靈之氣，乃其精神閱久而彌焕，如金之在冶、丹之在竈，千鎔百鍊以成之也。

余與俟齋屬在中表，又以先節孝應文靖公請，授經俟齋昆仲，余少俟齋五歲，從學館舍，雖騃無知，蚤受俟齋劘切。已而並罹大故，歌《黍離》、賡《蓼莪》，又竊附於同志。四十年來，俟齋守土室，余亦閉户授徒，雖蹤跡不數數往來，而稠洽之好如親兄弟。今三月二十二日，爲俟齋六十降辰。俟齋之壽殆與元會運世相終始，夫豈百年以内歲月之所能壽？然而情溢於中，有不能已於一言爲壽者。

竊以爲知余者，莫如俟齋；而知俟齋者，亦莫若余。知之深，則不覺其言之切。孔子謂：「伯夷、叔齊不降其志，不辱其身。」夫惟不降其志，爲能不辱其身。苟使世之人有復出吾上者，是即不勝其降屈。而余觀俟齋之志，直若有踰泰岱，垂日月、陵天地，而未足爲高者焉。顧其一生建立，皆在蹇險顛阨，造物之數會有轉移，《復》之「朋來」端由於《剥》之「碩果」，天安知不以窮居不損者即使之大行不加？而俟齋於豐融夷易之地，復將爲古今天地間不易及之偉人也，而亦以俟齋之志卜之矣。

王不庵先生六十壽序

世未有可望而不可即者，而雲也則然；世未有可親而不可見者，而風也則然。今夫雲之爲物，或輕而舒卷太清，或凝而雨徧天下。其高也，薄乎日月而往來泰華之巔；其卑也，湖海之蒸騰而郊野之磅礴扶輿：此其所爲用也。然而可望而不可即者，千古如斯也。若夫風之爲物，静則青蘋未起，動則震蕩山谷，萬竅怒呺；遠則周行乎六合之内，而近不離乎襟袖：此其所爲用也。然而可親不可見者，千古如斯也。故麒麟鳳鳥非不稱瑞，而必擇時而〔三〕見焉；幽蘭秀草非不信芳，而必擇地而〔四〕産焉。惟夫二物者，不擇時地，日在人間，而卒非時地之所得而方體，超遥塵滓、逾邁霄壤間。

嘗以是慨想夫人之爲人，其有能與之等絜者乎？則余未之遇也。蓋士君子生於世，時與地皆非吾所能爲，不幸而處時地之所難，必欲遵海而處、買山而隱，曰：「吾以遯世，吾以避地。」則究何時之可遯，何地之可避？故與其托爲時地之避而無一用於天下，孰若靡所擇乎時地，而又超乎時地之爲善隱也。

余往者得交王不庵先生，竊以爲其人殆不多見。蓋先生之學，不必《詩》、《書》、《易》、《禮》之有專家，其才不必户口、財賦、水利、甲兵與夫陰陽、醫藥之有專長，而其爲用不必教授生徒、發蒙啓聵及其方術所濟、輕財急難之有專功；即其身所往來，亦不必黄山之爲故鄉而吴、越、江、淮之有定居。世之人習聞其名，而未易覿其光儀也；習與之處，而莫能窺其藴藏也。與人甚近，又未嘗不與人甚遠。則余向所慨想爲可望不可即、可親不可見者，先生之謂歟？

故於先生六十而爲是説以壽，先生其以余言爲得一當於心焉否？若徒曰：「士君子窮爲孤雲之無依，達爲蛟龍之雲雨；窮以風起乎百世，達以風行而草從。」則恐猶未能盡先生也歟！

戴耘野先生六十壽序

士君子得遇其時，身登朝著，因以汲引賢豪，交贊休明，甚盛事也。即不幸而生不逢時，賢否易位，當日海内之士猶得往來於野，徵於公府，遊談聚處於學校。雖激濁揚清，以言忤世，固其末流之弊；而一時相與之樂，無所回忌，弁禩而下，猶争羡之。若夫時移事變，士各有志，不能與物推遷，顧影自異，出門有礙，率皆名可得聞、身皆不可得見。生其際者，亦極悲矣！

今天下固非無得時居寵之士也，而若野若市，若耕若釣，若教授若屠酤、販鬻，類多隱者。吴江戴耘野先生，其抗節尤高者也。三十年來不入州府，微獨當世之人莫或窺其顔面，即我徒亦罕得見之。而壬子之〔五〕秋，扁舟載酒過訪於玉峰之陽、婁水之陰。杓石程子、重其袁子爲之導，葵園呼子爲之主。吾邑同志之士仰其風者，幸得親見，相與賦詩投贈，以爲勝事。

明年癸丑，程子、袁子又以先生六十告余；余以告吾邑之得見先生者，皆欣然謀將壽之。或曰：「先生之德盛而能下。」或曰：「先生著書扶植倫常，以垂後世。」或又曰：「昔者蔡邕多識漢家故實，而志節闕如；陶潛不忘晉室，而不聞紀載當時遺事。先生兼之。」是皆可述而爲文以壽也。

予以爲：吾黨今日寧跼蹐〔六〕於天地間而不悔者，亦時使然耳。百世之後，論定者自有其人，何事交相標榜？且身既隱，焉用文之？亦惟回首平生，蕭條寂寞，今也彼既耄耋，此復耆艾，良可感也。同志者正當攜壺命棹，如先生之昨歲，訪先生於水雲灝溔之鄉，歌詩飲酒。以見雖處滅影絶跡之中，猶不廢往來遊處之歡；且以見倘獲逢時，志在天下，其我轂子佩以從事當途者。倘所謂拔茅連茹，梧桐鳳鳴之盛，亦固有不誣者乎。用使後世之士，得以想見吾黨其風流固如是也。

董繡衷暨配蔣孺人雙壽序

歲在疆圉赤奮若，董子乾二、觀三之兩尊人：繡衷先生年七十，蔣孺人後二歲，而偕老於兹，某月先生誕辰，將同舉七十之觴，而請予撰蝦辭以爲侑。予不能辭，又不能文，竊以謂：先生自憲副公以來，世有舊德，固宜其壽。而《禮》有云：「父子篤，兄弟睦，夫婦和，家之順也。」達順必由體信，故信又爲順之實。斯言也，當舉以壽先生。

蓋世固多篤於父子、睦於兄弟、和於夫婦者，然苟不能無飾情之歡、狥己之愛，非信也，即非順也。必其父子、兄弟、夫婦之間，相敦以性、相諭以道，内而志慮所存，外而事爲所接，一由夫倫序之當然，如風之行、水之流，雖瀠洄旋轉，百變而不失其常。夫是之爲信，而順信也者，固天道之所以無終極而壽者也。先生得是道以引，其年安得不壽也歟？

始乾二、觀三問字於予，數數過從，因心友愛溢於言動，予於其兄弟固已想見其家庭父子之樂。既而過葑溪，與尊人共酬對，則見先生無夸容、無疾言、無匿情，益自喜。向者見乾二、觀三昆弟，直無異常見先生。且先生之言曰：「我見天下無一不善之人，其以人爲不善者，妄自生疑耳。」故無貴賤賢愚，罔不推誠以待，而乾二昆仲之爲心亦然，斯其父子相信也篤矣。

及乾二昆仲以書請予序，而復語予曰：「吾母少好佛，近不言佛，而有得於法之一字，謂君子亦行法而已矣；見兒輩讀性理，則又謂兩字爲性理、一字爲法。」孺人母德，予固聞之有素，而於法之爲言，益歎先生家之順。夫婦之所以和者由是，父子之所以篤者由是，兄弟之所以睦者由是。益習見先生行於父子、兄弟、夫婦之間者，無往而非法，故能自道其所得如是。先生之法非即《禮》之所謂信也歟？體信達順，則承天之祐而嘉祥可以畢致。

前當庚午夏，先生之家芝草產焉，是秋觀三登賢書，而予以爲賢書不足以盡芝草之祥，芝草亦不足以盡信順之應。將必有昔者駢枝連理之卉木，棲不争巢、哺不擇子之禽鳥，集而爲瑞，又將必有偉人大儒、魁傑之士接踵挺生於一門。今觀三方試禮部，乾二雖屈於時，然抱其積學，又必將並有大遇，而以其信順之道推於人、措於世，則先生不獨壽其身，抑又壽其家、壽其邦國。而且躋羣生於仁壽之域，夫而後先生與孺人乃大快，曰：「吾所行於家者，其效有若是乎？」夫予之言之(七)及此，非夸也，蓋亦決於理之自然可信焉而已矣。

徐瞻明表兄壽序

瞻明與家七襄後一歲而生，去年七襄七十，瞻明既爲文以壽之矣。今年瞻明七十，七襄欲予爲侑觴之言，亦瞻明意雅有然也。

夫余少於瞻明十二歲，則十二年以前瞻明所爲交於七襄者，余不見其何若，然大抵文藝角逐，争長壇坫。時皆年少氣揚，視科名青紫，直叩囊底智可得，以是結契良深。何者？瞻明迄今猶嘗道其曩時制義風發閃電，爲從祖文靖公所稱賞，輙喜見乎色，津津不置。七襄雖登賢書，意常若未足暴其所學，况以詿誤被廢，悒鬱失志，往往酒酣耳熱，論文縱横聳聽。則當年瞻明與七襄之交，亦槩可見矣。

及余交於瞻明，則已遭世故，並棄儒冠。雖嘗侍先節孝，以與瞻明有中表戚故，相見於文靖公舘舍，然時尚童子，弗之省也。自後先節孝與文靖公同時殉國，君之從叔俟齋亦埋迹土室，君遂結廬於一雲深處，或服黄冠，或傚緇流，罕入城府。余每訪俟齋，俟齋即折簡邀之，浮白分題，交相傾倒，話必達旦，留必信宿。以故予過一雲時少，而訪俟齋時多。

瞻明既以幽人自命，而七襄方以其文受知當世，當世亦争得以爲榮。然瞻明來訪余，必訪七襄。蓋七襄性高岸，褐衣蔬食自安，非直以被廢故也；傲睨軒冕，不事請謁，自爲諸生已然。吾邑固遊宦之國，甲第朱門，雲屯櫛比，七襄未嘗一輕往托足。苟列廣坐，即默不發語；一二知己相對，則揚眉昂首，無所回忌，視貴要不啻若土芥。瞻明謂七襄即掇高科，亦必不諧於世而廢。此語良然！然則瞻明之於七襄，白首如新，抑更有以也。

惜今年皆老，兩君之所爲可壽者，皆其所爲可慨者。然瞻明之壽七襄者曰：「物必飽霜雪而後不凋，人必稔摧困而後難老。」則兩君之所爲可慨者，又皆其所爲可壽者。瞻明之壽七襄，即七襄之壽瞻明。余固欲壽瞻明以文，蓋不因乎兩君之意。然不覺因七襄言，而既敍予與瞻明情好，復敍瞻明、七襄平生之歡，而亦遂以爲七襄壽焉。

金卓庵六十壽序

昔魏陽元爲後將軍鍾毓長史，毓初不知其善射，及見陽元發無不中，舉坐莫敵，乃歎曰：「吾之不足以盡卿才，如此射矣。」予每讀此事，竊歎後世人情好夸，稍有所通曉，即詡詡焉表暴於衆。如五都之市，不問常異貴賤，率傾其百物而炫鬻之；又或如貧者舉賓嘉禮，凡其供帳饋獻觴豆之富，大半假之親好以相矜耀。何古今人度量之相越歟？

又嘗念余閉户孑處，安得輕論天下士？而以生平所見，若卓庵之深潛厚重、藴涵不發，則誠有過人者。蓋予之與交者，垂二十年。昨歲，席典籍獻臣延余授其弟永渤經，而卓庵之子友燕亦負笈。典籍與卓庵有舊好，典籍之弟元功中翰，又卓庵之（八）東牀客也，以故卓庵與予益款洽。其性行才抱不可謂不知之，然遂欲以盡卓庵，則其爲陽元之射也正多矣。卓庵雅志丘壑，不樂仕宦，而嘗慨然於經國安民之略；不務爲皎皎琦（九）行求異乎俗，而孝友出自天性，又樂聞仁義道德之説以行之。不尚能，不喜功，而遇事明決，電發星流，微彰剛柔，動中機會不掩人，以所學縱横馳辨，而日必端坐一室，讀古今書。雖物務肆應不輟，不翔步於騷壇藝苑，而尤好詩律，其所吟詠出入儲王若是者，皆予之所知於卓庵者。然卓庵初非有一言之示於予，而予於往來酬酢間微察而得之，則即予所知者，猶僅窺其百一未足盡之，而況予所不及知者。豈卓庵生長於高山巨澤，山之載也極厚，水之稸也不測，得其英靈之氣有然歟？不然，何古今人又度量之不相越也？

今年卓庵壽六十，不能無文以祝。而予特敍向所嘉歎於卓庵者，以爲祝嘏之辭，無踰於此。夫壽也者，人之精神所與爲無疆者也，不斂藏則不凝謐，不凝謐則不堅遐。卓庵以其神明專於内而不及於外，此其爲永命之道，夫豈呴嘘吁（一〇）吸、偃仰屈伸者之所得而覬歟？孫登曰：「火生而有光，而不用其光，所以全其耀；人生而有才，而不用其才，所以保其年。」予之斯言寧不有合以卓庵達識？而稚圭、稚宗伯仲又皆丈夫，子必首肯於予言，而加進以一觴焉。

石羽明壽序

間嘗謂：「世之繫賴於人者，必不可以不壽；而其年之得臻遐茂者，亦必不可不爲有所繫賴之人。」然觀造物之意，康强壽考固其所靳，而亦若不甚靳於世所繫賴者。此天道之所以爲勸，即壽者不以是爲冀倖，而亦[一一]舉世之[一二]所願望而忻慰者也。

往時友朋晤對，數爲余道：「陶庵黄先生遺藁既授梓矣，懼禍者白於當事，亟追毀之勢幾不可回，賴有人焉調護得寢，而未知其人之爲誰何也。」今兹七月，石翁羽明過訪，操當世名流往來贈答詩文爲介。余讀耿庵、秬園所贈羽明五十歲時壽言，具道黄先生事，而後知所謂其人者，羽明也，不覺矍然起謝曰：「義哉！何與翁相見之晚？」既復悉羽明生平解紛濟厄，振人之命，保人之家，及讓人財産，若是者不知幾何事。

昔司馬子長自傷陷刑，家貧不足自贖，又無當路賢豪爲之居間救解者，故發憤而作《貨殖》、《游俠傳》。夫不幸生於衰輓，危難困阨，即賢人君子猶所時有，而況鄉曲平交？使勇於爲義如羽明者，所在有一二人，詎非生人之大庇而世道之至幸？抑使當世有若司馬子長，而苟不遇羽明聞其高義，感激忿懣，傾倒於傳記者，又不知其如何？然而羽明一貧者耳，家無餘金，而又未嘗以俠自任，此其所以愈不可及而可風也。

羽明今年七十有三矣，屈指杖國尚有七載。而昔人每遇前之壽期，即開後之壽期，故自七帙往而八帙已開，而况七十有三。余踵耿庵、秬園之後，即豫爲八帙壽言似無不可。羽明之來吾里也，其即次與吾居，相去不下里外，數過從往來，疾捷猶如精健少年，雖天雨街泥，亦屐齒爲輕。自吾里而歸畱也，又索余題其《初夏閑居詩》與十子倡和者，羽明好義若此，宜惟日不足而何以得自暇逸？夫閑者不皆好義，好義者未有不閑。何者？爲其所當爲，而不爲其所不欲爲也。是以羽明日常焚香烹茗，賦詩把觴，蕭然如在世外。夫樂善植德，天之所篤也；怡真適志，人之所養也。天之所篤又優以人之所養，羽明康强壽考，正未可涯。聞懸弧令辰在兹仲冬，諸賢嗣趨庭上，壽其以斯言爲觴。吾知開襟滿引必有加於七十之觴者已。

顧鳴仲先生七十壽序

用純總角時，即聞邑有霖雨堂顧鳴仲先生者，醇篤君子也，而以幼不出户，未嘗得見。繼而遭世故，躑躅於荒煙野水之鄉，遠自逃避，則益不得登所謂霖雨堂而見鳴仲先生矣。其後授粲於同里徐文學之舘舍，則文學之母與先生之夫人，兄弟也，而先生之孫大讓又壻於文學之女，宜可得見，而時又不果。逾三年，大讓邀用純同學，乃始得齋祓晉見先生，而因得觀所謂霖雨堂者：玉峰枕其後，嘉卉修木列植於其前。蓋太保文康公致政歸老之地，遵化公又葺宇其旁以爲室居，而先生克守祖父遺業，以是獨得名焉。是時先生年六十有六矣，而神穆然，而氣冲然，衣冠言貌皆有古則，用純心固竊自慰。及與大讓同晨夕者二年，先生雅好淡定，簡應酬，凡子孫交朋游好，多不數數接對，顧獨喜時見用純。既别去大讓，而每過其齋起居先生，先生又趣即倒屣迎，以故熟。

聞先生之論議，觀先生之行事本末，而歎爲真醇篤君子無疑也。蓋先生養静守默，終日危坐一室不交物，務其所得爲最深遠。而制行多過於人，事親孝、卹族厚、待物仁、臨財讓，間發一言必歸理趨。嘗謂用純曰：「當今世道日偷，趨便利如騖，吾輩要於立身行己，不愧正厚自益爾。」又曰：「志氣清明則精神自然强固。」其馴行有德類如此。竊慨今世衣冠子弟徵逐聲利，意氣浮溢，視人出己下嘗不啻百千倍，往往傲睨其父兄，其有聞仁謹信讓長者之風不樂也，亦閒以爲怪，此豈獨其性然歟？亦不多得長者而嘗見之耳。獨今既得遇長者如先生，而又不能與裙屐少年相習處，即令僅一見之，亦不易得。噫嘻，豈非其不幸歟？

雖然，抑猶有説也。當有漢之隆，以萬石君家爲不言而躬行，乃擢其子孫悉置右職，所以漢廷臣節風流篤厚，以霍子孟之不學無術而爲時阿衡，以孔子夏之持禄保位而周密謹慎，至不言温室之樹；及其衰也，桓、靈失政，猶重海内砥行立名之士，安車蒲輪以徵之不得，又欲圖其貌以見之於時，人皆知至德爲可師，而清議爲可畏，脱不然者，雖有百陳太丘、郭有道，亦烏能使儒流皆成學，而無良化爲善士哉。然則吾黨俗尚之薄，厥有由已，亦非獨今時之過也。

今年先生壽七十，邑之縉紳士類、通家子弟親戚宜如何爲先生壽？而薄俗爲禍，先生且不寧於其居向。之霖雨堂，不復得興於斯，息於斯，而聚賓客於斯也。瞻榱棟之如故，念世澤之我違。先生所以固辭上壽，而捧槃匜而旅進者，亦皆逡巡而引退焉，是重可感也已。小子用純辱疇昔之引重，固不容以不壽，雖極固陋，其敢無一言於此。吾聞公侯之後必復其始，以大讓之春秋鼎盛，績學力行，其光大前烈也，當不待時。方今運會已窮，世道將旋，一旦明天子建蕩平之極，開張聖治，奮興禮樂，臨辟雍而求更老，則先生其人也，繼今以往，又何俟十年而一壽？凡用純所以爲無疆之頌者，又豈如今所稱述而已哉？是爲序。

馬君房先生七十壽序

乙巳之歲，仲春之月，旬有某日，君房馬先生七十懸弧之辰也。殿聞馬子上静觀之堂，歌萬壽之詩，拜嘉慶之觴，舞斑衣之彩，子弟率從，懿親咸集，款曲言笑，極讌盡歡，以壽其親。既畢退而告其二三良友曰：「吾父之壽，則誠樂矣；而吾之所以壽吾父者，未之有慊也，諸子其惠我一言以爲壽。」

用純進馬子而問曰：「子之欲以壽子之親者，何也？意者必若古所謂飲御瑶池之上、候望紫雲之輦，而後愉快歟？」曰：「非也。」「意者若廣成子千五百歲而衰，關尹、柱下之屬皆莫知所終極，心慕其術而猶未得歟？」曰：「非也。」「然則子之所欲以壽親者，何也？」馬子曰：「男子生而五歲受學，其親爲之捐幣迎師，朝經夕史，心力勞瘁，罔知暇豫；惟是長而登第，厠足承明，躋高官、享大利，以爲父母垂白之年一日之榮。吾今者時不逮志，寂寥索寞，以是爲弗能壽也。」

用純曰：「是則過矣。今之乘時遇世、致身青雲者，子見之矣。爵未能以顯親，而震蕩顛越，則親爲之懼；禄未能以養親，而支吾補綴，則親爲之困。此非有所不戒不惕，貽親以憂也，猶乘舟於狂風激浪之中，而莫之如何也。而況北山之徒陟，白雲之空望，冬夏晨昏弗克承一息之起居，良辰嘉會弗克羞一爵之醥醪，以是爲致愛於親，吾弗之知矣。今子學博而恥詭於遇，才高而惟義之持，名可采而弗競，榮可弋而弗趨，棲神恬淡，樂志庭闈。雖德不被當世，而從善如馳。惠洽宗親，施及煢獨，急人之難，解物之阨，懇懇懃懃，日惟不足；趨庭請益，相顧彌樂，綱羅今古，父商子榷，無憂危之伐性，無謀慮之摇精，無得失寵辱以害氣，無東西南北以勞形。然則先生之壽何，莫非子爲之，而世之能壽其親者，孰子若歟？」

馬子曰：「子言信然矣，而不知是皆吾父之教也。吾父教我曰：『無騖聲華，騖聲華則多咎；無好厚藏，好厚藏則寡德；無怠《詩》、《書》而薄文藝，《詩》、《書》不勤、文藝不親，則昧禮疎義而害於而身。』今子以吾爲能守義不競，是無騖聲華也；施舍恐後，是無好厚藏也；網羅舊聞，是無怠《詩》、《書》而薄文藝也。吾父以是紹大參公之緒，故能傳其家；以是受天之祐〔一三〕，故能壽其身。吾惟勉勉焉，不敢倍親志而已，吾又安能壽吾父？」

用純又謂之曰：「如子之言而不自居其能，則必反先生之教役。名利之場，德義不施，學問不事，牆高而基下、朝榮而夕落，而後爲子之能乎？善必歸親，子固當然，然事親莫大乎養志，養志之孝，類又非凝精保氣者之所能及，子則退然自以爲不足，乃彌見子之能壽其親矣。雖然，吾慮夫實積而名自至，理極而數必通。子雖脱屣榮名，世必得子以爲重，子又安能辭天路之翱翔，而守膝下之娱也？吾又知高而能下、貴而能貧，必不肯蹈危機以累先生一日之歡者，子又出處而一致也。子願我一言以爲壽，吾不文吾之言，如是而已。子其許我哉？先生其許我哉？請書以爲序。」

徐季重先生七十壽序

心安可無也？不先立其大者，則小者皆可得而奪也；心又安可有也？有所喜怒好惡，斯不得其正矣。是故聖人之言心也，曰：「無思也，無爲也，寂然不動，感而遂通天下之故。」又曰：「天下何思何慮，同歸而殊途，一致而百慮，天下何思何慮。」蓋心之爲物，廓然在中，涵天下之至有，居天下之至無，其體則「圓而神」，其用則「方以智」，極事物之可喜、可怒、可愛、可惡，莫非心之所應。要一因乎其理之自然，而心初無與焉。

故聖人之心，無意、無必、無固、無我，而其作《春秋》也，曰：「誰毀誰譽」，「斯民也，三代之所以直道而行也」。毀譽斯有心，而非直道矣；直道之在天下，無古今，無聖愚。人徒見隆古之民，比户可封，以爲人心遠勝於今，而不知所以比户可封者，「不識不知，順帝之則」也；徒見後世之民智故多端，僞亂滋起，以爲人心遠不古若，而不知智巧僞亂之中，其所爲「不識不知」者固在也。不識不知以順帝之則，是所謂「直道而行」也。葵丘、首止之善，夫人而見其爲善，未嘗以聖人所予而故奪之；趙盾、許止之惡，夫人而見其爲惡，未嘗以聖人所誅而故賞之。然則聖人與斯民，亦同歸無心而已矣。

是説也，予以之壽愚谷先生。先生自壯歲擢世故，絶意榮名，窮年著書，舉有明一代名臣，綱紀其言行而編録之，雖不以作史自任，實爲作史者草創。一人進退，一事取舍，皆由朝蒐夕討，以成此書。然而先生却壽之詩曰：「高談性命猶多事，矢志編摩亦近名。最是無心堪入道，何妨倚杖獨閑行？」斯可以知先生之人矣！斯可以讀先生之書矣！

無心者，無偏無黨之謂也；有心者，作好作惡之謂也。千古作史者，類皆任好惡之私，無所權衡，不以己之褒貶從天下之人物，而以天下之人物供己之褒貶。故《春秋》爲傳心要典，而自是以下無信史。若夫有明之史之難作，尤在門户之偏黨。非君子、小人各從其類之爲門户也。附善類者，雖其人傾危邪佞，而皆擱然以君子自許；不附善類者，雖其人孤耿恬慎，而輙嚚然絶之爲小人。此所以淄澠混淆、黑白舛互。而門户之弊，至於人心、學術、吏道、治功一切不問，而三百年之神器亦隨以喪。

先生間嘗與友朋慷慨論説，搤擘推几，蓋不勝其歎恨。故著之於書，盡去由來之成見故説，而得《春秋》微旨，一裁以義理之公，是者是之，非者非之，而初無心於其際。先生之書，於是乎壽諸百世，先生之人亦於是乎壽諸百世矣。

庚申三月某日，爲先生七十誕辰，雖辭觴祝，而與先生爲金石之交者不可無文以壽，因道先生之自壽者若此。若夫由無心之説而謂先生能逍遥曠達、頤真養性，則近於漆園、禦寇之學，非所以道先生也。

徐健庵學士暨配金夫人五十壽序

卿大夫立乎朝廷之上，訪求天下魁奇碩杰，樂以其生平藴負發爲豐功茂績者，悉羅而致之，當宁（一四）恒慮。或有遺賢亦曰：「吾將以鳴國家得人之盛，收多士策力之效也。」若夫隱德丘園，守貞弗仕，此其素懷既不軫夫當世，而當世亦莫或資其用，宜乎卿大夫之迹疎事違不相爲謀也。然流覽往昔載籍，自春秋戰國侯王公子卑躬折節以禮遺逸，而其後如黄瓊、黄琬之於申屠蟠，陳蕃之於黄憲、徐穉，王弘之於陶潛，高士廉之於朱桃椎，魏徵之於孫思邈，張浚之於蘇雲卿，皆以宰執之尊、牧伯之貴，望夫巖谷之中衣蘿被褐者，尊仰皆若位在己上，彼其心豈以爲此潔身遠引之流，果能爲吾屈而出其謨猷才力以共勷大業哉？然而造請殷勤，使命稠疊，惟恐一不當其意者。夫亦高而愈思夫卑，貴而愈思夫賢，進而愈思夫退。古之君子不僅不以崇榮富貴自居，而即以其好德而忘勢者爲報於朝廷，爲用於天下也。

侍讀學士徐健庵先生，讀其家之賜書，早與總憲、宫允兩先生昆弟並登大魁，從容朝著，事業文章彪炳海内。而切切焉以汲引人才爲要，藻鑑之明，網羅之廣，蓋自貢舉奏薦而外，收之疎遯孤窮、拔之顛踣患難者，維日不足，是以天下之爲士者争輻輳於三先生。三先生風尚大約相埒，而先生尤好與逸民遺老遊，式廬而謁，重幣而延，餽遺其困約，剞劂其著書。故先生之座上及其幕中，往往無豪貴之客，而皆畸行之人。雖煙霞與居，木石與從，其視斯世不啻若浼者，先生率禮敬之。

余嘗讀《易·遯》之六爻矣，初、二、三、上皆遯世之人也，四、五履君相之位，則非遯世之人也。而其《繫辭》曰「好遯」、曰「嘉遯」，言世有賢者，不肯以其所學獻之明廷，似非君相之所意愜，然而四好樂之，五嘉予之，是則爲君相之道也。已而又申之曰「君子吉」、曰「貞吉」，言必「好遯」而後爲「君子」，「嘉遯」而後爲「得正」。先生其「好遯」之「君子」歟！

先生五十壽辰在前二歲，今年八月爲夫人五十，親知皆往觴賀，而先生之子藝初、章仲兩中翰曰：「必以朱子之言爲觴侑」，以是徵文於余。余曰：「此大人先生之事也，余弗敢，余弗敢。」而兩中翰固强之，夫余之匿影草澤，特守拙就閒耳，非能與當世之逸民遺老相頡頏也。然與先生同鄉井，當先生里居時，踵不接於先生之門；及歷官禁近，又初未嘗咫尺通問候，先生顧不鄙其偃蹇頹惰之無狀，而顧若許爲遯世焉者？今兩中翰其亦猶夫先生之雅懷也，予又何庸他爲敘述？故於門德之方昌、夫人之淑範不一及，而獨舉先生加禮山澤之癯，與古之名公卿争烈以揚偉績於無窮，而荅兩中翰所以猥采余言以壽其尊大人之意云。

盛逸齋六十壽序

商山之有四皓也，或曰餐芝之故，而不知其所以壽者非芝也；南陽菊潭之人之多壽也，或曰餐菊使然，而不知其所以壽者非菊也。大約處於窮山邃谷，與世味絶，與物情疎，深渺以藏形，泰定以養性，其多壽也固宜，而特其地適有芝、菊耳。若夫紛華靡麗之場，未嘗不身親之而仍多壽焉者，其人必迹紛華而心澹漠者也；亦有栖乎寬閑，遊乎寂寞，物情世味，似乎邈不相接，而仍未必多壽者，其人或迹澹漠而心紛華者也。

余於逸齋而歎心、迹之一，其庶幾乎。當少壯時，今中翰珍示先生，早以文章經濟爲己任。逸齋以難弟而所趨不同，息意科名，若隤然自廢者。然敦篤行誼，枕籍書史，間以揮灑渲染自娱，而書畫遂臻絶詣。其於高車駟馬之往來，不樂也；其於珍饈袨服、美色新聲、重堂廣厦之遊閑，未嘗近也；至於薄俗、側媚、偃蹇之態，與夫閃倏、巇巇、傾軋之所爲，則未之或知也。匡居一室，消摇物表，雖窮山邃谷，無以加諸，則其爲壽又何疑焉。今年丁巳，甲子一周，知逸齋者皆致其詩文以壽。而令子玉臣又從余遊，故道逸齋所以壽者，在迹而尤在心如此然。

逸齋善畫山水。昔宗少文以名山不能遍及，惟當卧遊，乃悉圖於室。我知逸齋神恬趨適之候，對風煙勝景，濡墨含毫，一點染蓬萊、方丈，而恍與真人者相遇於其間。蓋不啻挹浮丘之袖而拍洪涯之肩，則又豈如商山、菊潭之是居而已。而逸齋又好佛氏，比年尤篤，日誦所謂《華嚴經》數卷。華嚴之言，益閎遠而無極，渺萬物，陵天地，超古今，逸齋其深有得於此。正恐傾學士之筆精，殫詞人之墨妙，不足以道其壽也。

徐退山七十壽序

六經之言壽者莫如詩。《豳風·七月》之篇曰「爲此春酒，以介眉壽」，曰「稱彼兕觥，萬壽無疆」，歌頌其上之誠以愛下也；《小雅·天保》、《蓼蕭》、《南山有臺》之篇曰「萬壽無期」，曰「令德壽豈」，君臣交爲贈答，而勉其德之能，定國家以燕樂也；《楚茨》、《信南山》諸詩皆以壽考萬年爲祝，由諸侯之勤於農事，亦賴農夫之慶以奉祭祀，而相期，而相報也；《大雅·行葦》、《既醉》以父兄助祭錫福不勝其宴勞之歡，則曰「壽考維祺」、「君子萬年」；《魯頌·泮水》、《閟宮》以僖公克修天子禮樂教化以紹祖德，則曰「永錫難老」，曰「萬有千歲，眉壽無有害」。

由斯以觀，必其業隆於上，澤周於下，爲世攸賴，乃相與歡欣鼓舞，願其多壽。抑且溢於頌禱，流連反覆，而不以爲諛受之者，亦若分所宜。然而不以爲泰，蓋出於祝者誠悃所不容，已而受者自相安於不辭也。若今之壽者不然，不論當壽與否，率以十歲爲期，自四十以上有力者即爲之，類皆繁稱縟説，列之屏障，賓從如雲，玉帛交錯，主人張樂設飲兼旬累夜，以是爲榮，其亦僭矣。用是賢者視爲竊俗，往往晦其可壽之素，堅辭固却幾於踰垣閉門。此或亦有激於懷，要其謙冲襟度，又有足風世者焉。

退山先生以宿學傑望登進士第，固當翱翔禁近，持橐簪筆以揚厲國家之業，乃旋挂無端之吏議，一蹶而不復振，知者惜之。然其文章久已爲世法程，及既罷廢，益縱論海内著作之林，一出一入，悉不苟下借。又自六經以迄唐、宋、元文章名家，鈎玄提要，皆有發明，世之含毫濡墨之士，無不由以深通載籍而騰身藝苑。然則先生即不見用，爲功當世匪淺，而蒙其休者安得不願其多壽也？

戊辰人日爲七十降誕之辰，壽者駢闐，先生辭之甚峻，曰：「吾何人，乃敢言壽？」先生虛懷若谷，白首不渝，而於是爲謙之至，天道益謙，壽固宜已。予敢爲世之願其多壽者，效詩人之辭而祝之，曰：「惟彼玉山，清淑所鍾。人文著瑞，鬱何巃嵸。番番黄髪，願言相從。其多受祉，如山之崇。」又祝曰：「憲憲令望，洽於四國。在帝左右，我心則得。位厥不顯，後生之福。綱紀古訓，以引以翼。以引以翼，惠我無極。」又進而祝曰：「爾容爾度，亦傴亦僂。先民有言，恭者其壽。謙謙君子，遐不黄耇。以刑人士，以葆厥後。」先生上下古今其所得於詩人之旨，固非尠見所能窺，然當信余所論言壽者之非罔，而亦可相安而不辭也。

先生昔執經於先節孝，爲最賞器，予得托總角交，雖已老，猶辱兄弟之愛。令子十人，又半及予門。是序實令子請之，然予初不以請而後序。蓋凡壽先生者，皆有不容已於中之誠悃，而況余歟！

徐子威六十壽序

予與子威交，蓋四十年矣。謂之親，則不可爲親也；謂之疎，則不可爲疎也。未嘗無故而往來聚處，未嘗片語嘲謔雜於笑言，未嘗數數酒食會好相徵逐。里閈幾於相望，而恒邈若數十百里，是不可謂親也。然事之當若何言者，子威謂余必如是言也，已而果如是言；事之當若何爲者，予謂子威必如是其爲也，已而果如是爲。不相要約而隱若有諮諏之契，不相援附而隱若有憑藉之力，心期倡和，常猶合并，是不可謂疎也。意古所謂君子之交「澹以成」者，其道固如斯乎？

夫論交於今日，難矣！交之有道，由於行之克敦；行之克敦，由於恥之能立。恥立而後可以言行，行脩而後可以言交。聖門之論士也，曰：「行己有恥，不辱使命」；曰：「稱孝稱悌」；曰：「言信行果」。孝悌，行己之大節也；言行，亦行己之大閑也。孝悌、信果未足以盡有恥之道，而砥礪廉恥者未有不孝悌、信果。然則孝悌、信果正所以觀士之有恥者也，而聖門論士又即其所以論交者歟？孝悌、信果，必與有恥不辱者遊；而有恥不辱，又豈曰此其出吾次者而不與合志同方也。舍是，則非士之所以爲士，即非友之所以爲友。故曰：「論交，今日之難也。」

子威於一切門庭角立、聲華馳騖、懷刺望塵、游談聚議衒鬻之事，槩屏弗近。即其群從名位震曜當世，而亦素履自得，退老諸生。其所務者，門内之行之醇備被服，造次之不違謹信而已。推而宗親憂患之卹，必以誠感；邑里民生征求之困，先事以圖。而復不尸名，不任功。廣几木榻，終年窮經好古，以造其子弟。窺其户，求其人，類不可得見也。是非屹然植己、以恥爲防者，其孰能之？而豈僅爲一鄉一國之士歟？

余也菰蘆匿影，寡當世交。子威生同里，又托通門之好，得蚤定交，以迄於今，年皆六十。而子威先予一歲固却觴祝，此其不好紛華之襟期固然。顧惟一二知交既不以筐篚壺餐爲禮，並廢其文辭，又何以爲同心之言也。於是敷文葉丈首作歌詩，予亦不揣淺弊，繼壽以序。然初不敢爲揚厲之言，以重失子威之意，特敘夙昔交情，使後世知予與子威之所以交者，其道固如是也；抑使後之投契定分者，或亦有取乎此也，則未始非壽子威於未有艾也歟！

顧廣臨八十壽序

顧氏自原魯先生以讀書學道，聞於海上，其後自太倉徙崑山，代有名德，而廣臨翁繼之。吾朱氏與顧世締兩姓之好，族兄汝任之母之配之子婦，爲翁之姑之女兄之女姪，翁子婦又爲汝任兄女；翁又雅欲與余兄弟有連，而予兄弟寡子女，近族孫武承爲其子請室於翁，許之，則予與翁爲姻亞之黨也。昔在乙酉，先節孝避兵於汝任兄家，實惟翁之伯兄，故居與翁爲東西宅，以故得時共翁周旋。旋遭多難，伶俜失所，賴翁之覆露者良周。予方年少，闇昧世故，翁又動相導翼，則予與翁爲患難之交也。姻亞之黨，則情親；患難之交，則義重。情親義重，當翁之壽辰，角觥旨酒以從事者，其烏能已？而況八十尤世所未易躋者乎！

夫翁之獲此遐齡殆非偶然也。方今淳俗衰熄，有能廣其田宅、高其門户者，輒挾財以稱雄，横行鄉曲，侮人奪人；又或扃鐍其囊篋倉庾，銖積縷較，逐利子母，瘠人自肥。是皆棄親交而弗恤，遠貧窮其若浼，人心忮忒，於兹爲極。翁故承先業之遺，使苟沾沾焉好言封殖，則自少至老，安知不富傾郡縣？然翁不屑爲也。性倍友愛，雖出爲後，以伯兄早廢其業，贍給者不輟，厚兄之子無異己子，今且以兄之曾孫爲曾孫矣。而自昆弟以及親戚，自親戚以及友朋鄉黨，其突煙之不繼者，與婚嫁斂葬之不能舉者，翁一一餽遺經紀，皆不待告而後應，一人或至數四，亦終無吝情倦色。比者翁從子協滄行社倉法於翁之鄉，翁慨然授倉貯[一五]米，其視公事如私事，又率類此所謂好行其德者，非歟？以德若此，固當畢生履運之休，而中道奪其德配，又不克留令子賢孫以娛翁老。彼横行鄉曲，瘠人肥己者，顧未必若此，亦良可慨已。然翁之好善，初非以邀休嘉之運，而其坎坷繼至亦不少詘其好善之心。宜乎今者輔理内政，纘承弓冶，並有其人，而益報之以多壽。《詩》曰：「俾爾昌爾熾」，「眉壽無有害」，當爲翁頌之矣。

今兹仲春，翁舉壽觴，予因睠念夙好，欲效一言，而協滄又請之，武承又請之，聞者莫不稱願之。憶翁於七十之壽，亦嘗以序自屬於予，媿予言之不文，何以克副？然翁長者之風，或於斯可概見，固不徒爲祝辭已也。

丁遂初七十壽序

夫壽也者，天之所優異，人之所貴重。故年自耆艾以上，親戚友朋即相與躋堂上壽。蓋由朝廷達乎閭巷，有其年者斯舉其禮，初非有或得或不得之數也。

余獨怪夫今之所謂壽者，大約在閥閲素封之家，而晦迹於窮約者不與焉。彼夫貴顯富厚之爲壽也，既爲之執榼承飲以致其養，又爲之束帛加璧、旅幣無方以隆其儀，又務爲詩歌文辭稱揚德美、祈禱萬年以導其欣慕愛樂之誠，其人别無問交與未交、知與未知皆若。苟不得與於斯，則皇然有不能自寧者，若夫身不遊於州府之途，踵不接於公卿之門。疇昔即雅自修飭，其爲壽也，一二周親而外，無論不相交知即厥所往來者，亦或有至、有不至焉。余不知人情之於彼，果何所愛重？而於此，又果何所嫌避而然也？此亦世道之所爲可感也。

予聞夫遂初丁翁之行義久矣。治家孝謹，遇物寬和，其於財貨賦税之出入，必先人後己、先公後私，豈非所謂長者？翁五子皆誠厚而僖吉最少，學制舉業不就，退而精倉鵲之術以利於時，諸孫嗣起皆好讀書，尤見翁裕後之謀。今兹仲冬，爲翁七十初度，唐君與升以告余，且曰鄉之人皆將往爲翁壽，乞子一言，其無辭。余喜夫前之所爲有感於世者，其亦有不然者邪？

《記》曰："虞、夏、殷、周，天下之盛王也，未有遺年者。"是故居鄉以齒，而窮老不遺。又曰："民知尊長養老而後乃能入孝悌，民入孝悌、出尊長養老而後成教。"是以鄉邦之中，苟惟知高年之禮，而耆碩之尚，不以貴富而溢情，不以卑約而廢禮，斯人倫以修、風俗以淳，此亦士大夫之所當率先，而子弟之所宜矜式者也。然則翁之壽非獨以爲天之所優異，人之所貴重，而當相與稱慶，亦所以爲斯世勸也。予能勿效之以言？是爲序。

李峻祉七十壽序

昔管仲之治齊也，曰：「與其爲善於鄉，不若爲善於里；與其爲善於里，不若爲善於家。」此反本之論也。若推而大之，則爲善於家，豈若爲善於里？爲善於里，又豈若爲善於鄉？然則身處窮約，憑藉無人，所謂非附青雲之士，烏能施於後世？是即有樂善之誠，行善之才，而跼蹐掩抑，曾不得一展其生平者，類皆然也。

余於峻祉李翁而有感矣！翁明敏饒才略，而又縝密沉默，故所事多濟。昔先節孝與舅氏圭稚陶先生皆雅志救時，不遇於世，而桑梓利病籌畫精晰必推二先生。邑之東南地脈枯瘠，歲率不登，二先生請於有司，疏決河渠，蠲免傜役。然要舉其綱領，其間委曲而成就者，則翁之力多焉，於時先生長者無不知翁之賢，而翁尤篤内行。尊甫早背，事母盡孝，今老矣，猶言及母氏辛勤淑慎，輒嗚咽流涕。撫翼兩弟秀祉、明祉並著才能，悉翁所成立。翁鋭於爲善，然恢恢有餘資，而不虞於此贏彼詘者，皆閨閫拮据之助。賢嗣三人，亦皆醇謹無遺行，以是知翁之克善其家，而後及於鄉里之爲有本而善推矣。使如兩先生者皆遇於世，得以宏濟多艱，而翁亦憑藉之，其所表建，豈惟鄉里而已？而無如時移事易，向時知翁之賢之先生長者，幾無復僅存。翁乃往來田野，亦慨焉有伯牙輟絃之意，特以樂善性成、事關利濟，苟能爲者，又恒不禁爲之。蓄泄旱潦，給貸牛種，田埜之民仰德者衆；而卹予貧乏，周全急難，勸勉仁讓皆惟恐或後。往往有兩相嫌怨者，已而兩相釋然，而不自知其故，則翁不惜財力以潛爲消解而不之言也。亦樂與二氏之徒相游處，傾囊施捨，未嘗少有倦色。他如道路之人，冬夏施茗粥，昏夜施燈火，殆無虚歲。其生平孜孜好善類如此。

今年七十，鄉之人自薦紳以下，皆愛重翁之善行，而樂翁之多壽。余獨於翁之壽而惜乎，其善之猶未大也。方余年未弱冠，早識翁於先節孝、舅氏之側，見其神明意氣，計所成就非苟焉者，而孰意七十年中其施設乃僅如是，是可惜也。然今者精神爽健，猶若壯時，翁姑待之，安知不復有深知翁之賢者？而又得與世遇，使翁向所推於鄉里者達於國、暨於當世，則翁之壽特七十爲權輿，而所得爲之善且遠過於七十年。前人所稱道以爲壽者，又豈止是？故余兹從鄉邑之後樂述其始末，而並券其後焉。

維石和上壽序

天下之道一也，使有異焉，則非道矣。予不學於佛，顧見夫聖人之道不炫異於世，不矜能於衆。其道愈高，其心愈下；其德愈至，其行愈庸。舜居深山之中，木石與居，鹿豕與遊，其異於野人者幾希。孔子恂恂如也，似不能言者；與鄉人飲酒，杖者出，孔子斯出；見當作當趨者，雖年少，必作與趨。夫惟不自異於野人而後爲舜，不自謂出乎鄉人之類而後爲孔子。

彼夫初而學焉，即高自標置，繼少有得，則蔑視羣倫，以爲此悠悠者安所知，安所能？推其矜己之念，雖其師長父兄且視之夷然，而況等輩儕俗哉！若是者，其學可疑，其所得益未可信，何者？道之於人，但有先覺、後覺之分，初無此有彼無之異。今夫珠玉寶翫私其有者，尚以爲鄙，何況大道爲公，人所皆備，乃戔戔焉謂莫己若，何其小也！若夫聖賢豈或爾哉？余之所見如是，而竊以佛氏之道當亦有然，使有異焉，則非道矣。

予雖不學佛，少罹憂患，逃於世外，間與一二學佛者游，輙以是觀之，而得其人。獨維公宗風高唱，素稔聞之，而未獲周旋杖錫。公早受法於普雲和上，然韜光掩耀，結茅吴淞江之東，執行嚴苦陶鑄學者，門多龍象，足跡不一踐豪門，以爲禪律當然。至於酬接衆類，雖田傭牧子，皆視若同體而不形物我，蓋所謂道高而心下、德至而行庸者。

予表姪夏居士吉將偕黄君岳生、王君儀九及予姻親葛君履實祝公五十，而屬予爲文。夫儒者以壽先五福，而佛氏則曰「無壽者相」，又何其道之不一與？予以爲壽先五福，非貪之也，德之卲者，非壽則無以慰世望也；佛之於壽亦非惡之也，心苟有期於是，則爲道害也。若夫道先天地不爲久，後天地不爲老，而無始無終，視所謂冥靈大椿之年曾不足當旦暮，又何有於人生之歲月？自夫人仰望之心，則以人皆有道，而不能皆得乎道；即得乎道，而道以有爲失，以無爲得，如公者洵不有其道，而道莫幾焉。斯所以假人生之歲月而致無疆之祝，以效其傾心歸命之誠也；斯所以人情隆重，雖五十者特壽之初，而不異期頤，胥法會之侶、舉嚮風之徒，鼓舞焉，奔走焉，而恐後也。是爲序。

【校勘記】

〔一〕「誕」字，廣仁堂本、祠産本均無。

〔二〕「而」字，廣仁堂本、祠産本均無。

〔三〕「而」字，廣仁堂本、祠産本均無。

〔四〕「而」字，廣仁堂本、祠産本均無。

〔五〕「之」字，廣仁堂本、祠産本均無。

〔六〕「躋」字，廣仁堂本、祠産本作「躋」。

〔七〕「之」字，廣仁堂本、祠産本均無。

〔八〕「之」字，廣仁堂本、祠産本均無。

〔九〕「琦」字，廣仁堂本、祠産本均作「奇」。

（一〇）「吁」字，廣仁堂本、祠産本均作「呼」。

（一一）「亦」字，廣仁堂本、祠産本作「義」。

（一二）「之」字，廣仁堂本、祠産本均無。

（一三）「祐」字，廣仁堂本、祠産本均作「佑」。

（一四）「宁」字，廣仁堂本、祠産本均作「宣」。

（一五）「貯」字，廣仁堂本、祠産本均作「儲」。

卷五　壽序

巨濤族伯壽序

庚寅之歲，吾伯巨濤先生自上虞解組歸，移居同里。用純甫能典謁，迺從吾季父後而修族子之禮。自是佳晨令節、花開月出，或山亭池館落成之日，嘗召用純置酒命酌而樂與談。某學不足以備咨訪，才不足以任物務，而先生勤懇相待顧若此，固有所取於中也歟！

當夫促席傳觴，坐無雜客，輒爲吾稱述衣冠之族：孰爲孝友信義傳家也，即崛起，而其子孫多自奮立；孰爲功利相先也，雖紆青拖紫甚通顯，而家固以敗。較若寒暑之信於四時，令人毛髮灑然而傾聽焉。及夫觥籌既錯，顔酡耳熱，又往往掀髯抵掌，爲言當年豪家貴人使氣行權，一時風馳電激，若不知其後之或至乎衰者，及其雲之消而煙之滅，曾不能以一瞬。又或自言少好豪達，脱略小節，有杜牧、蘇舜欽之風，而慷慨以任義，不爲利疚，不爲勢回，中道顛躓幾不免於禍。然而傾者安，安者復傾，蓋一生所歷險夷之境多矣，而志氣未嘗衰，何其壯也！

先生今年七十，先生不欲爲壽，猶欿然不自以爲可壽也。於是親知故舊及族之人，相與敘先生之行義，涖官政績，可以爲壽者若詩若文無慮數百篇。某言既不文且又何以加之，而竊獨有感於先生疇昔之所言。蓋朝菌之旦暮，非旦暮也，而畢世也，然不能見大椿之一日；大椿之八千歲，非八千歲也，而春秋也，然閲朝菌之榮枯已無算。然則先生回首七十年中，世所爲迭興迭廢之事何可計數。向時豪家貴人，今皆安在？而先生以風波不測之身，迄今頭不童、齒不豁、手不策扶老，方徜徉偃息乎林沼之間，挹清泉而攬嘉蔭，是亦可以爲壽矣。又況先生之所以訓其後者，則謂：「先儒有云『詩書，吾家之田；忠孝，吾家之寶』。吾亦以傳吾家也。」則其所挾持者，不更遠歟？

玉孚宗兄壽序

壬子之歲五月四日，玉孚週甲壽辰。宗之長幼卑尊聯襟裾奉壺觴而往壽，令用純爲辭祝嘏。用純讓於長者，長者固命，乃起而言曰：

竊嘗論三代以前天下之士聚於朝，三代以後天下之士聚於野。自周以六德、六藝、六行教萬民而賓興之，士之渥然抱德者，無不奏功於時而食禄於朝，故野無遺賢。其後法制漸弛，朝廷所求非所用，所用非所求，有志之士類皆沉晦無聊，不得已而托於微末之技，以斥遺其壯志，優閒其歲月，春秋時荷蓧、沮溺之徒皆散於耕者也。後乃如朱亥散於屠，毛公、薛公散於博徒、賣漿，君平散於卜，梁鴻散於舂，君公散於儈，華陀散於醫，蓋未可更僕數。要其人得生於三代，孰非國華之選，不在六德必在六行，下焉者亦皆六藝之科，豈肯坐自困廢而爲君子所不屑爲者？

若玉孚，非士之散而以技見者與？幼好學問，以質羸遂精於方藥，其診療之神不啻湔腸浣胃、錬精易形，自薦紳先生、邑大夫以下争重之，顧多奇其術，而行義幾以術掩。蓋其事起吴府君卜孺人盡孝，而友於兄姊，親所遺者讓之，所可竭力者任之。業雖精而弗計其酬，解紛於微言，而不令人知，恥爲面從退言，而一以誠信與人，此皆士行之所難。使世以鄉三物舉士，玉孚豈出其下而散於技術？豈非時使之歟？

有漢之世，海内知名之士受公所辟召者多不就，意率以爲未足大其用也。往者玉孚爲同邑宗伯顧公奏薦，請爲朝廷侍醫，然竟棄去，可以知其意所存矣。然玉孚有子英俊，又善教之，方舞象勺，學已有造，必將以儒術顯。又室有賢助，不以煩瑣攖懷，嘗啜茗而焚香，對閒庭之風月逍遥曠適，以是坐致期頤以觀賢胤之成，則玉孚所不獲於已者，必皆萃於後人。

此宗黨所以爲玉孚祝，而竊謂若蓍卜之信然者也。宗黨皆稱願然，曰：「善。」遂書爲序。

達生兄八十壽序

自漢惠帝舉民孝弟，力田者復其身，而武帝又深詔二千石興廉舉孝，不舉者以不敬論。故其時息浮文、絶淫智，虚僞之行不設，誣罔之辭不行。漢代之治最稱近古，後世尚末抑本，重文輕行，上無純明之教化，下無篤厚之風流，士之惇行孝弟者特内修於家，斯世竟莫顧而問焉。

我朱氏世以孝友垂緒，不汲汲於聲利，至吾六世祖考贈吏侍公，清修隱德，師表人倫，而御史公、尚書公相繼昌大，遂有不容抑之光烈。今即科名遠不逮前，而猶幸家聲未衰。若我達生兄年躋八十而恂恂翼翼，内行爲先，後生末行類鮮及之。昔伯父還蘧公子八人，兄居其七。用純生晚，不及見還蘧公，幸得追隨伯兄司李公甚久。司李公之事親畢生孺慕，其於族之祖父行者，雖在童丱，見之必再拜致敬，拱立道旁，俟其過而後行，雖老弗懈。惟兄家庭被服，加以天性温醇，宜其仁孝友恭、後先趾美，故自群從子弟以及鄉里蒙士，無不願爲弟子。横經肄業而出於兄之門者，氣習薰陶，率循循有家法。

使國家亦如漢代興舉孝弟，則兄未必不有聞於當世。而埋首沉踪，老於塾職，間以其暇寄懷風月，遺興壺觴，凡夫人世不足於遇之事，舉不以侵其念，故能康健難老，而兼樂壽之休也。

然即聲施不彰，而鄉國賓飲之禮，則延請之朝廷；粟帛養老之政，則錫予之。非國典之有光於兄，乃兄之有重於國典。

去秋九月，舉八十觴，少長咸集，既醉極驩，兄顧謂用純曰：「子何弗爲序之？」用純謝不敢，退又思不容不爲稱道，非獨以加勉我宗之人，亦所以爲鄉邦倡焉爾。

去非姪七十壽序

甚哉孝弟之道之大也。《書》云：「立愛惟親，立敬惟長，始於家邦，終於四海。」蓋一孝弟而天下無餘事矣。君子以事親敬長之道治其國，則凡所以爲治之具，慮無不體信而達順，禮明而樂備，而四海自以賓貢，四靈自以畢至；小人以事親敬長之道治其身，則凡所以勤於下而效於上者，慮無不深耕易耨、型仁講讓，貧富不相耀，異物不能遷，而風俗自以茂美，子孫自以禔福。誠上下一於孝弟，正不必規規焉井田封建之事復，而三代盛治可以再覩。予嘗反復聖賢之書，深維其根本節目之詳，而於此信之不疑。

吾朱氏幸先世以孝友垂緒，自唐而宋而元以來，千載而遥，迭盛迭衰，要其家法未嘗或替，於今子弟無長幼率循循莫不有規矩。余也昔奉先節孝之教孝教弟者，尤宏且深，輒不自揣，嘗慨然謂：「士人讀書服古，思以其學致身公卿之位，有爲於天下，而不自原本篤實之地有所挾持，以爲推準，安見其能經方行遠也？」故每切切焉從諸父昆弟之後，相與敦勉宗之子弟，而與余同心者，則尤節判去非氏。

去非半生艱苦，人所難堪，能自力學，以文藝顯於先節孝。爲族孫又從之遊，被服先節孝教甚至，故其受知有司，類不徒以文而雅重。其爲人，予既自愧内行不逮，且早廢於時，無一能可見。以去非精明鍊達之才，又原本家學，而益求夫古聖立愛立敬之道，一旦居位得志，是洵所謂有所挾持，以經方而行遠者。

昔我恭靖公温恭端亮，爲國元老，雖未踐揆席，展其大用，當朝廷大禮之議，不爲權勢所懾，正身表率，風規嚴峻，亦由所得於孝弟之學者多，而足以見公之大槩。去非自命不苟，倘所建豎，必有與祖武後先相頡頏者。乃登以明經位，以一命又需次久淹，僅與早自廢棄之余同嗟匏繫，而已老其年。

兹焉七十，蓋非獨一人一家之數之奇矣。然余觀去非志氣之間，精勤而彌，退下迄今，猶爲其門人。故舊子弟，雖祁寒盛暑，談經不輟，數數操便面，屬余書先儒嘉言粹行，以時箴儆，自謂嘗有弗及。蓋其小心好學無異衛武之髦而不衰，而其精神亦以益壯英賢之士，白首際會且以有爲者由來未易更僕，則去非之於天下正未可知。夫豈第如古者遇禮高年之世，尊事三老，兄事五更，侯王設醬，公卿饌珍，天子親自袒割，以乞言問道於左右而已也？

東木姪六十壽序

高伯祖恭靖公清風大節著於朝廷，而其隱德獨行有非人力所能勉者，當時比之曾、閔，其子孫宜光顯、享富厚〔一〕。乃自伯祖鷲峰府君而後，世漸淪落，無復榮名當世，其家亦僅給饘粥，人以詘於獲報，爲公惜之。

余考「惟德致福」之説，莫彰於孔子之言舜孝，而《洪範》之論福不然，「攸好德」亦福也，是不移之説也。夫豈孔子語之不詳歟？孔子蓋又就德而言，其感應必然，其實德之爲福，孰有過焉者？故生富貴之子孫，而行誼無聞，不可謂有後；生賢智之子孫，而長貧賤，不可謂無後；子孫不求勢位而勉强爲善者，不可謂愚；子孫戴高食厚而庸庸致福者，不可謂賢。君子於此其必有辨焉也。

公之五世孫東木，少以文請益於先君子，余時從先君子讀書於吴，趨徐學士家，見其端慤和厚，余雖童稚，心竊重之。嗣後郡邑異居，不數見。旋遭世故，予久杜門不出，時從西琯從兄請讀先世遺藁，見卷帙整備，字畫精好，則皆東木之所手編而録也，益起愛敬。越三十餘年，癸丑之秋，予以事抵吴門，東木來訪，則年已六十矣。其年彌進，其德彌恭，用以知三十餘年之中，其所得於讀書勵行者多矣。已而又邀予往，予過其里，則卑喧近市也；造其居，則不能容膝也；而牀頭則奉先世手澤，塵弗生也；坐隅則命子侍食，禮甚謹也。余固歎曰：「恭靖公之遺德遠哉！」

余見今之世家舊族，祖宗奮跡於前，一再傳而子孫歇絶，不復可考，即衣冠繼起、炫熿如故，而禮義之風蕩然者，蓋不勝數矣。求如東木家聲久而未墜，豈多得哉？豈多得哉？使東木效世俗子弟所爲，即高門甲第，鐘鳴鼎食，人争羨之，而公在九京，心弗樂也。今東木甘人所難甘，固守先德，此人情之所迂，而公必有顧之而樂焉者。則是世俗之所謂福未必福，而東木之不見爲福乃真福也。況夫德福感應，理又不爽，盛衰之數，往則必復，富貴光顯究舍此而安歸？東木益可自慰，而東木之子孫勉之哉！遂書以爲東木壽。

陸母朱孺人八十壽序

我故友陸荀若先生之配朱孺人，於兹仲秋春秋八十。余既率兒子導誠登堂以拜孺人之（二）壽矣，孺人少子守魯顧謁予者再，逡巡而後以告曰：「守魯不能奉先生及先大人之教，早有所奮立以爲吾母榮也，比客於同安之幕，遠滯海徼，念吾母生子三，惟伯兄與守魯在，今躋此遐齡，又不能並侍膝下以承色笑、拜嘉慶，益非子也，是以衝炎涉險、匍匐而歸。惟是吾母之德與年配，而不獲當世君子一言之錫，則猶有未釋然者。敢以請於先生，然非守魯之所能邀也，或者辱顧先大人之好，則惠而許我。」予不覺追維宿昔而有不克已於言者，固不當待守魯之請也。

予早嬰世難，匿影竄跡，苟若先生獨與意氣相許、肝膈相推，往來數數，有同骨肉。苟不相見者累日，則必問於人曰：「比日見陸先生乎？何不來也？」輒爲之招要數四，其來，則往往留而飲之，予過先生許亦嘗醉。其後，延先生教我子，先生亦令守魯從予游，則往來益勤。吾母吾室亦與孺人時通問遺。先生雖貧，雅好客，孺人嘗察悉坐客之品槩，謂先生曰：「吾貧家婦，親執燔炰以供客，分也，然吾自以供之而無憾者，三人耳。」謂恒軒、龍仙及予也。今恒軒往矣，龍仙癃老，而情好又莫如予厚。然則予其能以衰隤不任文辭辭而不一爲孺人祝乎？

孺人之嬪於先生，處奇困又當烽塵横塞、海内鼎沸之秋，先生涉閩海、蹈粤嶺，掉頭出門不顧，及歸而終老授徒，簞瓢屢空，孺人蓋踐萬千辛苦而來以有今日，其可觴而祝矣。長君習人亦幾六十，而依依孺慕。守魯有壯志，方遊於四方，資其舘俸之入以供高堂，甘旨以撫植其猶子而孺人次子之遺孤亦賴以有成立，其迎養孺人也，兄以争於弟曰：「汝作客，孰任負米之勞？吾當養。」弟以争於兄曰：「兄無嫂，豈尸饔之累母？吾當養。」一門孝友，風義藹如，其更可觴而祝矣。

而予竊觀守魯，猶有殷殷欲言而未之言者，以謂孺人齒甚高，遠游非所宜，顧懷戀左右，則供養何藉？夫昌藜之言曰：「詹在側，雖無離憂，父母之志不樂也；詹在京師，雖有離憂，其志樂也。」是孝子之爲養，又非可槩執。守魯其姑去，同安誠僻遠，或漸而從其近者，孺人履遇益歡，春秋益多。則予更不待守魯之有請也，而當繼今以言。

汪太君九十壽序

新安之大族曰程氏，爲太君所自出，王考練水公仕杭州别駕，考讓所公仕海陽司訓，長歸汪君子章，亦新安故家之胄也，子郁如來客居於崑。

今年孟夏朔旦爲太君九十壽辰，郁如將歸拜嘉慶，而與予兄汝涵相善，因語之曰：「吾千里而歸壽吾親，惟是吴地名山大川所鍾靈，往往多珍産奇毓，而無如人文之盛，不得一頌禱之文以歸，不足以爲母壽，我未知所請，子其爲我焉。」於是予兄以郁如所述太君家世行誼屬予，予何能副郁如之意？顧其孝敬不可無述，廼退而考太君所以難老與其德之所自，而歎六經之教之大也。

別駕公精於《三傳》、《春秋》之學，旁通賈、鄭、啖、趙之説，以教其子孫，子孫之舉於鄉與補博士弟子者，率以《春秋》累代彌盛，故一門當時有麟經世瑞之表焉。太君親爲別駕女孫，固當與聞乎大義，因以其所得者著於《女德》，宜其偉歟！蓋《春秋》雖爲君臣父子而作，而人紀之道無不備。故莊周云：「《春秋》以道名分。」董生云：「《春秋》辨是非，故長於治人。」又云：「《春秋》者，禮義之大宗也。」夫名分正而後禮義修，禮義修而後人道立。孔子之治衛也以正名，其對齊景也曰：「君君臣臣，父父子子」，其作《易》也曰：「有天地然後有萬物，有萬物然後有男女，有男女然後有夫婦，有夫婦然後有父子，有父子然後有君臣，有君臣然後有上下，有上下然後禮義有所錯。」蓋人之爲人，禮義而已。禮義之所施，不外乎君臣、父子、兄弟、夫婦，故隨其所處而嶄然歸於正義、不媿乎其分者，皆能知《春秋》者也。

太君相夫子以敬順，治其家以嚴明，嘗侍姑與夫子之疾，念莫能治，先後刲其左右股以進，而疾皆以瘳。夫强意而行者，未有能致其誠者也。太君爲此亦謂非是，則無以爲人之婦而義有不修，而名有不審焉耳。人之壽七十已爲稀有，今耄而加强，人皆以孺人精心事佛得所謂金剛不壞者所致，而余以爲此蓋得於家庭之經教深爾。

且予所聞郁如性慷慨，習爲吾家言，而不輕用於時詭，迹於販鬻之間，偕伯氏某色養太君，有古孝子風，此非篤於大義者不能，則又得太君之教深矣。《春秋》以經植人紀於萬世，而得

《春秋》之教者以人紀植其身於不老，此必然之理也。《易》曰：「天地之道，恒久而不已。」言天地之恒久，不過以盡道也，余以是爲太君頌且禱焉。

徐孺人七十壽序

庚申孟秋，中表兄徐俟齋孝廉以壽其從嫂蔡孺人七十序寓書來示，而復爲孺人之子羽明請序於余。余讀俟齋之文，嘆其稱道之善，蓋所以壽孺人者無加焉，余又何能爲辭？然羽明之請，俟齋之命，又不能謝，則亦就俟齋之所言者而益導揚之。

間嘗謂：「人皆爲其所當爲，不爲其不當爲，而天下之道得矣。」柔順利貞，女子之無成也，而爲婦然，爲母亦然；自强不息，男子之有爲也，而爲父然，爲子亦然。使無成者，而必自見其有爲；有爲者，而或自安於無成，則吾見其人之非所以爲人，而家之非所以爲家矣。今俟齋之言曰：「孺人相忱季先生，以讀書好義，内顧無憂，然而無健婦之名，教其子以遺大投艱，克自建立，然而不受賢母之譽。」則孺人之以無成自引也。抑俟齋之言曰：「羽明故叔子，上有兄，下有弟，皆不幸早世，羽明以十有二歲之藐孤，仰承厥考詒謀，揞柱邪傾，家以不墜，已而葬其三世七喪，女兄弟亦以次嫁，皆獨力肩荷；又外侮洊加，仇陷踵至，羽明大義自持，家可破、軀可捐，而志不可奪。」則羽明之以有爲自任也。

夫孺人之教羽明者，不以有爲而以無成，而羽明之承母志者，顧不以無成而以有爲，是所謂各爲其所當爲，無爲其不當爲，而天下之道得焉者也。蓋孺人之無成，羽明之有爲，所行雖異，其道則一，各行其道，而用以相成，此孺人所以爲賢母而善教，而羽明所以爲令子而善繼。惟孺人不求名、不邀譽，故凡羽明艱難盡瘁以力保其門祚，又豈有求仁人孝子之名、之心哉？亦行其道所當爲者而已。

孺人即不以名譽自顯，而羽明之於孺人壽多求有道贈言，以侑北堂之觴，以揚厲孺人之徽懿，則又羽明之所當爲者。然而羽明之爲子，但知子所當爲者爲之，而初非有所爲而然，是道也，天地之所以久而不已者也。則羽明之壽孺人者於是爲至，而又何區區文章之爲尚哉？抑今天下亦正需有爲之日矣，使天下之處大倫者，盡如羽明殫厥道所當爲，而初非有爲而爲也，豈惟天下可治，三代其亦可復。羽明能以是而成其家，則於天下事其亦可知，羽明其無小厥志哉！而并以爲孺人壽，可乎？俟齋其亦首肯予言否？是爲序。

徐母沈太孺人六十壽序

予素砦確寡諧，獨與揚貢兄弟契好固結同於膠漆者，斯其故蓋有可得而述者焉。初，先節孝與休倩先生德業相友，情義至篤，因延先節孝爲揚貢兄弟師，繼復令日巖受業於予，而兼教鄴侯之子。時予弟矩修則與日巖同研席焉，其後揚貢、鄴侯又交致予弟勿滓及矩修授其子經，而予之幼弟亦隨仲兄與鄴侯之子同研席。世好稠疊若此，非所謂「拘繫之，乃從維之」者邪？而兩家家庭人倫之所遭，亦有相似者：皆不幸先君見棄，母氏更歷艱苦，老而康居受養，其仰承色笑於膝下者，伯仲之數亦略相當，母氏又同年而生，吾母特先徐母二月十有四日耳。以故余嘗慨然興感，思務與揚貢兄弟相勉有成。予雖庸疎寡劾，然慇慇懇懇，志念不欺；而揚貢兄弟之視予兄弟，則亦真醇切到，有獨厚於人者焉。

今年六月四日爲徐母六十誕辰，鄉黨僚友謀所以爲壽夫人，辭之再，故逡巡後時。履今季冬，乃稱觴致祝，命予爲文，予聞之記曰：「妻子好合，如鼓瑟琴。兄弟既翕，和樂且耽。父母其順矣乎！」又曰：「先王修禮以達義，體信以達順，故天降膏露，地出醴泉，山出器車，河出馬圖，鳳、龍在宫沼，麒麟、鳳皇皆在郊棷，此順之實也。夫至於休徵應而嘉祥合，親齡其有不與乎？」

予今與揚貢兄弟雖從容拜舞，歡讌於高堂之上，而念先君之違侍，則已有不勝其痛者矣。所謂履和迪吉，祈永命、邀多福於母氏者，其有可弗汲汲歟？觀於揚貢兄弟刻意好學，欲攄休倩先生未遂之志。揚貢雖舉於鄉，猶時率子弟較藝課業，駸駸乎皆將致身通顯以爲親榮，則其於家庭晏處之際相好無尤，庶幾翕和以順親者，益未可以量其所極也。予兄弟惟是仰止芳烈，敦其讀書友愛之樂。自今而後，揚貢兄弟躋夫人於期頤上壽而未有艾，予兄弟亦藉餘休介吾母壽，年年歲歲必同嘉慶，斯則有惠於奕世交好之厚也矣。

予從鄉鄰僚友之後以爲壽，則當達諸君子之款誠，而顧自言相與綢繆者，意諸君子之款誠蔑踰乎此也。抑稔知夫人之淑慎儉勤莫如予，而予又不具述則以爲壽者，孝之道也。故與揚貢兄弟言所以致孝者，以伸頌禱云。

王母朱太孺人五十壽序

王子醇叔紹承家學，精思篤好，自象勺之年，早已蜚聲邦國。已而受知於有司，食餼於膠庠，招延賓禮於鄉先生，而醇叔不自得也，惟以母夫人大節未彰、茹荼集蓼之苦未酬爲蹙然於中。閒嘗語予曰：「喆生五歲，而我父宣遠府君即世，十四歲而吾王父輞水府君即世。凡養之教之，俾喆生得稍成就以有今日、以有冀於將來者，皆吾母劬勞之力也。吾父生爲世冑，又多病，固已不問生産。及吾父之棄喆生也，吾母年才二十有三，斯時王父固康强，然窮年著書，老而逾篤，亦不屑屑焉謀及其家也。又承王父家業中落之餘，頻罹歲祲，吾母嬛嬛嫠處，爲之經紀，措邪柱傾，補罅窒漏，上則孝養王父，下則撫前母之兄若姊，中則周旋諸姑之間，盡禮致愛，固罔不歡心之得，而吾母則已力竭心枯，一日而如百年也。今喆生幸讀祖父遺書，期無替先烈，而吾弟亦能以勤幹持門户，吾母得息肩於茲矣。然回憶昔者，追呼之令不絶於門，吾母百方輸應。喆生兄弟自就傅後，不惟不令見若輩之形，亦不使得聞其聲以擾學業，爾時獨力支吾，亦未易有今日。喆生真不知所以爲報也。」

丁巳秋，醇叔應京兆試，舉第一歸，而親朋賀之，醇叔又語余曰：「此非喆生所能致，而或者以是少慰吾母之艱瘁也。然喆生得邀寸進，而愈以念吾母之德之罔極；愈念吾母之德之罔極，而愈不知報之者之若何矣。」夫醇叔不以科名爲己之榮，而以爲親之慰，不以得慰其親爲少寬人子之責，而彌感親之難報，醇叔之志亦偉矣哉！

越明歲三月某(三)日，爲夫人五十設帨之辰，壽之者皆云：「鄉薦之秋，當在今年，乃先一年特設科考試，使夫人喜子得登賢書，而後進五十之觴。」以是知夫人枯極而菀，得天良厚，將來春官之試、大廷之對，安知不皆舉第一，踵王文正、商文毅之前武，其觴壽之榮，又豈特今者比也？

然而醇叔皇然，欿然與余謀所以壽夫人與酬夫人之志者，謂：「科名之顯親，其榮一時；而德業之顯親，其榮非可世計。世固有高爵膴仕而不足以酬親之志，亦有褐衣蔬食而無所遺憾於其親者。況喆生今者既邀福於吾母，而又敢有覬覦？喆生固非躁進者，昨歲之役，亦强之使應，先生其知之矣。惟是修身砥行，罔敢纖微僭差，有忝吾母大節，而又推吾母勤勞於家者，以勤勞於當世，無問朝廷鄉里，要期利賴民物，希蹤古君子德業，以無失吾母教之、育之、又成立之、又厚望之至意。然而有志未逮，先生其何以教喆生？」

余唯以夫人之德，飽風霜、踐冰雪以自致於多壽，而醇叔之期報於夫人者，又如是遠且大，則其爲夫人紀算之增，尤未有極，予又何能益醇叔？醇叔亦勉焉而已。予於夫人之壽不可以無文爲述，醇叔晤對之語如此，蓋所以壽夫人者，誠莫壽乎此也。遂爲序。

葉母李太孺人五十壽序

著雍涒灘之歲，孟陬之月某日，廷玉葉子母夫人五十設帨之辰。廷玉，予從游士也，因以知夫人甚悉。夫人内外兩姓科名之盛、仕宦之榮，甲於一邑，而夫人又素以賢聞。一時之奉觴爲壽者，莫不效其祝詞；紀夫人之徽懿者，亦既備矣。惟予有見於夫人之德之大者，以謂夫人之壽誠有《詩》所謂「無疆無期」者焉。

夫閨中之道以輔相夫子、式穀後人爲大端，而式穀後人則又相夫子之大端也。昔崙生先生以績學高才不遇於世，夫人未遂其贊相之志，乃專心壹誠以爲教於子。余嘗念古今來世道彌下，雖岸然自謂爲丈夫者，或未必能教其子，而況帷闥。即有帷闥能立教者，亦不過讀書能文、弋榮釣譽，通顯享高厚而已，其於束修勵行，以有道君子望其子，殆十百而不得一二人焉。乃夫人之期於廷玉者，孝慈悌友、仁義忠信之道靡不至，言動威儀、纖介之事靡不飭，朝而勤劬、暮而諄懇，自幼迄今，未嘗或間。人皆以廷玉鮮兄弟，又早有文名能自立，夫人當鍾愛，而夫人之嚴也如此。

誠謂榮顯高厚雖足以耀一時，然倏而盛衰之易，不啻飄風過耳，若夫敦倫盡道，則上下古今世不變，而此理終莫能變，所謂經常者也。不得其經常者，雖與盛者相遇，不貴也；得其經常者，而又與盛者相遇，不媿也。是則夫人之志固不在於一時之倏忽，而所以爲壽者，蓋有本矣。況夫人以是爲教，將使廷玉德立行成，以趾美文莊公、太常公，而發崙生先生所未遂，下復以詒諸奕世孫子，則夫人之教及於其家；又將使廷玉正己及人，居鄉而爲鄉之表帥，登朝而爲王家之楨榦，則夫人之教及於鄉與國。

夫《尚書》稱祈天永命之道由於誠和人心，而人心之和由於敬德。然則夫人之教廷玉以及於家與鄉與國也，皆夫人之所以爲壽也。而廷玉早失怙，獨受教於母氏，爲尤德之罔極，其務嚴恭祇畏以祈壽高堂，又必有孚感於幽默之際，而非人之所得而與知者。則夫人之歷年於是無疆無期，而五十其發軔也。

《傳》稱吕滎公之母申國夫人性嚴有法，雖甚愛公，然教必以規矩，祁寒暑雨，侍立終日，不命之坐不敢坐，行止出入皆有尺寸。市井里巷之語、鄭衛之音，未嘗入耳；不正之書，非禮之色，未嘗接目。公以是德器成就大異乎人，福澤隆盛，亦莫與比。蓋致慈致孝固所以盡性而立命也。余既道夫人壽之有本，而又述此以徵夫理之有可信云。

徐母湯太夫人六十壽序

相國立齋徐公之夫人今年壽六十，設帨之辰在兹仲春七日。長子實君、次子道積皆官中翰，次君方應春官試，長君奉觴於家，邑之親朋故舊皆將往壽，而謀祝嘏之辭於長君，君猥屬之於予。

夫予草野人也，少自棄於不材，晚而益疎人事。自相公之柄國，功在巖廊，澤流蒼赤，凡所以端本澄源、圖安致治者，政府載之、章奏備之，予惟與斯世斯民同涵煦於調元燮理之化而已。相國，嚮者大魁，以至宰執，宰執以至致政，每一歸里，未嘗不辱折節過訪，然予初不敢有半刺輒投尺書冒進者，誠安於草野之分也。君今者徵辭之命於何及焉？謂爲有善足録，則行誼之與文章未或兼能，而況本無寸善之長；謂爲辭章足采，則海内文章鉅公爲君之所可得，與夫不能已於自效者，不一其人，而何以下委於弇鄙之予？且此特文辭之祝耳，將來君昆仲踵前人之武，而懋其德業以篤夫人之壽於無疆者，正自有在也。乃予辭之者至，君顧請之亦至，且介醇叔王編修懇款以道意。予乃思委予者君，而祝夫人壽者，通國之親朋故舊也，予亦通國中之一人，以通國之人而伸通國之悃，倘亦有不能已於言者歟？

昔杜邠公相唐，强籓弗順，思通饋遺於公，使者候門累日，見有緑輿自内出，從婢二人青衣襤褸，怪之，問是夫人，乃大驚懼遂去，强籓因以大沮。予嘗於是而歎治國必始刑家，内助可通政教，其信然也。今者夫人生長華族，而相國又早登清要，累受推封，閫壼之貴，蓋亦莫與比矣。然榮顯不加於宗親，使命不出乎庭户，車從不飭於遊觀，珍綺不炫乎輿服，相國内治之嚴，其亦猶夫杜公之夫人也歟！夫施於天下與施於桑梓，相國非有異視，而桑梓陰雨之膏，自不能無加渥。故感相國之澤者，思相國而弗忘，則於夫人之壽益不勝其懃拳之意，而況乎夫人之爲治於内者又如是也，而安能已於一言以侑觴歟？然不爲之於能文章者，而顧爲之自予，無乃終不安於草野之分，而且仍無以副君之請，將如何也？

楊太君八十壽序

前數載，楊子西池録所著詩成帙，來質余。余自揆所得於詩良淺，不敢妄論，且方授徒寡暇，雖屬請閱再四，卒未應。其後西池與鄭魯一選次唐律讀之，益念西池得之詩者不啻倍余，益不果閱。然時時往來，胸中以孤其下問，無能釋然，而西池顧不尤疎慢，於余之洞庭賦詩贈行推獎過當，余意益不自安。今年太君壽八十，余從孫某之子受業西池，某爲道西池意，欲余一言壽母，余又以槩辭。詩文翰墨之請無已，則亦以昔日未及與西池論詩者爲今日壽，可乎？

夫《詩》之爲教，温柔敦厚，三百篇中，其於人倫之際未有不由是以相親相愛者，而事親爲甚，蓋必本於事親之敦厚温柔，而後以正君臣、以睦兄弟、以合夫婦、以篤朋友，皆是道也。《記》曰：「養親可能也，敬爲難；敬可能也，安爲難；安可能也，終爲難。」凡其所爲難者，皆有温柔敦厚以旁皇而周浹之也。《記》又曰：「孝子有深愛者，必有和氣；有和氣者，必有愉色；有愉色者，必有婉容。」是非温柔敦厚之至者歟？由是而罔之或餙焉，斯爲敬；罔之或勉焉，斯爲安；罔之或輟焉，斯爲終。

余觀西池，其洵敦厚温柔自治者歟？言必以信，行必以誠，無疾音遽色，無矜情惰氣，不惜其忠以與人，不餘其愛以及物，能治身斯能事親，能事親斯能治身。以西池之自治，而信其侍奉於庭闈者，皆《詩》教也。

西池尊人無隱居士好佛學，故孺人亦通西竺書，昏晝勤誦。今西池不從佛氏學，而一以聖賢六經之教事其親，此尤孝之大者。或以窮經嗜學、不克成名爲西池惜，然昔者何蕃在太學，一歲一歸省父母，已乃間一二歲一歸，其後遂五年不歸，以是稱純孝，其有愧於西池也多矣。窮年不違膝下，而復能盡敬且安之道，太君亦安之而忘老，期頤上壽可券以冀。異時必有學士文人相與稱道其事，播之聲謌，而西池亦自以其詩記母德之淑、庭内之歡，爲後世所傳誦，遠非《北山》、《陟屺》、《鴇羽》諸詩人所得幾也。由是而言，西池之得於詩者，何如哉？何如哉？是爲序。

席太孺人五十壽序

癸亥之秋，予以獻臣席典籍請序其尊甫中翰君《畜德録》，既而金子天立復將獻臣之幣而道獻臣之請曰：「願先生爲吾弟師。」予固辭，則又道其母夫人之命獻臣者「必請先生爲汝弟師」。

蓋中翰之少子永渤甫十二歲而孤，未及飫聞庭教，而中翰未遂之志業又於後胤托焉。永渤所以仰承之者，益不易，是誠輔導之不可以不謹。予顧非其人也，益不敢承命，而天立之請益迫。因念自獲《畜德録》之讀，嚮往之、慨想之，以爲當吾世、近吾地，而有讀書好道其人，予乃以鍵户守拙，未一與見；迨欲見，而又不得也，則或覽觀其家門之崇嚴禮法、修教子弟，而猶若見其人者，非僅如讀其書已也。迺從所請緄縢書策而來，蓋四年於斯。永渤日侍函丈，獻臣亦數數過從，予於耳目所酬接，固已得中翰遺教之深，而後歎非母夫人之德，内明外順、仁温義肅，又何以能勿暨中翰之教若是也？

竊讀《易》卦《坤》之六二、六三，而謂母道有二：嚴父臨馭於前，而獨理母教者，六二當之；母兼父道，而代之終厥所事者，六三當之。蓋外無資於助理，而位在閨闈，以拱手聽受爲正，故六之居二得陰道，純者自足以順承乎外。若夫雖爲内主，而不能不外之，兼綜乘陽之權以爲治，則太過安陰之道，以退守又弗逮。六三陽位爲章，陰爻爲含，是所理者陰教，而所行者陽德，故不居父之成功而能究父之垂緒。今夫人之爲母，則六三之道也。故中翰所欲爲而未及爲者，皆代以含章之道。事物則綱紀條目靡不飭，恩禮則尊卑内外靡不優施，予則遠近大小靡不暨。

席氏自太[四]僕公以殊猷偉略大其家，中翰又益修經術、樹懿德。歐陽子謂：「人之不朽者，誠即修於身，即不施於事，見於言可也。」若《畜德録》則三者兼之。夫人念紹述者難，罔敢或墜，而莫非《畜德録》之所由行，夫人固非獨以是統承太僕、中翰之澤，亦俾世世似續知祖德之備在是書，而率履之勿越也。六三之《象傳》曰：「含章可貞，以時發也，或從王事，知光大也。」三之六、二之六柔順固無不同，而所以含章者，以居三位而時與二不同也。言含、言發，則《爻》言理而《傳》言事，章美內含以時而發，故其知識光大，要以弗敢成者，與二之地道光大終無不同也。夫人代中翰之事，而仍成中翰之功，《爻》、《傳》之義其足以當之矣。

今年九月某日爲五十設帨之辰，壽之者皆謂夫人承門地之優，履豐衍之遇，受逸豫之奉，力所難期者可必致，意所欲然者可必効。賢胤三人，而元功、中翰後於世父，然夫人之盡愛，與元功之致順，固無間也。獻臣可仕弗仕，方與永潡祇守先人之訓，以奉膝下之娱。子之長者，未幾三十，而諸孫已數人，是皆夫人之福踰於恒量者不啻百千倍也。予顧不以福祝而援據《經》、《傳》稱引淑德以爲祝者，謂夫人由五十而往陟六十、七十以至百齡上壽，則子孫之光榮寵顯、門祚之崇高盛大，殆未易數計，所爲頌夫人之福者，正有時也。予今兹爲言，則皆夫人無疆之福之攸植，敢自嫌其詞質而不爲壽觴之侑[五]？

女兄張孺人壽序

族伯考玄獻先生，長者也，好德行善，由於至性，親知酬酢，惟恐或拂其意，雖久與處，終不見有怒色疾言，而伯妣陳孺人亦與同德。我宗世德相繼，忠厚成風，而治内、治外合一無間，蓋莫有踰焉者也。以是伯考有子二、女二，皆承燕翼之澤而有篤厚之行，女兄則其長也。

宋店距邑之内七十里，張氏爲是鄉著姓，家業粗給，女兄之于歸肇佳也。舅姑已歿，祖舅姑無恙，然年老不復主家政，女兄以三日新婦，力持門户，事祖舅姑極懽。不數年，而肇佳又早背，長子羲重五歲，次子子發纔三歲，寡鵠孤雛，形影伶俜，見者皆以門祚爲憂。而女兄長齋毀容，早夜勤劬，家之大小百務，靡不躬親，積銖累寸以成立，其二子今皆敦本尚行，克紹先業。迴思女兄賦《柏舟》來，三十餘年，親戚鄉黨中之殷阜者衰落，衰落者銷亡，蓋不知凡幾，而羲重兄弟獨枝柱室，家無少漂摇之患也。誰之力歟？昔人謂立孤爲難，以閨闈之質，矢志冰霜，無日不茹荼食蘖以有今日，顧不難哉？

今兹九月二十一日爲女兄設帨之辰，女兄之同産汝涵兄來謂予曰：「吾姊今年六十矣，姊之懿德，惟子悉之，子其爲吾一言爲壽。」故爲之叙次，而於伯考妣之貽澤惓惓不忘者，蓋仁孝之人類不自有其善，而必推夫德之所本，以揚其先烈，此固女兄之意也。而余所知女兄徽媺，則獨以爲肇佳所遺於女兄者，任艱責重，能纖悉成就無所憾，信所謂「亡可復生，生者不媿」，此當舉爲羲重昆弟勗，而亦羲重之所樂道其母者。且使子孫繩繩寖以昌熾而追念祖德，知所以承先而裕後者，實惟女兄一人是賴，故不復他述。若夫康健難老倍於疇昔，則修身立身君子之道，自此而躋無疆之壽，皆女兄所自致，無煩頌禱者。吾兄持是以往，其必可以侑祝嘏之酒。用純以授徒寡暇，不能登堂上壽，亦藉是以侑一觴矣。是爲序。

【校勘記】

（一）「厚」字，廣仁堂本、祠產本均作「貴」。

（二）「之」字，廣仁堂本、祠產本均無。

（三）「某」字原無，據廣仁堂本、祠產本補。

（四）「太」字原作「大」，據廣仁堂本、祠產本改。

（五）「嫌」「詞」二字原無，據廣仁堂本、祠產本補。

卷六　記

鄭節母徐孺人祠祀記

崑山故有五貞祠，蓋嘉靖間建，以祀邑之節烈孝婦爲後世勸，其第四人鄭母朱，則今節母之七世祖姑也。節母徐氏，父諱宗禹，年二十歸於鄭。鄭自介庵先生後，雖貴顯者少，然世尚儒業，旁通扁鵲之術。用純少侍母疾，見有龎眉雪鬢、容觀端凝，嘗來診視而劑方藥者，則裕昆翁也。其後遭世故，用純杜門絶軌，忽忽踰二十載，始得與翁之孫夢翰交。而獨翁之子、夢翰之父所謂元宗君者，蓋嘗慨想其人而不得一相遊處。嗚呼！此節母所以早稱未亡而以四十餘年苦節聞也。

蓋元宗君者，節母之夫；裕昆翁者，元宗君之嗣父；夢翰則其遺孤。裕昆翁殁於丁酉城潰，而元宗君則先翁十八年而亡矣。自元宗君亡，節母方二十九歲，至七十歲而後從君於地下，其間辛勤艱苦，有不能旦夕安者，節母蓋堅守四十一年如一日。夢翰每念母苦節，又自以早歲讀書不獲成名以顯揚爲憾，恒悵悵若有所失。

歲戊午，新城王侯來宰邑，知夢翰行藝，愛重之，嘗延致，夢翰問稱母節。侯曰：「行義之表，風聲之樹，是吾職也，子其盡言之。」夢翰於是涕泣而陳曰：「惟昔夢翰之父篤學好問，廣交四方名俊，吾母身肩家事不貽内顧，而又不愛其貲以爲賓客延款餽遺。吾父見背，數欲奮身從死，念仰有事、俯有育，乃矢志守義，以孝養舅姑，嗣舅姑罔不甚歡，若吾父之未嘗早世也者。姑病兩目不見物，吾母披衣進餽，不離左右者十載。洎姑將終，感吾母平生婦道，泣謝不已。夢翰之爲孤也，纔七歲，撫之、訓之以有今日，皆惟吾母之力。室無儲材，然猶是舊家門户，吾母獨身揹持，嘗菽粟不飽而卒無廢事，内外戚屬俱情好無間，下之事吾母者亦終不見厲色之加。凡吾母懿德之概如是。」侯瞿然起敬曰：「賢哉母！」即疏夢翰語具聞於憲臺，請循故事祀五貞祠，憲臺悉如所請，以四月某日奉木主祀焉。

後一年，夢翰以朱鄭世戚，請用純爲記。夫崐固地靈所鍾，才賢輩出，其産節烈孝婦不盡祠所祀，而祠所祀者一門兩氏，後先趾美，其亦邦國之光而家門之盛事歟！然用純竊見近世名門後裔，或乘藉世蔭，馳競名利，或呰窳偷惰、庸庸没齒，祖父徽猷偉績一以聽其煙銷灰冷，曾不思表暴之，以求記載於當世、以爲矜式於後人。然則以母之節，假非夢翰爲之子，又安知不湮没無傳也？

抑世道之敝也，即幸有賢子孫，而居官者不以教化爲務，其舉孝弟貞順之行，輒如漢之張敞謂「無益於治，徒長僞譾」，而漠視不問。掌文書吏又多挾賢子孫之誠懇，非致重貲不行，以故即欲表其前烈而力不能濟、勢不能駈[一]，徒茹哀飲痛，以自廢耳。今夢翰之是舉也，王侯熟知其難，故事由縣而府，由府而後達於憲臺。府吏因操持行止，侯竟各自報請，不令府吏一得與焉。又學憲之主案有某者力左右之，不邀一錢，不數日而文移遂下，曰：「吾雅識鄭君也。」鄭君者，夢翰也。是何遇之幸歟？抑亦節孝之所感歟！夢翰令人再四叩，主案者名字終不告，曰：「何用知我？」其人亦掾屬之賢者也，爰並記而傳之。

嚴烈婦死節記

嘗記震川先生文所載韋節婦、王烈婦事，蓋不勝幸、不幸之感也。韋節婦夫死守義，有子善病，病輒殆，數歲乃得無恙，卒覩其子成名；王烈婦撫遺孤二，已而皆病，皆七歲而殤，烈婦遂自縊。均夫早死，均有子，一成立，一不成立，而其身之存亡亦於是而異，要使易地而居，則皆然也。當夫所天既喪，固皆不有，其身旦暮就瞑無不可者，所以留其餘生，亦欲保血胤、垂宗祀，他年見所天於地下耳。而有遂、有不遂，其能無幸、不幸之感歟！

予在洞庭東山聞有嚴烈婦陳氏，于歸未幾，而嚴生殀，乳哺孤兒，不三載亦不育，於是日夜冀其翁之葬。嚴生凡七年而後葬，烈婦貧奩資悉傾於夫之病與喪。女紅自給，未葬即撿諸，爲人刺繡，奩飾者歸之自製，附身服物皆極整。辦葬之三日，往奠於墓，哭盡哀，歸而於其夜自經死。金君天立、許君致遠皆爲予道如此，是則烈婦孤兒，使非不育則必爲韋節婦之生。今天復降割，所以爲王烈婦之亡，要其幸、不幸豈在死生之際哉？

予因有感人臣之節，遭宗社之淪喪，有所覬倖而不死，其不死也，固當然所覬幸，而不能慷慨捐軀，靦顔偷生於倀倀何之之地，其不爲烈婦所笑也者幾希。且如烈婦不死於夫亡之日，復不死於孤殞之日，而死於夫之既葬。則七年内無日而非不欲生者，抑又從容殉義，處變而盡處常之道，以視所天初亡之一旦，義激勇決，不能須臾忍死者，不尤難哉？因述所聞以風世。

予既作是文，天立始復訪，悉烈婦事實記以遺予，然視前口道少詳，非有異也。詳於彼不必復詳於此，特烈婦母吴氏爲郡文學吴輯瑞女，亦蚤寡以節者，抑不知亦有子與否，而獨守貞以老也。是母、是女蓋無媿焉。嚴生名信任。

重修恭靖公祠記

我高伯祖太子太保、南京吏部尚書恭靖公建祠崑山，不知何年，蓋無載籍碑記之可考。特自崇禎十四年御史開公來視學政，以公春秋上丁之祭請於朝，得准官給額編銀兩，時正有修祠之役，宗人胥效奔走。而用純以甫束髮，第隨先節孝後，與於逮賤之禮，而瞻邑之宰貳與學之師儒來行祀事。

又故老有言先恭靖公爲崇德祠、顧文康公爲崇功祠，用純所見聞如是而已。獨疑祠之建也，有年則不應。前此有祠無祭，而始祭於開公之奏請。祠之建也尚邇，則不應宗之少長莫有知者，且何以崇德祠額已相傳自昔也？抑更有不解者：祠止中堂三楹，其門闕、齋寢、庖湢之所槩弗之具，堂後雖稍有房室，庳陋不堪。又爲然明、星子兩族叔父之業，委人居之，而弗屬於祠。嗣後居者益非其人，而堂之籓墻破蕩、門窗盜竊，行路充斥於前，姦小竄處於内。

用純每與諸父昆弟椎心頓足，思更新而廓大之，則合宗姓之力有未給，苟逡巡，而因任之，則不旋踵，盡將鞠爲茂草。於是共相諏度，吾宗故有歲積銀錢，雖殫於往者墓地之訟，力猶未復，盍共勉輸以復後屋，而歸之祠，擇人居守，斯寤寐庶得安焉。族之女爲王氏婦，苦節受旌，建坊於祠之南隅，亦以金協濟，而後屋遂爲祠有。然中堂自先節孝來，不修治者幾五十年，後屋尤朽敝，觸手輒欲頹倒，不得不通堂室並爲經營。吾宗素皆貧薄，復屋之金且不辦，而況能任此。然勢所不容已者，且斷爲之，無暇計及後繼也。

乃鳩工庀材，始於戊辰之春仲，訖於春暮，爲期者五十日而虧，爲工者二百七十而贏，爲金者八十兩而贏。然僅後則易舊爲新，前之堂不過枝其邪、補其壞、堊其中外周遭之宜垣者。垣宜籬者籬，井則甃之，厠則蓋之，而初非有規制之加於舊日也。其資用所出，則自宗姓竭蹷襄助外，而典貸者過半；其職司所屬，則自宗姓更迭監視外，而始終兼總其事弗去祠者，用純與季弟用商也。

時值雨雪兼旬，風雷爲沴，飄摇困頓而並。安受之工既畢，祭告於公，族衆咸會，用純仰體諸父兄意，舉觴以相告曰：「邑里有先賢祠墓，猶當修舉廢墜以風厲衰俗，而況家聲世澤席祖先之庥者不可世計，顧坐視棟桷之崩摧、俎豆之闕絶，諉爲時詘不能舉贏，而忍置之乎？今之不顧於力以爲此，亦欲使後之駿奔祠下者，感念前烈，勉自好修，庶幾如公之德業聞望，則由公而上，世世祇承以光大門祚，祖宗實式佑之。苟徒歲歲聚族於斯，而邀福於先公，既醉既飽，當亦非吾宗姓之所敢出。若夫門闕、齋寢、庖湢以迨，祠所當有，亦有賴於光大門祚者踵事遞起。蓋邑中故家先祠粗略未有若吾家者，亦非所以崇我先靈也。」

重復五老圖記

有宋《睢陽五老圖》爲吾朱氏重寶，其所自來與夫復得、復失之故，昔賢題識詳矣，最後爲族兄汝任所藏。歲乙酉，用純侍皇考避兵於其家得拜觀，皇考因題其後，勉以世守。嗣後離居遷徙，莫或會遇，惟弔汝任兄一往，亦無暇問及《五老圖》也。既而知汝任兄歿，子履新貧無所殯，質金於郡城朱氏。申相國昔以此圖歸履新高祖具川公，云：「奈何屑越播蕩，委之他氏？」豈履新忘是語耶？然亦不久當謀復耳。

越在戊申元日，族孫詒烈來拜祖像，以「此圖猶在，朱氏將復轉質」告吾兄弟，吾兄弟惋愕久之，奮然有購復志。而自春入秋，交相痁病，及秋方暮，則聞此圖爲陸橋顧氏得矣。顧氏蓋汝任兄及子履新兩世皆母家，又婦黨也。初甚秘，莫悉得之者名字。

今歲季春，玄恭歸，子適相會飲，語用純曰：「有君家重寶在，欲觀之乎？」亟迎問：「得非《五老圖》耶？」曰：「然。」以是知得是圖者，顧君天忱也。天忱請和《五老原韻詩》，故在玄恭所。詰旦，用純兄弟秖肅往謁，顧見囊篋蕩然，縑素零亂，非復當時舊觀，悲愴不能自勝，退而亟爲醵金之計，次第以所受館穀相償，凡得十金，以請復於顧。時仲夏之月也，天方降灾，霪雨大風四野漂蕩，人不聊生。而用純不敢廢其志，請屬再四，顧氏亦多有樂成斯舉者，金又益其二三，至於孟冬，而後得復焉。

自用純初發志迄今，幾三年，此圖之在崑山亦二載，其必遲之又久乃復者，豈信如玄恭所謂干支相配數年六十，萬曆庚戌歸自申相國，今茲庚戌歸自顧氏，有定數歟？復之日亦以庚戌，良足奇也。既歸，齋宿而告諸祖祠：憶昔奉侍皇考拜謁，不三月皇考見背，今日獨不見茲圖之復，其能無感慕歟？而高王父别駕公故有臨本，皇考復裝潢之，悉録宋、元、明諸公題識，卷帙爛然，然以無原本，故特摹寫以示後人。今而後原本並藏，高王父暨我皇考如在之靈，其喜悦可知也。然甲子一周，歷年未幾，已有失而復得之感，則保之也匪易。用純今未有子，後之守是圖者，其亦恪承先德，思難圖易，必無復有屑越播蕩之痛，而後爲我祖、我父之子孫也，戒之哉！歲庚戌十一月朔日，睢陽朱氏裔孫用純再拜記。

前讀《無欺録》，知茲圖歷宋、元、明及今四朝，幾經失得，先生矢志重復，殫精竭力將及三載，而後獲遂，宜是記之，叮嚀誥誡，纏綿篤摯也。先生殁後未十年，丁亥春，余追念先生艱辛獲弆，囑其後人籌畫善全，則謂余曰：「勿慮，敢不謹守？」無何，聞是圖已在郡城顧氏，急走詰問，始吐其實。去冬，爲洞庭東山某所紿。而顧氏者，裝潢之良工也，於是同其尊行往來郡城，不勝齮齕，自夏及秋，反金歸圖於先生族從孫欽安之室。方幸茲圖既歸，得以上慰先生在天之靈，下逭後人輕視之悔。不謂守者漫藏，併向藏先世所傳《鏡容》、《水亭》兩圖，而並失之。嗟嗟，夫是圖皆睢陽祖宗之手澤也，子孫之重寶也，先生昔日叮嚀告戒、纏綿篤摯也。如此乃一旦牽連而往他所，或亦時數應然，有非人力所得爲歟！敢附數語，以觀後來能再復與否也。乙未歲冬，同里門生吕廷章敬識。

贍族田記

贍族之田以䘏族也，而余則非特䘏族，蓋以保我先壠也。自我九世祖編修公析居幼子世昌公於吴縣陽山，以守十二世祖修撰公以下先壠，詒謀甚善。其後雖弗克以讀書顯，然皆治生殖業，知禮義，田園沃衍，屋宇高廣，至今遺址猶可舉數。父兄子弟，後先率從，予方髫齔，猶及見其悃幅敦慤之風，故歷五百年，松楸丘壠皆無恙。

居無何，而人移運改，世業蕭然，計無復之，而先壠之向藉以守者，於是乎日以浸殆。其過犯之輕者，族長家規督之；重者，郡邑官法案之。余每覩此事，未嘗不咨嗟痛傷，曰：「猶是子孫也，則猶是能知禮義之人也，何後之子孫不及前者之遠甚，則生計贏詘殊也？」即慨然思置田以贍之，矢諸中而久加切者迨三十年，而無如吾崑山之族諸父昆弟之皆貧也。余尤早自廢，僅藉授徒給饔飧。范文正公未參大政時，其市義田尚力不逮，下於文正遠者可知。已而又自感念吾老矣，苟不勉焉，殆終無日以謀是舉矣。一畝數弓亦足以明吾志，一斗半斛亦足以贍族人之阨。嘗欲奮然有事，而又徒手而輒自笑罷沮也。

及余年五十九，先室陶孺人殁，親屬多勸余營佛事、資冥福，遂不覺有牖余衷，撤其貲以爲養族人計，使世世食孺人德，其爲孺人造福也甚多，既得十金之積。其明年，余六十，諸父昆弟與及門諸生皆醵金爲壽，固辭再四不獲，乃以其十之二三具酒饌，款讌以報情好，而以其贏三十金并爲市田之資，廣推嘉惠於族子姓，以示予不德終不敢私自拜惠意，凡得金二鎰，可買腴田十畝。時適田涌貴，居六月，而圓明村孔氏以十二畝售，僅中産，然非六十金不可，其二鎰外，典金足之。自是而歲苟無歉，官租既輸，歲可得脱粟七八石，以爲陽山族衆常供。雖不過端緒初啓，上固有忝文正之千畝，次亦有媿顧涇陽先生數百畝，然得於吾身而倡之，蓋綦艱矣。惟我族姓有能繼起而增擴之者，是祖宗所式憑也，是余朝夕所禱祠而求也。即余幸假之年，猶冀益殫其力以繼是舉，必俾陽山之族不爲飢寒所累，則衣食足而知禮節，其意念自不覬覦於松楸丘壠，故曰：「非特卹族，且以保我先壠也。」

然論墳墓付託，則先陽山而後崑山；論族姓親疎，則又當先崑山而後陽山。崑山之族豈少貧者哉？豈一日而忘余心哉？合崑山、陽山而並贍之，而陽山之族亦强勉爲善，復其田園屋宇之盛如昔日，不惟受昆山之族之贍，而更有以自贍其族之貧者，是皆余所望也，是皆余所望也。因拭目以記於册首。

遊西洞庭山記

古今來賞歎西洞庭山者不容口。余在東山五載，相距不半日程，獨未褰裳一往，每逢人問：「曾遊西山否？」對曰：「未也。」則面若欲赬然。

戊辰之歲十月四日癸卯，朝宗席生爲余具舟輿、集賓從，先期儆裝。候晨將發而箕畢作好，似故抑遊興之勇，而又不欲於快遊之際來敗人意也。五更風雨交作，越宿乃放棹。同遊者趙子偉、席素民二翁，許既受、吴楚山二君，朝宗及余子導誠，凡七人。而朝宗之伯氏獻臣，以適憂采薪不與。

初次鎮下，步上洞山，市廛民舍，櫛比而居。從簷隙林端，瞥見奇峰亂石，蜂攢蝟簇，便已詫爲異觀。及至林屋，有王文恪公「第九洞天」、趙凡夫山人「左神虚幽之天」題於石。洞口可舒頂，踵不數武，便須俯身帖地而入。余悵不能與子偉、素民登其巔；既受、朝宗、導誠則挈二三從者，短衣蒯屨，秉燭求道，達「隔凡」，意甚勇之。余方披冒枳棘，從石叢中奮步。楚山亦自後至，携余手行。其石千形萬狀，莫可擬肖。子偉指示其尤勝者爲曲巖，攲整參錯，俯仰迭承，削立千尋，横穿百道。范文穆公記其來遊月日，想見爲昔賢賞心處。

復别從石叢中步下，有題爲「伏象巘」者，書法遒健，惜忘其名。聞昔有杜氏構園於此，二石絶似大象，此當是也。復有大字刻石曰「玩花臺」，想亦其園中物。及既下，則見遊於洞者。中皆泥淖，少入胸背，並已沾涴，且便眩瞀，遂出。從人或撲取洞中蝙蝠，此特所入較深。王鳳洲司馬謂「林屋不能强入輕趫，少年亦罕至隔凡」，其信然已。

後余以問東山故人金君平仲，平仲故嘗抵「隔凡」者。其言曰：「由洞口石屋深二十尺許，爲穴；由穴口再傴僂行，再得石屋，初約行四五丈，繼減十之五，屋視洞口差小。懸石乳，扣之聲如鐘，故名石鐘，旁爲石鼓。又傴僂行，如洞口入穴尺數，有石牀可坐。其右石屋，石皆斜倚，此不可入，蝙蝠窟焉；左一小穴，側肩可進，又如洞口入穴之數，得小石室，曲身稍立。其側石柱長廑二尺，半麗於石，瑩潔如玉者四。前即『隔凡』之竇，竇徑三尺有奇，中拒以柱，石質同前四柱，圓膩如人工所琢，上書『隔凡』，是相傳爲『金庭』、『玉柱』也。」平仲之道洞中景物如是。

然余考諸記載，亦間有入「隔凡」者，言人人殊。蓋黝闇之境，所見恍惚，自不能以一概。而靈威丈人之事，則益荒杳不可稽矣。予七人分遊於洞之内外，而遊外者所得甚多，遊内者困而後反，以是知探索幽異不如求諸可見。然天以虚而負地，地以虚而負山水，華嶽河海，不重不泄，斯洞蓋足徵之。

乃共循麓而東，爲丙洞，爲暘谷洞，頃所入爲雨洞，是爲「林屋三門」。中悉相通，丙洞隘不容人，其上丹嶂插雲，文恪題曰「偉觀」。暘谷寬深可步，磨崖刻無礙居士《記》。居士，宋尚書李彌大也，退老於此。再東即無礙庵，少坐。將暝，寓宿神景觀，宋改「靈祐」。

翌日乙巳，將遊包山寺。飯未熟，羽客吴函谷延入其圃，觀天禧間敕賜「靈祐觀」額，碑文字體與昨伏象巘絶類。已而登輿，問塗入寺。夾道梅林迤邐，因憶梅花盛時景色。既至，松長五里，巖分一逕，皮、陸之咏，洵不虚傳。寺已廢復興，金碧爛然。居方丈者曰柯庵，楚人，辭致爽悦。見其所書，運腕亦雅。導登大悲閣，山光供牖，不知即是當年空翠閣否，惜失問之。釜寺後有金剛壇，請其侍者導往。石勢錯落眩目，侍者謂「昔慈壽禪師誦經壇上，四金剛輒左右立，故名此」，其事孰知有無？然正東坡所謂「不妨妄聽之」也。又謂「此亦觀梅勝地，初春萬木未葉，一望十餘里，梅花下接平湖，波光花色，如白雲千里」，令余躍躍動包山看梅之想。

出寺，欲訪毛公壇。素民曰：「吾嘗往，一片荒榛，無用紆轡爲也。」余堅意去，至則所謂丹臺、丹井安在？二新塚、一破廛，土人謂「即故址」，因顧素民惘然。然今昔存亡之感，正當勿失憑弔，如是類者，何可勝數！竊怪今世競好神仙，何獨於此莫顧而問，是又不可解也。

自壇而東五六里，爲橘香庵，是同岑和上選勝卓錫之所。同公嘉興人，項襄毅公後，嚮與俟齋徐孝廉善，余亦雅聞風概。比知應故鄉請，去主楞嚴寺，然訪其廬，如見其人。踵門果不遇，其徒曇瑞居守。松竹環繞，柹栗參列，蕭森數楹，居然有崇堂複殿之規。素民曰：「即此便見同公幹局超人。」布席竹陰之下，少飲。且令曇上人造餅充饌。

自庵而上爲福源寺，殿前俗名羅漢松者，偉榦合抱，盤困甚古。其閣傑然，開牕延佇，三面峻嶺皆鵠峙，亦觀山勝地。時已晡刻，度尚可達石公。亟返靈祐别羽客，沿流鼓枻。縱目所之，少陵「青惜峰巒過，黄知橘柚來」之句，直爲此寫照。

既泊，尋信宿所，子偉謂：「無如石公庵。」七人聯袂容與，在丹苞朱實中行，覺竟體皆挾霜果香色。過歸雲洞，稍憩，未入庵。坐磐石，觀落照。進而燃燭禪院，啜甌茗，命兒子撫琴一曲，頗解倦思。晚酌畢，復出庵，看新月西沉，澄湖萬頃，波光煜爚。當日之落，直是紫磨金世界；及月之落，又如身置碧琉璃内。世即果有空王仙子，斷絶塵凡，對此當亦愛不勝情。良久乃就寢，是日下包山寺，無從尋訪陸叔平先生遺跡尚有存否，亦一悵事。

丙午，不待早餐即東遊夕光洞。又東爲「雲梯」，嚴天池太守題；稍北爲「聯雲嶂」，王少傅題，皆敞蹢列屋、巍比浮圖。自奇章之嗜、艮嶽之采以來，世之園林臺館羅致而鼎峙者，皆是山之石。舟輪輿載，誰悉幾何？然不知者則直詫爲巨靈擘就，其知之者則疑造物産是靈異，豈故藉彼椎鑿之者，既公而致之天下，而復成此岿客瑰偉之觀耶？

從聯雲下臨湖流，爲石坂。《震澤編》謂「可坐數人」，何隘視之？即數百人當不至摩肩側足，況其突走湖中者又奚啻尋丈？水更落，當益出。旁有石立如人，因號石公、石姥。昔人有云：何來此公，遂得主領此山。然俗謂「以公、姥呼之輒應」，則恐未然。

憑崖而上，過穿雲澗，右爲風弄，左爲一線天，皆上出山頭。庵僧導由一線天拔地石罅，扳石如蟹行，徑陡沙滑，不能駐足，或推或挽，乃得跨玄谷而乘青冥，風弄當不過是。雖趨此失彼，無憾。越落照臺，正當夕光洞之上，尋逕庵後，縋壁乃下。

飯過，訪鳳翁起咸，陪登明秀閣，閣爲王君叔介所搆。昨躡蹬到庵，回盼山墅中，丹牖碧簷，懸崖聳置。余顧謂子偉、素民曰：「是必有異。」以問庵僧，僧曰：「此家樓也，客無登者。」余不之聽，子偉請介於鳳翁，果延入。廣不容兩筵，而崇山供其前，巨浸繚其外，石公、石姥近可提携，烟帆雲岫遠相隱現。王氏故有弄珠樓，未審視此何如。穿雲澗亦叔介所斸就，前未曾有，固知爲泉石性癖者。相見後，便手擘園橘餉客，嘉其禮意，不覺傾盤啖之。子偉欲訪秦君九功，余亦留意此中人文一二，遂造焉。同其族父存古出見客，存古善詩，九功攀留繾綣，有傾蓋如故之意。

返舟，轉遵山麓而東。其石之狀，向之遊者以爲飛梁、秘室、堂房、井釜，未易稱數。今湖流雖縮，尚没水，但從篷牕望之，山之爲石，或眩美罔巒，或騁長洞壑，不能兩兼。獨石公高則雄麗，下則幽俺，非作三級盤旋淩歷，弗盡其致。故余謂「西峰名勝無過石公」，質之今古，當不謂誣。

舟移石坂，仍少留連，還坐歸雲洞。或曰「其上爲落照臺」，洞特危崕，少空其腹，亦自嚴太守剞闢而榜之。夕光之石，片片倒注；歸雲之石，片片蚪拔。誰爲爲之，技巧至是！心賞之下，開樽引酌。再觀落照、新月，初不意虞淵近在波末，却笑夸父之愚；而冰魄西垂，湖光東閃，雙眸所屬，並湧玉塔千層百座，幻怪惶惑。舉坐豪暢，不知風露之侵衣。返庵，禪燈幢幢向黯矣。

丁未，侵晨趣行，旁湖壖，越楊塢、明月灣，横銷夏灣而抵大龍渚，洵亦巉穴殊尤處也。獨怪馮夷何不奮其威靈，益叱濤瀨退避，使嶔崎嵬峗畢獻其形，龍宅鼉宮盡供客好。乃涵演磅礴，沉浮猶半，僅投足於坂之可徙倚者，其他亦如石公舟中仰睞俯窺。惟既受、楚山、朝宗騰踔貫穿，而歷險乎其上；諸從人背負者、揭跣者窅然潛入，呀然躍出，蛇行鳥跂而窮幽乎其下。余並心羡而已，然已挹其大槩，歎所未見。及後知趙山人游此，棄屐徒襪，厲行水中，則又媿何見不及也。子偉、素民云「昔嘗布毯羣飲於谽谺之間」，抑更不勝神往。

其南則石佛寺，創自蕭梁，今幾興廢。而矮屋數楹，瓜蔓滿簷，塵溷欺人，不堪暫竚。獨洞中石像甚古，一視即出。反至小龍渚，入銷夏。或謂「小龍無甚足觀」，竟過。然昔人兩龍並稱，特大龍尤奇，恐有覿面失之者。大約龍渚之遊，一阻於水，一病居停無地，必須還石公止宿，遂不逮紆廻。周悉如小洞庭，以一石具七十二峰梗概。龍頭石鱗甲森森，驤首欲飛，爲吴興人厭勝，披其下頷，皆在大龍，未究詰也。

具區三萬六千頃，銷夏獨於其中深入八九里，三面峰環，一門水匯，若私有之而爲池沼。今已葭菼半蝕於内，然而亭臺魚鳥覺與巖壑卉木别呈森秀。想昔闔閭避暑離宫之日，舉灣如練，風景更復奚若？昆明、太液罷敝財力，終是人工，豈似此地設天成者之不可名言其妙。

泊西蔡，從縹緲峰之下而上，爲道四里，半輿半步。近峰斗絶，輿步俱困，輒用兩人扶掖。其巔有草無木，多土少石，神祠泬寥，殊乏近玩。然湖之峰，包山爲大；山之峰，縹緲爲尊，幾於逼象緯，排閶闔。飛鳥往來，率視其背；天水迷茫，溟涬一氣。此如人之造道既高，而其胸襟正自超乎無何有之鄉也。子偉復近指五湖，遐指姑蘇、晉陵、吴興諸山甚悉。各息其勞，少席地坐，旋下。

出銷夏，風從西北飀飂相送，波不淩空，舟不擊汰，瞬息數里，亦舟行快事。抵明月灣，風漸緊，顧謂子偉、素民：「盍陸行，以審風物、暢襟抱。」於是不畏風者留於舟，而余三人並步。舉目見樓閣參差、湖山輝映，便令人作三山五城觀。陟高岡，下平麓，自明月至石公，不啻五六里，寒林霜樹，柑橘居多，蒼翠交加，丹黄紛競。一步一賞，無非蜀錦。而山家衡宇相接，楊塢爲盛。

然門無吠犬，途無走婦，負擔偶值，静若夜行。余嘗見俗逢元旦，率遍街里簾垂户閉如無事者，以爲舉世不知有此風土否，而豈期兹山果然。風大作，舟次晚酌，乃至庵宿。庵僧曰慧目，以愛山水而披緇，甚淳樸，暮誦可消酒思。

戊申，擬放回棹，尋雲梯、雲嶂故徑。覘湖中風勢，石公、石姥幾欲漂墜，萬浪澎湃，不敢言歸。庵後皆石壁，東引夕光，西薄歸雲。有仙蘆數莖産其下，堅似竹，冬夏皆抽笋，踰二三年乃枯，又名達摩蘆。慧公邀觀良久，移坐庵左右臺。仰視巉巖，余欲大書「振衣千仞」四字於其上，及題同遊名字於歸雲洞，既受復極旁贊。顧嘗笑杜元凱立碑峴山爲好名，無乃近是，遂止。

先是，聞王氏又有挾仙樓可登，尋其主人，不值。乃登朗西閣，亦王氏居，爲叔介猶子，曰綸音，亦愛客。從慧公散步曲岑，其喬林皆烏桕、鴨脚，分明月、楊塢之一二，已堪瞻玩。過滿願庵，佛氏有四十八願，庵階之級適滿是數，故以名。尋王氏墓，其兆域左右皆湖石累置，即墓碑亦嶙峋小湖石，所植皆春梅秋桂。雖不合古，故標「幽躅」。問之，即叔介葬其先人及生壙也。

日未下春，再遊楊塢，宋少師楊偰别墅之地。昨特涉其外逕，兹更環矚途巷，屋舍不殊，風景自别。里門之榜曰「仁里」，愚以爲此直上古遺民，并無用分仁義之爲名也。問其居者，自西蔡東皆蔡氏，山中秦、王並著姓，而蔡爲最。思訪林屋山人之子孫，蒐其逸事，又不敢不介而前，迴翔久之。謀再醉歸雲，風未寂，乃已。

己酉，夢覺，誦放翁詩云「頗憂昨暮雲吞日，猶幸今朝雨壓風」，蓋亦有是憂而竊覬不驗。及盥櫛，果風雨俱不作。始知昨者山靈惜别，故特遣屏翳挽駕，更爲一日周旋。顧乃迫於人事，不復能留。揖洞山，辭縹緲，謝石公，放舟乎中流，然猶首不停回，而自此魂夢皆西山矣！

袁中郎銓部《西山記》云：「一巒半壑，可列名山；敗址殘石，堪入畫圖。耳目聽覩與之爲配者，其惟圓嶠、方壺。」此或者抑揚太過，然予固酷愛其山水，尤醉心於土俗，既邀幸儔侶之歡，風日之美，以有兹遊。若夫杖履所未至者，猶多勝地，則俟重遊於他日。而予雅有卜居西山之志，顧老矣，未知此生得棲迹於明月、楊塢之間，采山釣鮮，而與風月少共酬酢，故老少話羲皇否也。亦姑紀之，而特書一本貽朝宗，以誌其逸韻。（二）

【校勘記】

（一）「駈」字，廣仁堂本、祠産本均作「驅」。

（二）「猶幸今朝雨壓風」以下部分底本缺失，據廣仁堂本補。

卷七　像贊　字説

壯繆侯關公像贊

世皆以侯驕矜士大夫。故侯之圍樊也，糜芳、傅士仁嗛侯輕己，陰使人迎孫權，而侯遂以敗。噫！當侯初事先主，大分未定，情猶等夷，而侍立終日無少倦色，及爲曹操所獲，以操待之厚，誓立效以報操而後去。是豈驕矜無禮者能之耶？樊之圍也，侯以偏師深入，擒〔一〕于禁、斬龐德，威聲所懾，中原傾心，操亦奪氣，至欲徙都避之。侯之功何其偉也！

自先主西定益州，以迄終蜀漢之世，雖大舉伐魏者數矣，而兵威有如是之燀赫者哉？若孫權不念同仇，而爲邀擊之舉，此固知者不及謀，忠者不及備。武侯曰：「成敗利鈍，非所逆覩，世之忠勇之士，不必計其後之得失，而奮身賊庭以争於一决者，豈可概少也哉？」余於是瞻侯像而爲之贊曰：

功之垂成圍樊城，身所受戮呂子明。樊城雖在迭廢興，子明已矣侯如生。侯何爲者怒難平，目眦欲裂鬚髯横。人臣一死何足争，但聞丞相亮北征。軍孤食少終無成，此恨千古真填膺。

魏莊渠先生贊

致君澤民，曰由己正。無聲無臭，在我天命。乃格君心，乃毗國政。反經闢邪，規模早定。阨乎宰執，旋離講幄。歸歟歸歟，小子是覺。默識天根，千聖一學。沐浴遺編，心傳未邈。

大參沈公像贊

公諱祥，字應禎，中正統戊辰進士，初授刑部主事，再任工部員外郎。值杭州織造違期且不堪用，英廟震怒，欲逮繫在事者悉置之法。尚書以下畏懼莫敢抗論，公獨爲尚書言：「盛夏械送，死亡必多，公爲大臣，知而不言，非所以爲朝廷造福也。」即出稿，固請尚書具奏，竟得允，諸曹服其仁勇。

尋陞四川布政司參議，部治行都司，六衛、軍伍、儲蓄皆有經畫，獠蠻吏民無敢逆命。卒以出入嵐瘴，得病乞歸。棲遲鄉里者比及二紀，其恬退遺榮又如此。子時、孫信皆舉進士，裔孫某請公像贊。其詞曰：

唯公令德，當官守義。不惕於威，不屈於位。公忠奉上，諤諤持義。全活良多，用脱械繫。甸宣絶徼，不敢言勩。蠻用惕息，民以懷惠。功在朝野，慶流後裔。宜爾子孫，光顯世濟。公像儼然，先型未墜。搢笏垂紳，曷不是繼。

董念龍先生像贊名中行官副憲

治術弗究於朝廷，直節弗容於閹豎。退息田廬，無改其素。賫志以殁，乘化來去。然而，當時惜之，後世與之。今瞻遺像，清風拂户，守正不阿，回薄眉宇。而公之色猶若愍然，其不豫者，想公之靈，正以志操即歷久而彌伸，而國事卒痛惜其何補也耶？

筍洲顧先生像贊

用純未弱冠時，從先節孝得奉筍洲顧先生之杖屨，而聽其議論於時。先生以宗伯貴，封如其官爲太子太保、禮部尚書，而年已八十。其爵愈尊，其年愈高，而其德愈恭，然後知先生之享是遐福良有所自。竊幸先生爲國元老，於其身之康强，謂可卜國家之運，曾未一年而兩都繼殁，先生死之。

嗚呼！先生少時以豪傑自命，不屑屑於卑瑣，有天下己任之意。其令鉛山也，摧中貴之鋒，化溺女之俗，正婚嫁之禮；其令元城也，不事聲色，而杜藩府之私艖，數百艘不敢挾銖兩入市。此皆先生之政績卓然可見者。使居高位，其爲人所難爲類如是。

已而再改嘉魚，不赴。遂絶意仕進，結廬西山，居先人墓側，優游巇壑，嘯傲風月。抑何前與後之相違也？意者天下不復可爲，先生已有見於三十年之前，故蚤引身而退。不然者以子既榮顯，謂可安意適志、享曠達之樂，不復勞其身於天下。吾又知先生不爲也。且使好爲優閒，則當國家之變，無有社稷封疆之寄，亦可循其素履以終期頤之壽，又何爲而七日不食，赴義如歸也哉？先生預題其棺曰「始安居」，嗚呼！國存與存、國亡與亡，如先生者，誠得其安者矣。

張君永暉圖先生遺像示用純，而先生之孫鰲又以事略請題。敬爲贊曰：

我觀古來所謂豪傑，見幾則明，赴難則決，惟是二者兼之實難。有勇有智，先生則全。少以自命，歿而無愧。視榮若污，視身若棄。出處生死，舍義何求？浩浩獨往，與太清侔。日星河嶽，皆見先生。彼不知者，當示以形。朗目長髯，蒼顔皓首。或爲頑懦，其思奮否？

顧瑞屏先生像贊

吾鄉宗伯顧公，天資忠孝，大節凛然，而習見公者幾幾以謹厚失之。蓋公爲人恂恂，嘗若不足與人居，終莫見其憤言怒色，以是謂風裁凛厲，若非公所優者而不知。公之生平其所表見，皆發於嚴氣正性，而裨益於綱紀教化，特不矯激以爲名耳。

方公在太學，即與太學諸生同訟劉侍御寃，上書相國，其忠直敢言之槩已見於此。已而登朝歷仕，一則以發策校士極言璫禍，而見逐於熹廟之時；再則以典禮不阿，一予一奪，忤權要旨，而被劾於南都再建。公固立朝之日少，而侍養之日多，然且不容於世，往往見廢。彼寢嘿抑心，務爲卑巽愨謹者，固如是哉。

不幸國祚傾覆，公間關入閩，上書進策，冀可有爲。又守先公之喪，不欲以危急廢禮，待以相位不就，僑居温州，而禍生於莫測。公之亡也，卒以疾邪之故。嗚呼！此天下義士所以含痛，而於公之忠孝尤爲垂光天壤者也。

用純拜公畫像，作贊以遺公季子鰲。其詞曰：

顯允宗伯，抑抑令儀。若趙文子，退不勝衣。及其守正，不容宵小。行父有云，鷹鸇逐鳥。維公之學，曰孝與忠。天篤降喪，大節彌融。奮身而南，豈必成事。收合餘燼，亦曰臣志。執喪有待，忽焉告終。事不一爲，以此負恫。兇豎嫉公，能爲身害。不能使公，名不百代。甌江怒激，義士吞聲。建祠致慕，信國連甍。維祠在温，不能謁之。我瞻遺像，公則在斯。

劉公旦先生像贊

予嘗侍先生於夢，而不復憶先生之貌，今覩先生之貌於畫，而又恨不奉先生之言笑。初以爲夢耶、畫耶，誠不足見先生，而塞兩間、貫千古之正氣，蓋不啻儀容而詔告。既而思先生之正氣塞兩間、貫千古，則夫夢耶、畫耶又何往？非先生之所在，而可爲後世忠臣孝子之所憑弔。

六孝子贊

黄向堅，字端木，父大姚令，名孔昭。值世亂，孝子念父母隔爲異國，踰山川，冒戎馬，徒行往迎，號泣道上，見者悲感爲導。卒至彼，奉親旋歸。父今八十有二，猶受養。贊曰：

茫茫兩間，一誠充塞。至誠之孝，與天同德。求親萬里，孤身絶域。浩浩去來，百神輔翼。魑魅不驚，豺虎不賊。竟奉親闈，遄歸鄉國。破笠敝衣，蠻天嶂色。其形有盡，孝感罔極。

莊覺業耕傭取值養母。母死，乞季父隙地以葬，而廬於墓。廬僅織葦，四周不容寢息，日治畚鍤，夜歸趺坐而已。如是者三年，人皆呼其墓爲「伴孃墳」。贊曰：

噫嘻母恩，在昔腹我。有生之後，不離右左。忽焉棄捐，旋就蓬顆。欲從入地，死孝不可。乍言乖違，涕淚已墮。結茅容膝，終焉危坐。風雨相依，母靈以妥。如是三年，未嘗少惰。誰曰彼傭，子道是荷。

王德貞，號五芝。笑語動止不常，時人莫測，或疑其癡，遂自號五癡。刲乳療母疾，聚有明累朝錢爲佛像，樂與賢士交，而磊磊不平，往往酒酣執板歌唱，聞者泣下。贊曰：

母病未瘳，則刲乳以療，誠孝格天，與其母俱危而復存。國祚既傾，則積累朝之錢至於盈屋，鑄爲空王，以歷百世而長芳，此其行不皆謀乎正義？而忠孝至性，可謂堅如金石，勇過諸賁。當其暮年潦倒，意緒煩寃，酒酣歌板，樂曲譋翻。豈是笑漸離之擊筑以爲使，當其地有不令秦皇擊〔二〕不中，使千載爲之聲咽〔三〕者耶？

周膠，號澹城，予舅氏仁節陶先生與之交。家貧力學，以儒者自任，學者尊爲澹城先生。事母王母陸至孝，生盡養，没盡哀。母亡，南都已陷，先是托跡頭陀，至終喪，遂棄居而爲僧。贊曰：

人生所重，在乎敦倫；維倫曷敦，善守其身。母在一日，此身母有，短褐藜藿，盡歡左右。母氏既殁，此身歸君；君無所歸，歸於空門。不降不污，變而克正；我懷伊人，月明淵映。

周尚文擔負養母，甘滑惟母欲，母嘗冬夜思所嗜，孝子衝寒繞城求得以進。不娶婦，暑則侍寢牀下；少寒則抱母足卧，依依如就哺時。母易怒，怒必長跪待母歡，乃且涕且笑而起。母忽瞶，孝子哀遽禱於神，及歸而聰復如故矣。贊曰：

漢孝子，有黄香，養其親，極羶薌，冬温席，暑扇床。在晉時，惟王祥，母失意，務悦康，冒冰凍，得鯉雙，烹而薦，養無方。自此後，誰頡頏。維之子，奉高堂，古孝行，今益彰，竭敬慎，通神明，母失聰，忽聞聲。則古昔，士之常，聞其孝，何敢望？伊何人，不通經，能如是，國之良。我作誦，實悚惶，葑溪水，何湯湯，周孝子，流芳長。

汪胤昌傭書養親，貧甚，必具甘旨。已失食，親或與之食，輒曰：「飽矣。」父疾，以己意投藥而殞。孝子時時躃踊自罪，父母殁，不克葬，就殯卧者數載，值亂不去。既葬，值疾風甚雨，即省墓，無恙乃安。贊曰：

猗歟吴門汪孝子，事親傷貧猶仲氏。爲人傭書奉滫瀡，獨饑不言還自喜。父以誤藥病不起，往往涕泣哀無已。人皆相感言醫理，辛苦拮据逾一紀。馬鬣手營葬以禮，每當風雨驟披靡。繞屋彷徨復徙倚，憂惶不顧衝泥滓。再拜墓前環省視，嗟哉何人無怙恃。誠孝何人復如是，垂範人倫越千祀。

孔子曰：「孝，德之本也。」《記》曰：「衆之本教曰孝。」故爲君而不明於孝者，其國必不治；爲士而不敦於孝者，其身必不修。世衰道喪，教不行於上，德莫修於下。一二特立獨行之士，不與世波靡，而卓然以孝行著與古人相上下者，是宜亟發其潛德以爲當世勸也。

張子永暉舉所灼見於其鄉之孝子六人，圖其貌，復令文章，家傳其事。張子既以身著仁孝於天下，而復爲此，其所以扶名教而感人心者，抑何篤歟？予既各爲之贊以志仰止。抑予聞於元公歸子：有洞庭山丘義龍者，濟南長清人，與母相失已五十年，尋母不得，日夜涕泣。其後也，誓不見母不歸，卒遇於長清，奉母南歸。元公以文紀之，是亦一孝子，近在百里而國人所皆稱頌者也，併以爲張子告。

夏景初先生像贊

用純少先生三十五歲，先生不以爲年相懸，謬加契愛，時辱杖屨，過尋相對，輒談説當世善行，微顯闡幽惟恐弗逮。觀先生之好樂於此，殆若伯倫之於酒、虎頭之於畫、張旭之於書、米顛之於石，蓋嗜之而成癖者矣。

世俗衰薄，游談聚議，唯以譏彈詆毁爲事，交習成風，不自知其可耻者，滔滔皆是。如先生之令德，豈易覯哉？夫好稱人短者，己不足於善也；好道人善者，己有餘於善也。己不足，故恒恐人過之不彰；己有餘，故唯知人善之可悦。

乙卯仲冬望日，先生以像委題，而爲之贊曰：

躬修孝弟而後稱人之孝弟，力行仁義而後稱人之仁義。使非充腴（四）於内，雖得乎外，而不知其味。而先生之爲人謀也，則又不啻肝膽相傾，肺腑相示。蓋稱人之善者自能成人之美，斯所以藹乎其容，豁乎其氣，而君子所傚，小人所視。

題天石子像

天石子者，海虞顧子玉書也，爲裕愍公之子，自圖三教服像以托志，知其故者相與贊之。儒者之道曰「忠與孝」，仙佛之旨苦空玄妙。當夫義存君父，即捐踵頂隳肝膽而猶以爲未能報也。彼兩氏者謂苦形而勞生，輙委棄而遠蹈，故儒者亦多薄其術而弗爲，不啻如河漢之違行，而宫商之異調。而吾以爲二者無庸交譏而並誚也。士君子遭際風雲，翱翔天廟，魏文貞黄冠草履，太宗得之以定天下；姚少師方袍圓頂，翼贊文皇而成帝號。不幸而爲徐英公之流浪衡山，文相國之請還故里，猶庶幾二氏之逃，可以排斥一切，埋踪寄傲。

今天石子之爲是圖，將有所慨慕於中，而古人之效耶？不知者怪爲安用是，紛紛然改容而易貌也；其知之者惟恐不得隨天石子，左挾琴右携書，相與上匡廬而入遠公之社、陟蘇門而聽孫登之嘯。

毅調葛子像贊

葛子之所立者，節也；儒冠敝蹤，肥遯林泉；葛子之所修者，行也；説禮敦詩，孝友惟先；

葛子之所澄懷而静觀者，無生之道也：瞿曇北面，旦暮一編。三者爲有爲、空爲、一爲。二人欲相求葛子之妙諦，而我知葛子亦無所事於言詮，不若觀乎是圖，葛子之影在焉：

神冲體穆，袍方頂圓，俯仰天地，逍遥歲年，與物何競，因時則遷，無徒無偶，山間水間。

題編修公像 公諱德潤，字澤民

我九世祖編修公對鏡自爲寫照，謂之鏡容。用純淺昧，不能仰窺公意，而竊以爲公之自寫照者，不欲以己之貌貌於畫工之筆也。

他人自有其貌，而不知貌之所以爲貌，故皆貌於畫工。公自有其貌而能知貌之所以爲貌，故須貌於吾手。夫貌者，神明所傳也，見貌不見神明，雖自貌之，亦與神明無預；見貌而見神明，則公之所貌，非貌其貌，貌其神明也。然則後之貌於畫工者，當非公意，特子孫欲廣公像，不得不藉畫工之筆，將畫工所貌，遂無以見公之神明歟！

夫神明因貌以顯，非因貌以存，況夫神明又惡可貌也。月不能繪其明，水不能繪其清，夫神明又惡可貌也。然則公之神明，亦遞傳諸子孫之神明耳。後禩子孫，能自見其神明，而即以見公之神明，則瞻公之自貌者，而亦見瞻公之不自貌者，而亦見所争蓋不在圖也，而必圖於鏡中者。未見其神明，則身在明體之外；既見其神明，則身在明體之中。此鏡之所爲托歟！公深於濂洛之學，故渾淪一圖，偶拈筆墨，至理斯彰，而況乎貌之作也。惜乎弗獲以是親質公，公之神明猶在，未諳其許之否？並以俟子孫之繼公而起者。

從五世祖贈少宰蘧庵府君像贊

公在朝廷，爲真御史。更踐外臺，並勵風紀。執法明允，獄無疑罪。清且畏知，門亦如水。端温亮直，以燕翼子。威鳳祥麟，恭靖接軌。君子之澤，正未有已。聞其風者，猶當奮起。況我後昆，敢不趾美。世世念哉，仰斯容止。

題席之族兄先世遺像

人子之於其親，生而承奉色笑，没則追念音容，不可復覩，於是圖寫形貌，奉如平時。事雖非古，此亦孺慕之切，不得已之情也。

吾宗席之兄，方七歲即遭皇考見背，竭力之養，既不克伸，而又未有遺像，見凡爲人子者，歲時諱辰，莫不展謁其考妣之像，己獨不然，以爲至痛。於是積六十餘年，猶欲追爲之貌。而奉曾皇考以下諸像，約畧以得其形神之似，而與皇妣像合，以垂諸後。

夫吾兄當居皇妣之喪，一慟而嘔血數升，幾至顛殞，此其天性純孝，不有過人者耶？想其六十年中，思慕皇考之懷，殆無日而不音容如對，又豈待歲時諱辰而後念切於中也哉？今爲合像，不獨以爲老年之瞻奉，更念早孤，侍養無日，猶欲使子若孫，每莅祀事，必懸奉謁拜，以追罄其未盡之誠，則其爲志亦良篤矣。此即奕世之下聞其事者，猶爲惕然興孝，而況其後人哉！

爲賢子孫者，宜無廢吾兄之命，而又善體其志，凡所以修身慎行，致孝於親者，兢兢焉必無一事之或後，而後爲善承也。然吾兄篤學力行，雖以數奇，老於諸生，而又能詒穀於後，今賢似道一義宗皆以文行見稱於時，厚德之後必昌，吾知世有賢者出，以振吾兄之令緒矣。

戊申春暮，吾兄以其自述之詞，屬予書之，而又命予題其上，因爲附此數語。

題仁節陶先生像後（五）

先生與先節孝，少同鄉里，居學同師，既長而同志；生也同年，殁也同日，殁之後又同殯於墓，而致並蒂蓮花之異。即其遺像，先君既畫而失於兵，先生則未之畫，皆從後人髣髴肖貌，是亦相同也。

蓋先生爲人倜儻高邁，晚益邃心禪學，超然有得。諸子嘗以畫像請，先生曰：「吾不用畫，吾但有像贊耳，只此無面目漢留與後代兒孫，看此二語，是我像贊。」又書於紙而署其後云：「崇禎十七年之明年，某自書。」先生即於是年七月捐軀赴義，方熠夷破亡之際，亦竟不及畫像。

逮己酉仲秋張子永暉來崑山，圖貌往哲，謂先生不可無像，始計追摹。而以長子鄄、季子郅掇其所似見者，或謂十得三四，或竟以爲五六。夫先生之所以不必有像，正後人之所以不可無像，亦各有其道也。歐陽子記王彦章畫像，謂：「公之不泯，不繫畫之存不存，而予區區如此者，希慕之之至。」蓋信然也。

然先生從二十四年之後，以生平不識面目者，得其形神宛然若覿。甚矣，張子之爲功於後胤，與夫思慕先生者也。像成，用純念與先節孝無不相同，不勝感慕，敬拜而識於後，若先生行實，則長子鄄自有狀云。

甓齋陶表兄像贊

兄長於余七歲，以中表故，未髫齔從吾母過舅氏家，則便到兄讀書處，往往亂繙書帙、弄筆墨，舅氏輒以爲喜，兄亦不嗔余也。其後余漸長，頗知學問、通文義，舅氏益喜，兄亦辨論往復，居然視余爲益友。

旋同受知於學使者江右宗公，先後爲諸生，而舅氏又室余以次女。舅氏，别峰先生也。由是過從益數，嘗對硯文戰，余學不逮兄，然旗鼓不肯相下。是時意氣偉然，指顧高遠，不難驟致，若巍科上第近在足下然者。

詎知不轉瞬而喪亂迭乘，山頹海沸，家君與舅氏同日殉難。覆巢之下，幾無完卵，遂絶意塵世矣。矢志埋名，曩時豪興盡逐煙飛，而堅授生徒以終吾生。兄前四年七十三歲而歿，余今亦年七十矣。雖比於孺子、幼安之高，未敢希附；而庶幾所謂初終一節者，此余與兄生平之大概也。兄獨雅好禪悟，襟期通儻，絶不似余屑屑拘方，以故臯比亦早自謝去。茆簷著述，雖飯甑生塵，卒常晏如。而余至今猶潦倒於佔畢之間，以是爲終不逮兄。然如兄曠懷，宜享多壽而不得，是又不可解也。

兄諱鄄，諸生之名曰甄，字康令，號甓齋，别峰先生之長子。子鍔，持像請贊。贊曰：

卬卬（六）其貌，穆穆其神。當夫少年豪上，莫敢逼視，幾如救鉅鹿之楚軍。忽焉壯氣銷歸何處，而如南郭子綦嗒焉不自見其身。固志節之窮且益堅，亦道力之老而彌醇。若以衣冠無新製，謂是避秦人，則但得其形似，而猶未遇其真。

題從妹像

先季父樸庵府君所舉男女子多不育，後乃得兒女各一，女即嫁王氏妹也。妹端静有淑德，動必以禮，不苟言笑，長而許王氏聘。王氏故知隨州，死於賊難，贈光禄，賜謚忠愍，諱𦾔，公家也。妹之夫實惟公之孫介繁，名凝祉。

當王氏求爲婦，季父謂用純曰：「吾女爲忠愍公家婦，固當遂許之。」乃于歸，事姑相夫，宗親往來皆有禮法，而精於女紅。介繁繩祖父家聲，習儒業，常資脩脯自給，妹亦窮晝夜竭十指之力以佐之。性好嚴潔，居家内外及身所用服物類尚雅素，然苟非所宜費，雖絲粟不妄用，蓋其勤儉有過人之力焉。

命之蹇厄，回禄爲灾，所居不過三楹，與其奩篋，俄焉蕩盡，親戚悼之，謂其不當致是災也。歸介繁十餘載，無嗣息，妹自念多病不宜男，乃令介繁置側室。顧側室未有孕育，而妹轉受娠，聞者咸相喜慶，以爲此不妬忌所感，即妹亦未嘗不自喜。乃彌月以前，家多鬼怪，固已爲不祥之徵矣。妹驚懅特甚，又多病，精力消亡。纔免身，孿産雙子，而氣即不屬，生首子，次子艱不得下。或謂存母恐不復存兒，時妹將就瞑，微息僅存，猶强語「必無傷我兒」。嗚呼！拮据操作以勤其家而不克享其望，甪嗣不異於子求母之切，而卒以產患亡其身。爲年三十有二，二子又俱以失乳死，天道相反常不可信固如是哉！

初先君子與季父友愛無間，世不恒有，雖分宅而居，不許家人有彼此爾我之稱。用是先考妣在時，妹嘗過我家，其後厄於回禄，亦與予比隣居。予於妹之生前視之無異親姊妹，蓋忘其爲先季父之女也。乃妹亡，制服以小功，始覺其非親女弟，然余之念之不知涕之何從，則又與親姊妹無間焉。

介繁一日來謂余曰：「昨夢若妹，吾迎而謂之爲王氏婦者一紀有餘，備嘗艱苦，何不禄而遽背若是，若妹告我曰：子其以是問我長兄。長兄，君也，君何以慰我？」余思死生修短之數，余安得而知。惟是妹之淑慎，不可使其泯然於後，而其所得於天者又極人間之困苦，尤可追悼。余故索妹像，而書其梗概。然人生有可哀慕於身前者，庶幾得甚肖之圖像以不亡於身後，而妹像又不甚肖，則益以悲吾妹之命之窮也夫。

題葉九來小照

文章足以待詔金馬之門，才略足以高議雲臺之上，湛深之學足以校論天禄、石渠，邁往之氣足以傲睨王侯將相。而圖寫形容，煙霞放曠，既薜荔以成帷，亦巘巒而作障，豈見夫古之偉人建立非常，其所得多在寬閒之野、幽遐之壤耶？

題胡振安生照

振安以生照索題，覽其自作小傳，梗槩蓋已畢得，無庸更贊一詞。金君爲畫廬山瀑布，振安謂「深得吾思親意」。蓋尊大人官江右殉國難，而振安生於官舍也。因賦《廬山之瀑》四章以極致其明發之懷，辭曰：

廬山之瀑兮，雷轟電逐兮，百折不回兮，念我先德兮。

廬山之瀑兮，穿雲出谷兮，以養庶物兮，念我鞠育兮。

廬山之瀑兮，我懷何極兮，萬事可能兮，逝者不復兮。

廬山之瀑兮，流而百瀆兮，無替詒謀兮，繩繩世篤兮。

題胡表被小照

聖賢之視用，舍進退固無二致。然生乎三代以上，進之心宜多於退之心；生乎三代以下，退之心宜多於進之心。此又因乎其時，而初無損於所爲憂世覺民者也。予既爲表被宅相題《濯足圖》，復以是圖請題。松鶴之於階，泉石之於處，皆君子澹於世趨而以自鳴其志也。表被其亦有見於予進退之説乎？爰書以歸之。

題柴藝循小照

寫照非少壯事也，而柴子藝循方壯歲即圖其容，蓋念其身之所自來，而無忘父母之劬勞也。故請余書《蓼莪》篇於左，而余更有進於藝循者。藝循之不忘親若是，則所爲道不徑、舟不遊，一舉足、一出言履薄臨深，務全其身，以無負乎親之所生者，將畢生而弗之有違也。圖其容以徵年華之盛衰，則亦必圖其容而考德之進於内而符於外者，正當自少壯始已。

席素民生照贊

軒黄之代，人尚太素，三古而降，素風邈矣。自孔子以帝王之德而終老於師，儒謂之素王。有素王即不可無素臣素民，然千百年來可居素臣素民之位者固有其人，而未嘗素臣素民之稱自任。

洞庭東山席君於其名字外，别號素民，志綦偉矣。予與之交三年，而後知其人秉素心，砥素行，布素以飾躬，儉素以居室。無素絲之爵而良貴自尊，無素封之貲而垂後自裕。挹其和可以布之素琴，攬其正性比之素秋爲烈。前數年，寫生照於尺素，索予題。予披其圖，俯臨素波，仰邀素月，飄飄者素襟，盈盈者素甆，有酒斟酌而不自知其顛毫之已素，斯其人洵素履而往者也。

嘗語予曰：「他年必有俎豆子於身後者，吾得侍子側爲願。」予愧謝曰：「子何言？子何言？夫子爲素民，當世寧無爲素王之臣者？子嘗往來江淮間，盍遡而訪焉。」乃系以贊曰：

素民素民，子其爲含哺擊壤之民，與子其爲農桑學校之民，與吾悲子之遇而重惜子之志也。淵明不云乎「試酌百情遠，重觴忽忘天，天豈去此哉？任真無所先」，子蓋得其道已，又何慨，而又何慕焉？素民素民。

顧協滄改字説

懋功顧子名檝，改字協滄，來請予序。予曰：「古之改姓名與字，有以蒙難履變而改者，有以志有所期托而改者，有適爲朝廷之諱而改者，今君之改其字，則何也？」曰：「蓋有與余同姓而同字者焉。」

余曰：「是則希尚前修而同其名字者，古者甚多，即君之先世爲蔡邕所嘉歎，則以其名爲名，慕馮野王之爲人，亦以其名爲名。今與君同字又適同姓焉，知非欲希君之蹤，而何故舍同而趨異爲？」曰：「非然也。歐陽子謂名也者，生而有別之謂，若太甲、盤庚、史魚、孔鮒皆以識別而復有字者，特以釋其名之謂，爲如此則夫名與字皆重別也。吾顧氏自原魯先生、給事伯剛公而後，世守行義，惟恐或隕。夫人亦求別乎其人耳，而屑屑求別乎名字，不已末乎？然家世各有所承，志節各有所趨，彼所不欲爲者，詎知非此所欲爲？此所不欲爲者，詎知非彼所欲爲？而世之循名失實者，或將混稱而譌指之則甚矣，烏可以無別也？」

余曰：「子之言長者也，抑且智，是可序也。」其曰：「協滄者，則以昔人詩云『老協滄洲趣』。」夫君之先又有海隱居士，念家世居海上，故以自號，君其繩先志歟？抑亦興思夫煙波汩没山林窅冥之鄉，欲塵壒人世而溯之，則並以見君之意念綦遠也夫。

族孫詒熙字説

同六世祖兄西瑄先生之孫詒熙請字於予，予問之曰：「子之名熙，奚取焉？從内言之，則《詩·文王》之篇曰『於緝熙敬止』，言心之光明無有侵蔽也；從外言之，則《勺》之篇曰『時純熙矣』，言業之光大無有龐雜也。今子之名將奚取？」曰：「吾祖所以命是名者，期詒熙之光於前烈，則《勺》之篇之言爲近。」

余曰：「然。然吾之所以字子者，則曰晦受。蓋君子之德非彰顯之難，而潛晦之難，疎於内而略於外，不可謂之潛晦。潛晦者，内有其可顯而不自用也，亦非當顯而故閟之類，後世匿情作僞者之舉，乃見理之明行其所固然，雖欲表暴焉不可得，亦雖欲抑遏焉不可得，是則謂之潛晦也。《勺》之篇固曰：『於鑠王師，遵養時晦。時純熙矣，是用大介。我龍受之，蹻蹻王之造。』今人皆知武王受天寵命，由於德業之純熙，而不知由於有於鑠之王師而晦處不用也。當日『檀車煌煌，駟騵彭彭』，『肆伐大商，會朝清明』，可謂熙矣。然其心兢兢焉，恐天命之未受，惟侯度之是慎，猶自怵惕，曰『上帝臨汝，無貳爾心』。至於天命人心不容，更爲遲緩，而後應之，何其晦也？知晦之義者，是爲『素位而行，不願乎外』之君子矣。然則與緝熙之學一乎？」曰：「烏乎不一？武之遵養時晦，西伯陰行善之家法也，陰行善則緝熙矣。《易》不云乎『内文明而外柔順』，文王以之。且《中庸》之言德曰『不顯』，不顯於外非不顯於内，使内亦不顯，則何以謂之明德，是則養晦者之晦於外而非晦於内也。」

審矣！而非敬則皆不足以與於斯。故「敬止」，文王之所以緝熙也；「上帝臨汝，無貳爾心」，武王之所以遵養時晦也。雖然，子其得是説也，以往將奚從事而可，則余固言之矣，「素位而行」是也。「入則孝，出則弟，謹而信，泛愛衆，而親仁，行有餘力，則以學文。」子其循是而行，晦莫甚焉；子其循是而行之罔懈，純熙亦莫加焉。所以慰爾祖者在是，所以光累世之前烈者在是，而余亦竊庶幾爲不失言云。

吕德焕三子字説

德焕吕子既名其三子曰復蒙、復臨、復謙，而請字於余。余問之曰：「子之取名何義也？」曰：「竊嘗思《易》之道大，不可不學，廷章欲吾子知以《易》爲學也，故並用《易》之卦曰

『復』、曰『蒙』、曰『臨』、曰『謙』，而蒙、臨、謙，則又昔呂氏之聞人已名其名者也。呂聖功蒙正爲盛朝賢相，呂與叔大臨爲程門高弟，呂伯恭祖謙爲理學名儒。既示之以學《易》，而又使知呂之聞人代固多有，無自替焉。」是則廷章之取義也，余不覺稱願然，曰：「卓哉！」

子欲子子之學《易》，而以「復」爲教也，「復」有言乎「奮興於始」者，有言乎「底厥成功」者。《易・傳》曰：「復，德之本也。」此天良幾息而復存也。《孟子》曰：「湯武，反之也。」此造道極功而入乎聖域者也。由一日之復至於没身不衰，由一端之復至於德無不全，而後克盡復之義矣。人受乾元之理，以生其初皆純乾也，殆情日以熾，性日以鑿，而渾全之乾元銷鑠而爲純陰，其理雖未盡息，乘氣機之往復，卒有時而發見，然發見於氣機非發見於吾志，即有時而復，亦不自知其復，復之所以不繼也。惟以惕厲戰兢之吾志屹然植立於一日，私務去而理務存，是即乾元之復也。此復卦之必内乎震也，積震之體復之，又復變爲純乾，而無一時不自强不息，無一事不自强不息，則復之成也。是所謂復性也。

一端之復，一日之復，復也不可謂非所性之本體也；終身之復，全德之復，復也不過復其所性之全體也。吾性復而聖學之不明者，可以復明人心之不正者，可以復正世道之不治者，可以復治往古淳風之不見者，可以復見天地之不位、萬物之不育者，可以復位復育盡天下所當復胥復於性分。既復之内，三代以下即不必有此事功，而其道固無不然。循是説也，固將觀其人之度越古今，又豈特吕氏昔賢之踵武也哉！

然不欲失其所以命名者：字復蒙，曰希聖；字復臨，曰與幾；字復謙，曰允恭。名昔人名亦即字其字，而更致希慕幾及之意。既字，德焕持册請紀其語，且書朱子《元亨利貞説》、薛敬軒先生《戒子書》於前，余於是益見德焕之名子，其用意於復也有深焉者。何者？是皆先儒之所爲言復性者也。遂書之。

字顧生相實説

嘗讀孔子之論學曰：「苗以秀爲期，秀以實爲期，以況夫學之必期於成也。」然一穀耳，何以苗？何以秀？何以實？則皆誠爲之也。程子曰：「心如穀種。」余亦竊謂穀含心德，心德者，誠也。非穀不苗，非苗不秀，非秀不實，此皆穀所自具之實理。穀不徒穀，而使之苗；苗不徒苗，而使之秀；秀不徒秀，而使之實。則非穀自爲之，而由人盡其當然之實事也。穀所自具，即誠者，天道；人所當盡，即誠之者，人道。

此非予之臆論也。《生民》之詩曰：「誕后稷之穡，有相之道」；又曰：「茀厥豐草，種之黄茂」；又曰：「實方實苞，實種實褎，實發實秀，實堅實好，實穎實栗。」夫黄茂，穀也；方、苞、種、褎，孔子之所謂苗；發、秀，孔子之所謂秀；堅、好、穎、栗，孔子之所謂實也。然不第言穀之有是數者，而必皆謂之曰實，正以之數者之美報雖穀之所固具，而不有人道之相助，則亦莫能實有之也。甚矣，誠爲物之終始；甚矣，孔子之言苗以況夫學之所以期於成者，誠爲之也。

顧生執經於余者幾三年，名世茂，初字壽音，蓋取夫《南山有臺》之詩：「樂只君子，遐不眉壽。樂只君子，德音是茂。」顧以爲頌而非規，欲更之，久而未定，及讀昌黎「根之茂者其實遂」之語，欲以實遂爲字。

余謂之曰：「子之意則然矣，然昌黎之言實不若《生民》之詩言實之爲善也。蓋是詩也，非獨以穎栗要方苞之成，而且由方苞而種褎，由種褎而發秀，由發秀而堅好，由堅好而穎栗，不循序以進而不得，是所謂相之道也。必要於成，則無中廢之患；循序以進，則無助長之患。助長妄也，非誠也。故字爾曰相實，言以人道之功相其天道之實也。孔子不自謂生知，而曰我固好古敏求者，是以孔子至誠而猶自居誠之，況不逮孔子遠甚者。顧可不盡當然之實事，以達夫性所自具之實理，而蹈孔子不秀不實之悲也哉？生乎，生乎，其務勉之，毋以吾言爲忽。」

【校勘記】

（一）「擒」字原作「禽」，據廣仁堂本、祠産本改。

〔二〕「擊」字原缺，據廣仁堂本、祠産本補。
〔三〕「咽」字原缺，據廣仁堂本、祠産本補。
〔四〕「腴」字，廣仁堂本、祠産本均作「腴」。
〔五〕「後」字，廣仁堂本、祠産本均作「贊」。
〔六〕「印印」二字，祠産本作「邛邛」。

卷八　祭文

祭廷尉李映碧先生文

歲在癸亥季冬朔日，故大理寺左寺丞、前工科都給事中映碧李公卒於里第。越明年甲子，令子木菴宫允自京師奔喪歸，始以訃聞崑山。

晚生朱用純悲不自勝，又不能匍匐往弔，乃考諸《禮》云：「父之友，哭諸廟門之外；師，哭諸寢；友，哭諸寢門之外。」今於寢門之外則不敢，於寢則未逮。惟是公於先君子雖在昔無僑札之雅，而先君子墓辱公錫之銘，又先君子殉義於前，公守貞於後，今者相見九京，其能不引爲同心也？則庶幾托於廟門之外之義，焚帛酹酒而哭之曰：

出處，君子之大節；死生，人生之常分。惟處之以道義，大節一如其常分，常分亦莫非大節，而後足以垂千載之芳型、挽五常於頽運。古來之爲是者，蓋亦不一其人，而如公者，乃始上下古今可無毫髮之餘憾。

蚳鼃請爲士師，謂將以刑罰諫王，無有所隱。惟公由推府擢給諫，由給諫晉廷尉，庶獄之平反，固已惟明惟允。而國計之安危、賢路之消長，又皆知無不言，而獨見其誠悃。迄今讀《三垣奏議》，其於靖難、璫禍死事諸公，所以揚忠烈而慰精靈者，蓋不啻懃懃懇懇。

而公履變不奪、之死靡二之心，早於是日月之昭，而人莫不信。及夫鼎湖龍去、新亭淚隕，公以不降不辱之孤踪，江淮河海莫或遑處。而惟載籍以來，治亂安危之討論，其後既賦歸與，乃益韜精著述。居惟土室，坐則木榻，而足跡曾未一窺乎州郡。雖丞相之聘頻來，而枋得之辭彌峻。如是者閱四十年。公之節則高矣，公之志則困矣。

此四十年者，何日而非椎心泣血之日？「曾河清之空俟，竟天醉而難問。」然此四十年者，又何日而非負荷綱常之日？「既碩果之獨存，亦翔鳳於千仞。」人皆憂公殆不可以久留，而猶望公如山之壽其未有盡，乃箕尾之忽乘胡昊，天之不憖，皭然不滓，固以對君父於在天，浩然之氣復且鼓頑懦而知奮。

蓋公之出也，未嘗不以處爲念，故能仰答主知而不隱賢於進；公之處也，則誓與出而相違，故能巉刻自持而惟吾道之殉。公之生也，初無纖芥於苟生，而常若身蹈夫白刃；故公之死也，何嘗不生於天下而星辰河嶽之不泯。是豈非大節一如其常分，常分亦莫非大節者？

公此時已相羊乎白雲之鄉，又何敢以有累之衷黷公而竊致其悲慼？獨用純以後生薄學幸公僑居吾里，深相攬注，而謂其無適俗之韻；賓朋晤對，則同剖辨乎曩今；促膝挑燈，則時傾倒其方寸。旋返之晨，河橋追送，公以剛腸嚴氣，顧猶執手言別。而不忍二十餘載暌離，屨杖又寧有一歲之不通夫問訊，苟有信使而無尺素，則必反覆詰責。故其僕人之持書而來、索牘而歸也，不亞官司符檄之嚴迅。公猶眷眷於一來，用純亦不勝踵跂，而領引孰揆事究不果，而公寓書輒曰：「余有去梯之語未易更僕，遥望玉峰，正不知何日而得發軔。」今所謂去梯語者，公竟不得出口而入吾耳。用純此生之内，何由而得一奉夫明訓？

人命若朝露，用純年且五十有八，其從公於地下也，庸詎知爲遠而爲近？然而公在，則即千里之遥，音塵可接，猶若時時過從而爲長者糞。自兹以往，尺書路絶，雖《八哀》有作，而曾烏足以攄其幽憤。況復辱在下風，聲沉影遯，盼蕪城之雲樹，羨北飛乎鴈陣，即欲效古人齎磨鏡，具以展生芻一奠，而不可得也。哭公之慟，又豈惟乍聞訃而一時之號頓？嗚呼哀哉！

祭震青朱公文

嗚呼！某於公而見天人之故之可必，亦於公而見天人之故之難言。何者？惟誠可以感人，惟誠可以動天。要其可感者感之，可動者動之，其所不可感動者，雖至誠其無如之何。此忠臣志士所以致恨於千古，而公正不能無遺恫焉者也。

公之在饒州也，豪强懾息，四民歌慕；郡邑有司有去位者，其父老争請公視事，攀轅涕泣，如迎父母。以是廉惠聲騰，天子傾動，罪銓臣之蔽賢，自樞曹擢官禁署，凡公所學，講幄開陳，無不改容聽納，則皆公之誠爲之也。

及夫鼎湖銜痛，大厦莫支，圜視域中，我將安騁？公乃與令子日生、月生渺風煙、凌滄海而抵百粤。杜甫脱身，許靖歸朝，非誠而能如是乎？乃至雕題錯臂之民，獠荒蜑户之長，感公忠孝大節，相與耕田以奉公，執經以師公；及公父子繼殁，萬里還櫬，又相與縞素送喪，殫才效力以出於蝮蛇猛獸、蓁篁炎瘴之鄉。而浮江南下，川巇安流，從容歸里，無少戒心，不可謂非誠所致也。

夫以公之精誠，而覺顓蒙之民，孚英察之主，殊類輸其忠，山川效其順，天人之故信彰彰矣。而公之所致憾者獨何？以事變所窮，理勢所詘。公所以維持挽回者誠愈篤，而天人之意愈與之左。嗚呼！上天蒙蒙，小子蹻蹻，其信然邪？其不然邪？雖然，當夫事變既窮，理勢既詘，雖人亦無如何，雖天亦無如何。古今來如公所遇者，猶有其人。嗚呼！亦同處於無可如何而已矣。

况乎屈於一時之天人[二]，而不屈於千古之天人。雷怒風激，公之毅魄也；日晶月華，公之赤心也；高山大澤，公之壯氣也。自一鄉而一國而天下，至於無可紀極之世，感公德者，祠而祝之；瞻公容者，敬而弔之；聞公風者，跂慕而師效之。天與人則又無負乎公也已。

今茲良辰，公與令子葬紖既發，將即幽宫，骨肉雖歸於土，而公之靈或在白雲之鄉，或在河山之間，某等相與溯公之誠，而謂天人之故如此，其信然邪？其不然邪？

祭舅氏仁節陶先生文

維年月日，用純謹以清酌之奠，敬祭於舅氏仁節陶先生之靈。曰：

先生以俯讀仰思之精勤，吟風弄月之襟宇，嗣絶學於往哲。既而運會百六，傷心雠恥，從容委命，成仁取義，道至明也，節至烈也。豈非其人雖往，而有不與俱往者光於日月、偉於河嶽哉！後死之人，則又安所咨嗟、悲惋於先生之殁也？而晦明寒暑之日，用純斂膝顧影，輙不禁淚交頤下。痛先生之棄我，歷十餘年而未之有已者。所與人同其情，則哲人之既萎；所不與人同其情，則知我之不再覯耳。

憶昔先生之愛用純也，獨冠諸甥。雖范豫章之許王悦，韓柱國之稱衛公，亦何以過哉！見用純齠齔時，不俟長者督過，能自讀書，則先生喜；及長，學爲文頗能縱横肆志，則又喜；乃至尺素相遺、偶然筆墨所及，自謂心手俱拙，而先生率懃懃歎賞，又喜過當。於是引置甥館，以女妻焉。

當是時，用純豈敢自謂先生之許我者以業成而行立也？不過頭角頗異、孺子可教，乃稍借以品題耳。然而覩年華之鼎盛，幸際會之方休，以先君子爲父，而又以先生爲舅氏，且爲外舅，入奉趨庭之訓，出請操杖之益，苟非庸罔自棄，將來必不過爲人下。若夫探微言而析奥義，不争旦暮間也。

豈知天地崩摧，域中波沸，魚羊食人之歲，孤城掘鼠之秋，吾父既以横尸報國，爲汨羅之繼，不一日而先生又效王蠋以畢命。生我成吾，同時徂謝，傷心到此，尚可言哉！語曰「士爲知己者死」，况當用純家國禍酷？假令當日大義勇決，奮不惜身，從吾父於澄淵，則亦從先生於地下，豈非雖死之日猶生之年也邪？而志不出此，身世一乖，歲月易逝。想先生之儀觀，竟復何言？撫先生之遺文，惟有永歎而已。

然自十餘年來，凡天下事物之故，貧窮、險難、拂亂、悲憤、震懅、可喜、可慕之遭，蓋不知其計數。磨而後明，淆而後潔，意乃有以自信，雖百折而不回，竊謂差有當於先生之所期，而獨悲夫不之見也；其得見用純之今日者，又未必盡謂其然也。夫安得起先生於九原而問之，使先生而以爲是，則雖一國非之而不沮，舉世閒之而不顧，益將堅所學焉，豈不快於心哉；使先生而未以爲是，則所以教誨之、調護之者，必有進於今所成就，而豈徒令爲廓落無當而已也？故於先生之歸幽壤，不覺哭之慟而告以文。先生其喜吾也邪？其不復喜吾也邪？

祭徐爾益先生文

嗚呼！「維桑與梓，必恭敬止」，重先人之所植也，而况先人之執友乎。昔我先君廣交遊，然少所可，故執友無多人，而與先生之昆弟皆有金石之誼焉。文學相資，德義相勉，契誼惇洽，若親兄弟。

用純不孝，少遭閔凶，庭訓日淺，見先君之執友如見先君。衣冠動履之相接，僾乎先君之容也；笑言緒論之相親，恍乎先君之教也。而先生端静寧謐，古道自處，造其庭而窅如，踐其堂而穆如，酬對無煩言，好舉昔日與先君交相規勸及所聞於先君、所見於先君者。而一見言之，再見復言之，是豈惟先生追念舊好，亦曰以教孺子也。用純少不知學，今將艾矣，四十見惡，五十無聞，每自傷媿，猶幸先君執友相與提攜奬誘，庶幾無墜前徽，而孰意先生之一旦云亡也。

回思用純之事先君僅十有九年，而襁褓孩提在其中，其稍自知識，而竊幸義方之聞者才數年耳，而得與父執諸先生追隨游處將三十年。是先君之貽德於用純，而亦諸先生之加惠於先君也。然三十年中，時運代遷，人事錯出，諸先生相繼彫謝，漸若晨星，而今也，又哭先生。用純所以情不勝悲也，即令靈光巋然尚有其人，將來依仰猶幸無窮。而先君之執友愈稀，則亦先君之容愈遠，先君之教愈疎，此尤用純所以情不勝悲也。

先生之令子若弟，弟之子皆以偉才令望，或已騰身雲路，或猶戢翼丘園，不以用純爲迂疎寡當，而皆得邀先人之好，締交奕[二]世，先生顧之若深有樂焉者。而又以賢孫問字於用純，用純自惟何以仰副先生，惟是舉夙昔所奉教於先生者，而裁勵之、敦勉之以幾於學成名立，而亦以所奉教於先生者交於先生子，若猶子之間，先生其無憾乎。顧用純性行固鄙，無足取益，蓋惴惴焉；又惟以不克踵承前好，得保令終爲懼，則先生又何以教我也。嗚呼哀哉！

祭夏景初先生文

嗚呼！先生歿矣。先生可謂有憾而無憾，而後死者則無憾而不能不有憾也。

先生承士琰先生之家學，讀書好德，篤紹前徽，文雖高而不華於國也，行雖修而不澤於世也。跧伏諸生，老於蓬牖，天下之拾芥青紫、翱翔王路者，先生所見不知凡幾，倘與之馳驅文囿，未嘗或詘；而凡所謂貨技聲色、蕩惑心志、官爵勢力搖動州里者，又類皆先生之所不爲，而乃彼通此塞，成效相反，此所爲不能無憾者也。雖然，庭誨施於令子，貽謀及乎諸孫，詩書仁義，彬彬藹藹，即今長孫爲名孝廉，鄉邦之内，固已子弟荷其甄陶，窮閻沐其膏潤。而況科名鼎至，行且藻掞天庭，惠彼蒼赤，皆以發先人未發之藴，而何憾焉？

顧先生之無憾，即後死者之無憾，而後死者之所憾，則又非先生之所憾，是良可感也。脱爲善者而必不克福之厚，後之昌則亦無如蒼蒼者，何乃既報先生以令子賢孫，而又康强難老，壽幾期頤？俾世之人咸有以信蒼蒼之優賢助順，如此乎其不爽，而善心或於是焉生。然而世道陵遲，於今已極，强者凌弱，巧者罔拙，愚者侮賢，賤者暴貴，機謀氣燄靡所不至，人心習爲固然，將不知所底息。雖以先生之直腸快口，或未必其所樂，特老成斯在，猶畏彦方之知。

而用純者，撩闢授徒，庭户窅寂，先生衣冠偉然，間相過訪，撫髭鼓掌，稱今道古，罔非嘉謨懿烈，四座傾聽，蓋受先生之教者非淺也。而今安得復邀先生之杖履？又安得拜先生於牀下？而共憫夫末俗也，詎非後死者之憾與？若夫不克待賢孫成進士享禄養，並不克涉明年舉九十壽觴，此皆不足爲先生致憾。先生其以用純之言爲然乎？否也？

夏秋之際，走侍先生，先生容觀如故，餐但少減，豈知退而旋病，病遂不起。方病時，用純未及知，不獲一候興居受遺戒，先生顧甚念用純，且曰：「吾没之後，必令朱子以一言弔我。」今用純來弔先生矣！先生其以用純之言爲然乎？否也？嗚呼哀哉！

祭夏師文

歲在丙子十有一月乙丑，吾師永言夏先生終於壽考，門人朱用純既聞訃而奔哭之。逮十有二日己亥，謹具瓣香清酤之儀致奠於靈筵，而復爲文哭之，曰：

嗚呼！流俗之淪夷也。老成耆舊即不能顯於有位，膺國家風教之司，猶幸康强難老以爲鄉之碩果，亦羣情之所禱祀而祈。奈何忽焉徂謝，年即耄耋，能不倍愴於中而涕泗之交頤。

維我先生，以幼孤而奉母教，克自力學，工於文辭，遂以騰聲黌序而佇望翔步於雲達。孰意良時不遇，壯志多違，先生益自勵行，不與時移。士多輕身偃室，而先生陋巷棲遲；士多濫竽侯門，而先生琴書自怡；士多嗜膏粱、慕文繡，而先生終其身甘蔬食而褐衣。嗟廉恥之道息，士靡事而不爲，獨抗節其介然，信斯世之人師。

而況用純辱在門牆，夙荷提撕，追憶昔者，熒熒殘炧，喔喔鳴雞，朗吟不輟，促席相隨，非一朝之榮名是勉，乃千秋之志節爲期。今者倏已五十餘年，而中間之物情幻怪，世路嶮巇，用純反躬自省，求所以無負師門者，茫乎其未敢信也。而今而後，又遑恤鄉國之疇依然，而先生往矣！用純抑亦衰矣！

澤躬善世之念，終不能已於懷。惟是先生之所以傳其家者，亦既有令子賢孫接踵而起，可以仰嗣前徽，而俯茲滔滔之俗，將不知其所流極，則自不勝嗚咽而增悲也。

祭王宛仲文

嗚呼！余與兄之交也，均承先人之契好投分，自弱歲始而比年若加洽焉者。蓋自壬子之秋，令子亮儔以英年傑才薦於南闈，人之爲君賀者踰於爲亮儔賀。以君夙推國器而遭時不偶，連蹇彳亍，積四十年之韜光閟采，今始得發於其子，是固宜喜溢於中，而君形神簡寂，無改其舊。

適同志有懷古雅集之約，覽眺林泉，徜徉[三]花月，一觴一詠，以寫遐情，君亦與焉。而招邀未嘗不至，既疾猶强用肩輿相赴。以故君與余前後交情未有增損，而近者接對特頻。間嘗告余所以教令子者曰：「爲諸生時多受有司考較，不得不勤作俗下文字；今既獲遇，涉三年而赴南宫，當以其暇力學好古，且時時切磋於先生長者，無徒效世間酒食遊戲徵逐也。」嗚呼！今之父兄之教若此者，其亦鮮矣。

觀君之志，又非矯情合道，而皆出於欿然不自得之誠。蓋君襲光州公以下累世家學，而又刻意磨礪，不以遇不酬學而稍自頽弛。家多藏書，日唯討論，古今綱紀懿烈，邑之先哲舊聞，亦手自蒐輯而排纘之。某也才，某也德，某也功施朝著，某也表訓鄉里，其得諸古人者確，故其見諸行事者優。雖不獲以經世之才布諸有位，而猶得以修之身者形於家庭，有如是也。

亮儔既克承奉志意，日以光大，仲子、叔子亦將各有樹立，則人倫之樂事所以爲君娱者，正未有極。而又以曠適之襟期，觀物玩景，其何難躋於大耋？而余也，亦嘗得接屨杖，共譚讌以邀良朋之輔益，何以奄及大變，不可復回也？自君之殁，日忽忽如有失，舊時良會廢者已數，間相酬對，亦多不歡，胸中隱若有文以弔之，而悲哽不能爲言。

迨君親朋之咸相來弔也，乃始播之於詞。然而親朋之弔之也，則言當從衆；其爲余之弔之也，則言當從獨。而余以謂君之與人交也無私情，則人之弔於君也亦無私愛，從獨從衆其一也。獨念君非怛化之人，當疾甚時，余過省問，君猶偃仰堂前，笑言如故。今者方排空而馭氣，與泰初而爲鄰，而余猶作悲離惜逝之語，君不幾笑故人之卑隘邪？然傷情忘情俱與道違，且余之哭夫君也，又豈唯是死生離合而已。奠斝在筵，君何不舉？嗚呼哀哉！

祭葉二泉文

嗚呼！君之年少余二歲，而中表行輩則尊者也。雖屬尊者而年比肩隨，故與君幼同師學，稍長而各隨其父兄同患難，及老而同往來遊處悲愉之事者，逮五十年。其交好也，不以戚屬，而以友情。不幸而君今歿矣，不二十日三臨君喪，哭之輙慟。余素寡淚，於君不自知淚之何從。其致哀也，亦不以戚屬，而以友情。

蓋君没而遐邇疎戚哀之者衆，余特於其中一人焉耳。然哭者雖衆，而所以哭之要或一二端。其一二端者，皆余之所同也。余雖一人，而所以哭之非特一二端。其非特一二端者，又余之所獨也。

君文章峭厲，詩詞贍雅，揮灑毫素，龍蛇飛走。古人畏其凌轢，當代奉爲宗工。自君没而文采風流倏與俱往焉，可哀也。

往昔金石之刻，秘異之書，珍奇之玩，覩聞苟接，不憚重購遠搜，期於必致。自君没而博物好古罕其儔焉，可哀也。

意氣倜儻，與世之賢豪冠蓋争相投分，屣倒轄投，殆無曠日。自君没而縞紵定交者徙倚而寥落焉，良可哀也。

周急濟乏，類爲族屬倡，而窮交故好輒復經紀其斂葬、婚娶其子弟。自君没而親朋倚庇待澤者皆望閭而返焉，又可哀也。

邑里備荒賑飢之役，水利財賦之事，靡不悉心籌畫，忘勞任怨。自君殁而桑梓綢繆之交誰與共焉，更可哀也。

君又少騰才譽，數踏闈門不利，及登薦剡、膺徵命，又卒報罷。方慨有文憎命達，而復賫志不禄。即達士大觀，要亦深可哀也。

然是數者，皆人之所同哀。而余於君之所哀者，則自余早歲淪廢以來，沉憂積中，君固曠爽，又雅樂與騷人怨士友，以余交自羈貫，結契尤深。君傍文莊故第，踵水部餘業，開池館，治磴彴。花月之辰，觴詠之會，輒招致余。以宣導其志氣，披豁其愠惀，銷沉歲月，不知老至。今而後小有堂前、春及軒下，復何忍憶舊歡、追往事？豈不哀哉！

君施於余者良殷，余效於君者蔑如。友朋之節，忠告爲重。君即惟義是謀，而余自顧生平，切切焉抒其胸膈、布其懇款，曾幾何事？是不可謂無負於君也。今雖欲冀蒭蕘之采，而又何從，豈不哀哉！

太夫人春秋高，都僉君既以禄養，君復板輿娱侍。去年舉八十觴，屬余爲文壽者數四。適遭婦喪，遷延未應。今君迫於大化，奄違膝下，其含痛重泉者必深。而余曾不得以是慰其萬一，豈不哀哉！

君止一子汝濟，早從余遊。君在而且以力學砥行委責於余，君歿而余又將誰委？汝濟性醇謹，顧年少，余又老，未揆得底學之成、行之立，以不孤君委焉否，能不哀哉！

人所同哀者余悉兼之，余所獨哀者莫或分之，而得謂予三臨君喪不知淚溢爲過情哉？君之殯在小有西偏，余既奠君於此，今又爲文以致其哀思。酒之薄，君所素釂；言之不文，君所素諳。獨不復得君一舉巵、一寓目也。嗚呼哀哉！嗚呼哀哉！

祭張盈水文

嗚呼！君其果死也邪？君捐館之前一日，有會君於弔所者，有見君甜於市肆者，有再遇君於道者；即捐館之晨，亦有謂君蚤起董治家政者。俄而聞君病矣，又俄而聞君就瞑矣。嗚呼！其誰信之？

非獨以君之亡也忽焉，震悼而不勝其疑也。蓋死亡者，人之所必不免，而不以其年者，又人情之所甚痛。然或猶可諉之理數而强以自慰，如君者原於理而理有所莫解，順於數而數有所難遺〔四〕，則何以死哉？

君於紛華馳騖之埸、摇精伐性之事，皆意所不屬，而獨篤於倫行，好施其德，中外親黨之不能養者養之，不能葬者葬之，貧乏者賑與之，患難者維護之，孤而無所倚者成立之。而天性尤純者，以尊甫雪翁先生年之高也，家之事不以纖毫嬰其慮，而竭力以致養，晨夕未嘗離左右；居母之喪，哀毁成疾，然不敢以戚容侍奉於先生。其游黌序也，早欲繼黄門公之烈，而勤學攻苦無間平生。此以天道言之，何一非所以自求多福者？使年命之永必擇善而施，則君方且以龐眉皓首踵武於家庭，而豈知永年之道，獨於君而遂幻爲促齡之事，顧不痛哉！

蓋值彫弊之時，而内以拮据其家不愆乎度，外又不辭艱阻以急人之急而力殫矣，行至而弗彰于迹而志苦矣，學勤而弗成乎名而神怫矣。病於平時而决於一旦，所以嘔血數升，驟致顛隕，而莫之救也。

嗚呼！自今而親黨之處於艱危困踣者將誰倚？揚前烈啓後賢之任將誰屬？君不能一日而違雪翁先生之左右，先生又豈能一日不見君於膝下，而今又將誰與承歡？此所謂理不可得而解、數不可得而遺者，而君何以死哉？豈以胤子皆賢，繼起之事業固有賴與？夫事之不期於身而期於後者，必非其所得爲而後可也。如君之身則固有繫之身，如君之年則固無不可爲之年，而顧諉之後賢，豈曰其宜？

然則聞君之訃，孰之能信？而今者用純盈觴之奠，以是尤不覺一哀而出涕也。

祭顧荀若文

維歲次壬子五月朔日。先一日，處士顧君荀若病殁於俟齋之館舍。越三日，諸子扶喪而歸殯於祖塋。又越十有二日，友人朱用純同弟用白、猶子導誠謹將束帛弔於殯宫，而哭之曰：

嗚呼！君年六十有七，志慮精强，神襟曠逸，飲千鍾而未醉，輕百里而走疾。世即未有仙人，謂如君之矍鑠，其長年也，可以繼絳縣之老人而爲匹。與君言此，曾幾何時？孰意寢門遽哭，而涕泗之流訣。

君殁於俟齋家塾也，固前知者所莫能必。君以俟齋高如泰華，瑞如景星，見之則若得，不見若有失。故不以授經俟齋之子爲植桃李於門，而以朝夕俟齋之側爲入芝蘭之室。主賓交好，甫及三月，而遽以斂含爲俟齋累。吾固知君魂雖逝而猶卹。

始者，與君東西間闊，猶恨縮地無術。今則已矣，此生之内，欲復與君尺書往來、握手晤言，而安可得一？獨以三十年之故交，寧無片言永訣？奈何病不踰辰，而遐棄於儵忽。垂白孺人，依依諸子，湯藥莫奉，痛深淚溢。

以君邁往之節，不樂没於妻子之手，固宜視此而無怫鬱。而回憶平生，君之與吾，有懷必傾，有疑必質，坐秋月而忘歸，挑寒燈而促膝。或布席而藉草班荆，或水涯而山崒，其所謂填膺悲憤、張目直視、謌哭縱横、意氣奔軼者，謂何？而一棺之戢身，竟萬事之都畢。

意所謂即長夜者不必其長夜，而舍白日者未可爲白日。殯宫在野，凄雨慘慄，信邪？非邪？吾懷恍惚，自夫子之云亡，吾亦爲之志氣變衰，而門庭蕭瑟，靈其如故，猶見咨嗟感激於髣髴。嗚呼哀哉！

祭徐瞻明表兄文

嗚呼！余之哭兄非以儒生之棄也，然而儒生之棄則今日於兄之殁，所以不勝其雪涕也。使兄當日選愞於儒冠之一擲，則又孰得而竊議？何者？非於國家有半通之綰、五斗之受，而謂不容更姓而事也。而兄之意則曰：「我非是何以對文靖公，以發朱先生而無愧？」然兄於文靖公又非期功之父，兄於先節孝又無北面執經之雅，揆諸恩義而必不可或悖也。而兄之意則又曰：「兩先生於我非父兄、師長，而父兄、師長之不啻也者。人貴立身，烏可蹉跌。吾豈舍兩先生之教是從，而泛泛若漂舟之不繫？」於是，余與兄之大阮俟齋既各抱先人汨羅之痛，長往窮荒，雖爲西山餓夫而靡悔；兄亦謝絶榮名，以其掞天庭、擲金石之文，向所稱賞於文靖公、先節孝者而退，而爲丘園之賁。

維時楊子明遠，則受知於先節孝與文靖公之門人也，亦重傷其遇，惜其才，歌哭縱横，而不自容於世。此四人者，一時所處，直猶夫離鄉井、背宗黨，各遭險釁而漂摇乎異地。斯即燕之北、越之南，素無款狎，猶且出肺肝以相倚，而况舊時親串並在窮途，其情好也，自不下分形而同氣。

爾日皆以年少而嬰世難，壘塊骯髒之懷方寸所不克填委者，盡横溢於詩酒之間，奇怪百出而不自知其所至。每逾時而不見，忽焉相思命駕，則若發狂之莫能禁，輒疾驅而盡鋭。其或坐月看花，登山臨水，折簡相邀，刻期定程，則若長上之徵下寮，殆不容以停驂而緩轡；飛觚騰爵，曾不假貸，則若上殿相争之虎，即嚴威有所不避。及夫徵故實而佐酒，四座沉思，又若百萬軍屯，令嚴夜寂，而惟聞蕭蕭之寒吹；有時商榷古今，探賾鈎微，則若虎觀横經，共考校乎同異；又或分題索句，獨坐辭囂，則有若枯衲棲禪而雲關之深閉。乃至遇必投轄，話必忘寐。坐上之客，不妨其爲雞鳴而狗竊；酒後之容，不妨其爲屢舞而善戲。非放誕以尋歡，乃消萎其壯志。

俟齋久處土室，大約留連居易俟齋堂名，得無猶上干乎星文，世共瞻賢人之聚會。如是者蓋亦不逮十年，而人事之不齊，遂不能以復繼。多難莫若俟齋。而吾三人者，則彼此浮沉乎講肄，雖遠近各殊，話言遼闊，而音問遥通，惟憑郵寄。即或歲時造請，間一言情，詎如往昔猖狂但求快意，固以歎其年力之衰遲，亦以徵其問學之遠詣。

兄以内外周親皆在吾里，又以吾里爲西河，故尤與余得勤於晤對。自後，兄之季子坦腹於明遠東牀，又遊余門而學爲制義。余不知兄之於明遠往來何若，而轉覺與余行踪淹滯者，則以曾幾何時俄焉暮齒老者。不尚筋力，安能復僕？僕於征途而屑屑於把袂。然而回首生平，閲歷憂危，所以極神明之彫瘁者，蓋無日而不然。

竊謂七十、八十之年，非勞人所敢冀，而況今者已躋杖國，則信如兄所云「凌霜之榦，彌扶疎而聳翠。」故余於仲春先以一言祝兄大椿之歲，而俟兄懸弧令辰。俟齋固不窺户，方擬邀明遠於陸墓，登一雲之堂，開尊縱飲，而或重整少年之旗幟。孰期少微掩輝，兄更不乘雲少税，今者往見文靖公、先節孝於九京，其亦無憾於已，而可以仰慰。

是則向者儒冠之擲，豈非勇於義而審於智，蓋畢生之艱困，此其所以爲畢生之欣遂。且或不然，則不能得四人者患難之周旋，而無尤於出處其殊，致獨念四十餘年，形影相卹，而一朝棄我而逝，永相見之無期，不惟見且不得而亟也。余既傷心之如擣，兄亦安能揮手？而若置盈盈奠酒，維椒維桂，又誰知壽君之觴而即爲哭君之觶？嗚呼哀哉！

祭丘近夫表兄文

庚申六月七日，余表兄近夫丘子自京師歸，卒於河間府故城縣。越四十日喪至，用純憑哭而弔之。曰：

嗚呼！余之於兄，非表兄弟也，而直兄弟也。余少兄六歲，當兄數歲時，先王母尚無恙，兄隨吾姑歸寧而來。兩小兒依依先王母側，推梨讓棗，不知其爲表兄弟也。兄幼即頭角嶄異，十四五歲已能詩文，有名家風。先君撫之，不啻若子。見余不自奮學，輒援兄以鞭勵。余亦雅知慕效，情好益篤，彌不知爲表兄弟也。

迄乙酉夏五，予與兄同侍先君。黄昏燈火，杯酒相銜。先君從容問志曰：「爾兄弟其將來仍爲諸生乎？抑不復進取乎？」兄應曰：「願進取！」先君笑謂：「何汲汲與？」自是一出一處，殊趨異軌。兄之彳亍風塵，數奇不遇，而老於考較之場者，余不得而同；余之潛踪息影，甘自廢敗，埒於枯木朽株者，兄亦不得而同。

然兄在當年雖倉卒應對，似非先君子之志，而爾時吾姑與開遠先生俱未老，家又多難，冀得通顯當世，藉禄秩以侍養持户，固子道之宜然。若余，則先君既捐軀於前，子即不能踵死於後，而顧隱忍就功名以辱先烈，天下其誰許者？以兄而爲余則已固，以余而爲兄則已乖，正不得膠於同揆。而先君之微哂而不以爲佛者，或亦有見乎此。

然余與兄雖行止各有其故，而里居相邇、遭逢相似，歲時伏臘未嘗不俱，往來慶弔未嘗不共。詩文相與賞析，道義相與劘切，初未嘗或匿情不告、惜己不顧，則仍不知其爲表兄弟也。洎兄於兩大人之没，則決棄儒冠，無意榮名。《春秋》、《孝經》兄皆有所贊述，次第成書。余方意得與兄優游歲月、交相輔勉，探性命於深藴，辨人鬼於幾微，以老餘年，以終兄弟之樂。然兄自經兩大人之喪，則已傫然病矣。戊午之秋，受故知之托其孤子，不忍憚勞，力疾上京師。又適膺鉅公之薦、當宁之知，遂拜恩命授中翰，而兄之疾已益篤。決策而歸，不克抵家而中道就瞑。

嗚呼！兄之所賦予於天者，仍有一官之寵，則何不於兩親未没，俾得以效捧檄之喜；即不克逮，榮僅其身，亦何不少假歲年，使或益伸所未伸者？嗚呼！前者送兄於河干，謂舍南方卑濕，就北地爽燥，未必不療脾疾。孰意言之不驗，轉成永訣。共探性命、辨理道，既終吾之生不有其日；而回想歲時與偕，出入與並，平生歷歷如大夢，不可復續，不亦悲與？

兄之北遊也，余以向自引分，不敢具書通京都貴顯，亦片紙不問訊兄者幾二載。兄不尤其廢禮，而頻貽手札，兼以詩章，有「已悟鳶魚」之語；猶諄諄以書敕吾猶子屏浮華、崇實學，若以師承即在家庭者。

嗚呼！兄之於我若是懃懇，而余於兄則已幽顯路隔，伸款末由，即辱兄之過爲褒許；以頽廢之材，又安知能自鏃礪雖老不衰，以無負兄與否？此余死生之義知之已明，而獨於兄之死別，則不自禁其心之傷而哭之切也。嗚呼哀哉！

祭宗翁仲俞文

嗚呼！人事不齊，天道難憑，死喪之際，從古若斯，然未有如翁之痛傷焉者也。前年升如賢而早世，方謂翁之孫不宜先翁而殁，而令翁哭其孫。去歲嘉先又不永年，則尤謂翁之子不宜先翁而殁，而令翁更哭其子。然而猶有兩孫質皆英敏，翁雖病，精神意慮猶能强自振刷。意者天既奪翁之孫，又奪其子，而多予以壽。算遠則一二十載而躋期頤，近亦六七八年而踰八旬，以待兩孫之成立。而何僅十有五月，而翁復捐館也？

縱令翁殁於前，子若孫相繼於後，不五六年哭翁三世，猶極人生未有之戚。乃先哭翁之孫，既哭翁之子，旋復哭翁。曾不五六年間，凶禍迭臻，後先倒置，哭之者且不勝其痛，而況身罹此者乎？

翁之哭孫也，有聲有淚，時時拊心而長號，曰：「吾不能一日不見吾孫也」；翁之哭子也，淚已枯，聲已竭，若坐若卧，以及魂夢輒叫「吾子」，曰：「吾不能一日不見吾子也。」於是翁之身爲不可一日不生之身，而翁之勢爲不容一日更生之勢矣。

然吾黨之慰翁者，皆以「兩孫尚未成立，爲當自愛惜」，翁亦深相首肯。則翁今者地下之靈，其又何能須臾不念兩孫也？與其痛悼不可復回者，亟尋踪於九原，何如撫視未成立之兩孫而少忍歲年？然此非獨翁爲之，亦造物者爲之也。

造物之理，誠非人所能測，要其所不可信者，正不能無憾於其際。翁以藐焉幼孤，克自奮立，業致千金，而不苟取非義。家惇孝弟，而復文以儒術，宗族愛之，鄉黨推之，士大夫相與重之。倘造物之施報亦與人同，則翁宜如何厚福？乃向之有令子、有賢孫，人皆以爲翁慶者，今適以阨翁，而促翁於即世也。此非翁之有負於造物，乃造物之有負於翁。

且以翁之賢，而令没身之後曾不得一執三年喪者，匐匍於几筵銘旌之間，似非所以勸善。然兩孫嗣起，變化靡常，安知將來不皆光大其門第，篤厚其福祜？翁預知焉以爲此，固無庸繫吾懷者。而造物亦謂吾自有以厚之，而不在此區區修短之數，是所望於兩孫之善爲繼，而慎無忘今者之悲痛不勝，乃兄、乃父、乃祖相繼奄殁於不五六年間也。嗚呼哀哉！

祭族兄毅韜文

嗚呼！自世之尚末而不尚本、務華而不務實也，士以篤行實學爲先者不易遘，而苟有其人，世亦且交臂而失也。知我者希，光潛響匿，余固不能無歎惜於兄之生前，而又安能無悲涕於兄之既没？

蓋兄敦醇矢志，嚴慤爲質，植根乎孝友之行，濬源乎《詩》、《書》之術。方其年僅舞象，柔中公以東吴布衣，軫念時危，而上書伏闕，執政排之，幾蹈不測。兄獨身走淮濟，傭書救解，而出父於圜牆之室。當是時，孝行動當路，而旋際滄桑，萬事死灰，誰與復伸其湮鬱？惟是讀書砥行，孜孜矻矻。

於昆弟，則並任其婚喪而撫遺女、養孤姪；於朋友，則無間於物我而有無相通、禍患相卹。而且雅志有爲，痛先人之壯懷受屈，思欲一展於時，然卒不能。惟是桑梓綢繆，不啻如同體之疾，而且遭世文網，老於諸生，每自感念何以對先世之簪芾。

惟是以裕後者承前，而務勉其可必者以一俟其不可必。謂「學非濂閩不足以通性命，心非敬愛不足以濟民物」。常歎今者道在當湖，即令二子齎糧而往謁。乃至放廢如余，亦令北面事之而於其前，乘予講論之日，兄乃雜坐生徒中，聽《乾卦》九三之文，言深相嘉賞，而謂發所未發。故慎幾昆仲之横經講席也，至今殆猶無虚歲月。

得孫纔踰四歲，即同卧起，口授《曲禮》、《小學》，而言動舉止早令威儀之秩秩。此皆當世所視爲迂疎苦難，甚且用爲訾謷而不欲爲、不能爲者，兄獨自幼至老何用志其專一！自非力砥儒修，奉先哲以爲歸，安能罔顧世趨而去垢其若櫛？

然兄以爲此人道之恒，不自誇伐，又素好直言。其有義所不當者，往往不憚面叱，以是既少知之，又轉相畏之。而余竊謂如兄者，篤學實行，而罕見其匹也。然則知余者莫如兄，知兄者亦莫如余。而今日之所陳以誄兄者，其辭有溢乎？無溢乎？謂爲有溢，則非知己之言；謂爲無溢，則知兄者少，既爲當世惜。而與世長辭，尤爲當世惜，而併不能不爲兄咨嗟而鬱怫也。

蓋兄所不忘於中者，生平志業之未畢。然余謂人生所事，何者不當畢？亦何時始能畢？兄於此可無用悵然其若詘，而況慎幾固已名重士林，學裴繼之，凜承先誨，學與年益，必能使兄之不忘者，而可忘則亦兄之既殁而猶如不殁。有酒盈樽，靈其降格。

哀王生文

嗚呼文堯！余於年少之中，求其氣質端静者，未易有也，而得見子；求其性行淳篤者，未易有也，而得見子；求其無他嗜好、惟學之勤者，未易有也，而得見子；求其諳經傳大義、能文章者，此雖猶尚易覯，而以端静淳篤之性質，復兼嗜學工文章，則又未易有也，而得見子。不易見而幸見，余之於子，喜可知已。

四年之前，子之尊人來告余曰：「吾子願從先生遊。」余以子年少，教宜專一，余問字者多，恐疎而寡效，轉令問業於余猶子。雖甚違子尊人意，然而朝規夕誨，句提字命，庶幾其不負尊人者，在是也。

去年，余猶子應省試，子乃攜篋來余館舍者兩月。余雖雜然肆應，要亦稍稍親承指授，而見子之器質益以端静，性行益以淳篤，嗜學益以孜孜勉勉，文章亦益以開發。竊謂即兩月之爲功幾何，而庶幾其不負尊人者，又在是也。

今年，子以文試縣試府，即未利，而年甚少，正可激奮，方冀羽毛豐滿，飛騫伊邇。且以其端静淳篤者相勉，於道德仁義躋於古君子之列，當亦匪難。若是者，何非余所厚期。而忽焉聞子之病，又忽焉聞子之殤，能不悲哉？

余先子病者月餘，子數數來慰問，余甚念子意厚，而遷延不速愈。子病，余不能往視；子殤，余不能往哭。念子尊人之愛子教子，唯恐子不讀古人書，唯恐子不邇賢師傅，唯恐子文章德行不能有所成就：此余所見爲父者之所少。子仰承尊人之愛之教，唯恐一不得當尊人意指：此余所見爲子者之所少。

一旦永謝，親闈無復迎歡左右，正不知子何以爲心，小年大年迫於修短之有定，誰謂不然。顧子尊人之長號摧割，其能因子而萬一釋焉否也？而前余於子不易見而幸見，何如其喜！今余於子幸見而卒不得見，何如其悲！即欲余以修短之有定，一旦釋然於我懷，而亦未知其在何時也。特於猶子之哭吾子，附余言以爲弔。文堯，文堯，能不痛哉！

祭李母馬太孺人文

嗚呼！古之弔者禮必哭。其哭也，有爲存者，有爲亡者。某於太孺人之沒，不覺一哀而出涕，則何爲？爲太孺人。

夫太孺人之沒也，擗踊哭泣，居喪哀毁，女子子而無異乎男子子者，葉孺人也；臨喪而號慟，悲泣而相告語者，中外戚也。某則何以爲太孺人而霅涕？嗚呼！非涕之無從也。聞太孺人之喪，而不勝吾母之哀，哀吾母而不禁潸然於太孺人也。

太孺人於吾母非有肺腑之親，非有往來之素，特以某授經於太孺人外孫葉生廷玉，而傔從相通。太孺人頗聞吾母嚴慎勤勞心重焉，又同年生，俱已老，遂令女使往復通問，命相起居。既而以吾母多病也，益嘗相贈遺，一歲之間，使必數至。某自愧菽水之養未能竭力，顧辱太孺人情好殷勤如此，嘗自歎息感念。及聞吾母病且篤，則益以爲憂，而慰問之使加勤。既没，又遣使慰弔而賻贈之。

嗚呼！某不孝，不能以其悃誠邀福於天而多壽於吾母，以仰慰太孺人之意。顧感太孺人意，而未有以報庶幾。太孺人福佑之隆、難老之錫，日升月恒，蔚爲人瑞，何以七十之觴甫舉，而二豎爲厄，更不少留也？世豈無居安履順，而壽八十、九十乃至百年者，何獨於吾母而靳之？何獨於太孺人而亦靳之？而倏忽歲時，吾母則先殁六年矣。往者，吾母之病之殁，太孺人所以加惠者甚厚；而今者於太孺人之病之殁，則某雖欲將吾母之命以致問致弔，一不可得。此所以哀從中來而霅涕之無已也。

嗚呼！太史公即世，太孺人尚少，屏飾茹素，苦節五十年，而篤親恤下，德意淪洽。葉孺人蓋有文以紀述之，當世亦將有詩歌傳誌以表顯之。而某之爲文以弔者，獨以太孺人往者錫類之誼，爲不能忘。

吾聞太孺人疾既革，超然委順，無復少繫，顧獨手廷玉而告曰：「吾極不忘者，汝耳。」某惟是敦勉廷玉，廷玉亦無替太孺人之遺言，而慎修以成德，勤學以成名。則藉以仰答太孺人者，庶在是也。嗚呼哀哉！

公祭葉母李夫人文

嗚呼！夫人亡矣！夫人之病之革，親媚世講無弗不遑寧處，請於醫，禱於神，祈祝於心，以夫人爲必不可亡也者，而惟冀其速愈；及訃之聞，又無弗撫几頓足，驚悼咨嗟，皇皇若有所求，以夫人爲必不可亡也者，而猶幸其或生。嗚呼！而今亡矣！

德織之著，不可勝述。唯某等於廷玉，或交閱兩世，或投分有年，以與夫人之子相遊處，因知夫人教子有獨至。嘅世道之衰，即爲父者，猶不能脩身慎行，親自率勵，苟得諄諄告語，以言爲教，斯可謂義方矣。而況慈闈之教，類尚姑息，其孰有若夫人，一皆不言而躬行，昔人所謂嘗自教兒者歟？蓋夫人一生風義自持，即在丈夫，亦屬偉然，故其於大綱小紀，莫不仁周義浹。

當夫人事奉常公，執婦道，廷玉尚幼，業稍知之，洎迎事母夫人馬，色養備摯，喪葬兼隆，則皆廷玉所具見。戚黨宜尊者尊，宜字者字。餽遺候問以盡禮；有故，周全排解以急難。而以崙生先生早背，廷玉幼失怙，令奉諸父，僉憲公、司寇公、敷文先生之教尤謹，則皆夫人教廷玉以篤大倫、盡敦睦當如是也。甫就塾，即爲廷玉慎擇師友，謂「人生成敗，惟在始教，始教之道，唯在端嚴」。四方名流過從者，贈貽款讌無所惜，蓋自崙生先生時已然，廷玉稍成立即繼之，以故廷玉年特少，蚤多先生長者交，則是夫人教廷玉以近正人、親君子當如是也。百城坐擁，不亞文人，應務之暇，一編静對，及夫感時觸事、吟詠忘疲，則是夫人教廷玉以讀書好古當如是也。緡錢尺帛未嘗苟取，感德詶報亦却弗受，而邑中衣冠子弟與夫他鄉旅寓顛踣失所，求之必應，亦有扶植而安全之者；旱潦頻仍，輒行賑給，初不嫌於發棠難復，則又夫人教廷玉以臨財廉、取與義，好行其惠當如是也。御家精明，嚴肅内外大小，事事皆挾秋霜，然而利不析乎毫毛、察不及於纖隱，人人載德，則又夫人教廷玉以飭持大體、無親瑣細當如是也。雖中外姻婭，無非隆貴，泊若世外，事屬有司，亦未嘗憑藉赫赈片字，則又夫人教廷玉以勿矜門地、衒權勢、逐聲華當如是也。此夫人於今者既爲母之師、女之宗，即古烈女中當亦未有或之先。嗚呼！而今亡矣！

廷玉長號仆地，泣血椎心，罔極之痛，遠過恒情。人皆謂廷玉文章經學譽驟當時，學士薦紳交相援引，獨不得邀一第以慰高堂，以是爲有不可解於心者。而某等以謂窮達有時，非力所致，況夫人棲心禪觀、浮漚萬有，奚有是區區者？此猶非廷玉所不解於心者也。其所謂創莫鉅、痛莫深，則以自失怙以來二十五年於兹，凡所受於母之教不啻其爲父之教。而莫非以古先哲人爲願望，斯即奮身以從，猶懼不克仰稱萬一。而況向者高堂在前，意中猶若有恃，雖夙夜諮承，弗之有違，恒不免處已以恕，今已矣。無復母命之諮承矣，并若嚴父之教而加遠矣。即不敢更自寬貸，而幾微念慮，恐有不自覺其潛相背趨者，誰復以身而作範圍矣？此廷玉之所以痛莫可解，而遠過恒情也。

某等竊不自揆於世，爲迂疎寡當，於廷玉謂可相與有成，夙昔固已仰承夫人指意，以與廷玉劘切，自兹以往，敢不益務淬礪，慎終若始？即他年廷玉登朝，宁履高位，必無負夫人之教，而彌大其徽猷。雖然，假令夫人得享遐齡以底是日，則所爲廷玉教者，抑更有進，某等亦幸與有聞焉。是又烏可亡也，而今亡矣！嗚呼哀哉！

祭丘氏姑文

歲在癸卯，十月七日辛丑，用純遭先姑丘孺人之喪，哭泣再四，悲不能勝。乃撰述爲文，而告於吾姑之靈，曰：

嗚呼！吾姑殁矣！吾先君同産三人，兩姑一叔父。蓋至吾姑之殁，而先君之同産盡矣。能不悲哉?能不悲哉?

我長姑先先君生二歲,其殁也,則與先君同年月日殉於乙酉之城潰。是時,用純兄弟身嬰大故,創鉅痛深,無暇以哭我父之淚哭我長姑也。而其後乃念吾先君同氣,不見長姑,時時悼之。然吾叔父於時雖横罹鋒刃,猶幸無恙。吾姑則自夷林遘亂,從姑夫開遠先生率諸外昆弟來徙吾里,室廬相與比,盤餐相與通,兒女相與提抱伏臘,歲時相與往來歡讌。蓋我先君早世,哀慕無從,則於先君之同氣者篤親與愛,以爲吾姑、吾叔父長在,而吾先君其猶在,即長姑亦猶在也。

憶先君命用純兄弟曰:「吾母温恭有聖德,吾兄弟姊妹固皆敬承,莫之敢違,而聲容氣體尤肖焉者,則吾妹也。」用純蓋不逮事王考,故不知所以思王考,即逮事吾王母,猶尚幼歲,其後思之亦弗能親。以先君之言,乃得宛覩王母之聲容氣體於吾姑,則是吾姑在,而王母又猶在也。孰意去年五月,叔父捐館;今年十月,吾姑謝世。即不比長姑之亡與吾父同年月日,而曾不踰年相尋徂謝,又皆非漏迫鐘鳴,齒耄時窮,能不悲哉?能不悲哉?

吾姑之德,邦國莫不聞。執恭執勤,人以爲如敬姜;秉禮持義,以宜室家,人以爲如鍾夫人;佐夫子修德守約,茹苦不厭,人以爲如桓少君;訓諸胤嗣以篤學行仁,人又以爲如歐陽公母。故吾姑之殁,而自衣冠華族以至市門傭販,莫不咄嗟太息,以爲母師亡矣,吾誰歸矣!嗚呼！人猶若此，用純兄弟則又何如哉？

吾兄弟與吾姑之子，蓋學行不及近夫，才能不及季良，敦慤有文不及穎若、駿超，而式好無尤如親昆弟。嗚呼！吾姑歿矣！惟是以中外兄弟之愛，樂開遠先生之心，周旋宴語，無廢歲時，以庶幾吾姑之不歿猶故也。雖然，吾姑在，而先君與長姑、王母之猶在，叔父亦猶在；今吾姑歿，而王母往矣，長姑往矣，吾先君與叔父俱往矣。前者歷有年所不見，棄我之遠，茲一旦而塵隔世殊，俱莫可追也，能不悲哉？能不悲哉？

今年元日，用純以出不見我叔父，入不見我亡弟矩修，僅得歡顔拜吾母，退而感咽欷歔，不能出户。越日來拜吾姑，姑時已病，弗早起，又越日而乃得拜焉。嗚呼！明年之元日，又安所得見吾姑而拜之哉？嗚呼悲哉！

祭太母葛孺人文

噫嘻太母，瑯琊名胄。母儀代著，食德維舊。孝慈成性，温恭自幼。相我太翁，婦順彌懋。鉅室高門，金玉錦繡。太翁承家，兢兢締搆。豐亨是履，謂不可狃。儉爲德共，斯言豈謬？勤修內行，醇謹樸茂。張目舉綱，萬不一漏。

太翁代終，一女所授。于歸之初，室有貳副。傾心款接，恩禮兼厚。愛及所生，均平翼覆。太翁方壯，風發泉吼。逝將奮身，皇途馳驟。志雖不在，朱紱紫綬。幼學壯行，顯榮何疚？阮籍之淚，忽焉難收。回首風塵，我其敢就。匿影荒郊，移情孤岫。惟流之枕，惟石之漱。花雨和風，鳥啼清晝。羹牆所見，獨在靈鷲。

太母欣然，樂相左右。鹿門採藥，今茲再覯。乃教賢胤，禮畊學耨。珠玉交映，壎篪迭奏。伯也文戰，千人輒走。凌雲有賦，氣騰懷袖。惟仲叔才，五都之富。季亦英英，揚芳藝囿。方期懷寶，乘時並售。福慶之來，駢闐輻輳。不顯於前，而榮於後。倏嬰沉疾，其源莫究。太翁憂思，諸子祈祐。窮繹方書，頻占卦繇。精誠空盡，倉鵲莫救。享齡有幾，曾不下壽。

某猥辱太翁，如蘭之臭，迺與次君，兒女婚媾。方仰淑德，寒門托佑。一朝捐謝，中懷若瞀。庭陰濃緑，驚心物候。來奠盈觴，音容不復。

嗚呼哀哉！

祭呂太母張孺人文

嗚呼！余自髫稚時，即聞君諭先生於經生中以才能著，時之不遇，乃寓其才於治生，而生亦治。及余授徒於家，先生已老，令其少子廷章從余遊，數相過從，情義甚洽。是時相先生於内者，孺人也。孺人之内治醇而明。後先生既殁，德焕年與學益進，仰承先生意，深信余，至今猶嘗横經講席如初學。時因與余孫：夙有姻好之約，且余與德焕之母兄德升時往還益稔，聞孺人所以成其子者，不下敬姜之教。而余門人李生士行之配孺人女也，猶能遵孺人教以治其家、以相其夫子，則孺人之賢又概可知已。賢者宜有遐福，而何以孺人之訃忽聞也？

當孺人之來事君諭先生，金孺人尚在，固極樛屈之仁，而孺人以曲盡恭讓之禮、家衆之分職、財用之品節，固君諭先生治於外，而酒食絲枲箴綴之事，亦惟金孺人命是從。金孺人殁，猶謹守其成法。金孺人之子元集長於孺人，自少有長者風，孺人亦待之有禮。元集艱於舉子，令德升、德焕各以其子子之。家雖素封，而薄於自奉，衣不重帛，食不兼珍，有餘則寧以濟閭里之褐不完、火不舉者。既耄，三黨咸勸稍自暇逸，孺人曰：「勤勞，吾分也。」早而作，夜而息，無時或怠。

獨君諭先生既不遇時，德升、德焕又念身爲儒生，不能登膴仕，以禄養親，常自悵惘。余慰之曰：「王介甫不云乎禄與位，庸人所待以爲榮賢者。道翢於中，而襮之以藝，雖無禄位以壽其親，其親亦喜。」又嘗見宋吴賀之母，聞賀與賓客言及人之短長，恚甚，或解之曰：「臧否，士之常，何恚也？」賀母曰：「愛其女者，必取三復白圭之士妻之，謂進可見用，退可免禍，今賀不知義命，而出語忘親，豈可久之？」道若是，則德焕昆仲所以榮其母者，固有在已。孺人多壽固即是以爲養，今孺人不幸見背，則德焕昆仲之所以致其哀痛，與慰孺人於九原者，尤有在已。

顧用純忝在懿親，屈指吾孫之成立，尚有五六年，方冀孺人之教，女孫朝斯夕斯，亦尚有五六年。德焕兩罹炊臼之戚，而繼伉儷者皆淑德，寒門之邀福者固厚，而孺人顧不能少待也邪？然自聞訃之後，用純率子若孫拜於帷下，緣病嗽不能爲文以弔。今辱通邑親朋之命，而不能辭。顧道一人之情事者，蓋通邑親朋之於君諭先生、德焕昆仲，亦猶之乎用純其情一也。不能已於孺人之殁，即不能已於所以慰孺人之殁，乃若德焕昆仲之榮親，不在禄而在德，孺人其何慰如之也哉！瓣香尊酒，靈其鑒之。

祭余孺人文

嗚呼！孺人爲我吕子德焕之賢配，年財二十有六，胡爲而遽亡也？未亡之前，曾不踰半月，既哭其子，又哭其女，人因謂孺人之過於哀傷，而不知是迺天之不弔、人之不幸，不使孺人年與德配，而長樹範於閨房也。

婦人之道以順爲常，然而無違夫子，殆百不獲一，使孺人而益假以年，必且擅母師之譽，而增女史之光。蓋淑質性成，又夙嫻姆訓，故著於行者未易悉數，而其大節，則尤婦順之明章。

當來嬪之日，君諭先生已捐賓客，德焕以幼子而痛庭趨之早背，方忡惕而徬徨，惟上仰慈母、兄長之扶攜，而下藉内治之劻勷。孺人孝於姑，睦於妯娌，敬於夫之諸昆，恩勤於育子，慈惠以接下，事無纖鉅，靡不措置之有方，要不使德焕之所欲然者或更少。攖其慮而惟沉潛乎義府、馳騁乎詞場，以故德焕得日與師友周旋而磨礲砥礪，以材器高明蔚然爲國之良，而温純爾雅之士可與結契者。

德焕輒授粲窮年，孺人至脱簪以資，而曾無倦色之見於毫芒。其好賢樂善，惟恐德焕之不爲名流，而孺人之被服造次，亦惟恐不與古列女相頡頏，故雖席刑部公之餘休，初未嘗以貴驕人，而雅尚布素，即篤愛其子女，亦未嘗或炫服而明妝。

余於德焕忝一日之長，兒子導誠亦以通門世講，幾若父子兄弟；而德焕猶欲締媾姻好，孺人亦不莞枯寘念謬，以余乳下弱孫許令坦腹於東牀。方幸孺人之閫教未艾，將爲寒門之慈芘無疆。孰意命不從願，善乃降殃，乍感風露，遽入膏肓，曾軋軋之機聲未遠，而沉沉之繐帳高張。孺人獨不聞兒號於室，姑哭於堂，平生所瞻戀而不能一息離者，今何忍永割於中腸，以不逮養之翁，庶幾供婦職於窀穸？而君諭先生之葬，孺人殁已三日，又何能翛然於重壤之徜徉？德焕既與孺人同哭其子，同哭其女，今又哭賢配之未中道而一旦分攜也，德焕何以爲懷？則孺人亦何以爲懷？而謂幽顯路殊，而情思之能忘？

嗚呼！孺人爲婦不過十年，其賢行已周浹於内外上下，殁而悲慕之深，如慕宿德，則復何憾乎？命之不長，而況切切焉眷顧地下者，德焕又必能一一慰其所望。顧欲慰孺人於身後，則益感愴其生前，夫孰能使德焕不爲沉憂之潘岳，而爲鼓缶之蒙莊？嗚呼哀哉！

【校勘記】

（一）「人」字，廣仁堂本、祠産本均作「下」。

（二）「奕」字原作「弈」，據廣仁堂本改。

（三）「徜徉」原作「尚羊」，據廣仁堂本、祠産本改。

（四）「遣」字，廣仁堂本、祠産本均作「追」。

卷九　墓誌銘　傳

許希俠先生墓誌銘

常熟許希俠先生嘗著《三仁論》，其略曰：「予稱『殷有三仁』，蓋深歎殷周之際殺身成仁者之鮮也。三仁者，伯夷、叔齊、比干也。夷、齊求仁得仁，予已言之。至是而以比干之死，謂與夷、齊之死同其仁也。其以微、箕爲言者，正以去者、奴者不若諫而死者之千載猶生。使謂微、箕與比干列，則後世大臣或全軀苟活、或奉表勸進，皆可爲仁，非先聖所以訓世已。微子抱祭器歸周，可以謂智，不可謂仁；箕子始被囚，既陳《洪範》，入朝鮮，可以謂義，不可謂仁。若殺身成仁之比干，惟扣馬而諫、不食周粟之夷、齊，可並論而無媿。世即咎斯言爲無徵，余則願從夷、齊於首陽之下。」是論也，作於乙酉七月，則可以知先生之不復求生矣。

先是甲申三月，先生痛北都之變，悲歌當泣，賦詩十章。巡撫都御史祁忠敏公見而歎曰：

「許生真國士！先帝求賢若渴，惜吾按吴日，未即薦爲國用，俾早有樹立。吾負許生，即負國也。」及是歲，留都失守。

七月之朔，先生泣祭先祠，戒諸子以「讀書淬志，藝術方外皆可爲也，必無墮我先烈。」居數日，城陷，競强先生薙髮，遂作是論，令義士陳龍威聞道上山陰大司馬張公。時姦民乘亂，所在焚掠，先生以嫂嬰難，奔救於鄉。賊見先生全髮，遂執之，欲徼功於守帥，先生瞑目大罵，遂被害。張公遣使馳書至，以監國命授先生兵部職方司主事，則先生已死。公聞之拊几歎曰：「嗟哉！許生以全髮死，可謂不辱君父矣。」

後三十五年，與配陶氏合葬於縣之斜橋祖墓。又六年，子本黄以釋氏著德汕錫崑山，來乞予銘，且曰：「吾父墓石昔欲一鉅公爲之文，請命吾母，吾母怒不許。蓋需其人有年矣，今以乞君，君必勿辭。許，則吾先人皆安於地下。」乃不獲謝，而按其狀以詳其世系、行實。

先生諱士儉，字季約，别字希俠，宫詹石門先生之弟也。先生耕讀有隱行，父儁，封翰林院侍講，學通文武，教子有法。宫詹雖官禁近，先生自以其文行受當世知，爲諸生，舉明經。少倜儻，好大節，朔望必拜於先師，跪讀《孝經》，即旅次不廢。尤好《易》，深探程朱奥義。所與契洽，皆當世之名德偉望。有先達爲先生世好，或諷執弟子禮，先生正色曰：「吾受先人命，師西溪繆先生，師蓼洲周先生，又安知其他？」先達者，即陶孺人所不許其銘者也。其居之西偏爲二黄書屋，則素與江上黄介子、暡城黄陶庵二先生讀書談道處。以故志節日益峻，而才亦益裕。宫詹卒於京邸，子□有雋才，爲蜚語所中，禍且不測。先生聞之，二子病不顧，疾走都下解其事，奉宫詹喪以歸。其平生趨義若鶩，類如此。不幸國步之傾，先生矢以身殉，年僅四十有四。所著有《易緯》若干卷，世皆以俠目先生，迺考其經傳之學、忠孝之行，蓋非徒俠而已。

先生後孺人生一歲，孺人後先生殁二十二歲。子二，長瑶，隱於醫；次琬，即本黄，學於釋，皆從先生命。本黄，釋氏名也。披緇非儒者事，要其所以然者，先生不薙髮而死，琬又安能薙髮而生？從釋則庶幾薙髮而可無媿先生之死歟？銘曰：

讀書求友尚名節，恥蹈厭厭泉下轍。惜遭天路早顛蹶，但得死所勇咆勃。虞山片地藏其骨，晶光猶吐千年血。能使山川産靈物，後之弔者拜荒碣。一坯一草無毁折，試念先生顛上髮。

顧君子雅配徐孺人墓誌銘

歲辛未，顧生世醇來受業，每爲余言其考子雅君幼孤砥行、妣徐孺人淑德純孝而皆蚤世，輒欷歔嗚咽，若有所乞於余者。秋八月，果偕兄世振再拜稽顙，請曰：「去冬葬，我二人亦庶妥其魄矣。唯不得先生長者一言，以吐其沉詘之氣、幽潛之烈，則九原有靈，猶未慰也。條厥行槩，求誌壙石。」余爲之論譔而不禁蠹然有感，曰：「嗚呼！甚矣，君詒謀之善也。」

人情受財於父母，雖豐而尚儉之，且以寡兄弟爲幸；用財於父母，雖微而尚嗇之，又以多兄弟爲幸。苟幸其寡，此詘彼優，猜嫌必啓；苟幸其多，此觀彼望，事必坐廢。爲父母者，孰不望子之多，豈知多子適累其子而並自累。父子兄弟，轉[一]轉相效，世道之喪，寧有豸乎？

君固家世重金累紫，然幼罹多難，生業蕭然。孺人妝送亦薄，婚三日，旋遭君生母管孺人之變，遺逋百餘金。君既拮据成殯，慨然便欲償逋，獨難於强孺人，孺人揣知之，盡出膏沐之資以償。

君非無同母兄也，而不少瞻顧，孝恭之義如此。以故君之亡也，世振方九歲，世醇四歲，孺人後五年而亡，長者亦僅及垂髫。兩孤兒晝夜哭聲相和、血淚相濡，徐恭人卵而翼之，而恭人稱未亡已久。恭人，君之母，而兩孤之王母也。賴君伯兄太學仁隆，友愛素篤，無分異母，歲給饔餐，束脯以待成立。

未幾，太學、恭人又接踵謝世，乃各就婚外家。念兩先人生不逮養，葬復過緩，非子也。而兄弟皆奇貧，饘粥且不給。世醇乃留世振奉烝嘗，獨身走京師。時徐司寇乾學延納多士，又屬兩世母黨，遂客於其所，謀所以治窀穸者，而交與當世名俊就問學。胸襟疎豁，好用其財，三年又窮，而後反。卒用一手一足之力，典衣輟食，勉就襄事。有挾玄堂之旁無用之地居奇横索者，亦俛首應之。而不一以爲世振憂，顧猶時時慰解世振無自傷貧。彼夫親在殯宫，兄視其弟，弟視其兄，交相推讓，而終以不葬者，以視世醇爲何心，其得謂非君詒謀之善歟？夫亦可以風世已。

君諱仁霦，子雅其字；曾祖諱天敘，封禮部尚書；祖諱錫疇，禮部尚書；父諱鎣，廣東參議。孺人祖諱開禧，右春坊右中允；父諱與衮，貢生。君女兄，適中允之子孝廉與霖。中允見君器愛，故以孫女女之，當封尚書。尚書、參議三世之喪，君甫孩稚，嘗哀慟不自勝，長而勤敏好學，然斥舉業不事。孺人規以門祚衰落，君曰：「將欲仕邪？顧我王父、曾王父何如死也？」既病，猶手書《周易》成帙，其嗜古如此。

孺人痛母王辭世亦早，茹素終身，事繼母趙盡孝，同王孺人及事徐恭人亦然。趙孺人嘗語世振兄弟曰：「即吾所自生女，未有若汝母之能得吾意者。」恭人亦曰：「家有是賢婦，吾可無憂矣。」君性剛直忤人，恭人恒以爲憂，孺人亦再四諫，而君卒不改其素。孺人既悉，爲姑償逋，君又不禄，堂有霜顛之老親，膝有啼號之幼孤，塾有授粲之賓師，皆仰供於孺人十指。

孺人明慧，善治生，通書史，先生既退，即課兩孤夜讀，非悉成誦不寢。雖霜風曉月，猶不廢刀尺講習聲。然而孺人精力亦既竭矣，遂病。已而徐恭人亦病，恭人病而孺人不復自知病，侍湯藥唯謹。旦暮祝天願代，曰：「吾死則姑猶在，兩孤恃以得生，即姑不起，吾亦不復生，兩孤其必死矣。」及恭人病愈，而孺人遂不治。

孺人財用出入，記註精晰。或慮他日索償，乘孺人疾革來問訊，操其簿籍去以絶迹，孺人含淚慰兩孤曰：「此亦長物也，吾爲汝兄弟千荼萬蘗之所儲也。然無慮，汝但能讀書做人，何賴此？」遂瞑。君年二十有九，孺人三十有四，有是善而不有其年，可哀也。子二，世振、世醇。其葬也，卜新阡於邑東南河區百家邨宇字圩之原。

余藉先人舊誼，得周旋於顧氏祖孫、父子之間，自封尚書公而下已五世，徐自中允公而下亦四世。世振先從吾子遊，今世醇又從余遊，是皆不可以辭其銘。銘曰：

枕以玉塔，襟以新洋，血淚成丘，是爲顧生父母之藏。非獨孝，復生孝，奕葉重光，神之弔矣。當必有芝草産於其上，而白鶴之來翔。

憲使夏公傳

公諱萬亨，字元禮，號葵南，太常卿諱昶後也；祖有璠，父世文，潛德弗耀。公端重慈厚，能文章，由萬曆戊午鄉薦，教諭婺源。率勵有方，士皆悦服，歲荒捐俸，設糜以食飢者。陞知西平縣，西平方爲賊破，邑里蕭然，公至，勞來安集，民漸復業。居三年，改知夏邑，西平之民相與涕泣追送，恨不能留公也。夏邑地小而沃，稱易治，公一以德綏之，化理驩洽。

未二年，寇氛猝至，羣盜四應，環夏之境，郝良貴、房星、程繼孔諸賊無慮數十百寨，往來出没，所過郡邑，無不摧滅，獨夏邑以令賢，相戒勿攻。間但兵頓城下，公輒開門出責之，賊雖瞋目視，然亦不行害公，竟去。有某賊逼處而强，公諭令降單騎趨其營，不持一兵，某賊感公恩義，遂聽命歸，款有日矣。公初不知總兵劉超欲擊之，至期，而公設饗犒以待，賊甫至，超兵亦至，賊大憾，以爲紿己，亟圍公，然卒方與超戰，防者懈，以故公得間歸。後超殺巡撫都御史王漢，叛於永城。朝廷復用故督師丁公啓睿帥軍討之，諸道援者復且數萬餘，而軍需器械悉公轉輸，超卒以擒。文武將吏皆重公能，丁公乃有「蕭何第一功」之褒，並薦於上，乞録其功。

公又嘗署永城，兩邑自受兵後，流亡者衆，田疇盡荒，公懸賞招集，業已墾田數千畝，於是朝廷命公行勸農副使事，公益悉心撫輯，加惠荒殘。未幾而烈皇遘禍，聞變，公慟哭累日，已而北向稽顙謝罪曰：「萬亨受國厚恩，分當捐軀以報，顧老母年且八十，從皇上乞身，削髮入山以奉老母天年終耳。」乃歸。值南都建國，柄國者争留公，以公諳中州事勢，令迎太后於河南，公竟奉太后歸南都，以功擢江西布政使。

初，公在中州，有豪右恣爲不法者，公聞於御史，置之理，嗛公。至是退建於南都，甚御史劾公，謂「縣令不當超擢籓司」，遂以按察司僉事分巡南瑞。公至江右，蓋已乙酉三月矣，國勢倥偬，人情張皇。公務爲整暇，而威惠兼施，吏民以安。初，兵請餉於公，餉既給，而贏十之一，公以詰吏，吏曰：「此故事，公所當有也。」公正色曰：「侵奪軍餉，吾豈爲之？況此爲何時者？」亟召軍入，悉予之。

保寧王以避寇居南昌，家人豪横不戢，公固欲抑之。適公出，有犯前導者，公執而笞之，問知爲王家人，更笞之。既去，則呼召其黨，皆持白挺圍公。於是南昌震動，無大小皆趨王所，謂王「奈何殺吾夏巡道」，焚門而入，巡撫都御史下令戢之，不聽。及公令至，則曰：「夏巡道無恙，我又何爲？」遂去。其得人心如此。

然是時，公在任未三月也，尋陞按察司使兼布政司使，凡綰七印。而南都陷，事不可爲，公奉太夫人至撫州，屬於門生臨川令某，將返南昌，則金帥已入南昌矣。金帥，故左良玉部將，時已北降，素識公愛民，先以書與公勸降，不聽。及不見公於南昌，則亟下撫州，而益王已迎公於建昌，則又趨建昌，公甫涖事，而建昌破。遂執公見金帥，待公有加禮，欲援爲大吏，以撫江右，吏民又以公哀請。公堅不從，書絶命詞以示志。金帥知不可奪，遂送於楚之某大帥，不屈被殺。

公之繼配顧夫人與其子婦諸孫及家人，死者二十餘口，太夫人則幸季子無恙得以歸。聞公之首至南昌，號哭者數萬人。已而有故吏竊去，束藁以葬，雖有言者，亦莫知其實云。

贊曰：公與先節孝，中表兄弟也，以道義相推許，誼最篤。用純少時，聞公在夏邑，以蕞爾之孤城當鴟張豨突之賊，瀕死者數矣，卒保無恙以還國家，功亦偉哉！雖其後爵命稍優，而不幸皇輿傾敗，卒以身殉。如公勞苦之節、忠壯之志，不有以傳述之？雖宋玉之銜哀於屈原、韓愈之負恨於許遠，何以加焉？用純以是欲爲論列，而公之子亡矣，羣孫又少，莫詳其事。從公之從叔詢其大略，書之以俟後之君子得以考焉。

廣信郡丞胡公傳

范曄之傳《後漢・儒林》曰：「光武中年以後專事經學，自是其風世篤。耆名高義開門授徒者，遞相傳祖，莫肯訛雜，其迂滯若是。然所談者仁義，所傳者聖法。故人識君臣父子之綱，家知違邪歸正之路。」是言也，豈不以東漢蹈道守死不屈之士多，皆由崇尚典文經學之訓明歟？曄烏知節義，顧其言亦良有足信者。

用純甫齠齔，早知吾邑秋卿胡先生。其學綱紀古訓，其文發明理趣，其教授弟子，必先行義，而後辭章，故馳騁於當時藝林文社。所與同研席者，後來皆科名焯爍，蔚爲鉅公。而如尚書顧公錫疇、中丞忠襄蔡公、錢塘令顧公咸建，非獨文章，尤以忠烈著聞。所嘗侍函丈、奉提誨者，率能文，爲時佳士。先生每論説書義，諸弟子圜坐前後，先生條理精熟，音聲朗徹。苟遇忠孝大節、姦諛害正，則更掀髯抵掌、瞋目切齒，甚且笑涕交發，若將一則願從其後、一則誓不同生者。以故諸弟子聳神傾聽，洞貫心腑，雖久而無倦色。一時皋比之席，罕與比肩。

先生所得於學如是，而惜乎同游後進相繼掇高第，獨先生垂老僅博一明經。此他人所顑頷咨嗟以爲數奇者，先生顧自喜。旋謁選爲府倅，朱袍皁帽，益自喜，謂：「士之顯生平、樹偉節者，不在勢之崇卑、任之大小，亦顧所挾持如何耳。使以高卑大小爲念，非學也。」而值世難填委，運會窮盡，卒死於官，詎非沉潛聖訓、篤信不渝者有素哉！

先生姓胡氏，諱甲桂，字秋卿，别號石遠，崑山人。父諱某，博雅有聲，贈如子官。先生坦易，不齪齪小節而尚大義，其天性也又好學善文。少受知於邑令樊公玉衡，爲諸生，名益起，同學皆推領袖，試輒居首；而尤受知於直指祁公彪佳，有「吴中第一流」之目。顧獨不利闈試，年五十餘始以《易》副己卯鄉榜，貢入太學。同考武進令馬公嘉植以既得先生而復失，深歎惋。時太安人春秋七十有九，先生志在禄養，亦自以年已老，無復頫首踏棘圍意。遂入都，舘閣名卿交重之。

朝廷方破格用人，超受江西南昌府通判。南昌事繁賦重，先生力持大體，潔己愛民。時民力困於悍弁，勢若水火。先生職在督漕，一以威信開諭，軍民帖然。每課士，與論文，兼策勉道義，人皆悦服。又攝軍、刑二務，攝南昌守，攝瑞州守，攝新建、豐城縣令，並有惠政。其攝南昌守，方闖、獻二賊攻陷漢南諸郡，浮尸蔽江，袁、吉又接踵破没，人情震恐，先生調兵措食，捍禦有方，南昌獲全。其攝豐城令，修治堤埽以禦章貢諸水。向爲官吏侵耗，金錢所費無算，工卒不成。先生不私一錢，費省堤固，民以寧居。官兵過縣索犒，勢洶湧，士民呼聲動地，曰：「胡公廉吏，安所得犒貲？」兵乃戢。在江西不二載，而治行爲最，憲臺交章奏薦，漕撫史公可法謂公「以陸剸水斷之才而誠心任事」，可謂知先生者矣。所至謝絶苞苴，或勸爲後計，笑謝曰：「吾以清白貽子孫，顧不多邪？」同官見其葵藿自給，分俸遺之，蹙頞而却曰：「此正臣子食不下咽時也。」

甲申三月，闖陷北都，烈皇崩，先生號慟幾絶。留都新主立，陞湖廣永州府同知，寇阻改廣信，乙酉冬十月受任。有告以錢塘令顧公之死，歎曰：「漢石先吾授命，我若怕死，復何面目見地下？」甫三月，即聞清兵將至。時所在陷敗，擁重兵者又望風奔潰。先生見勢無可爲，乃遣妻子入山，而死守危城。及事益急，又聞崑山兵禍甚憯。因出乞餉，一視其家，指四歲孤溶時以告徐翁寅曰：「我死，分也。顧故鄉被難，子在故鄉者必不保，先人其可乏祀？止此遺種，敢以累翁。」翁，溶時外王父也。因口占絶命詞八章授翁，有云：「國恩誰不戴，親髪豈堪虧？」意氣慷慨，遂回廣信。丙戌四月二十四日，康遊擊兵至，城陷，先生死之。

國家設鄉、會兩榜以收天下之才，其在祖宗朝無論已。自四方多壘以來，捐軀報國者，固已炳麟當世；而其稽顙求生、抱頭遠竄者，亦未嘗無也。先生以老儒績學，曾不得與於兩榜之末，而功著鄉國。爲士則裁成後學，居官則盡瘁匪躬，臨難則視死如歸，其可謂不負所學也矣。

生平孝友備至。在南昌，太安人嬰廢疾，不克迎養，候起居者不絶於道。方倥偬時，恒以本求禄養，豈料永違爲憾。季弟至，傾俸以贈，曰：「吾止一弟，奈何不厚之？」所著甚多，大都憂國思親，以抒所學。今存者，《遠齋詩》數卷，雜著、讞詞數册而已。子泓時與用純同爲博士弟子，死難崑山，果如先生所料。溶時爲用純族壻，與子欽並補諸生，擅文譽。溶時行誼不讓古人，請傳於用純者已二十年。今詩文固多作者，然不敢負夙諾，因率所聞見以爲傳。

論曰：「士大夫之死於國也，或以戰陣，或以水火，或以刀鋸鼎鑊，或以飲藥服毒，或以自刭，自縊。死所不一，其爲死於國事，則一也。」有以不得先生死所爲疑者。用純曰：是過矣！許遠之死，昌黎但謂「城陷而虜與張巡死，先後異耳」。及《舊唐書》則云：「囚之洛陽客省，與哥舒翰、程千里同被害。」《新唐書》則云：「送遠洛陽，至偃師，亦以不屈死。」或無死所，或言洛陽，或言偃師，參錯無實，而千古以往，未有敢謂遠之不死者。

忠臣殉國，但在一死，而不繫於死所也。今先生之死於廣信，無惑矣。若求死所，自先生死後，其家人留廣信者六月，卒以偵訪不得，乃歸後得之。傳述髣髴曰：「自經於察院。」大抵郡邑方潰，熸夷慘酷，人皆逃死，扶傷不給，何暇省視死者爲何人？是以若何而死，要之，久乃後知。即不知，亦無害於其死也。

古人云：「信以傳信，疑以傳疑。」然惟循實紀載，則傳疑正所以傳信；必强爲之説，則傳信正所以傳疑。先生之於江西，澤被五郡縣，其必有哀痛而思慕之者，抑必有好義之士蒐訪哀録以褒潛忠者。

昔宋伐南唐，李雄既出守，以國受重圍，東下救之，與宋師遇，父子俱歿，死者八人。其事不載於史策，而吴唐録之，洪景盧又闡之，當世豈少吴唐、洪景盧哉？正不必家人知其死所，而後爲信也；亦惟家人莫知死所，而後知先生之死於廣信無惑矣。

溶時欲表先烈，精誠懇到，其亦可以少慰也夫！其亦可以少慰也夫！

吕文學傳

吕文學者，崑山人也，名思望，字章之。予自幼聞君善科舉業，有聲諸生間。及用純補博士弟子，得在郡學，不與君同出入，故未奉君識，而君已死於乙酉六月矣。君之行誼寡所聞，獨得其忠孝大節各一事。人之傳，固不於其細行，而亦不必其多也。

君爲徐太史家館師，值歲大飢，斗米千錢，家不給饘粥。每館餐，輒垂涕不食，食亦不盡甌。太史令侍者以問，君曰：「吾父母不知此時朝炊猶未，而吾乃忍進餐？」語未已，又哽咽，悲動左右。不數日，夢神告君曰：「予某神也，君孝行良苦，遺君少金在某所，以佐君儋石之儲。」君念神語冥茫不足信，信有之管幼安鋤地得金、李景讓母敗牆見錢，寧非天乎？然曾不少顧，君子之立節，固如是也。既而曰：「神固遺我父母，倘亦可爲親而屈乎？受神之金以養親，與請君之羹以遺母，將毋同，姑往。」果得金，人以君誠孝所感，謂之孝金。而錢塘令漢石顧公有《孝金述》。公，君舅氏也。

迨乙酉留都陷，崑山猶城守邑之委身於行陣者，蓋難計數；既潰，猶有巷戰歿者，乃其一人義極烈：短兵接鬬，且罵且却，力盡而仆，被磔數段者，則皆曰孝金救親吕君也。其生平大節，蓋如此。論曰：先儒許文正公云：「父子、君臣，人之道也，天之命也。」然則人不幸而當危急禍難之際，誠不足救親、勇不足死國者，此其於天命、人道何如也？余獨怪夫神之於人，幽顯殊趨，能以金恤君之親飢，而不一助君於巷戰以成君志，豈神亦有所不得而爲者邪？而君於君臣一若所遇，不逮其父子，豈君之志猶不無抱痛九原，而神則固以君節以成，可無憾邪？悲夫！

黄履祥先生傳 或云姓張

黄謙，字履祥，世居城之東南菉葭浜。少好學，與節孝朱先生同年爲諸生，以名節經濟爲己任。雖奇貧，未嘗一溷跡富厚者家。

崇禎辛巳、甲申，歲皆大祲，半壥托闤闠間，糠覈俱盡，闔門飢卧而已。遭世多故，凡天文、方域、賦役、河渠、論兵之書，無所不讀，而當世曾莫知之。甲申冬，邑令滇南楊公濬治水利，請節孝朱先生主夏駕河工。先生聞於令，延爲佐，殫心籌畫，晝夜無寧晷。鈎校精嚴，雖親串，不少狥。

明年，夏工成。甫兩月，清兵南下，邑奉楊公城守，君自菉葭浜徒步三十餘里入城。七月六日城潰以死，或曰：「與朱先生門下士孫道民同遇兵，罵不絶口，被殺。」道民，字霜奇，邑庠生，能詩，有集若干卷，亦佐朱先生治河者。

浙江衢州府監軍理刑朱公傳

公諱顯宗，字闇生，姓朱氏，崑山人。朱自孝友先生仁軌聞於唐，爲睢陽人；至宋，司農卿諱貫與杜祁公爲睢陽五老會，故獨稱睢陽朱氏。其後，直秘閣子榮六歲，值金兵亂，附柁來江南，遂籍崑山。累世仕顯，至監察御史諱文、吏部尚書賜謚恭靖希周而彌大。公之五世祖考指揮僉事諱質，則御史之弟、恭靖之叔父也。父諱集善，庠生；母周孺人，侍御玄暐之女，夢青虬繞幃，生公。四歲能識字，聞有鄉先生發解，即喜自負。甫垂髫，文名日起。以居周孺人喪，年十八始補博士弟子。試輙優等，兩闈爲可立售，而外王父侍御殺身敗家之難作。

先是周孺人疾革，命公曰：「我外家蒼頭倚勢横行，結怨鄉里，禍且發。汝受外王父恩厚，其必力濟之。」至是果然。侍御以著書觸諱，爲怨家激訐，致當事畢怒。聞之朝，父子俱下詔獄，後雖救解，侍御卒死都下，而家亦大破。公以一年少，當覆巢之下，抵冒機穽，排突險阻。外則四出奔馳，求秦庭之救；内則收合餘燼，輸饘橐之資。始則奮身於搶攘，翼蔽其萬一；繼則控告於州邑，恢復其敗亡。而金錢去留出納，動盈千萬，毫髮無所私。當是時，義聲震鄉國，且服其能從容理盤錯，爲當世才也。然自是試於有司，率有扼之者，不得復以文字遇，而公亦屢挫而不克再振矣。

需次學宫，用明經謁選，吏部授丹陽訓導，教士有方，值歲祲贄見者，率不受。直指任公濬疏薦其廉能，旋丁繼母憂歸。服闋赴部，則北都已陷。新主立，補授衢州西安訓導。明年，南都復失守，敗將逃兵所至蹂躪，而衢當其衝。西安令奉監國命守衢，公攝縣事者三月，撫輯兵民，勞績甚著。又明年，授監軍理刑，專司轉餉，而勢不可支。公在開化，北師至，冠帶拜闕待盡。執以往，其帥稔公得民，招就職，不從；殺五弁相脅，終不動。歎爲鐵漢者再，械致南都，意必死，有故交以百口保公放還開化。時衢猶未下，守將知公不屈而還，請共事，公謝以病。衢兵復開化，强公安撫，公乞攜家行。甫三日，而衢破，遂歸崑山。

蓋丙戌之初冬也，崑當屠戮之餘，親朋略盡，公長子某亦殉難，慘心傷目，杜門不出，蒐纂譜乘，裁定祠墓，祭規粲然，詳備皆永可遵法。辛卯大水，縣令欲叩閽籲荒，糧户皆萎腇不前，萬口一聲謂：「莫公若，而未敢請。」公慨然曰：「吾以舊朝臣僚復驅車入國門，則不可。今竄身歸里，一編氓耳，安得但自矜惜而不爲糧户倡，坐使億兆爲溝中瘠乎？」遂率衆行，以次子某從，悉心籌畫，竟得折漕十之七，乃歸。

公初不言德，益自困守。杜總戎文焕時以故侯居崑山，邀公與諸鄉老續耆英社集，流連觴詠，聊遣歲月。後頻應故人之招，往來山右、江西、維揚、白下，而因人遠遊，意不自適。迨乙巳，則公年已七十有二矣。公之配葉孺人，名門淑德，與公一生共艱苦，哭長孫殁，忽感疾卒。公適在白下，急歸，而叔子昶、季子晨又皆病，先後卒。兩月四喪，老泪爲枯，日忽忽不知所事。不三年，亦以棄世。

公性强直，善議論，所結納皆一時名俊，而大人先生亦莫不傾心下交。葉水部國華、太常重華、徐宫詹汧則又皆懿親，然未嘗以片言干請。終其身寧不遇於時，寧至窮餓，無所尤悔。而師之遺室，則養之；没，則葬之；有德〔二〕公維持患難者贈以園廬，公則酬其直而居之。凡解人之紛、出人於險、周人以財者，不可勝算。

才高氣雄，勢際孤危，而愈精明整暇，故所事皆得展布。嘗以事投牒直指祁公彪佳，始與公偕者甚衆，既漸去；及庭謁，則止公一人。祁公詰曰：「子之牒，公牒也，一人奈何言公？」公對曰：「投牒不問人衆寡，顧其言何如耳：所言私，千萬人亦私；所言公，即一人亦公。」祁公改容加禮。斯言至今傳誦，以公才局如此，又當國家多事需人之日，豈不能出而幹濟艱難、芟夷禍亂？乃其所就若此，且極侘傺無聊。志士數奇如公蓋亦罕已，而未有家傳以俟史氏之采傳之者，公之族弟朱用純也。

論曰：公雖抑鬱不得志，要其素所樹立，亦可謂卓犖俊偉，而内行純明，則其本也。痛周孺人早背，母宗事無大小險易必力荷，俾無僨敗，前後若一日。事繼母以誠孝，知繼母憐其所生二弟貧也，析所同授産讓之，葬弟之無後者三人，又嫁其孤女。族之尊者雖甚幼，見必下拜拱立，不以耄而或懈。公其無忝孝友之後者歟？諸孫多雋才，切切焉惟恐公之善久而弗彰，又庶幾其克繩公武焉！

孝廉周天存先生傳

孝廉諱室琳，字韞美，别號天存。其先自海虞徙崑山，及分太倉州，爲州人。成化間，有諱元學者，以布衣授承事郎，好行其德，施予不倦，每貿一田爲業，必三酬其直有至四者。至今田宅有三買之俗，承事倡之也。承事生在贅於崑山，始世爲崑山人，以中鄉舉仕養利知州。養利生復俊，進士歷官至太僕卿，得贈承事、養利皆通奉大夫，是爲孝廉高祖，所著有《東吴名賢記》、《涇林雜記》、《涇林類記》。曾祖泉襄，府良醫、興安知州；祖玄暐，進士、監察御史；父公纘，贈儀封知縣。

孝廉爲儀封季子，敏穎好學，早歲有聲諸生間。天啓甲子舉於鄉，累試南宫不第，益勤於業，不少挫意。已而遘病，遂廢，竟以孝廉終。論者以科名不酬所學相爲惜之，然行誼篤至，天性誠慤，當時士大夫以下皆有「真孝廉」之稱焉。孝廉方弱冠，即徒步三千里走京師，上書闕下，訟侍御寃。同邑某氏故與侍御積有嫌恨，欲致侍御於死，念非有以激忤朝廷不得也，乃搆侍御所著《涇林續記》爲譏斥朝廷，且及宫闈，令當道奏聞。當是時，神廟寬大，立政用弛而不用張，顧獨以此震怒，逮繫考訊，禍且不測。往時交好在朝端者，皆咋舌叉手莫能爲救。而孝廉以一書生，慷慨爲祖雪理，天子固已心憫之；又敝衣蹩躃，號泣都市，見者無不蠹傷。於是，臺諫始爲論辨，侍御得白。而侍御會殞於疾，孝廉扶喪間關南歸，蓋自少壯時，其仁孝大節已如此。

初，孝廉奉侍御命，爲侍御次子公績後，葬嗣父母盡誠盡禮。有不給，售本生産以繼之，而於所後之貲産，一以畀之昆弟及妹，未嘗顧問。孝廉雖出爲後，其孝養所生初不後於兩兄，有加篤焉。又嘗念：「祖父，吾所得致孝者也。祖父以上，雖欲致孝，而形違世遠，烏乎能？惟是群從子弟皆爲遺體，使其窮困無倚者，皆由吾得讀書識義理、立身顯名以無辱先祖，是即吾所以致其孝也。」於是於玉峰之陽設義塾，厚脯資延經師，勤率勵之方，懸獎賞之次，以訓導其宗人及乎外親，既病猶親課文藝，講論不衰。以故，當孝廉歿，義塾子弟感悼之深，鄉先達亦追美其德誼，相與私謚曰「孝節先生」。

其宗親之不能葬、不能養、不能嫁娶而患難無以自振者，皆賴孝廉以無失其所，孝廉亦趨之若利，無所却顧。而孝廉顧嘗有所鬱鬱於中以往者，侍御雖幸得雪而抱恨以終，國恩未報，嘗欲致其身於當途以成厥志，雖力自振奮，而卒不就。故幽懷沉結，往往托之詩酒，神弗善也，竟以得疾。疾之時，又居儀封之喪，哀毁感痛，因遂不起，歿年四十有三。嗚呼！其志行如是，其年如是，尤可悲已。

贊曰：予觀周氏，自承事父子慕范文正之風，建義莊以贍族人，而孝廉繼爲義學以教之，豈非所謂世德歟？孝廉之子朝録狀孝廉之行，又謂：「初上公車，有時相以同里欲擢之上第，遣客諭意，孝廉以爲辱，拒不從。嘗行至高唐，得遺金五百，守金以待，天大雨雪，不去，遺金者果至，還之。」非立志較然不欺微隱者，能若是哉？而朝録以五歲藐孤，長而追慕其親，撰述先烈，使當世得而論次，又輯孝廉所著《易解》、《師古編》、《蘭玉堂集》、《汝南譜乘》諸書皆成帙，記曰「此孝子孝孫之心，惟賢者能之」。詎不信然！詎不信然！

王元遴府君傳

府君姓王氏，諱掄春，字元之，改字元遴，崑山人。其先元崑山學正夢聲，自浙而家於官，後分隸太倉。自太倉徙崑山，則府君之曾祖考一恭也。按其世系，夢聲六傳至輅，以季子倬貴，贈兵部侍郎；而長子僑由進士仕工部郎中，僑生悌，舉鄉闈，贈禮部主事；悌生世芳，由進士仕提學副使；世芳生一恭，一恭生周緒，周緒生雲鸞，府君皇考也，皆爲諸生。

府君昆弟三人而居長，次捷春，次振春。痛振春高才早殁，友愛捷春倍篤。父殁，殮含窀穸之事皆專任，不及其弟。遺田僅百畝，時捷春已出爲叔考後，府君曰：「吾賴修脯，差足餬口。」百畝有幾，而復析之，悉與捷春。後捷春以病破産，屋宇皆售，府君又他卜遷，而以己所居者畀之。捷春出授徒，嗣母嚴家居，輒給其饔飧，不令少乏。及捷春歿，又無子，家惟壁立，當嗣者莫之肯，府君曰：「吾忍使吾弟爲不祀之鬼哉？」厚辦其喪葬，而以次子之垣爲之子，作《嗣説》以明今之嗣者但計貲産，而不重宗祀者之非義。

府君穎敏好讀書，早補博士弟子，受知有司。及罹世故，即棄弗試。或謂非其年，府君曰：「士各有志，非子所知也。」外父沈翁爲怨家齮齕寘於獄，府君傾囊脱之。翁德之甚，以宅舍爲報，府君雖受券，而仍外父爲業，後復鬻他氏，府君卒不言。嘗自道生平不敢以諼詐心億人，故雖或見紿，不介於懷。有以田售府君得金去者，實無田，他日復詭言詠府君，更得多金去，而田仍無有。後其人以事受幽縶，府君轉納飲食，令得免，其人乃大愧曰：「公誠君子。」

急人之患，恒恐不及，而不以告人。有請貸率，不拒負之，亦不一責償，嘗爲所親排解，其僕昏夜持金至，府君叱之曰：「汝主視我何如人，此乃至我前邪？」尤恤佃農，即惰窳，不苛以待。一生還人不償之券，而或焚之者，不知幾何。其爲人持大節，尚實行，好義濟物如此。嘗慨王氏重金兼紫，累世光顯，近自祖父科名不振。然孤介性成，先達欲致爲門下士，不應同硯席者，既貴褱足不往，即其宗人亦未嘗以片刺請。惟杜門課子，古今藝林，編纘論説，老而忘疲。居嘗布衣蔬食，酒不至亂。疾蒱博者，不啻若仇。今子孫多工文章擅名譽，能世其澤。

論曰：予嘗及見府君軀幹不甚偉而特勁健，貌和易而不輕言笑，固知其爲强立有守者。府君之行，仁讓爲先，非强立即仁讓有弗逮，方今風教淪澌，昆弟分薄，安得起府君於九京而摩礪之？然聞其懿軌，亦足感激思奮。予從弟用華之婦，府君長子之賢女也，既以稔悉府君之垣，又嘗條舉其事，因次第之以爲世勸。

陸孝子傳

孝子姓陸氏，名炳，字文虎，洞庭東山人。祖萬里，萬曆庚子舉人，性豪俠；父樞，崇禎癸酉副榜，遊滇南，海虞瞿公薦其才，仕至廣東道御史。事在翁澍《具區志》中。乙酉、丙戌之交，兵革蜂起，所在梗塞。炳素尚義行，念父遠客，不通音問者十年，躡屩往尋，蹩躠鋒刃。間累被獲，以爲偵諜，欲殺之，率遘同鄉里人得脱。不任飢疲，病作幾死。抵長樂，有義士矜之，留踰年，始復南行。值九龍水漲，涉泥淖，又幾溺死。至滇陽，僅存殘息，乃得遇父。父已有家，無還故鄉意，炳力諫。同邑陸公世廉亦官粤，資之以金歸。其未遇父也，旦夕就卜，卜者指父所在如相識，然聞者以爲神或啓之。及歸，親族里黨皆驚異，稱曰孝子。

長洲張君蟾至東山繪像於《陔慕册》，因屬崑山朱用純紀其事；而爲用純道之者，炳同里翁君珽也。

朱布衣自傳 壬戌九月病中作

朱布衣者，名用純，字致一，崑山人也。年十七，補博士弟子。十九，遭先節孝大故，奉遺命，棄儒冠，故仍稱布衣。不能效王裒廬墓攀柏，而時時輒灑其淚，故自號曰柏廬。

年少多難，頗逃於詩酒文翰以自冥忘，旋覺習也非學，去聖域甚遠，於是雅志爲己欲紹前修。然讀書不能措諸實踐，求道不能得其閫奥，軫懷濟世而先不能自善乃身，特以資本忠信硜硜焉。恥作僞一生，操行如是而已，無可傳。慮交游有言之溢美者，故自傳。

贊曰：布衣爲人，前無可幾於曩哲，後無可稱於來世，則不必謂天壤間有此布衣也。然亦何必謂天壤間無此布衣也，亦既有之，與衆見之。

先室陶氏事略

先室陶氏，名端，仁節先生諱琰之女也。先生與先妣異母兄，與用純故甥舅。先室自幼愛於先生，用純亦自幼邀先生秀傑之目，欲定婚。先考妣知先生意，遂娶爲用純室。

自來嬪後，即遭世故，先考見背，骨肉蕩析。脱身兵火之中，備極流離艱苦。及收拾殘生，復就安理，則筋頭几脚靡有遺者。白手營家，日不暇給，每當燈殘月落時，猶聞緯車剪刀聲不輟。

先妣性嚴，晚歲尤多病。先室能先意承迎，不受督過。用純脩脯所入，未足供甘旨，輒傾女工以繼。而自茹素，以爲先妣祈壽。迨先妣殁，又終三年喪，不食肉者前後垂二十年。先考在日，女之嫁者二，子之婚者止用純。自下諸弟妹，皆先妣辛苦婚嫁，亦皆先室殫力佐助。處家務，持大體，不聽僕御之言。以故諸姑妯娌，合宅而居者四十餘年，歡睦如一人，曾無片言交惡。知者皆相歎異，以爲人倫難事。

嗣子導誠之撫育也，方六歲，亡弟疾革，執余手曰：「此子以累長兄嫂。」先室即攜之同卧起，養之、教之、成立之，祇以不負亡弟臨殁一語，未嘗有意以爲己子。今迫於大宗不可無人，奉三黨命，定爲冢嗣，非初意也。此余三十年來衷悃所未以告人者，而惟先室知之。親戚往來，雖菲於財，皆有禮，意相周洽。有無、緩急，即不復繫懷、屑屑計償。余寡四方交，間有嘉客，喜留信宿。飲食供設，余坐於外不置問，已而皆辦，又不少形窘詘之色。御下以卹其勤苦而收其畏懾，故服之者皆出於誠悦。事無大小，裁斷悉得其要。雖壺飱賜予，不苟焉以豐嗇。

又嘗語予曰：「貧家作事，全貴預圖。」故凡遇急需，余方袖手籌畫，而先室率已粗就。其爲余一生内政之助如此，卒以此積勞傷脾。早歲便苦嘔逆，予不能博求醫藥，致成宿疾。今年六十初度，年已老，善已著。親朋交相惠好，欲來觴祝。先室復固辭不受，謂：「安敢以涼德之齒重辱親長？」而孰意其今年之即亡也！

人謂中年喪配爲不幸，余獨以老年喪配，倍覺傷懷。蓋得其内助之力既久，則追念益自不勝耳。又況予終身窮約，曾不得使其少一舒懷，先室顧處之泊然。余雖無靖節之賢，而先室殆有翟夫人風。其爲仁節先生之女、先節孝之子婦，庶幾無媿！特自茲以往，内失所倚，恐未必非門祚之繫，則余所爲深悼焉者也。

【校勘記】

（一）「轉」字，廣仁堂本、祠産本均作「輾」。

（二）「得」原作「德」，據上下文意改。

卷十　雜著

太極圖説講語

「無極而太極」，其即《中庸》之「費而隱」乎？「費而隱」，從流以遡其源也；「太極生陰陽」，由源以極其流也。《易》之「道一」，《中庸》之「道」也，而《太極圖説》爲尤著。故《中庸》以誠明道，而《易通》開卷即曰：「誠者，聖人之本。」

水，太陰也；火，太陽也。太陰生少陽而爲木，太陽生少陰而爲金。故先儒謂：「木爲水子，金爲火子。」此以五行之質而語其生之序也。水生木固爲生，火克金亦爲生乎？曰：「陰，母道也；陽，父道也。」母以愛爲愛，故以生爲生；父以勞爲愛，故以克爲生。

五性感動而善惡分，故曰：「道心惟微，人心惟危。」

「天地合德」，大德敦化，小德川流也；「日月合明」，無遠不照，無微不燭也；「四時合序」，春温秋肅也；「鬼神合吉凶」，福善禍淫也。聖人在上，而帝德王功盡於是矣。「無極而太極」，天德也；「聖人定之以中正仁義而立人極」，王道也；「君子修之吉」，聖學也。有聖學然後有天德，有天德然後有王道，聖人則不待學而能者也。惟精惟一，是爲聖學，是爲主静。

程子不從主静而主敬，謂「主静則易流於佛氏空寂之學」，是固然矣。然細思静之一言，其妙無窮。人生所得乎天之理，萬物皆備，停停當當，本是至静。從生至死，動而加一毫不得，動而損一毫不得。只如竹之枝節，當其爲萌，即已全具，非至爲竹，而始有也；雞之形體，當其爲卵，即已全具，非至爲雞，而始有也。天地萬物，何者非静？天地不静，故不位；萬物不静，故不育；君子不静，故不能。位天地、育萬物，故曰：「静之一言，其妙無窮。」

以本體言，曰主静；以用功言，曰主敬。主敬只是無失其本然之静體。

中仁，用也；正義，體也。體立而用斯行。先儒謂：「佛氏知有仁而不知有義，知有智而不知有禮。」不知有義，則體非體也，而用何以爲達道？不知有禮，則用非用也，而體何以爲大本？

《大學》言學，而嚴君子、小人之辨於誠意；《中庸》明道，而嚴君子、小人之辨於戒懼、慎獨；《太極》闡人極，而嚴君子小人之辨於主静。一也。

既曰：「立天之道，曰陰與陽；立地之道，曰柔與剛；立人之道，曰仁與義。」又曰：「原始反終，故知死生之説。」可見三才皆有始終，即皆有死生也。小則「蟪蛄不知春秋，朝菌不知晦朔」，以至「蜉蝣朝生暮死」，此始終之至殀者也；大則元會運世之前，天地初闢，元會運世之後，天地復闔，此始終之至壽者也。而其始，則動而生陽也；其終，則静而生陰也。死生之説，動静之道也。知此，則人之於死生其亦可以灑然無累矣乎。

然則陽剛，仁皆始也；陰柔，義皆終也。人之死，何謂義？蓋斷制爲義。昔韓持國見日暮而嘆，程先生曰：「公何嘆？」公曰：「老者行且去矣。」先生曰：「公勿去可也。」曰：「如何能勿去？」曰：「不能，則去可也。」何其義也！

又曰：「原始反終，故知死生之説。」此邵子《皇極經世》之所由作也。邵子所言，一大終始也，一大動静也。動極而静，静極復動，雖幾闔闢，皆可知也。古之聖賢，未有不審乎此者，特不如邵子説之詳耳。然非不能也，不説也。然至邵子，而雖欲不説，又不能也。

太極，本然之妙也，動静所乘之機也。理與氣不相離，則理與機亦不相離，然而不可以不辨也。理有善而無惡，機有善而有惡，人之於事亦有理焉、有機焉。任理者，動中機宜；任機者，未必一與理合，而其甚也，則機械變詐而已矣。

或曰：「氣機亦有惡乎？」曰：「有。」《洪範》雨、暘、燠、寒、風之極備、極無，皆惡也，故不可無聖人參贊之功。人之天機用事者，亦猶一偏之善，而未可語於蹈道。

富與貴章講語 庚午正月十五日釋菜後示同堂

今日在此釋菜先師，原是古來通於上下之禮，非獨行乎學宫也。所以《白鹿洞規》云：「凡爲師者，宜於孟春行之。」孟春是初入學時，初入學而舉行斯禮，要使學者時時以尊師重道爲念。道也者，即大學之道，修己以治人也。《學記》「大學始教，皮弁祭菜，以示敬道。宵雅肄三，以官其始。」正此謂也。《小雅·鹿鳴》以下三詩，皆君臣宴勞之辭，而於始教使肄習之者，蓋即望之教成官，使以行其道。古人爲學，初無兩途，而修己治人不外一。仁學者以聖域爲的，希聖以求仁爲方。

今日先師在上，用純與諸子敬承在下，如接謦欬，如聞提命，宜舉先聖之論仁者相與闡發，互爲策勵。則「富與貴」章，聖人喫緊教人求仁之要道也。蓋答顔子之問仁曰：「非禮勿視、聽、言、動。」此於天理人欲一刀兩段，更無往來出入，最爲直截痛快，自非顔子地位，誰能及此？此處且教人識得如何謂仁，然後從此把捉定了，一條鞭做去，無時無處不用其力，以至於安仁地位。仁者，無私心而合天理之謂。富貴之欲、貧賤之惡，私心也；非道之「不處」、非道之

「不去」，天理也。是即《書》之「人心」、「道心」而「不處」、「不去」，則「道心」常爲之主宰，而「人心」每聽命焉。非仁而何？世人不知多少於此欲惡海中沉溺迷昧，過了一生，獨能苟非道而「不處」，雖非道而「不去」，壁立千仞，光明磊落，是何等心地？何等品地？

下面「仁」字、「君子」字，從何而生？即此心地是「仁」，即此品地是「君子」。「去仁」節特反言之，以決其爲「仁」、爲「君子」，而「仁」爲心之全德，一息尚存，不容少懈，則既識得如此是「仁」，又烏可聽其出入往來而不致極其功哉？不但打疊處去之事，全要打疊處去之心。故《註》云：「取舍之分明，然後存養之功密；存養之功密，則取舍之分益明。」取舍，境也；存養，心也。若兩下看得不浹洽，如何合作一串？總之，「不處」、「不去」便是「不違仁」，而「無違仁」節内未嘗無富貴、貧賤。

蓋人生境遇錯出，只富貴、貧賤足以概之；人身私欲萬端，只所欲、所惡足以約之；人心之天理亦泛應不窮，只「不處」、「不去」足以盡之。何則富貴、貧賤？須看作「順」、「逆」兩字。一事一物之得，皆順也，則皆富貴之類也；一事一物之失，皆逆也，則皆貧賤之類也。充其類至於至精至密所在，揔只立定脚根，看天理該是如何不爲欲惡所奪。則一時如是，終身如是，終日無違也；處常如是，處變如是，「造次顛沛必於是」也。

聖人之言，特由粗致精，由疏入密，故如此次第説去。其實「終食無違」，無違此「不處」、

「不去」之心也。「造次顛沛必於是」，必於此「不處」、「不去」之心也。不是起初從境遇上做工夫，只是「不處」、「不去」，非道之富貴貧賤。後來把此心看住，在此如異學之「致虚守寂」便是「終食無違」、「造次顛沛必於是」。此聖人徹内、徹外、徹始、徹終求仁之要道也。後孟夫子最得此章之旨，曰：「生亦我所欲，所欲有甚於生，故不爲苟得；死亦我所惡，所惡有甚於死，故患有不辟。」從來聖賢只此一個心法。所欲有甚於富貴，故「不處」；所惡有甚於貧賤，故「不去」。孟子從「簞食」、「豆羹」説到「萬鍾」，此從富貴貧賤説到「終食」、「造次」、「顛沛」，揔是要人時時刻刻、在在處處做工夫。兩章正好相參。

有一端之「不處」、「不去」，有全體之「不處」、「不去」。一端之「不處」、「不去」，便是勉仁；全體之「不處」、「不去」，便是安仁。「終食無違」節註中雖止説「存養」，「存養」在此，即便「省察」在彼。「存養」，體也；「省察」，用也。即境、即心、即體、即用，又何適而非天理之流行？是謂「存養」功密，則取舍之分益明。諸子他日富貴正未可量，目今要皆貧賤中人，正須透出自己心體實落、見得内重外輕。所謂非道貧賤畢竟如何境界？世儒謂：「放僻邪侈，孽由己作，是以道；水火盜賊，禍出意外，是不以道。」此還説得粗，且水火盜賊是患難，不是貧賤。孔子德並天地，功賢堯舜，乃終其身不過東魯布衣，飯疏飲水，是真貧賤之不以道者。然曰「不義而富貴，於我如浮雲」。抑且以將仕應陽貨遇塗之諷，「造次必於是」也；以固窮謝子路愠見之請，「顛沛必於是」也。此萬世之的也。

須知聖賢生於後世，富貴者少，貧賤者多。只就此章，富貴、貧賤各有兩層。然必以其道之富貴而後處之，非其道即「不處」；不以其道之貧賤而猶且「不去」，則苟以其道如何可去？是生人富貴之數本窄，貧賤之數本寬，而況聖賢於此求仁，不容毫忽。苟且所以只有「安貧賤」三字，是聖賢安身立命之學。究竟境有貧賤，道無貧賤，造物但能貧賤人之身，不能貧賤人之心。孟子斥樂正從子敖來爲徒餔啜，便是「造次必於是」的道理。夏侯勝久繫獄中授經不輟；范忠宣被謫覆舟，曰：「此亦豈章惇爲之？」便是「顛沛必於是」的道理，皆所以安貧賤也。以「安貧賤」之心而處貧賤，固不失貧賤之道；以「安貧賤」之心而處富貴，亦不失富貴之道。故曰：「國有道，不變塞焉。」當其貧賤，不知其爲貧賤也；當其富貴，不知其爲富貴也。「舜之飯糗茹草，若將終身；及其爲天子也，被袗衣，鼓琴，二女果若固有之。」「若固有之」，則其心又何嘗有富貴？故能成重華之治。

士君子上而致君，下而澤民，使非「安貧賤」之心以爲之本，則多所瞻戀，必有不能遂其志者。然則此章之「仁」，自是修己之「仁」，亦何嘗非及人之「仁」？而諸子欲聞先聖修己治人之道，固畢該乎此也。昔朱子請象山先生於白鹿書堂講「喻義」章，要人就科舉中嚴「義利之辨」。用純何敢仰希先哲，竊亦願諸子於富貴貧賤中嚴「仁不仁之辨」，而特揭「安貧賤」三字以爲希聖根基。於凡窮通、得喪、毀譽、欣戚，一不以動其念，夫而後仁之進於純熟，則視乎功夫之無間焉。遇以道之富貴而得行吾道，則視乎時數之適然焉。願與諸君共勉之。

與徐昭法葛瑞五論學

昭法談論，大半爲省身克己而發，然深以頻復頻悔爲病。予曰：「此是存心不密。」瑞五曰：「若從根本上了徹，自無此病。」予曰：「安得根本上便了徹？且存養此心，漸漸理會。」瑞五曰：「不知及，何由仁守？不知性，何由盡心？故學者見性爲要。」予曰：「如曾子唯一貫，斯爲見性耶？」曰：「然。」

「然則曾子未唯以前，所謂真積力久者，將日夜黑漆漆地耶？」瑞五曰：「曾子雖未聞一貫，固無日不以聞一貫爲期。」予曰：「是豈不然。吾所謂存心，亦正存此見性之心而逐處理會耳，但必見性爲急，則夫子何不使曾子早聞一貫，而必待真積力久之後耶？又何不使諸弟子盡聞一貫，然後責之力行，而必求如曾子慥慥篤實者耶？且見性之後，將心可不存而自存，抑必待存之而後存也？」瑞五曰：「亦存之而後存耳。」

予又問曰：「將心存而性可由見，抑心雖存而終無與於性耶？」瑞五曰：「心性無二體，存心何爲不可見性？」予曰：「見性既不可不存心，存心又自可以見性，然則學者何必凌躐而求見性歟？」瑞五曰：「見性以居心，則神明變化，吾能用忠孝，而不爲忠孝所用；存心以成性，則膠固拘偏，吾爲忠孝用，而未必能用忠孝。凡事皆然。」

予曰：「人能存心，則亦孟子所謂善人、信人矣，獨無大化神聖之境耶？」瑞五曰：「苟至是，寧不純全，但恐不逮，且極難耳。」予曰：「自非人力所必不可通者，則亦存乎爲之而已。」

昭法以禪宗與聖學門庭路逕雖殊，而其源頭領悟則一，因問瑞五曰：「致一謂禪宗、聖學絕相背馳，何如？」瑞五曰：「禪宗之悟超妙，實自不同，予安得爲相欺之語？」因復論「從見性而入，則細微雖不能曲中，其過易見；若爲存心之學者心有係累，善自包藏，其過難知。」

予曰：「包藏已過，此《大學》所謂掩著之小人也，曾存心者而若是耶？」瑞五曰：「抑又有病，既見性，則理欲判，然未見性，而但存心，則以爲理，安知其非人心以爲欲？安知其非道心？」予曰：「平居有析理之學，當時有審幾之功，寧患此耶？」瑞五曰：「子且言以何者爲心？何者爲性？」予曰：「心不難知，性不難知。吾之靈覺主宰運用處是心，其主宰運用自然不易之理是性。」瑞五曰：「若是，性在心外耶？」昭法亦曰：「子言性將無近於情？」

予曰：「理具於心，故能主宰由理，運用由理。理不具於心，則將何主宰？將何運用？性在心外耶？抑性情之分《中庸》未發、已發，析之明矣。情者，感於物而後動也。惟情感物而動，由性而出，故即情可以知性。惟心之主宰爲性之靜，運用爲性之動，故存心可以見性。」瑞五曰：「子欲存心以見性，子即是以爲學可也。顧子之心宜明辨之。」予曰：「辨則入於聖賢，不辨則入於禽獸，敢不承命。」

與王醇叔論學

醇叔深以禪家之直見本原爲空而不實是已，然謂「禪家所見者空，故爲病，吾儒亦必有直見本原而不墮於空者，本原既得，則以之應事接物，自然頭頭是道」。

余曰：「本原二字先有辨。禪家所謂本原，心地之靈光也。吾儒所謂本原，未嘗不指心，而指心體之性也。性即理也，非心無以存性，非性無以爲心，是二亦是一，是一亦是二。禪家只爲把心作性，故認靈光便是道。不知纔説理道便實，便不容外事物以爲心；纔説靈光便虛，便必然併理道而爲障。故子但言『直見本原』而已墮於空，已是禪學。子只循聖人之教，下學做起。洒掃應對便從洒掃應對見本原，孝弟忠信便從孝弟忠信見本原，齊治均平便從齊治均平見本原。但本原不在事物而在吾心，何以却從洒掃應對一切事物處見得？蓋正爲本原在吾心，故以吾心去洒掃應對，而後洒掃應對得其理，孝弟忠信齊治均平皆然。然則何處不從本原做去？何時不從本原做去？運吾心於事物而見本原，是本原之散殊；合事物於吾心而見本原，是本原之統體。聖人所以一語道破，曰『下學而上達』；子思所以一語道破，曰『尊德性而道』。問學舍『下學』何由『上達』？舍『尊德性』何由『道』？問學『上達』是『尊德性』之究竟，『尊德性』是『上達』之根基。夫固有不求洞見而自無不洞見者矣。子乃不以直見二字爲病，而謂『吾儒別有一不空之直見本原』，是置本原而更求本原，貪洞見而强索洞見，其亦不審於本原之故也已。」

醇叔曰：「當更熟思以請。」

論鬼神

鬼神之事，過信者失於矯誣，而以爲茫昧不足道者，又弗察於理矣。客有以往事語予者，曰：「昔有故家子，居嘗動止如故，而其靈爽已爲冥司所録，隸爲參佐，寅返戌往，職司簿書。因見人間善惡之事、吉凶禍福之應，指道將來甚悉且信。其言曰：『巍科大壽，天之所祐，然往往非是，則其禍不極，故不必皆爲有德者之報。而吉凶禍福，儵忽推移，朝有道而暮消咎，暮作慝而朝褫福。人間日所動作，雖在念慮，冥司洞見纖微，然惟其人之靈爽自爲披露，不必照察也』。」予曰：「嘻！何其人之言之合乎理也。夫天下有道，政治和平，賞罰必當，善者勸而惡者沮，鬼神亦皆安於王者之化；世之衰也，王政不明，是非繆盭，天下争爲貪冒險僻，貴賤一德，腥風日聞，於是鬼神無如之何，不得不彰其遏惡揚善之權，使猶知有所忌，故鬼神之興多在叔世。《記》曰：『明則有禮樂，幽則有鬼神。』禮樂昭則鬼神受命，禮樂廢則鬼神爲治。況夫神也者，妙萬物而爲言者也。言神於神則難，即言神於人則易顯。故以善惡爲一，惟人心之自爲披露。嘻！何其人之言之合於理也。」客曰：「吾以子爲弗信乎是，如子之説，故家子不妄耶。」予曰：「誕妄者滛昏之鬼。《傳》曰：『夫神聰明正直而壹』，謂與人道一也。客不信神，亦不信人乎？孔子不語神，不語耳，未嘗不以爲有，特聖人之道不以神治人，故不語。」

讀易經蒙引跋

《易》道廣大，孔聖三絶韋編，猶冀假年卒學。用純既涉獵鮮窺，又寡交守約，不能多讀諸家之書，就其幸得從事者。

竊以爲：《易》自四聖而後，理莫明於程子，義莫切於朱子。雖朱子從程子之説者絶少，然其學要本於程子。厥後虚齋蔡氏又本朱子，而敷繹之著爲《蒙引》，而後學者得了了於朱子之《易》。然則程、朱固四聖之良佐，而蔡氏又朱子之良佐也。

不揣淺弊，每讀《蒙引》，惜其隨手輒録，不無繁複，因僭爲删逸。即於其中間有見爲未核、未備者，妄以己意訂補。要必虚心反覆，蓋不異蔡氏之自爲删逸、自爲訂補，則庶幾於程朱之《易》，亦或有萬一之助，且以無獲戾於四聖。

而世方帖括學熾，《蒙引》一書，塵棄罔聞，用純之得讀之者，蓋吴江故友吴先生語予。自後此書稍傳於世，然卒爲帖括之學。吴先生名炎，字赤溟，時方諱其人，用純不敢忘所自，故著之。

跋柴藝循手録讀蒙引

余删訂蒙引已兩易本。初本畢，德焕吕子録之；次本畢，則藝循柴子手自繕寫，終十二卷，此本是也。窮經年之力，揮汗呵凍，筆不暫輟，非甚嗜學，孰能爲此。往讀太史公《儒林傳》，但舉諸儒子弟門生多致顯仕者，而不及其經學所造，甚爲惜之。今藝循諸子皆駸駸乎以文學繼起，其務殫思研精，探微言、廓大義，以世世其學而無徒，尚佔畢博取榮名也哉！

春秋五傳酌輯跋

凡書必當讀其全者，而後其人、其時、其事之次第本末與夫作者之用心，皆可得而具考。然人情於古人之書，當其有所闕略，則雖一言一句輒相與咨嗟太息，而不勝其若失。及夫全書在前，則又苦其簡編繁重，而讀之恒不能終卷。然則古之著書者方以詳備爲幸於後人，而後之讀書者翻以詳備而類廢其學。此用純所以有《春秋五傳》之酌輯也。

自有載籍以來，凡爲書者不知凡幾，彼齊諧稗史，且惟恐其脱漏，而況經傳。然與其以卷帙之多而不能讀，即讀之而取舍任情寡當，又少者十不得一二，則何如酌而輯之，使天下讀之者之易。而又幸經傳大要無廢於庠塾之間也，若夫讀者由是而疑其事之未備、文之或略，則固有全書在，余之是編亦庶幾天下之皆讀。夫全書也，而豈敢妄有去取焉？

石刻孝經跋

昔先君子手書《孝經》，授用純兄弟曰：「天地之廣大，性命之精微，其理無過於孝，況我祖宗尤以是爲傳家之要者乎？」嗚呼！先君子斯言孝之道盡矣。言天地，則萬物之鴻纖無不該；言性命，則萬事之鉅細無不備。蓋啓蟄不殺、方長不折，子羔之所以爲孝也；道而不徑、舟而不游，子輿之所以爲孝也。而非獨曾子、子羔然也，人子皆當如是也。必無一物不獲其所無，一事或失其宜，而後可以爲達天、爲盡性，必能達天、盡性，而後可以爲孝。

先君子手書，用純固恭奉篋藏，將貽諸子孫，世世無廢祖命。又嘗因人來請，或自贈人，亦手書者多，本本有題識。後族弟岱生、泰宗謂：「恐求者衆，而應者煩，盍摹勒石本其傳易廣。」幾於每見輒言，逡巡未果。會歲戊辰，年已六十有二，腕力漸不及，昔門人呂子德煥、葉子公奭、席子朝宗聞岱生言，又欣然欲謀片石以從事。因齋沐書之，文從唐玄宗石臺隸刻，字則參考許氏《說文》、《洪武正韻》、《六書精蘊》諸書。蓋雖用純所書，實吾先君子錫類之思，亦非吾先君子一人之思，實先聖賢之所以教孝者，莫廣大精微乎此也。並用爲識。

醇叔請書孝經跋

王子醇叔將試春官，請余書《孝經》而行，於以審其志之偉矣。

大明王孝治天下者，非徒以其愛親、敬親之心推而惠被蒼生、仁覆萬物也，謂「夫吾之惠不被蒼生，吾之仁不覆萬物，則吾所以愛親、敬親者猶未盡也」。蓋民物胞與，吾之心即親之心也。親既以其民胞物與者盡諸己，而親之生我，又即以其民胞物與者畀於我，而吾不能仰承而務盡之，則慰答吾親之謂何？故苟有一民之未吾胞，一物之未吾與，皆非全生全歸之孝道也。

治天下者如是，則治國者亦如是，治家者亦如是。家與國、與天下特因其分之所值，故其德之所施者，大小遠邇不同。而不敢失於臣妾之心，即不敢侮於鰥寡之心；不敢侮於鰥寡之心，即不敢遺小國之臣之心。其爲民之胞而物之與則一也。吾惟盡其民胞物與者，而隨地充周焉，則雖身在一家，而倫序之間罔不情深義浹，猶夫惠被蒼生、仁覆萬物也，而況身任國與天下乎？

昔蘇威謂隋主云：「臣先人之戒臣也，曰『惟讀《孝經》一卷，足以立身』，治國何用多爲？」斯爲善體孝道者，醇叔其勉之哉！

徐韓若請書孝經跋

曾子之學誠篤而已，誠篤以制行，此其行之所以不可及也。余見今之事親者，類不習爲苛癢抑搔、旨甘佐餕之節，即有能焉，又未知其内外無僞與否，是以往往有始無終。而事不周浹，皆由其誠不至。夫誠，五常之本，百行之原，而事親則又盡誠之本。事親而能誠，則靡弗誠矣；

事親而不誠，則無或誠矣。誠之所感，至於天神格、百族昌、四靈至；不誠之禍，至於家道乖、怨讟興、兵刑作。然則毋徒曰「吾欲孝」而已。學曾子之孝者，當先學曾子之誠。適爲韓若徐子書《孝經》而語之。

省心微言跋

聖賢之垂教後世不啻千言萬語者，無非欲人之治其心也。後世學者，自初就外傅，即以讀書希倖功利，不復知有治心之事。他日登仕，要任邦國，亦率是焉而往此，士大夫風節猶爲之所以日卑，而世道之所以一往不復返也。

鄉先生太常葛公律己以慎，應事以敏，接物以忠。其所居官，類皆强藩受封之地，王驕而衆暴，公皆處之謐如。用純生晩，不及見公，於公之孫龍仙所作家傳而悉其行事。及歲己巳，始讀公《省心微言》一册，而後知公之大節云然者，固有所自來蓋甚矣。

心之不可以不治也，時時省惕，則心清而明，故能常見夫萬務之機宜而動罔不臧。然公非藉微言以内省其心，乃由省心而得乎言之微，故有所感發而輒録。不然，公於書之讀者何限，而簡編僅是。又於以見公之省心在己，而不專在言。爲善治其心也，而尤兢兢於静退之爲守。

夫公以甲科起家，仕止臬憲，非有履盈席盛之懼也。然計公乞身終養，年甫四十，正古人强仕之日，而又堅卧林泉，招致不應，以超然於逆閹煽禍之世，非心之深自克治者，其孰能之？若夫位高勢重，熏轑一時，金紫咽石，子弟充朝，且猶進而不止，以視公何如哉？

余子導誠，公之曾孫女妻之，爲穀調先生之孫壻，先生以是册委題，竊於先達之風流，蓋不勝嚮往云。

養蒙要箴跋

仕者但知有利禄，而天下無治功；教者但知有脩脯，而天下無學術。無治功，則其所挾以受禄者，諂諛承迎於長上而已矣；無學術，則其所効以邀脩脯者，依阿寬縱於主人學徒而已矣。而君之論功授禄者，亦但多悦其承迎而忘禄之所以授，治功之若何不問也；主人之行束脩以求誨者，亦多溺於依阿而忘束脩之所以餽，學業之若何並不較也。遂使主上意中以爲「彼特有求於吾也」，而主益尊，而臣益卑；主人意中以爲「非我子且失其所也」，而主人益重，而先生益輕。

噫！彼爲治功而仕者，其肯若是乎？君上苟或忽之，則挂冠而去耳；彼爲學術而爲師者，其肯若是乎？主人苟不以禮，則拂衣而行耳。志士不忘在溝壑，天下未必無其人也。然仕者之無治功，由於教者之無學術。故爲師者尤不可不自重，而爲主人者尤不可不重先生。端本於此，將來子弟自孝弟於家，以至於爲賢士、爲名臣，皆主人敬先生而子弟益嚴先生之教，即家之内外上下亦皆知敬先生，則先生之教且行於家之内外上下，又豈區區館穀之所能爲報也？

邑翼張先生輯《學仕要箴》，而特設《養蒙》一條，其亦有識也夫！若夫主人不能厚禮先生，而又求多先生於館課，乃至譏誶而媟嫚之，此不敬之尤者。以至子弟年齒之大小，而爲先生之大小，謂句讀之師不得與成文等，此又世俗之見，皆不復具論。

書董觀三卷後

壬戌秋初，觀三董子來見予於柏廬，請書箴規語。夫必有得於己，而後可爲益於人。予自顧何得，而能爲觀三益。然而觀三勉之矣。學，正當務得乎己，而不必規規焉冀益於人。務得乎己，則何往而非益，冀益於人，恐縱益而無得。此所書者，皆予向所劄記以自警勵，因與觀三共之，非敢以爲益也。觀三勉之矣。

書醇叔日記

醇叔之學，與日俱進。此册所記二年有餘中，非自疏其得力，則著儆於將來，皆身體力行語也。然覺後來轉轉切實、轉轉精密，此由其功夫之靡間，故造進有漸深閲者自能識得。

中間有云「辨得實心，無不可爲之事，爲名、爲利，自是、自便，慢忽畏難，皆心不實」，斯言也，爲學、爲政一以貫之；又云「成天下之事功者，在於善用其人」，斯言也，在朝、在野一以貫之。《中庸》參天贊地，只一至誠，誠體物而不遺，故人能誠，亦體事而無不在。蓋其實理貫浹、實心流行，雖欲有所缺陷滲漏，而不得也。郭林宗好奬訓士類，雖牛醫兒、田間子皆稱譽勸勉，而成東漢之士風；楊文貞喜引拔人才，雖黑窑匠、教書生皆入啓事，援登臺閣，而成有明之相業。此亦用懃懃懇懇實心爲之，故並爲功當代。

然則斯二言者，又一以貫之歟？此皆人道綱紀、學術要領，固足以覘醇叔偉抱至邇者。清丈一役，尤見救時之剴切，任事之勇毅，燭物之精審，秉心之虚公，皆於錯節盤根，一一能道其所學。事即未成，而醇叔之所得已多，此將來當大任之嚆矢也。聖賢以天下爲一家，桑梓之事即天下之事，天下之事亦桑梓之事，醇叔具此體用一原者。而任經邦濟世，本顔子之學，行伊尹之志，不難見之已。勉之，勉之。

又

淡然無欲，乃能嶷然有守、浩然有爲，此理子固諳之熟矣。但以愚觀，子不難於有守、有爲，而難於無欲。所謂淡然無欲者，非僅如財利聲色，欲之大者能自掃除而已。凡夫肢體所接、耳目所御，雖甚纖微外物，揔不見其可欲，纔是淡然。何者？此縱纖微而一爲所動，即是欲根未斷，即非虚明本體，即不能無閡於志節事功之磊落光明。

且此纖微者何自而來，要非財不辦，而其可欲亦猶夫聲色之悦耳目。於此未之灑落，則又安得聲色財利毫無繫吝哉？今觀《日記》中，雖嚴辨於欲之大端，而或動色於居處服玩之間。先儒云：「人於外物奉身者，事事要好，自家一個身心却已先不好了。」正謂身之得其可欲，不覺心之已失其可惡也。

又諸葛公云：「非澹泊無以明志。」居處服玩之移情，要未可謂澹泊也。即不當爲公孫布被之詐，然李文靖之欄敝不葺，司馬文正之「衣取蔽寒、食取充腹」，其風可尚，其意可思。醇叔當不河漢斯言，故並書往。

書李光士日記

展閲《日記》，具見比來工夫細密，從此堅持勿懈，自然竿頭日上。喜極，喜極！

但「孔顏樂處」一條，謂「只是心體無病，證喻極確」，至云「所以樂之故，聖賢不知」；所以健飲食、輕舉止之故，病愈者亦不知」。此語殊覺鶻突。蓋此處若不放出一個分明，驀頭要尋樂處，便墮禪障。樂是學之究竟，如吾吴中人要到燕都，須從江南、山東、北直許多地方走過。所以樂之故，正是學者山東、北直地頭也，一一經由過來。如之何説「不知樂之故，只是克己復禮；無病之故，只是慎起居、節飲食」？就如説之境須從時習而得，此是喫緊關頭，混説不得，錯説不得。

若「仁禮存心」一條，看得最融徹。佛氏之病，只爲知仁而不知義，知智而不知禮。先儒言之明矣：聖賢纔説仁便説義，纔説智便説禮，仁義並行，智禮兼濟，纔得個「時中」出來，總是理一而分殊也。《孟子》此章止言仁禮，蓋該之耳。愛其所當愛，敬其所當敬，便是義；非仁無爲，非禮無行，便是智。至於轉轉自反，憑他横逆之加，只是不爲所動，必求至於盡仁、盡禮，而猶惟恐不得爲舜。看是何等樣義，何等樣智。

君子行此四德者，故曰：「乾，元亨利貞。」非此四德，不成其爲君子；非此四德，亦不成一件事。率性而行，天然並到，不待安排布置，但須學力到家，物欲一一退聽，全憑性分做主，自然到此境界。此便是「孔顔之樂」，千聖一學，萬卷一道。偶爲拈及，勉旃，勉旃。

又

孔子弟子三千七十。豈獨教顔子以博文約禮，而他無有知其爲循循善誘者，以無仰鑽瞻忽之功也？豈獨教曾子以忠恕之道，而他無有受一貫之傳，以無隨事精察力行之功也？是故雖有佳肴，弗食不知其旨；雖有至道，弗學不知其善。身在聖門，安有弗學？然其功之篤不篤，必有辨矣；則其所得於聖人者之深不深，亦有辨矣。

今吾等幸生聖賢之後，博文約禮、忠恕之教固在也，但能實用其力，有顔、曾之仰鑽瞻忽、精察力行，固不待耳提面命，而不異在循循善誘之下，將親受一貫之傳，可不勉哉！顔子一條策勵最是，但所謂「指點、洒然甘來」等語，俱欠親切。「指點」未貼善誘，「洒然甘來」未便是仰鑽瞻忽後面境界。

又

看書有雜念，自當筭過。何也？無事時，不能禁念之不生，則當辨其善不善。善者，所當思者也；不善者，所不當思者也。不善則過，善則非過。若臨事不能專一而有他念，則爲不敬，雖善亦過。倘方應事而又有一事至，此須揆其緩急、輕重而先後之。輕者、緩者，則置彼而先此；急者、重者，則置此而先彼。

又

人有顯過，有隱過。隱過大抵在念慮之間，雜出易犯，所以《大學》以誠意爲關頭。蓋天下只有是非、邪正兩途，纔離了是，便入乎非，纔離了正，便入乎邪，斷無兩立之理。若論所存，則無是非、邪正可言；若論所發，必有歸著。安得謂「無過可指」？但必欲一一而書之，轉覺多事，亦惟嚴其謹獨之功爲得耳。

又

「略有虛見」一條，此即羅文莊公以庭前柏子之見，證諸聖賢之書都不相合之謂也。「好智不好學，其蔽也蕩。」聖人此言，蓋已洞見後世必有爲是弄精神之術，而自托於道者，故一語揭破。而千古學者，除了格物窮理以求覺悟，未有不墮於「蕩」字坎阱者。抑且精神所發越，愈高則愈蕩，愈廣則愈蕩。方自以爲駕濂洛、轢關閩而智同於孔孟，而不知聖人正視之以爲蔽也甚矣。故程子於佛氏之學謂「當如淫聲美色以遠之」。使非有淫而美者，亦未易以惑人，而學者苟非懼其淫而美，亦何至避之若敵？虛大之見，此正所謂「聲之淫、色之美」者也。凝聚成實，發散成虛，一虛一實，學問成敗，所關此四語者。夫亦足以徵子之見之不虛矣。勉旃。

書德焕日記

余於《日記》具見子之爲人表裏洞達，是便説個是，非便説個非，絶無半點遮遮掩掩。彼藏頭露尾者，詎能若此？此心固有所甚喜，但畢竟是氣質之美。講到做學問好處，還是病痛處，全須鍛鍊磨礲，纔成就個精金美玉。所以就此所記，句指字摘，毫不假借。孔子曰：「質直而好義。」子固質直矣，好義之功切不可緩。諒子必深見及此，而亦不覺踴躍求進耳。

又

高先生見地極透徹，議論極明快，但在初做工夫者，未甚相宜，微覺高妙。還當將《近思録》、《伊洛淵源録》、小學等書看來看去，自覺切實有得。《高子遺書》今且一看，亦不妨也。金華四先生具載《續淵源録》，考之自悉。許、吴二先生仕有可不可，俟面時以告。

又

閲所録講語，正須如此。互相講習，要講自不得不學，要學自不得不講。講其所學，學其所講，交長互發，自然見地日益高明。但切勿徒事空知，而不反之實踐。如莊渠先生所謂「以講爲學」，則轉滋咎戾，宜猛着鞭也。

又

分固最難，盡天則亦最難認。先聖所謂擇善，正擇此也。纖微事物皆有天則，吾輩今日正須講求，務要知之明而行之固，切不可輕易放過，纔是實落工夫。

又書質問録忠信所以進德章

自「忠信進德」説到「誠不可揜」，分明首尾闔合，把中間許多道理一線穿着。忠信，實心也；誠，實理也。有實心，方能體實理。無聲無臭也、易也、道也、神也，皆指實理之源頭處言也；性也，德也，道也，教也，浩然之氣也，皆指實理之在人身上言也。人之實理源乎天，終日對越在天，終日不放失，此實理也。

就理而言，誠爲理，而敬爲心；就心而言，誠敬只一般。無虛假之謂誠，無敢慢之謂敬。未有誠而不敬者，未有敬而不誠者，道理也，器事也。事無大小，以實心行之，則事皆實理，而道亦器，器亦道。苟非然者，道自道，器自器，不能合而爲一，即安得不離而爲二也？今與後、己與人，皆屬器。離道與器，則亦今自今、後自後、己自己、人自人，將何貫徹？若道亦器、器亦道，則又何人己、今後之分哉？此章道理，如此看纔得明白。

雖然如此，看得明白究不過一場話說。申公謂：「爲政不在多言，顧力行何如耳。」爲學亦然。昔賢把這許多道理，與攻打城子相似，一一攻破過來，故能豁然貫通。吾輩今日先須辦着一副實心，就如朱子所謂「燒廬舍、破釜甑」一般力量去攻打，得破一兩處時，自然頭頭是道，勢如破竹。不然説來雖似親切，胸中却只影響，非實學也。務須努力努力。

題顧相實請書四勿箴

朱子有云：「爲善最樂，讀書便佳。」今人但知濟人愛物之爲善，而不知檢心治身之爲善。天下有濟人愛物而不能檢心治身者，未有檢心治身而不能濟人愛物者也。是則身心其本也，然何以檢之？何以治之？非務讀書不能，陳編探討、良朋講論，皆讀書也。朱子又曰：「欲知爲善，必由讀書。」相實請書《四箴》，題此勉之。

勸言四則

六經四書中千頭萬緒，總只是人所當然。但聖賢立訓大，而經天緯地小，而稱名辨物粗，而舉足動容精，而達天知命無一不該。今且姑淺言之，做一鄉黨自好之士，其道亦不可不講求。約略有四，人皆易能，若更充而大之，以四者爲進德之基，則其所究竟，吾安可量？若并此不逮，則將爲下流之歸，益可懼已。

敦孝弟

「孩提之童，無不知愛其親；及其長也，無不知敬其兄。」可知孝親悌長是天性中事，不是有知者、有不知者，有能者、有不能者。吾獨怪今人，財寶本是身外之物，强欲求之，不得爲耻；孝弟是身内固有，不得如何不耻？又怪今人，功名本如旅舍，一過便去，苟其得而復失，則又深耻；孝弟乃是不可復失者，放而不求，如何不耻？

不必言古聖賢孝弟之行，如大舜、武周、泰伯、伯夷各造其極，只如晨省昏定、推梨讓棗，有何難事？而今人甘心不爲，極而至於生不能養、死不能葬，大不孝於父母；有無不通，長短相競，大不友於兄弟，亦恬不爲怪。噫！是豈不孝不弟之人哉！即當孩提之時，頃刻不見父母，則哭泣不止，兄弟同床共席，則相憐相愛之孝子悌弟也。人皆望長而進德，奈何反至於此，亦不敦孝弟之故耳。要之大舜、武周、泰伯、伯夷，不過是敦孝弟。敦，篤厚也，敦篤乎孝弟而已。

今且就人所易能者立一榜樣：昔老萊子行年七十，身著五色斑斕之衣，作嬰兒戲，欲親之喜；司馬温公兄伯康年將八十，公奉如嚴父，保如嬰兒。每食少頃，則問曰：「得無飢乎？」天少冷，則拊其背曰：「衣得無薄乎？」老而如此，未老可推；一事如此，他事可推。

有子曰：「孝弟，爲仁之本。」烏有孝子悌弟而不修德行善者。孔子曰：「孝弟之至，通於神明，光於四海。」烏有孝子悌弟而不爲鄉黨所稱，書策所載、皇天所佑者。其不孝不友者反是，何不勉之！

尚勤儉

勤與儉，治生之道也。人情莫不貪生而畏死，然往往自絶其生理者，不勤不儉之故也。不勤則寡入，不儉則妄費。寡入而妄費則財匱，財匱則苟取，愚者爲寡廉鮮耻之事，黠者入行險徼倖之途。生平行止，於此而喪；祖宗家聲，於此而墜。嗚呼！生理絶矣！又況一家之中，有妻有子，不能以勤儉表率，而使相趨於貪惰，則既自絶其生理，而又絶妻子之生理矣！

勤之爲道，第一要深思遠計。事宜早爲、物宜早辦者，必須預先經理。若待臨時，倉忙失措，鮮不耗費。第二要晏眠蚤起。侵晨而起，夜分而卧，則一日而復得半日之功。若早眠晏起，則一日僅得半日之功。無論天道必酬勤而罰惰，即人事赢詘亦已懸殊。第三要耐煩喫苦。若不耐煩喫苦，一處不周密，一處便有損失耗壞。故事須親自爲者，必親自爲之；須一日爲者，必一日爲之。人皆以身習勞苦爲自戕其生，而不知是乃所以求生也。

儉之爲道，第一要平心忍氣。一朝之忿，不自度量，與人口角鬭力，搆訟經官。事過之後，不惟破家，或且辱身，悔之何及。第二要量力舉事。如土木之功，婚嫁之事，賓客酒席之費，切不可好高求勝，一時興會，所費不支。後來補苴，或行稱貸，償則無力，逋則喪德，何可乃爾？第三要節衣縮食。綺羅之美，不過供人之歎羨而已。若煖其軀體，布素與綺羅何異？肥甘之美，不過口舌間片刻之適而已。若自喉而下，藜藿肥甘何異？人皆以薄於自奉爲不愛其生，而不知是乃所以養生也。

此在故家子弟，尤宜加意。蓋不勤不儉，約有二病：一則紈袴成習，素所不諳；一則自負高雅，無心瑣屑。乃至遊閑放蕩、博奕酣飲，以有用之精神而肆行無忌，以已竭之金錢而益喜浪擲。此又不待苟取之爲害，而已自絶其生理矣。

孔子曰：「謹身節用，以養父母。」可知孝弟之道、禮義之事，惟治生者能之，又奈何不惟勤儉之爲尚也。

讀書

讀書須先論其人，次論其法。所謂法者，不但記其章句，而當求其義理；所謂人者，不但中舉人、進士要讀書，做好人尤要讀書。中舉人、進士之讀書，未嘗不求義理，而其重究竟只在章句；做好人之讀書，未嘗不解章句，而其重究竟只在義理。故曰：讀書先論其人，次論其法。

先儒謂今人不會讀書，如讀《論語》，未讀時是此等人，讀了後只是此等人，便是不曾讀。此教人讀書，識義理之道也。要知聖賢之書，不是爲後世中舉人、進士而設，是教千萬世做好人，直至於大聖大賢。所以讀一句書，便要反之於身：我能如是否？做一件事，便要合之於書：古人是如何？此纔是讀書。若只浮浮泛泛，胸中記得幾句古書，出口説得幾句雅話，未足爲佳也。

所以又要論所讀之書。嘗見人家几案間擺列小説、雜劇，此最自悮，並悮子弟，亟宜焚棄。人家有此等書，便爲不祥。即詩詞歌賦，亦屬緩事。若能兼通六經及《性理》、《綱目》、《大學衍義》諸書，固爲上等學者；不然者，亦只是樸樸實實將《孝經》、《小學》、《四書》本註置在案頭，嘗自讀，教子弟讀。即身體而力行之，難道不成就好人，難道鄉閭不稱爲自好之士？究竟實能讀書、精通義理，世間舉人、進士舍此而誰？不在其身，必在其子孫。

積德

積德之事，人皆謂：惟貴者，然後其力可爲；惟富者，然後其財可爲。抑知富貴者，積德之報。必待富貴而後積德，則富貴何日可得？積德之事何日可爲？惟於不富不貴時能力行善，此其事爲尤難、其功爲尤倍也！蓋德亦是天性中所備，無事外求；積德亦隨在可爲，不必有待。假如人見蟻子入水、飛蟲投網，便可救之。此救之之心，不待人教之也。又如人見乞人哀叫，輒與之錢，或與之殘羹剩飯。此與之之心，亦不待人教之也。即此便是德，即此日漸做去，便是積。獨今人於錢財田産，皆他人所有者，却去孜孜矻矻、經營日積；而於自己所全副完備之德，不思積之，又大敗之，所不可解也。

今亦須論積之之序。首從親戚始。苟於吾宗族親黨中有貧乏孤苦者，量力周給。嘗見人廣行施與，而不肯以一絲一粟援手於窮親，亦倒行而逆施矣。次及於交與與凡窮阨之人。「朋友有通財之義」，固不必言；其窮阨之人，雖與我素無往來，要知亦是人類，本吾一體。況我生不幸，安知不遂至此？生則賑給，死則埋骨，亦當惟力是視，以全我惻隱之心。次及於物類。今人多好放生，究竟此爲末務，有餘力則行之，然此猶是費財者也。至有不須費財者，如任奔走、効口舌，以解人之厄、急人之病、周旋人之患難，不過勞己之力，更何容吝？又有不費財並不勞力者，如隱人之過、成人之善；又如啓蟄不殺，方長不折。步步是德，步步可積。但存一積德之心，則無往而不積矣；不存一積德之心，則無往而爲德矣。

要知吾輩今日不富不貴、無力無財，可以行大善事、積大陰德，正賴此區區惻隱之心。就日用常行之中、所見所聞之事，日積月累，成就一箇好人。亦不求知於世，亦不責報於天，但庶幾生順死安。若又不爲，是真當面錯過也。不富不貴時不肯爲，吾又未知即富即貴之果肯爲否也。

讀史有感

以智馭愚、以賢制不肖，斯世之所以大治也。代已遞降，古道不復，惟尊卑貴賤之分明，其中縱不無威淩勢奪爲孤弱害。然人之淑者、事之直者，猶時有所藉以伸其氣；人之無良者、事之不道者，亦時有所藉以挫其兇。何者？尊貴者之力，以之庇人則又易。故朝廷既不能尊其智者、貴其賢者，而但尊其尊者、貴其貴者，其於治道雖未爲得半失半，什之一二猶或存焉。

紳士者，後世之所謂尊與貴者也。若懲噎而輟食、惡裸裎而廢浴，謂此皆挾朝廷之爵賞以豪横鄉曲、罔上行私、虎而傅其翼者也。吾何尊貴之有，而務箝束之、摧戮之。又縱有司侵暴之，又嗾小人詆侮之，以是爲得制馭之術，則倒行而逆施，何如盡廢若輩紳士之爲得也。然又不能。夫在鄉黨爲紳士，在朝廷爲僚宷。

今自大吏以下皆得淩轢其所部之紳士，豈必盡出於至公而無挾怨以尋讎？及紳士起而在當塗，又將凌轢其所部。是朝庭之設官，專以供人報復，坐使躁競者自詡得計，而退休者轉視罷官爲畏途也。彼閭左編氓輒敢出與紳士作難者，類其中之强梁者耳。若淳良者，究自安於義分，是又適縱惡也。

此風一長，紳士之素不自愛者，或難辭文網之加，而其賢者亦將横罹含沙之射。士民之無所憑援者，雖幸免縉紳之魚肉，又悉供强梁之刀俎矣。就朝廷掊擊豪强之意，固曰：「吾將以安全乎？」下也豈知？下卒不能以安全，而愚民習知尊貴者之初無足畏也。如是，則是自短其垣，又豈朝廷之利哉？何如勿傷尊卑貴賤之分，而倡以禮教，肅以政令，勉以賢智，彼將自不敢爲非義。苟又無改，則間容執法之吏糾摘一二，而寘之理以震懾人心。《書》云：「與治同道，罔不興；與亂同事，罔不亡。」智馭賢制之治不行，猶賴尊卑貴賤之足恃，使復尊卑貴賤之失恃，吾未見智馭賢制之反有萬一存焉，而足以維其國者也。

卷十一　雜著

書朱子讀書樂後

朱子作《四時讀書樂》，不言其所得於書者何如，而但言花鳥風月物理之趣。向余讀之而疑未有得，及讀朱子「半畝方塘」之時，而題曰《觀書有感》，於是乃稍稍有覺。以爲：是樂也，蓋不從書得，不從花鳥風月得矣；不從書與花鳥風月得，則亦不從書與花鳥風月求，然則如之何可求而得也？

既見朱子論「顔子之樂」，謂「學但當從事於博文約禮之誨，至於欲罷不能而竭其才，則庶乎有得」，然後翻然乃悟。曰：是樂也，果不從書求，果不從花鳥風月求，並樂亦不可求也，求樂則不得樂矣。蓋必有不求樂而樂者，而後樂亦在書，樂亦在花鳥風月，即書而花鳥風月之樂在，即花鳥風月而書之樂在。此朱子《四時讀書樂》之所爲作也。

又

此曾晳「春風沂水之樂」也，而讀書者得之。今之樂者，但知顔子「簞瓢陋巷之樂」由於博文約禮，而不知「春風沂水之樂」之何自。讀此乃知「簞瓢陋巷」、「春風沂水」同一樂也，則亦同一所自也。其可不從事於下學哉？

書蘇文忠公後赤壁賦題後

余於此賦想見蘇公胸襟灑落，髣髴先賢春風沂水氣象。人惟胸中不滯於物，乃能遇物而與之相親。想蘇公於此遊，江也、山也、風也、月也、草也、木也，與夫耳所聽也、目所覩也，皆遇之以心，而不徒歷之以身，故能寫景狀物同於造化。

余獨疑孤鶴之飛、道士之夢，其謂道士之爲孤鶴耶？抑謂孤鶴之爲道士耶？雖然，此豈有道士哉？蘇公而已矣。唯其覺而遇之也親，故睡而形之於夢，由是而言，則草木也、風月也、江山也，亦孤鶴而已矣，亦道士而已矣。

余適與家仲勿滓同遊靈巖、天平，歸湖山風日之勝。當夫倚舷策杖、流覽登眺，非不嘆賞不容口。然而，天平、靈巖之爲天平、靈巖，無與於朱子也；朱子之爲朱子，無與於天平、靈巖也。

歸而杜門垂首嗒然喪志者累日，而德音沈子以書是賦請。既書，乃見古人之與物無間如此，不覺有慨於中，遂具識之。

書曾南豐墨池記後

右軍雖聖於書，竊謂亦其資之所近，未必盡由學力。蓋其在晉深薄時尚，獨事憂勤，嘗謂謝太傅曰：「虚談廢務，浮文妨要，恐非當世所宜。」使其善書必以殫精悉力自致，則與虚談浮文何異？吾故知非所勉而爲之，特得於天者優，不覺與之日習，遂入於書之聖域也。然南豐此記，蓋借以規人之勤所當學，并爲樂善者勸，則其用意良深而爲益良多，故於偶暇書之。

題顧文康公家書後

世皆以文康公爲太平宰相，享天下之全福，争榮羡之，而不知其皆由謙恭嚴慎以致此也。《詩》之美文王者曰：「惟此文王，小心翼翼。昭事上帝，聿懷多福。」夫文王之福爲古今未有之福，而亦由小心，則知非小心無以爲獲福之基已。

公之大業且不論，即觀其誡子之書，公子孫類皆賢者，然且懃懃勉勉，惟恐其萬一之際或有不克修德謹身、盡誠報主者，抑何位彌高而心彌小也？夫位不期驕而驕至，禄不期侈而侈至，所以自昔致戒。而公乃若此，宜乎君臣相得，極公卿之隆遇，而福流於奕世也。

歲丁丑，公七世孫維楨持是卷令題，余蓋莊誦數四，咨嗟感念而不能掩卷。彼夫席前人之庥、膺豐融之業者，其亦敬仰先哲而務爲小心也哉！

題李忠毅公獄中教子書

庚子孟夏，重其袁子以李忠毅公遺墨示某。某受而讀之，不禁蠹然有痛於中也。蓋先君子之訓用純兄弟者，曰「天地之廣大、性命之精微，其理無過於孝」，而弘光乙酉遂奉身以殉國。忠毅公死於熹廟逆閹之禍，忠直大節，照耀今古。其貽後之書，雖教謙、教儉不一端，而率歸本於仁孝。嗚呼！以孝作忠，豈不然哉？豈不然哉？公之子膚公，僅在三百里内，而未嘗得見，徒聞其名焉耳。勉勉焉不敢忘先人之訓，以無失墜其身者，不知用純之視膚公相去何如？然而士固有志操，亦爲其所當爲者而已矣。

書顧宗伯請建雙忠祠疏後

此崇禎十七年六月，瑞屏顧公爲宗伯時，請卹謚隨州守王公同晉撫忠襄蔡公建雙忠祠疏也。

王公名燾，字濬仲，號函符，崑山人。廉介有殊操，既登戊午賢書，庭户閴寂，敝衣藿食泊如也。初仕海門司教，繼儀真。廪禄甚微，顧見學宫頹圮，則治之，諸生困乏，則給之，邑令皆殊愛重。公不敢以私餽，而假廳工爲辭，遺以金，輒不納。兩邑人士謂：「自有司教，未見有如王夫子者也。」

其事嗣王考嗣母至孝，而嗣産千金咸讓不受，曰：「爲人後乃以利耶？」當在儀真，聞繼祖母殁，或謂「可不執三年喪」，公不從，棄官歸，而州守之命尋下，公亦無所悔。後甫涖隨州，宿寇老回回張獻忠突至，公以忠義誓衆，且戰且守，力盡援絶遂死。求忠臣必於孝子，信然也。

書王介烈先生傳後

士必明於可殺不可辱之義，而後可以立身天壤，不有功於家國，必有益於當世。當介烈先生遇蹂躪之騎於故城韓生家，斯非涖以君親之大變也，非廹以民社之攸寄也，先生固不謂是爲死所，特以「身雖儒臣，甫試騎射高等，於天子之前親加識賞，今玆豨突數騎何爲者，輒抱首竄非勇也」，故不從衆走。及騎攢白刃相向脅降，遂駡不絕口，决於一死。非其輕生，不辱之義明也。於是不辱則殺，不殺則辱，計無兩出。

先生之死於此，亦可謂不幸矣。使以是而膺民社之司、履君親之難，其仗節不辱，又豈有少濡忍？國家當寇盜充斥、中原雲擾之際，郡邑破亡者相聯屬，而曾無一人死於其所，乃能慷慨死者，又不有其職，是又國家之不幸也。

逮甲申、乙酉，兩都繼陷，天下臣子無分食禄與否，感於烈皇殉社稷之大義，捐軀者不可勝數，而先生顧死於是前二載。予謂先生雖不幸，而士節獨殉以可殺不可辱者，决策一時興起，後世亦烈矣。

曾孫周録善文有令譽，惟切切焉表章先烈，是亟抑又明於文章行誼輕重之數者，是誠先生之後人而益能大其志也夫。

書如臯二烈士事

如臯顧子仲光言同邑有二烈士：其一繆君鼎臺，死於乙酉者也；其一許君元博，又踰年而死者也。

鼎臺居鄉曲，以勇聞世，亦莫之用。清兵南下，鼎臺糾召鄉勇禦之，身先徒旅，每戰輒殪其勁將。清兵日益衆，勢不敵，始爲所擒，以見大帥。大帥重其勇，欲降之，謂曰：「子今爲我，一家人共定天下，公侯可立致矣。」鼎臺痛斥罵，大帥復不忍殺，令人多方誘諭，至於下拜，終不屈。身遍被縶縛，鼎臺奮力一決，縛皆寸斷，奪刀猶殺數人。大帥怒甚，命磔之。鼎臺罵不已，抉其舌，而以他物塞口，猶瞋目啞啞若罵至死。

元博好義，少力學，顧不得爲諸生。南都既陷，矢志必死，以父在，授經於同里，家入束修爲養。從父命，不得已薙髮，而以「生爲明人，死爲明鬼」八字分刺於左右臂，人亦莫之知也。有主家壻窺先生浴而見之，壻素不得於其婦母，欲挾持元博以邀婦母金錢，不得，值縣隸至，語之。元博知不能隱，遂謂縣隸曰：「吾所以未死者，六旬老父在也，而吾之爲此，固欲死也，若竟持吾赴告縣官殺我耳。」遂至縣，縣送之憲府。憲府某，故明之大吏也，頗以温言勸慰，元博抗聲不屈，又廷辱憲府。憲府反退而讓縣令，以其成是獄也。後併逮其父鞫，父見憲府跪，元博亦跪，謂曰：「今日之跪，跪吾父也，豈跪若耶？」憲府又大愧沮。有頃，兩行刑者突入獄，元博迎謂曰「吾正待汝」，舉止顔色無少改。之市，見傍有其友相送，授以詩曰：「一念從君積已深，而今地下得相尋。兒曹不必收遺骨，留與人間起義心。」乃南嚮拜君，北嚮拜父，一笑而就刑。

後其父得釋，以壽終。妻某氏，當入京配軍，將行，解卒忽念曰：「許君不愛其身以爲千秋烈士，吾又何愛一妻而不以全烈士身後事耶？」遂以其妻代解，而令某氏匿不出。及至京師，有廉知其事者，異之，捐金以贖解卒妻，解卒竟與妻俱歸，弗之配也。而主家之壻及縣隸，元博死後，皆見元博烏帽緋衣若爲神者，驚懅伏於床，自笞撻且大嘔血，兩人蓋同病而死云。

余既書二烈士事，顧子仲光又爲余言：「元博自烈皇殉國後，每飯必置崇禎錢一於几上而祭之，往往痛哭不自勝。」蓋其忠孝出於天性也。

或謂：「徐庶不仕於蜀，謝枋得不死於宋，君子以其爲親屈志，未嘗不謂之忠。元博舍父死國，忠也，而傷於孝。」余曰：「不然。元博豈忘其親者哉？其不能復藏身於親之左右，而就刑於市也，蓋迫之然耳。使蜀、宋二君子當時亦有驅於死所者，固當趨之如歸，安肯一日偷生忍辱以辱其親哉？」

或又謂：「元博之死固不容苟免，乃其痛哭刺身，是自速禍也，盍亦少晦跡焉。」余曰：「是又不然。元博以其身與當世争污潔者髮之薙與否耳，髮既爲父而薙，又不自明其潔，人生遇寒疾，五日不汗則死脱，一旦不幸而死，則此身與衆同污，故刺於膚理以明未死以前爲親之身，既死以後爲國之身，必不使其身一日爲非我君父所得，而有以是速禍，豈所計哉？嗚呼！又焉得而譏之！」

元博名德溥，李廷尉既爲作傳，鼎臺且莫知其名，余故亟爲併書之。

書馬樸公事

六安州諸生馬純仁，字樸公，以薙髮令行，奮身欲死，父母不許。純仁曰：「上有兄，下有弟，三子足以養父母矣！純仁得請其身，以立君臣之義。」父母終不許，逡廵良久，始，守視之甚嚴，既而意其志懈也，守視少弛。純仁遂乘間出，死於泮水。及殯，得其衣帶中絶命詞，曰：「朝華而冠，暮夷而髠。與死其心，寧死其身。一時迂士，千古大人。」

書徐俟齋懷舊篇後

昔人以柳州《先友記》多含刺譏爲不自重。蓋其用意有淺焉者，特以是見先人交道通博，非俯仰曩今有所傷感事變而然也。俟齋持節抗行，其處於今天下，蓋亦孤矣。顧有得從雲煙寥闃之地與之往還游處，自非同志，其孰幾之，而况師友淵源尤所不忘於中者。故於死生之際，叙致淋漓一篇之中，而國難、家憂、人品、物態、倫常、性情、學問悉可概見。此六經所爲立教，而俟齋特於詩發之，夫豈後世文章家所易幾者？若僅流連篇章，以爲法由腐史、才優少陵，則猶先末後本。《詩》三百篇，固非以篇法、章法而傳之無窮者也。

題金耿庵友聲卷

友朋尺書往還，情事傾倒，便若晤對，信千里而一室也。耿庵先生更裝潢之不遺單辭短幅，雖歷久而展卷爽然，是又一時千載矣。昔人云：「置書懷袖，三歲不滅。」夫豈特三歲也哉！以視世之爲交者，對面出肺腑，相愛逾骨肉，俄而若飄風、若逝川，無復萬一爲念者，何如也？

題丘近夫楚遊抱痛記

君子之所得爲者，心不容已者也；其不得爲者，遇所適然者也。近夫孝愛篤至，事必盡道，方楚之行，内廹於至情，外承夫嚴命，固非爲絶裾之遊也，乃以癬疥不嬰之親體忽焉遘疾，雖倉皇遄返，而遂以不逮養，豈非遇耶？

夫古人有爲養其親捧檄而喜、爲葬其親傭身以給者，彼其心蓋亦有不容已也。以不容已之心，而又處適然不幸之遇，近夫於是爲獨苦矣。爲親而出，出而一息不忘乎親；冒死而歸，歸而恨不及侍，哀毁過常。讀是記者，因其遇而念其心之彌苦，則庶幾爲知仁孝者歟！

陸雲松割股贈言跋

余嘗讀陸子雲松詩，纏綿婉篤之情溢於辭表，而知其至性有過人者。已而其族子静遠爲余道陸子刲股療母疾，而益見詩道性情，余所信之爲不誣焉。

夫刲肉療親非肉之能療之，以孝誠之能格神明而療之也。王太保丹柰不落，解尚書求得藤花，至誠所感，自昔類然。有宋大儒謂「割股廬墓皆爲人之學者」，此謂求知於世者耳，非謂割股之必皆爲人也。當夫親疾瀕殆，愛慕迫切，計無他之，而出於此。不然，耰鋤德色、箕帚誶語，世且有之，顧肯毁其身以療親乎哉？

且論人者不當止於一事論之也，推割股之誠，身且不惜，則夫身以外之苟可奉親者，寧更重於其身，是殆所謂能竭力者。世之爲子，即不克大者如虞舜，使苟篤孝如曾參，而後謂如割股者。

非子道之，正有所不必爲可也，不然殆未可輕言也。余於陸子之事，蓋不勝嘆其誠孝，而謂贈以言者之有同好已。

朱羽吉泣血訟言跋

余向聞畹邑朱君羽吉，人稱孝子，有奇行。比特踵門請見，愬其父廷奇翁寃死事，而以訟牒累百，卒不得仇人伏斧鑕爲恨。迄今猶蓬首垢面，茹服蔬素，一日讐未復，則將一日不終喪。既又授余一編，皆當世聞人痛惜其父子而紀其梗槩，靡不爲之椎心切齒，可感可泣。而編末《泣血訟言》一編，羽吉自著，則悲矣，痛矣。覽者血淚迸流，不復能終篇矣。

使羽吉稍緩於仇讐之兇横、吏議之屈抑、世道之蠱壞、天意之冥茫，則亦可以姑紓其怨憤。而百折不回，萬死靡他，直欲以我必伸之志，挽世道而奪天心。此其精誠孝子之成孝、忠臣之成忠、烈士之成烈，聖賢之成聖賢，皆是物也。

愚故謂：「是當家置一編，日覽數過，未必無助。採風之使宜上其人與言於史官，列爲獨行。蓋史官與刑官並有彰癉之權，彰羽吉之獨行，則仇讐之罪正，而父之寃雪矣。」若曰：「死爲厲鬼殺賊，而子孫寧無復仇九世，亦猶屬難必之數。」然是言也，余爲有心斯世之君子告，而非以爲羽吉告，羽吉之志必不忍藉父讐以博名，非手揕讐人之胸而碎其首，必無解於不孝也，特於表其文而及之。

題葉幼文册

嗟夫！「借父耰鋤，慮有德色；母取箕帚，立而誶語。」自秦時習俗已然，至於今日，世教益衰。誰肯不惜其身以事其親者哉？

幼文葉君，父病劇，念無可療，截小指鬻藥以進，而病頓去。指之療疾，豈著在方書，命諸醫師，有所不得辭者歟？此由發於至性，而誠之所感，遂以立效，唯其誠孝爲之，故退然若無是事，而惟恐人知。

嗟夫！使人倫之中罔不挾此至性以相與，則國皆忠臣，户皆孝子，而舉天下皆禮義慤信之民矣，豈非世道之極幸。故余聞之，不覺踴躍稱願而爲之題。

題茅康友慈風卷

余與茅子康友交已有年，心折其爲人於吾友中蓋少儔匹，而未審令德之所自。既而出其母夫人《家傳》相示，他端懿行，姑弗殫述。乃每旦跪舐姑目，無間二載，於是盲者復明，此則《女史》之所未有、《閫範》之所僅覯，而後知茅子之賢之有所自來也。

夫精誠可以感天地，篤行可以格鬼神，天下事如雙目之矇者何限，使盡如夫人床前跪舐，寒暑不輟，安見不收再覩之效？特無其誠篤耳！

雖然再覩與不再覩，姑以俟之造化，而此誠篤之心斷斷不可不立。則夫茅子之砥行較然，不欺其志，其亦無忝於夫人也哉！

跋沈孺人行略

君子之於身也，不敢有一不善之不去以或辱其身；而於親也，不敢有一善之自居以或忘其親。故雖出言舉足之細，兢兢惕惕，必循於道，而初未嘗自詡「吾所能然」，必推本於善之所自，曰「是親教也」。

余觀雪鴻，其志狷潔，古今無所不學，詩文無所不工，然不輕以其能事表著於天下。孤行物外，傲睨自得，不必有環堵之居，不必有蔬褐之給。顧與余考辨羣言之榛莽、鈎索聖學之閫域，謀道忘食，可謂善守其身者。然往往爲余稱道其母沈孺人操行之勤、教子之賢，而著爲《行略》。此其意謂：「非能自守其身，蓋皆我母氏之教有以成之也。」

而余幼時慨慕開之沈先生，雖我生已晚，不能具諳其素行，然嘗從余舅氏別峰陶先生候之於家。先生高冠博袖，儀觀昂然，故與舅氏爲友而齒長。既相見，不辭上坐，竟指下坐，字舅氏曰：「圭稺，汝坐。」是其剴篤如此，道義劘切，類可想見。此事不踰四十餘年，然古風希覯，每爲三嘆。倘今日友朋若是，則何至有儇囂燕僻、敗常亂俗之患？豈獨友朋倫紀，並有攸賴先生孺人之父也？

孺人嘗詔雪鴻作《行略》，猶慮其逡巡，前却更令雪鴻門人趣之，孺人豈亟欲炫美要譽哉？先生爲範於鄉，即所以爲範於家；孺人奉教於其父，即所以垂教於其子。夫亦欲推厥所自，而讓善於先生也。苟暴己德，即不令雪鴻爲之矣。使當世而皆知讓善於親之義，則爲善必果，不善必不果，非但身之克治，而亦俗之胥厚。雪鴻《行略》之行其重有裨於世教也歟！

書李映碧先生議徐汝廉改嫁説後

聖人制禮以節民欲，不以民之不勝其欲而毁禮；設刑以坊民淫，不以民之不禁其淫而廢刑。今觀世之禦盗者，重門擊柝以遏於未然，囹圄桎梏、斷肢刻肌，甚者或至於死以治於已然。然而人之爲盗者自若也，使有人從而倡爲之。説曰：「等盗也，與其陰爲之，不若陽爲之。何者？陰爲盗，則日有盗之實，而終無盗之名；陽爲者不若是，故猶可原焉。」噫！是率天下而公爲盗也。

徐君汝廉之改嫁議，無乃類是歟！程子非不知天下女子必不能盡出於不失節，顧狥欲而違理，則無以樹教。天下之不教而善與雖教而不從者，率無幾人。其必待教而後義，則苟不教之；教之而又寬假其防，必未有能爲義者矣。程子傷夫女子之可無失節者，而理勢之窮，無説以自持，故决然於餓死、失節之間，確然持大小之辨，使人感激昭曠，有寧死而不疑也。《禮》稱「一與之齊，終身不改」，故夫死不嫁。《易》曰：「夫婦之道，不可以不久。」聖人皆因天性之當然、人情之必至，以爲經常不易之教，而未究事變之極。程子則論極其變，而卒不能渝乎性命之常，此程子所以重有功於人道也。

徐君豈直欲與背馳哉？必有激而云爾。愚以爲士大夫居恒論説與立朝諍議，俱不可激，激則必有受其害者。幸而徐君不在高位，其説猶未達乎天下；不幸而其勢位足以鼓動震懾，以此言爲順風之呼，則人之失節豈必至餓死哉？彼志不在守貞者，便其言固將等爲律令章程之奉；即雅志立節非甚明足以辨、强足以守者，誰克自振拔而不循於故？嘗自世無是説，猶有强嫁其女之父母舅姑，又況使之公行而不忌，則女子將遂無全人矣！

禍中於人心，亂成於風俗，先聖賢百端維救而不足，此則片語敗害而有餘。惜乎當時無有以昭陽李先生之説正之者，蓋政化衰於上，風俗移於下，故朝廷之治嘗迭廢而迭興，而聖賢之教則歷世無弊。當俗流末運、三綱已淪、九法已斁，而天下猶有知所循守、不至澌滅遂盡者，獨賴聖賢之教持於其間，不然幾何其不胥而爲禽獸已。

徐君不愴狂瀾於末路，而顧欲决名教之大防，何歟？讀先生之議，旁皇而可思，悚惕而不可渝，其爲功於立人之道，又豈在程子下矣！

中庸之道，無過不及。故節義忠孝皆由天性，而先王所謂修道之教也。然亦規規焉求協於中而止，苟有過焉，即弗之取。

題王貞媛卷

是則夫婦之道必合巹而酳、共牢而食，然後其生也同室，其殁也同穴。女未廟見，則雖娶不可謂婦，而況乎其未娶，以是而執夫喪終其身爲某氏婦，非禮也。然而先王之於道，不欲以過焉者爲是，蓋矯情拂性非所以立教。而且使天下協於中道者之皆將自疑其非，又何以責夫悖禮而叛道者？故女未廟見，則無不嫁之義，非謂未娶，執夫喪與既嫁而改者之失，可同日語也。譬如三人飲酒，一人沉酗，一人合懽而止，一人戒而弗御，不以不飲風天下之沉酗者，而顧抑之同爲亂德，是率天下於沉酗而已。

然則聞王貞媛之風，其烏能無所感也。雖未成婦而守義，猶如此之篤，奈何其既成婦者且有不盡然歟？況先王特求中道之趨，原不必悉出於所難。則由是推之，君臣父子皆惟忠孝以爲歸，而恒慮其不逮，斷不復有如鄭莊之於母、許止之於父、褚淵、王儉輩之於其君。此重其袁子所以廣爲稱揚，而同有懿好者之所以樂爲題夫貞媛也。貞媛，吴江王氏女，許字長洲蘇氏子琦。

題貞女顧季蘩傳後

貞女之死也，或與之，或不與之。要其不與者，非掩其善也，揆諸聖人之道，不可謂之中也。夫賢者之制行，或狥其孤往之志，而君子之論事，必歸於中正之矩。

貞女之死，特以性之所受偏於耿介，而循其所見以爲不容不然耳。此其故余不於從張君死見之，而於其母死亦欲死見之。夫子於父母之亡，哀痛摧毁，不能復生，人情大抵皆然。然觀貞女之意，殆果欲死者，或語以有祖母在乃止，及聞張君死，遂以爲無復可生之理，奮不顧身，彼直不計夫婦之道有嫁與未嫁、可死可不死之分。使人於人倫之際遇所當爲，皆能如此立意，較然無復徘徊而却慮，則貞臣孝子、節女義士比肩接踵於當世矣，豈不甚幸！而惜乎貞女之死，其不能無過中之弊也。

或曰：「聖賢之道亦求其是而已，如貞女者安得謂之非？」余應之曰：「然。然固有未嫁男子死，更從父母命而嫁者，子以爲然歟？否歟？天下無兩是之理，未嫁而死以爲是，則恐未嫁而不死者之不可勝非矣。」或曰：「然則比諸君臣之義，未有禄位而爲君死，如歸子伯夷、叔齊之説非歟？」曰：「此誠不可以是論也。君臣之義，自我生之初，食毛踐土而已定，然猶有以父母之故，不敢不有其身以從君，豈有不同牢共巹，則夫婦之道未成且有父母在，而輒爲男子死者？」或又曰：「如子之説，則死一夫而復嫁一夫，何以勵天下之廉耻？」余又非之曰：「已嫁夫死而復嫁，如汝廉徐氏之議，則嫌於過激，聽者不察，誠爲害首。若未嫁而死，謂教人以寡廉鮮耻也，則非禦猶禦，孟子受焉，益可謂誨人以盜乎？」

大抵君子立論，欲爲法後世，自當求其至中。若夫一偏之行，此天地間高明果敢之氣之所爲良有足取，余獨謂過、不及之性。古今人不甚相遠，何以載籍所見，已嫁而夫死，則有如共姜之守義、杞殖之妻之從死，其未嫁則概未有聞。豈古遂無其人歟？要亦過高之行，不可訓世，故不具傳於後也。未嫁而死比於封股療親，昌黎、鄠人之對，其論甚嚴。然世有其人，亦人子之奇節，難以排棄不道。但不侍疾、不嘗藥則不孝，不封股則不爲不孝。故貞女之死，余亦嘉之，而特不可以爲世勸。

卷十二　雜著

彙編功過格題辭

竊嘗謂："善者，人之所當爲，必不可有計功謀利之心，以計功謀利之心而爲善，善即惡矣。"孔子之答"問仁"曰："仁者，先難後獲。"而又曰："天下歸仁，邦家無怨。"或謂："歸仁無怨，則獲矣。"不知此蓋言仁量之本，然而物我之一理，非求獲乎此也。故聖門教人之方，但有遷善改過，而初不言功，誠以計功之心皆人欲而非天理。所以敬齋胡先生云："秀才讀書，便求中科；釋子誦經，便思求福；禪子坐禪，便求快樂。是尚有天理耶？"此之謂也。且使不爲善者有以自解曰："吾不過不得功而已。"其爲善而不得功者，則又曰："善本無功，惡亦何過？"是異於沮善也者幾希。

胡子振安沉潛篤學，好善不倦，其爲是書，蓋博蒐廣稽，殫精竭思以成之，而不參二氏之説，粹然一軌於聖道。然踵前人之名曰《功過格》者，誌厥所自，而不輕易也，顧亦有所不必易。苟天下之習是書者，知夫功之即善，過之即惡，而惕然於善之務爲、惡之務去，則是書非計功之書，乃擇善固執之道，其無失夫胡子之意可也。

感應篇廣註題辭

冒憲副起宗所註《感應篇》「見他色美，起心私之」一條，垂戒詳矣。余於其間得二語焉，曰：「終日戒不淫，淫心特熾；逢人言寡慾，慾種更滋。」此《太上》之要旨，而憲副之所引而未發者也。蓋天下固有有其心而無其事者矣，未有發於事而不由於心者。故憲副於貞淫事蹟蒐載特備，而事蹟之所由來，則微示其旨，以爲遵是訓者自當沿流而窮其源，循末而反其本也。

夫《太上》以起心爲戒，正欲人於方寸之間掃除穢根，其苟合、詭隨、敗節、喪檢者，此無論矣。苟欲動情勝而不能自遏，則雖未必爲其事，而事之搆成於此心者，窮形幻狀，不知凡幾。是興一念即淫一色，興百念即淫百色，其爲惡也，孰甚焉？故須掃除方寸，直使此一片乾淨地永久不犯豪髮淫穢而可也，然此豈可以倉卒致哉？

愚嘗謂：「君子戒色、戒鬭、戒得，苟非有禮義之心以爲之宰，而必遇色與鬭與得而戒之，則有不及戒者矣。」夫子戒顔淵以非禮勿視、聽、言、動，苟非有顔子至明至健之體以立乎其先，而必俟視、聽、言、動而後禁止之，則有不及禁止者矣。直須時時竪起靈臺，無苟放下，使如皎日當空，物理畢照，而後色之美者至乎吾前，彼自色美，吾何與焉？不然，平昔放縱，不知所持，逮見美色，纔轉念《太上》所戒「無起私心」，而私心之起已先焉久矣。此正先儒所謂「破屋禦寇，四面空踈，盗自衝突」，又如「虚器入水，水自然入」，可不懼哉？雖然，苟能敬以守心，又豈惟不動於色而已？

德升吕子昆玉偕其同志四五人，梓行憲副所註，而屬題辭於余。爰書是以質之，並就正於當世之有道。

南鄉社倉募册題辭

三代以上，君制民産，故養民之道專主於上；三代以下，佃田而耕，故養民之道兼講乎下。蓋産制於朝，而君之田與民田共井，故其豐凶水旱，亦休戚與共。自夫佃田而耕，君既與民情踈勢隔，而有田者又皆出其私帑市之，初無與民痛癢相關之意，此後世之民所以流離死亡者之易，而不勝其患也。

救之之策，莫若義倉，而義倉之法，行於官不若行於民。故自隋長孫平創之，而至朱子行之，則改曰社倉，其前後得失蓋已歷歷可考。近者水旱頻仍，民困已甚。吾邑社倉首倡之葉子敷文，東海世德倉踵行，利澤及人，頌者載路。然既曰社倉，則止行於城又不若通行於鄉，使主之者易於察核，貧農領之者易於出納。本倉今獨城中建設，鄉之遠者不下七八十里，勢不能遍；即或及之，而往來人舟之費、供億之需、時日之廢，亦已多矣。

所以協滄顧子慨然欲自南鄉行，始而不能，無藉於好義者本米之助。似此盛事，兼際豐稔，念天災流行、福難屢邀，既惻然憫之於前，又惕然慮之於後。自當争先捐濟，無庸鼓勸，更冀聞風而起，徧行通邑。如是而復邀朝廷之厚愛，斯民輕徭薄斂，則貧富不至相耀，教養可以兼舉，即謂躋斯民於三代之世可也。

題睢陽歲積册

「凡家之興，必有思艱之人始基之。而是始基者，其筋力必强，其志慮必堅忍，其神必旺於恒人。」此高忠憲公語也。竊謂：始基固然，尚賴繼起之人精力志慮同於始基者；思艱圖易，始足以濟家聲而衍遺緒。

我朱氏自孝友先生秘閣公始基兩地，厥後繼起，代有其人，所以傳家最爲久遠。於今足當繼起者，則有岱生弟。其周人之困，急人之難，成人之善，赴人之義，幾於寢不安席、食不暇味，尤以爲「爲善於鄉不若爲善於家」之爲端本而居要。於是感門祚之衰薄，歎族姓之惰窳，祖宗坟塋、祠廟之間，若門闕、若祀田，多所缺焉未舉，思欲振興而修復之，而類患於貧不能治財。然惟貧者行之愈力，愈有光於祖宗而大其後報。乃與宗人約，月積歲累，多寡惟力是視，但期同心一志，久而勿懈。如是者數年，祠墓未舉之事，要可次第及之。而事之更有大焉者，如范文正公置爲義田以養贍宗族，亦未必不由於是，即出其館穀所積公貯，於用純所是豈非切切焉。思其艱以圖其易，而惟恐家之不興者耶！

時冲陽姪鍊真方外，適旋故里，亦慨然以橐金繼之，而不顧其行資，用純深媿。若兹孝義，不能倡導於前，而又不爲贊成於後，其何以仰對先靈？因創立歲積册，題識其首，以與諸宗人共相勗勉。無讓岱生弟獨爲繼起之人，而凡有筋力精神志慮者，皆可堅且强也。

家課題辭

予授經於家者十二年，前猶能自教猶子導誠，宗中一二子弟來負笈者皆教之。後見猶子年漸長，有相延以塾者，許之去，亦使「教然後知困」之意，然予已不能自教猶子。

今年以不任煩苦，就洞庭館職與猶子，遠宗中子弟尤無暇諮考其近業也。及五日解館歸，見宗中之子弟有會課焉，則毅韜兄實首其事，予不勝喜躍。而毅韜兄又屬予題辭於會册，因爲之告吾宗子弟曰：

工之爲業也，羣萃而州處，監工日號，毋或不良，而後其工致；射之爲道也，求正諸己，己正而後發，發而不失正鵠者有慶，否者有讓，而後其射精。

是會也，十日爲期，期則必舉，舉則必至，其無曠此良會而務行之有恒，而勿渝哉。抑無以片長自矜，無以勝己忌人，尤無甘讓人善以自處於下哉！會之日，固皆勵精鼓鋭以從事；而未會，則恐備猶未豫，而謹蓄養之；既會，則自知所不逮，而益鏃礪之。是課之會，會於一日；心之會，會於無間。以無間之心而爲一日之會，會其尚有益哉？

抑予更有進於此，蓋行本也，文末也。今日題所命者，聖賢之言；文所發者，聖賢之理。其務以聖賢之言之理，反而體諸吾身吾心，措之所言所行。皆使學皆實學，人皆吉人，於家爲有光，於世爲有賴，顧不盛哉？

夫如是，庶不失我毅韜兄倡始是舉之意。而余雖在山中，猶之與吾宗子弟時時考德問業，而導誠亦幸賴以有成焉。願共勉之毋忽！

天岸和上語録題辭

予嘗念今世師道之衰，而於百拙和上有深感焉。蓋弟子必有厚求於其師，師必有厚植於其弟子，而後道尊而師重。今世之爲師者三：一則鄉會兩闈及各司掌文衡、職考校與夫薦奏所及者，此皆世所謂師者也；一則大人、先生、名流、俊彦，可以假其品題，爲聲價重，此亦世所輻輳、望塵迎拜而稱爲師者也。然而《傳》有之矣：「導之教訓曰師。」則夫師也者，必其有請業問難、耳提面命之益者乎？

今自成童以上、弱冠以下，弟子横經於夙夜，先生高座以窮年，可謂勤矣，不過制舉文字耳。至夫性命之理，心身之事，推己及人之術，聖賢之所爲學，君相之所爲治，曾未之一講也。少焉，挾其制舉文字試於有司，而或掇科名，則文之工也，命之通也，即曰「此先生力」，其亦淺已，而不預科名者益勿論。如是而求師重道尊，不亦難哉？

百公自淮上來，欲結茅於崐，落落寡遇。因與予索莫者往來將十年，自予授經洞庭，則嘗寓予書屋。天岸和上，其受法師也。間與予語，輒追念師恩，或至涕泣，曰：「吾身吾命受之父母，吾事吾師得大鉗錘以安身立命，師德與父母同其罔極。吾受福薄，不能廣利羣生以報師德，惟

《語録》未刻，是吾事也。《語録》凡十卷，同參五人任之，於是以多病之身，衝冒風雪炎暑，踰越山川以督趣諸同事，而僅自刻二卷，又應之者二卷。」言及此，輒義形顔面，猶曰：「吾必告成《語録》，死亦不憾。」因請予序，且至再四。

予不學佛者也，烏能序佛氏之書？惟百公誼篤師門若是，竊嘆人生皆有身命聖賢之書，乃所以修身立命也，何弟子所學、師所教者皆聖賢書，而曾不知以修身立命求於師？師亦不以植其子弟科名可得、可失，文章可能、可不能，惟身與命，則不可以一人不修、不立，不可以一日不修、不立。使師、弟子所求、所植皆在於是，則何至道之不尊，轉不若方外之有師也哉？雖然洙泗聖人即不再生，然豈無振趣微言、倡明絶學，使天下英賢中心悦而誠服，復如七十子者？則又豈百公所不勝其向往也哉！

題祖心澹歸兩禪師遺册兩師俱故國遺老，徐子用王裝其詩篇翰札成册

予自弱冠以來，固守寒氊幾在土室，祖澹兩公俱未之識，然頗聞其平昔梗槩，固已彷佛如見其人。及用王來示此册，讀其感激怨誹之辭，益若接其聲音笑語。夫天下之不見二公者何限，用王輯是册以傳諸無窮，殆使天下得覽是册者，皆幾幾與二公相遇，不異汨羅之上，夜静月明，

三閭大夫時出而吟夏丘之句也。而用王之心事，亦於是乎千載俱見矣。

題葉笨庵卷

笨庵嘗言，自其王考少孤，先世手澤無分界者，至先考白泉先生稍稍復之，而笨庵尤勤購求，單詞寸幅，必厚直以易，於此殆不啻若嗜慾之切也。所裝卷帙已數十計，物自高曾所遺皆可寶愛，又況其先爲世偉人，勳猷爛於海内。如文莊公在英廟時，凡所與翰墨往來皆當代鉅卿元老，傳之千禩，可以考朝廷之故典、國史之軼事。先正之遐休，不獨一家舊聞，罔羅弗失爲可與孝也已。是卷乃《文待詔送行圖》，舟中烏紗朱衣者，文莊公之孫約齋公，笨庵五世祖考也。家乘中具載詩與跋語，而是卷已失，近始從族人購獲，又僅有畫，而詩與跋語則不知何之矣。裝成屬用純録於畫後，待詔書法，豈末學所能彷彿？顧笨庵賢孝之思既所深重，而是卷又可想見昔時文物之盛，與夫友朋悃款之樂，士大夫投簪高尚之素志，皆今之所難也，故不謝不敏而書焉。

書瓶庵自叙後

余稔聞瓶庵吴子名，而未與之交。辛酉仲春，過訪又不遇，得讀其所貽《瓶庵自叙》。或曰：「瓶之用有三：其置几案而爲清玩者，則潤草木之華以養物；其謹蓋藏而贍儲蓄者，則利食貨之求以養人；而其汲於井而酌諸江河，則播天之澤、通地之利，而人與物兼資焉。」或曰：「瓶守以爲德者也，有三緘其口之義，故尚默者。」取此是二説者，一以爲能守，一以爲能通，各有所持，若不相爲謀者。

而余以爲是皆瓶之所能，非有二物焉，贏於此而詘於彼，或贏於彼而詘於此也，則亦惟能守而後能通，能通而又貴於能守歟！古之人必其深潛簡重，不尚口以矜長，而後能有爲於天下以排人之難、急人之病。及夫功成利究所施者博，而又欿然寂然，已固不言，而人亦莫知之者，抑何其與瓶之義合？吴子號以爲瓶，意或在此。

徐孝廉俟齋，謹默以善其用者也，數數稱瓶庵，殆深有得於瓶庵焉。而《瓶庵自叙》正以能守爲期，不及能通。余曰：「是則真能通者。」瓶庵年雖老，其無衰是志也哉！

書顧子豐焚餘草後

詩不由乎性情，雖流連風月，排偶章句極其工雅，要止雕蟲小技耳。子豐原本忠孝，浸淫六籍，抱不可一世之志，而又有生不逢辰之感，固宜其見諸言者，沉深雄越，含元氣而鏤百態，有如是也。若徒謂體格渾成、辭章高茂，則雖足令吟壇俯首，而猶皆淺窺焉爾。

書徐觀成表姪詩卷

昌黎《答李秀才書》云：「讀吾子之文，而得其所用心將復有深於是者歟！吾子樂之，況其外之文乎！」今讀觀成感懷諸作，而僅與之言詩，則失其所謂「用心之深」於是者也。觀成卓然自命，將不徒爲一世之人，而欲於上而千古、下而千古之中爲賴有夫我者，則又豈文章風雅之所得而限也？然詩文因乎其人，人日益高，詩文亦日益進。吾安得與觀成朝斯夕斯而羹墻乎古人也？

書許致遠詞後

文欲其條鬯，詩欲其渾成，而填詞不然，全以轉換爲工，直須層層轉換，句句轉換，字字轉換，乃見能事。故其爲道，寧曲無直，寧陟無平，寧銛無鈍，寧新無腐，寧圓無方，然又曲而不幻，陟而不險，銛而不削，新而不生，圓而不滑。

少年嘗寢食流連於古之作者，而窺其所爲閫奥，竊以爲大約如是。雖詩文未嘗不貴轉換，而轉換在渾成、條鬯之中，惟填詞則於轉換之妙而自見其條鬯、渾成。是以含潔雅於絢麗，寓芊眠於突兀，一篇之中，自衆美之畢具也。

莫鰲山人諸詞，坦襟曠致，千人共見，其品在稼軒、放翁間。愚所言者，猶之人世蠶繅，何當天孫機杼，特過辱撝挹。因自攄其臆見以質之明者，而冀其不謬云爾。

題道德經帖

昔之論書者曰：「須於熟後求生。」旨哉言也！所謂生者，非於熟境之外别有生境，熟之至斯，其所以爲生也。學而至於聖人功用之妙，神矣，化矣，可謂熟矣。

然自其動容周旋與夫裁成輔相之道，皆從容以出之。從容者，不先不後，不疾不徐之謂也，亦有先有後、有疾有徐之謂也。先後疾徐之間若有餘、若不足，豈非人之所謂生乎？在他人以爲生，而聖人正於熟後得之。

右軍，書之聖者也，《樂毅》、《黄庭》其熟而至於生者乎？《道德經》則純乎熟矣。學《道德經》而求至乎《黄庭》、《樂毅》，是猶乘仙槎而泛天漢。若學《黄庭》、《樂毅》而不從《道德經》入，則恐邯鄲之步不可彷佛，而故步已失。蓋熟可學，生不可學。

余於徐進士揚貢舘舍見此帖，心賞之，因爲識此。正不知右軍以爲孺子可教否？甲辰中秋雨牕漫筆。

題水亭圖

《水亭圖》題識已多，其爲我九世祖編修公而畫，與夫畫之人、畫之理，無庸用純更贊一辭。惟是今爲從兄司李公孫懋修昆仲所藏，宜相與敦率以共守於永而勿替也。則竊謂：

守財貨難，守珍玩易；守珍玩難，守祖宗手澤易。蓋財貨，日所用也，苟弗給，斯出之矣；

珍玩，人可得而有也，苟一姓不保，則運而之他矣。甚者，即非弗保，而或以利謏之，以權奪之矣。若夫祖宗手澤，非日用所資，亦未必他人所覬覦，其世守也故易。而弗克守，則必其子孫之不賢，狎而擲之，强而委之於人也。

夫手澤遞傳，非手澤之足重，以祖德之托物以傳而重。不然者，天下之物何限，天下之爲祖宗者所貽愛好之物亦何限，而未見其家有藏而人有弆也。則夫覩手澤而思名德，當必有惕然内省，不敢或墜其先緒者，子孫繩繩代以儆誨。後昆之賢賴先澤之垂而益勵，先澤之垂賴後昆之賢而彌光。以德傳之，以德守之，庶不爲守錢財珍玩者之所笑也哉！

用純奉先節孝所遺，而以迭罹兵火痛有失者，然亦更有購者，所欲與懋修昆仲務交勉之也哉！

題張月鹿先生藏張果老圖

張果之事，予不知其果有與否。而予謂以果而遇玄宗，此月鹿張子之所以獲是圖，而不能釋然者也。

夫漢武聞黄帝仙登於天，謂：「吾誠得如黄帝，視去我妻子如脱躧。」然其後乃悔曰：「天下豈有仙人？」今月鹿，智者也，其有愛於是圖，豈果不勝遐舉之思，欲得如張果也者，褰裳而就之也哉？且世争以果化驢醉榼爲異，大士誠魁傑，可以裁成宇宙，役使神靈，而區區歎羡於眩術巧伎，失其志矣。果既爲神仙之徒，則當隱於崐崘之山、軒轅之丘，彼其心豈欲得帝王而見之哉！然乃與盛朝天子雍容談笑。

士固有瑰意琦能，而不幸當天物波蕩之會，猶未得遇真人，翔風雲一吐其胸中之稸積，故可感也。是則張子之志也夫，是則張子之志也夫！

題王丹麓聽松圖

性不愛朝市者，强而致之冠裳圭組之地，而其神不善也；性不愛山林者，引而致之松柏泉石之間，而其神亦不善也。王子之爲是圖，殆欲使其跡無日不與松柏泉石爲偶。如王猷之愛竹，陶令之嗜酒，蓋其性所托焉者歟！予雖未識王子，見其像，則若有松風謖謖出吾几牖，而坐長松之蔭、漱碧澗之流，又嘗如見王子矣。

己酉仲夏，西溟姜子以是圖索題。而予讀姜子題辭，蓋不禁神交王子不置也。予以窮年授書，杜門堅坐，足跡未嘗至武林。而如王子者，網羅今古，流連翰墨，性復高邁好客，予安得躡屩而登其堂，披襟結好？因歷覽武林山川諸勝，相與仰喬林修古澗，浩歌「山中人兮芳杜若，飲石泉兮蔭松柏」之句，倘亦足以豁幽憂之疾，寫夷曠之情也歟！

題寒山拾得發笑圖王子勤中贈其從父仙梟

君子有憂，聖人有懼。玆獨何爲？惟笑相顧。桑門之教，歸於覺悟。一切皆空，何有思慮？吾固知勤中氏之贈斯圖也，匪是之故。幽愁所極，轉爲懽趣。情到不堪回首，併向東風分付。不然，獨不曰「佛也爲之眉皺，金剛亦爲之目怒〔二〕」耶！

題白民先生畫竹

家信昭成進士歸，以白民先生畫竹索題，且語余曰：「竹之爲物，中空外直，枝葉清疎，翛然自異於卉木之屬。昔人所謂不可一日無此君，人而誠能與之比德，則幽恬静素，迥非塵俗之所能滓染。此在人之風尚無不宜，然而士大夫爲甚。」以是知信昭於是畫，豈惟作座隅清玩，直性情以之。而其風烈過人，未施之於仕路，當先著於居鄉矣。

抑予觀白民先生所著《愛日圖》，嘗歎其事親至孝。今信昭策名當世，而兩大人俱康强難老，退而仍殫晨昏膝下之懽，其性行尤有相符，則又豈特於是畫有此君之愛？且與白民先生日交往於清風白月、圖書研席間也。

題西莊陳先生畫梅册

西莊先生昔與先節孝素友善，而尤與先舅氏仁節先生數相往來，以居相近也。用純少時，亦於先舅氏齋嘗遇先生，布袍皂帽，蒼顔修髯，終日凝坐。談論曾無疾言愠色，即甚喜，亦不至噱。觸物感興，動成詩章，出入陶、白，怡然自得。雅好畫梅，求者輒與不吝。又善鼓琴，瓶無儲粟，囊無完褐，當其困乏，即一撫絃命操以謝妻子而已。

西莊，其别業，在吴淞江西，荒畦數畝中僅老屋三楹，環以廣池，幾與世隔。用純嘗一過之，先生已不復居，正不勝「所謂伊人，在水中央」之慕也。康節詩云：「當中和天，同樂易友。吟自在詩，飲歡喜酒。」先生之酒多不過東坡三蕉葉，然亦非所不樂，故於康節四者有其三。顧獨晚丁世亂，而不得遭中和之天，是則先生之不幸也。

近葉徵君奕苞修輯邑志，用純令爲先生作傳，列之隱逸。蓋先生爲邑諸生，早棄去，故於斯世尤不見有去就之節，良可尚已，而不知徵君果爲立傳與否。先生姓陳氏，名蘭徵，字猗之，號西莊，崑山菉葭鎮人。

丁卯十月，其孫某請題畫梅，因附識之，亦以見吾生猶及覩先生長者之風，蓋不勝今昔之感云。

題金耿庵墨梅册

和靖之於梅也，以句咏之；耿庵之於梅也，以墨寫之。可謂千古同調。然和靖之意不在詩，耿庵之意不在畫，且亦并不在梅，惟其意不在是而又未嘗不托意於是，故和靖之詩非無畫，而耿庵之畫非無詩。詩非咏梅也，咏和靖也；畫非寫梅也，寫耿庵也。詩亦非咏和靖也，而耿庵在焉；畫亦非寫耿庵也，而和靖在焉。筆墨漸遠，斯人若覯，淮客之珍是册而所得於暗香踈影間者，其然耶？其不然耶？

題二勝和上畫册

造化不可圖畫也，造化之所托跡則可圖畫也。花鳥蟲魚皆造化之所托跡，圖花鳥蟲魚是圖造化也。予又以思畫者胸中造化不可見也，畫者胸中造化之所托跡則可見也。見所畫花鳥蟲魚，是見畫者胸中造化也。

沈子哲生以勝公遺畫數種見眎，慎無謂是勝公之畫花鳥蟲魚。見是畫如見勝公，如見勝公胸中造化。然而沈子幸得是畫以見勝公，將無是畫者遂不得見勝公耶！兩間之爲花鳥蟲魚何限？見兩間之花鳥蟲魚即見造化，即以見勝公之畫，則又未知造化之圖畫勝公，抑勝公之圖畫造化也已？

題勝公畫馬

先友二勝禪師，爲諸生時嘗畫馬。已而遭世故，遊於空門，亦嘗畫。或進以昔人「眼光落地便入馬胎」之説，師笑不答，益復畫。我乃有以知其故矣。

馬之良者，猶或感芻秣之飼、槽櫪之安。當夫烟塵四起，奮不顧身，馳突險阻，以無負其主死生之托。而況有血氣心知者，膺當世任，乃不能捐軀致命，以報効所尊；徒敗乃事，而以竊豢養於疇昔。凡師一生所親見，其爲激愴何如也。

此圖不知作於何時，觀其所向空濶，若可横行萬里者，而垂首偃蹇，不敢向人長鳴，亦不受人羈紲，其所感抑又可知。大要師生平所畫馬，必非無所托而然也。

余嘗謂支道林以方外士愛馬，然不畫馬；趙孟頫善畫馬，而身爲趙氏王孫受元室驅策，君子惜之。若師者，以林公之逃世，處孟頫所值之時，而又能遊戲筆墨，且未知林公之愛亦有所寄托焉否也。

盛生玉臣得是圖，甚愛重，蓋欲知師之志者，來請題，爲書以歸之。

題顧元放畫扇

昔在休侰徐先生家塾，得接宏之顧先生譚論。時初罷泰順學諭，歸年七十餘，稱述風土，意度岸然，余心折前輩之風不置。自後不惟不獲再接見宏之先生，並其後人以余杜門莫或往還。

閲四十餘年，而先生之孫英緒始來從學，則元放兄之子也。余聞元放丰姿玉立，能詩善書畫，俱出入唐宋名家。惜余不逮與交，而英緒從學時，則元放已歿矣。逾半載，英緒操其扇請題，曰：「此先君之筆，家藏絶少，是扇乃從市肆購而得者。」余心嘉英緒不忘手澤之義，因追念宏之先生，而望英緒推廣，厥心勉思，所以無廢先烈者，則敬身力學，又何事不加重於是扇也哉！

癸酉嘉平月望日，余年六十有七，題於相在書屋。

館室出入箴

出居函丈，當勤爾職。小子有造，維爾之責。考古論今，修慝辨惑。一念詭隨，貽誤罔極。爾其耄哉，無弛爾力。

入就寢室，當計爾過。教亦多方，害不在大。無乃素餐，其敢高卧。旦晝之功，早催夢破。傾耳晨鐘，徬徨起坐。

題緑筠書屋

平仲金君新構書屋，顔曰「緑筠」。蓋其窗前種竹百竿，琅玕亭立。鳳鳥非竹實不食，今令似讀書其中，將來鳳毛奮彩，蔚爲世瑞，於斯可徵。抑《禮》有云：「禮之在人，如竹箭之有筠，能貫四時而不改柯易葉。」幼而學之，長而成德，兹又蔚爲世瑞之本歟！

題嚴心齋扁額

德焕吕子得是居，而稍葺之以爲書齋，語余曰：「此吾師李鏡園先生故居地，瀕殁，命售廷章爲讀書處。今坐其中，如常對李師焉，請先生以是意爲齋名。竊嘗名之曰養心，而弗謂善也，必先生更定之。」余偶思先儒有「心如嚴師」語，因用「嚴心」二字，既以見養心之旨，復不失德焕追慕師門之意，且其於鞭辟着己工夫尤爲儆切云。

題書白傅池上篇贈正子

正子徐子，多愁似吴質，善病若沈侯。雖嘗遊覽山川，陶寫吟咏，而沈憂塞胸，不能宣泄，與病相依，宜其然矣。於是屏去家累，息養郊園，將徜徉涵泳於花香鳥語、波光煙靄之間，以漸祛其病。

然而情發於性，境由於情，情之不困所遇皆夷猶也，情之不舒所遇皆韞結也。吾恐徐子憂不能釋於中，則雖花香鳥語、波光煙靄，適足以增觸目之悲，而又何能適志於其間哉！故余爲書

《白傅池上篇》贈之，以見古人之遇物而樂，無不自得也，如此雖然，此猶有待於境者也。若夫無待之樂，則益有進於是。

余方愧不能以此自治其病，而又何敢妄爲徐子道。苟徐子能自求之，而謂余之書此，又多乎哉！又多乎哉！則余幸已。

書贈何宗台扇

乙丑秋暮，席典籍獻臣延宗台何先生自茸城至，而館之以治其弟朝宗氏疢。余亦小惡，請脉，先生究其標本藥之。

語次，客有道先生者曰：「先生之術高於和緩，而仁愛積中，卹窮振急，尤世所希。」先生退然曰：「予何能，予何能！特悮人爲少耳！」予不覺咨嗟良久，曰：「善哉！惟無悮之難也！使治己、治人、治家國天下而皆得無悮，則學無異端，世無疵國，何不太平之有？今人動言先王之法不可行於後代，而先生治病又率用古方，此信所謂『神而明之，存乎其人』者。」

余欲舉是爲説，作贈先生序，受先生之戒曰：「息思養神，無勞爾心。」因逡巡不敢，而於先生歸，聊書以别。蓋予之所欲爲序者，亦既可得諸意言之表焉，正無庸曰「言以盡志，文以足言」也。

書贈葉敷文扇

右爲高忠憲公題丹陽丁氏追遠會簿語。敷文葉丈近者追表文莊公以上五世之祖墓而祭掃之，兼戒宗姓歲歲無曠，此曾子所謂「民德歸厚」之道也。余深嘆斯舉之可以事先，可以收族，可以裕後，可以善世，又況推是而廣之耶！適敷文往山左省兄學亭憲副，因爲書此贈之，而並以告憲副焉。

書盛玉臣扇

本有者而無之，則可謂之失；本無者而無之，不可謂之失。故孟子於求在我者，則言失復言得；於求在外者，則言得不言失。然失而未嘗有失於我，則得亦未嘗有得於我。正須於此體認，無不自得。一着落得，逍遥自在。

書呂德焕扇

治心如治地，然治之則生百穀蔬果，不治則生稂莠荆棘。地道敏樹，生稂莠荆棘之地力，即生百穀蔬果之地力，存乎人之治不治耳，則何不以生稂莠荆棘者而生百穀蔬果也！

書杭紙扇

余用一杭州紙扇已十年矣，至今不壞。嘉先氏謂爲大樸，贈此令余易之，余以余之愛之惟其樸也。今此亦未嘗不樸，但較輕耳。雖然，惟樸惟重乃可以久，樸則猶是，而輕之得算恐不如重，姑以十年望之。雖然，東坡謂「非人磨墨，乃墨磨人」。余又安知非扇之磨人，乃輕言十年哉！笑而識之。

題檳榔葉扇

動則生風，静則含風。區區木葉，乃擅天工。物物各具，體用則同。非紈非羽，能却炎暑。亦猶青蘋，亦猶少女。動而嘉被，罔不快遂。君子於此，思風之自。動非有心，静亦無意。舍之則藏，用之不匱。緊惟一物，大道斯在。由而不知，人實可媿。

不捕鼠貓説

偶來一貓，見人輙避。家人以其無從得食也，食之，遂漸與人親，家人以爲是可畜也，日食之。然所以食之者，以其能捕鼠也。而是貓飢則嗚，嗚則求食，食則飽，飽則徜徉暇豫，跳擲上下，或熟睡而已，不知有鼠之可捕，亦不知己之當捕鼠也者。家人又以爲是可棄也。

予乃謂之曰：何知其一而不知其一耶？孟子曰：「獸相食，且人惡之。」是貓於鼠固不當食也。又曰：「不嗜殺人者能一之。」人之有貴賤愚黠，猶物之有大小强弱也。人之不當以貴殺賤、以黠殺愚，猶物之不當以大殺小、以强殺弱也。何也？貴賤愚黠，其爲人類也；大小强弱，其爲獸類也。予固不解夫貓之何爲捕鼠，而以大食小、以强食弱也，予又惡夫天下之人之靡不以貴殺賤、以黠殺愚也。

謂是貓也，非獨獸之異，抑亦人之所不如。是當奉之爲嘉祥，寵之以異數，昔人所謂飾茵而栖、給鮮而茹者，而且棄乎哉？且嗜殺者，不嗜殺之所棄；不嗜殺，嗜殺者之所棄。棄者，取者之資。是貓也，非人之所棄，予又安得而蓄之？而予又將棄以資於人乎哉？

羊跪乳説

人皆以羊跪而食乳謂有孝行，雖然，特妄得名耳。余嘗於澄江旅舍見羊之食母乳，或不得，則以頭痛觸之，不顧母有心腹腎腸也。以故母羊甚苦，見羣羔就乳，輒遠避。夫跪乳，其文也。唯知己之欲乳，而不復顧其母之苦，則非跪乳之心矣。惡其心，孰若略其文。與爲不顧其母，使母愛子之心轉而畏子，則何如不跪乳者之猶不至於苦其母也？而世之持論者，無乃率如跪乳之爲孝歟！

【校勘記】

〔一〕「怒」字原作「努」，據廣仁堂本、祠産本改。

附録一

朱柏廬先生傳

震伯楊无咎撰

柏廬先生姓朱氏，名用純，字致一。因厥考節孝先生之死於忠也，創巨痛深，等王裒之攀柏，故自號曰柏廬。是其德爲大孝，學爲醇儒。其殁也，門人思之，請於其同志之友楊无咎，亦既謚爲孝定先生矣。兹爲傳其行事，不以謚而仍以號稱者，重君之志所存也。

朱氏之先，自亳州徙睢陽者，唐孝友先生名仁軌。在宋避靖康之亂，以六歲童子附柁渡江，遂爲吴郡崑山始遷之祖者，秘閣公名子榮也。公九世孫希周，謚恭靖，爲明名臣，官至宫保、南冢宰；弟希曾，仕江右寧州判官，是爲君之高祖。生唐府審理公景昇，景昇生家佐，家佐生集璜，即節孝先生也。先生夙抱明德，兼經濟才，未仕於朝，以貢士家居殉國難，詳門人徐孝廉枋所作《傳》中。有四子，君其長也。

嗜學篤行，才德酷類其父。崇禎癸未年十七，補博士弟子員。甫二載，而遘節孝公之變。君晝夜慟哭，痛不欲生。時其弟用白、用皞俱幼，用商遺腹未生，君以孑身肩重任，義不敢以從死。上奉母陶孺人，下撫弟妹，播遷流離，備極艱苦。迨兵戈既定，始得返其舊廬。而家徒壁立，卒能善事慈闈，先意承志，以得其心。迄其終二十年，未嘗一日貽之憂也。教養諸弟，俱不失爲賢者。經營窀穸之事，以至婚嫁、交際之屬，亦罔弗既厥心力。此雖家庭之庸行，而設身處地求如柏廬之俯仰無憾者，世亦鮮矣。

君方弱歲，即棄諸生，隱居教授，潛心聖賢之學，探索書義，罔弗驗之身心而見諸躬行。故正己接物，靡不歸於至善而合乎中庸，非徒以高節宏才爲人所敬仰也。尤循循善誘，遊其門者，隨其性之所近而各有獲焉。先是，邦人重君之德，争設席以延君。其後，度不能以遍應也，曰：「『禮聞來學』，有志者盍顧我乎？」乃謝諸聘者，而設教於家。從學者日益進，雖祁寒酷暑，講論終日，無倦容焉。恒以忠恕爲則，律己甚嚴，而責人以寬，故使人易從而悦服者衆也。

當是時，玉峰夫子之門彬彬然可觀矣。君猶自謂德薄，而不能感人以力行也，作《輟講語》以示之。其略曰：「《中庸》成己成物，罔弗由誠。誠非虚懷其願而已，必於聖賢學問躬行實踐，不欠一分，乃爲善也。」又曰：「日用常行，雖曰道不外是，然古之所云，罔非倫常矩矱。而今也心之所見，無非卑鄙；事之所爲，無非苟且，種種惡習，寧復有出頭之日乎？學者須勘破病根，跳出坑坎，以聖賢之心爲心，以聖賢之事爲事。日用常行，一一正其本位。從其上而討求精彩，於以進道不難。諸君能努力向前，將世道、人倫、士品、學術一肩任去，用純亦敬拜下風，何必予之言是聽哉。」其誨人之勤而感動深切如此。蓋君之自强不息，本乎《易》之「天行」，而其所遇在《乾》之姤，《文言》曰「遯世無悶」。

歲在己未，有博學宏辭之選。當事者將以君充之，君以死自誓，遂得免。所謂「確乎其不可拔」者，非耶？他若鄉飲大賓，亦堅謝不應，又其餘事已。

然君雖屏世緣，而事關祖先，未嘗置諸膜外。先世墓在陽山，有富豪賄守墓者，售穴前之地以葬焉。君聞之，曰：「祖宗體魄所在，而他姓實逼處此，先靈能無恫乎？」亟命諸子姪鳴諸邑宰。而豪力甚强，君爲之食不下咽者二年。積誠所感，卒以歸正。其墓木歲有所失，君謂：「貧不聊生以致此。」爰設膳族田，以其粟給居山之貧者，由是斬伐者鮮矣。初，節孝先生所定祭規，子孫凡輪祭者遍掃練塘、陽山、寶華諸墓，宗人畢集，厥費浩繁。世變以來，斯禮漸廢。君首置義田，爲族人倡，以是春秋祭掃，至於今不替云。遠祖貫，在宋時與杜衍諸公善，有《睢陽五老圖》。秘閣公携之南來，以爲世守。爲族子售諸他氏，君竭蹷贖歸，而後即安。其篤於水原木本又如此。

若其友愛諸弟，亦自性生也。用皞疾篤，子導誠方六歲。君垂涕謂其弟曰：「若子猶吾子也。」遂撫之如己出。後君無子，爰立以爲嗣焉。用白繼没，君痛悼益切而待用商益親。事無巨細，必與共酌，未嘗因年長以倍而忽之也。

與人交，雖久而敬不衰，即有忤之者，惟自反而無愠色，其後靡不愧而服焉。遇事之難，而處之裕如，蓋其從容中道，非深有所得莫能然也。居平效法古人，尚友前哲，自濂、洛、關、閩以來，若薛、胡、羅、魏諸公，皆其所私淑者。同時所交遺老、逸民最善者，爲昭陽李清、同郡李模、金俊明、徐開任、葛雲芝。而徐枋爲中表兄弟，其誼尤篤。晚年更善楊无咎，考道論文，稱莫逆焉。他若當世搢紳有折節願交者，君固未嘗拒之，然以禮自持，足不輕至其門，亦不以其私干瀆也。

導誠有聲庠序，而屢躓於棘闈。君勖之曰：「爾毋躁進，毋怨尤。文苟不佳，雖得可恥。否則，雖失何傷也？」

柏廬雅不欲以詩文自鳴，而其所作咸有法度，修辭立誠，非專工詞藻者所能及也。書法行、楷悉精，有手書日所誦《孝經》，門人爲勒石以傳世。所著成書有《困衡》、《無欺》等録，暨删補蔡虛齋《易經蒙引》，藏於家；外撰《四書講義》，能闡先儒之所未發者，編未及終而卒。卒時，年七十二。易簀之前三日，命設節孝先生位於榻前，俾其弟若子扶起，向上叩首者四，曰：「吾可告無罪於先人矣！」臨終又曰：「學問在性命，事業在忠孝。」語既畢，目遂瞑。嗚呼！

歷觀其行，而垂没之言信不誣已！

楊仲子曰：予生平知己不數人，而玉峰居二焉。歸子元功其才不可一世，而獨心服於余。其没也，余慟哭之。朱子之交予也最後，而其相得也亦最深。其理學之精醇，世無有出其右者。是宜天假之年，俾同心志道之人得所宗也。而今又奪之，悲夫！念昔我顯考忠文公之殉難也，較諸節孝先生而事更慘矣，鮮民之生恨未即死，而遷延至今。惟是善守其身，以不辱其親，此與吾友所共勖者也。今柏廬已全受全歸矣，而後死如予者，敢不益加惕勵哉？

朱柏廬先生墓誌銘

放濂彭定求撰

吾吳崑山有隱君子柏廬朱先生，厲志節，精理學，遠近人士沐教澤而服行誼者，五十年無間言。今年先生殁，門墻喪厥依歸，鄉里失所矜式，咨嗟涕洟，見聞合轍。余獲交於先生甚晚，方冀歲時請益，而先生不可復見矣。其孤導誠衰絰踵門，以先生墓銘來屬。辭至再三，請且益堅，曰：「先子交遊落落，自與君邂逅浹談，宛若夙契。垂殁而注念不忘，不可謂非深相知也。」余於是不得終辭。

蓋觀自古諸儒，漢以志節著，宋以理學著。尚志節者多刻厲嚴苦之爲，尚理學者多涵養深沉之詣。然志節不進於理學，則有之；理學不本於志節，斷未之有。自後世志節日衰，理學亦日僞。於是毀觚爲圜，游光揚譽，而徒事拘牽訓詁，紛樹門庭，世道人心何所依賴而不趨於敝壞與？若先生者，始於志節，成於理學，竊以爲在漢宋諸儒間，無疑也。

先生尊君節孝先生，經明行修，鄉推祭酒，乙酉殉難最烈。先生方補郡諸生，茹哀飲痛，遂謝舉業。作《朱布衣傳》以見志，竊自比王裒廬墓攀柏之義，號曰柏廬。

家貧遭難，授徒贍母，潛心聖學，由四子六經及濂、洛、關、閩之書，晝夜探索，融會窾綮。謂學必以程、朱爲宗，知行並進，無捷得，無虛襲，務在身踐，於倫常事物間，纖悉必求盡善。門弟子來學者，必諄諄授以《小學》、《近思録》，爲入門法程，迎機而導，積誠意以感動之。舉業外另設講約，闡發書義，商榷經史，彷彿白鹿洞規。又於每歲孟春，率諸同人行釋菜先師禮畢，亦講四書一章，進止肅恭，興起者衆。然先生恐學者未能真實切磨，整襟斂容，以身爲鵠。

嘗有《輟講語》，示之警省。其略曰：「《中庸》成己成物，只一誠字統括。實實做得聖賢學問，不偷一分；實實盡得聖賢道理，不欠一分，方始是誠，始是成己成物。余今自反，果能如是否？而欲妄居臯比，多見其不知量也。」又曰：「日用常行，雖曰道不外是。然古之所謂日用常行，大段不失倫常矩矱；今之日用常行，無非種種惡習。人心中只辦得『卑鄙』二字，倫理上只辦得『苟且』二字。以此爲日用常行，更無出頭日子。必須勘破從前魔障，跳出坑坎。直以聖賢之心爲心，聖賢之事爲事。把此日用常行一一正其本位，更從上面探討精彩，以此進道不難。諸君各具一本來面目，各具一全副精神，猛力向前，將世道、人倫、士品、學術一擔挑去。某亦願拜下風，何必區區之言之聽哉！」先生此言，真爲學者剔骨洗髓，不啻鵝湖之講義利章，使聽者汗下霑衣也。

先後居考妣喪，哀毀動人。嘗曰：「宰我欲短三年喪，吾黨皆以爲怪。然於此可見古人喪禮之盡，必其齋蔬饘粥、哭泣哀毀之禮，無苟廢弛。而宰我乃天性少薄者，故覺行之至期已久。若今人食肉飲酒，不改其常，雖更三年，豈謂久哉？」至性激發，篤論如此。

居恒罕與人事，惟關係祖宗族姓，必竭歷經理，不少退避。上世祖墓祭規淪替，重置祭田。富豪謀侵陽山墓地，重賂彌縫，先生率族力争，遲久得斷理如法，心力幾瘁。修葺先祠，身肩勞費，不恤也。又念子姓貧乏，私伐冢樹，設田贍族，俾無侵損。友愛諸弟尤深，於仲叔之殁，經紀喪葬，存撫諸孤。與季弟垂白聚首，事必相咨。訓子弟循分讀書，切以攀援倖進爲戒。

燕閑無惰容，言動有常度，中懷耿介，不可稍干以私。而温然有道氣象，使人如坐春風中。鄉里曲直争衡者，必就之折衷，得一言乃解。其律己嚴、接物恕，嘗曰：「識得天理熟，當機立應，如離弦之矢，更不擬議，更不矜張，真是何思何慮，真是行所無事。」此其晚年進德之驗矣。

當路諸公，折節慕先生者衆。先生僻居委巷，布袍幅巾，裹足不出，自束脯外絶不泛受人惠，屢空晏如。歲己未，將以博學宏詞薦，先生固辭乃止。邑宰欲舉鄉飲式盧之禮，並堅謝不應。縉紳納交致敬，亦不輕爲報謁。蓋其束躬韜晦，不求人知，固從學問鞭辟近裏得來，初非好爲迂僻、鄰於矯激者比。孟子曰：「君子有終身之憂。」又曰：「不失其身，而能事親。」惟先生足以當之。故其始終弗渝，克成篤孝，素所積慮然也。節孝先生曾手書《孝經》以授曰：「天地之廣大，性命之精微，其理皆具於此。」先生識之不敢忘。每日晨興，盥漱拜謁家祠，即莊誦《孝經》，且廣書善本，勸勉來學，門弟子因鐫諸石。

病將革，猶命子弟曰：「爲我設祖先位，具清酌，扶我起拜，以致全歸之意。」卒强起如言，越三日乃殁。時爲康熙三十七年四月初七日，距生於前明天啓七年四月十五日，得年七十有二。所著諸書，精力最注者刪補蔡虚齋先生《易經蒙引》，闡明《易》理特精。又自作《四書講義》，皆先儒所未發。臨殁時，以二書屬嗣君曰：「謹藏諸笥，吾將以此見先人於地下。」復語門弟子在側者曰：「學問在性命，事業在忠孝。言盡此矣。」

嗚呼！先生一生存順殁寧，易簀瞭然，豈非志節、理學合而爲一者哉！他若《無欺》、《困衡》等録，皆平日省克工夫至嚴至密。其詩文翰墨流衍散軼，先生謂非儒者要義，每過而不留也。

先生諱用純，字致一。系出唐孝友先生諱仁軌，後自亳遷睢，宋直閣諱子榮始來居崑山。明翰林待制公諱逢吉、御史公諱文、冢宰恭靖公諱希周，皆其後。秘閣公十二傳，至節孝先生諱集璜，崇禎乙亥拔貢士，城潰不屈死。妣陶孺人，配即孺人姪女。先生舅氏圭稺陶公琰，與節孝先生同時殉難者也。子一導誠，邑庠生，娶葛氏。孫男二，直典、直衡。孫女四。以今年十月壬寅，葬於吳縣陽山之新阡。余惟先生之在今日，足以砥柱末流、羽翼名教。凡屬儒林，應共闡揚懿德，追蹤曩賢，而僭爲之比事屬詞，書諸隧石。以應嗣君之請，或亦用備識者之採擇。銘曰：

真儒挺立，孤忠所貽。實惟名節，爲道籓籬。卓哉純孝，退藏允宜。淵水臨履，豈曰違時。性天可聞，慎我獨知。批繩荒渺，剷削支離。典刑弗墜，經師人師。往從九京，潛德無虧。遺編在篋，尸之祝之。勒詞幽竁，徵信來玆。

附載李光士宗灝講語

己卯夏五月四日，諸同人彙集嚴心齋續舉講約，敬設先師像而祭告之。飯畢，諸同人命宗灝講書。先白曰：今日乃先師没後續舉講約之第一次也，流光倏忽，轉眼間又逾小祥矣，吾輩功夫毫無長進，有負昔年教誨，奈何！初先生没，吾輩本欲遵古制行「心喪」禮，顧「心喪」二字須有其實，不僅見於筆札之間，若實之不盡，徒存虚名，又何取焉？今日莫若以先師之心爲心，將聖賢言語向身心性命間實做工夫，方是事死如生、事亡如存之道。德焕吕兄續舉講約，意在不忘舊業，真是一片盛心。蓋凡事莫不貴乎接續，況賢人君子必有風流餘韻垂諸永久。故孟子云「君子之澤，五世而斬」。今先師殁未幾，時若風流頓爾歇絶，吾輩寧無厚顔，所以接續講約，爲今日必不容已之事。宗灝於此更有進者。近日見先師手書陸象山先生語有云：「爲學有講明、有踐履，然必一意實學不事空言，方可謂之講明，若以口耳之學爲講明，則非聖人之徒矣。」此段鞭策得甚警切。向年還疑講習或被世人非笑，不免退縮，今已無此念。何故？竊見今之世無一人不講學者，此語勿以爲訝。昔陽明先生聞市中兩人相毆，因呼學者，語之云：「兩人都會講學，一人言『汝無良心』，一人言『汝無天理』，説良心，説天理，豈不是講學，特不肯反求諸己耳。」如此看來，今世亦豈有一人不會講學者？市朝之間，利名之地，何處不是講學所在？既天下人盡講學，難道獨不容吾輩講學？但吾輩所以不同於人者，不單在講之一字，若不過將聖賢言語作一場話説，則與世間講學之人賢不肖相去其間不能以寸。吾輩從今日始，務要立决定志、用勇猛功，時時刻刻返求諸己，方不虚朋友今日相約之意，亦不負師長昔年教誨之心，則於先儒所謂講明踐履者，庶幾其兩得之矣。今日當續講之始，故敢先有陳説，而後講論書義云。

蘧伯玉使人於孔子章

此章書見聖賢徹内徹外之道。蘧伯玉身爲大夫，便有經國家治民人的事，何爲一問却問他身心性命間做甚麽工夫，故使者亦不容他有所言，便答個「寡過未能」，乃知一切事爲功業皆從身心貫去。故説一修己以敬而安人安百姓，道理皆在其中。蓋天地間祇此一事，更無第二事。人若不於此用力，日用間無非妄念纏縛，生則膠擾過日，死則與草木同腐，豈不可痛？今看聖賢相與殷勤款曲，留連唱嘆，只在此事上着力。如孔子與伯玉，豈不是千古交朋友的榜樣？而今要曉得聖賢爲甚如此懇切，今日朋友相與爲甚都悠悠泛泛？善不知勸，過不知規，所以然者。只是因循懈弛，自家過失看得不在心上，自然朋友過失亦看得不在心上，自家不肯做省身克己工夫，如何能勸朋友做省身克己工夫？其或於省身克己方法知得未甚深細，不能無藉友朋講習，亦須及早留心。

宗灝既承諸兄命講，不揣愚昧，自應在此講明一番。所謂講明者無他，只是從聖賢書中討出箇線索，即如寡過未能，須要窮究過之根源，方可做寡過工夫。根源何在？即註中省身克己，

「己」字便是此個根源，最大種種惡念皆藏伏在裏面，如賊之有巢穴一般，有此惡念藏於中，自然有過失形於外。畧舉言之，如貪欲、鄙吝、忌嫉、諂諛、好勝、矜誇、傲慢、欺罔、輕躁、嬾惰、飾僞、褊急、刻薄、浮囂、私愛私憎、黨同伐異，種種過失何可勝數？於是將仁義禮智吾所得於天者，儘風光、儘受用的道理都一朝斷送。所以聖人道眼精明，視之不啻如讎家、如敵國，便下一箇「克」字。克者，戰而獲勝之名，沉船破釜，誓不與此賊俱生，務期廓清掃蕩，消盡此毒根，身心方得太平。

今人受病只是認賊爲子，惟有愛護長養，毒根安得消除？雖然要消此毒根大不容易，此根從耳目口鼻四肢百骸上起，與生俱生，所以聖人特立一名字叫做「己」，不是聖人斷然定不出。吾輩克之之法，固須從動用中隨事檢點，然恐於爲學大頭腦處不曾識得，連檢點克治工夫亦難下手，如一室中有主人在，閒人便不得擅入。今自己主人翁尚未覓得，將以何者與人欲鏖戰？故須從静中勘驗本體，尋覓個主人翁出來。二程先生見人静坐便嘆其善學。延平先生教人看喜怒哀樂未發前氣象，曰：「學者當默坐澄心體認天理，於此若真有所見，雖一毫人欲之發亦退聽矣。」朱子雖不專以此爲教，然亦有半日讀書半日静坐之説。學者必從此做工夫，有個得手處，方見得從前種種過惡皆是妄緣成就、妄念凝結。

吾性中本無此事，如此恍然有得，當下毒根雖未能即時消化，亦自有輕減幾分消息，便從動用中處處檢點，時時克治，便覺胸有主宰，易做工夫。然檢點之法最要入細，此件物事根源極大，流注極微。所以昔賢克治之法，不但大處檢點，即細微處俱要檢點；不但晝時檢點，并夢寐時亦要檢點。工夫如此細密，何怪伯玉使者千不説、萬不説，只説一句「夫子欲寡其過而未能」乎？不但伯玉，就是孔子大聖，還道個假年學易，可知「寡過未能」乃是千聖千賢相傳之心法，不意伯玉使者便爾道破，聖人安得不極口讚歎。

方纔説動時檢點，是「寡過未能」正面語，其静中一段工夫，則「寡過未能」前一層事，亦在此句書中討出線索，此段工夫必要動静交修。先儒謂：「静中不得力，動時無工夫；動時不得力，静中無工夫。」所以爲學只有兩法：静時覺察本體，動時檢點過失。惟覺察得本體出，則其檢點過失也益細；惟檢點得過失密，則其覺察本體也益精，交養互發之機有欲不如是而不可得者。

以上所陳省身克己方法，已畧明白，從今以後，宗灝與諸兄務要依此言語認真做去。象山先生所謂「爲學有講明、有踐履」，今日所言不過講明的事，還要各人實做踐履工夫，方與昔賢教人之意相合。但今日更有相約之語，細密工夫各人自做，至朋友相與亦須粗粗立個界限。大約所當戒者有個五件，就粗重處言所當爲者亦有五件，就綱領處言，一必戒賭博，二必戒逋糧，三必戒不孝弟，四必戒邪色，五必戒鑽刺奔馳。就今日論，諸兄俱不犯此，倘今不犯而後日忽犯，須盡言以規正。

至於所當爲者：一必設日記。是先師立教第一良法，吾儕必當遵行。二必勤攻己慝。其實設日記不過爲勤攻己慝，然恐有不知此意者竟以日記書寫雜事，且攻慝之事亦於日記中書寫不盡，故爾另列。三必讀書窮理。一日之間須將聖賢經史子集熟讀玩味，多寡隨力，若單做舉業算不得讀書。四必静坐觀心。課讀之暇，點一炷香，掃去雜念，默然而坐，務遵延平先生教人之法。五必朋友講習。即以第五件檢點前四件，每當朋友講習之時，便問設日記否？勤攻己慝否？讀書窮理否？静坐觀心否？諸件中略缺猶可，若一件不做，亦須直言規正，如此則前四件事因第五件而俱有管攝矣。

吾輩訂定如此做工夫，庶幾可以接續先師之道，無負先師之心。宗灝承諸兄命講，不覺肆其狂瞽，未知所言是否，望有以教之。

附載三賢祠記

後學履成葉均禧撰

往歲癸酉，曾兩聽朱孝定先生講《易》，越二十七年，獲聞歸藏之説於郡城楊貞孝，則先生久已即世，不及請質，急購讀先生所删補之蔡氏《蒙引》。閱兩月，稍窺旨蘊，是時山陽之三賢祠適成，偕衆謁焉。

三賢者何？一爲先生之父節孝先生，一爲先生之舅陶仁節先生，皆篤學敦行殉國變。先生繼起，則以布衣正己率人者五十年。貞孝撰《傳》謂：「自强不息本乎《易》之天行，而其所遇在《乾》之姤，《文言》曰：『遯世無悶』、『確乎其不可拔』，故謚先生爲孝定。」孝定之門人追思教澤，推本於節孝、仁節合祀一祠，稱三賢也。或曰：「闇修者未必樂此。」或曰：「大儒宜從祀兩廡，奚爲局此。」或曰：「憲檄兩下，與社祭，又焉用此？」然彼皆未體建祠之心耳。哲人既萎，二三子離羣索居，講習之功或弛，今得學聚問辨於祠中，互申遺訓，儼若先生之提命矣。且各挈其子姓後隨，雖未親炙先生者，亦能感動興起，幹蠱用譽以遞傳君子之澤於無窮。夫豈徒瞻仰一時，區區潔尊簋、謹盥薦爲足盡事師如生之道乎哉？

吕君德焕任祠事最力，又獨梓先生遺文曰《愧訥集》若干卷，用是書以貽之，而轉不能忘夫先生所删補之蔡氏《蒙引》也。

附録二

愧訥集跋（一）

康熙六十一年壬寅夏，廷章以吾師柏廬先生文集謀付剞劂。素巖王太史問予曰：「先生之以『愧訥』名其集也，有説乎？」予應之曰：「有。」曩者廷章侍側，見先生多所著述，有闡抉義理、關乎人心學術者，名曰《愧訥集》。荀子曰：「其辯不若其訥也。」先生之意，愧其不能訥也。有友朋親串往來贈答之篇，名曰《多敗集》，則直有鑑於金人「多言多敗」之戒矣。

蓋先生本忠孝之至性，而規矩乎聖賢，研窮天人性命之微言奥義，終身以之不少懈。使得遇其時，出其立體致用之學，以紹往開來，將與濂、雒、關、閩接席；若詞章之末，雕華縟采，不啻糟粕視之。故平時翰墨，大半隨手散軼。歿後，其族孫明兩有鈔録本。廷章見之，類多脱落顛倒，因與朱子慎闕、葉子慮澄校讐編次，得十二卷止，仍其名曰「愧訥」。蓋一言「愧訥」，則

「多敗」已該矣。

今年春，剞劂竣事。太史復謂予曰：「先生之文，所謂行修而言道也。先生往矣，而吾黨得奉其遺書，恍乎儀容謦欬之長在也。耳提面命，無異疇昔。即先生自名其集之意，而得其所爲立體致用之學，則惟《愧訥》一集。而弟子之受教於其師，不已無盡耶？顧與吾子共勉之！」廷章曰：「唯唯，敬聞命矣！」乙巳歲正陽月，門生呂廷章敬識。

三賢祠記(一)

歲己卯人日，呂廷章隨諸同人恭奉先師孝定先生神位於相在書屋，并迎節孝朱先生、仁節陶先生兩神位以合祀者，體先生意也。

洎丁酉歲，邑後學追慕景仰，遂各具事實呈請崇祀，兩奉憲檄允祀鄉賢，廷章輩相與嘆息曰：「此豈三先生志哉？」顧二三子思慕之誠，有不能一日置者，即推諸奕世猶將勿替。今相在書屋歲久傾圮，而門弟子之祭有舉莫廢，又不可以已與社祭諉也。用是謀之同志，建祠山陽關侯廟之西偏。是役也，始於己亥季秋，訖庚子初夏，計工二百五十而贏，爲費白金八十兩而贏。其貲用所出，則素巖王太史、陶氏子姓及廷章輩共勷厥事也；其鳩工庀財，則賓王吳子、越砥陶子及廷章子濬朝夕監視督理也。

工竣，謹於孟秋五日庚午，彙集同人恭迎三先生神位入祠。祭告禮成，退而思之祀於官者，有司循例舉行；祀於家者，子孫世守勿替；而廷章輩此舉乃倣吕成公歿，鄉人祀於麗澤書院之義，及金華郡士合祀何王金三賢故事。自兹以往，春秋肸蠁親炙之士，固當終身勿諠，尤望同志後昆各遡淵源所自，世世祗承砥行好修，則三先生之化雨永沐，而所以鼓勵世風者，豈淺鮮哉？敬識顛末以備續修邑乘者之採擇云。時康熙歲次庚子孟秋，門人吕廷章薰沐書。

朱柏廬先生愧訥集跋(三)

聖人稱君子者三：「君子學道則愛人」，此在上位之君子也；「君子哉蘧伯玉」，此明於出處之君子也；而推學之極功曰「人不知而不愠，不亦君子乎」，此《易》所謂「遯世無悶，不見是而無悶」之君子矣。子思子直曰：「遯世不見，知而不悔，惟聖者能之。」聖者，君子之大而化者也。

先儒朱孝定先生，吾邑之「遯世無悶，不見是而無悶」之君子也。彦獨怪並代君子無一稱及之，何歟？當時吴中以三高士並稱，而方望溪於《白雲先生傳》稱「吴越耆舊立名義，以文行相高者，曰吳中徐昭法」，而不及孝定。昭法固與孝定互相師友者也，豈即望溪所云尚有楮墨流傳人間，而孝定並無楮墨流傳人間歟？抑豈望溪氏知孝定爲凝道之君子，不得以昭法之位處之，故於《白雲傳》不暇及歟？然猶可諉之曰遠。魏冰叔稱知人，而又數數往來吳中，於《瓶庵傳》亦一及昭法，而孝定並不與通一書，冰叔亦不聞一行造訪，然可諉之曰暫。當湖陸清獻公一代偉人，而又勤相搜訪遺獻，固嘗令嘉定館常熟矣。蒞官嘉定時，甫下車即訪陸桴亭《思辨録》而序之，而又嘗與邱近夫馳書論說，豈近夫與孝定論理氣之說不合，未嘗以孝定之學道之清獻，而清獻不及知歟？抑亦孝定闇然自修，不欲聞名於當代偉人，使知確守孔孟程朱之道者，猶有遺老在玉山之麓也。所謂「遯世不見、知而不悔」之君子，非先生其人歟！

彦二十歲時挾册入城，適巴江廖侯新建知止山房，數入祠瞻拜，即知孝定先生著有《毋欺録》、《困衡録》、《愧訥集》、《學庸講義》等書，嗣於吳門書肆買得王炳撫印潘晚香手鈔《毋欺録》本讀之，至《愧訥集》，問之城中諸名宿，均稱未之見。歲辛卯，赴鄉闈試，於鎖院前得之，售之者洞庭山人也。孝定講學於洞庭者久，此必先生遺其洞庭弟子者。書故破壞，裝線脱矣，幸字尚完備，又並無序文，卷首有嚴心齋藏板字，又有相在書屋圖章，色稍黄而不暗，尚是初刻本。吁！時越二百年中，更遭兵火，不付劫灰，而又不埋藏於洞庭瓦礫中，脱不求售於鎖院前，彦烏能得之？脱非彦見之，而又非朱君寄梅、王君嚴士、張君惟一見之，吾崑人又烏能得之？此鬼神守護以貽吾邑諸後生之私淑先生，敢私諸己庋之閣以夸多才？《困衡録》他日必又有得之。今謀手鈔重付梓，因誌得書之緣起，並以寫三十年宿於胸中之意以識仰企云。光緒二十一年乙未春，邑後學錢邦彦敬跋。

光緒辛卯，先君子應試秋闈，得柏廬先生《愧訥集》康熙原刻本於金陵書肆，板本潤大，紙墨精良，蓋爲故家舊族所珍藏者也。先君子如獲至寶，晨夕研摩不釋卷，既念先生爲有清一代純儒，其文章學問足以矜式後人，私之於一家不如公之於天下後世，乃以積年館穀所入付之剞劂，未竣事者祇兩卷，而先君子捐館以去。球不克繼承先志，徒令已刊之版塵封高閣，今幸縣立圖書館徵求鄉先哲遺著，因以刊就之版捐贈館中，冀藉公家之力以竟先人未竟之志，庶球之罪戾可稍從末減矣。民國二十三年仲冬，錢鳴球謹識。

吾師在日，曾重刻朱柏廬先生《愧訥集》，工未竣而歸道山。板藏於家者十餘年，日者景虞學兄以書來，謂將以所藏書板歸之縣立圖書館，其未刻之八九兩卷，則請圖書館續成之。允矣哉斯舉也。自來私家刊本往往不能垂之永久，或一二傳而散失焉，或三四傳而散失焉，其能保存至數百年者，百不獲一。雖散失之原因不一，要皆由私人保存之力不及公家完備所致，迄今宋元精槧所以日少一日，職是之故。昔者五代之亂，江南文獻喪失，南唐魯崇範以家藏九經子史獻於烈祖，刺史賈皓償其值，崇範不受曰：「墳典，天下公器，藏於家與藏於國一也。」景虞學兄此舉，直與崇範媲美，不惟竟吾師未竟之志，其於表章先哲、保存鄉邦文獻之功，不亦偉歟！

民國二十三年十一月，孫炯謹識。

【校勘記】

（一）此篇出自廣仁堂本及祠産本，原文無「愧訥集跋」標題。

（二）此篇出自廣仁堂本及祠産本。

（三）後三篇跋文出自民國二十三年崑山圖書館本。

朱柏廬全集

3

柏廬外集

朱柏廬先生詩文・附録

柏廬外集

張鑫龍 校點

校點説明

《柏廬外集》四卷，卷一、卷二爲信札，卷三爲序、壽序、記，卷四爲祭文、墓誌銘、哀詞和雜著《論社倉非青苗法》一篇。朱用純之文，彙輯爲《愧訥集》行世，而其末所附《未刻稿》，則大多已刻入此《外集》之内。《外集》存世主要有兩個版本：

一、清光緒八年（1882）十一月津河廣仁堂刊本；

二、民國二十四年（1935）崑山圖書館《崑山先哲遺書》本。

此次整理，以廣仁堂刊本爲底本，《崑山先哲遺書》本爲校本。爲保留兩本用字特點，如廣仁堂本之「月」字（《崑山先哲遺書》本作「肉」字），廣仁堂本之「草」字（《崑山先哲遺書》本作「艸」字）等情況，字形一依其本，不作更改，並皆以校勘記形式體現。

張鑫龍

目録

校點説明……八一五
卷一　書……八二七
答李映碧廷尉(一)……八二七
致徐俟齋……八三一
答徐瞻明……八四一
答吴赤溟……八四三
與陸元圃丈……八四五
答邱近夫……八四五
致楊易亭……八四六
答葉萊蕪……八四七
與陶康令……八四八

答欽序三……八四九
與金天立……八五〇
與柴稱求……八五一
答蔡九霞……八五一
與葉淵發孝廉……八五二
與王甫瞻……八五四
卷二 書……八六二
與二周生……八六二
與星來徐子……八六二
致葉廷玉……八六四
與胡振安……八七一
與盛玉臣……八七三
與盛玉臣、劉御蕤、張闇成(二)、王醇叔第一札……八七三
與王醇叔第二札……八七四

代猶子與醇叔第二札……八七七
病中與諸生(三)庚午仲冬……八七九
辭及門諸子……八八二
與毛雲翼……八八三
與柴藝循……八八五
與魏光士……八八七
與周孚尹……八九二
致德焕……八九三
與潘生咸正……八九四
與韋叔葉子……八九五
與姪石庵……八九六
致去非姪……八九九
致心水族姪……九〇〇
答家汝莙……九〇二

寄賓王族叔……九〇四
與族中……九〇四
與二勝上人……九〇五
復�在禪師……九〇六
卷三　序……九一五
孝經通解序……九一五
睢陽朱氏祭册序……九一六
孝烈詩序……九一七
長鳴詩存序……九一八
贈諸遠之序……九一九
贈張聖成(四)序……九一九
贈鄧元哲序……九二一
兩闈雜記小序……九二一
詩序代人作……九二三

壽序……九二四
盛逸齋七十壽序丁卯冬十二月……九二四
廷尉李公六十壽序代南陽學亭作……九二五
壽謝君玉亭(五)暨配葉孺人五十序……九二七
壽李起龍六(六)十……九二八
長洲張永暉六十壽言……九三〇
壽鄭遠猶六十序……九三一
壽顧仲莊七十序(七)……九三三
代壽程君植甫七(八)十代葉文敏公作……九三四
李本卿壽序……九三五
壽伯章朱翁七十……九三七
壽祥生五十序……九三八
壽祥生宗姪……九三九
邱氏姑六十壽序代西琯兄……九四一

壽席母延太夫人序……九四三
壽汪孺人六十序代徐立齋……九四四
其二擬作存……九四六
壽叔祖母楊太孺人(九)代族子畾……九四八
記……九五〇
記振溪何君昆仲乙酉死難事……九五〇
記盜葬讞詞碑陰……九五二
聽松圖後記……九五四
梅圃記……九五五
遊天平山小記……九五七
遊靈巖山小記……九五八
觀梅小記……九五八
春遊記……九五九
遊西金山小記……九六一

卷四　祭文……九七二
祭告修撰公墓文……九七二
祭元起姪孫文恭靖公之六世冢孫……九七三
祭楚白文……九七四
祭宗人升如文……九七五
祭同宗嘉先文……九七七
祭王誠履表兄文(十)……九七八
祭邱開遠太夫子文代李倚江作……九八〇
代祭姻親葛太翁文……九八一
祭闞封君封母文疑代徐退山先生作……九八二
代祭族伯父樂仲府君暨伯母周孺人、王孺人文……九八三
代祭嫂氏葉孺人、姪與三文學、孝升文學、姪孫仕翼文……九八五
代族尊祭嫂氏龔孺人文……九八七
代祭族伯母陳孺人文……九八八

祭族姪婦張孺人文……九八九
祭潘孺人文……九九一
祭楊孺人文……九九二
祭□孺人文……九九三
祭李母馬太孺人文……九九四
祭徐孺人文……九九五
代祭葛孺人文……九九七
墓誌銘……九九八
顧子巖墓誌銘……九九八
熙庵席君墓誌銘丙寅冬……一〇〇〇
哀詞……一〇〇二
席父與中翰哀詞并序……一〇〇二
唐與升哀詞……一〇〇五
雜著……一〇〇六
論社倉非青苗法……一〇〇六

【校勘記】

（一）正文「尉」下有「書」字。

（二）成，正文作「臣」。

（三）正文「生」下有「書」字。

（四）成，《崑山先哲遺書》本作「臣」。

（五）亭，正文作「庭」。

（六）六，正文作「五」。

（七）正文無「序」字。

（八）七，正文作「六」。

（九）正文「人」下有「文」字。

（十）此篇正文在《祭同宗嘉先文》後。

卷一 書

答李映碧廷尉書

自奉迓之使往，計日以俟，謂不再浹辰，而渡江之棹定抵於婁水之湑。及逾期不至，又不見使者之返，則愈以信台旌之必發無疑。乃昨到廷玉許，忽接尊翰，則此番老先生又不果來。某惘然自失，不能開緘者久之。伏承台侯，稍覺疲頓。此緣今歲霪雨大水，陰陽失節所致。天佑耆德，爲斯世之景慶，纖芥(一)不甯，旋就康强，何足介意也。讀尊刻二續，精誠(二)所發，彌以激壯，古之感靈祇而變天地者，類以此也。然憂能傷人，意欲老先生少(三)爲抑損。又篇章不宜過多，亦節養精神之道。不度君子之心，而望爲時自愛。輒敢以一言請手諭，許以來春放櫂，千萬求如尊命。殘冬兩月，殊覺其日之長，奈何奈何。便羽布候，適乏紅啟，殊爲不莊，統惟垂覽(四)。不宣。

又

老先生别後，方寸惝怳，如漁者之斷罟、舟人之破楫，茫然失所倚（五）賴。前者既承尊篇之寄，兹復垂示手書史論，接讀傍徨，不異親承咳唾。獨某馳仰空切，尚未有片字呈達左右。前有紀綱北來，行急又不得寄書，每用惘然。獨荷眷顧，殷勤著於書詞。至乃復錫隆儀，飲之食之，自分菲躬，未堪膺寄，如何如何。江水横溢，極念人民蕩析。貴鄉低窪，雖離江已遠，恐不免於滙流瀰漫，畢竟貴鄉視瀕江之地爲患猶淺也。敝邑水極大，田禾不能盡穫。前見確庵，云：「若春雨復降，來年不復能耕。」此言不信猶可，不然，禍不知所終也。秦皇帝意得志盛，惟求不死，東游海上求三神山，而不知亂已伏於楚之三户。然則三户固（六）未可忽視邪。近夫家表兄於冬初遭家姑之喪，哀痛之中，不能報，啟託道意。所述先姑行略，以刻未就，當嗣呈耳。

又

迢遞不得時通侯問（七），今歲毒暑，乃年來所未有，想台履正復和勝。前承手翰，見索向時所惠大集，用純竊有商者。雖意欲稍有所删，而用純視之，片紙單詞，皆若拱璧。其或有抵忤當世者，初不敢以示人。用純極淺拙，此心想蒙老先生所素照，愚意輒欲仰邀台鑒，嗣有新刻一二枉寄。而老先生意所欲删者，或示其目，易爲排纂，況荷見諭，云：「仍須一并（八）寄示。」則一番之賫捧往來，似可不煩。不然或俟來春，台旌南下，面奉指示。蓋蒐羅裒輯，後學之事。藏之什襲，傳之奕世，固不能不寶重於此也。大集所寄，敝相知陸翼王兄者已致之矣。翼王曾在婁東，晉謁左右，久切馳仰之思。兹承惠教，忻慰無已，託爲道懷，并謝元恭。不能常晤對，刻《太僕集》語，見時定當傳道。孚若已同令似北上就試，其詩刻止〔九〕此卷數〔一〇〕，全刻當在歸里後耳。貴里今歲秋成，想當全稔。敝邑目下雨暘以時，正復佳耳。使旋拜復，不盡依依。

又

令似仁兄來，得拜手札，知老先生新祉加隆。意擬今春台騶辱臨敝地，諸同人無不延頸欣望。不謂又以來春爲期，來春亦無多時，但瞻戀迫中，不免日月爲長耳。老先生著述固多，要其單詞片語，皆有卓識而軌〔一一〕於正道。今以芑山先生之論定，欿然從之。芑翁海内宿望，雖非末學所能窺，而老先生沖挹之懷，抑何過人乃爾。江海善下，所以爲百谷之王，當從令似處借芑翁所删目録一二校觀之。瑞五不數來城市，去冬曾歸，周旋頗久，亦極望杖屨之追隨耳。聞貴鄉水災已退，催科又息，此極可喜。但東作方始，恐農家種樹〔一二〕無資，且去冬敝地多有貴鄉流移來者，不審不俟招輯而自能歸業否。便羽率啟，無任馳溯。兩令似不及佈候，希叱名。

又

春初曾有便羽，緣某尚未到廷玉許，不及知，竟失附候。從來闊疏，未有若此。猥承老先生不督其過，連拜手書，得悉台履萬福，感慰交深。尊著《史論》六本，謹拜領。舊所惠者，隨欲附緻。令似仁兄云須轉遺陸翼[一三]老，故復少留，亦欲更加參攬，益見老先生深心卓識耳。極荷不棄淺鄙，無惜枉教，若果可與[一四]語古今之學者，感豈可以更僕數邪。《玉堂叢話》向未之見，先德誠未易及，所以往往見稱於[一五]當代。偉人而爲裔孫者，顧罔聞知，得無庸下貽譏。前諭先恭靖文稿，近者多端蒐訪，始得見成帙者，大約多應酬之作，而非特有所著論[一六]，亦文如其人，好爲長厚而不務巉削刻露，苦無副本繕寫，又不[一七]得其人，未即呈覽，如何如何。先侍御遺書，將漸次録畢，容特寄呈。炎威將熾[一八]，固宜靜攝。不知秋涼，得枉台馭，一登玉峰，令晚輩追隨杖履[一九]否？如遂鄙懷，得析古今之疑、吐胸中之藴，并先集一二，面請折衷，何幸如之！何快如之！令似英年得志，而守沖履素，欿然似昔，真能敬承庭訓，無愧於古人，歎服歎服！且以卜大器之所受，未可量也。率此布[二〇]候，無任依依。

又

恭惟老先生履道順時，自邀多福。入春已及兩月，未得便郵附書奉候，罪歉何似。非先生垂愛之厚，未能仰邀鑒原。近者復舉令孫於此，便見嘉祥滋至，曷勝忭賀。令歲坐地，得與令似密邇，時挹丰裁，心竊幸荷。令似品詣端醇，才華煜爚，目中良未易覯也。先君誌銘，復辱[二一]元圃先生改示，感刻之私，已於前札略疏一二，見時望再爲道謝。某不到江北，元老不到江南，各不免寒氈絆迹，正不知何時得遂良覿。聞令似云先生惠過敝邑，元老亦有不相遐棄之意。若果得爾，何幸如之！自茲以往，皆眼穿之日矣。催科之苦，謂可須臾息肩。及今者仍復湯火，想貴邑亦不甚相遠也。使旋肅啟布[二二]候，不一一。

又

嘉祉駢納，與歲更新。信使闊疏，不得專函奉候。茲者恭維老先生古稀榮壽，晚輩皆以天塹之阻，不得恭詣堂下，敬祝岡陵。特追隨交知[二三]之後，聊附一觴之儀。而區區寸懷，殊未得展，伏祈垂照。尚望將來台旌南指，惠臨敝邑，此時奉杖履，修韝[illegible]，攬大化之文章，論古今之勝事，又何羨安期之遇、麻姑之會也。抑晚更有請者，老先生味道頤真，胸襟浩往，自非後輩所得而窺。前手教所云非意所期者，尤宜視若飄風之過，勿以此而纖芥[二四]攖懷也。諸容嗣布，不宣。

致徐俟齋

新正磷雪，上人還寓，一書候問，計已啟呈。瑞五來，竟不枉問，故無寄札。茲恐吾兄以[二五]梅花時候，謂弟必翩然而至也。特附數行於同里徐季重先生，以達左右，冀垂察焉。蓋弟非特爲塾職絆身，比者老母病甚，晨昏[二六]難曠，即塾席不踰里閈，率早出暮回，可知其越境而信宿不能矣。季重先生性行惇愨，至誠待物，久與之交，而後益見其可親。大抵朋友之交，其始有過情之契者，其繼多易暌之隙。若初也落落難合，則是久可與交者也。弟雖寡朋，然揆之理當如是。若季重先生，可信其始終無間者，而乍見恐不免以其坦率而失之。想吾兄人倫之鑒，不減林宗，當無俟弟言，而有縞紵（二七）之歡。季重先生已嘗奉訪，以倉卒遽别，兹入山欲圖數晨夕，託弟爲道其意，幸有以慰其飢渴之愛。不宣。

又

痛念先君旅厝攢宫，忽踰十年。人壽幾何，河清難俟。又昔當兵燹危迫時（二八），竟不得先疇一片地，以安先魄。乃權與先外父相倚，此爲子者，頃刻何以自存。故於去歲決計卜宅，隨即窀穸，倉黄（二九）舉事，百不成禮。雖會時之使然，亦某不孝之所致。痛恨畢世，即（三〇）萬死莫贖其辜矣。重承大惠（三一），雖損廉極所不安，然惟古人仁者之粟之義，則幸足以重先人，敢不祗受。但某自分不孝，何以當此。兼接手教，哀感之音，真欲上激九霄，下振重淵。豈獨先君荷高誼於地下，不肖兄弟悲吟感戢，貫存没而不化也哉。嗣是以來，時欲匍匐山莊，叩首鳴謝。不謂事絆時移，蹉跎至今。書既以喪次不報，身又羈留不至，罪愆若此，表兄得無謂其非人類乎？更有憾者，罪大惡極，致使先君之殁（三二）也，當世無追挽之詞。及葬也，鄉里無臨穴之作，感戴不棄，許以哀詞，所亟欲拜請而讀之，并告元廬，爲先人光者，亦復因循未（三三）逮。某非人類，縱蒙鑒於知己，真無可以自解也。重陽後斷擬叩謝，并悉種種感私。臨啟無任悚仄之至。

又

夏閒[三四]瞻明令姪西歸，草[三五]尺素奉寄，與瞻明約，別後須時時尋便，書昭法意況，寄我知之。蓋我之念昭法，視日如年也。不料是後風鶴狎至，戎馬交馳，道路阻閡，音信遂不復通。時弟奉老母，奔走鄉城之間[三六]，靡有甯[三七]宇。繫戀之私，因此乃覺稍奪，不然幾不能以爲懷也。九月初，瑞五自吴門歸，弟急訪之，但云聞昭法移徙近地禪寮。及陳皇士太僕近日過訪，問之則云：「向在一雲竹塢閒見昭法，且有能周急者。」意稍慰，然尚未諳[三八]悉。近者六令姪從敝邑往返，吾兄諒弟聞之當如何，望其傾倒而竟不一顧，大不解也。人生遭逢，到此本無求福之理，但饔粥粗給，家人婦子無恙，幸則待宇内之澄甯[三九]，不幸則草[四〇]澤没世，此則非有所厚損於天，而不能爲之致者也。而天故惜之，又於吾兄甚惜之，異矣。然稍涉怨尤，又非吾輩之事，且亦無益。想吾兄正自高達，弟每念及此，惟有自愧，何也？以吾兄之學行如此，而猶罹此厄，若弟涼薄，顧受室家之安，雖布衣蔬食，亦有時而不繼。然不致顛沛，即何以當之而無愧邪？不審比來興居何似？宅眷及郎君各在何地？皆所欲知者也。吾兄若果向[四一]在一雲竹塢閒，則與瞻明令姪相傍，甚善。不識將來行止若何。憂能傷人，萬望爲時自愛。時變奇異，直似酣夢乍覺，而猶不信其爲夢也。昔人咄咄書空，此正不免耳。吾兄頗有感述之作否？望寄一二，以當晤對。相見未有期，卒卒椷致，又不得悉。無任依依。某再拜。

又戊辰春

自顧頭顱如許，而德無一修，業無一進，真犬馬賤齒，何敢言壽。親朋之往祝者，靡不預(四二)辭，固卻多蒙矜鑒，竊意愛我如吾兄，必聞而謂其非飾情也。而俯韙之，不復强以所不安，不謂過費清神。遠煩馳使，惠以重山絶嶂之圖，雖百鎰千縑，未易營購，何幸以弟而邀此，自愧置身其際，不相稱也。既辱叱名見賜，詎容黷命復辭，此則九叩登受，以佩名德。若履襪榮貺，敬即對使拜返，亦聊展弟區區不敢言壽之衷。然已抱疚五内，不揆何時得釋也。復叨令似名章妙染之惠，當另具謝。因尊紀歸促(四三)，不及縷縷，總容(四四)後悉。鄧尉之遊，重承諄諭有年，兹復枉招，自當躍然擔囊前進，愜生平(四五)之願，踐夙昔之期，復得共元禮之舟，何快如之！何榮如之！適先祠傾圮已極，諏日修葺，正在來月初旬。雖子姓非一人，顧不容獨謝其勞。且弟在衰宗，行輩居長，尤有倡率之責(四六)。追隨勝遊，竟成虚願。極知方命負諾，然苟非必不容委者，亦不敢邀台鑒於萬一也。將來尚當特造山齋荆請。奉世兄去歲極辱面訂，并祈爲道歉懷。同遊諸公，總冀俯照。息廬高唱，令似雅和，弟嘗反覆吟誦，思一嗣響，其如儉腹枯腸，終不能成片語。用此不但閣筆，并不敢評次令似之作，惟有歎羡天才家學之未易逮而已。竹杖銘多，謝惠教明遠兄近況，當極喜。弟尚未伸壽私，如何如何。瑞老衰病已甚，去冬七十往祝，不得面，新歲亦未把袂也。率復無任感悚，統希崇照。

又

童子歸，乃拜手削，自後又復。通問末由，能不依依。敝主人席獻臣兄欲爲其先刻求大序，弟已婉辭。然伊念轉篤，請託轉勤，不得不更一白於左右。雖其父子俱嘗策名當世，若難希附下風萬一，然弟向未與交，未審其梗概。今以授經爲賓主，而後知其父子之爲人，洵有不可及也。獻臣之尊人，已見於其所輯《蓄德録》及拙序，然此猶得之著述與所傳聞。及晨夕與獻臣俱，親睹其事親治家、接物應事，而後知其醇謹謙和，實由尊人之身教者深，非獨其天性然也。以弟六十年中所見，如此家風，如此品概，誠罕有其匹。且其書皆尊前言往行，以訓來玆，初非《劇秦美新》之比。使許獻臣晉謁而假之華衮，以重慰其表揚先烈之孝思、景仰有道之悃誠，亦可謂無負名德。區區世榮，不過其雪中鴻爪，特以攇持門户，且往往窮年累歲，不一入州府。昔人身在朝宁，而心超塵壒（四七）者，猶謂之吏隱。今特名挂仕籍，而身老江湖，直可謂之隱吏。迹其行義之高，愚以爲比於世之號爲棲隱，而實趨羶逐腐之不遑者，奚啻相去倍蓰，未可以其纖塵微翳，而遂擯而不録也。若稱謂之閒（四八），則但舉姓氏或别號，原不必具官爵。此而不憚假重，亦君子與善成美之大端，故敢代布其禱求。儻邀俞允，獻臣兄即當齋沐，具書幣，匍匐踵門以請。玆者竦候台命，伏祈垂照。不宣。

地之相去，不過百有餘里，而鱗羽不通，迥若絶國。近者計正無出，忽憶瞻明母夫(四九)人小祥之期在此月內，瞻明之弟五哥館於郿地，必道出吾邑而歸。故豫(五〇)草一札，寘諸其所必至之處，待其來而寓之。才往寘訖，而手教已至，不啻如尺書之下降，雖獲連城之璧，無是喜幸。然而開緘(五一)一讀，則又無奈肝腸之斷絶矣。弟今年此身羈絆特甚，往昔秋深以來，道路平通，每當懷思之劇，輒欲奮飛而至，其如不得自由何。吾兄湖外之遊，不過暫往棲遲乎，抑遂卜居於斯也。若暫游(五二)猶可，若將長往，則弟之愁結，若何自解？蓋弟雖困迹寒氈，不得時相過從。然恃兄在近地，則形神雖隔，猶若相親。且奮袂徒步，尋訪亦或有時。過此以往，益復遼闊，則相見何期。興言及此，黯然欲絶。弟謂傍郡諸山，苟可潛蹤，則幽巖窮野，已絶不似。伯通之廡，成都之市，猶在人間。何必烟波浩淼之鄉，長往不顧，令人溯游溯洄，俱不可(五三)得而至哉！手教云數日後即渡湖，而弟之得接見，去發札時已二十日。計此札到山，中間輾轉投寄，又須數日，則吾兄此時飄然而去者久矣。兄其亦回顧而神愴也乎！哽噎不能縷縷，且行人甚迫，猶有前札盡萬之一，併垂覽焉。

又

前者過費山廚，多謝多謝。瀕行辱台諭諄懇，加以下拜，歸後又辱莊札。弟非木石，豈不知吾兄誠篤之情、崇隆之禮，此非輕以施於他人他事也者。又臨以先人之誼，益復皇(五四)恐戰越。今者特弟向荷手足至愛，即於他事，苟有所難，尚欲爲吾兄多方籌畫(五五)，冀得一當，以效悃忱。今者特叨見委，即非力所能勝，敢不强勉自策奮。又況震百兄慨然自任於前，而弟堅決辭命於後，弟之情義，遠愧震百兄矣。然自承命以來，意欲仰副尊指，寢食俱爲圖維，而終有所不能，亦恃手足至愛，冀垂鑒宥，而敢爲披悉。大抵塾席延致，非獨主擇賓，賓亦擇主。則人、地二者，不容不審。或人宜而地不相宜，今以人論，則弟之樸魯、寡欺飾，既見信於吾兄，而吾兄之道義文章，晨夕親炙，乃人所禱祠(五六)而不得者。英才如令似，又君子所樂得教育之，以弟值此，何其幸也。至於地之相違，不過百里，窮日可達，非有江河經歷之險阻，舟車往來之過於煩費。然則此二者，弟皆無所辭於其間。而何以聞命遷延，不勝辭避？則以弟之非其時也。弟潦倒於塾職，已三十載，日夜求一息肩，而尚未逮。吾兄謂弟曾語瞻明，欲就遠塾，此三年前之言也。然弟又嘗語瞻明，犬馬齒一過五十，便當引身而退，斷不復能束縛講肆，此亦三年前之言也。今過五十矣，此一二年猶不免身口相違者，特以昨歲猶子成婚，不無逋貸，欲少(五七)藉館穀以償之。然弟力辭來歲南陽之館，而仍授徒於家，亦是不没此意。過此則概遣生徒，蕭然物外，斷不復稍有遲回，如歐公所謂「有志於强健，未踐於衰老」矣。而吾兄見招，適當弟必欲退休之日，又非一歲可畢事者。則雖欲强勉以受命也不能矣。弟今者耳已不聰，對面告語，往往再四審問。兩眼昏花，夜不能坐，講書才一兩(五八)頁，便喘急氣盡。即今筋骸衰憊已如此，況又一二年後，是所謂「臣之壯也，猶不如人。今老矣，無能爲矣」。辱在至愛，即有(五九)必不容釋其責者，猶當仰邀慈照，假之以優閒，予之以寬卹，乃強而置之函丈之閒(六〇)。吾兄縱不爲弟計，獨不爲令似計？從師以期有道，此衰憊不堪，又何取焉。禮云：「事君者量而後入，不入而後量，爲人從事者亦然。」弟之此衷，竊意即質之先公表伯暨先節孝，當必有深諒者。伏冀(六一)曲賜鑒原，非以三十年之授徒，而獨於吾兄敢私其力也。若一二年後，猶或倜然講席，則弟之負罪無所逃避。姍笑之惟命，訶斥之亦惟命，告諸先人以譴謫之亦惟命。來歲尚當躬叩山齋請咎，臨啟無任悚仄。

又

弟(六二)弱冠授徒以來，竊自矢念：生既無用於斯世，庶幾成就二三後生，以不虛食息於天地間。而比歲所以設教於家者，又念里中一二親戚故人子弟，尤當相與成就其閒(六三)，即敏鈍異質，勤惰殊業，然殫愚誠以誘掖之、激勵之，見有駸駸焉。向於有成者，未嘗不心切喜忭，以爲非獨有以仰慰其父兄也。不揣謬妄，誠冀如尊誨所謂成己、成物之萬一焉。弟之此悃，神明實昭鑒之，而況周親至友，重以前人世好，其情愛等於骨月(六四)、裯(六五)於膠漆如我俟齋。而賢嗣(六六)之秀傑，又不啻鳳雛麟趾，玉樹芳蘭。乃以授經相委，而謂轉欲自外有所委，卻而不前乎？所以去歲初聞尊命，即百計圖維，至欲攜家到山。而近者瞻明兄兩次見顧，恭承申命。及致瞻兄累次手疏，無一不諄諄懇懇。不惟爲令似學業計也，且爲弟謀此浮蹤，至切至悉。自非骨月（六七）膠漆至愛，其烏能爾？然去歲尚未有驚心之舉，所以謝不能者，已具前札。今者情事實異去歲，來年似可免（六八）副尊旨。其歷年多寡，不妨再商。乃瞻明臨岐之頃，攜手步從，往復籌畫，不覺其途之遠，甯蹈濡滯之愆，不敢率爾報械。別後又寢食俱廢，必思一當以報尊命。然而卒未有策者，則以就館非月日之暫，攜家非一身一口之計。而室人既老且病，實憚遠徙。與其輕遽而有所不安於後，甯（六九）詳慎而意若相阻於前也。顧辭命之心，終不若受命之心之爲摯，以故於策無所出。中蹶然興念曰：「吾當卜之，以決行止。」於是齋戒，越宿月之望日，特將攜家禱諸神明，告諸先君子，拂龜請命，以爲庶幾其許我乎。而其兆乃若有不利焉者，此必弟之時命適有乖違耳。獨計弟與吾兄休戚相關，脱弟有不利，恐亦非高懷之所安。而舍攜家益憂，内顧更無良圖，如何如何！前與瞻兄約，如弟果就，則於重陽後，當自到山。如必不果，則在重陽前具報書。至今雖得卜應，然既非弟本懷，又豈吾兄所樂聽，以是逡巡，不能援筆。適瞻兄令似歸山，再需留則復恐使命遠，臨時固謝，益增罪譽，乃不得已而具實拜復。此無如事勢所阻，其實區區不欲違命之忱，有非筆墨所得而述者。今既傾倒披陳，吾兄當惟笑其不情，復何敢道萬一，然猶冀（七〇）大君子之少垂察焉。即弟將來行止，亦不復舍舊謀新，并達左右，以觀於後果有欺焉否也。臨啟無任皇恐待罪之至。

又

端陽揮手，已四閱月。時序易更，會面難常，每一興念，如何可明。履茲秋深，遥想闔宅和好，吾輩生處艱難，只冀無恙爲福。今歲天雨稍溢，宅傍高山，適宜秋成可豐，亦是簞瓢之幸，有同喜也。令似函丈之人，弟非敢辭，顧老母不惟迢遞爲慮，又責成以三舍弟，殊不便耳。弟既不能肩其事，而又爲吾兄圖其人，早夜縈緒，如何如何！此并爲吾兄計，尚（七一）平之事，意中偶有可爲大令似牽絲者，秀之西來，託以口道，幸一裁示。秋風拂裾，湖中鱸肥可啖，恨不能挂席過訪，一罄别悰。臨箋馳企。中秋後四日。

又

渴想近履，無由得悉。瞻明表兄至，具知種種，差慰闊懷。但窮愁況味，彼此相同，沈酣潦倒，卻似韓吏部送之，而吾兩人獨盡受也。瞻明兄傳致尊旨，弟於初六日即往晤清河氏，極往還者，已他遇矣。敝邑傳聞郡中婚嫁紛紜，弟正極念令似，未知得遇良因否？比瞻兄來敝邑，已婚嫁垂畢，隨與瞻兄再四計擬（七二），屈指得一二差足訂盟者，而閨中尚無其人。弟因謂令郎之謀姻，本不宜緩。而吾兄所趨之途則甚隘，如何如何！蓋匹耦之外，吾兄所欲求者，家（七三）世也、人品也。有家世而未必有其（七四）品詣（七五），有其品詣（七六）而或未必有其家世，兩者固難矣。即幸而得全，而未必匹耦之有人，則奈何！即家世、人品、匹耦俱無遺憾，而疑阻之情世，猶有旁見而雜出者。然此無慮也，弟所慮則三者之難耳。屈指晤期不逾一月，重陽假館，定當挂帆。種種欲言，殊不傾吐。瞻明兄歸，想亦能道鄙況萬一。不罪疏略。

答徐瞻明

别後日望一信，而戎馬雜沓，杳不可得。九月以來，有邑友自吴門歸者，有自郡來遊此地者，問之稍知賢叔昭法消息，云在一雲竹塢之間僧寮託迹，然猶慮未信也。偶值令母舅安甫表叔，知令弟六兄往東看五兄將歸，而來見訪，欣然過望，日側耳以聽跫然之足音，莫有來也。意不耐，復走問安甫，則云已西旋矣。噫！令弟來則滿擬促膝，細細訪問，賢叔（七七）意況，可以無微不悉，而孰意其又交臂而失（七八）也。安甫又言吾兄近有西河之戚，此弟尤深惋愕，所急欲一審其詳，而竟不得也。誰實爲之，謂之何哉。昭法比來，畢竟如何，料必無甚佳境。但得其無疾病之苦，而有排遣之計，便足慰矣。今行止定，安在瓶罍。服用何所取藉，吾兄孝履安否？安甫所言，當必有據。然蘭摧玉折，正當以達觀處之，毋甚悼也。夏秋之間，密雲不雨，真咄咄怪事。至今疑團未破，何時得與吾兄細論此事。前吾兄云冬間當來，果否？望之望之！來時幸持賢叔一札惠我，所以解我調飢者在是也。兹有數行先附，往乞便爲致之。不一一。

又

正拜一書，投於安甫表叔許，俟五令弟東來攜入山中，而立冬日之（七九）手教至矣。伏讀過，知令嗣之痛，果然珠樹不榮，鳳毛忽落，傷心之賦所爲作也。然事之莫可奈何者，正須加意斥遣，縱極鬱結，復何有濟。夫人孰不愛其子弟，乃敢作此不情之語。誠念吾徒境遇，若動輒不堪，則身其餘幾，故當且一爲此區區計耳。弟近況如舊，惟夏秋之間，更苦播遷。至其他夢幻之境，可喜可駭，則彼此同之。重承垂眷，感刻感刻！昭法湖外之行，久邪？暫邪？其宅眷在何地？行資何自而出？家中薪水復藉何所？弟力淺拙，不能任其萬一之計，徒自愧耳。吾兄幾時得來，深望之，蓋有非筆札所可佈者，而又不能時月需也。不諳此時昭法尚在山否？若已去，祈將轉寄弟訊（八〇），冀少（八一）解其離愁，想不須弟多囑。前札并送，書不盡言，不勝忉怛。

又

別來景況，已具前所寄札。自是以來，大約相似，不佳亦不甚惡也。去冬渴望吾兄枉過（八二），一傾懷抱，竟不可得。新春想孝履和順，闔宅俱安好。兩令弟前承惠顧，疏慢非常，雖淹留有日，而弟局處館中，又適有俗事，相對無多時，耿歉不可言喻。兹者和風藹日，春光絶勝。山陰之櫂，無若此時。然弟亦正想，因有漕米之任，恐不能也。弟既館務纏縛，兼之程途畏怯，誠有如來教「釋階登天」之喻。然夢寐所不安者，則不得一省視令叔也。前令弟六表兄雖粗言之，雖（八三）倉卒不詳，彌增縈繞於方寸。奮志欲乘陽山埽墓，告假於館，特造山齋，同訪昭兄，此亦一良因也。而清明已過，寒宗之輪祭者適丁新喪，又不知於何日成行，恐又爲不如意事耳。讀來教，殊覺意緒感愴，然宜曲意自愛，無多鬱鬱也。見令叔亦望以此致之，并爲道種種懷切。恩恩不及札候，伺六令弟解館西歸，更寄嗣音。草此奉復，不一。

答吴赤溟

别後意境荒忽，常若吾（八四）赤溟之猶在吾地，而欲走而訪之不得，則沈懣無聊，不覺失聲太息。若晝若夜，如是爲常。然又念如吾赤溟，則博學能文善行，故吾之所以致思者，不能或已。若赤溟之於我，未必然也。及接兄寄書，然後知兄之不忘吾（八五）者猶是，此正不解弟何所取於吾（八六）兄，而亦繫吾兄之思也。伏荷大德，垂示先君子家傳，恭覽既畢，不勝感泣。先君行迹（八七），業皆表顯。而於忠孝所在，尤加闡發。使見之者流連慨慕，皆油然有篤於倫紀之思，則所以傳先君者至矣。竊又有請者，不知《明史》中可於先恭靖公傳後略附先君死國一語否？審若是，則其爲感，益非破腦刳心之所能謝。不敢妄邀，然此意深望君子諒詧。又傳首先王父於後母一段，意欲更稍（八八）隱諱。傳既於此段先之曰：「事其後母至孝。」又曰：「卒得後母懽（八九）心。」足見作者用心之苦、立言之妙。然猶且云爾者，蓋孝子之道，父母惡之，勞而不怨。親即寡恩，子豈忍暴之於後世？故拙狀亦曰「後母家搆陷」耳。當時出手力擠排先王父者，實有後母之昆弟以他事。至令有司簿責，受禍且不支，故不得已而爲幕賓出外。若止家庭之鮠鮠，爲子者亦未忍輕避也。每讀傳中於先祖父之孝，大書特書不一書，真切感歎，以爲非吾赤溟性行之篤與善之誠（九〇），何能使我（九一）祖父不亡如此。故不得不具白先祖父之所以爲心者，冀垂慈照。若以蒙昧臆見，妄欲更易大君子手筆，則吾豈敢！則吾豈敢！鍾宣遠望爲弟深道，感戢前靈、巖首座。僧鑑上人曾爲宣遠兄枉索先君遺筆，尚未有寄，今何處得之。已蒙入刻，承惠示，懽荷難言。茲復寄到先君子手札三通，乞轉達度宣遠兄，至意懃懇，不嫌多求也。鉤摹入石，原本準望寄還。敝邑先正王忠愍公，想已列書《死事諸臣傳》中，茲復呈其後人所述行略，以備采考。又忠愍公手札一通，竝致宣遠兄。扁舟奉訪，豈坐館人所能。不知會面何期，書亦未能頻寄，惟冀順時珍重。無任感激皇恐。不宣。

與陸元圃文

積年以來，仰慕吾元圃陸子，不異海上神山(九二)，雖未得履其地而見之，而其殊觀勝境(九三)，固已髣髴在懷。近者得與倚江兄數共晨夕，尤復道述委備。高風亮節，當今寡儔。廉頑立懦，道兄真其人矣。先君誌銘，往年已荷明德，賜之大文。今者又復承改示，此必欲使其文不朽，而先君捐軀之義，得附以不泯也。蓋因先君子之守義，而追維祖德，又因一家之紹承，而念兩朝興廢之殊，感慨流連，可興可痛。此非特於寒家有光，而於人心世教，大有扶植，其文顧不偉歟！客冬某於映翁先生札中，已具陳感謝之意，祇以行人促迫，未及專啟，伏惟(九四)鑒原。至如某卑末瑣陋，何足指數，亦辱置之叙述之末，猥加獎許於此，竊有以仰見君子之用意(九五)。蓋必映翁先生謬謂某亦有一二足取者，道兄不以爲疑，因欲勉而進之。某敢不敬承至意，以期勿替。臨啟無任感激悚切之至。

答邱近夫并前書亦不欲致故復有此札

前面語(九六)時，緣吾兄以宋儒性氣之説，確非孔孟之旨，故弟謂先儒未嘗有違孔孟。一時往復，頗覺相悉。兹復承賜論性之書，反復千五百言，義皆精辨。以弟寡昧，何幸得聞。千古論性，豈有逃於孟子之範圍。但先儒兼氣而言，弟意實與孔孟相表裏。今吾兄既以爲相反，且只如此體驗，日後入理益密，聰明漸淡，當自見先儒之不悖耳。弟之學問才慮，不逮吾兄遠甚，而爲此言者，或亦芻蕘之一得。尊稿適僭評其半，亦且暫止。況弟亦何能無妄言，不妨徐爲商榷。所以兩日不即送還尊稿者，後半雖不僭評，仍復潛玩一過，期有會於吾心，而復附數語於《楚遊抱痛記》末，以無失示教之意。兹特馳上，統希鑒原。

致楊易亭

久不獲奉手教，亦無由具寸椷，候問(九七)左右。郡邑睽隔，馳繫(九八)殊切，上沙又在郡城四十里外，僻處巖谷，蓋無由通音問，刻不去懷。所恃道兄庇翼之恩，良用慰解。然不克分萬一之力，則又彌負愧疚耳。弟自去秋別後，即苦痰嗽復發，歷今春而加甚。夏秋以來，殆無日不與藥裹作緣。弔侯齋兄，舊訂去冬長至，既以病阻，轉轉(九九)不遂。此月二十六日小祥，斷宜奮身前進，視此病軀，恐漸向秋深，凌冒風露，益非痰嗽人所宜。久不致弔，情益傷，罪益重，特遣兒子代叩靈筵，并看遺孤。知是日大駕必在上沙，又無由一悉縷懷，如何如何！冀曲鑒之也。

答葉萊蕪

伏惟執事之任山左，忽忽五載。某曾未通一書問候，非敢自外禮數。誠知長者念舊情殷，苟以賤姓名溷瀆左右，輒恐過邀垂注。是用疏慢自處，庶幾長者以爲此人不近情而置之，則區區之懷安矣。詎知長者簿書鞅掌之中，轉加眷念，兹拜手教，兼惠篇章，意指繾綣，獎許逾量，皇恐皇恐。顧業辱不棄，即此已不勝仰荷高情，何又山繭見詒。某三十年布素，何足當此厚貺。但詩中致意，明示以不容復辭，則又何敢徇鄙見而蹈罪譽。要與向者不敢黷溷左右之念，殊有違也，如何如何！多謝多謝！謬成（一〇〇）次韻二（一〇一）首，率率無緒，未足仰和陽春，聊抒情愫而已。伏惟（一〇二）執事政舉化進，台候萬安，祉福（一〇三）日崇，忻慰忻慰。某於制舉業已冥茫，同隔世事。而年來不自揣度，僦廛授徒者，意欲藉先聖賢遺書，與一二親朋子弟，討論孝弟忠信之理，以正所趨。然以言教，不能以身教，慚愧慚愧。或者稍去囂陵浮競之習而已，度與長者意念不遠，因爲布及。統惟垂鑒。不宣。

與陶康令

駕行後，深以道途跋涉爲念(一〇四)。接四月二十日手札，不勝欣慰。伏暑署中，想極清適。孔林已得謁未？惟望召旆南旋，示我吟咏紀載，恍若其遊耳。兩拜手書，知學亭先生過垂眷注，薦揚當道，已列名於啟事，以應朝廷(一〇五)訪求之令。斯言也，不敢信又不敢疑，不審學亭先生之於弟，榮之邪？抑辱之邪？愛之邪？抑惡之邪？如惡而辱之也，則弟以疏懶之性、安分之心，簡略失禮於長者則有之，若狂妄獲罪，生平所無。且盛典令名，又豈所以辱人惡人者。則雖下愚極暗，亦萬無謂此爲辱惡之理。顧以爲愛而榮之也，則如此晦盲否塞之人，以之應選，是負且乘也，是辱位而速謗也。寵之以非分，不可謂榮；强其所不堪，不可謂愛。況學亭先生之所以愛我榮我者，固有矣。教之以固守其窮，教之以仰承先志，教之以知其所不足而篤學好修，是誠愛之榮之耳。必是之爲愛且榮，無論非長者所以相待，用純亦失所以自處。弟向患咯血，時時輒發，别後緣墳墓事，鬱悶於中，復苦此證，正未痊除。自聞信來，晝夜傍徨，坐卧俱廢者累日。將來必益加劇，此生未保若何，又安能以殘軀，勉應大典。情知自(一〇六)後官長之迫促、胥吏之需索，是愈增之疾也，然亦已矣。夫聲聞過情，君子所恥。人各有心，不容自違。終以是爲無負學亭先生、故人子弟之愛而已，萬望吾兄多爲道謝。臨啟無任悚仄。

作札畢，意更有歉焉。學亭先生之薦，不知在吾兄到署之後，抑在到前？如在後，則鼎言何不一爲相阻？是則不能無悵於心知也。

答欽序三

某自垂髫之歲，隨先大人讀書徐文靖公家塾。爾時文靖公爲一代龍門，風標峻潔。其稱道序三欽子文章行義，獨不啻口出。某雖在童穉（一〇七），早已佩服心脾。嗣後各罹世故，荒氈埋迹，託地雖邇，奉教絶疏，屈指平生，不過一兩番而已。然此心依慕，固不惟屋梁落月時，恍對神宇也。比者周生孚尹過訪山館，見其儀觀端嚴，襟情樸茂，近今風尚，不染毫末。竊歎此其爲生質之美歟？抑有所師承而後能此？及不數語，即自道爲門牆桃李，某不勝忭躍，甚哉淵源栽植，其所成就，蓋匪淺也！即從周生諏訪道況，頗慰契闊。繼復枉頒手翰，尤不減晤對之歡。顧辱諄諭，令周生漫推一日之長，某自揣窳質淺衷，何所資益。況屬先生陶淑功深，即欲殫厥智能，以爲萬一助，亦皆先生緒餘，聞命能不悚惶。獨念當今師道淪（一〇八）夷，所疲精耗神以交相傳習者，科第已耳，文藝已耳。求其人品學術相師者，能有幾人？乃周生迥出於尋常之外，此其志不可以不存。而先生之命，所以爲實學留一脈者，用心良苦，蓋亦不可以不彰也。故亦不復敢固辭。然而勉自圖效，期有裨於學術，以無負先生與周生之盛（一〇九）心者，正不知在何許，益自不勝悚息。伏惟（一一〇）台照。不宣。

與金天立

別來伏計道候清泰，曷勝浣慰。前在蒼潤樓頭，以奉辭來歲瀆聽，非弟之姑爲是言，蓋以懷之久、計之審，而有所必當辭也。辱席太夫人與獻臣兄尊敬之意、款待之禮，又重以台諭諄諄，辭之一語，似難出口。然居其位，即不可不盡其事。事之不盡，而徒食人之食，此弟一生以之自矢而不敢苟焉於其位者也。朝宗天禀薄弱，誠不能强爲無病之人，朝夕受學。但弟既無益於朝宗，又何容高居函丈，雖令似質疑請益，此固惟恐怠荒，而於安定之禮意，則不敢當已。況夫意之極摯、禮之極隆，則益不敢當已。萬惟（一一一）先生爲弟懇致，得與兒子并返初服，尤見相信深而相愛切。若令似與獻臣令似學業所資，則弟去後不可謂無其人，亦非弟之恝然於（一一二）揮袂也。事不容緩，專函布衷，統希垂照。不宣。

與柴稱求

令似高越之才，仰承家學，文章深造，又安用僕之迂疏無當者，佐其萬一，乃來問業邪？重荷手札，辭之不及，勉承北面，惟滋悚仄。或者文藝之外，正多所當切磋者，庶幾竭其區區，以無負雅意。然而未能自信也，如何如何！

答蔡九霞

昨歲台旌東賁，弟以裹足度夏，失候爲悵。形篇令壻與弟本屬戚好，向聞深思好學，心切愛重。若夫踰越分量，忝爲師弟，則吾豈敢。過辱台諭，辭之弗獲。竊自揣度，文章既非所長，躬修又多不逮，正未知將來所以爲益於令壻者，殆安在也？皇恐皇恐。

又

帶水爲阻，弟又杜門寡出，翹企道範，與日俱深。比來復不知台旌過崑，失於拜訪，悵歉悵歉。兩令坦俱天資有餘，學力未逮，弟雖忝一日之長，又不能爲教。接讀翰諭，惓惓懃懃（一一三），世有情愛之篤如是者乎？夫亦可以感矣。凡愛廷玉者，蔑不謂弟可以一言藥石，不獨台教然也。無如經歲，或不得一見蹤迹，如此其疏，縱有血誠，欲效末由。形篇頗見稠洽，然如翰教所云，則直未之知。接讀乃始瞿然，初不意其賦性醇篤，而亦不無患，此固當導揚至意，弟亦不敢不竭其愚忱。外所諭者，亦已再四丁甯〔一一四〕，令其各相儆勵，弟不敢爲師，硜硜自矢。祇以自知不足，安能相與有成？聞命益深惶悚，雖加意訓飭，正未識能仰酬萬一否耳。伏望垂照，臨穎主臣。

與葉淵發孝廉

前在景初先生喪所，倉卒未及細談。是午別後，偶出西關，道經族逆朱品佳門，首見有官示高粘，即而讀之，則翰林院葉照得家人朱佳云云也。夫翰林院則尊府之官銜，家人朱佳則確有投身之契。去年夏間，曾以此事託令叔奉聞。竊爲此逆不肖，甘爲奴隸，尊府悤悤〔一一五〕收納，何暇詳其家世，此固不敢相咎。但求檢還身契，則一了百了。而手札復令叔云：「朱品佳投靠之説，實未曾有。姪從不妄收家人，況朱氏之族乎。」老兄肝膽意〔一一六〕氣，羣倫宗仰，又尊公表叔，公廉重望，庭訓祇承，豈有如此名義所在而相欺者？煌煌明訓，奉之若符契，尊之若圭瑞，爾時隨有見語者，云實有身契，止緣投身禮物尚虧，若還契則無憑取索，故不還耳。而此逆亦云某月某日，迫寫身契，是確轉以寒宗不能索出，大肆揶揄。然弟輩總不爲其所動，則以君子行事光明磊落，決無面是背非之理。豈有舍吾輩九鼎之言不重，而重無稽之口？今其翰林葉衙家人朱佳硃筆大示，胡爲乎來哉？不可解也。欲疑不出自尊府，則誰敢溷冒；欲疑果出自尊府，則欺負已甚。此逆蒙面喪心，得爲宦家之奴，彰明較著，黏示通衢，或者以是爲榮，亦未可知。顧此逆畢竟朱氏之族，其高祖則刑部公也。推而上之，則即邑志所載澤民先生、季甯(一一七)先生之裔孫也。尊府擱然以爲家人，是辱衰宗也，是辱先靈也。孰無祖宗？孰無子孫？亦孰無廢興？轉眼一觀，可以膽悸。且寒家痛心疾首，於此逆匪，朝伊夕彼，亦相視如仇讐。乃尊府卵而翼之，彼得搖脣鼓舌，益無忌憚，是助凶(一一八)逆之燄，而與弟輩爲敵也。即以他姓不顧禮義爲之，諒以公正如吾兄，辱在親戚交遊如吾兄，必爲之義憤髮指，嗚鼓以攻，而敢謂即出自老兄爲之乎？所以反復思之，不可解也。自有此示，而向之來相告語者，及此逆所以揶揄者，俱有徵矣。令弟輩又何以爲解，然而終有疑焉。竊意老兄必無是事，其間自有影射而旁出，誠如令叔前所云者。而投身之契，則其必有也，斷斷無疑。伏望曲加體訪，大震霆威，追出身契而擲還之，真所謂一了百了也，更何他說。衰族不勝大幸，先靈不勝大幸，亦彼此子孫世世無窮之幸。臨啟無任激切懇禱之至。

與王甫瞻

從來非至戚密友，斷不肯直言規諫。弟之鄙拙，固無足聽，若素民席翁，其懃懇告語，烏可不爲之動也。兹又爲吾兄曲計行貲，古人之誼，可貫神明。吾兄若誠感切於中，萬惟深思其言，而前途是愛，已往者不必論已。恐到他鄉，多屬新知，即欲求一直言而不可得，興思不勝惘然。切勿以己長勝人，切勿以意氣凌人，切勿以詬詈加人，如此則無往而非坦途亨道。大約留他人一分餘地，便是留自己一分餘地，至切至切！猶冀吾兄追念舊誼，故再直言，爲臨別之贈。知我罪我，悉惟尊裁。不能走送，無任馳溯。

又

駕過，失候爲悵。弟行矣，萬望吾兄遷寓之後，安靜無爲，以詩酒風月爲娱，以賣詩賣字爲生計。他人之事，一切勿與；他人之過，絶口勿談，以自安其身。孔子居鄉，獨且恂恂如也，似不能言，何況吾儕。儻或再從意見、生釁氣、岸招尤，不惟自處絶無地位，且負敷老輩曲全苦心，弟亦不能更爲力矣。既不克無求於人，而又動與人作怨，是欲前行而自塞其途也。若能俯從鄙言，又何必去父母之邦，至切至切！留此代面，冀慰我遠懷。極知狂直，然深相愛切。囑囑（一一九）。

【校勘記】

〔一〕芥，《崑山先哲遺書》本作「介」。

〔二〕誠，《崑山先哲遺書》本作「神」。

〔三〕少，《崑山先哲遺書》本作「稍」。

〔四〕覽，《崑山先哲遺書》本作「鑒」。

〔五〕倚，《崑山先哲遺書》本作「依」。

〔六〕固，《崑山先哲遺書》本作「果」。

〔七〕侯問，《崑山先哲遺書》本作「問侯」。

〔八〕并，《崑山先哲遺書》本作「併」。

〔九〕止，《崑山先哲遺書》本作「祗」。

〔一〇〕卷數，《崑山先哲遺書》本作「數卷」。

〔一一〕軌，《崑山先哲遺書》本作「規」。

〔一二〕種樹，《崑山先哲遺書》本作「樹種」。

〔一三〕翼，《崑山先哲遺書》本作「遺」。

〔一四〕與，《崑山先哲遺書》本作「以」。

〔一五〕於，《崑山先哲遺書》本作「于」。

〔一六〕著論，《崑山先哲遺書》本作「論著」。

（一七）不，《崑山先哲遺書》本作「未」。
（一八）熾，《崑山先哲遺書》本作「至」。
（一九）屨，《崑山先哲遺書》本作「履」。
（二〇）布，《崑山先哲遺書》本作「佈」。
（二一）辱，《崑山先哲遺書》本作「承」。
（二二）布，《崑山先哲遺書》本作「佈」。
（二三）交知，《崑山先哲遺書》本作「知交」。
（二四）芥，《崑山先哲遺書》本作「介」。
（二五）以，《崑山先哲遺書》本作「於」。
（二六）昏，《崑山先哲遺書》本作「夕」。
（二七）紵，《崑山先哲遺書》本作「紵」。
（二八）《崑山先哲遺書》本「時」上有「之」字。
（二九）黄，《崑山先哲遺書》本作「皇」。
（三〇）即，《崑山先哲遺書》本作「亦」。
（三一）惠，《崑山先哲遺書》本作「恩」。
（三二）歿，《崑山先哲遺書》本作「没」。
（三三）未，《崑山先哲遺書》本作「非」。

（三四）閒，《崑山先哲遺書》本作「間」。

（三五）草，《崑山先哲遺書》本作「艸」。

（三六）間，《崑山先哲遺書》本作「閒」。

（三七）甯，《崑山先哲遺書》本作「寧」。

（三八）諳，《崑山先哲遺書》本作「請」。

（三九）甯，《崑山先哲遺書》本作「寧」。

（四〇）草，《崑山先哲遺書》本作「艸」。

（四一）《崑山先哲遺書》本無「果向」二字。

（四二）預，《崑山先哲遺書》本作「豫」。

（四三）歸促，《崑山先哲遺書》本作「促歸」。

（四四）容，《崑山先哲遺書》本作「俟」。

（四五）生平，《崑山先哲遺書》本作「平生」。

（四六）責，《崑山先哲遺書》本作「職」。

（四七）壒，《崑山先哲遺書》本作「埃」。

（四八）閒，《崑山先哲遺書》本作「間」。

（四九）《崑山先哲遺書》本「夫」上有「太」字。

（五〇）豫，《崑山先哲遺書》本作「預」。

（五一）緘，《崑山先哲遺書》本作「椷」。

（五二）游，《崑山先哲遺書》本作「遊」。

（五三）《崑山先哲遺書》本無「可」字。

（五四）皇，《崑山先哲遺書》本作「惶」。

（五五）畫，《崑山先哲遺書》本作「劃」。

（五六）祠，《崑山先哲遺書》本作「祀」。

（五七）少，《崑山先哲遺書》本作「稍」。

（五八）兩，《崑山先哲遺書》本作「二」。

（五九）有，《崑山先哲遺書》本作「亦」。

（六〇）閒，《崑山先哲遺書》本作「間」。

（六一）冀，《崑山先哲遺書》本作「祈」。

（六二）《崑山先哲遺書》本「弟」下有「自」字。

（六三）閒，《崑山先哲遺書》本作「間」。

（六四）月，《崑山先哲遺書》本作「肉」。

（六五）禂，《崑山先哲遺書》本作「禂」。

（六六）嗣，《崑山先哲遺書》本作「哲」。

（六七）月，《崑山先哲遺書》本作「肉」。

（六八）免，《崑山先哲遺書》本作「勉」。

（六九）甯，《崑山先哲遺書》本作「寧」。

（七〇）冀，《崑山先哲遺書》本作「祈」。

（七一）尚，《崑山先哲遺書》本作「向」。

（七二）擬，《崑山先哲遺書》本作「議」。

（七三）《崑山先哲遺書》本「家」上有「爲」字。

（七四）《崑山先哲遺書》本無「其」字。

（七五）詣，《崑山先哲遺書》本作「誼」。

（七六）詣，《崑山先哲遺書》本作「誼」。

（七七）叔，《崑山先哲遺書》本作「兄」。

（七八）《崑山先哲遺書》本「失」下有「之」字。

（七九）日之，《崑山先哲遺書》本作「之日」。

（八〇）轉寄弟訊，《崑山先哲遺書》本作「弟訊轉寄」。

（八一）少，《崑山先哲遺書》本作「稍」。

（八二）過，《崑山先哲遺書》本作「顧」。

（八三）雖，《崑山先哲遺書》本作「然」。

（八四）《崑山先哲遺書》本無「吾」字。

（八五）吾，《崑山先哲遺書》本作「我」。

（八六）《崑山先哲遺書》本無「吾」字。

（八七）迹，《崑山先哲遺書》本作「述」。

（八八）更稍，《崑山先哲遺書》本作「稍更」。

（八九）懽，《崑山先哲遺書》本作「歡」。

（九〇）誠，《崑山先哲遺書》本作「仁」。

（九一）我，《崑山先哲遺書》本作「吾」。

（九二）山，《崑山先哲遺書》本作「仙」。

（九三）境，《崑山先哲遺書》本作「景」。

（九四）惟，《崑山先哲遺書》本作「維」。

（九五）意，《崑山先哲遺書》本作「心」。

（九六）語，《崑山先哲遺書》本作「晤」。

（九七）侯問，《崑山先哲遺書》本作「問侯」。

（九八）繫，《崑山先哲遺書》本作「系」。

（九九）轉轉，《崑山先哲遺書》本作「轉輾」。

（一〇〇）成，《崑山先哲遺書》本作「承」。

（一〇一）二，《崑山先哲遺書》本作「兩」。

（一〇二）惟，《崑山先哲遺書》本作「維」。

（一〇三）祉福，《崑山先哲遺書》本作「福祉」。

（一〇四）念，《崑山先哲遺書》本作「慮」。

（一〇五）廷，《崑山先哲遺書》本作「庭」。

（一〇六）自，《崑山先哲遺書》本作「此」。

（一〇七）稺，《崑山先哲遺書》本作「稚」。

（一〇八）淪，《崑山先哲遺書》本作「凌」。

（一〇九）盛，《崑山先哲遺書》本作「誠」。

（一一〇）惟，《崑山先哲遺書》本作「維」。

（一一一）惟，《崑山先哲遺書》本作「望」。

（一一二）《崑山先哲遺書》本無「於」字。

（一一三）懃懃，《崑山先哲遺書》本作「勤勤」。

（一一四）甯，《崑山先哲遺書》本作「寧」。

（一一五）悤悤，《崑山先哲遺書》本作「偬偬」。

（一一六）意，《崑山先哲遺書》本作「義」。

（一一七）甯，《崑山先哲遺書》本作「寧」。

（一一八）凶，《崑山先哲遺書》本作「兇」。

（一一九）囑囑，《崑山先哲遺書》本作「屬屬」。

卷二　書

與二周生

往歲别於星來齋中，不勝意緒。曾作一詩，欲贈蹉跎，不及寫致。倏忽已逾一載，相見益稀，不知兩弟學業造詣如何。念不能置，故追寫前詩送覽，以伸我懷。鄙志所期，慎勿虚也。又前欲我改兩弟之字，亦一時未逮。然常不忘於心，今并改往。磻曰載聖，蕃曰方宣，載聖則太公之事，方宣則取於申伯之詩，想副雅懷所樂稱也。不盡。

與星來徐子

新正曾走看足下，不得值爲耿。今歲讀書何地〔一〕，想已有定，然甚念之。孟子曰：「君子以仁存心，以禮存心，仁者愛人，有禮者敬人，愛人者人恒愛之，敬人者人恒敬之。」此猶論尋常交接禮也。若弟子之於師，則禮有訓矣。事師無犯無隱，左右就養無方，服勤至死，抑何致禮盡敬至此極也。足下生長巨族，家聲鼎盛，其當兢兢（二）以禮律身，而無失節於師長也，視他人倍甚。昔柳玭戒其子弟者云：「門第之高，可畏而不可恃也。立身行己，一有所失，則得罪重於他人。懿行實才，人未之信，小有疵纇，人輒指之。」斯言豈欺我哉。僕不佞（三），於足下有一日之長，每相對，見足下意氣懇懇懃懃，而周旋應對無愆尤，心甚愛之幸之。以謂足下於吾（四）如此，則凡所以與人者，宜無不致禮也。與凡所以待師長者，宜益無不致禮也。然近日以來，頗有爲僕言足下未能盡卑幼之禮者。至新正道見鹿野兄，則更言曾與足下相遇，足下輒掩面而過，不少爲禮。又鹿野與望迪兄同爲足下師，居止又甚相近，而近者賀正，足下於望迪，則有「門生徐某百拜」之刺，而鹿野門下，曾無吾子之蹤迹，僕乃大怪駴。既而思之，足下決不舛謬若此，當是道途邂逅，鹿野見足下，而足下未嘗見鹿野也。其新正之拜賀，則以足下足力之盛衰，微有旦夕之先後耳。然使師長得有詞以督責，則足下之疏簡不勤慎，已有所不能辭其過矣。鹿野兄又云：「使編户子弟不知禮者有此，則竟棄之矣。」今於足下諄諄糾舉，是猶以君子之道待足下，且此而不發，釀成足下爲黷師慢長之人，東海家風，從未有此，是重獲戾於高門也。故不得不盡言以相正。夫鹿野之於（五）足下，用情若此，亦可謂良厚矣。足下其未之省邪？鹿野又云：「後有會遇，必面行訶責。」僕謂不以禮自處者，雖面訶責，不悔也。其以禮自處者，即暗室猶自警察，而況已有徵色而發聲者乎？望足下亟爲救過之計，告無罪於鹿野，而凡與人事長之閒(六)，皆益自謹審，無苟失禮。則所以仰答師長期待之情，亦不薄矣。人恒過，然後能改，但一誤，不容再誤耳。切屬切屬。僕之愛足下，不減鹿野兄，故傳述其語，而加之以丁甯，不覺筆墨之爲煩。惟諒悉是幸。

致葉廷玉

前者令叔垂顧，特(七)以來歲吾弟師席相延，辭意懇懇懃懃，若必欲得僕承命而後愉快者。繼以隆禮枉聘，使者又具道尊慈之意，一如令叔所語。僕聞命戰越，罔知所出。竊念往歲，忝據皋比於高齋者，已三年矣。碌碌素餐，絲豪(八)莫效，至今尚有餘愧。此在尊慈令叔，即尤而憾之，宜未爲過。而反追念疇昔，欲復相延，意者非以其功之足録，而諒其心之匪懈也。抑僕自謝職以來，吾弟文日麗、才日高，今日求可爲吾弟師者，蓋不乏文章淹雅、經術湛深之宗匠，是之不求而顧謬取於荒滅蒙昧之僕，意者以當今宗匠，固聞望歸然，猶或文掩其行。而僕則正以樸陋，而見其植本之若有一得也。使尊慈令叔非有取於此，則又何惟僕之擇。誠取於此，則望之愈殷，責之愈重，而僕之報稱愈難，此僕之所以聞命戰越，且逡巡卻避，而不敢承也。誠恐碌碌素餐，復蹈故轍[九]，則僕罪滋多而愧滋甚也。今持三者以與吾弟約，要不過日用間履業行學之粗節，而其大端猶未暇及。一者不可多言妄動[一〇]，二者不可攖心煩瑣及無益應酬，三者期限日課，務須及格。往見吾弟侍於長者，四座靜謐，獨譁然惟聞吾弟語。又率意舉止，往來無顧，是豈禮所謂「不謂之進不敢進，不謂之退不敢退，不問不敢對」者？此多言妄動之不可也。吾輩存心，自有大者，何暇及於瑣節。范文正公毀譽懽戚、富貴貧賤尚不[一一]以動其心，他可知已。有益之應酬，應酬亦可爲學，無益之應酬，遂不免言不及義，好行小慧而廢時失事，又無論已。此攖心瑣事及無益應酬之宜戒也。古人晝夜朝夕，皆有所業，計功計過，必無憾而後即安。若一刻之課或愆，一日之功不畢，何以謂之無憾？在吾弟既虛度此一刻一日之光陰，在僕亦曠此一刻一日之職分，此課業不及格之不可也。三者吾弟能一一如僕言，確而行之，其於[一二]僕所指示，必身履而不徒口是，必心信而不徒貌從，如是，僕乃敢受任不辭。若吾弟於此，自度力不能及，僕斷不敢依違苟徇[一三]，甯[一四]受今日違命之咎，不受將來負職之罪。何也？經師人師，何患無人。僕即不從，必有克勝其任者，故其咎小。儻苟且奉命，將來欲盡職，則有間關鉏鋙之患，不盡職則既負尊慈令叔見託之重，又負不肖區區竭誠之念，并亦有負吾弟英年進德之資。此時進退維谷，僕不知所以自處矣。是以披露腹心，惟待吾弟之裁示而後敢從事焉。

又

廷玉足下，比來想太夫人淑履萬福，足下制舉之業日益工，凡所以進德砥行之道，日益講求。以僕耳之所聞，多有謂足下馳逐煩猥，無有甯（一五）晷，皆爲所不當爲、不必爲之事，則似乎足下何暇讀書好學。以僕之門經年之久，視足下之至，幾於空谷跫音，則又似讀書之勤、好學之專，無過於足下者。不然何爲是落落也。然亦無論其讀書與不讀書、好學與不好學，而僕之門，足下總不應若是之疏。何者？墨子避朝歌，曾子過勝母，以僕之門，何至有此。而足下乃爲之迴車而不入邪？足下若誠好學讀書，則問難質疑，固不容已。若自知好學讀書之不逮，則正當以相對之頃，一檢攝其身心。僕又素硜執無他，晤語非論説古今之行義，則指陳當身之得失，蓋大有造於足下也。雖當世固多高賢宿學，足下所與往還取資者亦不一，何必此迂疏朽鈍之人。然僕以爲足下誠與高賢宿學相往還，則亦必不望僕門而卻走矣。計足下意中以爲僕過足下之時少，往來之禮當如是。足下亦念弟子（一六）之於（一七）師，固論往來之禮邪？是所謂左右就養無方者也。且使師而頻造其弟子，直將爲門下客邪？然僕以起居，太夫人年常一至，禮所當來者，亦必至，而且未嘗後時。此外乃不復來者，則又見來時候足下於堂中，必久坐而後出。古人於所當尊禮，猶爲（一八）之擁篲倒屣，而況乎其師邪（一九）？今即擁篲倒屣之不必，而必久乃後出，則又相待爲何者邪？僕且如此，平交以下，益復可知。自非飢待推食、寒待推衣、急難待援手者，又誰肯受慢於足下邪？即處飢寒急難，又況多不甘自屈者邪？足下又豈能一一解推而援手邪？以僕觀足下，真如夜行而無燭，涉江河而無楫，方夫途平浪息，誠若無可慮者，一或遇風波而履坎窞，足下其將何以依泊？而不惟父兄師長之相親也。足下視僕既疏，而僕又爲之强聒，無乃可已不已。然僕之爲此言，爲太夫人也。足下又嘗語人，謂僕待足下甚峻，使果待之甚峻，則又安肯切切爲此不憚煩之言，而僕此言又豈泛以加諸人者歟(二〇)？尊公既在九原，不可復作。太夫人又不便以外言入闈，令伯令叔俱在宦邸，無由一見。然僕斯言也、斯心也，亦可以對九原而無愧，可以對太夫人、令伯令叔於清夜自思之際，而無憾者矣。足下念僕窮居孑處，方歎不能逃諸空虛，猶將以足下一至爲榮邪？抑他有所冀邪？特在足下所當然耳。然此亦孟子責樂正子後見長者之意，僕之區區，正不惟是而已。足下其亦瞿然於吾言否？儻仍不爲意，置若罔聞，則已矣，不復言矣。僕亦可以對九原而無愧，可以對太(二一)夫人、令伯令叔於清夜自思之際，而無憾矣。惟足下裁察。

又

僕所以頻年不拜嘉惠者，實有鄙意於斯，而不受無功之奉，則其一也。自念一年以來，僕之效功於吾弟也絶少，而吾弟亦初不求益於僕，或經年不一面。近者講書之約，吾弟又以其迂昧也而遠之，則僕雖欲效功於吾弟而無從。則節中雖欲拜惠於吾弟，而亦不敢。自後竟去此告朔之飆，何如？然高堂之厚意，與吾弟之隆文，則心領矣。容面謝，不一。

又

經久不見，念甚念甚。舍姪某此番應試，不過令一習試事已耳，初無他望。近者府試，文甚荒劣，決無見録之理。案發竟附末行，竊自疑異，豈當事者如九方皋之相馬，别有所取邪？抑亦有先容之者邪？明晨吾弟果遣使，以薦引告僕。思吾弟欲薦舍姪於府，當縣試時，即向義宗言之，又向欽安言之。緣吾弟不見過者，幾及經年，此語不過得之傳聞，不便致札左右。隨屬義宗、欽安，爲我固辭。後子孚又以吾弟言見告，則託子孚所以辭者，語更堅決。據子孚云，吾弟此意已寢，不謂吾弟之仍見及也。甚服厚道，甚感高情。昨公白又傳吾弟兩語，云倚江兄薦剡，舍姪名列第三。僕益念府案中，倚江所欲録者，不知有幾。吾弟所欲録者，又不知有幾。其求薦而録者，或争奔走請屬於吾弟之門。僕既堅辭，顧以舍姪妨賢路，甚服厚道，甚感高情。但僕之意則殊有不然者，惜乎吾弟辱在師弟，而未之知也。僕之不願舍姪與薦剡者，實有兩意。一則欲使之歷艱難也，一則欲使之知義命也。僕見今之有學能文者，備嘗摧挫，辛苦千狀，豈可令如此黄吻小兒，輒圖僥倖，輒希弋獲。孟子不云乎：「必先苦其心志，勞其筋骨，行拂亂其所爲。」此豈異人事也。又歎古來不安義命、枉道求人者，始進不正，後乃不復振拔，立身遂敗。究竟遇合自有天數，所得不償所失。當今功名雖未易得，然仍有不事干〔二二〕謁、不從汲引，而受國士之遇者，此真浩浩落落，能自樹立。僕誠私心慕之，此僕於舍姪區區之意也。竊謂人之愛其子弟，皆當如此。且吾輩作事，皆須放出天理，孤行兩間，不應強把人爲，一概抹殺。蓋故前縣試時，去非舍（二三）姪欲相薦，僕亦辭之。至親孰若宗族，猶尚如是，僕意良可見矣。試而得録，天理也；不得録，亦天理也。與其有薦而録，孰若無薦而不録之爲樂，僕豈敢漫附於樂天知命之學。然志在於此，此即昆弟間猶未之知，宜乎吾弟見亦弗及之也。得録既由吾弟，悉聽主裁。聞薦剡中所不録者，正多其人，即可以舍姪名與之。不然，別售他人可也。舍姪之試（二四），不過令習試事，誠無他望，而必欲與道試也。況又可降其志乎哉？冀垂察悉。不宣。

又

昨承惠，非不知吾弟厚意，但所以勉爾僅領者，僕意師弟主在相益。儻此後使僕稍有功於吾弟，雖多多而悉登，辭受在吾弟，不在僕也。幸諒，謝謝。敝及門毛雲翼名飛，專心好學，文章俊異，特以生長於鄉，城中知者絶少。抑且命途奇蹇，沈淪童子科，未得寸進。喪偶喪子，無田無舍，而讀書之志益鋭，欲覓一坐地於城不可（二五）得，僦居僧寮。僕擬約二三同堂，各出少米，濟其饘粥。適聞洪尊紀欲延一師，未有其人，望（二六）吾弟此刻即爲問之。如席果虚，得相延禮，雲翼不惟讀書有所，亦且與吾弟附在知交。而洪尊紀之子，未審造詣已何如，要可謂得師，僕言斷不誣也。不然并（二七）有一語，便相道達。所云同人約米，直望吾弟出挑，許之粟以相贈，此施財於有用，真大善事也。下午希即回示，望切望切！否則一過初三，便從洪尊紀取一的音復（二八）我。餘不具。

又

僕自館歸，旋即出門，及還而吾弟連有郡行。曾於初二日有事，欲悉走詣，不值，悵甚悵甚。僕年雖周甲，而自愧無聞，何敢言壽。聞吾弟出柬，約諸及門皆來致祝，非不心荷至情，然適滋吾疚，萬惟寢止，所欲面謝者一也。甫瞻兄因三令叔之約歸崑，不幸又遭大故。今他行不能，留崑無倚，聞吾弟爲久要計，每日升米分銀爲餽，具見古人高誼，所欲面頌者二也。孚尹性情簡樸，藝雖高而慮其寡諧，聞吾弟所以垂注孚尹者，不遺餘力，屬與孚尹知交，皆如挾纊之惠。更望於契好中，廣爲噓植，念其菽水謀切，爲親而屈，無概爲藝遊之士，而務禮遇之，荷甚荷甚，所欲面頌而更致屬者一也。毛生雲翼向承仁粟之惠，奉報之念日切於中，兹具《名臣言行録》一部，望鑒收，所欲面爲轉達者又一也。山行甚迫，不及待晤悉。爲此代面，不覺覼縷。

與胡振安

久不晤對，昨得從容談悉，欣慰欣慰。別後顧有耿耿於中，而不能不復爲縷布者，則以昨者談次，覺振安之任過太勇，求名太鋭也。人苦不知過，而振安獨欿然自下，惟恐不聞過，亦惟恐不自以爲過。今人多頹惰廢弛，不肯好學深〔二九〕思，以工文章而取榮名。乃振安之奮然以必得爲念，此皆所以爲不可及者也。顧僕猶有不釋然於此者，何哉？誠以道惟求中，文過不可，而亦不必其太任；無聞不可，而亦不必其太求。以潦倒於塵俗，而不覺身心之荒、學殖〔三〇〕之落者，此振安任過之説也。然謂當時功過格之作，一時友朋感發使然，原無意於躬行，僕以振安是言，任過太勇矣。以求功名爲承先啟後、尊親養親之所係，高堂垂白，夢寐惟有此事，振安不能不求名之説也。然直以是爲性命之業，凡所以求之者，皆義理所當然而無遺議，則僕以爲振安之求名太鋭矣。功過格之作也，若即以求名，則當悔本念之差。若本不求名，則今昔緣何殊念，不當但自表自而已。故在他人則患其不任過，而在振安則又患其任過，何者？他人習爲巧僞，護短飾非，一任過，而是非轉關在此矣。振安忠誠有餘，保無事雖失當，而以一任過爲吾志，已不欺吾心，已無憾乎。是以其身爲衆咎之歸，而果不欺乎哉！果無憾乎哉！至謂求名爲性命之業，則尤不可不辨。振安所以云然者，以承先啟後、尊親養親，孝也。孝者，性命之理也。不知性命中但有直己之功名，初無枉道之功名。但有俟命之功名，初無倖邀之功名。身者，親之枝也。將直己俟命爲榮其親乎？抑枉己倖邀爲榮其親乎？有識者必有辨於此矣。爲此說者，大約今之不安義命者，託於榮親，以忘身徇利，而振安亦爲之惑者也。然僕微窺振安昨爲此言，亦非本懷。不過近者振安頗與少年競馳逐，僕深不以爲然，故以勇于(三一)任過，見爲非不自知；而以銳于(三二)求名，見爲不得不然耳。抑知苟中二者之病，將固結而不可解。蓋求名銳則多過，而任過不得不勇；任過勇則輕視，過而求名，益不自覺其銳。振安於此二者，其本懷邪，則爲病良深；非本懷邪，則馳逐又何所爲？我恐振安蓋兩無所據也。振安志慮沈深，動履端方，僕於至親，指不再(三三)屈，心誠愛之重之。恐將來名利中有振安，學問中無振安，是以不勝意念，瀆於左右，而又以振安之能受忠言也，不復揣其戇直焉。

自記云：改過務實，是通篇引而不發之指(三四)。至亦非本懷一轉，分明說任過恰是巧於文過，求名初亦非爲其親，尤覺含蓄不露。

與盛玉臣

近課俱閲奉，愚謂當今紛紛，以變文體爲説，人心皆因之而動，即此便是學者見理不明、立志不堅處。蓋文以顯道，學者正當深求乎四子之書、六經之義，得其所謂當然不易者，而發之于(三五)文，自然投時，自然傳世，無用隨俗變遷也。故愚意前此不必務爲卑弱，今此不必務爲高奇，所謂世人無常，而徐公有常，乃見學力。雖將來功令，自(三六)以卑弱爲禁，然但禁卑弱，非求高奇也。卑弱、高奇，皆文之迹。若文之所以然者，理也。理豈有卑弱邪？亦豈有高奇邪？理者，亘古不變者也。將來操文衡者，能變文之卑弱者而已，豈能變文之理邪？則亦無庸爲之動心矣。學邯鄲而失其故步，吾恐進退之無據也。令伯及各位尊師，皆文章宗匠，僕久湮塵土，何敢言文，特有見於理之如此，故以告諸高明。知令伯尊師，亦不以爲河漢也。

與盛玉臣、劉御蕤、張闇臣、王醇叔第一札

僕本廢處菰蘆，百凡不敢有所作爲。近者提倡聖賢書旨，誠見世道之喪、士風之壞，莫甚於

今。而吾弟輩又能矯然拔俗，有志實學，真是當今祥鸞瑞草，故不量迂拙，樂相成就。但此事本人人所當然之事，非一人所得私，又實一人所自爲之事，非他人所得與。所以吾輩只須牢鍵門牡，專做自己學業，苟有同志，何妨共事；苟非所欲，切勿强求。至若别人閒是閒非，一切勿管。念頭不可想著，口中不可道著，總之切心爲己，自然萬事都休也。前見吾弟輩，除卻講期，其餘日子皆有所課，今仍然邪？其不然邪(三七)？始者皆有皇皇若不及之意，形于(三八)動静。今未免神志疏懈，竊恐其不然也。昨僕謂相對時雖見欿然，未知退後若何。然僕又微窺弟輩，皆覺氣浮，惟御蕤此病稍輕，氣浮則言語易出、舉動易乖，講論不能記憶，質問不能詳明，此最害事。相對且不免，而况退後。是即講論之頃，諄諄告語，一暴十寒，又何益邪？人情不齊，議論易起，僕已逆見其端，故望弟輩謹密爲主。然實做工夫，人自能謹密，自能不惹議論，以是不勝規切之念，一一指示，幸自省察，并相傳視。主臣主臣。

與王醇叔第二札

昔人謂學必講而後明，據愚意，學之明，不徒在講，必也德之修、義之徙、不善之改，三者交勉，不遺餘力，方可日進於明耳。所以前者吾弟請業于(三九)僕，僕意只將聖賢書義時一提舉，而所重在乎平日躬行實踐。蓋以聖賢書義範我躬行實踐，而以躬行實踐證昔聖賢書義，正所謂知行交進之功也。不謂吾弟不審乎此，浮游[四〇]從事，始也尚以口耳爲業，繼也不惟廢于身心，并亦廢于口耳。但就僕區區講論片時，此身坐定，稍稍檢攝。此如破屋壞器，東穿西漏，暫時抵塞，濟得甚事！以致過咎多端，物議沸起，是豈人之好爲譏斥哉？果然白璧無瑕，又何由而指摘？即或語有過當，要非無因至前。此須痛自悔責，猛加遷改，但覺譏斥之盡當，莫怨譏斥之我加，直視譏斥者爲神明之隆，鑒爲骨肉[四一]之相愛，爲師長之提命，爲醫藥之救療，感之愧之、禱之頌之。存此一片公心，方是作聖基址，辨此一副誠心，方于自己分上有所裨益，有所造進。不然苟於[四二]胸臆之間，微有咎人之念，便是終身墮坑落塹，永無救拔根源。而且衆口之益多，惡聲之益甚，夫不思弭己之過，而但欲毁之不來，是猶不如息火之然，而但欲鼎之不沸，安可得哉！安可得哉！雖然，此非獨弟輩之事，僕亦與有責焉。形端則影正，源潔則流清，僕不能刻責省躬，以爲弟輩倡率，致此懈弛，是足下之過，即僕之過，僕敢不因此益自悔厲遷改，務期寡尤，而但屑屑焉口耳相警戒，而且泰然坐于[四三]講席，借聖賢書作此不顧行之言哉？靦顔不知内疚也哉？故已決意[四四]辭講，勿復相强，各自閉關思咎，加鞭向上。日日讀聖賢書，日日做聖賢事，諄諄砥礪，有此而已。幸深鑒悉，努力自愛，不宣。同事諸子，便閒[四五]望一一轉示之。

又

昨擾，謝謝。達夫兄于歸途復諄諄，言欲枉受學。僕思達夫兄虚懷若此，誠當于(四六)古昔士大夫中求之，特非所施于(四七)僕耳。僕之荒謬，吾弟輩所熟知。祇以四子之書，其指意頗爲舉業家講貫所掩，吾弟輩欲僕稍揭大義，以爲修身應物實學之助，誠盛意也，不能不相玉成。故昨輒率臆見而論説之，然亦不過老生常談，非真能發明聖賢之旨。達夫兄如不棄，正望以高朋(四八)之見，啟吾益吾(四九)。其相與之閒(五〇)，只如昨者，友朋酬對，甚善甚善。若必師弟而後可以共學，則友朋便非共學之人邪？又何古者觀摩講習，多屬友朋也。望足下爲我堅辭，無致達夫兄爲誤用其虚懷，而僕亦負非分之愧，且將轉悔。前于恪如、闇成，辭不甚力也。懇切懇切。欲走悉，適膓紅發，不任遠步，專布不一。

又

外有囑者，武陵以門祚之衰，致有唐人之事。聞唐人比來鴟張更甚，而其主人同爲世家之後，初不從此起見，殊不可解，望醇叔以大義公論，力爲主持。果亭先生與武陵亦世戚，聞伊仲兄事，惟果亭之力。便間萬望聞之，維持禮教，固賢縉紳之事也。僕于此事，不惜口舌者，實念延州、錢塘諸公，不瞑目于地下，亦後死者之責，故若有不能已，若深愛韋叔，區區赤心則固已。不信而且取厭，不敢復言矣。惟願吾弟同心扶植之。

又此札似爲薦發事而發

前者重煩台從，本擬一來面謝，行急弗及，殊抱歉也。兹特布衷，切望照悉。人之相知，貴相知心，此事不惟過費神力之爲荷，而實切相與有成之感，抑非徒此事也。自後凡有齒及僕一字者，即望我(五一)醇叔解之曰：「伊人也，怪迂之士，動與時違，而不必置之胸肊也者。」僕因得以有盡之年，而與世相忘，則成吾之德，没身猶切銘佩，此固我醇叔之夙望于我，不覺傾悉。晤期當在冬初，餘不具。用純再行。

代猶子與醇叔第二札第一札已刻

榮命之膺，已有專函奉賀。此受指于家伯父，非弟之所能及也。諒蒙台鑒，尚有未及縷悉者，兹另削牘，幸垂觀覽。邑中利弊，上臺大約意在休養。雖有陳請，類不舉行。銷圩一局，舊令已謝事，此亦未始非桑榆之收。而羣小必欲行其千奸萬弊之田册，詭謀未艾，呼先生多方控籲，孤而寡援，未卜上臺將來意誰嚮也。老兄儻有上臺書問相通，得爲齒及，呼生老儒，不妨一爲延訪否？餘米輸爲社倉，竟屬畫餅。縣官至今居然血比，曾不得邀其一粒，可笑至此。此事賴東海先生大爲利濟，固通邑之殊幸。近者族叔父岱生仰承德意，廣爲勸導，頗有聞而興起者。

晉孝挹丈願每年捐米三十石，以十年爲率，專濟黄區左右地方。將來繼此者，當必有人，亦甚可喜事也。講約自六月以來，止八月舉一次，一則諸兄有試事，塵擾月餘。二(五二)則家伯父自中秋患脾疾，苓連、參朮，靡所不服，今逾兩月，未得全痊。三則弟既不才，不克深自鏃礪，仰副庭訓，家伯父亦以諸兄頗不得力于(五三)講論，意殊鬱鬱不樂，有輟講文，讀之真愧恨無地。録呈台矚，老兄何以痛鞭策弟，使夢者得覺，而并(五四)爲諸兄一加勸勉也。伏讀九月二十五日致家伯父及辱教函，具見沈潛古訓，一一反求諸心，深造自得，日新月異。忮求俱泯，聖人之所以嘉仲子也。學者站定脚根(五五)，全在此處。以静坐爲静，是静于境，不静于理。正惟一切動時，未嘗不静，纔是真静。但直謂静坐可廢，則又與以静坐爲静，同其偏失。此皆切實體驗語，佩服佩服。若弟則駑劣無知，猶然阿蒙，正復時爲通身汗(五六)下。然高賢在前而不能踵武，周行枉示而不克加鞭，悠悠自棄，如何如何。前咸正兄札中所商來歲事，此出於諸兄之意，家伯父深所不欲，已寢其説，萬勿復注念及此。講義自是家伯父事，館務稍暇，自當爲之。家伯父近見顧涇陽先生有云：「居官者不知有家，方能盡分。居家者不知有官，方能安分。」嘆(五七)爲藥石，馳奉左右，所難尤在次句，然否然否？切惟垂照。

病中與諸生書庚午仲冬

講學二字，向來口語習只傳道一件事，而不思講者，講其所學也。學于事事物物，講于友朋聚處。學以爲講，講以濟學。固合二事爲一言者也。吾輩坐病，只爲講而不學。若學以爲講，則學之時必有所未明于心者，當考辨于講論之際，講之後亦必有所未融于心者，當質問於（五八）酬對之頃。苟皆無之，恐不可謂志在于學，而非以講爲文也。講而不學，則所講非所學，言之者雖極親切，聽之者總若影響，曾何益之有哉！今不必别舉聖賢論學所在，只就比者複講《大學》，此尤初學入德之門。而格物致知，又爲《大學》最初工夫次第，正要將格致誠正，與諸子發明一番。適愚病不能講，請即是而略言之。夫學莫先于立志，愚向謂諸子學問，只在日用行事間者，道在邇而不在遠也。然爲學之日用行事，事事即所以養性存心，不學之日用行事，事事即是放心逸志。二者氣象懸殊，今未見諸子勉爲學者之日用行事，而安于不學之日用行事，竊以爲志有未立焉耳。學問只在日用行事，即格物致知也。觀朱子于《大學或問》及其《師友問答》，不便教人格致，而尚有所事于格致之前者，非增出條目也，非是不可爲學也。其述程子之言曰：「入道莫如敬，未有致知而不在敬者。」又曰：「格物致知，須立誠意以格之。」又曰：

「致知在乎所養，養知莫過于寡欲(五九)。」述五峰胡氏之言曰：「立志以定其本，居敬以持其志，志高于事物之表，敬行于事物之中。」其自言曰：「涵養本原，又爲致和格物之本。」凡丁甯(六〇)反覆于所以爲格致者，其説如此。而後之學者，曾莫之察。既莫之察而不誠敬先之，則以何者爲格致，其一切事物之理，即或知之，總無歸著(六一)。而意何以誠？而心何以正？此所以懵然自廢于學，而諸子受病之所由來也。然立志也，存誠也，居敬也，細求各分條件，道理實只一項。而愚獨提立志爲言者，人苦因循頽惰，不自振拔。苟一旦矢志，必以聖賢爲歸，而從事乎其學。此時胸中盎然篤實，即是立誠；截然整齊，即是居敬。以此而當事物之來，其爲吾之已格已致者，亦須再審一番，未(六二)格未致(六三)者，即便就此格之，必求其理，必求其理之至善。苟未措諸日用，則拳拳服膺弗失，如即措諸日用，則循其已知之理，便從心意上密加檢點。只管如此做去，是所謂學問只在日用行事也。朱子之解格物曰：「或察之念慮之微，或考之事爲之著。或求之文章之中，或索之講論之際。」此四者非皆人之日用常行者乎？今諸子於此四者之前，果能立誠否？果能立志居敬否？果能涵養本原否？則亦於此四者之中，果能著(六四)意考察求索否？所謂細細，各自省察也。但既知格致爲學，而其間大小輕重，又不可以不審，則莫若先格吾心。心亦物也，朱子所謂「至切且近」者也。心之静爲體，其動爲用，動分人心、道心，静亦分人心、道心。朱子雖云此心未與物感，即在常人，亦無得失可議。然戒謹恐懼，在于未發以前，爲發皆中節之本者，道心也。舍戒謹恐懼，而但以空寂爲樂，則即自私自利，人心也。動而因物付物，雖萬變紛乘，常不失其至静之體者，道心也。不覺與物俱遷者，人心也。辨別無幾微之或差，即虞廷之所謂「惟精持守，無須臾之或閒(六五)」，即虞廷之所謂「惟一」。然欲格我(六六)心，究不外于格物，何者？心所具之理，即萬物之理。心所應之用，即萬物之用。在吾則爲人心、道心，在物則爲物理、物欲。格得物之理欲分明，即是格得心之理欲分明。物理日格，道心日擴，乃至沂水春風，無非理趣；鳶飛魚躍，總是道機。又卻不須一一格到鳶魚風水。當其格之，猶有一格者在，及其既格，格者與所格者，兩相融釋，是謂豁然貫通，是謂物格知至。只爲後儒看作物是物、心是心，所以將聖賢第一喫緊事件，便分岐(六七)趨。而學術之榛蕪，至于不可芟薙。而愚向謂正心以上，皆正心之功者，正以意是心之意，知是心之知，而物亦心之物也。朱子固有是一串事之説也，此一關頭，誠不易過。過此關頭，後面許多層次，只把知來覺照，便節節容易用功。心之所發，一如是物之理則誠，不然則不誠。心之所用，一如是物之理則正，不然則不正。于其稍有不誠，而亟誠之，稍有不正，而亟正之。意固無不誠，心固無不正，而知亦由之以更無不致。修身猶是，齊家以下亦猶是，是所謂明明德也，是所謂明明德於(六八)天下也。此格物致知所以爲最初工夫，而實貫乎《大學》之始終者也。誠知物即心之物，格物之理，即格吾心之理，則不容一物錯過，不容一念放過。而立志存誠居敬，亦自然歇手不得。即《中庸》之

「必先尊德性」，《孟子》之「必先求放心」。夫豈程朱之言獨然歟？而得不奉爲法程歟？諸子天資有優絀，詣力有高下，未易同年而論(六九)。而愚概爲是説者，即極力鞭迫做工夫，猶慮未能十分精密。人生一息尚存，此功何時可少閒(七〇)歟。願諸子從此志，未立者發憤爲雄，其已立者與夫用力久者，益加警厲，則無日不學，猶之無日不講，正不必待愚之苦口提唱。而況諸子之又能自相講習，鄙懷賴以慰甚，聖道賴以幸甚。病懷荒略，語不詮次。無任惓切，萬惟照悉。

辭及門諸子

某講學之舉，誠有感于世道之陵夷，人倫之荒壞，士品之頹污，學術之晦盲，而又迫于諸君之意，因欲以填河塞海，故智于狂瀾日下之時，與諸君共挽回于萬一。無如德薄志高，智小謀大，僅以言教，不以身教。身教者誠，言教者僞，《中庸》「成己」「成物」，只一「誠」字統括。所謂誠者，非但空懷志念而已，實實做得聖賢學問，不偷一分，實實盡得聖賢道理，不欠一分，方始是誠，方始是成己成物。余于方寸之際，夢覺之時，反觀内照，果能做得聖賢學問萬一否？果能(七一)行得聖賢道理萬一否？良知難昧，幾欲愧死，如此而妄據臯比，宣説書旨，其不昧于聖賢大義者幾何。而猶冀乎于同學，偕之斯道，是猶非磁而求取鍼，以莛而求鳴鐘，求之愈勞，得之愈難，多見其不知量也。自今與諸君辭，不敢復講，諸君但念日用常行，雖曰道不外是，然古之所謂日用常行，大段不失倫常矩矱。今之所謂日用常行，無非種種惡習。人心中只辨(七二)得箇「卑鄙」二字，倫理上只辨(七三)得箇(七四)「苟且」二字，行而習之，莫知其尤，以是爲日用常行，縱便收得韁勒，不更隨波逐流，亦只成就得卑鄙苟且，更無出頭日子。故須勘破而今魔障，跳出而今坑坎，直以聖賢之心爲心，聖賢之事爲事，把此日用常行，一一正其本位。更從上面探討精采，以此進道，庶幾不難。總須人我之見，挨去得一分，便于己物之成，挨進得一分。此是至切要訣，諸君各具一本來面目，各具一全副精神，猛力向前，自成學者，將世道人倫、士品學術，一擔挑去。某亦敬拜下風，何必區區鸚鵡之言之聽哉！勉之勉之。

與毛雲翼

諸同堂札來，俱言吾弟于讀書之約甚切摯，不勝喜溢。向來友朋之中，頗有以講約爲循名不責實者，望吾弟相勉相率，務期(七五)以所得於(七六)探討講論者，反諸實踐，而刻刻操存不放，則其本也。

又

下闈之學，想甚整密，念念。然自到山以來，僕不忘吾弟三場（七七）工夫者，其慮淺、其時少，不忘吾弟身心修爲者，其慮深、其時多。蓋爲人大要，全在變化氣質。吾弟胸懷褊急，不能容物，僕之切以爲戒者非特一端。然虛中知改，則僕未見。只如（七八）近與藝循從館課起，見藝循不過自課其子，而督之過嚴，遂用夏楚，此原非大過。吾弟遽欲拂衣引去，平情視之，不免吾弟過當。僕意此但一時激觸，旋當怡解，然僕偶語及此，吾弟怫然之氣，輒形面目，不審别後能不復如前否？夫古人三自反，皆變化氣質之道也。然猶是横逆之來，情所不堪，而一撫躬内省，則全見自己不是。況此實責子，而因謂其咎師，疑似之閒（七九），成甚事端。即曰咎師，師無咎邪，任之可也。師有咎邪，便當從之，有何憤結而不能解。且藝循與吾弟賓主之誼，不論言乎同在講約，則道誼之交也。言乎比者爲地基事，奔走周旋，不辭勞瘏，則亦患難相恤之交也。斯二者，脱置一端于念慮，即或信有禮貌之闕略，猶且不難諒遣，而況無與於吾者邪？藝循胸中亦未能化，亦是見理未明，然覺吾弟氣質爲加重矣。若曰吾貧士也，師位也，竝（八〇）當自重，何可爲人所輕。不知寒士師位之所以不見輕于人者，全在道義自持，而非藉是以抹卻道義，第長其矜心傲氣也。如此氣質難化，何用師友？何用講學？不如廢之無徒，令人齒冷。僕用是到山來，晝不遑味，夕不遑寐，深求所以。直由僕不能以精誠相感，而僅取口耳相欺，致無半點進益、半點造就。吾知所以自媿(八一)，然願吾弟輩各自勉之毋忽。

又

得舍弟札，知案驗至。吾弟準注科舉，此向來意中事，不復稱賀，闈中萬惟努力。僕前札言藝循事，詞雖切直(八二)，然是相愛之至，其無偏曲意念，當有不待僕言者。昨接六月七日札，云比來絶不芥蒂于懷，不勝拊掌喜悦，以僕所切望若此也。及既而思之，此中轉有不快然者。竊謂吾弟見僕前札，宜有一番内省。吾已絶無芥蒂，何故？師友尚作是言，得無胸中自謂無芥蒂，而不免猶有幾微形于神色，而不自覺者邪？此正所謂「有則改之，無則加勉」處也。乃曰吾已絶無芥蒂，得無此卻不樂人言，抵拒之甚者邪？蓋絶無芥蒂，此是能容人過語旁觀之意。竊以爲吾弟于此，未全是容人時也。反觀無慊，然後容人，斯人與我，兩無憾耳。正值省下之行，毋(八三)暇深言，僕亦不欲多言。復有此屬，知與藝循偕行甚善，但旦晚閒(八四)，或益將鄙言爲念，則尤得友朋之樂，而真可絶無芥蒂矣。臨楮翹企，不宣。

與柴(八五)藝循

此番東旋，晤對特稀。僕既以祭埽，席不暇煖，想吾弟下闈功密，固當然也。講約比能無閒(八六)否？十日一舉，既使勤勤相繼，以一日之切磨，夾持九日之孤索，猶不免有十寒一暴之慮，何況其少輟也。近初十日講義如何？望語同學，須并多時，講義僕所未見者，一一同《質疑録》寄覽，切切。僕于講約初舉，即諄諄告誡，勿始鋭而繼懈。譬如登浮屠者，遺其一級，猶爲未到，不惟同登者笑，旁觀亦無不笑之。儻于一二級間，即徘徊卻顧，亦念人言，於此何如也，中懷自捫無論已。若曰恐妨下埸(八七)工夫，收攝身心，研磨書義，可轉爲無益下埸(八八)邪？幸刻意勉之，率寄不一。

又

接閱來札，具見吾親丈深思力究，非同于泛覽誇多者。昔人謂高明敏穎之姿，正須用沈潛確實之功，親丈誠奉此言爲津筏，守而勿(八九)渝，進道固非難也。勉之勉之。來人行急，不及詳復。昔人又謂爲治不在多言，顧力行何如，爲學亦然，望之望之。

又

吾弟見理極敏，發明極快，鼓舞極勇，同堂學業，豈惟今者得所倚毗，將來亦重有賴，欣望欣望。道理只在目前，探索便見，即鳶飛魚躍妙境，也只須勿忘勿助，自然有會。然切要工夫，全在日用常行，一事一物，不漫放過。讀書所以造其理，反身所以履其事，知行夾持直上，始得篤實而光明也。以我弟天分高明，無難精進，故不復絮屬。切惟照悉。

與魏光士

展閱日記，具見比來工夫細密，從此堅持勿懈，自然竿頭日上，喜極喜極。但「孔顔樂處」一條，謂只是心體無病，證喻極確。至云所以樂之故，聖賢不知所以健飲食、輕舉止之故，病者亦不知此語，殊覺鶻突。蓋此處若不放出一箇(九〇)分明，驀頭要尋樂處，便墮禪障。樂是學之究竟，如吾吴中人要到燕都，須從江南山東北直許多地方走過，所以樂之故，正是學者山東北直地頭也。一一經由過來，如之何説不知樂之故？只是克己復禮無病之故，只是慎起居、節飲食、就如説之境，須從時習而得，此是喫(九一)緊關頭，混説不得，錯説不得。若「仁禮存心」一條，看得最融徹。佛氏之弊，只爲知仁而不知義，知智而不知禮，先儒言之明矣。聖賢纔説仁，便説義；纔説智，便説禮。仁義竝(九二)行，智禮兼濟，纔得箇時中出來，總是理一而分殊也。《孟子》此章，衹言仁禮，蓋該之耳。愛其所當愛，敬其所當敬，便是義。非仁無爲，非禮無行，便是智。至于輾轉自反，憑他横逆之加，只是不爲所動，必求至于盡仁盡禮，而猶惟恐不得爲舜，看是何等樣義，何等樣智。君子行此四德者，故曰：乾，元亨利貞。非此四德，不成其爲君子；非此四德，亦不成一件事。率性而行，天然竝(九三)到，不待安排布置，但須學力到家，物欲一一退聽，全憑性分做主，自然到此境界，此便是孔顔之樂。千聖一學，萬卷一道，偶爲拈及，勉旃勉旃。

附光士魏子語：「思孔顔之樂，非有異乎人處，只是心體無病而已。譬之病熱之人，當其病，覺飲食之味苦，及病愈，而飲食又覺其甘矣。豈惟飲食，行住坐卧種種，無不如意，非飲食之味異也，病與不病之别也。常人氣拘物蔽，心既病，則無往而非病，聖人之心無病，是以任運而行，無入而不自得。至問其樂之故，聖人亦不知也。猶之病愈者，問其所以健飲食、輕舉止之故，而彼亦不知也，惟覺其順適而已。故仁者除心不除境。」又曰：「君子以仁禮存心，固矣。然義與智亦是要緊，仁而以義成之，吾心便有斷制，日用間不被事物牽擾，方能立脚得定。但斷制非勉强把捉之謂，是以貴有精義之學。精義便是智也。」

又

日來酬應紛遝，日記未及細閲，兹馳往。竿頭直上，比前次所得更進。所欲商者録後，有疑深望助我。屬屬。

孔子弟子三千七十，豈獨教顔子以博文約禮，而他未有知其爲循循善誘者，以無仰鑽瞻忽之功也。豈獨教曾子以忠恕之道，而他未有受一貫之傳者，以無隨事精察力行之功也。是故雖有嘉肴，弗食不知其旨；雖有至道，弗學不知其善。身在聖門，焉有弗學。然其功之篤不篤，必有辨矣。則其所得于聖人之深不深，亦有辨矣。今吾儕幸生聖賢之後，博文約禮、忠恕之教，固在也。但（九四）能實用其力，有顔曾之仰鑽瞻忽、精察力行，固不待耳提而面命，而不異在循循善誘之下，將親受一貫之傳，可不勉哉！

看書有雜念，自當算過，何也？無事時不能禁念之不生，則當辨其善不善。善者所當思者也，不善者不當思者也。不善則過，善則非過。若臨事不能專一，而有他念，則爲不敬，雖善亦過。儻方有事，而又有事至，須揆其緩急輕重而先後之，輕者緩者則置彼而先此，急者重者則置此而先彼。

無極而太極，先儒言之詳矣，總是分開不得。昔人云：「入水不濡，入火不爇。」水不能濡，火不能爇，此其所以無極。惟其不濡，故能入水；惟其不爇，故能入火。此其所以爲太極。

人有顯過，有隱過，隱過太都在念慮之閒（九五），雜出易犯，所以《大學》以誠意爲關頭。蓋天下只有是非、邪正兩途，纔離于是，便入于非；纔離了正，便入乎邪，斷無兩立之理。若論所存，則無是非、邪正可言，若論所發，必有歸著（九六），安得謂無過可指？但必欲一一而書之，轉覺多事，亦惟嚴其謹獨之功爲得耳。

一物不有，萬理森然，只説得萬理，統體一太極，欠了物。物各具一太極。要知統體各具，總是無極而太極也。

以精思（九七）實踐爲明誠，則然矣。分貼未發、已發，則欠的。精思實踐，是工夫兼已未發而言。精思實踐以立其體，則未發是；精思實踐以致其用，則已發是。

性是心之所統，心是性之所具，因性而有心，魏子語古來無是説，豈以先儒有理先氣後之語邪？然未有心性，於何處棲泊，而生出心來？此處頗難爲説，所謂理先氣後者，亦於理氣不容分析之事，而必求其次第云然耳。

略有虛見一條，此即羅文莊公以庭前柏子之見，證諸聖賢之書，都不相合之謂也。好知不好學，其蔽也蕩。聖人此言，蓋已洞見後世必有爲是弄精神之術，而自託于道者，故一語揭破。而千古學者，除了格物窮理以求覺悟，未(九八)有不墮于蕩字坎阱者。抑且精神所發越，愈高則愈蕩，愈廣則愈蕩。方自以爲駕濂洛、轢關閩，而智同於孔孟，而不知聖人正視之以爲蔽也甚矣！故程子于佛氏之學，謂如淫聲美色以遠之。使非有淫而美者，亦未易以惑人，而學者苟非懼其淫而美，亦何至避之若敵。虛大之見，此正所謂聲之淫、色之美者也。凝聚成實，發散成(九九)虛，一虛一實，學問成敗所關，此四語者，夫亦足以徵子之見之不虛矣。勉旃勉旃。

又

伏前溽暑，今夏爲甚，計賢輩避暑，正在埋頭苦切中，甚慰遠懷。往來友朋相與，有同有異，然後見處道之正。要其所爲同異者，乃緣道義所在，不容苟徇，非矜尚意氣之謂。是以雖甚執辨，卻極款洽，若稍置芥蒂于胸中，縱由道義，亦屬意氣，況乎其本非道義者邪？僕于(一〇〇)雲翼、藝循邇日小言，而竊歎其毫無學力。學問長進一分，意思便高遠一分；道理明白一分，度量便闊大一分。二子從事講約，志甚邁往，意謂當必有心得于此者，乃以豪芒之故，便齷齷齪齪，不能銷融氣質。即不向學，此亦成何器局。多見于講約一舉，務名而不務實，尚口而不尚行也。藝循猶見含蓄，雲翼更極發露，一事雖小，然如此向往，何以治身？何以敦倫？何以處世？竊爲深危之，而尤于講學之後深愧之。友朋之所以交久者，小過所在，則可視有過爲無過，大過所在，則當視彼過爲己過。一切物我，鄙見人倫中總無處可容，似于同學尤當先爲克去此而不能，何學之有？僕已各草一札，以我親丈于此，亦必有愵然焉，故竝（一〇二）致左右。流覽之下，知定信鄙言爲不爽爾。適對客，不復致思，并照率勒。

今夏酷暑，七八十歲老人皆云從未曾過。僕體雖無甚苦，然亦不免委頓耳。雲翼、藝循近日小嫌，僕察其神理，俱未能忘懷，故前各致一札。然以平昔性情信之，竊謂雲翼太執，藝循胸中定稍圓通。及得六月九日藝循復札，辭意恚憾，殆有甚焉。未審藝循曾見僕致雲翼札否？僕于此事，深以雲翼爲失宜。故前札幾于切責，而致藝循札則但舉大義言之，亦頗見軒輊。意者僕尚語不達意，失於和婉邪？不然何轉若有激之者也。藝循云「豈敢謗友朋而欺師長」，僕豈敢以欺謗疑之，蓋正見其有懷必吐亮直之衷，然太不留餘地矣。僕所謂留餘地者，不在言詞，而在念慮。念慮内省一分，則自然有餘地一分。若不留他人餘地，即不留自己餘地，如何如何。

僕以諸子比者互相切劘，深爲喜幸，不意其胸次狹隘如此，可見平時漫稱讀書，到芥子樣事，便半句也不相干，良可歎也。三復來札，僕且歛衽改容，想見吾子與諸子相對時，箴規切至，自然竦聽。德煥至情亦極難得，然皆無用，如何如何。今亦無暇更與申說，俟鄉闈旋，擬與二子面一傾吐，庶冀兩下豁然，不然已矣，僕真愧不能爲師矣。雲翼復于數日前寄還日記，就日記中見其往還頻數，已力止之，兹另有致屬。但聞二子同往省下，得兩相忘乃妙，是仗吾子良友之功不淺也。僕此札萬勿轉示，或偶晤藝循，微露僕意則可，蓋不欲其言之過多也。想見鄙懷，然不覺復覼縷。

與周孚尹

接翰示，知復弄璋。竊爲高堂不勝稱慶，得孫固喜，并得以似續令兄，尤當喜耳。近時談及學問者絶少，同學諸子，交相講習，志氣甚鋭，良可嘉尚。但恐尚名而鮮實，勤始而懈後，此所望于好友之規勉者匪淺也。屬屬。

致德焕

雲翼、藝循近日彼此微嫌，就俗情觀之，本非大故，其能化與不能化，亦無甚關係。然僕所以諄諄各爲致札者，以學者病痛，全在氣質用事，物我見重也。今二〔一〇二〕子從事實學，而不免有此，不即就此力爲克制，將恐習而不覺，病端百出。究竟學問是學問，身心是身心，則所謂師友講習者，特欺世而盜名，比廢學之爲罪彌大矣。故急爲頂門下鍼〔一〇三〕，意二子方事事虛懷，以折衷乎道義，一聞道義之説，其必涣然冰釋，怡然理順，有足以慰惓惓之切者。孰知不惟無益，而反若滋其不悦，此固教之者之不盡其誠、不得其方耳，不然何高明之識之難遇如此也。就二子論是非，藝循是多于非，雲翼非多于是。然藝循必争自己全無不是，即此便非，而且非亦不少矣。大抵求理道之是，與去吾心之非，必要直窮到底，今人全然不曾用此等學力，那有進步！知吾弟與光士于此事大費心力，當斯友道淪廢之日，中流砥柱，全賴全賴。然得光士札，觀其詞意感切，知不惟用心之至，而且苦矣。僕意姑默俟之，不欲復爲措詞〔一〇四〕，以深念吾弟之一番用心也。故聊道及。

所録講語，閱畢寄到。正須如此互相講習，要講自不得不學，要學自不得不講，講其所學，學其所講，交長互發，自然見地日益高明。但切勿徒事空知，而不反之實踐，如莊渠先生所謂以講爲學，則轉滋咎戾，宜猛著鞭也。晤期不遠，不一一。

別後深切懷想，恐亦不無應酬之煩，未審看《通鑑》工夫，能不作輟否？高先生見地極透徹，議論極明快，但在初做工夫者，未甚相宜。微覺高妙，還當將《近思録》、《伊洛淵源録》、《小學》等書看來看去，自覺切實有得。《高子遺書》今且一看，亦不妨也。金華四先生具載《續淵源録》，考之自悉。許吴二先生仕，有可不可，俟面時以告。講義改《雍也》將畢業矣。秋光明净，桂香滿院，覺于其下，考道問業，頗助開發。恐彼此相須，大約不能成行也。朝宗昆仲已道雅意，託多致，不一一。

與潘生咸正

別逾半月，便切馳想。日來正閲《質疑録》，吾弟殊少心得，望朝而趨館，夕而還家，務于一言一動、一事一物，各以誠實惻怛之心，體向其所爲當然之理，而以先聖賢書一一證合，當所在有長進，講論時自不患左支右絀也。若待安排好時節、好境地，而後爲學，則其所學者何也？而所講論者又何也？因風率勖，幸切識之。

武林之行，定于何日？今秋雍中下闈，復多一番周折，如何如何。萬惟努力，顒望顒望。接來札，策勵甚勇，不覺喜溢。但愚意説得百句，不如行得一句，苟吾弟行得一句，僕自能信得百句，有不待片言隻字之相示也。甫里之館，僕固知難應，然去就之際，千萬慎重。僕于五月別時已極言之，兹再切屬。

與韋叔葉子

僕所以渴欲得足下之文而觀之者，蓋出于中心之喜悦，而非有所矯飾于其間也。何者？見足下之高録，而有國士之目，則心固喜，更得見足下之文，而其才沛然，其光淵然，從此可淩霄直上也，則心益喜。以是欲見足下之文之切，而若不能待也。至于評語，則既有當事之品題，古人所謂聲價十倍者是也。又何必取重于僕，僕又何足以爲足下重。況僕素有微尚，惟恐近名，足下所知。在足下或欲得僕一評以存淵源之誼，在僕無（一〇五）乃以此號于（一〇六）人曰：是英才也，固吾所嘗教之者也。不亦貪功而務名也哉？雖然，知自處而不知處人，僕又不爲。竊思足下于此，亦固有以處之矣。今所執經之師，則列評，往昔受業之師，則不必列評。使非今所執經之師，而皆置一評，則假令有十數人，其勝篇牘之繁邪？僕自謂自處處人之審如此，足下其亦可無强于我。若他日窗下課藝，欲僕校其一得一失，而效片言之益，則僕雖荒謬，又何敢辭。

前晚醉擾，謝謝。趨庭時望爲道意。王彬夫兄事賢喬梓歸，深以尊紀爲非，具見宏明識量，迴非世俗所及。而微嫌彬夫向親友陳訴，唐突賢喬梓，此語亦未嘗不當。爾時僕亟爲掩過者，吾弟亦知所以然之故否也？小人難養，自昔有明訓。如其有功，固宜賞厲，設或有過，不可寬假。即曰賞從優、罰從詘，然甯詘之于法，而不可詘之于口語。顔貌之間，才窺吾意念之微，不無此是而彼非，則即有所倚而敢于肆行。今雖未嘗以此爲是，而彼之非固已略見諸言論。竊恐窺吾意而去者已不少，其人是非如持衡，彼差重則此差輕，聖人謂「攻其惡，無攻人之惡」，正以是爾。賢喬梓俱在雲間，而彬夫輒有侵及，其爲唐突，舉邑知之，即彬夫亦旋悔之。然當念非使者加之太甚，彼豈敢唐突吾者邪？非主人賢明實有以感之，彼又豈能亟反而自悔邪？彬夫之唐突易受，儻因是而啟下人肆行之萌，更敗吾事，則不可受。一時之唐突易受，儻因是而他日益致唐突，或不止此，則不可受。故《大學》之道，慎于幾微，此事今爲既往，不必究論，但吾弟方且嚮用當途，經綸斯世，須識修齊治平要源何在，此段道理，所關特大，故于到山舟中無事，更于吾弟悉之。榮行已迫，亦望攜此札，在途次細加體察，當不以鄙言爲迂闊。披寫悃誠，不他及。

與姪石庵

吾姪以世外之人，仍繫念祖先宗族，此與沖陽姪託身黄冠，而不忘墳墓，同爲僕輩所心重，可以深愧同爲子姓，且不出家，而視祖宗墳墓如草芥者矣。但今日既壽擅葬之舉，吾姪萬勿以崑宗諸父昆弟爲不情。爾時雖不無過激，然在驟聞之下，憤切自然如此。今只平心據理而論，既壽之罪，何能逃也。此地爲既壽盜賣之地，一不得葬；且爲崑山郡城兩地宗姓，半年之訟，百金之費，殫精竭血所恢復者，二不得葬；憲斷已歸通宗，更與既壽何豫，三不得葬。此即既壽明告于崑郡族姓，求爲葬地，尚且大義不容，何況潛埋此？即崑郡兩支有一欲葬于此，尚且公同恢復之地，不使一人獨葬，何況既壽？今爲既壽寬解者曰：「誰無父母？既壽所葬者父，似可情恕。」然既壽安知有父？使知有父，則葬父之不暇，何又先盜賣與妻兄張輔臣，以葬其外父母？使非通宗協力驅除，則至今爲張姓墳墓矣。惟不得爲張姓墳墓，故既壽故葬其妻張氏，以爲張輔臣報怨耳。葬其妻，因不得不葬其父，以塗飾人之耳目，其實安知有父。前者盜賣祖宗之墓于張輔臣，而助張輔臣再訟、三訟，以攻宗黨。今又蔑棄國憲，穢辱祖先，弁髦宗黨，而竊葬妻張氏，以報張輔臣不能報之怨，如是而欲謂通宗不妨姑容忍之，是欲通宗皆既壽也。故斷斷責令遷葬，而不少轉移，且問既壽使此地爲張輔臣父母之墓，則既壽之父於張氏(一〇七)爲何人？即(一〇八)既壽之妻亦于張氏爲何人？而得葬其墓乎？張氏其肯容之乎？尤可恨者，既壽今日既葬其妻，即擬他日自葬其身，爲祖宗大罪人，而復欲上祖宗之墓，吾輩今日未死，能作此等事，以受譴于祖先、貽恨于後人、取笑于天下，而不爲斬株拔根之計邪？誓之神明，不遷不止，而自返(一〇九)諸心，無少愧歉。凡以生于孝友之後，不敢不爲順孫，亦欲與我陽山族姓，同爲順孫也。吾姪篤念祖先宗族，必于僕言有快然者，而并以告山中諸昆弟叔姪，共皆曉暢，幸甚幸甚！但僕更有快快于中，而無以自釋者，僕本寒氈餬口，豈能贍族？然經營十餘畝田，每歲少亦可得白粲五六挑，以供山中諸昆弟叔姪一日之需。區區之心，亦冀與諸昆弟叔姪，共爲分形同氣之人。休戚相關，物雖微而意良殷。不謂山中之人，全不見諒，不以同姓待吾崑族，而直以怨家待之，何者？天下惟怨家則有事不相與聞，自非然者，便可互相商搉(一一〇)，而況屬在同姓。又係祖宗墳墓之事，絶不告語，是非怨家待之而何？致僕攜米到山，大爲崑族誚讓，謂何恩怨不明、是非不白乃爾。因復攜米而歸，既使僕微意不伸，又令山中衆望皆失。此之怏怏，不得不咎山宗之有負于僕也。更冀吾姪一一致語何由，得稍慰我。臨啟不勝翹切，不覺縷縷。

三月十一日乘祭埽便，舟裝米六石到山，欲分送山族。不意既壽前者盜賣修撰公穴地，崑宗以既伏官法，不復以家規督之。而既壽初不悔禍，復于去冬擅葬其父俊之兄于此主穴，及妻張氏，張氏即盜葬者張輔臣之姊也。崑宗憤極，聲罪并及山宗，謂何無一人焉，來相報聞，而皆與之同惡，止余無復發米。余亦豈敢私庇，因攜米歸。總之此事一言以蔽之，曰：既壽盜賣之地，又焉得而葬之。札内云云，就中情事，疏析言之耳。原不煩多説，自記。

致去非姪

薑圩田德下復，以至情相懇，不肖不得不爲轉達。大約此事在求地者，爲父母之念切，雖揮多金，無庸顧惜。在棄産者，本無欲棄之意，以情相讓，即得多金，義亦甚安。獨德老于（一一一）此適相反已，既不能厚資以酬直，而又欲人之情讓，此亦天下最難事也。然其情則實有可念者，家甚貧，力甚孤，而舉事甚堅決，意念甚懇到，君子欲成人之美，于此而不維助之，則又何待焉！不肖所以不嫌覼縷，願有一言之請者。若老姪卜葬先公，已決于此，則理無舍己爲人，不惟不肖不便慫恿，德下亦何容更有覬望。若尚欲別擇吉地，不必是之屬意者，則念其貧人作事，目不見大，粗疏誕戇，意願可笑，正須取（一一二）其一念之誠而許之。不肖欲于六畝内竟分三畝，其價則如不肖昔年所得沙村墓地，每畝八兩，此而可以，允從則在老姪。雖猶未得厚貲（一一三）之直，而德老實受情讓之惠，事孰幸焉。裁示，不宣。

《五老圖》若屬之他氏，五公之心必有不得其所者，而爲後人者又無論已。故愚意決欲勉力購復，雖多方那移，以累親友，亦不復顧。昨別後，復作一想，不審老姪能爲是舉否？如學憲公處，以吾姪之力暫移數金，或可必得，俟既購而後，漸次償之，爲力亦不甚艱苦。在僕業有副本，傳自高王考東泉公，儼然什襲。而老姪或得此以爲傳家世寶，甚盛舉也。僕既以祖先遺像，有不敢獨專之意，又仰體兵部公意，但期歸于（二一四）朱氏子孫，便得所依，初何分于彼此，故特奉商。若一番經營措置之難，固非所敢憚而欲中止也。僕刻下仍往晤天忱顧兄，恐老姪有此意，輒爲一問耳。容面不一。

致心水族姪

昨別後，往晤果亭先生，以新歲果翁曾枉顧未答，非爲醇叔受侮事也。而坐中適言及此事，果翁主于勸解，足見大人先生，量同江海，能忍人所不能忍，能容人所不能容。但以醇叔之意，尚多未平，因爲送官杖懲之説，而曲計受杖之人。始而謂杜孝若不可，繼而謂其子又不可，復繼而謂其家奴。夫至計及家奴受杖，此不過聊且塞責，益足見果翁委曲勸解之苦心矣。然僕猶尚躊躇于此，恐其所難行者，實不欲醇叔于分量之外，更做透一分也。醇叔之所不平者，辱詈也，誣揭也，輿論以此二者皆有所由致，蓋謂醇叔使者打毁杜孝若之家在前，而辱詈在後也。而醇叔謂辱詈在前，打毁在後，是誠然已。然使彼雖辱詈，而此不打毁，則送官正法也何疑！要在大度者，脱彼知罪，容或竟寬宥之。而況報之以打毁，則事勢已極，更無去處，何者？彼所犯于吾者，惡聲也，無損于吾之實也。而我之所加于彼者，實禍也。小人以什物家伙爲性命，今盡毁之，不幾于絶其生理乎？今醇叔但怒辱詈，而置打毁于勿問，何視我之聲名獨重，而視彼之身家不啻螻蟻乎？僕向者未睹打毁之實，尚力勸止醇叔，勿更有加。近偶一履其地，恐醇叔不目擊耳。儻目擊之未有不盡，然心惻也，恐他人爲之。醇叔未有不大以爲怪者也。既盡毁其所有，復責之以償金，不肯少貸，既加之以實禍，復必欲置之于(一一五)法，以釋餘憾，恐于蒼蒼之意，未必有合。以醇叔之仁明，相爲惜此舉動也。至于駡謊出揭，誠尤無狀。然此如街衢小兒，彼雖無禮于我，而我遽捽而拉之，彼號哭之下，豈復擇其語言？人必自侮，而後人侮，横逆之來，必當自反。讀聖賢書，正須于此處得力。杜孝若，市井也，與僕何親，與僕何舊，而僕苦口爲是言者，醇叔其可諒夫僕矣。僕承醇叔推信最篤，情分最厚，第未審醇叔所推信夫僕者，爲道義乎？爲勢利乎？如以勢利，則如僕之迂疏寡昧，當與之落落莫莫矣。如爲道義，則僕之所效于醇叔，醇叔之所資于僕者，如此等事，豈容錯過。使今者過徇醇叔之情，他日事過，醇叔或讀古人之書，或感今人之事，而有悔于此事之未盡善，乃追咎僕。爾時何言之不力，則醇叔之悔已晚，而僕又何顔以對醇叔。聞醇叔謂僕之言難從者，以太循乎理也。愚不解天下事舍理又將何以處之？然愚(一一六)正慮醇叔之太循乎理，不免過當，且如古人犯而不校，又豈庸屑屑焉以理求勝于人邪？望心水再爲婉致醇叔，直須以江海爲量，豁然放下，推汝嘉兄之誼，從其所請，此中正不知多少受用。僕言不再，幸無以爲河漢。至切至切。

答家汝荅

僕以年衰性懶，百事逡巡，獨每念老伯俯垂眷注，老弟綢繆款好，忽焉踰(一一七)隔，如夢難續，中懷悵繫，久而彌切。老弟以魁傑之才，履播蕩之境，正所謂不遭困阨，烏能得奮。晉公子在外十九年，備嘗險阻，終以得國而成伯業。向者雖老(一一八)弟左右，候問闊疏，而心所日夕以冀，未嘗不在乎此。去秋捷音既至，雖喜慰騰溢，要此固意中事，夫亦以老弟之才之遇決之也。顧以爲南宫接踵奏捷，遂爾大魁天下，此亦可握券而取者。而又淹以三年，大約蒼蒼之意，于其所最鍾愛者，惟恐或猶(一一九)未老其才，將大成之而復姑留佇之，古來類多如是。吾弟智見卓邁，亦正不以攖情耳。前歲曾有一緘(一二〇)馳奉，邀駕南旋，爾時亦知我弟胸有所期，非漫爾草札所能遷轉，故繼亦不復力請。然翹企至(一二一)念，寐亦不忘，豈惟二三兄弟叔姪爲然。凡在桑梓，皆猶是也。從心水許得讀今春手翰，仁義之人，其言藹如，即聖賢用心，復何過此。因相商榷，竊謂老弟居懷既如是其高厚，則雖形迹有所未逮，或亦可諒。至若僕輩之懸企吾弟，想吾弟之懸跂僕輩，肫懇無二。特從心水昆仲暨諸同宗之後，協詞敦請，切望星言夙駕，遄返故里，非獨僕輩得慰晤對之思，而老伯墓隧之省，老弟亦得速展，想更不待僕輩言之再，而慨然援轡者也。賀悃兹猶，抱歉。統候駕旋面抒。無任延頸舉踵，萬惟垂照。主臣主臣。

又

山川修阻，晤對末由。前此猶日望台旌旋返，況近者業有歸期，其爲延頸企踵，益復顒切。不揆又阻于事故，曷勝悵惘。比來榮履伏冀，順時休暢，愛女之變，雖道韞風流頓盡，良深惋戚。然朗襟沖度，正須有以遣之，翹切翹切。屈大夫、賈太傅皆處孤孽之地，憂愁侘際（一二二），而其文益高。司馬子長足迹周天下，流覽名山大川，益以縱横雄肆于著述。今吾弟遭時履地，日向亨隆，然昔日所填胷結腑，固知尚未釋然無憾（一二三）。而又客遊多感，聞見宏奧，則是吾弟之所感于物、攖于慮，而發于詩文翰墨者，直兼屈、賈、司馬而有之。昔人所謂萬怪惶惑，莫可逼視，殆不足道。豈以身寓青齊，徒效夫稷下諸儒之詹詹者哉！而尤與鄒魯密邇，升闕里之堂，涉洙泗之水，蓋非一日而已。親其衣冠劍佩，覽其風物人文，恍然見所謂登東山小魯、登泰山小天下者，而深有得于胷次，將不惟詩文可盡。望吾弟時時尺一寄我，俟歸時尤爲吾（一二四）一一豁達道之也。僕設教于（一二五）家，十二載矣，無意復就講席之延。然年來酬應紛遝，齒暮力衰，頗以爲苦。適包山席獻臣兄今歲請授經于其第，遂應之。一以息喧避煩，一以稍有所論著，冀可專功畢業，亦渴俟吾弟南旋。君則以奇文共賞，僕則有疑義相析，誠南北阮一快事也。承垂注弟姪輩近況，多謝多謝。仲弟已于前歲棄世，一病六載，又不永齡，良可愴悼。季弟、五弟，俱課徒守困而已。四弟有二子，一嗣于(一二六)仲弟，一初生。五弟亦有一子，大姪略通文義，前三年幸列學宫弟子，他無足道于左右者，多謝多謝。七襄衰甚，館于郡，見時當道尊旨。山陰黄庭，猝無佳本，如何如何！冬寒萬惟自愛，顒望南宫好音。使往率復，無任瞻溯。

寄賓王族叔

前知叔父以轉餉賢勞，驅車闖地，間關跋涉，想興居正極納祉也。二弟天花絶佳，欣賀欣賀。相傳恭靖公出花時，醫家多不之識，獨有錢翁，一見便歎爲狀元痘子，具徵將來爵位壽考，想二弟當亦爾爾也。聞今秋貴治山田多荒，不爲錢糧之累否？明兩重承叔父種種提攜，感荷非獨明兩一人，亦非言語所能盡。不謂近者歸省，遽罹高堂大故，以此赴館稍遲，叔父自能垂覽耳(一二七)。餘悉大叔札中，不及縷縷。

與族中

弟一生不敢謂有大德偉行，足以光前掩後，然孝、友、敦、睦四字，實未一日不盡其道也。使其享年更有一紀二紀，未可謂非宗族之幸。乃六年大病，近者轉覺安和；十日卧牀，一旦遂難挽救。天何奪我賢弟之速，此特用純友于失德，以至于(一二八)此，罪又何言！痛莫可解，奈何奈何！前已屬成遠姪丈面致，兹再奉聞，想荷至情，亦爲之不勝歎悼也。克家姪孫并望道聲。

先輩片言隻字，俱宜珍重，然亦當視其言之關係何如。書中宜存者固多，可留爲别集者亦不少，略識篇端，望貴里諸道兄是正焉。教小弟楊欣識。

與二勝上人

伏惟吾師道體安穩，良用爲慰。别踰二載，固已不能不耿耿于胸中。中間更遭世故，震撼益切。懷懸比者冬日兄歸，知吾師駐錫雲門，道化宏被，緇素之倫，翕然宗仰，此在吾師盛德動物，固爲自然之符。而三千里外故人勤企之思，聞此能不慶快。閩地多山水，草木皆靈異，乃人物又如此其道心篤厚，吾師得無低徊留之不能去邪(一二九)。彼一方者，何其幸也！復承佳箋之惠，是殆時時動我以宗風。捧讀尊詠，又恍若傾耳法音，感荷感荷。承陳太老(一三〇)師垂注，特具一啟布候，幸爲轉呈。莆地朱氏有與寒家同源而出者，先人極相往來，用純生晚，靡有識認，不便尺牘相詒(一三一)，想多皈依座下，見時幸爲道及。般舟師還，附此寸緘，不盡鄙悰，容冬日兄來續寄。無任依依。

復笻在禪師

傾仰下風，歷有年所，而千仞高翔，塵土何由望見。前者得奉顔範、展情愫，平生欣快，似此良不多見。臨别相期之語，正擬與瑞老多方籌度，馳報左右。不謂法駕西指之後，乃爲尊從行者所誤，别四日行者即來。據云吾師已赴越州，敦請浮杯〔一三二〕，竟去矣。張永老與弟心固疑之，謂笻公縱赴越請，豈無尺素相貽？然以親事左右之人之言，又難盡謂子虛。諸同志聞之，無不中懷沮奪，吾輩夢魂早已馳于越州。豈知吾師瓢笠猶在吴會，及拜手翰，始悔前言之誤信。豈言者之無因，乃聽者之不聰也。然天下事竟難意〔一三三〕料，扶風一席地，謂必當擁彗以候。而乃事與願違，竟不可得，瑞老札中想已悉，不復覼縷。而弟更有負疚于下執事者，往請于扶風也，實季重、瑞五與弟三人，但其報命也，則止到季重所，弟初不知季重之來，聞于吾而不值，而但望瑞五之何以不聞也。不能復待，而後問之，則云：「投報札于來使，已歸矣。」手翰眷惠殷殷，情事縷縷，烏容不報。想使旋時，見葛札而不見弟札，吾師既疑且怪，在古柏軒中，有屏營而不能解也。兹屬張永老覓便一一奉復，然未審得達否。太原處曾託永老往晤，又謝客矣。三木師弟如何如面訊之，云在崑山，則同居越行乏資，恐不能也。潤上所託，經營已非一處，然猶在篋中，如何如何。遥憶工費之繁，惟有代爲攢眉耳。曹尚老在郡城，聞猶未歸楚。駐錫之事，曾復與瑞老。籌其家庵，而主僧在廣陵，故未得決。德下、九來諸君子，無不翹企季老，憶念尤篤。日來屈指，禪居猝無善地。據鄙見，此事必須駕過，親爲相度，庶易就緒。伏讀手翰，爲尊君先生傳，欲面請太原。儻得惠然飛錫，慰甚望甚。

【校勘記】

（一）地，《崑山先哲遺書》本作「處」。

（二）兢兢，《崑山先哲遺書》本作「競競」。

（三）佞，《崑山先哲遺書》本作「佞」。

（四）吾，《崑山先哲遺書》本作「我」。

（五）於，《崑山先哲遺書》本作「與」。

（六）閒，《崑山先哲遺書》本作「間」。

（七）特，《崑山先哲遺書》本作「持」。

（八）豪，《崑山先哲遺書》本作「毫」。

（九）轍，《崑山先哲遺書》本作「轍」。

（一〇）多言妄動，《崑山先哲遺書》本作「妄言多動」。

（一一）《崑山先哲遺書》本「不」下有「足」字。

（一二）於，《崑山先哲遺書》本作「餘」。

（一三）徇，《崑山先哲遺書》本作「循」。

（一四）甯，《崑山先哲遺書》本作「寧」。

（一五）甯，《崑山先哲遺書》本作「寧」。

（一六）弟子，《崑山先哲遺書》本作「子弟」。

（一七）於，《崑山先哲遺書》本作「與」。

（一八）爲，《崑山先哲遺書》本作「謂」。

（一九）邪，《崑山先哲遺書》本作「耶」。

（二〇）「使果待之甚峻……不憚煩之言，而僕此言……加諸人者歟」，《崑山先哲遺書》本作「而僕此言……加諸人者歟？使果待之甚峻……不憚煩之言」。

（二一）《崑山先哲遺書》本「太」上有「令」字。

（二二）干，《崑山先哲遺書》本作「于」。

（二三）舍，《崑山先哲遺書》本作「含」。

（二四）《崑山先哲遺書》本「試」上有「與」字。

（二五）「而讀書之志益鋭欲覓一坐地於城不可」十六字，《崑山先哲遺書》本作雙行小字。

（二六）望，《崑山先哲遺書》本作「想」。

（二七）并，《崑山先哲遺書》本作「併」。

（二八）復，《崑山先哲遺書》本作「覆」。

（二九）深，《崑山先哲遺書》本作「沈」。

（三〇）殖，《崑山先哲遺書》本作「術」。

（三一）于，《崑山先哲遺書》本作「於」。

（三二）于，《崑山先哲遺書》本作「於」。

（三三）再，《崑山先哲遺書》本作「勝」。

（三四）指，《崑山先哲遺書》本作「旨」。

（三五）于，《崑山先哲遺書》本作「於」。

（三六）《崑山先哲遺書》本無「自」字。

（三七）邪，《崑山先哲遺書》本作「耶」。

（三八）于，《崑山先哲遺書》本作「於」。

（三九）于，《崑山先哲遺書》本作「於」。

（四〇）游，《崑山先哲遺書》本作「遊」。

（四一）月，《崑山先哲遺書》本作「肉」。

（四二）於，《崑山先哲遺書》本作「于」。

（四三）于，《崑山先哲遺書》本作「於」。

（四四）《崑山先哲遺書》本無「意」字。

（四五）間，《崑山先哲遺書》本作「間」。

（四六）于，《崑山先哲遺書》本作「於」。

（四七）于，《崑山先哲遺書》本作「於」。

（四八）朋，《崑山先哲遺書》本作「明」。

（四九）「啟吾益吾」兩「吾」字，《崑山先哲遺書》本皆作「我」。

（五〇）閒，《崑山先哲遺書》本作「間」。

（五一）我，《崑山先哲遺書》本作「吾」。

（五二）二，《崑山先哲遺書》本作「一」。

（五三）于，《崑山先哲遺書》本作「於」。

（五四）并，《崑山先哲遺書》本作「併」。

（五五）根，《崑山先哲遺書》本作「跟」。

（五六）汙，《崑山先哲遺書》本作「汗」。

（五七）嘆，《崑山先哲遺書》本作「歎」。

（五八）於，《崑山先哲遺書》本作「于」。

（五九）欲，《崑山先哲遺書》本作「慾」。

（六〇）甯，《崑山先哲遺書》本作「寧」。

（六一）著，《崑山先哲遺書》本作「着」。

（六二）《崑山先哲遺書》本「未」上有「其」字。

（六三）「未格未致」兩「未」字，《崑山先哲遺書》本皆作「末」。

（六四）著，《崑山先哲遺書》本作「蓄」。
（六五）間，《崑山先哲遺書》本作「間」。
（六六）我，《崑山先哲遺書》本作「吾」。
（六七）岐，《崑山先哲遺書》本作「歧」。
（六八）於，《崑山先哲遺書》本作「于」。
（六九）論，《崑山先哲遺書》本作「語」。
（七〇）間，《崑山先哲遺書》本作「間」。
（七一）《崑山先哲遺書》本無「果能」二字。
（七二）辨，《崑山先哲遺書》本作「辨」。
（七三）辨，《崑山先哲遺書》本作「辨」。
（七四）《崑山先哲遺書》本無「箇」字。
（七五）期，《崑山先哲遺書》本作「祈」。
（七六）於，《崑山先哲遺書》本作「于」。
（七七）場，《崑山先哲遺書》本作「場」。
（七八）如，《崑山先哲遺書》本作「知」。
（七九）間，《崑山先哲遺書》本作「間」。
（八〇）竝，《崑山先哲遺書》本作「並」。
（八一）媿，《崑山先哲遺書》本作「愧」。

（八二）直，《崑山先哲遺書》本作「實」。

（八三）毋，《崑山先哲遺書》本作「母」。

（八四）間，《崑山先哲遺書》本作「間」。

（八五）柴，《崑山先哲遺書》本作「紫」。

（八六）間，《崑山先哲遺書》本作「間」。

（八七）塲，《崑山先哲遺書》本作「場」。

（八八）塲，《崑山先哲遺書》本作「場」。

（八九）勿，《崑山先哲遺書》本作「不」。

（九〇）箇，《崑山先哲遺書》本作「個」。

（九一）喫，《崑山先哲遺書》本作「吃」。

（九二）竝，《崑山先哲遺書》本作「並」。

（九三）竝，《崑山先哲遺書》本作「並」。

（九四）但，《崑山先哲遺書》本作「得」。

（九五）間，《崑山先哲遺書》本作「間」。

（九六）著，《崑山先哲遺書》本作「着」。

（九七）思，《崑山先哲遺書》本作「慮」。

（九八）未，《崑山先哲遺書》本作「惟」。

（九九）成，《崑山先哲遺書》本作「爲」。

（一〇〇）于，《崑山先哲遺書》本作「於」。
（一〇一）竝，《崑山先哲遺書》本作「並」。
（一〇二）二，《崑山先哲遺書》本作「三」。
（一〇三）鍼，《崑山先哲遺書》本作「針」。
（一〇四）詞，《崑山先哲遺書》本作「辭」。
（一〇五）《崑山先哲遺書》本無「無」字。
（一〇六）于，《崑山先哲遺書》本作「於」。
（一〇七）氏，《崑山先哲遺書》本作「姓」。
（一〇八）即，《崑山先哲遺書》本作「則」。
（一〇九）返，《崑山先哲遺書》本作「反」。
（一一〇）摧，《崑山先哲遺書》本作「榷」。
（一一一）于，《崑山先哲遺書》本作「與」。
（一一二）取，《崑山先哲遺書》本作「念」。
（一一三）貲，《崑山先哲遺書》本作「資」。
（一一四）于，《崑山先哲遺書》本作「於」。
（一一五）于，《崑山先哲遺書》本作「於」。
（一一六）愚，《崑山先哲遺書》本作「僕」。
（一一七）踰，《崑山先哲遺書》本作「逾」。

（一一八）老，《崑山先哲遺書》本作「吾」。

（一一九）猶，《崑山先哲遺書》本作「又」。

（一二〇）緘，《崑山先哲遺書》本作「槭」。

（一二一）至，《崑山先哲遺書》本作「之」。

（一二二）際，《崑山先哲遺書》本作「傺」。

（一二三）憾，《崑山先哲遺書》本作「惐」。

（一二四）吾，《崑山先哲遺書》本作「我」。

（一二五）于，《崑山先哲遺書》本作「於」。

（一二六）于，《崑山先哲遺書》本作「於」。

（一二七）《崑山先哲遺書》本無「耳」字。

（一二八）「于」，《崑山先哲遺書》本作「於」。

（一二九）邪，《崑山先哲遺書》本作「耶」。

（一三〇）太老，《崑山先哲遺書》本作「老太」。

（一三一）詒，《崑山先哲遺書》本作「貽」。

（一三二）杯，《崑山先哲遺書》本作「桴」。

（一三三）意，《崑山先哲遺書》本作「逆」。

卷三　序

孝經通解序

余讀斯文，而竊爲之反覆歎息。作者之意，本謂閭閻匹夫，田野細民，或不得與聞斯經之旨，而泯没其天良。故特爲通俗之解，使之人人曉晰。乃自成書以來，未得與聞者，夫豈惟是閭閻田野之人而已？愚謂是書會有人焉，持一編而致之當事，告以置于學宫，及乎鄉社。令朔望延〔一〕有行義者，登座而講集士衆而共聽之，人心翻然興起，必有改於〔二〕其德者，而此則固薦紳先生之責也。

睢陽朱氏祭册序

吾宗世爲篤孝，近代所希。自宋元以來，累數百禩，子孫之修祭埽于祖塋者，春雨秋霜，未之有廢。祖宗之遺澤于子孫者，緜延勿替。始祖秘閣公墓下祀産，迄今隴畒依然，未之有改。歐陽公謂唐宋閒(三)公卿之後，能守其家法不遷於(四)世俗者，惟推杜氏，吾宗其庶幾焉。顧子孫敬承祖訓，不敢爲非，義食貧者多，又賦役煩(五)苛，田租所入無幾，以故僅能無曠祀典，恒不免豚肩不掩之譏。歲戊午，采木令行，陽抱山秘書祖塋喬松九株，千年舊物，忽焉摧喪。幸馬密齋太史與當事素善，去非姪又交好于太史，匍匐往請，言于當事。會令亦少(六)解，木垂至官而得放遺。時崑山薦嚴禪寺將興復燬，廢族之人議以此木售之。馬太史又助金於寺，雖不逮半價，而得以其金增市祀田，承祭者之力，用少紓焉。先是，祖塋祭埽，獨恭靖公之後不與，而承祭者亦不祭恭靖公墓。自六世祖贈吏侍勉齋公以上，今之子孫，皆其子孫無論矣(七)。侍御公與揮使公、我五世祖大興公，兄弟也。凡承祭之歲，則揮使公子孫祭於侍御、大興公之墓，大興子孫亦祭於侍御、揮使公之墓，以是廣孝敬之誠，篤親睦之誼，爲吴中故家鉅姓所未有。獨恭靖公子孫，正祭恭靖，并不及侍御公墓，而侍御則恭靖之考也。均爲一姓，追遠之禮彼此懸殊，此東木姪所以日夕悚惶，而不能或釋者也。自祀田增市，東木與其姪孫克家，乃奮力與揮使、大興公後，彼此分承。而恭靖公墓，舉族亦皆致祭。上無不孝享之祖宗，下無不駿奔之子孫，諸父昆弟歲歲來同，木本水源一體無間(八)。先王立廟以萃渙，尊祖敬宗(九)以收其族，今於邱隴瞻埽，而萃渙收族之義行，誠盛舉也。凡我承祀子孫，尤當念此。祀田由祖墓之木而增，則非子孫之能盡厥力，乃祖宗自食其所有。其務皇皇焉、恐恐焉，殫心以從事也哉。

孝烈詩序

新安有孝子烈婦，而出於(一〇)一門。孝子姓葉，名瀛，號十洲。烈女其女孫也。適蘇氏，人皆偉其志行，而以祖孫趾美也，尤嘖嘖稱道。予竊夷考其實，孝子則母危復安，烈婦則所天早喪。孝子則刲股進母於病時，烈婦則絶粒從夫於身後。孝子則天錫難老，而及期頤，烈婦僅十有九齡耳。當日所遇，與其所爲，初不相侔，而何以人之見者聞者，其爲敬而慕之則一也。孝子之曾孫之奇，以狀乞言於世。而文章之士，或因之奇之請，或不因之奇之請，摛詞吐華，以揚(一一)厲之者，又何以無不一也。則以孝子烈婦，行自不能相同，而其光明浩偉之志趨一也。人即出於(一二)一門，而祖不能得之於(一三)孫，孫不能受之於祖，當日皆有莫使之然而然者一也。即孝足以感烈，烈若有感於孝，然而孝與烈者，初無相期之意，其不相期而相感者一也。故系以詩。

長鳴詩存序

詩文不關倫常大故，不足以感今而傳後。雖其所託猶是江山風月、卉木禽魚，而性情之發，入乎隱微，在作者方笑啼之不敢，而讀者正不復禁歌哭之相繼。古今來騷人恨士，類無不然。維度先生至性過人，又身罹多難，舉平生愁苦憤懣，沈痛難言之隱，盡寫於詩。緜婉卓犖，蓋在所南、皋羽之間（一四）。顧以放失風塵，僅存百一，此王子甫瞻所以撫先人之遺卷，而不勝其血泣也。然而言之無係者，雖千百卷而可廢，言之有藉者，雖一二篇而猶幸。且先生弓裘之遺，既在甫瞻，甫瞻自今日，而前而後，志先生之志，則亦詩先生之詩，雖謂先生不絕筆於今焉，可也。獨念甫瞻挾是以遊於世，恐甫瞻不必以窮而工其詩，而詩殆將以窮甫瞻。嗣宗之淚，不能無揮，而故知之。悲其志、惜其遇者，亦率爲謀，不得而與之偕窮，正不知何者可以無失所守之先志，而復可以壯吾徒窮交之氣。世多賢達，甫瞻交又廣，當必有以厚之者。

贈諸遠之序

予昔與諸子相遇，喜唐許之再見。是時年尚未壯，意氣飛揚，若將時移事變，決不待至今日。而始不如是者，以故貌雖凡下，輒欲得諸子之奬許，而又託以相天下士庶，所謂魁奇偉傑，有遇於塵埃之表、形骸之外者。蓋嘗發諸晤言，寫之詠歌，以謂此其用意，與世之所謂問相者，大約求利禄而覬功名，喜豐亨而樂壽考者不同，當亦君子之所深與也。然而十五年來，此念消磨已盡。比來諸子識益高而術益精，而予獨不復與之言相。每相過從，輒焚香啜茗，稱道往事，以彌敦舊好。此固以人之行止窮通，皆有義命，不必爲憧憧之往來。然亦足見其志氣頽落，無復昔時壯往之氣槩。不二十年閒(一五)，盛衰懸殊，亦可慨已(一六)。

贈張聖成序

張君永暉以寫照擅絶吴中，與予交厚。其次子聖成嘗過柏廬，而語余曰：「今之畫者多不傳，何哉？不務循乎物理之當然也。寫照之重乎其貌，如所謂傳神阿堵、頰上添毫，固矣。若夫容體之有動静、俯仰、向背、偏正，各殊其度；衣服之有表裏、隱見、伸縮、疏密，各異其宜。即所服錦綺之花木鳥獸，是組織者，非真花木鳥獸。寫真而不得其真，非肖物也。寫非真而必似其真，亦非肖物也。乃至組織條縷，縱横一定，而四體之動，則或縱者横而横者縱，此皆物有不齊，而理有錯見，惟務審乎其所當然，而見者同得其所欲然。則流之天下，垂諸來兹，無不欣喜贊歎，而其畫傳矣。」予聞此語，深有感於學問之道。而聖成又曰：「要其所以不務循理者，衣食害之也。古人五日一水，十日一石，豈不受迫趣哉？乃無所撼於爲，無所困於中，窮思夫水石之理，不真有得而不發之筆也。今人多爲飢寒所逼，朝畫一像，而思以易粟，暮畫一像，而思以易衣。苟以塗不知者之耳目，足矣，又安能疲精殫思於其中？故不勝（一七）循乎物理者，不盡其心之能事也。不盡其心之能事者，不勝其口體之累也。」噫！聖成之言，微矣！由前之言，可以悟聖人爲法於天下，可傳於後世，惟盡乎理所當然，而爲人倫之至也。由後之言，可以悟求盡乎物理者，亦第去其爲心之害者而已。聖成之於畫，雖本家法，而其天資敏穎有過人者。年甫弱冠，深造已如是，則由是而益精之，畫之傳也，不將與長康、道子竝（一八）驅哉！雖然，德上也，藝下也，即爲長康、道子，亦藝焉耳。以聖成之敏穎，既知夫今之畫者未盡夫畫之道，則必知夫畫未足盡其所得之道，而其所以傳者，將不獨在畫矣。

贈鄧元哲序

託業無定矣，冀缺之於耨。毛公、薛公之於博徒、賣漿，劉敬之於挽輅，匡衡之爲人傭書，之數人者，豈不以所業稱哉。子貢以孔子弟子，鬻財於曹魯之閒〔一九〕，而孔子亦自謂「吾少也賤，故多能鄙事」，業之所託，聖門且不免焉。鄧君元哲，自金陵來於崑，嘗過從，余見其恂恂修敕，類學者流，而事親以孝行聞。詩歌不多見，亦嘗作此，蓋當世士林之所或不能者。乃問其業，則剞劂也。昔人生不逢時，往往託身卑賤以自廢，鄧君之爲此，吾不知其有感於心焉否。然迹其人，其於剞劂，固已遠矣。又雅與當今隱淪者游〔二〇〕，余思隱淪之中，蓋多光明俊偉有道君子。業非人所同，然道則有可共企，鄧君游於諸君子間，能深之以嗜慕，而務求其所同，不又將益遠乎哉。

兩闈雜記小序

太史徐先生之分司楚試也，爲庚午之歲，用純猶未就傅。其主閩試也，爲壬午之歲，用純已學爲文章。因先大人之與先生交也，得盡閩士之文而請讀之，歎爲絶盛。蓋其文千變百出，不可端倪，要皆閎(二一)於中而肆乎外者。夫以閩之郡八，士之挾其文以試者五千餘人，其閒(二二)斐然者何限，先生拔尤簡異，所收者皆閩産之英奇，人倫之秀粹，於是歎先生取士之明也。惜我生晚，獨不及讀先生分試。於楚之人，則未知所獲之楚材又何如也。越十五年，先生始以《兩闈紀事》示用純，且命之序。用純受以卒業，見先生奉命以往，自郵傳、舟車，及其棘院、門館、宫室之閒(二三)，莫不嚴密以從事，而專意於士子之文。搜羅剔抉，惟恐一士之不當，上失祖宗以來育才之報，下負儒生數十年簡練之苦，前後一轍(二四)也。宜乎鬼神式臨，時或見之。而一時之襄涖(二五)厥事者，亦相與惟公惟勤之交敕。嗚呼(二六)！士大夫身任國家之重寄，有能夙興夜寐，惴惴小心，罔或愆乃職者，曾幾人哉！於是歎先生得人之所以盛，又不惟其明也。蓋以慎，故明也。彼夫薦士皇朝，受餽私門，與夫士子之妄干榮進，謂暮夜爲無知者，讀先生之《紀事》，亦可以少(二七)息焉。雖然，先生之恪於事，又豈必在試事已也。

詩序 代人作

詩以言情，亦以明道，而三百篇中言情之作，大約觸物撫景，流連感詠於山川風月、禽魚草木之閒〔二八〕而已。其情之所謂憂愉喜怫、暢遂鬱結，卒不可得而寫。然而天下後世之人讀其詩，適於情感而遂通，旁皇而不可已者，皆然也。故善言情者不言情，而善言道者亦不言道。姚江惟禪師忠孝名胄，慧悟超塵，早皈身於鹿苑，遂證性於菩提，豈惟女子之英奇，乃爲禪家之龍象。今兹初夏，杠錫敝里，予與真師迎侍追陪。雨窓〔二九〕翦燭，晴嶂披襟，析疑請益，靡不排雲霧而睹白日。于闡三乘之餘，偶拈四始之義。師妙解懸河，精思刻棘，因請讀師所著稿，而師以爲閒有作焉，不過載述舊聞，發揮胸臆，無足多者，不肯出。請之再，乃示予〔三〇〕以詩詞若干首，而命予〔三一〕爲序。予〔三二〕惟詩之爲體，不外乎山川風月、禽魚草木，而各隨作者胸次之所得，以與人人共見。故以詩爲詩者，詩而已矣，求其所爲山川風月、禽魚草木不可得，何有於道。以詩爲道者，即山川風月、禽魚草木，何者非道，何況於詩。凡師所著，風流挺特，寄寓遐深。雖惠遠之東林雜作，貫休之山居諸詠，無以過是。予每焚香静夜，開卷流觀，見夫明月在山，惠風拂樹，此時會心不遠，真覺「眼前有景道不得，崔顥題詩在上頭」，夫又何以爲序乎。遂爲書此，以呈諸師。

壽序

盛逸齋七十壽序 丁卯冬十二月

逸齋盛先生六十降辰，予既從其仲子琰請，以文爲壽。時琰博徵同里四方能文之家，卷軸紛委，凡逸齋之所以爲逸，與夫所由獲壽，類考其疇昔行履，稱述而頌祝之。今兹七十，復請予文，爲〔三三〕出其向所贈言以眎，蓋美矣備矣，余復〔三四〕何容贅詞。顧惟晝夜相推，寒暑迭代，人事之變，與爲無窮。逸齋自六十而七十，十年之内，世之盈虚消長，升沈菀枯，瞬息變眩，如浮雲蒼白，駭浪騰伏，不可意計，吾不知逸齋之觸物而感者幾何也。而其所自得於懷者，又幾何也。爵位崇高，貲産豐衍，非不可欲，然求之未能必獲。即倖獲焉，將必深其機，詭其智，卑躬頫首，以抑其節，而後厪乃致之，弗〔三五〕逸也。人苦不知足，崇高豐衍，不極不止，争先於跬步之間〔三六〕，逐利於錐刀之末，又慮高明之爲神所瞰，爲世所指，彌縫墐塞，殆無弗至，弗逸也。抑且世居其上，不可復下，裒多益寡，計難卻顧。不惟自視無復老之將至，而所用爲世人詔者，必且公卿其奕葉，陶頓其雲礽，更弗逸也。然勞勞焉，徒自疲苶，究無逭於得失之數，而榮辱狎來於外，冰炭交迫於中，雖日以累足屏息，而不自苦，憂懼之弗勝，則益無之或逸也，而逸齋於此何如哉。世之欲逸，誰不如我。夫不自居於逸者，亦曰吾固蘄其逸耳。卒不獲逸之萬一，而并以其弗自逸者，延及後嗣。今逸齋不求逸於世，而與逸爲寢食，蕭閒難老，吾知其令子賢孫，自琰以下，接踵而繩前武，沈浸乎詩書之府，雍容乎仁義之途，履運不渝，與物無競，逸之爲澤，且以未艾。蓋天以恒健而爲逸，地以恒順而爲逸，人以恒因天地之道而爲逸，此逸齋十年内所得於(三七)身世之交，予可繼六十所壽以爲言，亦逸齋樂得而爲觴之侑也。若夫誠齋先生，仕宦日益顯，門第日益高，此固逸齋壎篪之樂事，與其栽花蒔竹、焚香啜茗，沈深梵典、揮寫雲山，皆數十年來所習爲固然，無庸復道。從是而八袠將開，期頤遞陟，予儻得從杖屨之後，將十年一觴，不自揣其言之鄙。進而爲壽者，更未揆其若何。而子若孫崇高豐衍之富，要皆以逸而致之者，何不可爲逸齋侈道。雖然，予(三八)言及此，無乃又多乎哉。蓋逸齋之壽，初無繫乎此也。是爲序。

廷尉李公六十壽序 代南陽學亭作

昔叔孫豹之言曰：「太上有立德，其次有立功，其次有立言，此之謂三不朽。」而歐陽子則謂：「施於事不見於言，可也。修於身即不施於事，不見於言，亦可也。」蓋修於身者，無不獲施於事者，有得有不得，而見於言者，則又有能有不能也。然則此三者，固所以使人顯於後世，傳之無窮，與天地而竝永，與日月而彌新者也。若夫百年之內，歲月之久，則無異飄風奔電之過之疾耳。故君子誠自奮立於斯三者，而或能其一焉。雖殤子之歲月，非短也。苟無一之能焉，雖彭祖之壽命，非修也。廷尉李公承其烈祖文定公家學，少舉進士，爲推府，以決獄平允，聞於天子。天子親自簡擢，置之諫垣，以司耳目。則首請贈謚開國靖難瑠禍諸臣，爲國家修明曠典，以闡忠貞而教臣節，厥功偉矣。其他知無不言，言無不盡，所以裨益朝廷者良多。會逢國家之戹，而杜門埽軌，絕意人閒（三九）。進則能行其道，以光於國，退則能守其志，以潔於身，是非德之隆歟！若其言論文章，則固已載之國史，誦之海內。而又博極羣書，熟精史傳，議論古今，寄託慷慨，輒數千言立就。其於言，抑又閎中而肆外也。然則公於三者，蓋不惟能之，而又兼之。所謂與天地而竝永，與日月而彌新者，非公其誰與歸！而又於百年之內，歲月之久，沾沾焉導其悅而致其慶，見亦固已。雖然，使其人而小夫豎儒，無當重輕之數者，遐齡固無庸耳。若文章行業，既表見於時，爲當代之鉅公，舊朝之遺老，則其耆壽未有艾，天下之人顧不幸歟！公今年六十，卻賀不受。雖卻之，而公之所以自壽者不能泯，則天下之所以壽公者，亦自不能已也。初公在諫垣，風裁峻拔，予固已心儀之。後挈（四〇）其賢胤，遊寓吾里，始得與公交。而賢胤皆有非常之器，予弟崙生遂許以女字公之叔子。昔先大夫與公之諸父侍御史爲同年進士，今己亥，余弟子吉又與公從弟兩商同榜，直史館。姻婭之誼、同年之情，皆當壽也。予以謁選京司〔四一〕不獲，奉觴於公之堂，撰文往壽，而特叙公之不朽如此者，以公之業既在天下，則公之壽亦當爲天下賀之。故不徒以姻婭之情、同年之誼，效其福禄之祝而已也。

壽謝君玉庭暨配葉孺人五十序

士之懷才用而不得遇於時、施於有位，古今來何可勝數！然而才用之顯晦，初不繫乎會遇之通塞。蓋其身在草澤，而凡綱紀物務，酬接羣情，苟其才之所優，類無不從容而展發者。或以寬宏，或以强幹，或以敏達，或以凝密，雖當世未蒙其利，要其能事，亦固約略可睹矣。謝君玉庭，好學能文章，所至與詞壇領袖竝〔四二〕轡交馳。予杜門寡交，君不鄙，令賢嗣赤年、侶彭來從予學。間嘗與余〔四三〕談論藝林得失，其所鑒識，一一據嶺登峰，洞筋擢髓，而竊觀其於酬應物事之際，精深縝密，不動聲色而目張綱舉，此其挾持，宜可得志於時，爲國家剸割棼煩。而君雅尚沖淡，與物無競，雖數踏省闈，猶尚蠖屈諸生閒，今年已五十。素與君稠好者，方且惜其漸老而未遇，而君視之顧泊如。於是當其懸弧之日，無間〔四四〕親疏遐邇，相與執榼提壺，登堂爲壽，而赤年、侶彭復請余一言以侑觴。且君之配葉孺人，生同年，令德垂範，不亞鍾、郝。而君之誕辰在九日，孺人之誕日在中秋，竝值令節，是皆可壽也。夫謝固望族，代有聞人，君之尊人中，甫翁讀書仗義多，長者、行人皆卜其有後，而君既艱於一遇。難弟遇丹、東範，皆夙負才名，遇丹又以註誤淪落，獨東範掇科名、歷仕宦，論者猶不免薄於食報之歎。然昔賢有言，家之興替，在義理，不在富貴。君處於家而家以克，治處於鄉而鄉以無怨，隨所施設，皆見其才有餘裕，又何爭乎遇之通塞。況夫古者行修經明，如申公、轅固之徒，皆晚而得遇，而赤年、侶彭，文采英越，早已蜚（四五）聲庠棱，與季弟翩翩繼起，君之所未遇於時而施於當世者，將來履休會而舒鴻抱，正未可量。而君與孺人，康强難老，每歲之秋，當夫桂香月下，菊綻籬邊，舉案稱觥，以樂嘉祥。其親朋之駢闐而來賀者，情驩意愜，踰於（四六）今日，當不止倍焉而已也。是爲序。

壽李起龍五十

士君子固以隱居不仕，棲遲自得爲高，然有其時而難易殊焉。苟生乎選舉陵遲之際，朝廷執一途，以取天下之士，士非勉强以赴其途，則不進。而生材不齊，長短奚啻百倍，有窮年皓首而不得造乎其途者。於是屈其所短，而因棄其所長，徜徉放廢，無意於天下之名位，固其宜乎。

若夫朝廷登明選良，惟恐不及，不限能，不循格，使天下之士，皆得以隨其所長而致身通顯，此時而泊然寡慕，視軒冕如脱屣，是真抗志高雅者矣。起龍李君，才能四肆，智識超羣，世之與君交者，見其豁達高明，剸割有餘，無不歎爲用世之器。方今朝廷用人，又不盡束以制科，材效一官，行著一鄉，即無不濟濟焉皆出。而擔圭析爵，故夫四海之内，賢智之士，鵲起麇集，以回翔於仕路。誠使君有志於求榮，則以其所長，早已策名當世，置身要津。而至今五十之年，志成業就，其所得乎當世之光寵，蓋有未可量者矣。而君之隱居也，蓋見夫權位之赫奕，不若退處之寂寞而無辱，利禄之華厚，不若家食之澹泊而可欲。故絶慮聲華之路，淡然頣志於物外，日與芳花鳴鳥酬對往復，以爲良友。琴書圖史，嘯歌撫弄，以託高情。烹茗焚香，品第高下，以愜幽賞。而又謂逸於身者，無所利於物，其慈惠惻怛之仁，不得託以見。於是游心方藥而精於其理，以病求治者，蓋不啻發蒙振落之易。其貧者，則雖療以善藥，未嘗責其絲粟之報。君之不求榮於世，而又爲德如此，宜乎聞君名者，無不歎爲曠代之高致。而頌君之多壽，以爲斯世風也。君新安人，僑於吴，予因得亦效一言以侑其五十之觴。夫守静養高，不馳騖於塵紛(四七)以摇其神，一宜壽；方藥雖小道，而活人多者，天必酬以永年，二宜壽。則自今而遐，躋之君之年，正未有艾。予所以致其頌禱於君者，亦累進而靡窮也。

長洲張永暉六十壽言

張子永暉，善士也。孟子曰：「一鄉之善士，斯友一鄉之善士。一國之善士，斯友一國之善士。天下之善士，斯友天下之善士。以友天下之善士爲未足，又尚論古之人。」張子之於天下善士，予未知其能盡友焉否也。然生而當龍潛鳳隱之世，善士雖多，即一鄉一國，且有身不可得而見，即其名亦不可得而聞者，況天下乎。而張子於古人，則不惟考論之，又圖畫之，自唐虞以前，下迄有宋，明君碩輔，苟有遺像，無不廣蒐曲致。千載一室，聲容若接，斯其尚友何如也。然張子又略於遠而詳於近，略於往昔而詳於當代。自以生長吴中，於吴中三百年内之名流鉅公，圖畫尤悉。雖其人不出乎一鄉一國，而道德功勳、節烈行義、文章風雅，蓋有高宇内、邁古今而獨出者，張子悉得而晤對之。俯仰一代之間，感慨人文之盛，想張子於風雨晦冥，獨居無聊時，嘗若與諸先喆[四八]謌哭笑涕，交相和答，斯其所託，志抑又深矣！獨余與張子，近在百里之内，張子年已六十，而余亦四十餘。向者猶未得託契論交，則余真鄙人矣。幸張子不我棄，識余姓名於吴門孝章、楨起諸君子，數年前曾訪余而不值。今年秋，又翩然來過，一見若逢故舊，豈善之相遇，有莫知其合而合者[四九]歟！留圖吾邑往喆，余嘗至其寓，見其五十壽册，皆吴門諸君子所贈。以張子謝上壽之觴而屏居先塋，手自封植，故稱道之。而并及其昔年刲股療親之事以爲壽。今當甲子既周，適來吾邑，吾邑諸君子，其可無贈言？於是我弟勿滓爲是卷，而余不揣固陋，序而倡之。昔太僕先生作《張元忠傳》，謂太史公見留侯圖，狀貌如婦人好女，而於田横則恨無善畫者，莫能圖。今二子之畫（五〇）皆無有，而猶想見其人，豈不以傳哉？然則文章與圖畫相表裏，今張子所圖往喆（五一），既有文章以發揚之。及得張子畫像，而益若見其爲人，余亦願得諸君子之詩文，以狀貌吾張子。當今世道浮侈，壽言類皆不實，故有道之士不肯爲。張子，善士也，所樂得而爲友，諸君子於此，其必有悦之。故言之，又長言之，又嗟歎而不足者。

壽鄭遠猶六十序

傳家之與養生，其道一也。傳家者不争權勢，崇尚禮教，則其家必大；養生者不炫聲華，棲神淡素，則其壽必永。即徵之於事，或未必盡然，而要其理，則未嘗誣。其理不誣，則其事亦固有不爽者。吾邑鄭氏之先，爲累朝鉅族，姑弗殫述。自正統閒（五二）平橋先生中禮部試，退而家居授徒，終身不仕，游誦自得。繼以聞陽先生，值島氛澒洞，籌畫江海，胸懷大略，卒未嘗就禄位，故其傳家，類以恬退醇謹爲先。迄今子孫濟濟，雖不數以科第顯，而被服造次，望而知爲鄭氏子弟。遠猶蓋兩先生裔孫，少孤貧，備歷艱苦，學而就試，不得志。刻志礪行，奉母以孝，與人以忠，持身以廉，交友以義，樂善好施，孜孜不倦。居常晶劑藥石，全活無算，尤厚窮約，求者如市。雖動當道傾慕，殷勤延請，初未嘗交以利，特藉以奉其母。夫人之大節，然亦當道輒檄行之，而非出於干請而後得也。家聲茂遠，可謂克紹。而以是傳家，即以是養生，今年壽六十，精健猶如壯歲，疇昔之交知者，將往觴祝。以固辭，乃謀文爲壽。又雅識遠猶之意，不乞言於大人先生，而以屬余沈困(五三)無聊之人，蓋足以見遠猶之大概矣。遠猶回視六十年中，其以勢利驕人，車水馬龍，縱横炫赫於一時，不旋踵而聲消影息者，不知其幾何家也。溺情富貴，膏粱錦綺(五四)，以伐性而摇精，裁得比於朝菌、蟪蛄之數者，又不知其幾何人也。而遠猶之門祚，算紀正未有艾，遠猶其亦可以壽矣。余又觀於齊、魯、周、秦之故，而知夫享國之道。齊用管仲之謀，一匡九合，非不名震威熚，而禮義闕如，未數傳(五五)而國爲田氏所代。魯曾不以霸業争雄長於諸侯，而周公之教，强臣僭族，不能爲之廢滅，秦、漢之閒(五六)，其國猶存。秦之二世，由於夸大。周之卜世三十，卜年七百，由於仁厚。則夫享國修短，其於傳家養生，又一也。今遠猶不獲顯於(五七)當世，而多令子，能益勵學，必將即以其養生傳家者，施之國與天下，雖平橋、開陽兩先生之業，猶賴以克大，遠猶抑又可以壽矣。

壽顧仲莊七十

用純生晚，往昔武陵尚書公封尚書，公兩世交於先節孝。沖懷折節，復見古之好善忘勢者，因延先節孝授經於仲莊兄，皆有年。而用純以幼，皆未及見。自用純爲博士弟子，始得晉謁兩尚書公，瞻其容貌，而猶得與仲莊兄試場(五八)角藝。於時鼎湖銅狄，已不勝懷。嗣復家國相繼大故，創鉅痛深，用純與兄遂矢志廢絶於世。猶憶乙酉春暮，兄來見先節孝，既退，而先節孝召用純曰：「仲莊不赴科場(五九)矣。」因敕用純亦勿往，以是知兄之志，早已見之明而决之勇也。四十餘年來，荏苒景光，余既潦倒寒氊(六〇)，兄亦結託白社，稿(六一)形棄智，不覺(六二)俱爲白首之人。兄今七十，予漸亦六十，回首四十年内，所幸始終一轍(六三)，可不愧此顛毛之素。然嘗竊念兄之所處，有難於余焉者。余持守先人之義，砥匹夫之操，初無利之爲訹(六四)，害之爲懾。兄當大故之秋，有危疑震撼之勢迫於内，有當途故舊之情要於外，蓋不啻前則車服相將，後則冠蓋相委。而終纖介不以動其心，是誠非見之明而决之勇者不能也，是故兄尤難也。且不能逾(六五)河蹈海，巖棲谷處，支離壥壒，傫傫焉舉手動足，無一而可，則其不敢告人之隱，所謂食梅而自知酸，飲冰而自知寒者，久而彌深。習以益困，其亦豈易坐致斯日之遐齡歟？抑後凋之勁節有必得夫遐齡者歟？今兹某月，爲兄降辰，非無爲文以祝嘏者，而兄之賢弟令子念如、子山諸君，堅委於予(六六)。始以不文辭，已而自維生不逢辰，與兄既同其多難，用純又每懷奉教兩尚書公日淺，感切不能輒已。而兄先志之無忝，即不忘我先人師承之雅，其情愫稠疊，所當爲兄壽言者，誠莫余先。宜念如之言曰：「吾兄一生苦志，柏廬子不爲道之，其誰道之也。」若兄之緜延其算於方來者，他尚有可述，要非其大，故不暨舉。當不以余言爲荒略，而逌然進一觴焉。

代壽程君植甫六十 代葉文敏公作

余延吾友葛子孺(六七)初爲兒渟滂師，有程生公悦自新安來，同館受業，予因以識生。生爲余道其從祖植甫君平生梗概，蓋孝於親、友於兄，皆有至性，而非飾爲恭謹。交友道義相劘切(六八)，久要必信。雖習計然之術，而臨財廉，樂施與，解紛排難，振困卹貧，則不復審量出入。自戚黨知交，以至閭里行道，莫不載君之(六九)德。余聞而歎曰：「是爲二程夫子之後矣。」顧生未詳其世系，逮余假滿還闕，而生始屬葛子寓書於余，致其族人在崑者之請，欲持余文歸，爲植甫君六十壽。因次世系以來，知程氏自東晉有仕新安太守者，朝廷最其治行，賜第於官下，乃家焉。而其先河南人也。二子則自其祖考，復由新安還於河南，遂有南北宗之分。其後皆代有顯仕，功猷爛於當世，而新安之稱舊族者，必以程爲首。然北宗二程子之德澤尤遠矣。方今國家勤學修禮，崇化厲賢，以二程子紹孔孟之墜緒，闢大道於榛莽，當與聖門諸賢，同其褒録，竝官博士，則二程子又能以利及當世者，慶流子孫。余聞君少嗜學，以不遇輒棄去，今其子尚幼，皆英敏有殊資。昔大中公之所以教二程子者，君所熟聞，必能以是教其後。予又聞君所居在歙之南，山川奇秀，地靈所鍾，昌黎有云：「中州清淑之氣，蜿蟺扶輿，磅礴而鬱積。」則必有魁偉奇特之人生其閒（七〇），以山水之鍾萃，與世德之悠遠，雖宗分南北，而同原共貫，不於彼，安知其不於此。明德之後，必有達者。吾於程氏，望之已若。夫君之寄懷風月，游玩林泉，此皆難老之徵。余不論次，而特追慕其先代名賢，以爲君祝，以興起其後人，則君之壽其無疆矣。且使生與其族，歸爲君壽，而懽宴於一堂，相與稱道家門德業，以父語其子，兄語其弟，而感慨歌舞。君之睹茲而進觴也，不更樂有餘哉！是爲序。

李本卿壽序

右濱吴松，前瞰雞鳴塘，有聚里而居者，竹木蓊茂，煙火櫛比，向名曰百家村，而實不止百家也。類皆力農務本，衣食粗饒，雞鳴塘迤東，與嘐邑爲鄰壤，人情風土，勁悍亦頗相似。而此里獨尚淳朴，雖固由樂業致然，然亦賴有爲之倡導於善者，則余所識李君本卿，蓋其人也。君與李翁峻祉素交厚，李翁故城居，好爲善，而多田疇於此。君輒綢繆未雨，左右李翁。濬河治塘，散給牛耕，貧者貸其廩食，惰者鼓其力作，故雖災祲洊至，而君里恒無恙。又相與勸導其里中，息争平訟，奉上急公，無或非分以干彝憲於有司，無或慕外以自耗蠹其生業。用是一方化之，熙熙然猶若有承平萬一之風，則皆倡率之人之力多焉。余於李翁，七（七一）十從其親知之，請爲壽序。今君六（七二）十，陸君君啓又與其親知，介余表弟陶君爰隆來，乞余序。余惟一家有一家之倡，而家以興；一鄉有一鄉之倡，而鄉以治。推之國與天下，苟有倡導焉者，何至紀綱風俗，日以頹放，而余於君，良有感矣。然君之意，又以有子四人，皆命名而未字，欲因是而字之，授以詩書禮義之説，使其有所矜法，陸君竝爲道之如此。余既念《詩·既醉》之篇曰：「君子萬年，永錫祚胤。」夫壽之永者，孰若賢子孫緜延於勿替。今君之所期望於後人者若是，則是子若孫以往，世緒相承，皆君之壽也。故余特均字嘉言，以副君志，而又冠之以壽，以勖其後之勿忘。字天驥（七三）曰壽良，驥有良德，孔子稱之。字天駒曰壽嘉，皎皎白駒，留嘉（七四）客也。字天駿曰壽發，駿發爾私，賢王之所命也。字天驌曰壽悦，驌驦名馬，曰肅曰霜，協秋令、鍾兑氣，而爲萬物之所悦焉。君之善既施被於一方，諸令嗣又能顧字而思其義，以仰承君爲善之志，子以是教其子，孫以是教其孫。則豈惟歷祀之永，皆君之壽，所謂發乎邇，見乎遠，好行其德而無倦色者，亦皆君之壽也。不亦休歟！是爲序。

壽伯章朱翁七十

新安晦庵朱子之後伯章氏，今年壽七十，以家於崑也，其崑之族人承筐奉觴，往爲翁壽，而屬余爲侑詞。予以爲翁之壽，蓋有自來矣。夫德之在天下萬世者，其福慶流衍雖遠，子孫自非果弗克承者，即莫不嘉與而大被也。晦庵先生膺斯道之大統，樹百代之名教，發揮古今聖賢之奥義。其於天地名物，蟲魚、草木、鳥獸之故，靡不纖悉究貫，使學者朗然挾日月而行，其爲德也尚矣。故其子孫之登貴，顯著聞望而利其福澤者，不絶於代也。以予所聞，伯章沈默静重，篤於孝友，其弟伯俞亦天性茂美，能善事兄，迄今黄髮相對，歡愛若嬰孺。爲德若此，即何不浹以經學，宣以文義，使進身廟朝，得志於天下，以觀其所彰顯。而惜也狃於世業，乃以監鹽老也，予於是而益有感矣。夫所爲冒當世之榮者，亦期於利厚焉耳。然而得失、榮辱、禍福之不齊，至於罷精力、竭智能，終危其身而後已。凡翁之所見者，蓋不知其幾矣。而翁乘天地自然之利，與時盈虚，以爲奇赢。不必得而奚失，不必福而奚禍，端居自給，徜徉於天壤之内，雖一都之君，千乘之主，豈得過而問其樂哉！夫苟不在富貴，則必在多壽。祖德之所以啓佑者既篤，而又能自擇術，不屑爲當世之桎梏其生者，雖欲不若籛鏗之年，而不得矣。雖然，予尚有進者，晦庵先生之澤，蓋閲世而彌彰也。儒之後恒爲儒，必無以其所自逸者逸其子若孫，而務善教之，使振厲其家學，以大承福慶。翁於時（七五）坐而觀厥成也，不更快歟！是爲祝。

壽祥生五十序

世之敬其祖者有矣，然或高曾以下，烝嘗祀事必時，春秋正至，瞻像封塋，無或怠而已。未有如吾宗，遠自始祖，世世儀容儼然，拜謁一堂，若接謦欬。而歲歲徧埽馬鬣，子孫皆至，蓋歷宋、元、明迄今，未之有改也。世之睦其族者有矣，然或二三羣從之親者，歲時一相往來，宴會出入將迎，一相丁寧（七六）慰勞，及夫慶卹之禮，一至而已。未有如我宗屬，在一本累世子孫，罔不與祭於祠，執禮於墓，濟濟雍容，情好之洽，忘其有遠邇疏戚也。故吴中世家舊族，論夫祖宗遺澤之遐，子孫敦行孝友之篤者，必推睢陽朱氏，而吾姪祥生則又其至者也。祥生事兩先人盡誠有禮，於殁也，殫數年之心力，以經紀窀穸，山邱巋然。而事諸父以敬，事女兄以敦慎，此固已孝友之聲，洽於宗親。而往歲修撰公之幽宫，爲駔儈所竊據，益且肆其凶横，微祥生之盡瘁以圖，則一坯故封，幾於不復。而諸父昆弟之舍其家而聽讞者，至止如歸。蓋祥生與諸族人郡邑殊居，則凡往返信宿於吴城(七七)者，類皆以其家爲逆旅。而祥生久而彌懽，數而彌愨，蓋其敬宗睦族，大約類是，固祥生之賢歟！抑亦其内助淑慎未易幾焉。今年祥生與孺人俱五十，某隨長者後，觴而祝之。竊以爲人之立節，必家門之克孚，而後達乎邦國。以祥生之内行修飭，宜乎爲長上所倚毗，爲僚友所推伏。而四方之仰其成勞者，踵相接而輻相輳，由信其醇謹者有素也。某又嘗語吾宗人曰：「人孰不願身之榮膴，子孫之蕃碩。顧不於祖先宗族致其仁孝，是猶樹木者，本之不溉而冀枝葉之茂，烏可得也！」今祥生年甫及艾，長君復章已才足繼武，抑且龐君本仁，又以玉潤之賢濟之。其次君以下，方延明師、勤學問，先世詩書之澤，貽之者厚，將來業成名立，祥生食報宏大，而爲我族黨之所共慶者，正未有期也。若夫壽而且康，亦其必至之符。後日者層累而進於期頤，當其觴祝時，謂某言之於先，若燭照而蓍筮也，不大愉快歟！

壽祥生宗姪

吾睢陽朱氏，自唐孝友先生以來，歷宋、元、明，代有顯人，逮於恭靖公而益以光大。然當時士大夫之稱公者曰：「歷華要三十餘年，而翛然若儒生。公府不能致其迹，鄙夫薄子不敢窺其户，侈麗奢華之習不敢塵其聽，則知公之所以重於天下後世者，非以其爵禄科名也。」其邑乘之稱我朱氏者曰：「累世人物，多務長厚，恥爲刻薄。雖復筆墨淋漓，無囂然自滿之意。」則知吾朱氏之所以稱於時者，又非徒以其博學能文，才藻淹長而已也。故夫恭靖公而後，其文章之（七八）著名者多有，而科名禄位，無復曩時之盛。然鄉邦之齒右族者，必以睢陽朱氏爲先，而凡與吾宗往來交好者，猶尚顒然藹然，有起敬起愛之意。是豈後人之聲華富貴有足致然歟？夫亦祖先之德，重休濟美，所以詔於後者優也。初中翰公自蘇城避地崑山，及御史公又自崑山卜宅吴趨，故子孫不乏他邦散處，而在崑山、吴邑、長洲爲多。姪祥生之先尊，初亦居崑山，既居蘇城。爲子孫者，要無不藉先人休庇，以不輕於所棲止之鄉。意者亦子孫多繩繩世守，不敢隳廢其先烈而然歟。今兹孟冬，祥生六十初度，三邑之宗人，皆相與製錦承筐以往壽。而祥生亦置酒設筵，張樂以敦款好。予竊於斯而重有勸也。蓋祥生倜儻重然諾，好義輕利，而尤篤於（七九）孝友大節。往者修撰公馬鬣之封，爲市猾所據，幾不保，賴賢邑長得復。其時子姓之效策者、效力者、效財者，奔走不遑，而祥生則兼三者而效之。恭靖公祠自齊關移建虎阜，祥生首典金以爲倡。春秋省墓，歲必身親，而與諸宗人聚處，率以增光先世相規勉。祖像之未有者，圖之。宗人之過從者，必留連款之。産不及中人，而惠周乎戚友，迹不離鄉邑，而義著於四方。其未壽也，賓朋輻輳，玉帛炫熿，而予在族言族，故第舉其施於一姓者。今者聚而祝之，凡與於（八〇）稱觥之列，而不自知其袂之聯而趾之接也，夫亦可以勸矣。而爲祥生子孫，見其尊人若是之爲宗族推許，抑亦可以勸矣。若夫賢配孺人，有淑德，祥生得展其所爲，皆内助之與有力，則賢夫婦之遐齡，夫固自有以致之。而令子復章、勝章及其諸孫漸蕃，即曰吾先世之詒於後，與我後人之所以紹承者，皆以德不以名位。然實大者聲宏，膏沃者光茂，由德而致名位，則將見我睢陽朱氏曩時才華、科第、衣冠之盛，當必有再覯而莫之遏者，不益可以共爲欣勸歟！是爲序。

邱氏姑六十壽序 代西琯兄

今天下有事父母孝，與其家之上下宜，儉於身、勤於事，觀其爲女，可以知其爲婦矣。然而劬勞恪謹，以婦於壯盛之年者，必望其康强安隱，以母於其老。而時數或未可知，其果幸而遇之，不可不深致其樂也。予族之姑歸開遠邱先生者，爲築巖府君季女。當未嫁，家之内外咸謂姑令質酷似母夫人歸，蓋歸夫人之母儀，冠於宗族，尊於鄉里，姑得夫人之教最深，而性又淑慎，故舉措進止，事皆可則。姑之于歸，即以善事舅姑聞。承色笑、調甘旨，無不先意而得當。舅姑意大喜，謂自爲我(八一)家婦者，未之有(八二)也。開遠先生性高達，不事生産，且抱才不遇，益自守困。而姑體布素、口藜藿，晝夜織紝未嘗輟，恬如也。嘗過自勞苦，或止之，姑曰：「吾以一女子，攜持髫齔小兒，而日仰衣食之給。吾即竭力以相夫子，吾何功。」人以謂姑之婦道，則鮑司隸、樂羊子妻也。教子若孫，小大必以禮，聞人浮薄之事，輒不信，然亦必以爲戒。先生授經館舍，或不能以時課于(八三)家，姑則力佐之，今即白首多病，目營機杼，耳猶攝吟誦不衰。長君近夫，文成而不知於上，行修而不達於時。獨當世有志之士，皆倚重之。以予觀於今，榮名者多阨，捷進者厚危，近夫以德事親，而不必以遇，其亦可也。仲子穎若、叔子無能(八四)，孝弟謹厚。年甫及壯，即竝(八五)有長者之風，而仲與季子泰登，又方以能文，踵武長君。人又以姑之訓子，則陶桓公、蘇文忠公之母也。夫吾宗世以孝弟作求，不獨爲丈夫者不敢負慙祖烈，抑其閨閫，多可法者。聞往者先生之尊大人，實慕吾家女德著美，故越地而求吾姑。然先生之家，敦本尚行，亦世其德，往而嬪之不易也。今歷四十餘年，而姑老矣。爲婦若彼，爲母若此，不信賢哉！而世之所謂甚望而難遇者，不既遇之也哉！夫人平居，苟得快意可喜，即相與徵召。親戚交遊，醵錢走賀，以致其驩欣慕悦之情。而況母賢而壽者，人倫之至喜，則其家庭之内，與夫二三戚屬，其爲樂宜如何哉！兹月十有八日，爲姑六十壽辰，叔奏明將會吾黨往觴之，且曰：「是不可以無文。」吾以屬予，予惟舉姑之令德而論次之，非猶夫煩文相假、飾詞相厚者之不能無愧于(八六)中也。而況乎驩欣慕悦之不容已者也(八七)。遂爲之序。

予於古文詞，有志學之，而不能作。間一作之，亦自謂大不合于(八八)古人之法。此壽吾姑六十作也，雖屬宗兄西琯之詞，不免另有語意。而體重詞澀，殊不快心，存之以見我壯年所學，如此其未進也。自記。

壽席母延太夫人序

余甫成童，值歲頻祲，即聞洞庭東山席太僕公輓荆楚粟，大賑江淮南北飢民，活者無算。已而國計以用兵日蹙，又悉貲財助軍。公故饒文武大畧，思爲世用，而當時群工[八九]莫有爲上言之者。當宁但以毁家紓國，動容稱歎，授之卿秩，錫之寵命而已。竊嘗搤腕歎曰：「公之志不行于[九〇]身，必行于[九一]其子孫。」其後復有以公《格言類編》貽余者，伏讀之，蓋信公未展之藴，必將大顯于[九二]世。及聞公之季子虞部君登朝右爲郎官，竊又歎曰：「今而後，余言之有徵矣。」余素不通長安書問，而一二故交之自京邸來者，皆嘖嘖爲道虞部材幹器局，爲曹屬冠。六工之事，類皆倚辦，自尚書以下，罔不重其精能。君固天禀殊妙，抑亦得之太僕弓冶之謀歟。昨歲君之猶子獻臣延余家塾，山中過訪之客，又争道太夫人母德不置，非徒獻臣誦説而已。蓋太夫人慈慎勤肅，教溢内外，子孫衆多，而均愛如一，位分尊崇，而執德彌謙。被命服之貴，享禄養之隆，而又躬督女侍織紝[九三]洴澼，履紛華繁縟極盛之地，而不邇于[九四]盈溢，事皆有法，物皆有節。太僕之業，至于[九五]今而愈[九六]光，皆太夫人相于[九七]身後之是賴。然則虞部之靖共夙夜，無亦得之高堂之教匪淺歟。昔歐陽文忠公母魏國太夫人，奉崇國公之遺訓，以授文忠。文忠稟魏國太夫人之嚴命，以大其猷烈。今太夫人于（九八）虞部，母子相成，其亦千載有同符歟。太夫人七十帨辰，實在前三歲，而未之壽者，虞部方勤于（九九）職，未敢言私也。比乃得乞歸終養，躬侍庭闈，舉七十之觴，而戚屬里鄰皆執榼承飲，以隨其後。金翁卓庵太夫人孫元功（一〇〇），中翰之外舅也，來乞余文爲壽。余惟人子受親之教者，未必蒙朝廷之用。而蒙朝廷之用者，未必能盡親之養。今虞部進則以所得于（一〇一）親之教，爲朝廷宣勞著績，退則邀朝廷恩寵之榮（一〇二），以從容色養。樂未有艾，此固人子不倖得之遇，而亦居高堂者未易致之福。推厥所自，詎非太僕遺澤之渥歟。抑且太夫人之諸孫，多在仕版，將來益顯融太僕公之潛烈者，即所以益蕃衍太夫人之福于（一〇三）無疆。卓庵謂余知之有素，故屬爲侑觴之詞。今余徵于（一〇四）門祚之故實，理數之優長者如是。當亦不韙其言之信而非夸歟。是爲序。

壽汪孺人六十序 代徐立齋

易稱坤至柔而動也剛，地道固主柔静，要其所以亨品物而光天德者，莫非至健之爲用。特以承天不違，有其事不居其能，則雖剛以動，而終歸柔静焉耳。婦道亦然，才智固非其所矜長，苟謂可不必有爲，而苟其内政莫舉，則其家道有克寖昌者歟。以故后妃之德，《關雎》比于琴瑟之幽閒，而《葛覃》、《卷耳》則皆美其親執女工，嚴慎勤勞之事。而自昔善言婦道者，莫如敬姜之訓公父文伯。蓋未有内治不飭備，而克章婦順者也。以余所聞，新安汪母潘孺人，信能行古之道者，而其戚黨因以豪傑命之。潘蓋新安巨族，孺人之考行素翁，倜儻有長者行，幼令孺人就師氏，通《列女傳》諸書，動必以禮，蔚爲女宗。長而歸含章君，能事其舅姑，姑惟嚴孺人曲體承歡，終姑老未嘗少（一〇五）倦。君之母于疾也，刲左臂以進，而母瘳，相之者實孺人。及孺人于君疾，亦如之。舅姑既没，遺二小姑，孺人謂君曰：「先舅遺體也，苟不盡吾愛，如薄于親何。」于是撫于其家，及厚其貲以字，一如父母之所以爲女計者。其于門内之恩，悉推是而靡不歡洽。蓋孺人之孝敬慈和，篤于天倫，類如此。始含章君學而弗就，因治計然之術，而謂善治生者貴度地。古人家致巨萬者，必踞（一〇六）都會以通天下之財。新安僻處山谷，非其地，乃徙家武林。而孺人又謂治生必以纖嗇，此常規不足蹈。乃相君以廣交游，厚賑卹，施而不市惠，貸而不蘄報，而人亦莫不感激，思効而爲之盡力，則皆孺人教之也。子子羽與弟溟九，既蜚聲横序，後偕叔弟昭武入國學，遊于京都公卿間。其季儷乾又將趾美，諸孫森立，俱善讀書，孺人以奮迹當途之志不遂于（一〇七）君，而所以勗其子若孫者益嚴，其勤明多大畧，又類如此。今天下閨中之行，其爲所不當爲者勿論，大要襲于專静之名。而當爲者莫之爲耳，若確然能務其所當盡，不虧于（一〇八）夫義而婦從者，數千百人中不一遇焉。如孺人者，亦克盡乎婦道之當爲者耳。夫以數千百人所不能爲者，而孺人獨出乎其上，則謂之女中豪傑也奚疑。予叨隨法從，職在史館，嘗欲褒録(一〇九)天下懿蹟徽烈，罔探朝野女士，以端當世之趨尚，以贊國家之風教。而子羽之在太學也，與家仲彦和爲同舍諸生。家仲昨歲舉于京闈，孺人之壻程君穎叔讀太公黄石之書，亦舉于有司，爲同年鄉進士。以故孺人節概，余頗聞之。而今年八月十有四日，適當孺人週甲誕辰，潘君某昆弟僑居吾里，其于孺人爲姑姪也，拜書遠詒，請余爲序，將往上壽于(一一〇)武林。余微潘君之請，固樂得而紀述，而兹又安辭。予維孺人之德，坤德也。坤之安貞無疆，不于柔静，而于能動以剛以善其柔静。然則孺人之壽，足以徵其未有艾矣。嘗聞之董生曰：「壽者，詶也。壽有長短，由養有失得。自行可久之道者，其壽亦詶于(一一一)久；自行不可久之道者，其壽亦詶于不久。」雖然，《鴻範》五福，壽特一耳。將來子羽昆弟挾其學識之超異，次第陟于有位，以爲孺人榮。而恩綸之賁，錫予之隆，所爲詶孺人以多祉，當亦猶夫遐齡之未有艾者，余皆于孺人之所養而徵焉。是爲序。

其二 擬作存

新安汪母潘孺人，太學諸生子羽昆仲之母也。今八月之望前一日，爲其六十壽辰。子羽之先君曰含章君，崑山之交于（一一二）其父子閒（一一三）者，朱翁仲俞暨余從妹之壻。洪君樞文輩將往爲孺人壽，因徵余文以侑觴。余方謝病里居，杜門埽軌，蓋蕭然與翟廷尉比蹤，而亦幾幾有季次、原憲之風，甚自得也。顧于孺人之行概，而竊有感焉。夫積貯則期于累萬，仕宦則期于公相，亦人之情也，而當世或譏之。及觀端木氏學于（一一四）仲尼，退而廢著，鬻財于（一一五）曹魯之閒（一一六）。七十子之徒，賜最爲饒益，因以結駟連騎，所至國君無不分庭與之抗禮。則又竊歎富不與貴期而貴至，而端木氏親承聖學之傳，固所稱爲有道君子也。而治産積居且有所不廢，豈古者四民不遷其業，而在後代誠不妨商而士、士而商，如昔賢之説歟？子輿氏謂其君，用之則安富尊榮。士君子即一旦立身廊廟，而欲强國致主，亦非富厚貴顯不爲功，而况乎閭巷之士。然而致此則難矣。彼巴寡婦清者，以下邑一女子，儼然挾持厚利，以與萬乘之主争權，抑又何也？而如孺人之行義，與其所致，則夫懷清之築，又烏可同日而語歟。汪氏家世貴寵，含章君幼學儒術弗成，思殖財興利，以佐縣官之需。而君新安人也，新安非四通之區，不足以有爲。維錢塘五方之所聚，百貨之所交，所謂闤商海賈，風帆浪泊，出入于江濤浩渺之間，在昔已然。而自五代有宋以來，相繼建國，侯王世胄，文武衣冠，鱗次櫛比于其間，故士之求饒財、慕膴仕者，率延頸而思託足。而君與孺人乃移家于（一一七）此，孺人雖治于内，而君經營四方，以操徵貴賤之權者，實維孺人相助之力多焉。故君雖没世，而孺人之（一一八）勤其家政者如故。迄于今，治産之術，不可謂無成矣。而子羽與其弟溟九、昭武、儷乾，日與公卿大夫、名流魁士交好往來，因以彬彬博雅，名高于(一一九)當世。而巍科大位，踵武竝登，又可計日以俟。然而杭之人與夫客遊于(一二〇)杭者，不可勝計，如孺人之所期者，亦有何限。何以不通得其所欲，則豈孺人之所值于時數者，有獨厚歟？余考夫孺人之事，其尊章則盡孝，撫小姑則致慈。君嘗封股以療親疾，而孺人亦封股以療君疾，其事夫子又致敬，而姻親族黨，上下内外，類無不思(一二一)意周浹，禮範修明。即在士林，豈不亦卓然爲賢者之行。而以德若此，以業若彼，則信乎有道君子之於治産積居，固有相成而不悖者歟。昔者范蠡，以計然之策既施于(一二二)國，而復用之於家。今子羽昆仲所施于(一二三)家者，明驗若是，吾知其將必有以効于國矣。唐太宗云：「爲兆民之主，當使民皆富貴。若教以禮義，使之少敬長，婦敬夫，則皆貴矣。輕徭薄斂，使之各治生業，則皆富矣。」他日子羽昆弟(一二四)所以爲朝廷計富厚貴顯者，甯不然歟！甯不然歟！孺人從容而躋期頤之齡，膺恩命之榮，見諸子身席華要，而家國竝行其道，其樂而御斯觴，不有每進一期而加慶者歟！

壽叔祖母楊太孺人文 代族子暠

今歲乙卯九月二日，我曾叔祖母楊太孺人七十設帨之辰也。叔祖安吉節判迎養于任，屆兹嘉慶，宗之少長，方舟而往，以奉觴于堂下，顧不可無文以序之。某將屬稿而受辭于(一二五)宗之長者曰：「稱觥上壽，傳自風詩。洎乎近代，尤若經禮古典之不可廢。因以踵事增華，而如我太孺人，則實有宜壽者。昔我(一二六)三峯公履豐處厚，與諸昆季鼎盛一時，再傳而至薇榮府君，蓋日替矣。復遭飄摇蕩析之患，備嘗艱阻，今節判君爲親捧檄，而太孺人亦享禄養，啬前豐後，一宜壽也。太孺人有四丈夫子，伯與叔皆克守先緒，而潛處不仕，仲則爲節判君，維季亦佐幕荆門。太孺人雖不甘鮭之奉，顧兹宦成而色喜可知，二宜壽也。節判君通(一二七)儻饒材畧，應事精敏，不動聲色，而鉅細畢理者，以此受知于宰執，而館閣諸公無不傾心推重。今自浙之大府以下，皆知安吉判非常器，時方需才孔棘，安能久借君于州倅，三宜壽也。安吉爲先教諭公秉鐸之地，節判君(一二八)遊于横舍，必猶有教諭公昔時講于其堂所爲教養之法存焉，因得以祖宗之澤佐治于此邦，而此邦之大夫士庶，亦得以節判君之治，而復被吾祖宗之澤。人心歡愛，謳吟四達，四宜壽也。」某方操筆以書，而長者以謂其太孺人之所宜壽，而非所以有是壽。爰復呼而授以詞曰：「太孺人子女之愛，均平如一，閨闥之内，宜上宜下，愉愉如也，則太孺人之壽以慈。薇榮府君蓽門疏食，太孺人畢力以相，而處之泊如，雖在風波震撼之中，不形疾怨，則太孺人之壽以静。教子必以其正，雖在官下，不屑屑于(一二九)甘旨，而惟恐節判君之不爲古廉吏，則太孺人之壽以明而毅。」夫所宜壽者，天也。有是壽者，人也。人之至而天斯應，固當然耳。而某猶有一言于此〔一三〇〕者，蓋某見當世名卿鉅公，當其親之壽也，玉帛筐篚，奔走四海，詩歌頌祝〔一三一〕，人文輻輳，世争羡之，以爲人子之尊顯其親者，于是爲最。而竊謂此猶其力之所能致者也。若夫州倅一散曹耳。乃自京都顯仕與夫州之大夫士庶，以及故里薦紳先生而下，親戚交好，争相效祝。夫尊顯其親之心一也，而以非力所能致者，致之則尤以見節判君之孝之所感矣。而推是以往〔一三二〕，其所以致榮於親，與太孺人將來繁祉之膺，正未有極，非直躋遐齡而已。長者皆曰：「善。頃者固欲言之而未逮也。」于是遂書以爲序。

記

記振溪何君昆仲乙酉死難事

乙酉七月，崑山之人死於兵者，不勝計數。其間固有横罹鋒刃而不必其欲死者，亦有宛轉乞生，卒不得免者。要其素志已定，可無横尸〔一三三〕都市，而奮身不顧，求死而死者，則不必縉紳之徒，有當死之義，而慷慨壯激，蓋多足稱者焉。何君振溪及其弟順溪，以嫺於錢穀，給事縣庭爲吏。兄則敦慎不欺，弟則倜儻簡邁，長上竝倚信之，要皆尚廉節、守大義。當兩都不守時，振溪君則慨然自誓曰：「天下人民，受朝廷三百年厚德深仁，不幸而遭傾覆之禍，以一死報，其又何辭！」與順溪君常相欷歔傷感，及崑山城失守，振溪君之子其賢攀衣涕泣，請父去。君顧斥曰：「爾何知！爾謂我尚求活邪（一三四）？有汝母在，其賢不可死，其英從我。」其英者，君之次子也。年未弱冠，俊爽有志，聞父命，欣然以從。他亦有以宜引身避勸順溪君者，君謂之曰：「此吾報國成功名時也。即内不能守，外無所援，捐軀以殉，亦丈夫事耳。」旁多有笑其迂者，謂：「子豈重金累紫，戴國厚寵者邪？以身死國，彼之事，彼未必爲，而子爲之，抑何迂。」然卒不顧。兄弟相與堅志必死，城既破，滿城皆騎卒。振溪亟令其英拒户而卧，少頃，騎破户入，見君儀觀，以爲居官者，亟索金。君厲聲曰：「我安得金，死乃吾事。」騎亦未有害意，但以刃剚其股而要之。君憤甚，乃正席南面坐，大詬詈，群卒不能忍，遂牽出害之。其明日，順溪君亦被執，不屈遇殺，其英竟不知其死所。予與君昆弟同里居，今其賢尚在，獨余于酉戌之閒（一三五），奔命流離，越三四年始返故廬，遂忽忽不復知君昆仲之若何以死。其賢亦自以不能著爲文詞，以暴其親之烈，但私自嗚咽流涕。今歲戊申，家義宗授經於其館舍，始爲義宗言。義宗乃介其賢，泣告於余，請書其事。余既以同里有伏節死難如君昆仲者，余不能知，余殆不得爲好善。而又重其賢之孝也，遂爲詮次其語。抑余聞吾鄉元徵曹君著書，録崑山乙酉死事者姓氏，死狀甚悉，不知君昆仲已記載與否。而予於兩君特有感焉。漢之元勳碩輔，多出于府史下吏。有明之初，亦用賢無方，往往自州縣吏掾，以才見擢，歷官至公卿、牧伯，爲時名臣，則椽（一三六）曹未嘗非人才之所出也。迨其後制科特重，遂拘限。擠排甚者，謂一行作吏，心術已壞，不許與士林同科。以故終其身，優者不過爲州縣倅，貳百里之宰，僅相去一間（一三七），又絶之使必不得至。朝廷既已賤之如此，則雖有偉器長材，甘心自廢，平居習爲奸利，有故即狼顧鼠竄，誰復知有君臣之義、朝廷之恩、忠孝之節，爲其所當爲者。兩都喪敗，將相卿貳，以至內外庶司百職，從容慷慨捐生殉義者，固皆炳於（一三八）日星。而學官弟子，草野編氓，亦多有著於載籍者。若州縣之吏，則概未有聞，無亦積漸萎薾所致邪？然有君昆弟致命遂志如此，豈不偉然！刷積恥而成大節、立榮名，爲當代重，且以諷天下之從事州縣者，盜（一三九）自束脩，無苟詭隨也哉。振溪君名文煒，順溪君名文焕。順溪君無子，其賢令同產弟某爲之子。

記盜葬讞詞碑陰

我十二世祖修撰公墓，爲張輔臣盜葬其父也。由陽山之族竊售以地者，某交相徇庇者，衆族姓又久而後發其事者，某也。陽山祖墓有四，而公及秘（一四〇）書公墓，實維編修公之子。世昌公家于陽山，而職守之，故其子孫遞蕃，皆得列土分視，均爲祖墓。而揮使公、大興公兩墓，皆守以墓丁，陽山子孫曾莫與焉者，以是故也。夫何世序綿邈，忘厥所自，而以世世職守，非身得爲之祖業，掩爲己有。謂：「片壤吾掌其利，吾輸其征。吾而欲售，孰得禁諸。」不知祖宗葬五百餘年之前，子孫生五百餘年之後，豈有五百餘年後子孫，乃始爲五百餘年前祖宗辨其基地者。且墓之規模宏整，典物具備，墓門華表，遺跡猶存，此有目有心者所共見共知。無如覬覦日久，遂乃禍發一旦。嗚呼！此皆不讀書知禮義，以重爲祖宗之不幸。今者先靈助順，當道疾邪，幸已正彼之罪，歸我之土。惟有惻怛告誡，冀率德於將來，他又何言。而是役也，盜葬于（一四一）康熙二十一年四月，遷於二十三年八月，其隱而不發者一年，發而以願遷紿我者十月，訟于（一四二）官而至奉法以遷者七月，凡二年有五月。吾宗訟止于（一四三）縣，力絀不能他控。若府若臬，則皆張輔臣之所訟，而吾乃得奉憲臺之明案，以示諸奕世。邑宰則　劉公，郡守則　趙公，臬司則投牒于江甯（一四四）守署，按察事　于公，成案于（一四五）江安糧道署按察事　張公。而躬勘塋域，爰書一成而不可易者，實維吳縣　劉公。子孫之名列訟牒、匍匐公庭者，首則十三世孫鬲，以及十二世孫鼎元，十三世孫亘、導、誠，十四世孫宋普、詒烈、懋修、懋仁、德滋。其輸財爲用者，類皆惟力所蔇，罔敢不供。而鬲、宋普、詒烈、懋修、懋仁及十五世孫令嗣爲夥。前三年倡勸歲積，以預儲于（一四六）前，而深爲是役賴者，則十二世泰宗之力。殫心盡瘁，以抒謀畫，任奔走者，十二世孫國卿。用商而事之既成，謂當播之辭而垂諸後，則十二世孫用純也。是皆不可以不記，故于(一四七)讞詞告墓文之刻，而附書其後。

聽松圖後記

圖中聽松者凡十人，率二人坐立爲耦。兩手踞地按膝，若有所思者，萬貞一言。展卷陳筆墨，若苦吟，垂就揮毫有待者，桐城錢飲光澄之也。葉九來奕苞以子從，倚石指畫，使執經問于先生。先生手執如意危坐而講論者，朱致一用純也。又其左二人爲張漢章雯、茅康友蕃，談禪竝坐。又其左前後行者，萬季野斯同、徐季重開任。季野遇斷崖，迷失路指，問季重所欲之者。而後進蔭竹林深處，陳列酒果，盤斝狼戾，一人斟酒，挽臂强飲，一人摇手固辭，酣笑爲歡者，陳躬一覺先、葉敷文方蔚也。此十人者，所遇不同，要皆嶔崎恬蕩放廢之士，而九來搆半繭園，以自著書悦性，巒嶂多植長松，時時邀此數人，聽松濤其下，飛觴賦詩。松無大夫之爵命，人不宰相于山中，相與忘形，其適不異餐芝洗耳，致足樂也。九來恐後者之無傳，令漢來馮君作圖像之，而屬用純爲記。逡巡未逮，後見南昌彭躬庵士望已有記意，可不復作。無何，而漢章最先没，次康友，次季野，躬一旦以病廢，昨歲首春，而九來復奄棄矣。俯仰今昔，不勝存亡之感。而風清月白，松聲之謖謖如故，其益不能爲懷也。葉生汝濟復請題，因繼躬庵，於邑作後記，亦見予于（一四八）九來既以半繭爲西州足跡，不忍輒過，而聊以是爲墓劍之挂云爾。二萬盌（一四九）波人，康友青浦人，餘皆崑山人。汝濟即問業于（一五〇）用純，九來子也。丁卯四月記。

梅圃記

梅圃者，日巖徐子昔從余問業請益處也。尊甫休倩先生，視余乃通家子，猥延授日巖經。負笈之日，先生先下拜曰：「吾之子五人，所從師多矣。即前三子曩從君之先尊遊，吾皆弗下拜。今是子幼，弗獲遊先尊之門，俾學于君，獨下拜于君而後率以北面者，吾老矣，將以是子托（一五一）于君。惟君之善成其人也。」余不幸早違先君子教，得左右周旋于（一五二）父之執，如趨庭焉。又辱先生之重委，敢不早夜祇惕，濯磨淬煉，以罔自墜厥行，以罔或懈日巖之學。而其下帷之地，即梅圃也。前後去而復就者六年，日巖之文以成名，以漸起于是，乃謝去。追憶日巖初受予業，纔十有二歲，今已以通經登仕籍，年五十。多子，長者皆善文，爲時所知，幼者亦早慧。又以昔所下帷之地，爲濟之昆季諸子讀書會課所。其間（一五三）某所爲，昔者陳書策于斯，講萟于斯，同堂布席于（一五四）斯，某所飲食于斯，某所寢息寤言于斯，日巖必一一以告濟之昆季。而當日伏几埋頭，焚膏繼晷之勤，亦于是可想見。予以授徒，故身無虚歲，不數過其地。濟之近復從予(一五五)講《四子書》，身之又受制舉學于予，予閒過之，户庭几榻，宛然猶昨日也。兹濟之昆季，於其家庭舉五十之觴，欲乞予(一五六)言，又謂弗敢以壽序干也，屬葉生篆鴻馳書來洞庭東山。予歸，日巖復自來道其意，而曰：請作《梅圃記》。予雖謝詩文之請，是不能辭。圃之屋不過五楹，且僅容膝，故休倩先生顏之曰「易安」。至今篋中，與先生易安齋中酬倡(一五七)詩餘，猶有存者。而懸搆于宅後空曠之壤，喧囂不入，如野人居。繚以土垣，圍以竹屏，雜蒔蔬菜，閒以卉木。當夫風月交美，群芳鬬麗之日，先生輒偕予登城眺步，日巖亦從。退而酒果已設，開襟撫景，傾通門之情好，叙耆舊之軼事，蓋若是者三年。日巖今者齋仍其舊，西偏壤地更斥而爲圃。往日桃梅紛映，具有四時之榮，日巖名特以梅著。梅之勁骨寒香，不同繁艷，足與君子争烈。而余奉先君子遺緒，以隨休倩先生之後，而遊處日巖父子閒者，職是道也。梅圃之板，日巖亦索予(一五八)書，固以見其不忘研席之雅。而濟之昆季編摩講誦之暇，倘巡檐而指數曰：「是圃也，固疇昔柏廬先生執事父執之禮，以與吾祖笑語酬酢者也。固先生之口誘指畫，以教吾父，無閒于風雨晦冥者也。固吾父唯諾質問，承先生之教以恐後者也。」則未必于日巖之庭誨無助。而今日修于家，他年樹猷于當路，是父是子，皆由圃中績學以有成，庶足慰予(一五九)記斯圃者之意哉。葉生亦及予門，日巖爲其婦翁，而使竝與有聞焉。

遊天平山小記

己酉菊月望前，同仲弟勿滓至上沙，晤徐子昭法。來日晤張君君重，同登天平。峭壁奇峰，千端萬狀，昌黎《南山詩》之所形容，殆未盡也。始過懷竟庵主僧髻珠不遇，繼憇白雲庵，遇蓮花洞之僧徹明，謂自此而上，石磴陡甚。假其杖而策之，歷白雲泉，僧曰：「法炤形神樸厚，望而知爲有德者。」遂同徹明至蓮華洞，君重掇菌，令徹明炊黍以待。自蓮華洞上，上石屋入也窈深，出也遐曠，迤西諸石，尤見峻（一六〇）偉，流連良久乃下。抵小石屋而返，較上石屋爲少（一六一）平，迤而幽奇不減。上石屋之僧曰默融，小石室之僧曰印中，如此閴寂孤危之地，非有所甚愛于（一六二）中，不能居也。即此便極高致，不必論其人之行詣（一六三）何如矣。返蓮花洞，過飯，循故道，抵昭法齋。瞻明聞予（一六四）兄弟在山而至，昨在靈巖得見筇公之子沈譯（一六五）問兄，是晨來訪予兄弟偕行，尤喜游陟之多侶焉。

遊靈巖山小記

顧子岳薦、吴子期久，同步靈巖下院，坐霜林下，丹黄照耀，覺衣冠杖屨，皆增殊采。期久有别業可坐，爲其孫某及西賓陳兄某讀書處。延往，望靈巖諸勝，余視不遠，諸君歷歷指示，便如身到。有若龍鳴虎吼，從碧空忽墮，則鐘聲也，亦一異境。取次西行，全山景物，目不勝收，何異一幅文待詔畫，留連久之。過披雲禪舍，主人曰：「悦芳座有文休承先生畫。」挹對其下，則又恍若置身空林峭壁閒（一六六）。此去韓碑不遠，共披榛往，其高插天，爲所未睹，惟睹此則已第二次。額曰「中興佐命定國元勳」，撫其碑，不勝企想其人。衰蹇易倦，遂理歸笻。然竟日流覽，造化之軒豁呈露，蓋不啻神爲爽而骨爲清。舟已檥于（一六七）河畔，返岳薦許，置酒相酌。

觀梅小記

余聞洞庭梅花之盛，昔推長圻，今稱豐圻。丁卯仲春三日壬子，朝宗席生攜酒饌，邀其昆仲輩，陪余父子看花豐圻。風日韶麗，湖平如掌，泛船容與，流覽七十二峯。或遠或近，或蒼或赭，或演迤如鴈陣，或孤突如豹狀，無不隨波欲流，迎帆欲斷。盪胷眩目，奇賞得未曾有。而緣麓二三里，高下疏密，皆雲屯玉積，梅稍殘落，櫻桃正當滿放。班坐其間(一六八)，不異身在香國花城。觀梅者競侈鄧尉之勝，余從未託足，未審視此誰爲伯仲。

春遊記

丁卯之歲，暮春之月，席君素民、翁君自廣，同遊雨花臺，境雖幽邃，林泉院宇，無一足觀。惟臨眺湖光，頗有曠致。而坐窮晝漏，不聞一聲鳥語，則其景物之荒索可知，亦浪得佳名已耳。素民云此地故多喬松，官伐故減。勝主家送酒饌至，人罕觥密，徑醉。來日壬寅，素民、自廣同虞山瞿端叔氏偕遊法海，雪浪上人以手製新茶款客，香、味、色俱超絶，而山籔所謂香花甲者，尤未獲嚌。兹列果核清芬，可滌塵腑，信爲名下不虚也。酒肴既至，飛觴緑陰之下，薄暝乃别。癸卯，金子與珍攜尊卧佛寺，邀余往遊。自廣、幼平、素民陪余先遊興福寺，子偉氏向語余：「興福有畫羅漢十八幀，爲貫休筆。」而余已忘其在興福也。遊金庵，諸佛羅漢塑像雖稍剥蝕，而笑貌如生，相傳爲元人邱彌陀塑，蓋絶技也。因問畫像于僧佑生，知在興福，於是重往叩僧寮。月江上人出，其披視，揆其縑素，繪采(一六九)多，不過三四百年物。當是貫休有傳本，而元明間人（一七〇）摹之，子偉意亦云然。然筆情遒動，固非好手不能辦。閲畢，與珍使命已再至，乃上卧佛。卧佛與興福、金庵，殿宇傾陁難上下。而僧房則興福、卧佛較潔整，東偏主僧曰濟蒼，西偏曰聖超。有吴、葉二君讀書西偏，與珍與葉君有善，邀同席。日已薄暮，杯不停揮，兩茶熟時即别。初逾戴家嶺而往，兹由蝦嗄嶺而旋。登臨流覽，湖山之曠（一七一）邈，巖壑之窈深，歷歷在目。縱洞庭紛華之所，幾疑過於（一七二）城市；而長林絶鳴之間，意有千古未窺之境。如桃花源者，未可知也。挑鐙紀事，不勝坐馳。甲辰，意欲堅閉書齋，緣日來席生朝宗往虞山而踵事遊陟，主家復具盤飧（一七三），請登莫釐。端叔、與珍、自廣、素民同行，余謂素民曰：「昔人有謂禽荒，此兩日爲游（一七四）荒矣。」初上竹兜，即大風作，憩于二茅峰下。又適慧公至郡，興殊岑寂，鼓勇衝風，觀湖峰巔，復叩二茅峰舍。少坐，返而命酌。慧公亦歸，談諧甚驩。將醉，風少（一七五）減，仍上莫釐。湖光山色，皆若故人相對，别叙新情。而比頗胃惡，是日加苦，復下二茅，不更勝酒。坐觀四君杯斝交錯，抵暮言旋。嗚呼！流覽湖山風物，自覺有得于（一七六）己，方不孤負造化，方不浪擲光陰，不然與村夫巷豎嬉遊者何異。反不若采樵拾菌者，荷擔攜筐之爲虚往實歸已。又且煩費主家飲饌之設，輿從之奉。兩日自顧遊歷，所得何如，不其重有愧邪（一七七）？

遊西金山小記

余欲遊西金山，朝宗放櫂，并邀蘭石、繩武、觀三、德焕、誠兒偕行。觀三、德焕欲訪次程靈昭，余因竝過，次程許，留飯過。從季子祠步至西金山，朝宗已攜酒饌〔一七八〕，以待其地。有石磴參差，延袤不下數百武，俯瞰太湖，使在靈巖虎阜之閒〔一七九〕，豈容淹晦于叢蒿，荒壤若此也。相與拂苔坐，少頃，分席把酒，山銜落日，水泛明霞。漁帆遠近，煙嵐出没，觀湖勝致，不勝賞心。已而冥色催歸于波際，鶯聲送客于林端，同遊各别，余與蘭石諸君，仍鼓枻而返。平湖如掌，繁星滿空，醉者高談，醒者静聽，而不覺舟已次岸矣。

【校勘記】

（一）《崑山先哲遺書》本無「延」字。
（二）「於」，《崑山先哲遺書》本作「于」。
（三）閒，《崑山先哲遺書》本作「間」。
（四）於，《崑山先哲遺書》本作「于」。
（五）煩，《崑山先哲遺書》本作「繁」。

（六）少，《崑山先哲遺書》本作「稍」。

（七）矣，《崑山先哲遺書》本作「已」。

（八）閒，《崑山先哲遺書》本作「間」。

（九）「尊祖敬宗」，《崑山先哲遺書》本作「尊宗敬祖」。

（一〇）於，《崑山先哲遺書》本作「于」。

（一一）揚，《崑山先哲遺書》本作「楊」。

（一二）於，《崑山先哲遺書》本作「于」。

（一三）《崑山先哲遺書》本無「於」字。

（一四）閒，《崑山先哲遺書》本作「間」。

（一五）閒，《崑山先哲遺書》本作「間」。

（一六）已，《崑山先哲遺書》本作「矣」。

（一七）《崑山先哲遺書》本無「勝」字。

（一八）竝，《崑山先哲遺書》本作「並」。

（一九）閒，《崑山先哲遺書》本作「間」。

（二〇）游，《崑山先哲遺書》本作「遊」。

（二一）閎，《崑山先哲遺書》本作「宏」。

（二二）閒，《崑山先哲遺書》本作「間」。

（二三）閒，《崑山先哲遺書》本作「間」。

（二四）轍，《崑山先哲遺書》本作「轍」。
（二五）涖，《崑山先哲遺書》本作「蒞」。
（二六）「嗚呼」，《崑山先哲遺書》本作「烏乎」。
（二七）少，《崑山先哲遺書》本作「稍」。
（二八）閒，《崑山先哲遺書》本作「間」。
（二九）窻，《崑山先哲遺書》本作「窗」。
（三〇）予，《崑山先哲遺書》本作「余」。
（三一）予，《崑山先哲遺書》本作「余」。
（三二）予，《崑山先哲遺書》本作「余」。
（三三）「文爲」，《崑山先哲遺書》本作「爲文」。
（三四）「復」，《崑山先哲遺書》本作「惟」。
（三五）弗，《崑山先哲遺書》本作「勿」。
（三六）閒，《崑山先哲遺書》本作「間」。
（三七）於，《崑山先哲遺書》本作「于」。
（三八）予，《崑山先哲遺書》本作「余」。
（三九）閒，《崑山先哲遺書》本作「間」。
（四〇）挈，《崑山先哲遺書》本作「絜」。
（四一）司，《崑山先哲遺書》本作「師」。

（四二）竝，《崑山先哲遺書》本作「並」。
（四三）余，《崑山先哲遺書》本作「予」。
（四四）間，《崑山先哲遺書》本作「閒」。
（四五）蜚，《崑山先哲遺書》本作「斐」。
（四六）於，《崑山先哲遺書》本作「于」。
（四七）紛，《崑山先哲遺書》本作「務」。
（四八）喆，《崑山先哲遺書》本作「哲」。
（四九）《崑山先哲遺書》本「者」上有「之」字。
（五〇）畫，《崑山先哲遺書》本作「圖」。
（五一）喆，《崑山先哲遺書》本作「哲」。
（五二）閒，《崑山先哲遺書》本作「間」。
（五三）困，《崑山先哲遺書》本作「頓」。
（五四）綺，《崑山先哲遺書》本作「繡」。
（五五）傳，《崑山先哲遺書》本作「年」。
（五六）閒，《崑山先哲遺書》本作「間」。
（五七）於，《崑山先哲遺書》本作「于」。
（五八）塲，《崑山先哲遺書》本作「場」。
（五九）塲，《崑山先哲遺書》本作「場」。

（六〇）氈，《崑山先哲遺書》本作「氈」。
（六一）稿，《崑山先哲遺書》本作「槁」。
（六二）《崑山先哲遺書》本無「不覺」二字。
（六三）轍，《崑山先哲遺書》本作「轍」。
（六四）訹，《崑山先哲遺書》本作「怵」。
（六五）逾，《崑山先哲遺書》本作「踰」。
（六六）予，《崑山先哲遺書》本作「余」。
（六七）孺，《崑山先哲遺書》本作「儒」。
（六八）劗切，《崑山先哲遺書》本作「切劗」。
（六九）「之」，《崑山先哲遺書》本作「子」。
（七〇）閒，《崑山先哲遺書》本作「間」。
（七一）七，《崑山先哲遺書》本作「六」。
（七二）六，《崑山先哲遺書》本作「七」。
（七三）驥，《崑山先哲遺書》本作「駒」。
（七四）嘉，《崑山先哲遺書》本作「佳」。
（七五）時，《崑山先哲遺書》本作「是」。
（七六）寍，《崑山先哲遺書》本作「寧」。
（七七）城，《崑山先哲遺書》本作「門」。

（七八）《崑山先哲遺書》本無「之」字。
（七九）於，《崑山先哲遺書》本作「于」。
（八〇）於，《崑山先哲遺書》本作「予」。
（八一）我，《崑山先哲遺書》本作「吾」。
（八二）之有，《崑山先哲遺書》本作「有之」。
（八三）于，《崑山先哲遺書》本作「於」。
（八四）無能，《崑山先哲遺書》本作「驥良」。
（八五）竝，《崑山先哲遺書》本作「並」。
（八六）于，《崑山先哲遺書》本作「於」。
（八七）也，《崑山先哲遺書》本作「乎」。
（八八）于，《崑山先哲遺書》本作「於」。
（八九）工，《崑山先哲遺書》本作「公」。
（九〇）于，《崑山先哲遺書》本作「於」。
（九一）于，《崑山先哲遺書》本作「於」。
（九二）于，《崑山先哲遺書》本作「於」。
（九三）紝，《崑山先哲遺書》本作「絍」。
（九四）于，《崑山先哲遺書》本作「於」。
（九五）于，《崑山先哲遺書》本作「於」。

（九六）愈，《崑山先哲遺書》本作「逾」。
（九七）于，《崑山先哲遺書》本作「於」。
（九八）于，《崑山先哲遺書》本作「於」。
（九九）于，《崑山先哲遺書》本作「於」。
（一〇〇）功，《崑山先哲遺書》本作「坊」。
（一〇一）于，《崑山先哲遺書》本作「於」。
（一〇二）榮，《崑山先哲遺書》本作「勞」。
（一〇三）于，《崑山先哲遺書》本作「於」。
（一〇四）于，《崑山先哲遺書》本作「於」。
（一〇五）少，《崑山先哲遺書》本作「稍」。
（一〇六）踞，《崑山先哲遺書》本作「距」。
（一〇七）于，《崑山先哲遺書》本作「於」。
（一〇八）于，《崑山先哲遺書》本作「於」。
（一〇九）録，《崑山先哲遺書》本作「採」。
（一一〇）于，《崑山先哲遺書》本作「於」。
（一一一）于，《崑山先哲遺書》本作「於」。
（一一二）于，《崑山先哲遺書》本作「於」。
（一一三）間，《崑山先哲遺書》本作「間」。

（一一四）于，《崑山先哲遺書》本作「於」。

（一一五）于，《崑山先哲遺書》本作「於」。

（一一六）閒，《崑山先哲遺書》本作「間」。

（一一七）于，《崑山先哲遺書》本作「於」。

（一一八）《崑山先哲遺書》本無「之」字。

（一一九）于，《崑山先哲遺書》本作「於」。

（一二〇）于，《崑山先哲遺書》本作「於」。

（一二一）思，《崑山先哲遺書》本作「恩」。

（一二二）于，《崑山先哲遺書》本作「於」。

（一二三）于，《崑山先哲遺書》本作「於」。

（一二四）弟，《崑山先哲遺書》本作「仲」。

（一二五）于，《崑山先哲遺書》本作「於」。

（一二六）我，《崑山先哲遺書》本作「吾」。

（一二七）通，《崑山先哲遺書》本作「倜」。

（一二八）《崑山先哲遺書》本無「君」字。

（一二九）于，《崑山先哲遺書》本作「於」。

（一三〇）于此，《崑山先哲遺書》本作「於斯」。

（一三一）頌祝，《崑山先哲遺書》本作「祝頌」。

（一三二）往，《崑山先哲遺書》本作「在」。

（一三三）尸，《崑山先哲遺書》本作「死」。

（一三四）邪，《崑山先哲遺書》本作「耶」。

（一三五）閒，《崑山先哲遺書》本作「間」。

（一三六）椽，《崑山先哲遺書》本作「掾」。

（一三七）閒，《崑山先哲遺書》本作「間」。

（一三八）於，《崑山先哲遺書》本作「于」。

（一三九）寍，《崑山先哲遺書》本作「寧」。

（一四〇）秘，《崑山先哲遺書》本作「祕」。

（一四一）于，《崑山先哲遺書》本作「於」。

（一四二）于，《崑山先哲遺書》本作「於」。

（一四三）于，《崑山先哲遺書》本作「於」。

（一四四）甯，《崑山先哲遺書》本作「寧」。

（一四五）于，《崑山先哲遺書》本作「於」。

（一四六）于，《崑山先哲遺書》本作「於」。

（一四七）于，《崑山先哲遺書》本作「於」。

（一四八）于，《崑山先哲遺書》本作「於」。

（一四九）寍，《崑山先哲遺書》本作「寧」。

（一五〇）于，《崑山先哲遺書》本作「於」。

（一五一）托，《崑山先哲遺書》本作「託」。

（一五二）于，《崑山先哲遺書》本作「於」。

（一五三）閒，《崑山先哲遺書》本作「間」。

（一五四）于，《崑山先哲遺書》本作「於」。

（一五五）予，《崑山先哲遺書》本作「余」。

（一五六）予，《崑山先哲遺書》本作「余」。

（一五七）倡，《崑山先哲遺書》本作「唱」。

（一五八）予，《崑山先哲遺書》本作「余」。

（一五九）予，《崑山先哲遺書》本作「余」。

（一六〇）峻，《崑山先哲遺書》本作「俊」。

（一六一）少，《崑山先哲遺書》本作「稍」。

（一六二）于，《崑山先哲遺書》本作「於」。

（一六三）詣，《崑山先哲遺書》本作「誼」。

（一六四）予，《崑山先哲遺書》本作「余」。

（一六五）譯，《崑山先哲遺書》本作「驛」。

（一六六）閒，《崑山先哲遺書》本作「間」。

（一六七）「檥于」，《崑山先哲遺書》本作「艤於」。

（一六八）閒，《崑山先哲遺書》本作「間」。

（一六九）采，《崑山先哲遺書》本作「彩」。

（一七〇）閒人，《崑山先哲遺書》本無「人」字，「閒」作「間」。

（一七一）曠，《崑山先哲遺書》本作「廣」。

（一七二）於，《崑山先哲遺書》本作「于」。

（一七三）飧，《崑山先哲遺書》本作「餐」。

（一七四）游，《崑山先哲遺書》本作「遊」。

（一七五）少，《崑山先哲遺書》本作「稍」。

（一七六）于，《崑山先哲遺書》本作「於」。

（一七七）邪，《崑山先哲遺書》本作「耶」。

（一七八）饌，《崑山先哲遺書》本作「食」。

（一七九）閒，《崑山先哲遺書》本作「間」。

卷四　祭文

祭告修撰公墓文

維公昔者卜度吉壤，重以宋室優賢之禮，而妥魄於此也，蓋已迄今四百餘年。自編修公慮夫守墓者之不虞，而或黷吾先靈，於是家一子於山之麓、墓之下，職司省埽，庶幾先靈有所憑依，子孫亦世其守，無俾他人蹈藉此壤。由是吾〔一〕崑山子姪嘗念去祖墓遠，謂不若居陽山者勤於守也。而於雨露既濡，來省祖墓，必召山之父兄子弟，合食丙舍，以敦族好，亦報其勤。世世相承，至於今弗替。詎度昔也守墓，今也戕墓，折松柏爲薪者，狎見不一，既斬其木，復及於土。歲在壬戌，不肖永□盜厥所守，畀婦弟張輔臣以葬父，褻慢先靈，震驚泉壤。雖百其身，何以贖罪。山中之族，交相隱徇。越明年，永□從兄永□，始發其事，彼輔臣者，始則甘言紿我，既則益恣憑陵。又越明年，□等控告吴邑大夫，所賴賢長上矢明秉公，悉置於法，驅彼父棺，復我故土。讞閲府臬，時涉春秋，輔臣勢窮力詘(二)。八月二十一日，乃昏夜舁棺而去。嗚呼！子孫孤弱，不能强自奮興，以光前業。又肆爲不孝，重詒之辱，雖罪在山中子姓，亦吾居崑者董率無素馴至於此。幸邀庇於祖宗，潛維默佑，克有今日。值兹霜露之辰，敢修墓祭，用慰先靈，以幾矜宥。兼且山中子姓，具列下位，各望披陳發隱，滌慮湔心，誓爲順孫，共砥禮義。毋以祖先世業視爲己有，毋越分覬覦祖墓纖草寸木，毋或墓上之事，不以告諸崑族長者，擅自廢舉。違者幽有先靈之殛，顯有宗黨之誅，洋洋在上，實鑒兹言。謹告。

祭元起姪孫文 恭靖公之六世冢孫

君於吾朱，實維大宗。六世皇祖，遡源皆同。自後派别，居亦西東。奮迹吴趨，始侍御公。恭靖紹起，盛大顯融。代是冢嫡，迄於君躬。慨自宗法，久處廢墜。族散親弛，味厥所自。不相往來，經年累世。邂逅相逢，萍水無二。如我與君，特爲遐企。道豈去遠，契濶兩地。吾家拜埽，爲右族最。五百餘年，春秋弗替。父率其子，兄攜其弟。馬鬣巍封，敢不與祭。浸淫日久，未能一致。均焉子孫，有至不至。念吾宗人，萃聚非易。舉斯之行，上承祀事。下亦猶存，族食之義。此復不爾，邈焉寡會。以是于(三)君，壽不稱觴。洎君疾病，莫相拜望。易簀以後，誰懷死喪。踰歲而知，怵惕慙惶。曾是一本，恩禮相將。回思往昔，復何可償。惟君長厚，謹守家聲。云何矢懷無僞，舉物無争。惜哉市隱，曾不成名。恭靖盛德，世莫與京。宜其門祚，日以光榮。云何牢落，天道難明。雖然昔人，亦有謨訓。家之興替，義理是問。富貴何欣，貧賤何愠。以是論君，豈曰衰運。矧夫大化，因材而篤。積厚流輝，自貽多福。君有令子，復踵君躅。克敦孝友，雅務親睦。聞義勇爲，如矢赴鵠。諸孫穎〔四〕發，竝就家塾。光前在是，不疑何卜。君年可歸，胡爲不禄。君心可慰，無復頻顣。自今以往，凡吾伯叔。當年拜埽，良規必復。與君子孫，歲一聚族。詩書相勉，道義相勗。君其啟牖，昌爾嗣續。今兹令節，相與扶服。稍修寸誼，憑棺一哭。筵薦溪毛，盃浮醽醁。靈來容與，鑒我衷曲。尚饗。

祭楚白文

我祖明初，再造厥家。歷祀三百，德厚慶遐。同原〔五〕異派，共本分葩。胄延虞山，濟美增華。篤生異人，殊績奮建。散聚集衆，闢田數萬。創置城堡，以遏暴亂。事變時移，屹然無患。世澤昭垂，科名蔚起。惟我〔六〕楚白，簪紱敝屣。游衍桒尊，跌蕩聲伎。有作有述，君實可爾。皇考驛使，於兄爲兄。歷職内外，治行有聲。晚節致政，棲岩采榮。君以閒身，娱親於老。舊時絲竹，來侍歡好。卻笑老萊，班衣顛倒。君之賢胤，早擅令譽。賈生獻策，終童棄繻。聲徹九天，利器時需。試以吏治，乃佐上郡。惟刑之恤，曰奉庭訓。民以不寃，惠洽遠近。甫四踰朔，召還闕廷（七）。初聞斯命，君疾已嬰。優擢未膺，溘焉就瞑。念吾妻宗，門祚蕭然。太僕挺生，待詔繼作。德業文章，豈惟家學。人雖千古，運茲中落。羨君鼎盛，先後煜爚。雖老儒生，俯仰無怍。才華未展，方啟後人。長奮六翮，已摩蒼旻。次亦待時，豐羽繽紛。福履遐茂，謂莫如君。君又自少，意氣高邁。輕財好與，曾不芥蔕。月下舞衣，花間酒旆。選勝尋幽，披襟盡快。豈有閒愁，神明沮敗。即百其年，亦猶未艾。如何不常，下壽而亡。嗚呼已矣，君又何傷。人生拂意，期頤非老。爲樂及時，晦朔非夭（八）。顧惟平生，南北分阮。凡吾少長，咸敦繾綣。一水雖違，嘗接歡宴。今來披帷，云何不見。清酒一巵，盈盈空奠。不覺臨風，涕泪如霰。嗚呼！尚饗。

祭宗人升如文

嗚呼！天下之賢子弟而不永年者多矣，未有如吾子之可哀者也。上有八旬之王父，垂白之雙親，下則煢煢弱女之在抱，與淑德之配相依耳，而曾無三尺之遺孤。文章則日以宏達，科名則未有成就，而門祚之維持昌大，則惟子一身是賴。如是而年僅二十八以殁，誠可哀已。没之日，宗黨哭之，親黨哭之，朋友哭之，而皆一慟再慟者，則又非徒以子早年不當殁而殁，而又以子惇厚恭謹、執禮不怠。故皆愛由于中，而悲之不能自〔九〕已也。獨念吾子，友朋之情，不可舍而可舍也；親戚宗黨之情，不可舍而可舍也。若於父母膝下，其何忍一日舍諸？而況祖若父之慈愛，自幼不啻掌珠，乃遽一旦棄捐而殁乎？子之病也，惟恐貽親以不安，故勢日加而不以爲加，既篤而不以爲篤，問之輒曰：「吾稍愈矣。」抑且力疾强起，懷袖佳果，日往候安而承色笑，其不忍傷親之心，而致愛敬也如是。今者乃令八旬多病之王父，垂白之雙親，無晝無夜，長號欲絶于子之前。呼吾子而不應，呼吾孫而不應，子之心其顧忍乎？猶憶昔年，予授經之日，子年甫舞象，而夜火晨鐘，講誦不輟，曾不假寐。以是占子之精神强固，疑必永年。術者又謂子必富且貴，予念子祖父累世植〔一〇〕德，理有宜然。誰知望又徒虚，術亦不驗。嗚呼！天定勝人，雖有孝子賢父，莫能與争，人命不恒，固如是乎！惟是子而有知，雖在地下，猶以夙昔之孝誠，冥相維助，必使祖若父母康居無恙，竝致遐年，而享百禄。必使諸弟皆讀書有成立，諸弟之子即子之子，必使生聰明秀異者，以大家聲，而遂子之所未遂，庶幾生者亡者，其竝克慰。然不能强留于生前，而顧有望于〔一一〕身後，幸得此克家之子，夭折不能保，而又望繼起之成立。嗚呼！不愈可哀也哉！當子病甚，見予來問，子輒泪不自禁。及予〔一二〕走札相詢，子猶强扶作答，謂「未知何日再侍函丈」，因涕下如霰，紙皆沾濕，再易札而後就。今余持是文以來也，子之靈必猶向余涕下而作答，然而吾不見也已。嗚呼哀哉！

祭同宗嘉先文

嗚呼！嘉先君竟亡耶〔一三〕！先是，季春之末，君甫哭叔子之殤，胡轉瞬而自罹斯變耶！憶在乙卯秋，君不幸長胤升如早世，某等見君哭極哀，止之曰：「無效西河氏爲也。」君瞿然對曰：「小子安敢。然念吾父愛此子也甚，雖尚有孫，恐不若此子之在左右之爲歡也。」某等因作破愁語，兼謂仲俞曰：「蘭摧玉毁，誰不痛之。顧天下事安得盡如我意，君諸孫濟濟，頭角皆異，而忽奪其長，是亦天以不如意詒君也。即甚悼惜，其安能復挽之？」于是仲俞唯唯，嘉先亦漸收淚，復恐以己之哭子，而滋尊甫之戚。嗚呼！此亦無可如何，故爲是寬假耳。升如之夭，實則誰能遣此。詎意曾不三載，更奪君之子，且未兩月，並隕及君之身。理耶？數耶？天乎？抑何酷也！君幼失恃，育于後母，母慈子孝，爲所未有。迨母復見背，尊甫獨居年老，君侍不離左右，惟恐豪〔一四〕髮不當尊甫意。自兹以往，即室有賢配，能率令子承君之志，無違色養。然君能復一在尊甫左右否？而永辭左右，又豈爲當尊甫意也者？君自慨讀書無所就，故教諸子甚勤，而延令師勝友以相游處。升如早入黌序，仲子以下，亦駸駸有儒雅之望。乃哭升如未已，旋哭叔子。哭叔子未已，而遽自棄，其仲與季也，謂能瞑目否也？君之年將六十，亦不謂短折，然以君之居心和厚，親戚友朋莫不愛之，而襟懷坦蕩，尋歡善飲，則謂君之享遐壽（一五）也無疑。而況親老子幼，又必不容不壽者，一旦使八旬尊甫，撫棺摧心，欲慟而力不能慟，弱子環號，奔控無所。嗚呼！縱有測幽之智，亦孰能解其故。或曰：君之宅固不利于其主，又或者曰：君既病，神明爽然，醫者誤投以藥。君固卻，强之乃服，而遂不可療。是二者，某皆未之信，何者？死生固有命也。獨于君必不可亡而亡，而無可致憾，則疑二者或固有之，然造物者又豈不能自爲主宰，而聽命于陰陽之向背？甚者太阿倒持，且無如一醫師何也？則所益不可解，唯有悲不能勝而已。嗚呼哀哉！尚饗。

祭王誠履表兄文

癸巳季秋朔日癸巳，國學俊士誠履表兄以疾捐館。越二十有六日戊午，表弟朱某，同姪導誠，謹以瓣香絮酒，致祭而哭之曰：嘻乎誠履，太原華胤。烈祖太僕，貽謀遹駿。篤起碩德，水深山厚。懿厥風規，彦方再覯。朝廷不幸，而家是（一六）治。天下不禄，而鄉是維。孝養之誠，每膳必親。婉彼琹（一七）瑟，疾聲不聞。恭謙和好，一日畢世。禮隆師友，情深老稚。不知人心，乃有詐僞。挾而來者，亦終自廢。瞻族有經，靡遠不周。惠下如子，佃者爲尤。曰行仁義，非財弗充。量入而出，家亦以豐。神州淪陷，不狗（一八）時服。短衣破帽，可同可獨。素尚簡泊，食不兼味。兵火既罷，蔬褐是御。圍棋一局，聖諭一編。徜徉日月，樂而忘天。嗚呼今人，有誰其比。情胡天不弔，忽焉徂矣。哲人挺峙，實與運俱。俯仰斯代，又何言歟。惟我曾祖，太僕舅氏。暨我好隆篤，簡札未毀。吾祖歷宦，遠辭鄉里。始及周親，兩潤略耳。某與誠履，投分特厚。鼓盆而先兄，如足如手。伯氏之痛，十年未解。兄何又背，聞喪實駴。人言好毀，謂兄情傷。以規爲歌，有愧蒙莊。豈知休咎，既有時命。在昔母疾，醫師誤聽。乃誓没身，藥罏不設。及疾將瑱，空敝吾舌。厥後意移，膏肓固結。嗚呼不救，孝思徒切。兄所娛老，授經孤孫。宜爾子革，顧託懃懃。爰笑謂余，讓君佳徒。後雖相左，感念區區。天若與人，報施必親。既然早孫，繼起英英。恬淡之性，何必世榮。恨兄不見，一振家聲。天未厭亂，風塵極目。今來親逝，焉知非福。顧念身世，行樂而已。弟兄咸謝，吾將誰與。清酒一尊，平生相尋。把，胡不再斟。尚饗。

祭邱開遠太夫子文代李倚江作

嗚呼先生之没，哲人之萎，是固鄉邦之所悲歎，人倫之所淒其。而某等則以師資之誼，尤切于(一九)中。爰奠觴而瀝悃，更敷衽以陳詞。慨自名教之晦，實行之衰，當世逐頹波以奔逝，而振興者其誰。獨我師邱夫子，敦倫立教，以正身率物，而弟子遊于(二〇)門者，如行旅之失道，而知所歸。《孝經章解》，洋洋累千萬言，蓋下以覺人心之茫昧，而上以維世教之陵夷。而吾師之學，每不自謂得之於心，而必以歸諸庭訓。謂先生少讀聖賢之書，即能得其大端，而不屑屑於章句之支離。故先生善行，不可更僕以數，而其要則莫如先生之自題其像曰：「吾志在安懷，而有慕於宣尼。」此固張子《西銘》之學，而千載之下，乃于先生家庭之紹述，而播其芳徽。蓋仁孝無二致，仁必合歡心以事親，孝必推愛敬以廣施。然則先生之安懷，非無本而云然。而吾師之孝，亦豈其用之有虧。先生性不近乎生産，志尤遠乎紛馳，富貴福澤，視之若遺，每對春鳥秋花，佳時令序，輒偕影而命觴，亦尋朋而杖藜，其浩然獨往，殆不減春風沂水之襟期。而先生之所以自樂者，固由乎物我一體之懷，而豈猶夫莊生齊物、浮屠夢幻之乖違。先生之曠，適宜乎馴致期頤，而何奄謝塵(二一)世，曾不濡遲。豈大化之有定，非人道之可移。當夫疾之乍嬰，謂雖藥而弗治，言笑自得，從容待時，非知死生之故，其孰能與于斯。嗚呼！先生已矣，先生之業，雖不被于當世，而先生之德，固將大乎吾師。又況先生之教，及于諸子若孫者，皆卓然以德行相勵，蓋不殊深山大澤所産之寶，不可以預計而知。乃某等之所以惻愴而咨嗟者，則以受教于吾師，即受教于先生，遡厥淵源，能不含悲？又況某等之中，有親爲先生弟子者，念執經之如昨，慨立雪之何期，則益不知其涕淚之綆縻。嗚呼哀哉！

代祭姻親葛太翁文

於維太翁，少稱國器。卓犖多才，温恭自治。先公茂烈，以續以嗣。金友玉昆，照燿[二二]當世。菽苑搴旗，文塲[二三]攬轡。皇路雖遥，不難立致。濟時有能，經國有智。盤錯雖艱，吾刃則利。天何阨之，馳驅輒躓。連蹇儒林，用不少試。退發篋書，研精覃思。石渠天禄，考校同異。排纂經史，往昔盛事。古今遇殊，功不有二。曾是區區，足償偉志。晚益慨然，儒冠委棄。所未展者，後人其遺。繼繼英英，皆邦之瑞。韜光掩燿，翛然遠寄。珠玉琳瑯，一門竝萃。長公退然，學行彌粹。人倫師表，匪獨文藝。方期彙征，乘時結駟。廊廟增輝，太翁慰意。云何今載，六十甫至。未摛祝詞，旋陳哀誄。太翁達識，百爾敝屣。佛氏之教，況聞了義。于生何戀，於[二四]死何惴。惟我姻黨，聞喪震悸。太翁有孫，淑慎柔懿。出自長公，我孫之配。聞初締姻，太翁勤誨。謂朱中衰，實惟令裔。往相厥家，無較門地[二五]。必戒必敬，無成無遂。薄祚何幸，邀此嘉惠。豈惟一時，奕世之庇。惟祝遐齡，以永仰企。斯念不酬，能不灑淚。憶在春初，太翁來謂。梅蕊初舒，庭芳漸翠。我因令辰，孫女來視。鶴髮相隨，巡檐一醉。之俊此時，病痊猶未。唯唯承命，以需秋桂。孰意今兹，盈觴空遲。靈來不來，我懷孔摯。嗚呼哀哉！尚饗。

祭闞封君封母文 疑代徐退山先生作

惟年月日，某等謹以真香絮酒之儀，致奠于大待贈闞老年伯季翁先生[二六]，暨老年伯母歸太孺人、楊太孺人之靈曰：嗚呼！人子之所欲致于親者，生則養，没則葬，而二者皆有時數。義分不能以力求，而智强惟親志之所存，鬱而未宣，屈而未伸者，有以仰慰其所望，是爲生安祭享而欲致之情，亦于是而克攄悒怏。惟先生孝友忠信，型于里黨，無問好修者，莫不望德輝而消俗狀。至於馳騁文藝[二七]，夙推飛將，顧天若欲甚嗇於前，而爲後之豐者，曾不得一邀夫有司之識賞。獻玉之足，不啻兩刖；説秦之書，徒爲十上。雖兩太孺人皆淑慎温惠，曾無幾微，北門之謫，抑又何以解其神之不王。卒賫懷而困頓，遂中道而淪喪。先生雖没，先生之志，何日不冀闔于(二八)當身者，庶後人而炳朗。而令子若韓，果以夙學鴻文，爲當代之宗匠。鄉書既薦，復第春官，蓋不但爲科名之重，而王(二九)朝之所倚仰。難弟修泓，亦才致飈發，蜚聲繼起，殆將伯仲交馳，而當仁之不讓。奈何既以亨之，又旋屯之，皆詿誤一時之文網。使其非是摧挫，坐致華要，則天寵之加，綸誥之錫，詎不益光乎泉壤。然而先生夙昔攻苦之志，既以得償。而若韓以蕭然儒素之家，治幽宅而營高敞，四方之會葬者，冠帶駢闐，車馬交錯，幾不可以更僕而籌量也。是固人子之所欲致而不可得者，而況附椁之禮其無曠。某等自疇昔以結驩，比塤箎而交唱，竊謂今日之仰慰先生者，固已如此。而又盛德所貽其後之大，若朝宗之水，方自岷山導江，嶓冢導漾。若韓昆季，豈復久于放廢，而永懷、詹仲飛鳴之才，又將乘長風而破浪。先生與太孺人惟荒繼進，不可以含笑而入壙也邪？尚饗。

代祭族伯父欒仲府君暨伯母周孺人、王孺人文

惟我欒仲，涖兹吉日。偕其兩配，竝棲幽室。嗚呼！户將扃而不啟，人將往而不出。惟我宗黨，慮無不老者身覿、少者傳聞，固熟知君夫婦之令德懿範。軼冠帶而掩釵裙，于兹寂寞而長

歸也，誰能不臨窆而云云。樂仲之孝，色養期頤。樂仲之友，割産以資。酬物接下，春風在抱。乃至防檢，不假嚬笑。文聲蔚起，薦牘輒拒。詩酒飄然，跡絶州府。惟君之嬪，侍御後人。堇成内職，自幼則聞。卒瘏拮据，家務以振。五雛豐翮，實誰之勤。惟厥治閫，邈焉寡及。故繼焉者，事靡不襲。呱呱二胤，亦克成立。竊嘗語衆，如君夫婦，一生艱瘁，惟德是茂。即生不邀及身之榮，没亦宜蒙泉下之寵。而今也惟是子孫奠賵，祖送則婁水清風，憑弔則吴山鳥哢。嗚呼！時邪？命邪？固天道之正邪？令子西琯，國華人瑞。冢宰箕裘，庶幾弗墜。兩邑苜蓿，流芳三衢，甘棠待憩。欻罹庾信之哀，徒揮徐廣之泪。故里旋歸，蓬門深閉。思高敞之望賒，痛五父而魂逝。爰遊燕晉，周旋館幕。折節勤勞，資財是度。歸謀姪弟，乃卜其宅。陽抱嵩嵂，列祖斂魄。夜臺猶依，託體不隔。然不大葬，明器惟惕。交朋莫告，闃焉窀穸。嗚呼！去年之葬，築巖兄以發姪也，吾黨固憑棺而感激，謂斯人者，亦何不若郭林宗。而會墓下者，曾不得千餘之客，豈期今者葬吾樂仲，又復云爾。吾宗世繩祖武，固多君子，然皆不免淒其淪落，以歸泉壤。吉人獲報，固如此邪？雖蘭不期芳，玉不期輝，士亦好德，榮非所希。而吾家方砥行立節，以永詒燕，儻天道信然，又何以爲勸邪？雖然，剥極而復，聖不我欺。惟我(三〇)樂仲，蘭玉葳蕤，中罹世故，頗有折摧。然而西琯雖老，壯志未衰。諸孫鼎盛，孝升、去非。汝濟英英，青雲竝馳。鬱爾曾孫，高揖前規。方當謁承明之室，校天禄之書，白麻宣庭，丹詔降閭。吾見冠裳盛設，宗親具臚。惟樂仲之夫婦，其又何能不一笑於元廬。尚饗。

代祭嫂氏葉孺人、姪與三文學、孝升文學、姪孫仕翼文

惟年月日，某等謹具生芻絮酒，致奠於大待贈姪孫婦葉老孺人、曾姪孫與三文學、孝升文學，暨元姪孫仕翼之靈曰：嗚呼！孺人年七十有三而謝世，不可謂無壽。而吾黨之聞其訃也，老者啼，幼者哭，戚者慟，疏者泣，倉黄〔三一〕奔走而若有失，奈何與三、孝升又相繼没邪？蓋丈夫之行，猶必始聞於宗族，繼著於鄉黨，而後及乎邦國。女子則言不出閫，行不踰閾，即鄉黨、邦國不及聞，其知之宜在宗族。況孺人之賢，鄉黨傚之，邦國稱之，豈其吾黨猶未深飫而熟習也。孺人毓于〔三二〕華宗，嬪於名胄，其後内外菀枯之數，積以懸殊。孺人能處之愉然，而盛不以驕，詘不以懟。當西瑄少壯，英奇負志之時，矯首青雲，不亞龍驤虎奮。而世運方屯，門德未昌，終以一老明經，躑躅偃蹇于廣文幕倅之閒，而又出入于死生患難窮困之地。孺人亦履之自若，而亨不以益，困不以悴，蓋終其身緇絖箴紉，以事上而撫下，治内而相外者如一日。故其所事者愛之，所撫者戴之，所治者服之，所相者敬之。然今日聞孺人之喪，而慟者、哭者、啼者、泣者，則又不惟其所事、所撫、所相、所治之人。則以孺人之賢，達於邦國，溢於鄉黨，而況我〔三三〕宗族尤熟習

而深飫之也。先五日，其孫仕翼没，孺人已有疾，猶能起，强往哭之，而疾遂篤。蓋孺人長子與升没於(三四)乙酉六月之禍，西琯哀其學行無繼，而謂仕翼賢，故以與三長子而嗣立焉。今仕翼没，其胤又斬，宜孺人之哭之也慟。而豈知後孺人二十有八日，而季子孝升没，踰七日而叔子與三又没。方孺人之謝世，吾黨皆謂仕翼不没，則孺人疾可不篤，疾不篤而孺人今不亡，未可知也。然孺人在，而終不免孝升、與三之没，則寃痛不堪，又不如其先亡也。第不知死者之爲無知邪？有知邪？其爲有知則又與生者同邪？異邪？若其同也，生不忍一孫之夭，甯(三五)死而忍二子之不旋踵而殂(三六)邪？以孺人之賢，必當以先謝去，而不克復相夫子爲憾，又忍不遺二子于西琯，而奪之乃爾酷邪？仲子與立，孝行性成，諸孫奕奕，能繩祖武，然又豈若諸子皆無恙，西琯流連安養，朝于仲而夕于(三七)叔，夕于叔而朝于季邪？嗚呼！與三、孝升，皆家之寶，又況吾宗處伶俜凋落之秋，惟兹十數人焉，以無墜先烈。乃才四十日，而一奪吾賢母，三奪吾賢胤。女子之淑於家者，窮而無所師；男子之謀於宗者，孤而寡所賴。吾黨所以悲痛長號，甚者有不如無生之歎也。豈報施之理固不可問邪？抑修短有定而適相會于此邪？又豈所謂焉知其非福邪？靈其不遠，何以語之。奠兹盈觴，庶其御之。嗚呼哀哉！尚饗。

代族尊祭嫂氏龔孺人文

嗚呼！老成人之榮謝，家之盛衰係焉。固不獨其男子，而閨閣亦有然者。吾宗四十年前，有三賢配。西琯之葉孺人，温惠勤慎。了凡之龔孺人，清簡慈恪。奂若之錢孺人，貞儉明肅。一時中外懿戚，翕然稱幸，謂皆婦道之難，而萃于一門爲娣姒，亦云盛也。及年漸高，而德益劭，巋然竝爲賢母，今世無問（三八）。故家寒門，多不重女師，惟我朱氏女出爲人婦，類皆循循婉嫕，有禮度，則三孺人之教實多焉。夫何天不憖遺，而錢孺人于前年某月、葉孺人于去年三月，皆最康强無病，而溘然謝世。雖皆霜顛雪鬢，非復早年促算者比，然賢母云徂，吾宗固有門德其衰之感。而何今者孟陬之月，龔孺人又以訃聞。嗚呼！存亡之數，固不可以倖延。而獨于三年之內，奪三賢母。使其後先相距各十數年，而後見背，亦非理所難邀。而今曾不少假，則天非無意於其間也。夫三孺人之德，固與鍾、郝媲美，莫能伯仲。然而龔孺人者，難矣。了凡少嬰邱明之疾，不事詩書，倘徉放廢。而其才性英敏卓犖，審音度曲，皆不師而自工。風雪之晨，花月之夕，金巵錯落，玉管悠揚，了凡輒據高坐，唱儔侣，縱横豪舉，以自快意。是時西琯、奂若，揮斥踔厲，瞬息風雲。而了凡肆志物外，又善君平、季主之術，高談博辨，决疑者屨恒盈户，孺人曾不以爲嫌。蕭然寂處，惟孝養舅姑，和輯家室爲務。而又損其織紝之資，以佐了凡，此蓋有未易及者矣。然而天不發于了凡，而發于子若孫，以報孺人。去非爲名師宿儒，逾三十年，既以明經對策，膺列上選，而册韓又以英才嗣起，飈發雲翔。當世企其學者，無不推本于孺人之教。孺人以視昔之所處，固若優焉，而卒不待。去非、册韓，一掇科名，以大了凡之緒，而愜孺人之望，則又未知天之所以報善人者，又何所節而然也。吾見今世娣姒之間(三九)，或競其機略，或矜其門胄，搆釁滋咎，以傷手足而頹家聲者，比比而是。而三孺人獨能雍雍肅肅，白首無閒(四〇)，今雖既没其魂魄，猶若相尋於地下，顧無乃死者之歡，而重爲生者之戚邪？嗚呼！典型不遠，遺訓猶存。然而老成交喪，忽焉失恃，其于宗黨，豈徒可感，蓋亦良可懼也。嗚呼哀哉！尚饗。

代祭族伯母陳孺人文

於維孺人，擢秀名族，奕葉光美。烈祖中丞，司成叔父，邦國之紀。皇祖高尚，業試猗陶，貲甲州里。憲憲皇考，入游太學，聲重多士。誕育賢淑，若珠在掌，愛弗能舉。相厥攸歸，莫如吾朱，世纘孝友。爰嬪元獻，令德令儀，非禮不(四一)履。親戚内外，罔弗咸宜，敦其終始。孺人之孝，尊章解憂，而色而笑。婦不在側，如失其手，而呼而召。逮事皇姑，以厥敬勤，廼忘年耄。相與咨嗟，曰賢哉婦，靡人不告。孺人之敬，夫子之言，無戲無競。以德輔導，後事而成，先意而迎。昔吾從叔，貧老無歸，遠鄉孤迸。孺人曰嘻，豈伊異人，乃吾同姓。盍老於是，藜藿布素，小大具慶。爰釋簪珥，築室致養，考終厥命。迄就窀穸，纖務畢舉，惟德之竟。孺人之慈，教子和丸，弄孫含飴。均愛如一，靡有專篤，肇其嫌疑。下逮僕隸，仁恩周普，襁褓靡遺。胥化於德，莫聞其聲，詈罵榜笞。孺人之明，時值内外，赫赫家聲。惟我元獻，早嬰羸疾，壯圖弗成。游心物外，師友喬松，求芳采榮。孺人怡然，不羨不尤，履素安貞。雖古賢達，孟光少君，後先鴈行。惟德若是，福不克配，多病少强。長子善文，中道凋謝，婦亦早亡。未遭世故，不保厥家，倒篋傾箱。暮景不淑，貧蹙之況，非素所嘗。所冀偕老，百年堂上，皓首淩霜。自此浹月，七十令序，將奏壽觴。率吾子弟，稱頌休美，爲宗族光。體弗載病，遂即泉路，不憚冥茫。孺人三紀，齋心茹素，以事空王。吾聞其國(四二)，教有蓮花，國不啻蓬閬。孺人往矣，如脱塵縛，絶雲而翔。何況有子，篤意盡倫，諸孺皆良。孝事元獻，細大必飭，又何足傷。吾黨所悼，女師其逝，攀援無方。清酒盈盈，平生罕御，今酹靈牀。情悰託之，用其昭假，神來洋洋。尚饗。

祭族姪婦張孺人文

嗚呼！孺人之歸我朱也，垂五十年。其宗人之尊者，則以爲此吾朱之賢婦，而其卑者，則以既不能挽其生，則庶幾誄其德於身後，以爲爲此吾朱之賢母。今于没也，尊者卑者，聚而哭之。於是相與稱道平昔，有謂孺人克盡孝於尊章者，有謂孺人恭順温惠於伯仲先後者，有謂曲體以慈幼卹孤者。又有謂以學行相夫子而教諸孤。故雖與三齋志而殞，而武承昆弟早游膠庠，令名鬱起者。又有謂孺人之爲母也，初泉翁家業方殷，及嬪于（四三）我，我司李公清修薄宦，門庭蕭閴，孺人顧喜儒業，有桓少君風，克勤務儉，以成其家者。凡吾（四四）宗人所得于（四五）見聞，以稱道吾（四六）孺人者如是。而諸哀子出而哭泣，稽顙告諸長者曰：「辱加德于吾母，不泯其徽猷，豈惟詒烈兄弟，將子孫世世其不忘。然而吾母之德，則更有隱焉者，而未之或知。蓋吾母之孝也，不敢自以爲孝也。吾母之恭順温惠也，不敢自謂恭順温惠也。吾母之于孤幼也，不敢自謂能慈恤也。吾母之教詒烈兄弟，即日督其學之成、行之立，而又惟恐其以學行驕人也。吾母之以勤儉成家，亦不敢自謂能成其（四七）家也。故嘗欿然若有歉於己，而命詒烈兄弟曰：『汝其祇植孝友，以無替家聲。祖雖没，見諸宗長之與祖爲行者，猶祖在而敬事之也。父雖没，見諸宗長之與父爲行者，猶父在而必尊之也。汝兄弟止（四八）三人，見諸宗人之若兄弟、若子姪，皆如己兄弟、己子姪而友愛之也。雖以吾一生勤瘁，視與爾父初治生時，固少有增益。然亦席爾先世之鴻休，祖父之福澤，吾豈敢謂己功。故未嘗輒易一椽以自安居，私儲一絲一粟以自爲身後計也。』此吾母之隱德也。」于是宗（四九）之尊者卑者，交起而敬拜曰：「吾固以爲吾朱之賢婦，吾固以謂吾朱之賢母。」嗚呼！行彌高，心彌下，禮彌謙，德彌劭，此蓋丈夫之所難，以孺人之德，又不自有其德。然則世之苟能有所成就，即思薄視其祖先，傲睨其父兄者，孺人之所深鄙。吾崑以昆仲三人而鼎貴，已成故事，焉知武承昆弟不踵于(五〇)將來，而孺人之教，則必不可以或失也。嗚呼！此孺人之賢，于是乎爲至也。薄奠一罇，靈其鑒之。尚饗。

祭潘孺人文

於維吾嫂，洵賢淑也。引系尋源，産茂族也。蓋性成其温惠，而又世德之諄篤也。治中公以爲祖，上舍公以爲父，是能型于鄉而衛于國者，宜其貽後之有穀也。所以嫂之于歸，而想見其門内之雍睦也。事舅姑、相夫子，固靡不敬以戒，而慈于(五一)幼者，且至于老。猶幾忘其身，以爲育也。吾兄少負奇志，才氣無雙，乃命與文仇，歷試不第。晚而就仕，仕亦弗顯。其沈鬱無聊之情，不能不介于中。而嫂則一輔之以和静，而止足也。然吾兄卒不免激宕壯往之概，脱鷫鸘于酒肆，買娉婷以千金，嘗嘗有之。則嫂又捐之不問，而甯(五二)嫳嫳(五三)焉勤于(五四)杼柚也。既多令子，而復無惡妬于(五五)妾御，故後先照耀，友爲金而昆爲玉也。婦道以代終爲治，而嫂則更以無爲而肅也。吾兄既嚴明以紀其家，不期侵夫内政，而政舉焉。使嫂少不順承，而欲其能事之暴也，則將矜察于絲麻米粟也。或市惠于僮僕也，是争衡以召乖，而非養和以致福也。故終身退藏，而不抗不黷也。《易》不云乎：「安貞之吉，應地無疆。」以嫂而馴致百年，夫又何疑。而今者謝白日之棲遲，即(五六)幽夜之躑躅也。豈非理有所弗勝，而命有所難續也。夫出入名門不爲屈，蕃衍孫子不爲窮，齒躋七十不爲夭，或者懼夫子之臨老而悲，則不能無憾于(五七)就木也。然而吾兄之言曰：「吾聞諸莊周，死者方偃然寢于巨室，生者乃不通於命，猶且噭噭然隨而哭也。」是以不廢夫一觴一咏，酹景物而樂幽獨也。然則撫此几筵之奠，吾嫂其亦可無事矉深頞蹙也。尚饗。

祭楊孺人文

於惟楊氏，功隆炎漢。赤泉肇封，銀黄踵綰。陰晉東偏，陽亭右畔。代其俊傑，高其闕觀。三惑嘗嚴，四知敢慢。琬琰遞垂，丹青累焕。洪河流廣，鄧林枝繁。根深自秀，源遠斯瀾。逮我仲英親翁，降材禀氣，清淑蜿蜒。宋之結緑，秦之木難。器業鴻偉，胸懷欝蟠。顧望皇路，追步前賢。孺人清閨令姿，東海賢胤。君子來嬪，儉共立訓。執德不懈，惟家是釐。躬事蘋蘩，親執機絲(五八)。雖趙宣好橐肉之與，裴寬輕金帛之施。親翁急難之誠，趨之若騖；孺人爲善之樂，甘亦如飴。既孟嘗之市義，宜韓起之憂貧。孺人善計，其業彌殷。親翁賴是贊助，專厥典墳。雪窗曉映，藜火宵分。珠遭劍按，玉傷足刖。劉蕡數屈于才高，李白文曾（五九）其命達。投老不逢，茹志而歿（六〇）。遺經紛綸，令子英發。既濯濯而淵渟，亦軒軒而鸞翥。雄視文壇，高翔藝圃。樓造五鳳，曰穿七注。惟仲與叔，抱貞履素。而諸孫鼎起，俊采星奔。掩謝家之寶樹，摧辛氏之金昆。孺人撫此，喜可知矣。方待排鳳登龍，紆青拖紫。寵錫王家，懽窮耄齒。緑舞庭中，輿遊園裏。而德帳高張，魚軒罷駕。甫逾古稀，奄淪大化。雖在晚節，尤契净因。惟跂登于覺岸，不退墮乎迷津。固已驅除愛染，破滅根塵。而女宗長逝，感悲周親。某誼切葭莩，心儀閫範。鷄鳴盥漱，見婦道之能共；熊膽和丸，知母教之不滅。永貞者坤，多壽惟仁。宜爾遐福，豈其不信。今日何日，率子若孫。再拜靈几，盈奠酒尊。是皆孺人許之以成宅相，愛之而若掌珠。當秋蘭其未晚，正明月之方新。回首令節，繞膝含嚬。兹何長慟，冥焉不聞。嗚呼哀哉！尚饗。

祭□孺人文

於維孺人，爲仲俞之繼配，年僅幾乎下壽，胡遽長歸而違世。仲俞居家嚴謐，與物愷悌。舉國之人，皆有長者之稱，而或未知孺人，以順承之德，而助乎内。其來嬪也，嘉先已髫齔之年，孺人初不知爲非己所生，而顧復之有二。又推夫嘉先渭陽之情，使所以篤其母家者，蓋不異詩人所稱「路車」與「玉佩」。而于中外宗親，則嘗念欲脩（六一）婦順，而弗克尊章之侍。所當敦親睦之好者，仲俞固不遺其力，孺人亦靡不殫其恩意。仲俞少習勤苦，中歲頗致饒益。而孺人嘉饈不供，文綺不曳，惟女紅之必親端表率，而忘勩其勤儉以相家。逌初終而一致，是宜坐致遐齡，克膺多福，偕君子以難老，撫諸孫之秀異。奈何即事寡歡，中懷多滯。疾病交侵，藥囊長繫。孺人素事空王，而誦釋典，蓋嘗上名山、歷寶刹，泛舟航而不遠，空所有而爲施。豈繫吝之畢除，亦死生而一視。仲俞龐眉皓首，而哭孺人之亡也，殆不減乎壯歲。謂「吾未病而吾惟知有孺人之病，及吾病而孺人不復自知其病，遂以入膏肓而莫治」。嗚呼！仲俞豈必無莊生之達觀，要其爲是惋悼之深者，夫亦痛淑德之不復，而女宗之遐棄。所以某等聞孺人之訃，亦莫不若有所失，相與咨嗟太息而不置。奠一觴於几筵，靈洋洋而來賁。尚饗。

祭李母馬太孺人文

嗚呼！婦德應地，柔順安貞。歷觀紀載，閨之典型。牢落有幾，克垂令名。維太孺人，前修是程。昔事太史，不忮不争。以德見重，敬愛交并。助理内政，皆有權衡。宜上宜下，化被家庭。俄焉太史，乘雲上征。孺人矢志，從入窈冥。顧惟有女，當觀厥成。雖在保抱，德徽外形。晨粃揜(六二)鏡，夜績移檠。形影相倚，非禮弗行。今之巋然，樹厥風聲。尹姑禮法，鍾郝賢明。爲家之母，爲邦之型。繄維當時，保抱遺嬰。五十年來，大義庚庚。孰謂無子，乃若□星。從一而終，天地常經。況子不賢，不如無生。有女令善，亦與有榮。昔稱未亡，方履豐亨。豔陽之際，歲寒自盟。梵吹穆穆，禪燈熒熒。紛華不眩，布衣菜羹。孺人之節，天高日晶。太史地望，累世鏗鍧。徽懿(六三)濟美，聳若鸞□。外孫擢秀，蕤苑含英。爲時利器，結綠青萍。用純末行，辱在嚶鳴。往來砥勉，學耨禮耕。畫荻母教，夙懷所傾。孺人慈範，亦仰生平。近躋古稀，拜進一觥。頗聞疾疢，已銜參苓。令女賢孫，兩世孝誠。堂上嘉慶，視以□□。谓當勿藥，坐致遐齡。何遽棄世，返駕蓬瀛。去來有數，焉用攖情。今見太史，笑言相迎。冰蘗之操，門閭未旌。孺人視此，亦何重輕。惟夫生者，追念德馨。往而不復，寸心若縈。玉峯崱屴，婁水澄泓。孺人如在，薦此芳蘅。尚饗。

祭徐孺人文

嗚呼！夫人何爲而没也，女德之賢者有矣，求夫人若者，則余邇所睹記，未易一二數也。賢者多壽，而不賢者短年，豈其理有或爽者耶？豈生乎今之世，艱難困頓，德愈賢而憂勞愈深，不覺其齡之促者。觀乎當世有道君子，往往而然。而閨閣亦罔不然耶？抑豈彼蒼蒼者，亦謂斯世非所以待賢者，而與其長年，不若早世之爲逸耶？不然，則是所謂好惡當與人異，而天心又豈果然者耶？嗚呼！夫人之没也，夫人之所事者、所相者，與夫中外周親，靡不哭之哀而悼之甚。余所聞于季重先生者曰：「此非吾子婦之不幸，而爲舅姑者之不幸也。」言未畢，而泪欲流。又所聞于民懷者曰：「吾三十年來，讀書自得，不知家務爲何若者，以至仰而事、俯而育，所當然而無不然者，皆爲室中之力。今已矣，吾即悉身親焉，而誰與爲謀矣。」言未畢，而更泪(六四)霪霪然下。乃若余之聞于(六五)敷五昆季也，則謂夫人事母也孝，事兄嫂也恭，故夫人没，而嫂哭之皆失聲。余又聞夫人自未廟見時，即奉侍于本生之姑太夫人之側。太夫人愛埒己女，今之哀之也，亦過于恒情。而妯娌之閒(六六)，乃至傷慕而疾作。蓋夫人以恭勤明愛之德，恩無不周，禮無不洽，故身後之哀，無閒(六七)于尊卑長幼，以及素所周旋服屬之人，類皆涕泗欷歔，若此其至也。嗚呼！凡所不能忘于夫人者，孰非夫人夙昔所致敬致愛，莫之忍遺者，獨奈遽然奄棄于此日耶？況三十餘年，拮据勤瘁，皆以佐我民懷及令諸子之績學成名。民懷兹雖未遇，而長君廉夫早登賢書，方今鹿城之徐，科名位望，甲于天下；重金累紫，焜燿曩昔。行且民懷置身貴顯，父子踵接，夫人獨不能少(六八)俟之。而廉夫昆弟擗踊哭泣，以不逮生榮母氏，爲抱無窮之憾，夫人其又能無所繫置于(六九)懷也耶？意者夫人所亡者，一時之身，所不忘者，奕世之德。則夫人之壽夭得喪，固自有在，而非世俗所謂壽夭得喪者，乃猶欷歔涕泗于夫人之歿(七〇)耶？然親戚所謂爲欷歔而涕泗者，正以夫人之賢而早世，則夫鄉國之中，皆將因夫人親戚之情，而深考夫人之淑德，以失女宗爲悼歎。若余者，辱與季重先生及民懷及廉夫昆弟三世之誼，又安能已于陳詞一奠也。尚饗。

代祭葛孺人文

嗚呼！死亡者，人之不幸。而有不幸于己者，有不幸于人者。太母之没，中外懿戚，皆深其不幸之思，固不獨爲太母致惜于不幸不壽考、不幸不福澤也。初，吾女弟爲太母仲子婦，年未及笄，吾母方慮其幼弱，未能承舅姑之歡。而太母愛之甚，蓋不啻若己女，凡盡禮于左右，與所以宜室家者，一惟太母教，而又不惟口語之爲誨(七一)。蓋嘗熟聞庭闈之閒(七二)懿範之修，而後知太母所(七三)以教我女弟者，蓋無往而不至也。太翁教家，和而有禮，以孝義仁儉，躬行表率。一切聲利紛華，皆所不事。太母順承于内，初不以己所見者，侵太翁之意，則是太母以婦德教吾女弟也。太翁才高天下，特以胸懷雅尚，隱而弗耀。而趨庭之訓，務在力學，手披口吟，朝思暮誦，無有閒晷。太母亦時加以敦勉，佐其勤苦，則是以母道教我(七四)女弟也。竊意太母仰承太翁之規度，而樹範于閨閫者若是，蓋將德及數世，而豈惟善我子孫已也。以是輒以未能典謁之子，與吾女弟求締姻好。太母顧不棄而許之，庶幾冀其長，冀其有成，奉太母德教，以庇賴于吾家。而不幸太母病不起矣。長公文章淵雅，屹然爲世宗工。而仲子亦將踵兄之武，下偕難弟，聯翩奮跡。人爲太母惜不幸不福澤者，雖幽顯固殊，終享其隆，而況修短有數，達人知命，亦未足深爲太母不幸也。獨區區之意，託舊姻而締新好，蓋若有不勝之幸。而不意施罹大故，令儀已矣，欲扳無從，則咨嗟感愴，真不能無不幸之思也。一巵告虔，靈其鑒只。尚饗。

墓誌銘

顧子巖墓誌銘

崑山顧氏從海上徙居城之南千墩浦上者，自明刑科給事中、濟南京兵部右侍郎章志，左春坊左贊善紹芳。父子祖孫，接踵貴顯于正德、嘉靖、萬曆間，功著中外，翕赫甚盛。厥後則有如國子生紹芾、國子廕生同應、鄉進士緗，竝以文采才能，推于一時。而國子生絳，則尤博物洽聞，著書甚富。以不安于家，客遊山左右，彼所稱爲亭林先生者是也。雖嘗受兵曹之官，而皆弗克就仕，以迄于（七五）君。君諱紓，字子巖，號介菴（七六）。生長世族，天資過人，獨以失明故，早棄舉子業。然經史諸子百家之書，嘗令人琅琅口誦，即一過不忘。後雖歷久，舉以問，必數千百言，不遺一字。顧不喜佛老家言，居閒則静坐而已，以致思慮精警。其于經世之務，成敗得失，較若列眉，視夫一身一家，纖悉事故，不足供其指揮。又有知人之明，人不敢以奸邪欺。雖幼失怙恃，值時兵荒，遺産殆盡，饘粥幾不給。然能自樹立，殫耐勞苦，稍稍踰其先業。嫡母性嚴，君以病廢，人承奉，輒得其心。迨嫡母殁，昆季俱已早世，君獨執喪盡禮，旋舉葬事。兵曹久遊不歸，留其配于家，君事之甚恭。更有不租之賦，與夫歲時祭埽之供，君悉肩任，未嘗責償萬一。兵曹亡于山右，君命子往，三千里餘（七七），扶喪而還。先是，兵曹貽書，欲以君之孫爲己嗣，君即從之。生平取與以嚴，不妄干人，不好臧否人物。人皆謂君少好讀書，敦孝友類宫贊，精爽饒幹局，又恬静醇謹類司馬。而給事則君之高祖考也，司馬則君之曾祖考，宫贊則君之祖考，國子廕生則君之考也。鄉進士則君之兄也。其國子生則君之叔祖考，而兵曹則亦君之兄，爲叔祖考嗣孫。君感叔祖考自幼撫育恩，又以孫柩（七八）元本作此字，後同（七九）。蓋宏佐之元（八〇）名。嗣于兵曹，而爲其玄孫者也。自宫贊以上，有其才而爲世用，國子生以下，有其才而弗顯于（八一）時。人才盛衰興替，恒不相謀，此已有幸不幸之感。至君而非徒阨于（八二）遇，又使以矐目廢。不知造物既降以才，復擯棄之若斯者，獨何心也。然鄉進士之子某，今登進士，仕中翰。君之子若孫，負材具、能學問，是可以卜門祚迭興之數，而人才爲獨盛也。母何孺人，生母黄孺人，娶王氏。子某由太學生考授某官，孫某，次即柩（八三），次某。君以某年某月卒，享年六十有三。明年某月，將葬于（八四）某鄉某原，因從叔父巖從予遊，來請銘。余又以鄉進士與先節孝交（八五）善，其幼弟綱又執經先節孝，且多文有孝行也，故不復辭。銘曰：豐其積而嗇其施，世良多也。嗇其施而并廢其身，謂之何也。是宜埋石以告諸後曰：斯所藏（八六）者，國之良也。上無忝于（八七）祖德，下克詔諸子孫。而晦愈甚者，燿彌長也。

熙庵席君墓誌銘 丙寅冬

洞庭東山，在太湖中，人民衆而田野少。治生者精于（八八）積著，故多素封。其地隸于吴，距郡邑治雖百里而近，然牧長襘帷所不至。不過一九品官涖之，位在丞簿下，惠不足綏，威不足懾，故民俗獷悍（八九）。世無事，則淫酗（九〇）賭擲，自相賊殺。有事，則不逞之徒群聚争起。此素封者，即其所覬覦攘奪，而亦盗賊戎馬所指爲金錢之府，日夜環伺于（九一）外者也。故此地當兵戈雲擾之秋，岌岌不自保。昔在酉戌（九二），吴會鼎沸，山中少年且將攘袂鼓亂。其右族席君熙庵知之，多與約歡，人咸誚笑，謂非儒生事。其後少年欲行劫，輒奉君教誡而散。君乃部勒諸少年，用其幹能，負弩持盾捍湖寇，皆謹受令。已而山中有欲得諸少年而甘心者，詣大帥，請遣兵，幾爲山禍。君語故人在幕下者，令爲山請命。而奮身與大帥忼慨陳乞，鋒刃交接無少慴，事以得寢。時所在被兵，東山獨得安堵如故者，固君之族太僕卿本楨倡合閭井，而鞠躬保障，君之功居多，山中人猶能道其事焉。丙寅夏，君之子後沆請余銘君墓，余方戒作詩文。請之再，乃爲君書此事，以著其績在鄉里。而更次後沆之言曰：「吾父好學，善屬文，早補博士弟子，然不喜入名公盟社。刻自淬礪，而廢于詿誤。以膽識氣誼自任，居恒易□，不示鋒鍔。及利害交并，片言立決，事所當爲，雄于萬夫。財力相齮齕者，必吐其氣而後已。窮交孤客，傾身振援。濬河給粟、濟水旱，不居德。受貲託者，耗之盡不誚讓，始豐後嗇，亦不以隕懷抱，此吾父一生大數也。然多本于吾王父母之教。吾曾王母十九而寡，多病，王父母事之至孝，分卧外内牀，侍湯藥與居者，幾二十年。王父籲天，王母刲臂，而疾以愈。吾王父忠信待人，復善籌策，故能復先業。然徭役之宜，昆弟共者專之。酉戌(九三)之交，鄉里捍禦殫力者吾父，其財皆王父出槖中裝。而王母則篤行勤儉，以一二佐之，故吾父誠孝類王父。凡有艱鉅，皆自肩任，不苟貽王父憂。雖其後遺業日替，蓋自幼王父母但課學業，不使一與聞生産，且務用所當用，亦素教固然也。」按君諱啟祥，字五雲，別號熙庵，吴縣人。生于某年月日，殁于某年月日，享年六十有四。君之考諱遺紹，妣俞孺人，早卒。祖考諱時龍，祖妣吴孺人，守節撫孤，朝廷建坊旌閭。其先則唐武衛將軍諱[九四]温，避黄巢亂，居東山。而武衛中子諱常，又析居武山，三十傳而至君也。後沆爲君長子，邑庠生，文行彬雅。其次後濂、後澤、後滉。後沆又言曰：「吾父讀書外，雅好詩酒，晚益研精釋典。」予謂磊落負才，能尚節概者，其不得志，類皆託于曠達，而逃于空寂，不然則不能以自存。銘曰：家之不饒，而饒于智略；産之不殖，而殖于文學。智以芘其鄉閭，學以懋其醇慤。是於先猷爲子述，後昆爲父作。吾書厥幽宫，而俾潛烈之於爍。

哀詞

席父與中翰哀詞并序

哀詞之作，以導情也。君子之道，有分而後有情，有情而後有哀，有哀而後有詞，非是則不敢作也。今予于中翰君，生未及交，没未及弔，而于其葬，爲作哀詞，無乃非情乎？蓋自君既没四年，君之子永劼持君行實，請予序君所輯《畜德録》，而後知君之没爲可哀也。君自先公太僕，慷慨多大略，而好著書。君益以文學稱，宜纘承先志，而有是録。然非特是之故也。君天性孝友，養致樂，病致憂，喪致哀，以事親。雖母異，而兄弟之愛不異，遇親黨典盡周卹，與士大夫交恭而有禮，御下以惠以義。其躬之蹈者，靡弗善，故其見古今言行之善者，靡弗好，而即以所得古今之善，益返而爲躬之蹈者，靡弗至。用是歲編月摩，積成卷帙。而又自以素多病，雖登仕版，不樂居官，彌施德于(九五)鄉里幾家。暨而人紿曰：「是猶之仕，則《蓄德録》之所著，非皆君德美之所著歟？」後一年，永劭又延余授經于季弟永渤，因得與其群從周親遊處，而益歎君之没爲可哀也。夫群從周親所稱道君者，一如永劭昆季所撰之行實，而予更有徵焉者。予在東山，往來出入，常乘湖船。篙工往往語予以君之善，又不具述，述其一二言曰：「中翰之德，未之有也。家故豐，不自私其財，嘗詔家人：『此皆先人所遺，當悉用爲先人行善。我子孫但令粗給衣食，足矣。』其没也，殆巷哭者累日。前年後山盜起，大户莫能禦，獨相戒無犯中翰家，而前山賴以宴如。」夫篙工不過里巷耳，安知大義，又安知餙詞，乃其言若是，非君誠孚于(九六)衆，頌聲洽于(九七)夙昔，而能致然歟？予舉君之詔其家人者，不禁慢然驚起曰：「噫！斯言也，其能不格鬼神歟！」孔子曰：「有德者必有言。」又曰：「仁者壽。」二者似皆可握券而取，然人所能爲者，惟德與言，其壽命脩(九八)短，究操之莫可移之數，所以不能使君不爲。仁者不著書以傳後，而當修而反短，則曾弗少假。而竟四十有三歲而終也。抑且凶喪患難，并不予君以不永之永，優游宴逸，遂早年嬰疾，漸不復起。非惟不終君爲善之志，即所著書，亦猶未成之書。嗚呼！其亦可哀也已。故于君之初没，君子之哭之者，如哭其昆弟，小人之哭之者，如哭其父母。今將十年矣，雖學士大夫追悼其賢，而爲之狀者、傳者、銘于壙者、表于阡者，次弟（九九）播爲文章，以宣導人之幽思。然而懷德服義者，卒（一〇〇）溢于中而不能已。聞君之葬（一〇一），奔走提攜，披素帷而弗見，攀丹旐而長辭，臨幽宅而無復返期也。摧痛之懷，逾于初喪，是不可以不紀其哀，此余哀詞之所爲作也。情也亦非一人之情，而人人之情也。詞曰：

謂年爲大化弗愛兮，何于賢者而常詘。謂年爲大化所嗇兮，何非其人而耄耋。修短苟如是其多爽兮，大化無乃爲未仁。脱相率而畏爲善兮，又何以責夫生民。猗歟君之令德兮，孝友温恭而能壹。發粟賑荒而惠無告兮，奚啻篤親念故之勤。恤百善罔辭夫勞瘁兮，六籍又搜其菁英。卧沉（一〇二）疾而猶力排纂兮，懼著書之弗成。斯人儻藥褁（一〇三）之常御兮，猶歎其以善而獲咎。而況奪年之孔多兮，斯理信冥茫而莫叩。被德者痛我生之失歸兮，聞風者悼喆人之云亡。顧十年其如昨兮，方眷慕以難忘。兹將歸乎泉壤兮，復倉皇乎道路。衣冠畢來會葬兮，雖婦孺其縞素。自一坏之既掩兮，嗟萬事之永休。精靈當猶耿耿兮，憶夙志之未酬。纂承其有後人兮，儼舊德而無改。繼奕世而念兹兮，自貽謀其爾大。非徒用揚先烈兮，亦慰銜哀之衆思。嗚呼！有德而不禄兮，誠千載之可悲。

唐與升哀詞

自子輿氏天爵、人爵之殊其分，而公卿大夫不貴于(一〇四)道義也。諒矣！然而群情所趨，以當世所謂類晦者非他，必以位，所謂菀枯者無他，必以名。而苟弗之預，則嘗若有所虧于(一〇五)己，而負于(一〇六)人者，則固溺于俗尚致然。而余謂亦未可盡少之。余門下士唐生坦，述厥考與升君之行概，泣請於余(一〇七)曰：「痛先府君既没，而志事弗彰於外。坦將不可爲子，先生其幸許一言之施。府君生而先王父已老，倦于教，不令就傅。故諸世父多有聲諸生間，而府君曾不卒詩書之業。已而欲自刻勵，阨于(一〇八)貧且亂，避兵往來，食力自給，又侍養王父左右弗暇，竟無所成就。以故見世之以科名顯爲大官者，嘗自顧門庭蕭寂，鬱伊輒不自舒。洎生坦，兄弟自在襁褓，即日望其能讀書成名，而意尤屬坦。束脩從師，恒浮其力，若非貧家焉者。今日坦年踰(一〇九)冠，而尚沉(一一〇)淪童子科，無以暝府君之目，庶幾先生施一言爲泉下慰。」余考君之生平，事親孝，事兄恭，撫諸兄之孤如己所生。女之夫貧，不能養妻子，君養之。交友不侵然諾，多與顯者遊，曾無私謁，君蓋賢者也。仁義忠信，天爵之數，亦既素所蓄積，而又何睠睠紆青拖紫，若不獲于(一一一)其身。必將收報于(一一二)子孫者，得無舍其所甚貴而覬覦其不必貴，忘其所素裕而顧希倖于不可苟要者歟？然而君之言曰：「隆慶間進士某者，余從祖也，不可當我而墜家聲。」則非不釋情于科第之榮，其所以然者，孝思切也。令君在漢代，以孝弟取士，則亦未必不登于有位。而不幸生于今，兹非兩闈之試不舉，致君絀焉，不足終其身。嗚呼？亦可悲已。故君之壽命匪短，而余爲作哀詞以應坦請，哀君志也。詞曰：尊不必位兮，恐德之卑。豐不必腈兮，惟義之肥。舉世不然兮，好惡乖違。求榮若渴兮，趨利如馳。君勤内行兮，古人與期。老而益淬兮，貧且弗移。宜輕簪紱兮，塵芥視之。何惟一第兮，翹企于懷。謂承先烈兮，無自我隳。篤訓後昆兮，神豈我欺。身可物外兮，心無已時。爰有令子兮，説禮敦詩。光大厥猷兮，將在于兹。雖在于兹兮，毋替爾思。

雜著

論社倉非青苗法

社倉與青苗法，霄壤懸殊，先儒朱子論之已詳。今阻社倉議者，又類借青苗病民爲説。殊不知王安石之行青苗錢也，不論農家與否，又不論願貸與否，坐派三五兩，或九十兩，有抑勒之害。豐凶一視，概息三分，有重利之害。州縣重耗苛征，或貧乏借多者，一時力難清辦，奸吏乘機索賄拖壓，久則血杖追輸，有官吏侵欺酷比之害。民力既盡于(一一三)賄耗，民命將隕于威刑，遂至賣男鬻女，流離散亡，其害不可勝言。今社倉之立也，願者貸之，不願者不强，止爲窮農東作之本。不睭者不給，出入俱用本色，不問價值。多不過五斗六斗，量償而授，民樂從矣。二分起息，凶荒酌減，其利輕矣。不用吏役，均平斗斛，夏散冬斂，逐年清理，更無耗費追呼矣。貸時歡聲在(一一四)道，納時頌語喧騰。下既濟于(一一五)私家，上併利于官賦。但有大益，而無小損。不知何故，故欲阻遏，此其故。大約富豪之不便者，衆也。蓋彼乘貧農之急，藉口貸與耕(一一六)本，貴則估價，賤則徵米，公然加七加八起利，并淺出滿入。酬謝中保諸費，借米一石，率還二石，甚者且至三石。如此盤折，剥民蠹國，甚于青苗，不此之悔禍，而反欲阻良法美意。蓋由社倉立，則民皆貸社倉之米，而彼失其大利故也。不然，則是不肯成人美者。既不考于青苗之實害，又不究夫社倉之實利，尋聲附影，此亦與于不仁之甚者。切望當事深斥嚴禁，以杜其口。此本非倉中條例，特以異説淆惑，則法立不行。故竊附于(一一七)條例之後，以維良法于(一一八)永久云。

【校勘記】

(一)吾，《崑山先哲遺書》本作「我」。

（二）勢窮力詘，《崑山先哲遺書》本作「力窮勢詘」。

（三）于，《崑山先哲遺書》本作「於」。

（四）穎，《崑山先哲遺書》本作「潁」。

（五）原，《崑山先哲遺書》本作「源」。

（六）我，《崑山先哲遺書》本作「吾」。

（七）廷，《崑山先哲遺書》本作「庭」。

（八）夭，《崑山先哲遺書》本作「天」。

（九）《崑山先哲遺書》本無「自」字。

（一〇）植，《崑山先哲遺書》本作「積」。

（一一）于，《崑山先哲遺書》本作「於」。

（一二）予，《崑山先哲遺書》本作「余」。

（一三）耶，《崑山先哲遺書》本作「邪」。

（一四）豪，《崑山先哲遺書》本作「毫」。

（一五）壽，《崑山先哲遺書》本作「齡」。

（一六）是，《崑山先哲遺書》本作「自」。

（一七）琹，《崑山先哲遺書》本作「琴」。

（一八）狥，《崑山先哲遺書》本作「徇」。

（一九）于，《崑山先哲遺書》本作「於」。

（二〇）于，《崑山先哲遺書》本作「於」。

（二一）塵，《崑山先哲遺書》本作「人」。

（二二）燿，《崑山先哲遺書》本作「耀」。

（二三）塲，《崑山先哲遺書》本作「場」。

（二四）於，《崑山先哲遺書》本作「于」。

（二五）地，《崑山先哲遺書》本作「第」。

（二六）《崑山先哲遺書》無「先生」二字。

（二七）藝，《崑山先哲遺書》本作「蓺」。

（二八）于，《崑山先哲遺書》本作「於」。

（二九）王，《崑山先哲遺書》本作「皇」。

（三〇）我，《崑山先哲遺書》本作「吾」。

（三一）黄，《崑山先哲遺書》本作「皇」。

（三二）于，《崑山先哲遺書》本作「於」。

（三三）我，《崑山先哲遺書》本作「吾」。

（三四）於，《崑山先哲遺書》本作「于」。

（三五）甯，《崑山先哲遺書》本作「寧」。

（三六）殂，《崑山先哲遺書》本作「没」。
（三七）于，《崑山先哲遺書》本作「於」。
（三八）問，《崑山先哲遺書》本作「聞」。
（三九）聞，《崑山先哲遺書》本作「間」
（四〇）聞，《崑山先哲遺書》本作「間」。
（四一）不，《崑山先哲遺書》本作「勿」。
（四二）《崑山先哲遺書》本無「國」字。
（四三）于，《崑山先哲遺書》本作「於」。
（四四）吾，《崑山先哲遺書》本作「我」。
（四五）于，《崑山先哲遺書》本作「於」。
（四六）吾，《崑山先哲遺書》本作「我」。
（四七）《崑山先哲遺書》本無「其」字。
（四八）止，《崑山先哲遺書》本作「祗」。
（四九）宗，《崑山先哲遺書》本作「族」。
（五〇）于，《崑山先哲遺書》本作「於」。
（五一）于，《崑山先哲遺書》本作「於」。
（五二）甯，《崑山先哲遺書》本作「寧」。

（五三）獘獘，《崑山先哲遺書》本作「弊弊」。

（五四）于，《崑山先哲遺書》本作「於」。

（五五）于，《崑山先哲遺書》本作「於」。

（五六）《崑山先哲遺書》本「即」上有「而」字。

（五七）于，《崑山先哲遺書》本作「於」。

（五八）絲，《崑山先哲遺書》本作「師」。

（五九）曾，《崑山先哲遺書》本作「憎」。

（六〇）歿，《崑山先哲遺書》本作「没」。

（六一）脩，《崑山先哲遺書》本作「修」。

（六二）籹搎，《崑山先哲遺書》本作「妝掩」。

（六三）懿，《崑山先哲遺書》本作「儀」。

（六四）泪，《崑山先哲遺書》本作「淚」。

（六五）于，《崑山先哲遺書》本作「於」。

（六六）閒，《崑山先哲遺書》本作「間」。

（六七）閒，《崑山先哲遺書》本作「間」。

（六八）少，《崑山先哲遺書》本作「稍」。

（六九）于，《崑山先哲遺書》本作「於」。

（七〇）殁，《崑山先哲遺書》本作「没」。
（七一）底本作空白，《崑山先哲遺書》本作「也」字。
（七二）閒，《崑山先哲遺書》本作「間」。
（七三）《崑山先哲遺書》本「所」上有「之」字。
（七四）我，《崑山先哲遺書》本作「吾」。
（七五）于，《崑山先哲遺書》本作「於」。
（七六）菴，《崑山先哲遺書》本作「庵」。
（七七）里餘，《崑山先哲遺書》本作「餘里」。
（七八）柩，《崑山先哲遺書》本作「樞」。
（七九）「作此字後同」，《崑山先哲遺書》本作「誤柩字世樞」。
（八〇）元，《崑山先哲遺書》本作「原」。
（八一）于，《崑山先哲遺書》本作「於」。
（八二）于，《崑山先哲遺書》本作「於」。
（八三）柩，《崑山先哲遺書》本作「樞」。
（八四）于，《崑山先哲遺書》本作「於」。
（八五）交，《崑山先哲遺書》本作「友」。
（八六）藏，《崑山先哲遺書》本作「葬」。

（八七）于，《崑山先哲遺書》本作「於」。

（八八）于，《崑山先哲遺書》本作「於」。

（八九）悍，《崑山先哲遺書》本作「猂」。

（九〇）酌，《崑山先哲遺書》本作「駒」。

（九一）于，《崑山先哲遺書》本作「於」。

（九二）戌，《崑山先哲遺書》本作「戍」。

（九三）戌，《崑山先哲遺書》本作「戍」。

（九四）《崑山先哲遺書》本無「諱」字。

（九五）于，《崑山先哲遺書》本作「於」。

（九六）于，《崑山先哲遺書》本作「於」。

（九七）于，《崑山先哲遺書》本作「於」。

（九八）脩，《崑山先哲遺書》本作「修」。

（九九）弟，《崑山先哲遺書》本作「第」。

（一〇〇）《崑山先哲遺書》本無「卒」字。

（一〇一）葬，《崑山先哲遺書》本作「喪」。

（一〇二）沉，《崑山先哲遺書》本作「沈」。

（一〇三）褁，《崑山先哲遺書》本作「裹」。

（一〇四）于，《崑山先哲遺書》本作「於」。

（一〇五）于，《崑山先哲遺書》本作「於」。

（一〇六）于，《崑山先哲遺書》本作「於」。

（一〇七）余，《崑山先哲遺書》本作「予」。

（一〇八）于，《崑山先哲遺書》本作「於」。

（一〇九）踰，《崑山先哲遺書》本作「逾」。

（一一〇）沉，《崑山先哲遺書》本作「沈」。

（一一一）于，《崑山先哲遺書》本作「於」。

（一一二）于，《崑山先哲遺書》本作「於」。

（一一三）于，《崑山先哲遺書》本作「於」。

（一一四）在，《崑山先哲遺書》本作「載」。

（一一五）于，《崑山先哲遺書》本作「於」。

（一一六）耕，《崑山先哲遺書》本作「畊」。

（一一七）于，《崑山先哲遺書》本作「於」。

（一一八）于，《崑山先哲遺書》本作「於」。

朱柏廬先生詩文·附録

劉軍　校點

校點説明

《朱柏廬先生詩文》收録朱用純所撰詩詞和其他卷尚未收録的文章。其來源有清代崑山鄉賢潘道根與張潛之所録《國朝崑山詩存》、陸林與吴家駒選注的《朱柏廬詩文選》，以及各類古籍數據庫、蘇州圖書館古籍部所藏地方文獻等。

需要説明的是，由潘道根手抄的《朱孝定先生未刻稿》，與《愧訥集》《柏廬外集》重複尤多，因此全集不再收録《朱孝定先生未刻稿》，將其中未重複篇目收入《朱柏廬先生詩文》。

《附録》收録朱用純同時代人關於他的詩文，以及後世關於朱用純及其著作的品評文章。

由於整理者學識淺陋，搜尋輯佚，定有缺漏，望讀者批評補正。

劉軍

目録

校點説明……一〇一七
滿江紅……一〇三一
洞山……一〇三一
毛公壇故址無存……一〇三二
懷止白和上……一〇三二
擊壤草堂看桂……一〇三二
答友……一〇三三
奉寄子能道翁兄……一〇三三
會心不遠書畫册……一〇三三
題《王石谷漁莊煙雨圖卷》……一〇三四
題表被甥《濯足萬里流圖》……一〇三四

壽李映碧先生……一〇三五
夏景初八十壽詩……一〇三五
邱近夫應博學鴻詞之舉口占贈别……一〇三六
和葉鳳雛花信詩……一〇三六
乙卯人日招及門諸子過話即以當簡……一〇三七
在德下齋題其叔六皆扇起限陶貞白句……一〇三七
至日同重其岳心訪德下留飲作……一〇三七
題《東湖釣隱圖》贈張無待……一〇三八
粘壁告親友詩……一〇三八
雜詠……一〇三九
酬陶康令表兄歸葺書齋見示之作……一〇三九
同無待岳心訪康令有作仍用前韻……一〇三九
懷康令再次前韻……一〇四〇
同吴興公徐季重葛瑞五東山翫月限賦十韻……一〇四〇
贈袁重其……一〇四〇

乘公講席解制即事有作次韻奉酬……一〇四一
感舊次韻……一〇四一
贈别武陵諸遠之……一〇四一
遊徐季重山園次葉九來韻……一〇四二
將赴洞庭故里諸公贈别次韻奉酬……一〇四二
寄呈孫雪屋先生……一〇四三
己亥午日岳心招集粒民齋分得因字……一〇四三
晤岳心以和得歸詩托致李賸齋……一〇四四
次陶詩與殷晋安别韻送張無……一〇四四
送瑞五……一〇四五
題牧羝圖……一〇四五
送陶康令歸雞鳴塘故居……一〇四六
無公將游五臺作詩送之……一〇四六
送道一上人……一〇四七
孝章今年六十重其五十同是八月十二日生辰率成四韻贈之……一〇四七

送廷尉李映碧先生……一〇四八
壽朱恬野六十……一〇四八
縹緲峯……一〇四九
爲重其口占四韻寄題毛華伯西爽齋……一〇四九
辛未至前三日下鄉索租阻雪内兄康令家有酒無餚有枯樹無山炭圍爐談笑而已得二絶句……一〇四九
城南公草堂跋……一〇五〇
子雅府君暨配徐孺人墓誌銘……一〇五〇
念菴公像贊……一〇五三
歸陶庵劄記……一〇五四
蔡忠襄公入聖分路……一〇五五
朱文靖公觀論……一〇五六
書許致遠《刻鄭薇令先生詩序》後……一〇五八
書許致遠《二友詩鈔序》後……一〇五九
書許致遠《同聲草序》後……一〇五九

書許致遠《直不疑論》後……一〇五九
書許致遠《駁晁錯論》後……一〇六〇
書許致遠《駁范增論》後……一〇六〇
書許致遠《雨花亭紀遊》後……一〇六〇
書許致遠《春遊别記》後……一〇六一
書許致遠《跋葉蒼舒送張伯聖入赤松山序》後……一〇六一
書許致遠《跋鄭士期詩集》後……一〇六一
書朱鶴齡《〈宗定九全集〉序》後……一〇六二
書楊无咎《張鐵橋集序》後……一〇六二
《論語經正録》……一〇六二
養性詩集古絶句十二首……一〇六三

附録

中秋夜朱致一葛瑞五徐季重孚若葉岳心二泉諸君子集東寺坐月分韻　宗渭……一〇六四
葉九來半繭園梅花下分得四支　宗渭……一〇六四
醉花陰·夏日小有堂中看丘近夫朱致一葉九來諸子投壺　陳維崧……一〇六五

萬年歡·贈朱子猶先生七十次朱致一原韻　陳維崧　一〇六五
水龍吟·壽朱致一五十再用前韻　陳維崧　一〇六六
沁園春·初夏同徐季重張邑翼朱致一葉九來家躬乙汎舟郭外追晤葛龍仙於攸聞上人精藍兼送龍仙之西村别業　陳維崧　一〇六六
廿三朱致一送寓東寺萬佛閣止嚴房喜遇沈逢吉　徐崧　一〇六七
水龍吟·朱柏廬五十初度用辛稼軒韻　葉奕苞　一〇六七
寄朱致一　朱鶴齡　一〇六七
訪朱顧二秀才朱時館於顧琴師沈君同集　歸莊　一〇六八
和朱致一句　陶康令　一〇六八
附　一〇六九
柏廬師坐雨艸堂賦詩志喜依韻敬和　吴永頤　一〇七〇
雨牕同朱柏廬趙子偉話舊　金世章　一〇七〇
庚子秋日仝朱柏廬先生集吴南村齋頭　席啟圖　一〇七〇
朱致一過山齋依韻答贈　徐枋　一〇七一
朱致一徒步至山居楊明遠亦至乃分韻賦詩　徐枋　一〇七一

懷人詩九首·其一　徐枋……一〇七二
秋日過朱柏廬齋　梁逸……一〇七二
送朱柏廬之洞庭　徐履忱……一〇七三
訪朱柏廬先生　彭定求……一〇七三
贈朱致一先生　李炳緗……一〇七三
柏廬自山中歸過小園密齋果亭亦至因留小集　葉奕苞……一〇七四
答朱柏廬贈行詩　徐開任……一〇七四
送徐臞菴之崑山兼寄故鄉呼葵園家柏廬兩先生　朱謹……一〇七四
輓朱柏廬先生　顧維楨……一〇七五
羊城聞朱柏廬先生訃　支張鑑……一〇七五
思賢詠　彭紹升……一〇七六
字三子説　朱集璜……一〇七六
朱先生傳　徐枋……一〇七七
朱師母六十壽序　徐枋……一〇八〇
與朱致一書　徐枋……一〇八二

與朱致一書　徐枋……一〇八七
與朱致一書　徐枋……一〇九〇
與葛瑞五朱致一書　徐枋……一〇九〇
柏廬朱先生字册跋　彭紹升……一〇九一
跋朱柏廬先生與徐高士書　趙允懷……一〇九二
書《重復〈五老圖〉記》後　吕廷章……一〇九三
《朱孝定先生未刻集》題詞　潘道根……一〇九四
書《壽叔祖楊太孺人文》後　潘道根……一〇九六
書《朱柏廬先生未刻稿》後　潘道根……一〇九七
學庸講義三卷　周中孚……一〇九七
《朱柏廬先生學庸講義》序　唐文治……一〇九八
《朱子家訓》　陳其年……一〇九九
跋《新城陳氏家訓卷》　翁方綱……一一〇〇
《朱子家訓》　梁章鉅……一一〇一
《朱子家訓》　孫志祖……一一〇一

黎明　梁章鉅……一一〇二
家禮　陸以湉……一一〇二
《治家格言繹義》序一　石方洛……一一〇三
《治家格言繹義》序二　張炳翔……一一〇三
《治家格言繹義》序三　戴翊清……一一〇四
《朱子家訓演證》序　尹會一……一一〇五
朱柏廬家訓　英和……一一〇六
希賢希聖　鄭光祖……一一〇六
《朱柏廬先生治家格言註解》序　黄炎培……一一〇七
《朱柏廬治家格言》序　朱煜……一一〇八
《朱柏廬治家格言》跋　陶菊泉……一一〇九
書《朱柏廬先生格言帖》後　吴以辰……一一一〇
祭朱柏廬先生文　彭定求……一一一一
祭柏廬朱先生文　王喆生……一一一二

崇賢祠後議　潘道根……一一一四
朱孝定先生祠記　葉裕仁……一一一五
朱柏廬先生祠記　廖綸……一一一六
柏廬先生像讚　吕廷章……一一一八
朱孝定先生象贊　吴大澂……一一一九
朱孝定傳　顧沅……一一一九
朱柏廬先生事略　李元度……一一二〇
朱柏廬先生傳　潘道根……一一二一
柏廬先生傳　于振……一一二三
朱致一行述　彭紹升……一一二五
朱致一傳　嚴可均……一一二七
朱柏廬記畧　楊鳳苞……一一二七
朱用純　葉均禧……一一二八
朱用純　潘道根……一一三一

朱用純　黄容……一一三一
朱用純　《皇明遺民傳》……一一三二
朱用純　孫静庵……一一三二
朱用純　錢林……一一三三
朱用純　江藩……一一三四
朱用純　竇鎮……一一三五
朱用純　嚴元照……一一三六
朱用純　（光緒）《崑新兩縣續修合志》……一一三六
朱用純傳　徐鼒……一一三八
朱用純傳　《清史列傳》……一一三九
朱用純　《清史稿》……一一四〇
朱柏廬葉廷玉兩賢　龔煒……一一四一
朱柏廬爲學主敬　徐珂……一一四一
朱柏廬進止肅恭　徐珂……一一四二

朱柏廬先生遺墨　鄧實 …… 一一四二
豫定游陽山西南麓及西南諸獨立小山西白龍寺昭明寺訪鄭尚書起潛鄭虎臣朱柏廬先生墓　李根源 …… 一一四三
豫定游陽山南麓耙石嶺象山東西爪山箭缺山再訪柏廬先生墓　李根源 …… 一一四四
祭惠氏三經師暨朱柏廬先生墓記　李根源 …… 一一四五

滿江紅 過夏太常賜塋，太常名彔，工畫竹。

畫景清和，試尋訪、城南遺迹。賸一簇、濃煙低羃，蕭條松柏。殘碣尚誇恩遇盛，一坏難免徵求迫。强支吾、幸有子孫賢，承先澤。　問華表，餘雙石；看修竹，森千尺。似興酣揮灑、當年遺墨。多少玉魚金盌地，年來半做鼪鼯穴。蔭長楸、閒話夕陽前，空悲惻。

洞山

傳聞林屋中，其事多不經。古今足跡到，玉柱與金庭。我亦無所取，披雲上翠屏。不知自何代，忽然來六丁。頑礦亂斧斸，片片堆空青。舞伏非一勢，龍象各殊形。玲瓏復突兀，巧匠袖手停。或言懷襄時，漱擊成晶熒。或言女媧遺，奇質故亭亭。二者皆荒誕，天風忽寥冷。山本號龍洞，龍去已沉冥。直疑鱗甲蜕，錯落幾千齡。至今滿緑苔，風雨聞龍腥。

毛公壇故址無存

松雲十里叩儒壇，空想當年七返丹。猶道地靈新作塚，枯泉衰草日光寒。

懷止白和上

尋幽每忘倦，相對愜襟期。花氣穿雲細，泉聲出竹遲。心空山更静，句妙世常知。豈爲晴湖眺，春風幾度思。

擊壤草堂看桂

金風吹欲盡，桂放草堂幽。色許東籬借，香隨震澤浮。月弦疑滿魄，人静覺深秋。花氣渾教醉，何須促酒籌。

答友

盡忠盡孝己操權，莫信人言事在天。若到臨時牽一念，平生氣節總徒然。

奉寄子能道翁兄

憫然卧婁城，生涯托經史。奈何萬古懷，揮之不能已。浩然寫篇章，安知學四始。故人惠好音，稱引遂莫比。寡陋亦己欣，恐傷明哲理。臨緘不能報，荒庭但徙倚。

又

兩地一以别，參商便如此。空憶昔半春，走叩臯槁里。黯黯何停雲，之子愁其裡。雖抱長卿病，自無原憲耻。人生亦獨往，寧爲大化使。悠哉有深情，臨風贈知己。

會心不遠書畫册

紙本十二頁，每頁高六寸，長六寸六分，引首兩頁高長同。

看菊幽棲向夕暉，飄然脩羽立煙霏。只疑陶令情猶寄，好似蘇端仙更歸。風過曲庭渾憶舞，月明滄海卻愁飛。從今縱遇芝田鶴，祇與梅花冷共依。咏鶴翎菊似畊老。道兄正，崑山弟朱用純。

題《王石谷漁莊煙雨圖卷》

引首紙本高一尺一寸六分，長三尺九寸六分。

卜築江村野寺間，千松萬竹護柴關。不知何處風波惡，無數漁船入柳灣。漁莊風景是真圖，又畫漁莊酷似無。何日共君圖畫裏，晴光萬頃對平湖。題《漁莊煙雨圖》兼寄東令先生政之。柏廬朱用純。

題表被甥《濯足萬里流圖》

士志貴遠大，士品貴芳潔。此非高隱圖，特異塵塗轍。人生萬里程，始步難蹉跌。便當拔汙泥，介焉終其節。萬鍾有弗受，三公有弗屑。縱令江漢濯，何難與比絜。胡生正年少，希尚胡卓絶。勉哉素履往，竊爲吾道悦。

壽李映碧先生

舉世皆尚年，所重在平生。不見期頤壽，適以摧令名。省閣舊才賢，朝章多建明。漢廷有張于，民自無冤聲。忠亮炳千古，豈直松喬齡。天心篤所祐，以持世道傾。弱草萎疾風，寒松彌晚榮。要使仰止下，感慕有餘情。韋編況夙好，著書萬卷成。禮樂本未能，敢希魯兩生。微抱幸不鄙，幽尋樂逃名。譚懷每蕭瑟，華燈黯不明。一自江滸别，徒聞江濤聲。無由躡送屩，牀下拜千齡。殷勤此心曲，雙鯉能爲傾。雖無三秀芝，猶有九花榮。盈把何足壽，采以寄遥情。望望紫氣來，斯願何時成。

夏景初八十壽詩

淳風委流波，去去何時復。賴有耆舊存，嶷然立頽俗。家學擅當世，弓冶遞相續。蚤歲經術精，亦曾摧五鹿。劍光欲射斗，虹氣還韞櫝。青箱老平生，素心媚幽獨。幼安務慈愛，太邱尚雍穆。息機觀自得，齊物保無欲。何求三島青，不羡雙瞳緑。但憑仁壽理，耄耋猶朝旭。況復得象賢，再世聯芳躅。既轡龍虎文，豈向林泉伏。撫此樂事多，遥遥躋百福。斯晨進新醪，正值開黄鞠。卻笑陶淵明，委心大化逐。猶羨草木姿，欲駐頽齡促。

邱近夫應博學鴻詞之舉口占贈别

幾行徵詔下雲衢，更有長楊未獻無。此去金門誰得似，書成繁露舊醇儒。
老謝儒冠服草萊，殘經重抱到燕臺。只愁錯認文園病，特覬金莖賜露來。

和葉鳳雛花信詩

閬苑情知别樣春，傾城一見已傷神。小名道處徐遮扇，雜佩投時數顧人。只擬彩蟾常在月，那期弱水忽揚塵。相思欲待題桐葉，飛去還愁益翠鞶。
花看賣笑已無花，碧玉安能鬬麗華。待結鴛鴦燈底社，定教風月臂邊誇。臨河帝女仍回馭，似海侯門枉泛槎。不分此生同覆水，故將花信訪天涯。

乙卯人日招及門諸子過話即以當簡

同此晝與夜，獨命爲人日。世俗競相傳，不知義何出。我顧深有取，顧名宜思實。人道不易盡，交勉無苟失。撫兹氣象更，推遷如矢疾。日新又日新，敢復少暇逸。眷言二三子，矜尚寡儔匹。菜羹脱粟飯，招邀話相悉。回首獻歲來，踰日已六七。想當不待速，疾驅過蓬蓽。

在德下齋題其叔六皆扇起限陶貞白句

嶺上多白雲，天風吹不去。爲君日夕孤，來伴山中侶。

至日同重其岳心訪德下留飲作

正值閉關日，卻來披薜蘿。幽襟知己共，令序觸愁多。雲物獨憑眺，山川誰放歌。銜杯不覺暮，一綫竟如何。

題《東湖釣隱圖》贈張無待

短衣疋馬天涯路，十年一慟空歸去。不須舍旁苦竹逃，不須岸上牽船住。泛泛東湖弄碧波，借問姓名張志和。曾尋滄海逢黄石，且脱青囊挂緑簑。有時放艇湖心白，一竿驚動蟄龍宅。會興雲雨徧大荒，再訪五湖范少伯。

粘壁告親友詩

漸覺年來身可憎，與人接物總無能。何如盡把塵緣卻，一榻朝暉永夜燈。

户庭日夜轉風煙，悔殺塵蹤十五年。祇爲饑驅猶教授，誤人多廢蓼莪篇。

袁閎范粲著今時，此義高明豈所知。也覺閉門多一事，但全懶拙又何疑。

入俗深知與俗違，閒雲野水是吾師。親朋莫漫相驚訝，只是吾人已死時。

雜詠

真人何日下咸陽，惱得秦王欲斷腸。誰問華陰留璧去，衹疑還寄有仙方。
僕射新除近至尊，好將家事答君恩。疊州降勅如觀望，地下何由到大閽。
四百餘人併就阬，千秋冤横恨難平。試看漢祖興文治，卻有儒生不肯行。
未央前殿玉巵擎，慚愧群臣萬歲聲。每憶項家高俎上，不知誰教宴彭城。

酬陶康令表兄歸葺書齋見示之作

擬向雲山買一窩，提壺嘯侶聽鶯歌。萍蹤定覺家園好，蓬徑何愁車馬過。花逐琴聲流雪浪，月迎書卷到煙蘿。應當風雨看無恙，腸斷荒邱是馺娑。

同無待岳心訪康令有作仍用前韻

停雲何處是林窩，渺渺江天發櫂歌。人盼庭松淒鶴别，客尋汀草趁鷗過。春愁帶酒迷紅燭，庭雨和煙長緑蘿。最愛弟兄兩頭住，每成詩話語婆娑。

懷康令再次前韻

分明菊徑與松窩，惆悵琴窗阻晤歌。雨裏無鴻書不到，花間有蝶夢相過。碧雲江浦低芳草，緑樹山城暗女蘿。想見香焚午夜月，南華讀罷影婆娑。

同吴興公徐季重葛瑞五東山翫月限賦十韻

碧宇净若空，孤輪勢欲脱。廓落四遠顧，真能鑒毫末。星河且尚稀，氛埃豈不豁。獨念斯人心，幽憂莫能撥。我隨君子儔，把酒臨巀嶭。襟期共照燿，彌言天地闊。狂笑石壁驚，清歌流泉遏。蕪露靄已浮，山鳥乍相聒。志士會有役，嘉樂難再掇。且當醉千鍾，詎云希曠達。

贈袁重其

與子情親已有年，今朝蓬髩覺蕭然。交遊雖廣貧何救，塵世真難巧自全。寒雪河橋負米路，春風畫漿寄詩船。須知樂意誰能似，半百嬰兒戲母前。

乘公講席解制即事有作次韻奉酬

庵羅樹底樂婆娑，歎息塵勞世若何。半偈直教心頓净，多生還記手親摩。花依香案深深雨，鳥學經聲渺渺歌。聞道山靈雖罷講，月明夜夜禮松坡。

感舊次韻

縞紵論交意氣真，平生如夢泣沾巾。班荆舊處江雲暗，挂劍重來墓草春。縱使鶴歸愁物換，祇應弦輟思誰申。不堪日暮山陽笛，吹徹東風幾愴神。

贈别武陵諸遠之

寂莫窮村老鶡冠，客窗與子共盤桓。煙霞骨相逢姑布，冰雪襟懷許伯鸞。山寺落梅傷别易，天涯芳草寄愁難。西陵南浦應相憶，月滿中庭各倚闌。

遊徐季重山園次葉九來韻

風雨侵尋禊日過，乍隨晴色到林阿。相逢静氣酬泉石，往事高歌狎薜蘿。簾外茶聲頻報熟，枝頭鳥思欲歸多。蹔時閒燕難爲樂，回首人生奈若何。

將赴洞庭故里諸公贈别次韻奉酬

少壯相依老更親，幾回屈指不多人。情知晤對原稀少，話到分攜便苦辛。歲首平添花下約，更殘難乞醉中身。逝將好友殷勤意，散作包山笠水春。

罠罠自分一畸人，舊好尋思轉愴神。雨裏話深聞雁夜，風前坐久看花晨。帆蒲尚挂婁江雪，杯蟻先浮震澤春。魂夢不愁波浪闊，故山長自接音塵。

寄呈孫雪屋先生

京雒雙飛鵉，星文頻見彗。世路渺何之，賢喆老荒穢。先生雅望高，九天徹清唳。豈惟文華國，實足才經世。澄清志皇途，彫耗悲時弊。未前賈傅席，自灑袁安涕。俄果傾地軸，莫復持天轡。壯圖委風煙，深情托薜荔。發篋列講肆，設科後文蓺。嘗許束脩徒，有時載酒詣。扶風伎何心，康成草滿砌。惻愴大雅衰，沈潛詩律細。赤城賦晴霞，蘇門嘯秋霽。標準示來茲，風騷邈相繼。猥慙枯朽質，末行得附麗。通好自先人，敦慎僑札契。是時百職隳，帝心憫淹滯。網羅英傑姿，雙翼起海澨。同上黄金臺，慷慨論國勢。孰意河東守，甫召旋淪替。羸縢別金馬，連騎下燕薊。獻策雖不行，中原期共濟。一旦風塵昏，參差逐川逝。珍重疇昔歡，何時釋縈繫。一水簡過從，兼之土室閉。荏苒甲子周，往事獨深計。百年心漫勞，千里駕安税。直疑赤松子，易遇蒼梧帝。風微窗下蘭，月皎山幽桂。何如樂琴尊，忘情永年歲。

己亥午日岳心招集粒民齋分得因字

流年終不返，嘉會豈無因。池館逢端午，盤飡話苦辛。蟬聲暑雨静，花氣酒杯匀。更擬幽尋處，秋風千里蓴。

晤岳心以和得歸詩托致李臒齋

柳色松陰藹舊廬，頻年愁望綠窗虚。晏嬰市近非爲利，詹尹龜謀自覺疏。月過未稀花下影，雨侵微暗壁間書。可憐故物難重得，無限人生意不除。

誰家廡下得長依，風雨驚情舊業歸。蘿磴草茵渾不異，藥欄茶竈豈能違。新亭別恨年年劇，華表來時事事非。争似故園雲日好，重尋三徑啟郊扉。

次陶詩與殷晉安別韻送張無無待故里在明僑居檇李　四

投分甫涉歲，意好何殷勤。吾徒有真契，豈在言笑親。懇懇枉見招，同結山中鄰。此志亮難遂，游處戀兹晨。朔風鼓歸檝，河梁袂將分。前期近相慰，重醉江花春。安知任所之，不若出岫雲。高城四憑眺，尋訪復何因。知己不能留，始覺身苦貧。所願無遐棄，天涯多戈人。

送瑞五

自與人世乖，每結幽棲想。一誤十五年，不得脱塵網。君獨尋西山，爲愛朝氣爽。載書復攜囊，翩然遂孤往。我臨河干送，君卻倚蘭槳。上言山景佳，時時自惚恍。萬峯亂相糾，平湖遠如掌。名花常數里，古木多千丈。禽鳥弄新聲，雲物供殊象。家家茶果收，處處桑麻長。但聞雞犬喧，無復來鞅鞅。下言吾幽居，更對溪流廣。浴鷺曉争飛，漁歌晚競響。曲徑滋松葵，衡宇足偃仰。朋儔雖不多，襟期實慨慷。從兹去悠悠，安知世攘攘。此言聞未罷，已覺意敞罔。如何從倚閭，征帆忽浩蕩。便欲躡遐踪，安能淩風上。不知來歲月，何處得心賞。

題牧羝圖

憑仗精靈到直廬，此身不擬賦歸與。豈知圖貌麒麟閣，猶是羝羊未乳初。

朔風獵獵水濺濺，瀚海漂摇十九年。争似歸來腸斷絶，茂林松柏已參天。

送陶康令歸雞鳴塘故居

在昔多君子，側身隱州府。或爲市門卒，或在伯通廡。陶子獨慨然，似欲邁前武。誠以履運乖，今更不如古。掉頭謝風塵，披榛返故宇。雖無巖壑勝，花竹連村塢。不須事生産，田園自先祖。遺書足長吟，有琴得時撫。會心良獨往，勝事難稱數。但覺天地寬，緬焉失庭户。念此神爲馳，何時得我所。支離講席間，亦自笑其苦。奈徇稻粱謀，猶息冥冥羽。臨違不能贈，何以慰風雨。我心隨素波，長渡淞江滸。相與尋古懽，君幸采芳杜。

無公將游五臺作詩送之

春風陌上來，開士門前去。軍持挂藤杖，自足穿芒屨。怛惕問所之，將向并州趣。有山名清涼，崒嵂出雲霧。是爲古佛居，今尚天花雨。猶如從孔氏，讀書知其故。還登闕里堂，俯首低徊慕。遠去挹宗風，不憚崎嶇路。西絶大江流，北觀洪河注。滹沱前縈繞，羊腸左回互。撫此天下險，感激應悲呼。惜哉爾爲心，泊然何所遇。爲我訪遺賢，草澤或沈痼。周黨王霸徒，風流尚可溯。吾雖不能至，嚮往若馳騖。行行慎勿忘，勿更遲杯渡。三乘支遁理，金莖惠休句。豈無良朋俱，睠睠自懷顧。請看雁門秋，塞雁皆南度。處我固有言，大道本無住。

送道一上人

無公將北遊，話別到門閾。從者頗非常，又非餘舊説。乃言儒家子，性行能挺特。一朝破塵累，來我學古德。始信貴立志，變化固不測。猶有禮樂風，容止自抑抑。聖道久不明，羣士失所職。吾黨苟有歸，豈使禪流得。此事且莫陳，眉目有行色。緬邈出揚豫，再涉燕晉域。直上五臺顛，乃始杖履息。吾有四方志，裹足如徽纆。子今年未壯，從師縱游涉。山川奇偉處，豁達開胸肊。相送柳色黄，相思寒雲黑。佇望促歸期，語我解憫默。

孝章今年六十重其五十同是八月十二日生辰率成四韻贈之

怪道吴門多紫氣，佳辰兩地集仙靈。中秋恰共先三日，並壽何嫌後十齡。門外車馳供緑酒，窗前鶴侍寫黄庭。定知此後看明月，刺眼雙懸南極星。

送廷尉李映碧先生

夙昔抱微尚，偶與塵世違。但願苟自全，豈必求人知。猥承大君子，揄揚非一詞。初見理不隔，再見心相怡。愧無孟敏賢，恐負林宗期。尚論極千載，浩瀚靡津涯。既以豁幽蔽，復如飫苦飢。從容奉屨杖，盡日每忘疲。殷勤禮數簡，洞達肝膽披。倏焉理復裝，艤櫂吴江湄。揚子秋風急，燕城寒露滋。愛子復牽袂，涕淚堅相持。何不少留滯，益展歡讌私。歡讌詎足慕，吾道誠有依。日暮空蕭騷，對此明月輝。固知不待曙，鬢髮皆成絲。

壽朱恬野六十

健筆淩雲舊賦才，泥塗簪紱隱蒿萊。百年計有書千卷，萬古愁消酒一杯。碧玉案聽鸞曲舉，丹霄路待鳳毛開。從今直上延洪祝，海變桑田知幾回。

縹緲峯

岧嶤萬古青，獨立雲物表。衆山既培塿，環湖亦池沼。猶在寰區中，如何躋攀少。此如行百里，九十終未了。奮身出峯頭，直訝乾坤小。帝座呼吸通，極目何瀰渺。但産五色芝，曾無一飛鳥。自處苟已崇，遥遥仰縹緲。

爲重其口占四韻寄題毛華伯西爽齋

爽氣淩晨至，偏宜静侣同。山光秋雨後，樹色曉煙中。萬卷供揮麈，孤琴與送鴻。此情難遣處，翻對落暉紅。

辛未至前三日下鄉索租阻雪内兄康令家有酒無餚有枯樹無山炭圍爐談笑而已得二絶句

曉晴日色下林端，雪後孤村分外寒。少長圍爐煨榾柮，短檐猶挂碧琅玕。

罏邊煖酒笑聲歡，惟有飛觥罰未乾。莫道人間多此樂，秫田租已盡輸官。

城南公草堂跋

福之隆者德必厚。子觀於城南先生，抑何其穡德之優也。蓋福不難於禄位豐隆，而難於似續賢能。今諸賢嗣文章才幹，譽擅一時，福祚日增，且有寖昌寖熾之勢。夫先生家世貴盛，而又履兹亨運，顧獨學道勤苦，超悟静修，殆非香山、山谷諸公所能及。以故學士争稱爲城南先生，從其地也。嘉豵兄因構兹堂顔曰城南，以承親志，以答群望。或曰：「先生所樂者，道恐不在是。」予曰：「是乃道也。」先生雖以深山老衲自待，而顧從賢嗣之肯堂肯構，爲父爲子，交伸其道，是乃所以爲先生度量相越之遠云。朱用純題。

子雅府君暨配徐孺人墓誌銘

歲辛未，顧生世醇來受業，每爲余言其考子雅君幼孤砥行，妣徐孺人淑德純孝，而皆蚤世，輒欷歔嗚唈，若有所乞於余者。秋八月，果偕兄世振再拜，稽顙請曰：「去冬葬我二人，亦庶妥其魄矣。唯不得先生長者一言，以吐其沈詘之氣，幽潛之烈，則九原有靈，猶未慰也。」一條厥行槩，求誌壙石，余爲之論譔而不禁盡然有感曰：「嗚呼甚矣！君詒謀之善也。」人情受財於父母，雖豐而尚儉之，且以寡兄弟爲幸，用財於父母，雖微而尚嗇之。又以多兄弟爲幸，苟幸其寡，此詘彼優，猜嫌必啟。苟幸其多，此觀彼望，事必坐廢。爲父母者，孰不望子之多，豈知多子適累其子，而并自累父子兄弟，轉轉相效，世道之喪，寧有豸乎？君固家世重金累紫，然幼罹多難，生業蕭然，孺人粧送亦薄，婚三日旋遭君生母管孺人之變，遺逋百餘金。君既拮据，成殯慨然，便欲償逋，獨難於强孺人。孺人揣知之，盡出膏沐之資以償君，非無同母兄也，而不少瞻顧孝恭之義如此，以故君之亡也，世振方九歲，世醇四歲，孺人後五年而亡，長者亦僅及垂髫。兩孤兒晝夜哭聲相和，血淚相濡，徐恭人卵而翼之，而恭人稱未亡已久，恭人君之民母，而兩孤之王母也，賴君伯兄太學仁隆友愛素篤，無分異母，歲給饔飧束脯，以待成立。未幾，太學恭人又接踵謝世，乃各就婚外家。念兩先人生不逮養，葬復過緩，非子也。而兄弟皆奇貧，饘粥且不給。世醇乃留，世振奉烝，嘗獨身走京師，時徐司寇乾學延納多士，又屬兩世母黨，遂客於其所，謀所以治窀穸者，而交與當世名俊就問學，胸襟踈豁，好用其財。三年又窮，而後反，卒用一手一足之力，典衣輟食，勉就襄事，有挾元堂之前無用之地居奇横索者，亦俛首應之，而不一以爲世振憂，顧猶時時慰解世振，無自傷貧。彼夫親在殯宫，兄視其弟，弟視其兄，交相推讓，而終以不葬者，以視世醇爲何心。其得謂非君詒謀之善歟，夫亦可以風世已。君諱仁霦，子雅其字。曾祖諱天敘，封禮部尚書。祖諱錫疇，禮部尚書。父諱鎣，廣東副使。孺人祖諱開禧，右春坊右中允。父諱與衮，貢生。君女兄適中允之子孝廉與霖。中允見君器愛，故以孫女女之。當封尚書，尚書副使三世之喪，君甫孩稚嘗哀慟不自勝，長而勤敏好學，然斥舉業不事，孺人規以門祚衰落，君曰：「將欲仕耶？顧吾王父曾王父何如？死也。」既病，猶手書《周易》成帙，其嗜古如此。孺人痛母王辭世，亦早茹素，終身事繼母趙，盡孝同王孺人。及事徐恭人亦然。趙孺人嘗語世振兄弟曰：「即吾所自生女，未有若汝母之能得吾意者。」恭人亦曰：「家有是賢婦，吾可無憂矣。」君性剛直忤人，恭人恒以爲憂，孺人亦再四諫，而君卒不改其素，孺人既悉爲姑償逋。君又不禄，堂有霜顛之老親，膝有啼號之幼孤，塾有授粲之賓師，皆仰供於孺人十指，孺人明慧善治，生通書史。先生既退，即課兩孤，夜讀非悉成誦不寢，雖霜風曉月，猶不廢刀尺講習聲，然而孺人之精力亦既竭矣。遂病，已而徐恭人亦病。恭人病而孺人不復自知病，侍湯藥唯謹，旦暮祝天願代，曰：「吾死則姑猶在，兩孤恃以得生。即姑不起，吾亦不復生，兩孤其必死矣。」及恭人病愈，而孺人遂不治。孺人財用出入，記注精晰，或慮他日索償，乘孺人疾革，來問訊，捺其簿籍，去以絶跡。孺人含淚慰兩孤曰：「此非長物也，吾爲汝兄弟千荼萬檗之所儲也，然無慮汝但能讀書做人，何賴此？」遂瞑。君年二十有九，孺人三十有四。有是善而不有其年，可哀也。

子二，世振、世醇。其葬也，卜新阡於邑東南河區百家村宇字圩之原。余籍先人舊誼，得周旋於顧氏祖孫父子之間，自封尚書公而下已五世。徐自中允公而下亦四世。世振先從吾子遊，今世醇又從余遊，是皆不可以辭其銘。銘曰：

枕以玉塔，襟以新洋。血淚成邱，是爲顧生父母之藏，非獨孝，復生孝。奕葉重光，神之弔矣。當必有芝草產於其上，而白鶴之來翔。

通家弟朱用純拜譔

念菴公像贊

生累紱重金之後，而等世榮於敝蓰。兼春花秋實之長，而甘韜隱而弗試。堵不必其環室，帖何曾以乞米？静觀自得，左圖右史。木石與居，衣冠甚偉。盎然若春之和易，淵乎若谷之謙退。望而知斯遺民故老之貌也，蓋惟其有之，是以似之。

朱用純拜題

何謂至善？民心所同者。是己民之不能忘，大畏民志，至善於此識取。

物各有天然之則，格物者因物察則，以則還物，是謂格物。物如其物，無加損也。積久而通觸處洞然，物格之謂也。

格物以五達道爲主，物雖多，總之係屬于此。

是非之心人皆有之，當下直截判斷，不得一毫糊塗。才有糊塗，便涉貪昧，隱忍而陷于不義矣。

論是非不論利害，是非足以制利害，利害不足以制是非。

不能拔出此身，在物外觀物，卻連此身都落在事之中，則此身亦一物耳。何以宰物？

有事即應付去，乃覺寬閒脱洒。强閣制，不得所，當裁去者，一切無情，交際及不急之務耳。若切實事，何嘗裁去得？

胸中纔有一得，便思發泄。心迹有未明，便思暴白。只爲求人知之心，隱隱留于胸中，所以着處生病，不得自在，此意甚微，不知不覺，病根在此。

姑息蔽於欲也，曾子易簀垂死不肯姑息。不姑息則性命行焉，姑息之害以自爲則賤身，以爲人則賤人。姑息近情，入焉而不覺。

處事無他，忠信而已。仰不愧，俯不怍，忠信也。

應事有差必誅，求平日病根潛伏何處。

事之敗，不當歸咎于才不足。仔細校勘來，畢竟本心有不盡處。

蔡忠襄公入聖分路

聖門大路三條：一條「孩提之童無不知愛其親者，及其長也，無不知敬其兄者」。從此路入是上等根器，只用保任工夫，直達堯舜地位。一條「今人乍見孺子將入于井，皆有怵惕惻隱之心」，從此路入是中等根器，須用擴充工夫，漸造聖賢之境。一條是「雖有惡人，齋戒沐浴，則可以事上帝」，從此路入是下等根器，須用改過遷善工夫，能與上兩等人並駕齊驅。夫道若大路，然豈有多條哉？從孩提、今人、惡人看似有三條，其實愛親敬長、怵惕惻隱、齋戒沐浴之心，原無三條，孔孟不云乎：「吾道一以貫之。」夫道一而已矣。特有生知、學知、困知之分耳。

聖門入路關頭，致知格物，學無入處，總爲門外漢，如《中庸》之慎獨，《孟子》之集義，皆是入處。而無如聖經致知功，最精嚴圓滿。諸先儒各有獨見，各有提撕，未可相非。要之千物萬物，總是一物。千格萬格，總是一格。有二焉，即非一貫，即非明德，即非知止，即非《大學》之真實處矣。

聖門走路程次：知及、仁守、莊涖、動禮，切要工夫，固有程次，此尤覺程次了然。諸儒主仁、主敬、主禮，非不各因時節喚醒人心，而全體大用之學，則自有始有卒，不可凌躐倒紊。

聖門上路三鞭：發憤、疑思問、深造自得。鈞是人也。舜爲法于天下，可傳于後世，我猶未免爲鄉人也。回首一想，則不容不奮身上路矣。既上路，則不能不泣歧，不能不問津。今學者，無疑無問，有何歧可泣、何津可問耶？聖門曰道，問學曰切，問曰疑思問。一語尤爲明白指南，七十子之所以裁成于先師者，全在善問得力也。未能深入其奧，曰吾已意而得之，即一二舉似向人，於我没交涉，没受用也。故深造自得一節，是真學問要訣，到家消息也。

聖門行路歸宿：至誠。《中庸》言至誠不曰配，天則曰配。地不曰如，神則曰天德，遂以此爲決非凡夫可到，不知至誠一靈，箇箇圓成，絶無欠缺。書中指點親切，如好好色，如惡惡臭，如保赤子，如衣錦尚絅，此即指至誠發，竅有一人可謝不知者乎？有一人可謝不能者乎？循此而悟，真悟矣，循此而修，真修矣。

朱文靖公觀論

諱天麟，字震青，一字游初，其學頗淪于禪。

觀道。　吾觀天高地下，萬物散殊，盡有體虛、編虛、充氣，以道觀氣，是氣皆道。以氣觀道，是道非氣。維虛亦然。以百年觀道，倏如彈指，吾截去前之三萬六千日，又劃斷後之數十億萬年，而專觀之一刻，并劃前刻之半，與後刻之半，而密觀之一分，此一分中，只争息之呼與吸，與夫念之起與滅。一吸帥爾陰閉，一呼霅爾陽開；一起群念駭，一息衆念隕。觀至此，可以定息而游渾淪，可以忘今而同今古。

觀物。以物觀我，我即是物。以我觀物，物即是我。有無物之物，有有物之物。當有有物之物，即有無物之物。我與物皆能觀之，而不見之。人既兼有乎物矣，則人與物並爲有物之物，乃不欲與物並消息于天地閒，殆必爲異物可耳，豈知吾之息固物，吾之消亦物，而輒悲喜焉妄矣。試觀吾何自與物並息，又何緣與物並消？息者自息，吾則何息？消者自消，吾則何消？此吾無物之物。原表裏乎有物之物，吾有物之物，實出没于有物之物，吾能觀之而不能見之。

觀事。事有隆者、厚者，比蛛蝥之易觸而易破。有耀者、赫者，若藩墻之電閃而倏忽。吾宅隆以下，負厚以施，韜耀以晦，用赫以濟，不貪一事而事皆集之。故惟無欲者能有事，亦惟無欲者能無事，但曰約事，曰戒事，是收電光于寒雲，締蛛羅於霶靂也。亦安在久而弗礙？嘗觀事于水，狂奔東去，大江不以水爲東狂。觀木于風，疾薄西來，叢林不以風爲西疾。吾則驚之、怯之者，非水狂、非風疾，吾心自狂疾耳。試携孩者，衝風濟水，不知狂，不知疾，則孩心一如大江叢林也。吾心亦無狂疾，是故福事不邀，禍事不避，惡事不踐，善事不跂，暗事不嘗，明事不執，無思而思，無爲而爲。不以一事碍，不以萬事撓，吾可爲大江，任洪流接哮而來；吾可爲叢林，聽迅商飛礫而過，快哉事也。

觀用。　人知用心不知用形，知用形不知用氣，知用己不知用物，知用物不知用天。以我肖形用之，爲耳觀，爲尸坐，爲日作晦息，則塊然者活焉。一以心役之斯魅矣，然擾心不可用，止心亦不可用。濁心不可用，清心亦不可用。擾與濁，魅也。止與清，爽也。昏魅靈爽，形原無此心，用則現吾。單用形而不用心，魅爽退矣。俾吾心常如睛、如舌、如手、如足、如爪髮毫毛，則用忘其用。用忘其用，則吾形與心如斗運天上，如春行物中，有純氣貫乎其間。人知之乎？吾有大用，天地欲用而不可官。有小用，箕帚頻呼而不可奴。有微用，鬼神受命而不可測。有顯用，帝王歸宗而不可降。有暫用，一息當動而不可禦。有常用，萬古烟銷而不可歇。無以小用害大用，無以大用棄小用。無以顯用滯微用，無以微用距顯用。無以暫用隔常用，無以常用廢暫用。

書許致遠《刻鄭薇令先生詩序》後

朱柏廬曰：「薇令先生人品學問，山中卓然罕二。余至也晚，弗獲一瞻講席，躬聆謦咳，幸從許子所得，讀其《緒言》、《病語》諸作，識力高遠，造詣精醇，不勝敬服。至於吟咏，偶一寄興，而字字從性情流出，無事斧鑿，益足以窺其中之光霽矣。」

書許致遠《二友詩鈔序》後

朱致一曰：「因讀生友詩序，轉念亡友之詩，沉晦流連慨惻，古道照人，足以干城蘭契。」

書許致遠《同聲草序》後

朱致一曰：「悃悃欵欵，可以益人情性。」

書許致遠《直不疑論》後

朱致一曰：「惟水至清，故能自受其污而潔物之污。惟賢者無私，故能自處於過而匿人之過。篇中反覆疏辨自信不求，白抑何善，言君子浩落之胸襟也。」

書許致遠《駁晁錯論》後

朱柏廬曰：「雄鋒快辨，直欲奪龍川之席。」

書許致遠《駁范增論》後

朱致一曰：「議論全從孟子論百里奚來，然嬰母知廢，陵母知興，范增非但遠不及奚，其智并出二母下。東坡雖稍寬假，自有此論，增恐俯首至地矣。」

書許致遠《雨花亭紀遊》後

朱柏廬曰：「前半寫景物，極幽窈。後半寫胸襟，極曠逸。非具此曠逸之懷，不能攬此幽窈之勝。予嘗一登茲亭，而苦無佳思記之。讀此恍常置身亭下矣。」

書許致遠《春遊别記》後

朱致一曰：「興亡之故，自由於天運人事，然未有不相因者。人事之失，正其氣數之衰。人事不盡失，當夫氣數已去，則得者可使之。失而去者，必不復回，此古來忠臣志士所以失路而飲痛也。張氏固無足道，然作者之志不在張氏也。彼且猶然，而況宗社淪亡之變，更有大於此者。嗚呼！傷已。」

書許致遠《跋葉蒼舒送張伯聖入赤松山序》後

朱致一曰：「蕭疎峭潔，宛如松月來牕，山雲卧几。」

書許致遠《跋鄭士期詩集》後

朱致一曰：「此所謂卓犖畸人者，非耶？寫得襟情可挹。」

書朱鶴齡《〈宗定九全集〉序》後

朱致一曰：「真字可爲救時鍼砭，豈獨詩文？」

書楊无咎《張鐵橋集序》後

予與易亭同生江左，則與鐵橋當亦有氣之相感者耶。讀斯文想見其爲人，雖不能至，心嚮往之。朱致一

《論語經正録》（摘）

朱柏廬曰：「有事勿正，即先難後獲而忘與助，皆正所必至之病。棄其效遲則忘，貪其效速則助。『獲』字中該此二病，故不可不後。」

朱柏廬用純曰：「言而闕疑，立誠之道也，讀書亦然。」

朱柏廬曰：「君子所性，大行不加，窮居不損，而況狐貉敝袍。貧則敝緼，富則狐貉。敝緼

非損，狐貉非加，此正事物當然之理，故由也不恥，可進於道。」

朱柏廬曰：「程子曰：出門如見大賓，使民如承大祭。充之則睟面盎背。可見仁義禮智根於心，須是敬。敬，德之聚也。」

朱柏廬曰：「聖賢之言，以君子小人竝論者，如喻義利，居易行險，易事難説，易説難事之類，殆難悉數，蓋欲使人判然知所從違如南朔之殊途，寒暄之異氣也，苟嗜利焉則小人矣；苟難事焉則小人矣；苟易説焉則小人矣。所謂終始慎厥與，與君子同道即爲君子，與小人同事安得不爲小人？人知惡小人之名而不知所戒，猶病戚施而惡影之俛不可得也。」

朱柏廬曰：「下學而上達，上達即在下學中，所以聖賢立教，衹就下學説，纔以上達立教，便誤後學，便是害道病根。如程子云：主一無適之謂敬。高忠憲曰：心無一事之謂敬。心無一事自是主一無適，極至地位。然使學者但求心無一事而不從主一無適做功夫，則焉得不墮聰黜明，離事絶物，以爲道邪？孔子耳順以後猶且曰：從心所欲不踰矩。步步還它實落，初未嘗言心無一事則甚矣，學之必不可以不進於上達，而教之必不可以不主於下學也，蓋聖人衹是下學中人也。」

亞拙

養性詩集古絶句十二首（其一）

李長庚

一枕黄粱大夢終，百年身事算成空。但行陰騭一條路，信手補全造化功。呂仙　張三丰　朱柏廬

附録

中秋夜朱致一葛瑞五徐季重孚若葉岳心二泉諸君子集東寺坐月分韻

宗渭

十年身計尚萍蹤，漸覺芒鞵到處慵。病骨迎秋猶寂寞，客心如月暫從容。青山未買憐支遁，白社初開得次宗。消盡妙香清磬永，碧空無際水溶溶。

葉九來半繭園梅花下分得四支

同集者徐季重張漢章葛瑞五朱致一王石園徐孚若張闇臣盛玉臣諸君子

宗渭

梅花三百樹，如雪令人思。賢主能招客，閒園共賦詩。香流珠箔細，影過玉壺遲。舉手念行樂，春風正及時。

遠近雲如帶，高低笛暗吹。獨憐鶯未識，最許雀先知。痛飲看名士，追陪愧老師。花開嘗滿眼，誰似歲寒姿。

醉花陰・夏日小有堂中看丘近夫朱致一葉九來諸子投壺

陳維崧

滿院松風鳴瓦銚，碧净苔堦好。喬木翳新蟬，水檻閒凭，又貼荷錢小。人間萬事何時了，無計除煩惱。激矢躍蓮花，出手成驍，暫博天公笑。稗史云：「玉女投壺，每中，天公爲一笑。」

萬年歡・贈朱子猶先生七十次朱致一原韻

陳維崧

碧海青天。歎横江、下瀨樓櫓非昨。貝闕龍堂彈指，綃宫乾却。槍卧緑沉休拓，任半世、鳳飄鸞泊。菰蘆景署誰知。向窗前諷唄，肆上丸藥。閒排纂、世史長編，朱黄綱界疆索。老興淋漓，一笑人間輕薄。身亦北山猿鶴，只一語、臨風相託。囑渭水、好把綸竿，藏舟且付春壑。

水龍吟・壽朱致一五十再用前韻

陳維崧

花前日飲亡何，何須暫住搱纂手。蓮凋華頂，桑栽蓬島，月明如舊。歷歷神州，茫茫知己，幾場搔首。問王家阿黑，桓家靈寶，今尚有，其人否。　金印由他如斗，且逍遥、藥欄紅晝。莫愁蠖伏，只須龍卧，任呼牛走。撥觸雄心，半床冷劍，千杯熱酒。唤堯年老鶴，秦時毛女，捧卮來壽。

沁園春・初夏同徐季重張邑翼朱致一葉九來家躬乙汎舟郭外追晤葛龍仙於攸聞上人精藍兼送龍仙之西村别業

陳維崧

半艇晴雲，兩岸疎花，渚禽唤風。正坦迤江郭，繞籬竹樹，零星煙寺，映水簾櫳。棐几明窗，禪床茶磨，天許閒人片刻同。僧厨緑，是豆香乍摘，笋嫩纔烘。　何須避世墻東。有無數前游似夢中。記當年漫興，流連花鳥，平生豪氣，傲睨雲龍。能幾何時，一寒至此，對坐相看鶴髮翁。桃源路，倘漁郎尋到，莫遣雲封。

廿三朱致一送寓東寺萬佛閣止嚴房喜遇沈逢吉

徐崧

獨遊忘襆被，一宿欲何之。過此原無定，逢君却最奇。月殘將暝夜，風起乍寒時。庶免窮途淚，清吟謝所知。

水龍吟・朱柏廬五十初度用辛稼軒韻丙辰

葉奕苞

筭來三十餘年，惟君閑却持螯手。幾回俯仰，石言星隕，乾坤如舊。衮衮輕肥，少年同學，舒眉伸首。獨栖遲不吹，簞瓢陋巷，人堪得，其憂否。　姓氏高于南斗，論年華，日之方晝。屈伸至理，他時得意，風雲馳走。且共偷閑，良朋高弟，勸酬春酒。又何須執著，是非今昨，固辭稱壽。

寄朱致一

朱鶴齡

苦憶朱公叔，蕭條隱獨真。雲霞供净几，竹柏潤綸巾。白社尊遺老，青山屬外臣。華平花未放，華平花見選賦結緑席空珍。草宿山陽侶，玄恭没已一年書傳旅食人。寧人遠寄《日知録》因君感存没，雙淚洒衣紳。

訪朱顧二秀才朱時館於顧琴師沈君同集　歸莊

朱用純字致一，顧士鰲字任侯，皆崑山人。

尋花兼訪友，飲酒復彈琴。所在聞芳氣，相逢盡素心。
樽前仍獨醒，絃外有知音。江左風流在，何須羡竹林。

和朱致一句　陶康令

飛瓊處處耀林端，此有高人話歲寒。一接和風春已足，何愁檐曲挂琅玕。
經年分手蹔時歡，蓬壁新待墨未乾。雪裏狂歌斟火斗，瓮頭酒熟不輸官。

附

辛未至前三日，下鄉索租，阻雪。内兄康令家有酒無餚，有枯樹無山炭，圍爐談笑而已，得二絶句。 朱用純

曉晴日色下林端，雪後孤村分外寒。少長圍爐煨榾柮，短檐猶挂碧琅玕。

鑪邊煖酒笑聲歡，惟有飛觥罰未乾。莫道人間多此樂，秫田租已盡輸官。

同作 朱導誠誠之

呼盧痛飲到更殘，百罰頻催不完〔一〕寬。豈獨醉嫌觴政急，也須深惜酒盃難。

朱用商字義和節孝先生季子

下鄉取租阻雪，大表兄齋壁間粘家伯氏《雪晴即事》絶句二首，今日風景宛似，口占和韻，時十一月二十四日。

弟兄情話最多歡，贏得尊中酒易乾。樂事正饒歸櫂足，只因秋税尚逋官。

康令和

兩次茅檐積雪殘，君家兄弟共盤桓。詩成足慰袁安卧，好景平分無二難。

【校勘記】

〔一〕完，張潛之輯《國朝崑山詩存》爲「放」。

柏廬師坐雨艸堂賦詩志喜依韻敬和

吴永頤

山堂留杖屨，時雨澍空堦。鶴浴添詩料，魚跳助酒懷。醒來今歲麦，消盡昨朝霾。憂國雖無當，爲霖願豈乖。

雨牕同朱柏廬趙子偉話舊

金世章

東風吹動雨絲絲，留客西牕話舊時。一卷古書攤净几，半池淡墨寫新詩。即看往事都成夢，未息機心總是癡。儘有吾人生事在，鋤雲耨月歎歸遲。

庚子秋日仝朱柏廬先生集吴南村齋頭

席啟圖

泛舟過曲港，菱葉露將晞。握手竹深處，探奇石浪磯。晴雲光照酒，蚤桂馥沾衣。已盡平原樂，何須十日歸。

朱致一過山齋依韻答贈

徐枋

五載漂摇笠澤陰，偏因歌笑每霑襟。遺民獨濺天南淚，歸鴈猶傳塞北音。目極江湖淪故國，意存松石賞鳴琴。艱難契闊人間世，未許閒情别討尋。

朱致一徒步至山居楊明遠亦至乃分韻賦詩（并序）

徐枋

致一表兄爲吾師以發朱先生長公，結髮同學，心期如一。乙酉之禍，先文靖既沈身於前，先師亦相繼畢節。兩家孤子瀕死流離，隔絶五載。己丑臘月，致一徒步至余山居，余兄弟悲喜不暇，兼招明遠楊子過敘。明遠爲先師、先文靖門人，亦同學同心者。握手痛涕，斗酒相樂，因拈韻賦詩，以寫我憂。嘉會難遇，不無别離之感也。徐枋序。詩曰：

故人生死别，六載同零丁。今日得握手，絮問百事并。欲言不成語，欲泣還無聲。亂離易感傷，况復爲弟兄。坐對無次序，讌言略逢迎。有時擁夜被，寒月空庭生。情語相慰籍，一笑落木榮。笑已終悲歌，霑淚徒縱横。時事多愴意，非復矜醒清。靈均仍楚官，魯連甘秦坑。胡爲余小子，身重髮膚輕。所以戀微息，猶睇東方明。漫漫既長夜，何自荒鷄鳴。秉燭追古人，中心嘗京京。日夕敢玩愒，該討萬軸傾。多書比傅迪，好古豈老彭。抽書分韻腳，慘淡殊經營。高吟學梁甫，作賦還楚傖。悼亂王仲宣，詠懷阮步兵。努力歲寒期，哀哉君子行。

懷人詩九首·其一

徐枋

致一名用純，吾師朱夫子長子也。年十二，與余同學，有至性，能文章，以學行世其家。亂後隱居，與余尤善云。

東望玉山岑，寥寥隔天宇。孤穹絶塵坌，冥栖一處子。隱居不違親，循陔掇芳芷。盛年甘辭榮，軒冕爲深恥。永稱避世人，不愧黄與綺。回首總角時，讀書共窗几。鬭藝何紛紜，争勝相爾汝。有時學臨池，墨汁翻素紙。俄然已老蒼，白髮垂兩耳。蒲柳自早衰，况復傷生死。吾子幸壯甚，相見每色喜。一心徒區區，千秋託儔侣。撫事熱中腸，歎息吾衰矣。

秋日過朱柏廬齋

梁逸

晤對論心事，如君有幾人。天當黄葉晚，交自白頭新。

送朱柏廬之洞庭

徐履忱

頭白真如傾蓋新，送君去作授經人。山花政吐千層錦，湖舫輕移兩岸春。遣興酒盃時自把，忘機鷗鷺許相親。莫釐峰下應東望，約我秋江共採蓴。

訪朱柏廬先生

彭定求

道以禔躬貴，學惟遡世真。不圖生晚俗，髣髴見先民。闡域從洙泗，言詮闡洛閩。簞瓢安陋巷，薇蕨感蕭晨。教澤流彌廣，德容近可親。康成名著漢，伏勝蹟留秦。法服遺逢掖，高風看墊巾。頹波資砥柱，曲徑待披榛。誰謂儒門淡，要歸大義醇。片時依几席，欻使寸懷伸。

贈朱致一先生

李炳緗

笻杖芒鞋墊角巾，靈光今日見斯人。一竿風月閒吟卷，三度滄桑老逸民。燭燼西窗談舊雨，花飛南國醉芳春。鷗汀鳧渚生涯足，況復趨庭有鳳麟。

柏廬自山中歸過小園密齋果亭亦至因留小集

葉奕苞

草堂不速盡耆英，積雨蟬嘶半日晴。老去疎狂忘勢分，閒來落拓見交情。久棲野外盤餐惡，偶出山中禮數生。矯首江天今夕永，德星真喜聚南城。

答朱柏廬贈行詩

徐開任

天門北望氣飛揚，颯颯剛風動上方。正欲低徊思勝友，忽驚匹練是吾鄉。

孔堂絲竹有遺聲，經史中天日月明。莫説秦灰無可避，壁藏猶賴濟南生。

送徐臞菴之崑山兼寄故鄉呼葵園家柏廬兩先生

朱謹

東江風月共徘徊，懷古情深酹一杯。青史事從流水逝，白頭人自故鄉來。閒攜詩卷投僧寺，漫把魚竿上釣臺。歸語西峯舊遺逸，結廬應許伴雲隈。

輓朱柏廬先生

顧維楨

五十餘年隱筆耕，全歸此日答生成。採薇不負登山志，廢蓼當懷背坐情。一代徵君辭薦牘，舊朝處士當銘旌。泉臺若遇南州子，把臂才完金石盟。謂徐俟齋

羊城聞朱柏廬先生訃

支張鑑

張鑑，一名鑑，字彤九，號潄石，年十六補太倉諸生，少有才名。嘗訪其外舅顧蕙于武陵，所作益工，游京師試北闈，不售。考教習第一，例得縣令，遽卒。所著詩曰《以鳴集》。

木壞山頹痛士林，先生不死在人心。遺經獨抱胸懷古，問禮宗盟感慨深。四海望風濂洛在，一朝墜地德星沈。珠江路隔淞江遠，靈幄椒漿恨未斟。

思賢詠（其二）　彭紹升

處士朱用純　江南崑山人　明季諸生

致一痛父殉國死，終身不仕。其學確守程朱，反躬密踐，一以主敬爲歸。臨終語弟子曰：「學問在性命，事業在忠孝。勉之！」

柏廬邃躬修，安宅在居敬。穆乎清風來，沛若游魚泳。維世落浮榮，知言泯鬬諍。永懷瑟僩詩，千秋仰睿聖。

字三子説　朱集璜

擇理必精以利用也，不精不足以用之也。若純金然，不雜於他，則威光殊。凡事所立，功邁其恒。咨用純字爾致一，期爾之有毅力也。是之與非猶黑與白，少不辯則奪之者，不知其所止也，愛吾節而受其新，故全也。來用白字爾勿滓，爾辯色虖，爾尚敬爾身哉。《傳》曰少皞氏執矩，秋肅得矩，故性命不互而萬物各正也，非此删爲規、爲衡、爲權，皆足以淫。咨用皞字爾矩修，吾願爾之體於嚴也。

朱先生傳

徐枋

朱先生諱集璜，字以發，吴郡崑山人也。曾祖希曾，官江西南昌府寧州判官。祖景昇，官唐王府審理。父家佐，不仕，先生其長子也。朱氏自唐名仁軌者稱孝友先生，居睢陽，以名德重。至宋，直秘閣名子榮者避金兵，以六歲兒附柁渡江來吴，世爲崑山人。弘治丙辰，恭靖公諱希周以廷對大魁天下，官太子太保、南京吏部尚書，稱一代名臣，即寧州公之兄也。自宋秘閣公發祥於吴，世載名德，簪纓累葉，且五百年，天下稱盛族，無與爲比。至先生而益大其世德，益振其家聲焉。先生尊甫館穀四方，家貧甚，母歸氏即太僕公有光之姪，出於名家，積習詩禮，懿行爲一時所稱，其教先生慈而能嚴。先生克秉母訓，跬步不苟，從師力學，爲制義説經論事，恒有獨詣，要皆本於性情，以故一時翕然重之。尤善爲古文辭，名公鉅卿委質請事，先生之古文大行，名聲籍甚，而小試輒落，時論爲之久鬱，而先生恬如也。年三十，始補博士弟子員，而先生之名德已推重鄉邦，屹然鉅人長者矣。時文名尤大振，每衡文較士，名未嘗出三人下，於是食餼縣官。當是時，烈皇爲天下求賢，孜孜若不及，謂天下賢才非制科所能盡，於是詔天下提學官貢郡縣學生之優異者，親賜策問，先生得展宿抱，對策殿廷，果列上第。天子方將不次擢用，而所對策忤時相意，乃以他事沮格，皆令入太學，旋罷歸，時論深惜之，時崇禎乙亥歲也。先生爲諸生，而繫心君國，憂時念亂，一飯不忘。時天下多故，居恒鬱鬱，嘗俯仰歎曰：「四郊多壘，寧獨卿大夫之辱乎？」而桑梓之間有一事關民生之利害，先生凡有可爲，必竭力爲之。時先生望重鄉邦，當事及鄉老亦以先生之言爲行止，故所爲亦輒成故事。吴郡屬邑嘉定、崇明不轉漕，以二邑無米也。時邊食告急，盡須子粒，乃令長洲、吴縣、崑山、太倉代二邑輸米，少濡緩，同乏興論。時吴中荒旱，飛蝗蔽天，斗米九百錢，道殣接踵，正供無出，況復代輸？然無敢言者。先生獨慨然首倡免代之議，上書郡邑及縉紳，爲四州縣百姓請命，文移書疏，一出先生之手，早夜皇皇，如療疾痛。乃自邑郡而上，以迄具題達之司農，而後得免，止崑山一邑，所免代兑米蓋一萬二千四百餘石云。天下財賦仰於江南，江南獨重吴郡。吴甿水耕，苟塘堰既廢，則蓄泄無時，向之膏腴皆爲石田，故言吴中水利者謂：「三江不治，三吴百世之憂也。」先生深念之，顧其事重大，非可郡邑歲月圖，而崑山一邑利害之最切者，亟浚邑東南之夏駕河，亦此土百年之利也。夏駕河承太湖入吴淞之水，注之婁江而歸海，爲三吴水利司命。以海潮上下湧沙易塞，良田不治，居民流散，縣令滇中楊永言惻然傷之。而距夏駕河六里有鷄鳴塘，亦納吴淞之水東注，議并濬治。縣令同邑人合辭以請先生，先生於是告之縣令，請邑諸生張謙、孫道民爲佐，以共勷其事。時兩河竝濬，爲役甚鉅，而軍需孔亟，官帑告竭，先生爲設法令兩河附近業户熠田輸貲，略有三等，以其田之去河遠近爲輕重焉。力則計淺深以時，晷程作息，尺寸必均，人心悦服，於是力作委輸，動如指劃，六閱月而兩河工告成，一時人稱非先生誠孚於衆者深不能至此。辛巳歲饑，先生倡平糶於郡中。甲申國變，先生告縣令行保甲於崑山。先生視民事如家事焉。初聞烈皇死社稷，哭甚慟，屏酒輟肉，如執親喪。乙酉五月，南都復破，所在瓦解，而崑拒守，先生實佐佑之。城破，先生書絶命辭曰：「可質祖宗，可對天地。生無自欺，死復何愧？」自投於東禪寺之後河。有識之者曰：「公何若是？」先生叱曰：「爾何知，速去。我爲此鬼，不爲彼民。」遂以死，此七月六日也。先是，閏六月十二日行被髮之令，先文靖公將殉節，爲書以别先生曰：「存此不屈膝不被髮之身，以見先帝於地下，見先人於地下，惟表兄爲我明此志焉。」蓋節母先太孺人，先生之姑也。先文靖與先生爲中表兄弟，誼獨厚，故臨殉節而獨以書别先生，且曰：「以發亦必死，未知得見吾書否？」其相信如此。先生家極貧，而事父母及大母極孝，平時奉養及死喪大事皆獨任，絶不分委之叔與弟。郡邑之從遊者無慮數十百，一時名家争延爲師，凡經先生指授者，不獨文章日起，其行誼必有可觀。余十六歲，執經於先生，朝夕侍先生者五年。第六年壬午，余遂倖售去，而是科得售者，先生之門凡三人焉。先生修眉廣顙，睟然於面，居恒容色和霽，而端嚴若神，邑里敬畏亦同神明云。既殉節，一時學者按謚法私謚爲節孝先生。有《觀復堂集》二十卷藏於家。四子，長子用純，尤賢其學行，一如先生，與余善。

野史氏曰：吾聞先生童時從學舍歸，謂母曰：「兒同學陶四兄大不類諸生，吾願與爲友。」陶四兄者，即後所稱陶穉圭先生者也，名琰。先生既城守，陶先生鄉居，亦率衆援城。城破，先生殉節於城中，陶先生還家自經死。而先生濬河時所舉張謙、孫道民者，亦於城破時俱不屈而死。嗚呼，先生何其知人也。即余從遊於先生六年，倖售去時年二十一，而先生贈之詩曰：「夙昔承家學，忠孝天所紀。」吁，其毋負先生之知哉。

朱師母六十壽序

徐枋

崇禎丁丑歲，先文靖公命枋從先師朱夫子遊，時即聞師母陶太夫人之賢。戊寅而先師攜伯子致一過館舍，與枋同學。先師家固貧，而致一衣履鮮潔，雖布素必整好，余於時羨致一之有母，而自傷失恃，言笑之餘，未嘗不飲泣也。時雖髫年，無所知識，而已知太夫人之賢聲不爽矣。己卯春，先師以事留滯於家，不入郡城，枋遂負笈執經以從，授館師門，先師實飲食教誨之，朝斯夕斯，凡一湯飲一匕箸，無非太夫人之所手調也。先生爲一世大儒，人倫南國，從遊請益者踵趾相躡，竟同公超之市，而産入束脯都不能給。太夫人以十指佐之，宅僅數椽，紡績機杼，操作無停時，而室中竟日不聞人聲。時余常夜讀書，太夫人每令致一兄弟伺余饑飽，常膳外必益以果餌酒漿，以助其讀書。枋感太夫人之視余如子，而益羡致一兄弟入受慈母之恩，未知何等俯仰感激，時時泣下霑襟矣，而益稔知太夫人之賢也。枋受業先師者五年，遂濫登賢書，致一亦蜚聲膠序。又三年而遘國變，先文靖以不辱身殉節止水，而先師嬰城固守，城破，義不辱，亦遂舉身以殉之。時爲弘光乙酉，枋年二十四，致一止年十九耳。致一固少余五歲，猶未弱冠也。時鋒燹之餘，百事崩壞，而崑邑受禍尤烈，太夫人既遭大故，失所天，而舊業摧毁，諸孤林立，尚有呱呱懷抱者，風雨漂摇，茹荼集蓼。太夫人以一身肩之，支吾中外，經理廢墜，毁者完之，廢者復之，亂者理之，主伯亞旅，田園堂構，尋復其故，教育致一兄弟以次成立，婚嫁以時，閨庭肅穆，而又不廢致一兄弟遊學之資，交遊會集，歲時伏臘，致酒擊鮮，飲食衎衎，一如先師之存，無改豪髪。嗟乎！余與致一遘家國之禍同，遭君父之變同，余年既加長於致一，而受先人之遺又數倍於致一也。顧十六年來伶仃轗軻，遂已無家矣，而致一兄弟獨如昔者，豈非徒以有太夫人在乎？余每見致一兄弟，而自傷鮮民之生，不自知其涕之無從也。庚子春，爲太夫人設帨之辰，致一兄弟將稱觴爲壽，太夫人不許，致一兄弟固請，而太夫人固不肯，曰：「乙酉之禍，義不圖存，若吾在爾父之側，亦必從爾父於地下矣。邂逅苟全，固不期有今日也，而忍以未亡人爲娱耶？」遂泣下。致一兄弟遂割意，不敢言舉觴。而徐枋聞之，曰：嗟乎，吾師母陶太夫人之賢，有大過人者三，是將與金石齊壽矣，而吾其能無一言乎？變革之際，喪亂頻，仍即鼎食之家，以破巢毀室，一廢而不復頓者多矣，太夫人以煢煢嫠婦，從瘡痍荆棘中收拾餘燼，不數年而規摹如昔，一不可及也。一身而任中外之責，兼教養之勤，此在丈夫猶難之，而太夫人外則桑土綢繆，内則乳哺紡績，而訓修義方，敦詩説禮，以玉諸子於成，二不可及也。且古之賢母，如截髮丸熊，亦既輝耀千古矣，然大都欲其子延致名譽，或掇取科第耳，而大夫人則不然，致一以象勺之歲名播詞場，咸望一日而致千里，乃既遭國變，太夫人即令去經生之籍，謝絶當世，隱居以教授，故致一年未三十即有處士之目，學成行立，處乎遺民故老之間，若魯之兩生者，於是故家子弟閭里俊秀仰象賢，争先師之，一如昔日之師先師也，然則太夫人之感概大義自致不朽者，又豈往昔賢母之所能望哉？此三不可及也。今以周甲之慶，誼當舉觴，而太夫人以大義却之，確不可奪，非大過人者能如是乎！枋既始終慨羡致一兄弟，而令能真知太夫人之賢，故略言太夫人之與金石齊壽者如此，太夫人雖不受觴，能無受枋一言之頌乎？

與朱致一書 名用純（附答書）

徐枋

五年闊别，三年訂期，然後得一晤言，一晤言而後喜可知也。然别則五年，聚僅五日，彼此所歷之千頭萬緒，欲吐之千言萬語，俱不及一二。兩人如望氣者，俱各領之，雖云心領，然究以未能大暢彼此之胸懷，至今爲之耿悒。又承吾兄首肯於弟，若於五年前有所進者，弟自譬正如草根花朵，其長易見，其妍易知，然究無根蒂，遇風則折，遇雨則零矣。至如吾兄，學道有素，已如棟樑喬木，驟而挹之，未見其加于前也，而光輝篤實處，自是日異而月不同，何況五年耶？弟有心學問，而苦無師傳，就吾一二心折之友，又未能日聚一堂，切磋勘驗，窮年累歲，弔影面墻，静中固未敢一刻放吾心，而無如未得把柄，故乍開乍塞，旋悔旋復，一日之中，輪迴升降，不知其幾。且結習既深，塵根難泯，故既知之，而復入之，既悔之，而復犯之。嗟乎！阿難所云：「安得有如來，惠我三昧耶？」言念及此，不但通身汗下，當亦自爲拊心而悼也。如何如何？至於弟於五日之間，細窺吾兄精神收斂，工夫縝密，全於起居語默，飲食動静時體認，幾至一毫不漏，弟實爲心折，此實近來學道者所絶無也。近來學道之人，或竟以道自任，然夷考其實，大有敗闕處，不特燕居獨處，時時露布，即稠人廣衆中，亦或自不能檢點，已爲明眼所炤破者不少，故弟心折于兄，以爲此寔當今學道者所絶無也。但願吾兄以此縝密工夫，直下鉗錘於弟，使弟知所依歸，知所循繹，則是吾兄之大有造於我也。弟之所祝禱于吾兄者，唯此耳。倘吾兄果以此子爲可教，不吝時一過從，使弟得信所懷來，則感佩當何如耶。諄切諄切。

古人三日不見，輒擬刮目相待，何況五年？弟自問行無所益，學無所得，冒昧而前，慚對良友。若吾兄則德高而懷益退，學大而心益小，足見吾兄省治之功，精矣密矣，其爲進境，弘矣多矣。接見九月朔日書，猶懃懃懇懇，自視愈欿然不足，而謬以弟爲少有所知，委懷下問者，無乃捨秋陽之曜而資螢爝之末光，忘洪河之流而浥涓勺之微潤耶？然弟安敢仰負虚懷，不一竭其固陋，以報尊旨？今人有以程子主敬之學爲執著而不圓通者，又有以爲未足盡聖人之學者。弟獨以爲敬即天行之健，天一息不健則四時不行，一端不健則萬物不生。《易》於乾言健不言敬，於坤言順即言敬，聖人法天之健，故六經四子皆言敬也。一敬而天下之理得矣，天下之能事畢矣。堯之允執厥中，敬也。舜禹加之以惟精惟一，而敬尤著。不敬則襍，何繇精？不敬則輟，何繇一？自是以後，歷聖羣賢未有外敬以爲學，至於文王，而詩書所以言其敬者尤爲曲盡，使非文王實有以積中而著外，安能稱道精微若是？故曰文王我師也。但敬有自然者，有强勉者。不思而得，不勉而中，從容中道，自然之敬也。非禮勿視，非禮勿聽，非禮勿言，非禮勿動，强勉之敬也。吾輩能于一念之發，一物之應，實下强勉之功，自然漸進有得。以吾兄之二十年大節苦行，敬身之道，當今之世，孰逾吾兄？而手教猶云：「結習既深，根塵難泯，既知之，復蹈之，既悔之，復犯之」，此吾兄之所以既弘且毅，必求至于聖人之域，而吾黨之所以仰望而莫可幾及也。然所云：「既知復蹈，既悔復犯」，必有實見其然而非貌爲是説者，此無他，主敬未密耳。視聽言動，或從内出，或從外來，未有不聽命於心者。聽命于心，而以吾之神明才力可否行止其間，未有可行而不行，可止而不止，止其所不可止，行其所不可行者也。但此際幾微之辨，最宜體勘可否，或出於太虛，或出於偏著，此人心道心之殊，誠僞之判，而王霸之所由分也。要之，吾心若能時時警覺，則虛與偏著亦自有不容掩昧者，故《易》曰齋戒以神明其德。即或事大理微，學有未及，則參之前言往行，質之友朋議論，亦所以盡敬也。雖事理極明且易，苟平昔此心放倒，臨時安得卓然不亂？故君子有全體之敬，有隨事之敬。隨事之敬即是全體之敬，但於動而爲用，更加之意耳。竊觀吾兄酬應人倫，微喜諧謔，諧謔雖無損于大節，要非君子之所宜爲，何者？德盛不狎侮也。《書》所云「狎侮君子，罔以盡人心，狎侮小人，罔以盡人力」，猶是爲治天下須得人心人力者言之，若學者之事，則身心之間何處可容狎侮？身狎侮而其職不修，心狎侮而其體不立。所謂「德盛不狎侮」者，正以狎侮之非有害于人而有虧于吾德也。孔子曰：「修己以敬。」己非外人物而爲孤子之己，修亦非外人物而爲偏寂之修。與人接物而不失其敬，正是持己而不失其敬，故一修己而人安、百姓安。弟嘗謂若視他人一分可忽，便是自己一分學力未到。此語諒不悖聖賢修己之旨，蓋聖賢實見人之于我，此心同，此理同，吾無可驕於彼，彼無可爲我忽也。夫婦之愚不肖，可以與知與能，及其至也，雖聖人亦有所不知不能。夫又可忽乎哉，夫又可忽乎哉？狎侮之心畢竟起於忽人，忽人之心畢竟起於不自修，未見自修之至而猶忽人者也。此允恭克讓所以爲堯之德，温恭允塞所以爲舜之德也。忽人亦有二故，一則以自矜而忽之，一則以非人而忽之。吾兄檢身若弗及，寧復自矜？然吾而智則易見人之愚，吾而賢則易見人之不肖。吾兄負絶世之識，抗曠古之操，凡至乎前者，智且失其爲智，賢且失其爲賢，而况乎愚不肖，在彼猶自灼見分量，無可遁藏，而况吾兄之超然玄覽于其上。然而以高臨下，君子所戒，所以見人之非，亦繇于不能自忘于善，但比傲然自得者爲有間耳。二者皆學道之障害。此須直下斬截，如操銛鋒利鍔，更不可犯，乃見學力。竊觀吾兄之意，又欲先得乎道以爲之主，而後可以言學，此猶狃於參禪學佛者之見。若聖賢之道，則不離乎事事物物，即事事物物而道在，即事事物物而學在。苟欲先得乎道而後言學，則離道與事物而二之，亦析學與道而二之矣。朱子曰：「人須是博學審問慎思明辨篤行，然後可到簡易地位。若先以簡易存心，便入異端去。」惟於事物而見其簡易，故雖應天下之事，接天下之物，而不覺其煩難。若舍事物而求其簡易，則苟應一事，接一物，便覺煩難不勝紛錯。此弟所以謂禪學與聖學絶不相同，而吾兄亦既驗之而有見者矣。若謂學無把柄，但深探六經四子之書，而把柄在焉。吾兄之所以憂無把柄者，亦坐既知復蹈旋，悔旋犯故耳，則弟所謂聖賢之學無過一敬者，正乃把柄之所在也。以敬而學，學安得不博？以敬而問，問安得不審？以敬而思，思安得不慎？以敬而辨，辨安得不明？以敬而行，行安得不篤？以敬而與人接物，與人接物安得不盡其道？敬猶長隄巨防，防之密也，滴水不漏，敬之至也。毫髮無尤，故一敬而天下之理得，天下之能事畢，變通鼓舞，盡利盡神，希聖希天之學盡在於是。程子謂敬乃徹上徹下之道者，正以此也。然此亦就弟鄙見云然，未知當否，伏望條其得失而明以教我。若弟於力行，則猶未有得，觸處過端，怨艾蘗生，嘗自歎念同志者寡，輔仁無徒，非吾昭法，其誰與歸？此番入山，見吾兄勇猛精進，壯志無前，不勝慶幸。願吾兄惕之勉之，又堅持之，即以所自惕勉者倡我於前，又以所自堅持者翼我於後，幸後之日相與有成，庶上以仰承先志，下以不虛此生，亦不負吾兩人生而同時同地同志同道，無鹵莽滅裂，半塗自廢，而爲異端曲學所笑。以後音問往來，務各言其所得，交勉其所不逮，亦無爲徒相贊許，近于標榜者之所爲。禱祝禱祝，懇切懇切。

與朱致一書（附答書）

徐枋

表弟徐枋頓首，奉書於致一大表兄尊前。不肖弟自十六歲執經先師，朝夕受教於先師者五年，師嚴道尊，耳提面命，其切我以義而薰我以德，實有古人之所少者，實有稱説之所不能及者。即今不肖弟稍知所自立，又孰非五年中正其始之所造就乎？弟故自成童以迄白首，服師之訓而佩師之德如一日也。乙酉之變，先公畢節於前，先師殉難於後，繼彭咸而遊汨羅，又復一揆。不肖弟痛之異之，每一念至，痛絶心肝，必期有以寫吾心者，時即矢意爲先師作一傳，欲俟於文事稍有闞見，然後爲之。及執簡而受役於同人，亦有年所，豈反遺我初心哉？第甫叙疇曩，百端交集，伸紙欲書，而悲來輟翰者，不知其幾矣。今以衰病浸尋，不欲更稽，奮腕操觚，努力從事，爲參詳節概，裁酌巨細，勒成一篇，繕寫净本，專函呈上。雖心似踐而精已銷亡，無有健筆雄辭可以耀日星之輝而炳川嶽之靈者，則又終無以極吾心之所存也。如何如何？惶悚惶悚，謹東向再拜。枋手白。

表弟用純頓首頓首，謹復俟齋老表兄尊前。伏蒙高誼，爲先人撰傳見示，兼拜手教，懃懇備至，恭讀迴環，感而繼泣，泣而且愧。嘗論弟子受業於其師，得以行成德立者，雖曰淵源有自，陶鑄有資，亦由天挺人才，其精神志慮自有以奮興而遠到也。惟其才之偉傑爲與道親，故其於師門之一言一動，一步一趨，皆有以得其指趣，而受其裁成，古來聖賢所謂見知聞知皆是道也。不然，則雖日遊鄒魯之門墻，日依闕雒之几席，亦何自而知其所以爲孔孟、所以爲程朱也哉？而其所得於師門者，復有以身著之、以言顯之之不同。顔曾之在孔門，奉無隱之傳、不言之教，神明默成，以馴造道之極致，而不聞頌揚孔子之爲聖何如其至，又何如其大，此所謂以身著之也。而孟子謂智足以知聖者，則皆曰汙不阿私所好，雖有若、子貢、宰我三子之德行若不逮夫顔曾，而其善言孔子，則亦未有若是精實至當者。恭惟老表兄執經先人之日，用純尚在童蒙，顧亦嘗厠處其間，竊見吾俟齋篤信之思，固已與諸從遊者有别。維時俟齋科名甚早，志氣甚盛，方謂大其師承者在乎經國家而利民人，不謂先人旋踵尊先公之後，痛從彭咸遺則，而吾俟齋亦遂屏居土室，抑何不幸。然而四十年來，履非常之危遇，歷百折而不回，同於一日，則於師門之所承傳亦既身著之矣。雖始也入奉趨庭之命，而又出聆函丈之誨，既也内懷偉元攀柏之痛，而又外深端木築室之悲，然自非天挺人才，自以其身維繫千古之綱常、羣倫之名教，亦安能在三之際盡孝盡義若兹也？即不復以其文爲先人揚芳播烈，而後世皆知俟齋徐先生爲節孝朱先生弟子，其於先人爲有光，而滋重也多矣。況復舉先人一生綱紀布列，彙而爲傳，則是身著言顯，一人兼之，以先人之名德大節或不負乎斯文，用純則何幸而邀此榮施。蓋自顧不肖，幼聞嚴訓，又得以中表子弟仰覿尊先公大君子之末光，而且蒙先人之澤，與吾俟齋契誼深厚垂五十載。然而悠悠畢生，無所振奮，即比於没溺塵溷者差若有間，然不過朽株枯木，同爲腐廢，既不能以行諸身者發揮先人之遺緒，又不能以其言導揚萬一，能無媿歟？若夫銜戢之忱，充溢五内，子瞻謂多言何足爲謝。仰祈炤悉，不宣。

與朱致一書

徐枋

入春又復兩月，惟日翹望玉峯，見東來紫氣，則知大君子之福德與日與歲俱增也。遥賀遥賀。兹有切敂者，幼兒今年十五齡矣，意欲令之開筆課文，而倀倀無從。當今人師經師，惟吾兄一人，且弟之所心注，必欲令兒曹景行者，亦惟吾兄一人。前歲不度不量，至欲仰攀道駕，往臨家塾，此既斷斷不能，然私心仍必欲令兒之執經座下。今有先輩時制義五册，欲求吾兄爲選定，付之課讀，且求逐篇於轉承開闔法脉肯綮處一一批出，不肖弟奉以周旋，以啟誘此子，知吾兄之所弗吝弗拒也。昔人有欲從其師而不得，即從其門下高弟，轉相授業，或有一人受經於老師，而轉以友教天下，即此意也。幸甚幸甚。不能躬親請事，拊時惄然，臨啟翹誠，知荷深鑒，幸甚幸甚。

與葛瑞五朱致一書

徐枋

不復以拙文就政有道者，數年於兹矣。近因督課兒曹，未免見獵心喜，時時有所課撰，兹再得以近藁五首，仰塵法矚。弟邇年以來，静中若有所進，臨文似别作一境界，然未知吾兩兄果以爲視十年前稍長進否也？幸不吝直言，繩其可否，以青墨二筆各加批抹以示我，庶不虚我遠來就政之心也。弟文頗不欲示人，苟其人果知文，而非我知己，則不敢就政之。其人雖知己，而未必果知文，則又不欲就政之。故惟吾兩兄是望，知鑒我忱而不吝指誨也。主臣主臣。以弟向來三十餘年之艱苦，而驟加以近者四十日内之慘酷，實難存活，然猶未至即顛殞者，一則以立言之志未盡酬，妄冀以未盡之年卓然大有所成；一則今小兒能體乃父之志，將來其文墨不必言，尤其至性過人，今實賴以延吾視息也，此則可以稍慰道義骨肉者。所恃至誼，逾於同氣，故敢及之。先候報音，以慰懸切。

柏廬朱先生字册跋

彭紹升

柏廬先生平生論學，一以主敬爲程。嘗與徐昭法劇論其指：月照澂潭，雪消春領，語其境界不是過也。此册書《孝經》、《西銘》，即繼以敬齋箴其示人之指切矣。至其心晝端嚴，亦臨亦保，誠之不可揜如此，學者即此而求之，亦可曉然於本末之辨矣。

跋朱柏廬先生與徐高士書

趙允懷

俟齋先生《壽朱夫人六十壽文》見《居易堂集》，略謂夫人可與金石比壽者三：變革之際，破巢毁室，收拾餘燼，家門如昔，一也；乳哺紡績，身兼教養，訓修義方，長成諸子，二也；既遭國變，致一去經生籍，謝絶當世，處於遺民故老之間，亦夫人之教，三也。致一即柏廬先生，蓋節孝先生與徐忠節公有姻連，俟齋嘗從之學。文又述從學時，夫人視之如子，故夫人徽美，知之最稔。而柏廬作書報謝，其辭肫摯惻愴，益見仁人孝子之心焉。嗟乎！士君子遘陽九百六之會，舍節義無可爲者，難於人倫之間無遺憾耳。明亡，史道鄰、温寶忠殉國甚烈，而道鄰有弟可程，寶忠體仁，近族雖於二公毫髮不能相累，而在二公，豈不病其異趣乎？忠節、節孝既同赴止水，俟齋、柏廬兩先生皆堅卧空山，品詣卓絶，至高堂亮節，亦堪千古。一時父子、姻親、師弟、朋友，無少差池，可謂極人倫之盛已。柏廬五世族孫銓得昔所報書，裝褫成册，奉爲家寶，邀予書其後，夫人氏陶，其六十也，爲國朝順治十七年庚子。

書《重復〈五老圖〉記》後

吕廷章

先生是記，纏綿篤摯，令人讀之不勝感痛。曾讀《毋欺録》，知是圖已幾經失得矣。並悉先生矢志圖復，殫精竭力，將歷三載，始幸得復。其喜悦可知，其丁甯後人之世守先澤也，益可知已。先生没後未十年，丁亥首春，余忽追念先生艱辛獲弆，恐或垂之不永，當籌善全。而後人紿我曰：「謹守也，毋庸他虞。」余不覺斂容手額稱善，深悔吾言之失，無何，忽聞兹圖已在郡城顧氏矣。余懷憤不知所出，急走詰問，始悉去冬爲洞庭東山趙某售去，而顧氏者，名維嶽，乃裝潢之良工也。于是同其尊行，往來郡城，不勝齮齕，幾許經營，自春徂夏，及秋方反金歸圖于雎陽後裔欽安氏之室。欽安名懋修，先生族從孫也。今日幸兹圖之復得，以上慰先生在天之靈，下逭後人輕視之愆於萬一。余竊亦與有纖勞，則余與雎陽後裔中心喜悦，較之往昔，不尤甚乎？噫！豈料不幾年，守者慢藏，並向日先世所傳《鏡容圖》與《水亭圖》而並失焉。嗚呼異哉！夫是三者，雎陽子孫之重寶也，祖宗之手澤也。前賢之題識，先生之珍重，諄諄告戒也。乃一旦牽連而往，亦或時數使然，有非人力所得爲歟。興言及此，可勝慨歎，謹附記，以觀後之能復焉否也。嗚呼痛哉！丙申冬日門人吕廷章識於幾可樓。

《朱孝定先生未刻集》題詞

潘道根

柏廬先生《媿訥集》已刻者，根得而讀之矣。其詞婉巽而善入，其議論粹然，一出於正，洵乎醇儒之言也。當時及其門者如王醇叔、魏光士之徒，所著《懿言日録》《遷改録》諸書，猶有存者，其造詣之精純，踐履之篤實，一洗陽儒陰釋及以講爲學之弊，讀之猶可想見，則疑先生道德入人之深，而當時及門諸子，類皆資稟過人，一被先生之教，如坐春風，與之俱化。初不待切磋琢磨，至再至三而後進於德也。根私淑先生之教有年矣，窃疑古之學者造道如是之易，而何以後人難之也？豈聞知之與見知有殊異歟？歲壬寅，根年五十有五矣，從先生之族孫某得其未刻者而讀之，見其中與諸及門書一氣，質之，偶偏一行事之或失，嚴氣正色，不少假借，而又每每先自刻責，喻以至誠，期於必改而後止，然後知先生之德之純，春生秋肅，蓋全備之初不惟其詞之婉，氣之温也。夫乃恍然於諸子造道之易，蓋有其自，而先生所以爲教，或推焉，或挽焉，亦不第，循循善誘已耳！惜乎當日之刻是集者，徒知爲同堂合好掩惡之故，軼而弃之，遂使後之讀先生書者，以爲先生之爲人師何如也。其待學者之和而婉、巽而不厲，又何如也。一若方嚴刻責，初不可施於函丈之間，而師嚴，然後道尊之言，與良藥苦口之喻，皆爲虚語矣。先生當時之訓，夫二三子者言固鑿鑿。二三子之承是教者，其爲毅然力改於俄頃歟？抑必遲之久，而後能遷善改過歟？我不能知。然就醇叔輩之後来造詣卓卓觀之，其必毅然力改，可知也。直言無隱，與改過不吝之美相得益彰，盖師不如是不可以爲人師，弟子不如是不可以爲人弟子。夫豈如近者之師道不立，提命之際有巽言而無法言，嘤哾囁嚅，徒取門墻之輝映乎哉？乃見其小，而迷其大。根能不爲刻是書者惜歟？夫古聖賢之所以著書傳後者，原以待後人之不能親炙，其門者使爲矜式，而初非以阿私所好，誇示文采也。如使正直剛方皆爲世諱，至師不獲行之於其弟，則犯顔之諫，忠告之道，君臣朋友益難施矣。又聖賢之學以不欺爲本者也，二三子當日果能改之，如日月之食，其更也，何損于明？如不能改而徒欲掩覆之，則是自負其師，而並欲以欺千載之後人也。其計不已拙乎？卒之先生之言，如日星之明，雖塵埋蠹蝕，終不泯滅，又豈非至誠之道？不見而章，悠久無疆者歟？孔子之聖，其及門者，盖幾千人也，未必皆賢。其身通六藝者七十餘人，以視醇叔諸子何如也？然或以爲野，或以爲愚，或以爲魯，甚者辭疾不見，鳴鼓而攻，後之門人撰《論語》者，初不爲其師若友諱也，凡以存聖人之教之詳而已矣。先生之友教，自不敢擬于孔子，然誦法先聖，觀其所自稱引，盖意欲施之矣。而一再傳，後撰是集者，其見識曾不及游夏之門人，根安得不爲之再三致惜歟？故讀是集而僭論及之。昔唐魏鄭公徵其諫於君也，必焚其草，史臣以爲美談。後宋曾子固鞏設論，以爲是隱君之善，而類於婦寺之愛，彼刻是書者，其猶有鄭公之見哉！是皆君子之過也。

道光二十有二年季冬朔日邑後學潘道根拜書。

前人云："彌天大罪，當不起一悔字。所謂上天禍淫，不加悔罪之人也。我年六十三矣，越二十三日，便爲六十四歲，則就木焉。悔何及哉？雖然，能悔一日，能悔一時，能悔一刻，均之悔也，猶勝至死不悔耳。因自號悔一道人。書此以示兒輩，無似而父之悔之已遲，當思先輩之悔之尚早，時不可失，無致有後。雖悔之之歎，亦庶幾矣。因爲之説曰："須存天理，上必當盡之心，無爲人世内行不之事。"嘉慶甲戌腊月初七日升谷葛常旭書。

升谷先生邑前輩也，植行緝文，卓尔不與俗伍。其每日皆有日記，無非謹飭身心之事。先生卒後，其子幼堂輩録之爲《日鑒録》一卷，而此條未曾録入，余嘗欲爲先生作小傳，爲文人立品者規範，謹記於此。潘道根記。

書《壽叔祖楊太孺人文》後

潘道根

癸卯三月念五日，從沈巷村迴舟，坐餘慶堂後軒。補録朱子潁汀所示《媿訥集》墓誌祭文一卷，已失去祭文六葉，時小雨新晴，庭中鼠姑正放，主人以角黍相餉。夕陽在樹，步至榆軒，芳草盈庭，迴廊闃寂，追想二年前寄榻於此，已如夢寐。中心惝怳，率筆議此卷尾。侍坐者陸生仲和女孫静宜。

道光癸卯三月十九日於陸村之餘慶堂後軒寫訖。

書《朱柏廬先生未刻稿》後

潘道根

丙午閏月二十日，炎暑正盛，根從南梅心□□□□寓軒北窗閲此，時根大功之喪已過八月矣。追憶榆軒才迹，已如夢寐。晨過梅心水東之居，蓬蒿編滿故人情。趙瞻雲尚存，與根同年生，已卧病數月矣，追維惝怳，漫記於此。

學庸講義三卷原刊本

周中孚

國朝朱用純撰用純，字致一，號柏廬，崑山人，前明諸生。隱居教授，門人私謚孝定先生。是編乃其與門人講學而作，凡《大學》一卷，《中庸》二卷，俱標立章名，依次注説，大旨即《朱子章句》而敷衍之，以供科舉程試之用，不能别有發明。

《朱柏廬先生學庸講義》序

唐文治

《朱柏廬先生學庸講義》二卷，余甥俞鳳賓得自滬上書肆，欣然寄予，且曰：「柏廬先生遺著，鮮有存者。此鈔本至可寶貴，願有以闡揚而光大之。」余受而讀之，此册蓋係海鹽崔以學所藏，徐六英名椿者手鈔精校之本，其中精義名言，策勵身心，尤爲鞭辟近裏。如講《大學》首章平天下之義云：水至平者也，而有波浪則不平；地至平者也，而有巨壑則不平。平也者，盡天下之人無不各誠其意，各正其心，各修其身，各親其親，各長其長也。又講《誠意章》云：君子小人之分，所争祇在誠僞。五霸功業雖大，然其假仁仗義，與揜著何異？孟子曰：「五霸假之也。」假之一字，洞見肺肝矣，其言可謂切中世道。又講《中庸》首章云：開宗三句，尤重之謂二字。蓋當時子思子見異端漸起，必將淆亂聖學，緣聖學言性道教，異學亦言性道教，差之毫釐，謬以千里，故必先正其名義以端趨向。又言道之不可離，猶天之運行而不息，終身不離，猶恐爲聖賢而不足。須臾或離，即已入禽獸而有餘。其論心性之辨，謂《大學》言心不言性，而明德即是性。《中庸》言性不言心，而戒謹即是心。此以見心性之不相離，其説與陸清獻相合，可以挽救人心，蓋《學》、《庸》二書，合天德王道聖功，一以貫之者也。惟析之極其精，而後能擴之極其大。惟體備於一心之密，而後用周乎萬物之宜。或者乃以迂拘目之，夫豈知道者哉。此書蓋可與孫夏峯先生《四書近旨》、李二曲先生《四書反身録》、陸清獻《松陽講義》《困勉録》，並垂不朽。大全所載若《四書蒙引》、《説約》、《淺説》、《陳疑》等，俱不能專美於前矣。先生行誼，略見於嚴鐵橋所爲傳文。余幼時即服膺其家訓，並夙聞先生儉德，每宴賓客，酒食之費，不過制錢七枚，其敦朴之風，尤可望而不可及。間嘗游崑邑，登玉峯，瞻拜歸震川、顧亭林二先生與先生之祠宇，先生與歸、顧二先生合祠。私心景仰，流連不能自已。而返觀今日之人心世道，果何如乎？《易》曰：「正其本，萬事理。」然則欲求聖功以躋於天德達於王道者，其必以四子之書爲根本矣。莊子有言：「逃空虚者，聞人足音跫然而喜。」今鳳賓之寄予此書，豈非空谷之足音乎？爰作序以歸之，深願鳳賓抱此表揚先哲之志，鍥而不舍，並願其印行此書，俾兹鈔本得以流傳於世，其有功於世道人心，豈淺尠哉？丁卯春正月，後學唐文治謹序。

《朱子家訓》

陳其年

《筆陣圖》爲羊欣作，李後主續之，世顧以爲王右軍；《朱子家訓》乃崑山朱柏廬先生作，而訛爲考亭，甚至翁森之《四時讀書樂》亦稱是考亭，豈不可笑？柏廬先生，明季諸生，國變後，隱居教授，箸書滿家，皆力宗程朱爲理學正宗，與桐鄉張楊園先生同時並稱。楊園今已從祀兩廡，而先生僅祀鄉賢。同治庚午，巴縣廖養泉刺史綸攝新陽縣事，於城中爲先生建專祠，而以從學諸子配享，蓋新陽乃崑山所分縣也。

跋《新城陳氏家訓卷》

翁方綱

昔王文成《戒子弟語》揭諸客坐，題曰：「私祝實則家訓耳。」吾見士大夫家多刊其文以銘坐者，其論固甚正矣，然於訓士弟之法，戒損益尚未嘗詳盡之。吾每思《顔氏家訓》一書，既爲考訂家所資矣。而我國朝《朱子家訓》於日用事爲頗極切要，此是康熙初崑山朱柏廬名用純所作，世乃訛傳爲《朱文公家訓》，竟不知柏廬矣。三十年前，嘉興王若農尚珏以其父惺齋啟元手書家訓，裝卷屬題，中多可法可傳語，惜未備録之也。今得見陳石士編修以其祖凝齋先生家訓，裝卷屬題，其詳密諄切，更過於王氏卷。蓋此有二義焉：一則，其庭聞之篤實爲有益也；一則其子孫之寶藏勿失，知其必能承訓而光大之，尤足風也。後有焦弱侯之輩有志讀經籍志者，竟當於文集説部箴銘格言之外，特立家訓一門，其於士習人心風俗，所裨爲匪淺也。豈專爲我友一家之言計乎？

《朱子家訓》

梁章鉅

今世所傳家訓自「黎明即起」至「庶乎近焉」，凡五百一十字，語皆質實可守，末段「讀書志在聖賢」「爲官心存君國」二語，尤爲簡要。此國初朱用純所作，或誤以爲朱文公，且混入本集者也。用純字致一，崑山人。父集璜，前明貢生，殉節死，用純痛之，取王裒攀柏事，自號柏廬。其學以主敬爲程，著有《愧訥集》。臨終顧其徒曰：「學問在性命，事業在忠孝。勉之。」語亦精諦。

《朱子家訓》

孫志祖

俗傳《朱子家訓》「黎明即起」云云，非紫陽作也，乃國初高士朱用純所作。用純字致一，崑山人。其父集璜，明季守城殉難。又《四時讀書樂歌》、《紫陽集》亦無之，考《仙居縣志》載此四詩，題爲縣人翁森作。森字秀卿，號一瓢，宋亡後隱居不仕，著有《一瓢集》。

黎明

梁章鉅

余於逆旅中見壁上近人所書《朱柏廬先生格言》，首句作「犁明即起」，同行者笑以爲誤筆，余謂此非誤也。今人但知作「黎明」，而不知古人正作「犁明」。《史記·吕后紀》注徐廣曰：「犁，猶比也。」諸言犁明者，將明之時，又作犁旦。《南越傳》「犁旦城中皆降伏波」，索隱云：「犁，黑也，天未明而尚黑也。」是作犁明，正合古義。又今人以早晨爲清早，而不知古人但作侵早。杜老《贈崔評事》「天子朝侵早」。賈島《新居詩》「門嘗侵早開。」王建宮詞「爲報諸王侵早入」。翟晴江曰：「侵早即凌晨之謂，作清早者非。」然杜老詩：「老夫清晨梳白頭。」清早即清晨之意，亦未爲不可也。

家禮

陸以湉

翁一瓢森《四時讀書樂》、朱柏廬用純家訓，世人以爲朱子所作，此其誤猶可言也。至《家禮》一書，疏謬甚多，乃後人依託以傳者，流俗信而用之，何耶？

《治家格言繹義》序一

石方洛

嘗謂勸善之書，近釋老家言，爲儒者所弗道，惟《朱柏廬先生治家格言》，幾於家有其書，顧有其書而往往不得其書之用者，則以先生一言，包人千百言。人常忽之，而未能細繹之也。湖郡戴笠青孝廉，爲先伯梅孫徵君門下士，才名藉甚而理學尤精。曩遊菰城，曾見貽《治家格言繹義》一册，晨夕披覽，覺其箴砭流俗，語語從閲歷中來，粹然儒者之言，爲勸善書中不可多覯之作。今春自浙西返里，表弟張叔鵬孝廉在案頭見是書，喜其樸實，説理引申格言之義，無微不至，是本《大學》脩齊之義，而以庸言出之，真聖學之支流，而亦柏廬先生之功臣也。因重刊印送以廣流傳。見是書者，果能由此繹之，其裨益於身心，豈淺鮮哉？光緒戊戌正月平江石方洛壺叟敘。

《治家格言繹義》序二

張炳翔

善書汗牛充棟，非講輪迴，即談果報。讀書之士，往往謂六經四子之書，皆專論聖賢學問，非有所慕而爲善，有所畏而不爲惡也。而凡《感應篇》、《陰騭文》、《覺世真經》諸書，幾以爲佛家懺悔之言矣。豈知易言積慶，書言惠迪，詩言配求，何嘗不以禍福之説警動斯人？而欲其詞簡意明，不失聖經賢傳之旨，則莫如《朱柏廬先生治家格言》一書。翔早孤，幼承慈訓，日以此書授讀，每示翔曰：「爲人之道，賅於是矣。」三十年來，閱歷世故，覺持身涉世之則，不能舍此而他求。久思詮釋其義，闡發而引伸之，祇恐説理未精，無補於世，而未果。今春於外兄石問壺大令處，見烏程戴笠青孝廉所著《治家格言繹義》二卷，亦得諸母教者，一卒讀，覺真切有味，淺而不膚，質而不俚，不啻暮鼓晨鐘，發人深省，真先得我心矣。特刊行雖久，印本殊尠，爰重付剞劂，以廣流傳，而爲之序。時光緒二十四年春正月也，長洲張炳翔。

《治家格言繹義》序三

戴翊清

識陋學疏，安敢箸書問世？惟意在勸善，雖淺辭俚語，皆得梓行。柏廬先生《治家格言》久傳海内，婦孺皆知，固與六經四書並垂不朽。清於是篇，得之母訓，方四五歲時，尚未就傅。先慈董太孺人逐日口授數言，漸而成誦，然未知文字也。既而出鈔本，令讀之，並爲解其義。少長入塾受經，見經皆有註，疑格言亦然。歸而詢之母，母曰：「無之，詞意顯明，本無須註，然亦未嘗不可註。汝將來學業有成，當註之。」清謹誌勿敢忘，知母所屬望於清者，深也。迨同治壬戌，清年十五，隨先君遊閩，賊陷湖城，吾母隨先王母費太孺人投水殉節，骸骨莫收，迄今二十餘載矣。每念母言，泫然難已。嘗讀諸勸善書，若《感應篇》、《陰騭文》、《覺世經》，皆有註解，有講義，有圖證，獨未及是篇。久思繹其義而箸爲一書，當年少時，自知無學識，無閱歷，不敢爲焉。丙子丁丑閒，曾撰十數條，繼又中輟。近十載來，爲衣食奔走，家務冗煩，未暇及此，兹年逾四十矣。學業無進，六上春官，不獲一第。若並是書而不成，何以對吾母於泉下？今夏復以報罷留都，爲來春再試，計館同郡章黼卿大鴻臚家，適舊稿攜在篋中，從而續之。三閱月而成，共分五十五條，繹之爲萬八千言。手録寄南以付剞劂，囑從姪譜笙校之，刊成後，當廣勸同人，醵資印送，倘於世道人心有裨萬一，其吾母之德也夫。光緒十有五年，歲在己丑秋九月，烏程戴翊清謹序。

《朱子家訓演證》序

尹會一

《朱子家訓》不見於文集，世儒類多疑之，然其理徹乎上下，守之可以寡過，推之可以善俗，顧力行何如耳，多辨亦奚以爲。予觀顧君中孚《演證》四卷，徵諸嘉言，實以善行，頗得《小學》之意，用書數語於簡端，以爲教家者勸。

朱柏廬家訓

英和

先文莊公喜録格言，尤喜《朱柏廬家訓》，嘗命熟讀。曾於漕帥署中，以清文繙譯，鏤版以廣其傳，爲教我滿洲知所法也。

希賢希聖

鄭光祖

惟世傳《朱子家訓》是明季朱柏廬治家格言。崑山朱用純，字致一，隱居高尚，明末痛其父以諸生殉難，結廬墓所攀柏號慟，故別字柏廬。語雖淺近，意却精深，與孔孟之書實無歧異。學者讀而守之，亦可寡過，爲録於左：

黎明即起，灑埽庭除，要内外整潔；既昏便息，關鎖門户，必親自檢點。一粥一飯，當思來處不易；半絲半縷，恒念物力維艱。宜未雨而綢繆，毋臨渴而掘井。自奉必須儉約，宴客切勿留連。器具質而潔，瓦缶勝金玉；飲食約而精，園蔬愈珍饈。勿營華屋，勿謀良田。三姑六婆，實淫盜之媒；婢美妾嬌，非閨房之福。奴僕勿用俊美，妻妾切忌艷妝。祖宗雖遠，祭祀不可不誠；子孫雖愚，經書不可不讀。居身務期質樸，訓子要有義方。莫貪意外之財，莫飲過量之酒。與肩挑貿易，毋佔便宜；見貧苦親鄰，須加温恤。刻薄成家，理無久享；倫常乖舛，立見消亡。兄弟叔姪，須分多潤寡；長幼内外，宜法肅詞嚴。聽婦言，乖骨肉，豈是丈夫；重貲財，薄父母，不成人子。嫁女擇佳壻，毋索重聘；娶媳求淑女，勿計厚奩。見富貴而生諂容者，最可恥；遇貧窮而作驕態者，賤莫甚。居家戒争訟，訟則終凶。處世戒多言，言多必失。毋恃勢力，而凌逼孤寡；毋貪口腹，而恣殺牲禽。乖僻自是，悔悮必多；頽惰自甘，家道難成。狎暱惡少，久必受其累；屈志老成，急則可相依。輕聽發言，安知非人之譖訴，當忍耐三思；因事相争，安知非我之不是，須平心暗想。施惠莫念，受恩莫忘。凡事當留餘地，得意不宜再往。人有喜慶，不可生妒忌心；人有禍患，不可生喜幸心。善欲人見，不是真善；惡恐人知，便是大惡。見色而起淫心，報在妻女；匿怨而用暗箭，禍延子孫。家門和順，雖饔飧不繼，亦有餘歡；國課早完，即囊橐無餘，自得至樂。讀書志在聖賢，爲官心存君國。守分安命，順時聽天。爲人若此，庶乎近焉。

《朱柏廬先生治家格言註解》序

黄炎培

崑山《朱柏廬先生治家格言》，其主眼在勤儉兩字。余幼時讀此，先於四子五經，迄今猶能背誦。顧當二十歲以前，初未嘗有所領悟也。長而有家，因寔事實物之接觸，時有感於斯文。十稔以還，奔走社會，睹夫國力彫敝，民生窮困極矣。而奢惰之風乃與之俱極，入中人之家，享用過於王侯。稽其歲入，曾不逮出之半。戚鄙男女，襪坐摴蒱，夜以繼日，始於舉債，中於破産，終於行乞者比比。即未至此，而日莫途遠，法律廉恥，一切不顧。試捫良心，彼其所爲，去鼠竊狗偷幾何？乃且自訴其不得已，天困之乎？抑自取困也？積若是人爲家，積若是家爲國，寧復有倖理於是？歎柏廬格言之顛撲百年，不可破也。柏廬又以刻薄成家爲不可久享，於降祥降殃之道，懔乎致懼。是説也，余始疑之，乃今澄觀於家國之際，而微悟因果律之不可逃，栩緣老人手寫是本，管子趾卿印以行，輒書所見於其端，六年九月黄炎培。

《朱柏廬治家格言》序

朱煜

《治家格言》之流行，注者書者不知凡幾，曩見明州趙廷尉佑宸所注，引經據典，手寫付刊藏之者，珎若拱璧，豈不以其寫作之佳，彌加愛護？而情之所寓，觀感生焉。惜乎歷年既久，湮没無傳，余嘗語之古越魏鐵山先生，先生善楷法，曾爲余精寫全文。既又得鄭若蘇戡之艸書，伊君俊齋之隸書，合之吴衲士小篆，埒以淺近注疏，集爲一編，無非勸善之苦心，歎步武前人者也。

爰乞安吉吴缶老署簽，白龍山人繪像，孟君竹庵書傳，付泰西影印，以公同好。迩年以來，國政不綱，禍變相尋，思有以挽救之，舍是編，其道奚由？今幸同志贊助，得竟告成，尚冀當世之有心人，廣爲流傳，詳加勸導，庶幾善行善言，彌綸布濩於兩大之間，而感召天和，消弭劫運，意在斯乎？意在斯乎？工既竣，因述其緣起如此。

共和建國十有四年，夏正乙丑五月。江寧朱煜棄塵氏識。

《朱柏廬治家格言》跋

陶菊泉

江寧朱棄塵先生素性慷慨，志切憂時，居恒熱心社會，以提倡教育、辦理慈善爲宗旨，靡不力爲仔肩，罔辭勞瘁。覩晚近世風日下，人心險巇，道德淪亡，因此一蹶不振，良可浩歎。莘莘學子，書法日趨怪僻，勢將我大中華數千年世界最著名之國粹文化，墜落於不可收拾之境。是以大發宏願，爰倩海内大書家如鄭蘇戡、伊峻齋、魏鐵山、吴訥士諸先生手書正行隸篆四宗《朱子格言》印行，分贈各學校，使青年子弟因諸先生之墨妙，推尋柏廬先生之立言，朝夕觀摩，耳濡目染，感化於無形，非獨裨益臨池，實足挽澆風而回薄俗，惟願大力微，印本雖多，分贈太廣，勢難普及，特由敝公司加印一千册，照成本托各大書局零蔓發售，以冀廣爲傳揚而副先生救世之志願。是書用照相法影出，以中國上等連史紙石印，所以字勢精神，絲毫無改。版現存敝公司，欲加印者，祇收回工本，決不牟利以負棄廛先生之熱心也。

中華印務公司陶菊泉謹識

漢口特區五族街　電話一七二〇號

書《朱柏廬先生格言帖》後

吴以辰

吾邑當明之亡有遺民兩人焉，一爲亭林顧先生，一爲柏廬先生。顧先生以遘家難，流離顛沛，未嘗一日安居故鄉。朱先生稍後出，念其尊親孝節先生乙酉之難，終身不仕。而其學主於居敬立誠，其爲己之修，遯世不見，知而無悶，謹嚴篤實，不争持同異，以立門户，蓋庶幾跻躪於中庸之域者矣。孝節先生諱集璜，字以發，偕陶仁節先生同日殉國。仁節、孝節婚姻兄弟，所謂陶、朱兩先生也。仁節諱炎，字稚圭，家邑東關外雞鳴塘上，師事同邑蔡忠襄公。忠襄里第在瓦浦，與雞鳴塘水流相縱横間，嘗泝洄兩溪間，溪水澄清見底，慨然賦詩馮弔。而忠襄之第猶人人能言其處，無不恭敬者。彊圉協洽之七月，過王生履安石浦書舍，秋熱轉酷，夜坐久不寐，出此帖展觀，所録鄱陽洪氏以下格言九則，諸儒言既誠慤，朱先生書尤端凝，蟲邃有道，儒者之氣象溢於行間，誠翰墨之寶，矧余與履安爲先生鄉人哉。余生也晚，不及一見里中盛時，然能知而言之者，度亦無過於余。今顧先生遺書畢出海内，崇奉之者，或但推爲博聞彊記，不知其爲經世之學，有用之言。至乃朱先生書，僅亦剽竊其言論字句，佐舉業用。蓋不特天下之人鮮有知兩先生也，而生其鄉者，能因其嘉言善行奮乎百世而興起者，誰乎？朱先生與陶仁節爲甥舅，少嘗學於仁節。雞鳴瓦浦間，皆其從舅氏吟風弄月處，與余郡居至邇。乃二百年後，與履安對其手書，有不爲之低徊想見其形容者乎？故余於履安所藏帖，慨慕如此。邑後學吳以辰書。

祭朱柏廬先生文

彭定求

先生之名，巋然獨峙。先生之行，粹然無滓。百里一賢，鹿城如咫。我來踵門，昨歲伊始。式瞻睟容，稍慰仰止。夙聞教澤，我黨蒸被。中心誠悦，葑溪數子。每爲我言，師傳亹亹。忠孝性成，運丁屯否。嚴君節烈，垂芳青史。攀樹銜哀，守身没齒。四時消息，曾不揣擬。角巾布袍，逸民自比。屏息塵蹤，殫精名理。曰惟古訓，自卑自邇。晝考夕思，曾思微旨。融洽性天，百家糠粃。所尤警者，儒墨殊軌。詖蔽遁窮，奪朱以紫。剖晰毫芒，浣滌骨髓。汲引生徒，屨盈階戺。青燈白雪，翼彼憤悱。飫聞緒論，四座忻喜。惟名利場，避若遠徙。方言矩步，作孚桑梓。人畏彦方，聞過懷恥。至塗望廬，質成接趾。頌聲浹洽，無間彼此。嗚呼！聖路沈霾，儒門披靡。一柱誰搘，狂瀾誰砥。聞先生風，庶幾興起。伊洛門庭，歸考亭氏。澤衍斯文，千秋合揆。自我潛居，痛懲疻痏。師友茫茫，淆訛源委。一見先生，幽人素履。竚想諄誨，施我鞭箠。驟聞示疾，曳杖以俟。灑落從容，了然生死。刻期告終，手足堪啟。平生學力，全歸有以。老成殞乎，典刑盡矣。填衢失聲，盈城掩涕。矧屬門牆，悲慕曷已。私謚宜徵，遺箋宜紀。緊我晚交，接席移晷。再見無期，中心虚企。椽筆在縣，敢忘瞻視。聞垂没辰，猶念葑菲。永訣未遑，淚落如瀰。何能綴詞，漫言作誄。謹述悃誠，實非溢美。聊薦生芻，一陳筵几。

祭柏廬朱先生文

王喆生

嗚呼！惟師友之情重，乃性命之所關。雖聚散其猶戚，況乎在生死之間？方喆生之在髫齔也，已側聞先生之仁且賢。而未得遽及其門，則以吾生少孤露，無父兄以爲之先。自年二十六始，從先生遊，而即授以性理精義之一編，蓋具有節孝先生之手澤，而謂學者非究心於此，雖有蓋世之文章，過人之才智，而不可語於斯道之全。既又贈以文序，教喆生以惟虚而後能大也，俯而察於地，仰而觀於天。聖賢之所垂訓，古今載籍之所流傳，五事五倫巨細精粗之極致，國家、禮樂、兵、農、民風、治術得失之所以然。莫非庸也，莫非神也。實體之而大無不包，則功可以極乎今古，道可以配乎坤乾。而要止循乎分之所當盡，適還其太虛。古之聖人所以有天下而不與，而矜伐於焉悉捐。喆生於是時，感微言之詔告，愧領受之茫然。先生殆忘乎其謭陋，而不禁責望之拳拳。至率學者以服習講論，垂五十年，讀《中庸》而誠感於眉睫，註《大易》則神契於畫前。寒暑不輟，始終無倦，而莫非此理之昭宣，喆生不特身與其澤也。壬申之歲，景獻執經而侍，乙亥以還，希正、跂武後先受業，先生又不鄙夫愚蒙，而惟昕夕誨誘之緜延。是直等於造物之廣大，兼羅并收，無鴻纖良楛，而均受其陶甄。嗚呼！先生事業在忠孝，學問在性天。此其生平之隱抱，臨没不敢以自信，自門人視之，洵惟先生無負乎斯語，而可與首陽之義士，伊洛之真儒，接跡而比肩。蓋間世以挺出，非但百里之一賢。喆生得生與之同時，居與之同廛。自附於從遊之末，而且以及吾子，可不謂有生之幸焉。然而弟子之承師，非徒幸及於其門，而貴有以盡得其傳。以喆生之薄植鈍根，鮮能有立，沈溺錮蔽，無以自鐫。故入聞至教，而悦出見所見，而情好絲如其難蠲。雖以先生之發聾振聵，不遺餘力，而何有見於斯理之深淵。不且歎木鐸之空警，而大鏞之徒懸。蓋有傳而不習，諒信道之未堅。悼五十而無聞，顧獨影以自憐。嗣今即有憤悱之中情，又誰向以索其言詮？嗚呼！先生形雖往而永隔，神固儼而不遷。牀琴在側，遺卷陳筵。吾將遇先生不死之神於《困衡》之録，《無欺》之篇。哀哉尚饗！

崇賢祠後議

潘道根

崇賢祠在馬鞍山陽，初名「三賢祠」。邑人王喆生、吕廷章等建，以祀其先師朱孝定先生用純。復推師意，而以孝定之考節孝先生集璜、孝定之舅氏陶仁節先生琰並祀，而以孝定祔焉，統名之曰「三賢祠」。建六十餘年，至乾隆五十六年，邑人諸景筠議，以孝定於節孝，則父子也；於仁節，則舅甥而師弟也。於王、吕諸君建祠之初意，則孝定其泰山之與河，而節孝、仁節猶配林濢池。因移二先生木主於祠之後閣，而以孝定爲主。當祠之建也，吕君嘗爲之記矣。惜其文不見於志乘，而僅附見《愧訥集》之後卷。至崇賢之改題，亦莫之詳也。嗚呼！吾邑乙酉之難，真所謂「火炎昆岡，玉石俱焚」者也。而兩先生忠肝義膽，磊磊明明，果足興起百世矣。至孝定先生當國亡家破之餘，守攀柏之節，講學明道，直肩孔孟。一時陽儒陰釋之弊，至先生而擴清。其書具在，可覆而按也。建祠以來，邑人士瞻拜於斯，當何如其生？敬而未曾百年，祠宇闃寂，俎豆塵生。先生畢生所著之書，亦無有道及之者，蓋正學之榛蕪久矣。道光二十一年，新陽馮侯相棻既涖政，暇日來謁斯祠，摩挲孝定所書《孝經》石刻，而嗟嘆之。退而謀諸邑士，以吾邑前明太常卿魏恭簡公校講學星溪，賢與孝定實相類也。因議以魏公木主並祀祠中，蓋侯之意，以祠名「崇賢」也。恭簡與三先生，豈非世所謂賢者而當百世祀歟？顧根思之，前人建祠之意，實以尊其師，而並推師意，以及其考，且及考之生同志而死同節者，初不敢於師之所嚴事者而有所軒輊也。此「三賢」之所由名也。王、吕既没，後起之輩非親受業於孝定者矣，則更推王、吕諸君所以尊師之故，而以理學忠節宜有輕重，故祀二先生於後閣，而改曰「崇賢」。是不特謂德業之有偏全，而固以父於甥舅，其尊卑亦不可狎也。今馮侯不追其本始，而但以「賢」之一字增祀恭簡於中，果何説歟？其爲邑之講學者，而爲是舉歟？則魏公之後，若蔡忠襄、歸季思輩，皆其人也。如以魏公之人品足重而設歟？則魏自有專祠，且列祀於鄉賢久矣。於魏曾無加重，而徒使孝定之失其專祠，殊不可也。蓋吾友吴縣汪石心正嘗致書馮侯，謂理學可以包忠節，忠節不足以盡理學。斯祠也，宜以孝定居主位祠，額題「朱孝定先生祠」，而兩先生則奉其主於後之重屋，而題閣名爲「崇賢」，如文廟之「崇聖」之例。斯議也，固百世不易者，惜侯適去而未及更也。某瞻拜祠下，有感於斯，因書以示後人。

朱孝定先生祠記

葉裕仁

孝定朱先生祠，舊名崇賢祠，在馬鞍山麓。咸豐庚申毁於寇，新陽令巴江廖侯改建於城南知止道院之遺阯，以祀先生，以王編修喆生等□人配食，先生高第弟子也。潘布衣道根則私淑於先生者也，故祔食焉。夫先生之言學也，必以程朱爲宗，知行並進，無捷得，無虚襲，務身踐。於倫常事物，纖悉必求盡善而後已。其要旨則以立誠爲本，其示學者曰：「《中庸》成己成物，一誠字統括，實爲聖賢學問，實盡聖賢道理。無所欠闕，方始是誠，始是成己成物。」晚年義理純熟，德性充粹，嘗曰：「識得天理，熟當機立應，如離弦之矢，更不矜張。」真是何思何慮，真是行所無事。及其殁也，示門弟子曰：「學問在性命，事業在忠孝。」語畢而逝，嗚呼！先生可謂百世之師矣。侯之攝新陽篆也，爲民興利除害，如嗜飲食，令有格而不行，事有施之而不達，則自咎曰：「是吾之不德而誠之不足以動物也。」先生之所謂立誠者，侯其庶幾焉。侯涖治以來，不數月而善政具舉，爰表彰邑之先賢，而先及於先生。先是舉藍田《吕氏鄉約》，士之入約者數十人，蓋駸駸乎有向善之風焉。祠既成，遂移講約於此，爰命予記之，并揭先生爲學大指於壁間，俾學者有所觀省云。

朱柏廬先生祠記

廖綸

同治戊辰，承乏新邑，獲交潘君勤補，出其尊甫晚香翁手抄柏廬先生所箸《毋欺録》、《媿訥集》等册，受而讀之，敬悉先生之遇之學，慨然曰：「孟子云：『天之將降大任於是人也，必先苦其心志，勞其筋骨，以至增益其所不能。』」而先生丁家國之難，奉遺命，裂冠毁服，闇然潛修以終其身，苦勞則有矣，大任則未之聞也。」然則孟子之言不足據與？而不然也。先生之德慧術智，恒從疢疾而來，雖未兼善天下，而能獨善其身。生平問學，躬行實踐，研精究微，一以程朱爲宗，由程朱而升孔孟之堂，天之以困厄玉成其學，立説箸書，俾傳道於來禩，任尚有大於此者乎？吁！是足爲先生慰矣。」然而猶有憾焉者，其謚僅出於門人之私，其傳僅列於一府之志，鄙人不揣固陋，僅於本邑創建一祠，尚欲造樓三楹，奉先生尊人節孝先生與其舅氏陶圭穉先生木主，以慰其孝。精刻先生，克治身心，羽翼經傳，全書詳請，從祀廟庭，賜謚立傳，宣諸國史，以廣其傳，均未及次第舉行而遂以憂去官，今老矣，此志未伸而究未一日或忘，惟冀都人士讀先生之書，志先生之學，躋歷名宦與官斯土之賢者，同德同力，前事畢舉，以補綸未竟之志，則幸甚矣。然先生一生篤志，爲己固不求聞達，而表彰先賢以勵後進，此天下之公義，亦後死者之責也。光緒辛卯夏日，重至玉峯，脩葺祠宇，補書此記，以企來者云。前知新陽縣事巴江廖綸謹識并書，時年七十有五。

謹按 綸與邑人士僅籌祭祀，歲修田五十三畝有奇，其息甚微，不足以彰聖善。然人之欲善，誰不如我？或董其事者，節嗇而復募充之，先爲其易者，將建樓刻書兩事接踵而成，俾祠宇完善，歲修不輟，遺書成集，部議有徵，以俟後之君子，請從祀焉，庶不致抑鬱終湮也矣。

孝定先生自傳

朱布衣名用純，字致一，崑山人也。年十七補博士弟子員，十九遭先節孝大故，奉遺命，棄儒冠，故仍稱布衣。不能效王裒廬墓攀柏，而時時輒灑其淚，故自號曰柏廬。年少多難，頗逃於詩酒文翰，旋覺習也非學，去聖域甚遠，於是雅志爲己，欲紹前修。然讀書不能措諸實踐，求道不能得其閫奥，軫懷濟世而先不能自善乃身，特以資本忠信，硜硜焉恥作僞，一生操行，如是而已，無可傳，慮交游有言之溢美者，故自傳。

同治戊辰予攝新篆又明年創建

孝定先生祠書龕額一通，以志景仰。光緒辛卯，由蜀重來，額已失去，復取先生自傳補書之。閲者幸毋仍蹈前轍，予行年已七十有五，恐不能再來而再補之也，當共諒之。

巴江廖綸并識

柏廬先生像讚

吕廷章

偉哉夫子，荷道厥躬。學醇惠茂，克紹前蹤。濂雒關閩，淵源貫通。羲易語孟，闡發性宗。蓼莪矢志，攀柏高風。惟忠惟孝，土室身終。疾棘吟誦，心追放翁。廷章候疾侍側，夫子朗吟劍南《示子》詩句。先生遺像，氣粹皃充。其中浩浩，孰測化工。惘予小子，則效靡從。肅然瞻仰，鄙悋潛融。偉哉夫子，百世欽崇。

時著雍攝提格重陽日門人吕廷章百拜題

朱孝定先生象贊

吴大澂

淵明高蹈，爲宋遺民。公節彌堅，布衣終身。求誠有方，由不欺始。日用倫常，所學惟是。祖濂彌洛，道有本原。敦行輒講，佩言弗諼。昔拜公祠，今誦公語。公語善砭，達我膂吕。

朱孝定傳

顧沅

公姓朱，諱用純，字致一，號柏廬。崑山人，集璜子。年十七，補郡諸生，痛父殉國難，隱居教授以養母。潛心四子六經及濂洛關閩之書，探索融會，務在躬行實踐。當路以博學鴻詞薦，公作《朱布衣詩》見志。生平嚴以律躬，不欺暗室，每日晨興，必謁家祠，莊誦《孝經》一遍。病革，命設先像，扶起再拜，以平日所著《删補蔡虛齋易經蒙引》及《四書講義》一書，屬其子曰：「謹藏諸笥，吾將以此見先人於地下。」復語門人曰：「學問在性命，事業在忠孝。」言訖而逝，年七十二，私謚孝定先生。《朱子家訓》係先生所作，世稱考亭作者，誤也。

贊曰：「柏廬高士，隱居獨學。宗經著述，淵源濂洛。」

朱柏廬先生事略

李元度

朱先生用純，字致一，江蘇崑山人。父集璜，明季諸生，貢太學。大兵下江東，城陷，不屈死。先生慕王裒攀柏之義，自號曰柏廬。隱居味道，以諸生老。其學確守程朱，知行並進，而一以主敬爲程。長洲徐昭法與先生友，屢以書問學，辨析甚至。居平精神純謐，動止有常。晨起謁家廟，退即莊誦《孝經》，數手書其文教學者。置義田，修墓祭，友愛諸弟，白首無閒。遇事變，嶄然不撓，自言：「看得天理熟，當機立應，如離弦之矢，更不疑議，更不矜張，行所無事。」康熙十七年，或欲以鴻博薦，固辭乃免。其後有司欲舉爲鄉飲賓，亦弗應。有來學者，必先授以《小學》、《近思録》，繼進之以《四子書》。每歲孟春，率諸弟子行釋奠先師禮。禮畢，講《四子書》。進止肅恭，誠意激發，興起者甚衆。己又患學者空言無實得，復作《輟講語》，反躬自責，言尤痛切。其論學，未嘗争持異同，曰：「知所當知，行所當行，可矣。他非所暇也。」二(一)十七年卒，年七十有二。前殁之三日，設先人位，强起拜於堂，曰：「吾可告無罪於先人矣。」顧弟子曰：「學問在性命，事業在忠孝，勉之哉！」有《愧訥集》及《大學中庸講義》行於世。所著《治家格言》尤膾炙人口云。

【校勘記】

〔一〕二，當爲「三」。

朱柏廬先生傳

潘道根

先生姓朱氏，名用純，字致一，世爲崑山人。父節孝先生集璜，崇禎乙亥拔貢士，乙酉殉難，最烈。時先生方補郡諸生，茹哀飲痛，遂謝舉業，作《朱布衣傳》以見志。自比王裒廬墓攀柏之義，號曰柏廬。家貧遭難，授徒贍母，潛心聖學，由四子六經及濂洛關閩之書，晝夜探索，融會窽綮，謂學必以程朱爲宗，行知並進，無捷得，無虛襲，務在身踐。於倫常事物，纖悉必求盡善。舉門弟子來學者，必諄諄授以《小學》、《近思録》，爲入門之法，迎機而導，積誠意以感動之。舉業外另設講約，闡書義，商榷經史，仿佛白鹿洞規。又於每歲孟春，率諸同人行釋菜先師，禮畢，講四書一章，進止肅恭，興起者衆，然先生恐學者未能真實切摩，整襟斂容，以身爲鵠。嘗有《輟講語》示之警省，其略曰：「《中庸》成己成物，只一誠字統括。聖賢學問，不踰一分；聖賢道理，不欠一分。方始是誠，始是成己成物，余今自反，果能如是否？而欲妄居臯比，多見其不知量也。」又曰：「日用常行，雖曰道不外是，然古之所謂日用常行大段不失倫常矩矱，今之日用常行無非種種惡習，人心中只辨得卑鄙二字，倫理上只辨得苟且二字，以此爲日用常行，更無出頭日子。必須勘破從前魔障，直以聖賢之心爲心，聖賢之事爲事，把此日用常行一一正其本位，更從上面探討精采，以此進道不難，諸君各具一本來面目，各具一全副精神，猛力向前，將世道人倫、士品學術一擔挑去，某亦願拜下風，何必區區之言之聽哉？」先後居考妣喪，哀毁動人，嘗曰：「宰我欲短三年喪，吾黨深以爲怪，然於此可見古人喪禮之盡，必其齊疏饘粥，哭泣哀毁之禮，無苟廢弛。而宰我乃天性少薄者，故覺行之至期已久，若今人食肉飲酒，不改其常，雖更三年，豈謂久哉？」居恒罕與人事，惟關係祖宗族姓，必竭蹙經理。祖墓祭規淪替，重置祭田，富豪謀侵陽山墓地，重賂彌縫。先生率族人力争，遲久得斷理如法，心力幾瘁，修葺先祠，身肩勞費，念子姓貧乏，私伐冢木，設田贍族，令勿侵損。友愛諸弟尤深，仲叔歿，經紀喪葬，存撫諸孤，與季弟垂白聚首，事必相咨，訓子弟切以攀援倖進爲戒，鄉里曲直争衡者，必就之折衷，得一言乃解。又曰識得天理熟，當機立應，如離弦之矢，更不矜張。真是何思何慮，真是行所無事。其晚年進德之驗如此，當路諸公折節，慕先生者衆，先生僻居委巷，布袍幅巾，裹足不出，屢空晏如。康熙乙未，將以博學宏詞薦，固辭。邑宰欲舉鄉飲式廬之禮，竝堅謝不應。先是節孝先生曾手書《孝經》以授，曰天地之廣大，性命之精微，其理皆具於是。先生識之不敢忘，每日晨興，盥漱拜謁家祠，即莊誦《孝經》，廣書善本，勸來學門弟子，因鐫諸石。病亟，命子弟設祖先位，具清酌，扶拜以致全歸之意。語門弟子曰：「學問在性命，事業在忠孝，言盡此矣。」遂卒。時康熙三十七年四月七日也，年七十有二。所著書精力最注者，《删補蔡虚齋先生易經蒙引》，闡發易理特精。自作《四書講義》，皆先儒所未發。他若《無欺》、《困衡》等録，皆平日省克工夫，至嚴至密。其詩文翰墨，流衍散軼。先生謂非儒者要義，每過而不留焉。長洲彭定求銘墓曰：「真儒挺立，孤忠所詒。實惟名節，爲道藩籬。卓哉純孝，退藏允宜。淵冰臨履，豈曰違時。性天可聞，惟我獨知。批繩荒渺，剷削支離。典型弗墜，經師人師。」

此新陽潘晚香先生所撰也，予爲節去數十字，存諸稿中，時時展讀，警省頑惰，以致願學之思，非敢竊先生之作以爲己有也，壬戌四月朔識（葉裕仁）。

柏廬先生傳

于振

柏廬先生者，崑山人，朱氏，名用純，字致一，柏廬其號也。父集璜，明末貢生，國變時殉難。柏廬性堅挺，於書無所不讀。以父故，終身不求仕。結廬山中，授徒自給，高巾寬服，猶守舊制。邑中重之，以子弟受業者幾五百人。中年喪室，蓄一婢，蓬頭歷齒，執炊爨而已。尤邃於《易》，不能時講，月率三日，諸生環而聽者數百人。其剖析精奥，言簡義至，人人各厭所欲而去。

及年益老，德益劭。邑人有貴顯者，欲以爵位榮之。會舉賢良方正，即以先生名首列，馳驛上之。先生時方集徒講《易》，或以告且賀。先生室中故蕭然，諸生請斂資爲束裝具。先生笑曰：「甚善。」講罷入室，久之不出。排闥視之，則已自縊矣！諸生大驚解之，中夜始蘇，嘆曰：「吾姜桂之性已決，必無生也！」諸生乃致語於邑令，追還所上姓名，以示先生，先生始强起。

邑令聞其高，命駕見之者三，固辭弗見。一日，風雪抵莫。令度先生在室，輕騎詣之，甫登堂，而先生逾垣以遁。或怪其迂，先生曰：「吾冠服如此，詎可見當事乎？必欲易之，吾不忍也！」藩鎮節度有大利害，必以書訪先生。先生亦詳告無隱，自署曰「布衣」。或欲見之，固拒。

終身不乘肩輿。戚有居極遠者，以輿逆，先生曰：「是所謂以小人而乘君子之器也。」卒步以往。婦人、孺子遇先生，皆肅然起敬；負擔者道逢先生，必釋擔戟立。

以四月十三日生，及卒亦以此日。先三日，預告家人，無疾而卒，年八十餘（輯者按：當爲七十餘），無子。里人稱爲節孝先生（輯者按：柏廬謚「孝定」，「節孝」乃其父集璜謚號）。

（于振：《清漣文鈔》卷九　道光十九年刻本）

朱致一行述

彭紹升

朱致一，名用純，江南崑山人。父集璜，以諸生貢太學，大兵下江東，城陷不屈死。致一恫焉，慕王裒攀柏之義，自號曰柏廬，隱居味道，以諸生老。其學確守程、朱，知行竝進，而一以主敬爲程。長洲徐昭法，與致一爲通家友，屢以書問學，答之曰：「竊觀吾兄，酬應人倫，微喜諧謔。諧謔雖無損大節，要非君子所宜爲。何者？《書》云：『德盛不狎侮』，身狎侮，其職不修；心狎侮，其體不立。孔子曰：『修己以敬。』己非外人物而爲孤孑之己，修亦非外人物而爲偏寂之修，故一修己而人安、百姓安矣。若視它人一分可忽，便是自己一分學力未到。蓋聖賢實見人之與我，此心同，此理同，吾無可驕于彼，彼無可爲吾所忽者。夫婦之愚不肖，可以與知與能。及其至也，雖聖人亦有所不知不能，夫又何可忽乎哉？夫又何可忽乎哉！狎侮之心，畢竟起于忽人；忽人之心，畢竟起于不自修。未見自修之至，而猶恐忽人者也。此温恭克讓所以爲堯之德，温恭允塞所以爲舜之德也。」昭法又言：「先須發悟，而後可以言學。」致一曰：「聖賢之道，不離乎事事物物，即事事物物而道在，即事事物物而學在。苟欲先得乎道而後言學，則離道與事物而二之，亦析學與道而二之矣。朱子曰：『人須是博學、審問、慎思、明辨、篤行，然後可到易簡地位；若先以易簡存心，便入異端。』唯即事物而達簡易之理，故應天下之事，接天下之物，不覺其煩難；若舍事物求簡易，則雖應一事接一物，便覺煩難，不勝紛錯。聖賢之學無過一敬；敬猶長隄巨防，滴水不漏。敬之至也，一敬而天下之理得，天下之能事畢，變通鼓舞，盡利盡神，希聖希天之學，俱在于是。」致一居平精神寧謐，動止有常。晨起謁家祠，退即莊誦《孝經》，數手書其文教學者。置義田，修墓祭，贍宗族，友愛諸弟，白首無閒。遇事變，斬然不撓。自言：「識得天理孰，當機立應，如離弦之矢。更不擬議，更不矜張，何思何慮，行所無事。」康熙十八年，或欲以博學鴻儒薦，固辭乃免。其後有司欲舉爲鄉飲賓，亦弗應。居家授徒講學，來者必先授以《小學》、《近思録》，繼進之以《四子書》。每歲孟春，率諸弟子行釋奠先師禮。禮畢，講《四子書》一章，進止肅恭，誠意激發，興起者甚衆。已又患學者空言無實得，復作《輟講語》，反躬自責，言多痛切。其論學未嘗争持同異，曰：「知所當知，爲所當爲，可矣。它非所暇也。」三十七年卒，年七十二。前歿之三日，設先人位，彊起拜于堂，曰：「吾可告無辠于先人矣！」顧弟子曰：「學問在性命，事業在忠孝，勉之。」有《愧訥集》及《大學中庸講義》行于世。無子，以弟之子導誠嗣。《愧訥集》、《南畇文稾》

朱致一傳

嚴可均

朱用純，字致一，號柏廬，崑山人，居通闠橋東。父集璜，字以發，崇禎貢生。鼎革時助王佐才守城，城潰，投東禪寺後河死。乾隆丙申，入忠義祠。用純性端方，不苟言笑，崇禎末蘇州府學生。痛父死國難，隱居教授以養母，弟子著録者數百人。康熙己未，舉詞科不就，賦《朱布衣》詩以見志。卒年七十二，私謚孝定。著有《困衡録》，萬七千言，儒家者流，異乎道學家語録。其最傳者《治家格言》，江淮以南皆縣之壁，稱「朱子家訓」，蓋尊之若考亭焉。

朱柏廬記畧

楊鳳苞

朱用純，字致一，崑山人，集璜子。年十七補郡諸生，越二載，遭國變，痛父殉難，即棄去。恨不能效王裒廬墓攀柏，因號柏廬以志哀。覃精理學，於六經四子濂洛關閩之書，探索融會，務在躬行實踐。隱居教授，資脩脯以養母。康熙戊午，或欲以博學宏詞薦，致一以死自誓，作《朱布衣傳》以見志。門弟子來學者，先授以《小學》、《近思録》，舉業外別立講約，闡發經史。晚年作《輟講語》示人曰：「《中庸》成己成物，罔弗由誠。然所謂誠者，不外乎倫常日用之閒，今人心中不脱卑鄙二字，倫理上只辨得苟且二字，以此讀書，豈可語于聖賢之學？雖日事講貫，奚益哉？」其箴砭後進嚴切如此。嘗謂：「古者士始入學必釋奠於先師，而今之司訓者漫不之講，亦思我爲人師，而忘其所自始之師，可乎？」乃于歲之春仲，率生徒行之家塾，灌獻嗚贊，拜起如儀。生平嚴以律躬，不欺暗室。每日晨興，必謁家廟，莊誦《孝經》一篇。病革，命設先像，扶起再拜。以平日所著《删補蔡虛齋易經蒙引》及《四書講義》二書，屬其子曰：「謹藏諸笥，吾將以此見先人于地下。」復語門弟子曰：「學問在性命，事業在忠孝。」言訖而逝，年七十二，時戊寅四月也。弟子請于前輩楊无咎，私謚孝定先生。

朱用純

葉均禧

朱用純，字致一。其先世籍崑山自中書舍人季寧吉始，吉生士常永安，永安生贈通議大夫曰南夏，夏生涿州判官彬，彬生寧州判官希曾，希曾生唐府審理正景昇，景昇生築巖家佐，幼孤，備嘗荼苦事，繼母稱孝。家佐生以發集璜，抱明德，兼經濟才，以拔貢家居，殉國難，學者私謚節孝先生。節孝四子，公居長，嗜學篤行，酷類節孝。崇禎十六年補郡諸生。甫二載，遘大故，即棄去，謂不能效王裒廬墓攀柏，自號柏廬，以志悲痛。隱居教授，資修脯養母，遂覃精理學，凡濂洛關閩書，及明儒薛胡高顧之微言大義，辨析毫厘，久之沛然有得，而見諸人倫日用，卓然可爲後學楷模。從遊者日益衆，各隨其材質而造就焉。大旨以德行爲本，文藝次之。朔望宣講《四子書》，商確經史，又謂古者士入學，必釋菜于先師，此禮上下通行，今不講久矣。乃與生徒倡行，每歲舉于孟春，先期齋戒，上設先聖位，倣學宫丁祭儀，而少殺。凡灌獻鳴贊諸事，生徒各司一職，趨蹌跪拜，罔敢愆儀。戊午詔舉博學宏詞，或欲以公名上，聞堅辭乃免。邑令屢欲延爲鄉飲賓，且有將造廬致敬者，皆峻拒。平日不與世務，惟事關祖先族姓，則義形于色，如創置祭田以供春秋拜掃，設義田以贍子姓貧乏，捐貲以恢復恭靖祠宇，稱貸以贖歸《睢陽五老圖》。雖極貧，不肯推諉也。每晨莊誦《孝經》二三卷，終身不輟。嘗手書數十本，以二王楷法，行正韻點畫，門人爲勒石垂世。戊寅四月初七日卒，距天啓七年四月十五日得年七十二。易簀時語門人云：「學問在性命，事業在忠孝。」門人請諸楊易亭无咎，而私謚公爲孝定先生。所著有《删補蔡虚齋易經蒙引》，曰《讀蒙引》，又有《學庸講義》、《困衡録》、《無欺録》，及詩文集若干卷。不須今録詩八章：《題〈東湖釣隱圖〉贈張無待》云：「短衣匹馬天涯路，十年一慟空歸去。不須舍旁苦竹逃，不須岸上小船住。泛泛東湖弄碧波，借問姓名張志和。曾尋滄海逢黄石，且脱青囊挂緑蓑。有時放艇湖心白，一竿驚動蟄龍宅。會興雲雨徧大荒，再訪五湖范少伯。」《雜詠》

云：「真人何日下咸陽，惱得秦皇欲斷腸。誰向華陰留璧去，只疑還寄有仙方。」「僕射新除覲至尊，好將家事答君恩。疊州降勑如觀望，地下何由到九閽。」「四百餘人并就阬，千秋冤横恨難平。試看漢祖興文治，卻有儒生不肯行。」「未央前殿玉卮擎，慚愧羣臣萬歲聲。每憶項家高俎上，不知誰教宴彭城。」《寄呈孫雲崖先生》云：「京雒雙飛鵝，星文頻見彗。世路渺何之，賢哲老荒穢。先生雅望高，九天徹清唳。豈惟文華國，實足才經世。澄清志皇途，彫耗悲時弊。未前賈傅席，自洒袁安涕。俄果傾地軸，莫復持天轡。壯圖委風煙，深情託薜荔。發篋列講肆，設科後文藝。嘗許束脩從，有時載酒詣。扶風伎何心，康成草滿砌。惻愴大雅衰，沈潛詩律細。去（一）城賦晴霞，蘇門嘯秋霽。標準示來兹，風騷邈相繼。猥慚枯朽質，未行得附麗。通好自先人，敦慎僑札契。是時百職隳，帝心閔淹滯。網羅英傑姿，雙翼起海澨。同上黃金臺，忼慨論國勢。孰意河東守，甫召旋淪替。羸騰別金馬，連騎下燕薊。獻策雖不行，中原期共濟。一旦風塵昏，參差逐川逝。珍重疇昔歡，何時釋縈繫。一水簡過從，兼之土室閉。荏苒甲子周，往事獨深計。百年心漫勞，千里駕安税。直疑赤松子，易遇蒼梧帝。風微窗下蘭，月皎山幽桂。何如樂琴尊，忘情永年歲。」《爲重其口占四韻寄題毛華伯西爽齋》云：「爽氣淩晨至，偏宜静侶同。山光秋雨後，樹色曉煙中。萬卷供揮麈，孤琴與送鴻。此情難遺處，翻對落暉紅。」《送廷尉李映碧先生》云：「夙昔抱微尚，偶與塵世違。但願苟自全，豈必求人知。猥承大君子，揄揚非一詞。初見理不隔，再見心相怡。愧無孟敏賢，恐負林宗期。尚論極千載，浩瀚靡津涯。既以豁幽蔽，復如飫朝飢。從容奉履杖，盡日每忘疲。殷勤禮數簡，洞達肝胆披。倏焉理還裝，儀〔二〕棹吴江湄。楊子秋風急，蕪城寒露滋。愛子復牽袂，涕泪堅相持。何不少留滯，益展歡讌私。歡讌詎足慕，吾道誠有依。日莫空蕭騷，對此明月輝。固知不待曙，鬒髮皆成絲。」

論曰：孝定自强不息，本乎《易》之天行，而所遇則在乾之姤，一言曰遯世无悶，優游相在書屋中，俯仰自得也。當良辰勝景，偕徐愚谷、葛龍仙輩賦詩飲酒，頗有浴沂風雩之致焉。陸侍御稱：「勤齋刻勵過陳陸，孜孜求合于帝天」。蓋與孝定伯仲間矣。夫侍御豈輕譽人者哉？

【校勘記】

〔一〕去，張潛之輯《國朝崑山詩存》清抄本作「赤」。

〔二〕儀，張潛之輯《國朝崑山詩存》清抄本作「艤」。

朱用純

潘道根

用純字致一，號柏廬。少補郡諸生，節孝先生集璜子。甫三載，遭國變，痛父殉難，即棄去，隱居教授，潛心程朱之學，學者翕然宗之。　國初詔舉博學鴻詞，有欲以名聞者，作《朱布衣傳》以見志。邑令請爲鄉飲賓，亦不就。疾亟，設先像，再拜。語問弟子曰：「學問在性命，事業在忠孝。」及卒，門人私謚孝定先生。

朱用純

黄容

朱用純，字致一，崑山人，節孝集璜字以發之長子。用純痛父死國事，隱居教授。好學敦行誼，卓然有儒者風範，從游者甚盛。

朱用純

《皇明遺民傳》

朱用純，吴人，年十二，與徐枋同學。有至性，能文章，以學行世其家。亂後隱居不出。

朱用純

孫静庵

明朱用純，字致一，江蘇崑山人。父集璜，諸生，貢太學，清兵下江東，城陷不屈死。用純慕王裒攀柏之義，自號曰柏廬，隱居味道，以諸生老。其學確守程、朱，知行並進，而一以主敬爲程。長洲徐昭法與用純友，屢以書問學，辨析甚至。居平精神純謐，動止有常，晨起謁家廟，退即莊誦《孝經》，數手書其文教學者。置義田，修墓祭，友愛諸弟，白首無間。遇事變，嶄然不撓。自言：「看得天理熟，當機立應，如離弦之矢，更不擬議，更不矜張，行所無事。」康熙十七年，或欲以鴻博薦，固辭乃免。其後有司欲舉爲鄉飲賓，亦弗應。有來學者，必先授以《小學》、《近思録》，繼進之以《四子書》。每歲孟春，率諸弟子行釋奠先師禮。禮畢，講《四子書》，進止肅恭，誠意激發，興起者甚衆。已又患學者空言無實得，復作《輟講語》，反躬自責，言尤痛切。其論學未嘗争持異同，曰：「知所當知，行所當行，可矣。他非所暇也。」三十七年卒，年七十有二。前歿之三日，設先人位，强起拜於堂，曰：「吾可告無罪於先人矣。」顧弟子曰：「學問在性命，事業在忠孝，勉之哉！」有《愧訥集》及《大學中庸講義》行於世，所著《治家格言》，尤膾炙人口云。

朱用純

錢林

朱用純，字致一，崑山人。守程朱之學，以主敬爲程。患學者空言無實，所講多反躬自責之言。或將以博學鴻詞薦，固辭之。閒居味道，以諸生老。將卒，顧門弟子曰：「學問在性命，事業在忠孝。」年七十二，有《大學中庸講義》及《愧訥集》。

朱用純

江藩

朱用純，字致一，崑山人。父集璜，貢生。

大兵下江南，城破不屈死。用純痛其親之死，取王裒攀柏事，自號柏廬。其學以主敬爲程。長洲徐枋屢以書問學，答曰：「竊觀吾兄酬應人倫，微喜諧謔，雖無損大節，要非君子所宜爲。何者？《書》云：『德盛不狎侮。』身狎侮，其職不修；心狎侮，其體不立。孔子曰：『修己以敬。』己非外人物而爲孤孑之己，修亦非外人物而爲偏寂之修，故一修己而人安百姓安矣。若視他人一分可忽，便是自己一分學力未到。蓋聖賢實見人之與我，此心同，此理同，吾無可驕于彼，彼無可爲吾所忽者。夫婦之愚不肖，可以與知能，及其至也，雖聖人亦有所不知不能，夫又何可忽乎哉？夫又何可忽乎哉！狎侮之心畢竟起于忽人，忽人之心畢竟起於不自修，未見自修之至而猶恐忽人者也。此温恭克讓所以爲堯之德，温恭允塞所以爲舜之德也。」枋又言先須發悟，而後可以言學。用純曰：「聖賢之道，不離乎事事物物，即事事物物而道在，即事事物物而學在。苟欲先得乎道而後言學，則離事與物而二之，亦析學與道而二之矣。朱子曰：『人須是博學、審問、慎思、明辨、篤行，然後可到易簡地位；若先以易簡存心，便入異端。』惟即事物而達簡易之理，故應天下之事，接天下之物，不覺其煩難；若舍事物而求簡易，則雖應一事、接一物，便覺煩難不勝分錯。聖賢之學，無過一敬，敬猶長隄巨防，滴水不漏。敬之至也，一敬而天下之理得，天下之能事畢，變通鼓舞，盡利盡神，希聖希天之學俱在於是。」用純居平，晨起謁家祠，誦《孝經》。置義田，贍宗族，友愛諸弟，白首無間。康熙十八年，詔舉博學鴻儒，有將以用純薦者，力却之；有司舉鄉飲大賓，亦弗應。其教生徒，先授以《近思録》，次以《四子書》。每歲孟春，率生徒行釋奠先師禮，將事後，講書一章，以誠意啟沃人心。又恐學者空言無實，作《輟講語》反躬自責，言多深切。鄉里重其學行。世傳家訓，乃用純之文，世人不知，誤爲文公所作。卒年七十二。卒之前三日，設先人位，拜于中堂，起顧弟子曰：「學問在性命，事業在忠孝，勉之！」著有《愧訥集》、《大學中庸講義》行於世。無子，以弟之子導誠嗣。徐枋字昭法，《明史》有傳。

朱用純

賓鎮

朱用純，字致一，號柏廬，崑山人。敦氣節，讀書自好。甲申遭亂，棄諸生。隱居鄉里，教授後進，孳孳不倦。確守程、朱之學，舉動必以禮，著《格言》。工書，筆意秀潤，純法二王。

朱用純

嚴元照

朱用純，字致一，號柏廬，崑山人，國初高士。世傳《朱子格言》「黎明即起」云云，即柏廬所作，至今僅百餘年，已譌傳爲徽國文公之文矣。翁覃谿侍郎曾書刻之，有跋甚詳。柏廬父集璜，明季守城殉難。

朱用純

（光緒）《崑新兩縣續修合志》

朱用純，字致一，節孝先生集璜子。年十七補郡諸生，甫三載，遭國變，痛父殉難，即棄去。自比王裒廬墓攀柏之義，號曰柏廬，隱居教授，資修脯養母，覃精理學，凡六經四子濂洛關閩諸書，及明儒薛胡高顧之論説，辨析毫釐，知行並進，而一以主敬爲程。與長洲徐枋通家友善，屢以書問學，有《答枋書》云：「聖賢之道，不離乎事事物物，即事事物物而道在，即事事物物而學在。欲先得乎道而後言學，則離道與事物而二之，亦析學與道而二之矣。朱子曰：『人須是學問、思辨、篤行，然後可到易簡地位；若先以易簡存心，便入異端。』惟即事物而達簡易之理，故應天下之事、接天下之物，不覺其煩難。若舍事物求簡易，則雖應一事，接一物，便覺煩難，不勝紛錯。聖賢之學，無過一敬。敬猶長隄巨防，滴水不漏，敬之至也。一敬而天下之理得，天下之能事畢，變通鼓舞，盡利盡神，希聖希天之學，俱在於是。」用純於來學者，必先授以《小學》、《近思録》，繼進之以《四子書》。朔望宣講，兼商榷經史。又謂古者士入學必釋菜於先師，此禮不講久矣。乃與生徒倡行，每歲孟春，先期齋戒，設先聖位，倣丁祭儀，而少殺。凡灌獻嗚贊，命生徒各司之。又患學者空言無實得，作《輟講語》反躬自責，語尤痛切。居平精神寧謐，嚴以律躬，晨起謁家祠，退即莊誦《孝經》。嘗用精楷手書數十本教學者。置祭田，修墓祭，贍宗族，恢復恭靖祠堂，贖歸《睢陽五老圖》，友愛諸弟，白首無間。遇事變，斬然不撓，自言識得天理熟，當機立應，如離弦之矢，更不擬議，更不矜張，何思何慮，行所無事。康熙十八年，或欲以博學鴻詞薦，固辭乃免。其後有司欲舉爲鄉飲賓，亦弗應。戊寅四月卒，年七十二。無子，以弟之子導誠嗣。方疾，亟特命設先像，扶起再拜，顧弟子曰：「學問在性命，事業在忠孝。勉之！」言訖而逝，門人私謚孝定先生。

朱用純傳

徐鼒

朱用純，字致一，崑山諸生，殉節貢生集璜子也。以父死國難，慕王裒攀柏之義，自號柏廬。隱居味道，不求仕進。

其學確守程、朱，知行並進，而一以主敬爲程。其教學者，必先授以《小學》、《近思録》，繼進之以《四子書》。每歲孟春，率諸弟子行釋奠先師禮畢，講《四子書》，進止肅恭，誠意激發，興起者衆。已又患學者空言無實得，復作《輟講語》反躬自責，言尤痛切。論學未嘗持異同，曰：「知所當知，行所當行，可矣。」與長洲徐枋善，屢以書問學，辨析甚至。

平居動止有常，晨起謁家廟，退即莊誦《孝經》，數手書其文教學者。置義田，修墓祭，友愛諸弟，白首無間。遇事變，嶄然不撓，自言：「看得天理熟，當機立應，如離弦之矢，更不擬議，更不矜張，行所無事。」康熙戊午，或欲以鴻博薦，固辭乃免。其後有司欲舉爲鄉飲賓，亦弗應。

戊辰（輯者按：「戊辰」乃「戊寅」之誤）卒，年七十二。將卒，顧門弟子曰：「學問在性命，事業在忠孝，勉之矣。」有《大學中庸講義》及《愧訥集》。其《治家格言》尤膾炙人口云。

朱用純傳

《清史列傳》

朱用純，字致一，江蘇崑山人。明諸生。父集璜，以諸生貢太學，大兵下江東，城陷，不屈死。用純恫焉，慕王裒攀柏之義，自號曰柏廬。授徒贍母，潛心宋儒書。

其學確守程、朱，知行並進，而一以主敬爲程。長洲徐枋言先須發悟而後可以言學。用純曰：「聖賢之道，不離乎事事物物，即事事物物而道在，即事事物物而學在。苟欲先得乎道而後言學，則離道與事物而二之，亦析學與道而二之矣。」又曰：「聖賢之學，不外一敬。敬猶長隄巨防，滴水不漏，敬之至也。一敬而天下之理得，天下能事畢，變通鼓舞，盡利盡神，希聖希天之學俱在。」於是居平精神寧謐，動止有常。晨起謁家祠，即莊誦《孝經》，友愛諸弟，白首無間。爲《學戒》十則以教學者，雖祁寒酷暑，講論終日無倦容。

已復作《輟講語》，曰：「《中庸》成己成物，只是一誠字統括，實實做得聖賢學問，不逾一分；實實盡得聖賢道理，不欠一分：方始是誠。余今自反，果能如是否？而欲妄居臯比，多見其不知量也。」又曰：「今人日用常行，無非種種惡習，人心中只辨得卑鄙二字，倫理上只辨得苟且二字，必須勘破從前魔障，跳出坑坎，更從上面探討精微，方可進道。諸君猛力向前，某亦願拜下風，何必鄙言是聽哉？」

鄉里争曲直，得用純一言即解。嘗曰：「識得天理熟，當機立應。如離絃之矢，更不擬議，更不矜張，真是何思何慮，真是行所無事。」病革，語弟子曰：「學問在性命，事業在忠孝。言盡此矣。」康熙三十七年卒，年七十二。著有《删補易經蒙引》、《四書講義》、《無欺》、《困衡》諸録、《愧訥集》。其《家訓》一篇，海内稱誦焉。同里弟子王喆生，能得其傳。

朱用純

《清史稿》

朱用純，字致一，江南崑山人。父集璜，明季以諸生死難。用純慕王裒攀柏之義，自號曰柏廬。棄諸生，奉母。其學確守程、朱，知行並進，而程於至敬。來學者授以《小學》、《近思録》。仿《白鹿洞規》，設講約，從者皆興起。居喪哀毁，嘗曰：「宰我欲短喪，吾黨皆以爲怪，然可見古人喪禮之盡，必蔬水饘粥哭泣哀毁無苟弛。若今人飲酒食肉不改其常，雖更三年，豈謂久哉？」晚作《輟講語》，又爲《治家格言》，語平易而切至。病將革，設先人位，拜於堂，告無罪，顧弟子曰：「學問在性命，事業在忠孝。」乃卒。用純與徐枋、楊无咎稱「吴中三高士」，皆明季死事之孤也。

朱柏廬葉廷玉兩賢

龔煒

朱柏廬先生館于葉太翁廷玉家。一夜大雪，主人治具煖寒，酒半，慨然興歎。翁問先生何歎？曰：「適憶故友極貧，不覺念切綈袍耳。」曰：「此不足憂，且暢飲。」明日，問所在，遺之以十斛米。先生當樂飲之時，不能不戚然于故交；翁以先生之故而遺米于素不相識之人，斯真兩賢矣。

朱柏廬爲學主敬

徐珂

朱致一，名用純，江蘇崑山人。父集璜，諸生，貢太學，大兵下江東，城陷不屈死。致一悯焉，慕王裒攀柏之義，乃自號曰柏廬，隱居味道，以諸生老。其學確守程朱，知行並進，而一以主敬爲程。長洲徐昭法與爲通家友，屢以書問學，答之曰：「竊觀吾兄酬應人倫，微喜諧謔。諧謔雖無損大節，要非君子所宜爲。何者？《書》云：『德盛不狎侮』，身狎侮，其職不修；心狎侮，其體不立。孔子曰：『修己以敬己。』非外人物而爲孤孑之修，亦非外人物而爲偏寂之修，故一修己而人安、百姓安矣。若視他人一分可忽，便是自己一分學力未到。蓋聖賢實見人之與我，此心同，此理同，吾無可驕於彼，彼無可爲吾所忽者。夫婦之愚不肖，可以與知與能。及其至也，雖聖人，亦有所不知不能，夫又何可忽乎哉？夫又何可忽乎哉！狎侮之心，畢竟起於忽人；忽人之心，畢竟起於不自修。未見自修之至而猶恐忽人者也。此温恭克讓所以爲堯之德，温恭允塞所以爲舜之德也。」

朱柏廬進止肅恭

徐珂

朱柏廬敦厲學行，聲光闇然，每歲孟春，輒率其弟子行釋菜禮，禮畢，講四書一章，進止肅恭，興起者衆。

朱柏廬先生遺墨

鄧實

朱用純，字致一，號柏廬，崑山人。年十九遭亂，痛父以發殉難最烈，棄諸生，隱居教授，作《朱布衣傳》以見志。竊自比王裒廬墓攀柏之義，號曰柏廬。僻居委巷，布袍幅巾，裹足不出。

其學鞭辟近裏，知行並進，以正敬爲程。康熙戊午，當事欲以鴻博薦，以死自誓。學者私謚孝定先生。余曩得先生《删補蔡虚齋易經蒙引》手寫本，謹藏不敢失。今復得此遺墨，信乎先生之精氣所會合，若有神物使之，而益令後進深其仰止之忱，無時或已也。後學鄧實謹識。

十八日［二十九日］晴

豫定游陽山西南麓及西南諸獨立小山西白龍寺昭明寺訪鄭尚書起潛鄭虎臣朱柏廬先生墓

李根源

余曾出重資求朱柏廬先生用純墓，鄉民周龍福者，於深草中揭出墓碣一方，題曰「别駕朱公墓」，此明指揮僉事朱質墓也。旁尚有數塚，志載質墓祔葬子希范、希陽、希虞。范志，朱希周撰；陽志，王執禮撰；虞志，王錫爵撰；表，申時行撰，名墓也，應護持之。見《觀復堂稿》西行陽抱山，訪柏廬先生墓。北麓新葬姚梅溪墓。西南有太學梯庵任公墓、啟宇任公墓、教諭朱公之墓、太學道川朱公墓、庠生與升朱公墓、婿顧恕孝孫弘業立。睢陽後裔朱公墓，大明萬曆丁亥歲仲春吉旦曾孫應麟立。又有元征東行省儒學提舉朱公德潤墓，吴蔭培題碣。德潤，即與倪雲林疊成獅子林假山者也。此墓穎芝先生告余曰：「旁爲吴陸績墓。」然朱墓建碑而陸墓尚付闕如，其猶有疑義耶。仁德堂鍾墓界内有青石瓶二、虎二，狼籍於地，此必爲朱氏祖墓基地。以發先生《祭陽抱山墓文》注云：十世祖祕書檢閲文字府君，九世祖長洲縣儒學教諭府君，八世祖鎮東儒學提舉國史院編修府君，七世祖中書舍人、前户科給事中、翰林院侍書府君，六世祖尚志先生府君，五世祖贈通議大夫、南京吏部右侍郎府君、高伯祖贈通議大夫、南京吏部右侍郎前御史府君。余按：十世諱應得，九世諱瓊，七世諱吉，六世諱永安，五世諱夏、諱文。今惟瓊德潤墓存，餘則無從指證，悲夫！

過蔣氏墓廬，額題「清贈榮禄大夫兵部右侍郎佚圃蔣公暨配贈一品夫人沈太夫人墓祠，八世孫炳章敬書」。再進爲陽抱草堂，查昇書，後堂祀佚圃先生栗主，廬後墓坊中左圮，右存。有石瓶、石虎、石馬、青石墳圍，圍後丈餘有古塚，鄉人云吴魯肅墓，子敬塚抑何多耶？待攷。尋柏廬先生墓，終不得。此山掘伐之塚甚多，柏廬先生如在被掘之數，天道難論矣。

十九日「三十日」晴

豫定游陽山南麓耙石嶺象山東西爪山箭缺山再訪柏廬先生墓

李根源

復經陽抱山，再訪柏廬先生墓，不得。歸同善橋，舟發滸墅關，乘夜車歸葑門敝廬。計共游七日云。

祭惠氏三經師暨朱柏廬先生墓記

李根源

赴陽抱山，訪朱柏廬先生墓。柏廬墓，光緒初年爲墳客姚姓所掘，經吴縣生員程敬之福清見而阻止之，棺槨得不毁。潁芝先生訪得敬之之子叔漁名鵬高者，導之往。叔漁，光福學校教員也。舟泊周家圩，步行田隴間，約一里，由蘿墩登山，至柏廬先生墓。墓雖未伐，土已削平，磚槨外露，先生墓志銘二千餘言，彭定求撰，見《南畇文稿》，未知已刻石埋之否？先賢兆域，未敢擅動也。觀之令人髮指，然猶幸知其所在，得以從事修繕，倘亦柏廬先生忠孝之誠所感，不應終没於凶人之手歟！墓爲已山亥向，對平王山，地名北三梓堂。後爲程墳，右爲姚墓。叔漁云：「元朱提學墓，則名南三梓堂，兩墓域雖分距甚遠，皆朱家山産。」柏廬先生墓未祔祖墓，新阡也。叔漁説與彭墓志合。乃陳祭禮祭之。吾師少元先生嘗舉柏廬先生語教小子曰：「有耻便是立志，不立志便是不知耻。安樂憂患與生死，初非兩截，步步安樂，便步步死，步步憂患，纔步步生！」何等痛切，敬書於編，並詔當世。日薄暮，趁舟出通安橋，至滸墅關已九時。舟人不能行，由警察所長袁頌平均代僱船夫四人，并派警察四名護送。至閶門，已漏交丑時矣。潁芝先生以七十有六之高年，辛勤兩日夜，精神猶健王不疲，真天人也，羨服無已。

後記

繼《顧炎武全集》（上海古籍出版社 2012 年 2 月）、《歸有光全集》（上海人民出版社 2015 年 12 月），《朱柏廬全集》終於由上海人民出版社出版，與讀者見面。

顧炎武、歸有光、朱柏廬，被尊稱爲「崑山三賢」，是名垂史册、光耀日月的代表人物，數百年來在國内外産生了很大的影響。他們以不倦的生命實踐，爲後人留下了大量寶貴的學術財富和精神財富。但是數百年間他們的著作從未完整出版，特别是朱柏廬先生的作品，散落各處，難見全貌。整理出版「崑山三賢全集」，對於中華優秀傳統文化的繼承和弘揚，對於促進文化繁榮發展，對於社會主義核心價值體系的建設，推動文化强市，有十分積極的意義。從 2007 年起，崑山市文化部門與華東師範大學古籍研究所合作，在全國各地專家學者的大力支持下，開始校點、整理《顧炎武全集》，邁開了「崑山三賢全集」出版的第一步。

其實，《顧炎武全集》的點校工作 2005 年就列入全國高校古籍整理研究工作委員會的規劃專案。由於崑山是顧炎武先生的家鄉，崑山市委、市政府主要領導對此十分重視，委請市委宣傳部、文廣新局領導與華東師大簽訂了聯合研究協議。在這期間，華東師大、上海古籍出版社和崑山市有關部門多次協商洽談，解決工作中遇到的困難，給予各方面的支持。包括在全集問世之前出版《顧炎武與崑山文化》（含顧炎武手跡）一書，提供《懼謀録》善本，籌備有關會議等。

2008年9月20日至21日，華東師大古籍研究所和崑山市文化發展研究中心聯合舉辦了《顧炎武全書》（當時尚未確定書名）編撰出版學術研討會。來自全國高校古籍整理研究工作委員會、北京大學、復旦大學、蘇州大學、安徽大學、南開大學、華東師大和日本金澤大學等研究機構的二十多位專家學者，就編撰工作和「顧炎武與崑山文化」發表了精湛的意見和建議。

《顧炎武全集》集中了國内一流的專家學者，全面調查、收集了現存的顧炎武全部著作（包括未刊稿本和散佚的文獻），查閲了各種書目、著録以及顧炎武傳記、年譜等資料，在此基礎上進行匯總。對有疑義的顧氏著作加以辨僞，剔除其中託名顧炎武的僞作，使搜輯的文獻完整齊備，無遺無僞。最後確定收書三十四種，按照傳統的四部（經、史、子、集）分類法編排，并且確定了嚴謹合理的校點體例。時任上海古籍出版社社長王興康、總編輯趙昌平將此列入年度第一號出版任務，組織最爲精幹的編輯隊伍，全力推進。爲了確保如期付梓，學者教授挑燈加班校點，責任編輯徹夜候命，流水作業。由於各個環節密切配合，將近一千萬字的全集得以順利完成，前後歷時七年。

2012年5月25日，華東師範大學、崑山市人民政府和上海世紀出版集團，在上海圖書館聯合舉辦了《顧炎武全集》編撰出版研討會。崑山市委、市政府有關領導在出版研討會上向各位專家學者卓有成效的努力表示衷心的感謝。

2013年7月14日，崑山市隆重紀念顧炎武先生誕辰四百週年，並舉辦了「紀念顧炎武先生誕辰四百週年學術研討會」。學術研討會由崑山市人民政府、國家清史纂修領導小組辦公室主辦，中共崑山市委宣傳部、上海人民出版社、崑山市文化發展研究中心承辦。來自全國各地的顧炎武研究專家、知名學者，崑山各部門、區鎮領導，顧炎武後裔代表等一百餘人參加了研討會。與會專家中，有中國社會科學院歷史研究所原所長陳祖武，北京師範大學史學理論與史學史研究中心主任瞿林東，復旦大學教授、圖書館館長、教育部社會科學委員會委員葛劍雄，華東師範大學思勉人文高等研究院學術委員會主任、歷史系博導王家範，南京大學中國思想家研究中心教授許蘇民，國家清史纂修領導小組辦公室主任卜鍵等。可以説，國内研究顧炎武的專家學者，幾乎都到場了。研討會上，專家學者熱烈發言，深入探討顧炎武愛國主義精神，及其在經濟、社會、學術等各方面的思想和學説。

在《顧炎武全集》編撰出版的同時，「崑山三賢全集」中的《歸有光全集》也啓動，由華東師大中文系組織有關學者、教授編校。

被稱爲「明文第一」的歸有光，一生命運多舛，經歷了無數風雨。即便是他的著作，在出版過程中也歷經坎坷。明隆慶四年（1570）秋，歸有光由順德府馬政通判調任南京太僕寺丞，首輔李春芳留他在京城掌制敕房，修《世宗實録》。歸有光日夜伏案苦幹，不料積勞成疾。第二年正月十三，剛過完六十五歲生日，便悄然離開了人世。萬曆三年（1575），在震川先生安葬後，人們覺得完全有必要刻印《震川先生文集》。然而他没有遺産，家庭經濟狀況困難，出版事宜擱淺。直到清康熙年間，歸有光曾孫歸莊與文學家錢謙益終於重提舊事。他們重新編定《震川先生文集》，仔細糾正了舊刻本的一些訛誤。錢謙益還爲之寫下了序文。在歸莊的奔走下，士大夫紛紛資助刻印。全書計文集三十卷，别集十卷，餘集不分卷，三百餘篇。可是没有見到全書刻成，歸莊就逝世了。後來，在崑山地方長官的斡旋下募集了捐款，《震川先生文集》的刻印纔重新啓動。

由於時代的局限，《震川先生文集》尚不完善。歸有光是明代最傑出的散文家，被譽爲「明文第一」。以前出版的文集，多偏重於文學類。但歸有光經、史、子、集，無不碩果纍纍，所以今天很有必要將他近四百萬字的文學和非文學作品，搜集整理，給後人留下珍貴遺産。《歸有光全集》爲國家古籍整理出版專項經費資助項目。在編撰過程中，遇到了不少出乎預料的問題。例如怎樣安排歸有光點評的著作，怎樣處置託名的僞書等。出版社調動最精幹的力量，攻克難關。爲了商定體例，確定篇目，厘清真僞，華東師大中文系、上海人民出版社和崑山方多次探討協商，攻克難關。在交稿的關鍵時刻，出版社將負責校點和編輯的人員集中在一起，日夜加班加點，使《歸有光全集》得以在 2015 年底如期付梓。2016 年 1 月 26 日，在上海圖書館舉行了出版研討會。上海世紀出版集團、崑山市有關領導以及曹旭、陳尚君、程章燦、胡曉明、王家範、鄔國平等二十幾位專家學者出席。

《朱柏廬全集》的校點整理工作，開始於 2014 年。相比而言，全集祇有約七十萬字，除了《删補蔡虛齋先生易經蒙引》等兩部作品難度較大，其他都在可以掌控的範圍。根據前兩套全集的經驗，決定以崑山本地學者爲主完成，適當邀請高校專家擔任外援。利用這次機會，在實踐中鍛煉隊伍，提昇業務水準。

全集在上海人民出版社的支持下，克服種種困難，不斷向前推進。2015 年後，由於人事變動，這項工作由崑山博物館負責繼續實施。其間，得到了復旦大學陳居淵教授、吴格教授和眭駿研究館員，南京師範大學陸林教授，南京大學程章燦教授、張鑫龍博士，蘇州大學顧年博士，廣東省陽春市第一中學江海萍老師，以及國家圖書館、華東師範大學圖書館、復旦大學圖書館和崑山市檔案館的鼎力相助。在《朱柏廬全集》問世之際，謹致誠摯的感謝！

從《顧炎武全集》、《歸有光全集》到《朱柏廬全集》，這項重大出版工程前後延續十六年，參與工作的人員一百餘人，校點、整理近一千五百萬字。《顧炎武全集》先後榮獲2011年度全國優秀古籍圖書一等獎、第三屆中國出版政府獎圖書獎（中國政府頒發的最高等級出版獎項）。《歸有光全集》榮獲2015年度全國優秀古籍圖書一等獎。這是對「崑山三賢全集」出版工作的肯定，也爲今後進一步發掘歷史文化資源，弘揚優秀傳統文化，奠定了堅實基礎。

「崑山三賢全集」編者

2022年4月